법인설립실무지침서

한권으로 끝내는

비영리사단법인 설립절차 실무총람

법학박사 · 법인설립 전문행정사 김동근

 법률출판사

머리말

상법상 영리법인(주식회사, 유한회사, 합자회사, 합명회사 등)과 달리 비영리법인은 말 그대로 영리 아닌 사업을 목적으로 하는 법인을 말합니다. 이에 관하여 우리 민법 제32 조는 '학술, 종교, 자선, 기예, 사교 기타 영리 아닌 사업을 목적으로 하는 사단 또는 재 단은 주무관청의 확인을 얻어 이를 법인으로 할 수 있다.'고 규정하고 있습니다. 이러한 비영리법인은 민법상 법인으로 사단법인, 재단법인 및 특별법에서 규율하는 영리·비영리 법인으로 구분할 수 있는데, 본서에서는 위 각 법인 등의 설립에 관한 내용을 다루고자 합니다.

그 외 학교법인, 의료법인 등의 특수법인은 통상의 상법이나 민법의 규정이 아닌 특별법 에 의해 규정되는 법인을 지칭합니다. 가령 의료법인을 설립코자 하는 경우에는 상법이 나 민법이 아닌 의료법이 우선하여 적용되는 형태입니다. 그 외 법무법인, 관세법인, 농 업협동조합법인, 수산업협동조합법인 등을 설립하고자 하는 경우에도 상법이나 민법이 아닌 당해 법인의 설립근거가 되는 특별법 등이 우선하여 적용되며, 위 각 특별법에서 규 정하는 내용 외에는 그 성질에 반하지 않는 한 예외적으로 민법 및 상법이 적용됩니다.

한편, 비영리법인의 설립은 현행법상 주무관청의 허가를 얻어 이를 법인으로 설립할 수 있는 허가주의를 채택하고 있습니다. 그러므로 비영리법인의 설립은 주관하는 주무관청 에서 요구하는 허가요건에 충족하여야만 비로소 설립될 수 있는 것입니다.

따라서 본서에서는 위에서 각 열거한 민법상의 비영리법인 중 비영리사단법인에 관한 각 주무관청의 허가요건 및 그 설립에 관한 절차 그리고 그 변경등기에 관한 이론적 정리 및 그에 따른 서식들을 모두 망라하였으므로 본서에서 언급한 내용만 순차적으로 따라하면 누구라도 손쉽게 비영리사단법인 등을 설립할 수 있도록 하는 점에 주안점을 두었습니다.

아무쪼록 본서가 법인설립을 준비 중인 당사자는 물론 행정사 및 로펌 등의 관련 실무종사자 분들에게 충실한 길라잡이 역할을 할 수 있기를 바랍니다. 아울러, 내용상 다소 미흡하거나 부족한 부분은 독자 여러분들의 지도편달을 바라며, 판을 거듭하면서 이를 보완해 나가고자 합니다.

끝으로 어려운 여건 속에서도 본서의 출판을 위하여 불철주야 노력을 다하신 법률출판사 김용성 사장님을 비롯한 편집자 및 임직원분들께 깊은 감사를 드리는 바입니다.

2021. 3.
저자 김동근

차 례

제1편 비영리 사단법인

제2편 유형별 비영리사단법인 설립절차

제1편 비영리 사단법인

Ⅰ. 법인 일반

1. 법인의 개념

'법인'이란 자연인 이외에 법인격(권리능력)이 인정된 것, 즉 권리·의무의 주체가 되는 것을 말한다. 법인은 권리능력을 인정받아 그 구성원이나 관리자와는 별도로 권리를 취득하고 의무를 부담할 수 있다. 그 결과 법인은 법률관계의 권리·의무의 주체가 될 수 있고, 기관을 통하여 사회적으로 활동한다. 민법은 법인에 대하여 정관으로 정한 목적의 범위 내에서 자연인과 유사한 권리능력, 행위능력 및 불법행위능력 등을 인정하고 있다. 자연인이 생존기간 동안 권리와 의무의 주체가 되는 것과는 달리 법인은 법률의 규정과 설립등기에 의하여 성립하고(민법 제31조 및 제33조), 청산등기를 마침으로써 소멸된다(민법 제94조).

> 민법 제32조(비영리법인의 설립과 허가)
> 학술, 종교, 자선, 기예, 사교 기타 영리 아닌 사업을 목적으로 하는 사단 또는 재단은 주무관청의 허가를 얻어 이를 법인으로 할 수 있다.

〈법인의 분류〉[1]

2. 법인의 종류

법인은 법인을 구성하는 요소가 사람을 중심으로 하는 회원(사원)이 중심인지, 아니면 특정한 목적을 위해 출연된 재산인지에 따라 크게 사단법인과 재단법인으로 분류되며, 그 외 공법인과 사법인, 영리법인과 비영리법인 등으로 구분된다.

---

1) 이 도표는 편람의 내용을 이해하기 쉽도록 정리한 것으로 비영리법인의 구분은 보는 관점에 따라 다양한 형태로 분류될 수 있다.

국가 공권력 작용에 따라	공법인	국가, 지방공공단체, 영조물법인
	사법인	사단법인, 재단법인, 각종 회사
	중간법인	한국은행, 대한주택공사, 농업협동조합 등
설립목적의 영리성에 따라	영리법인	상사회사, 민사회사
	비영리법인	학술·종교·자선·예술·사교 등의 사업을 목적으로 하는 민법상 법인
존재 이유에 따라	사단법인	영리법인, 비영리법인
	재단법인	비영리법인

가. 사단법인과 재단법인

(1) 사단법인

(가) 개념

사단법인이란 일정한 목적을 위해 결합한 사람의 단체(사단)에 권리주체가 되는 자격을 인정한 것을 말한다. 이러한 사단법인은 설립된 경우 구성원의 증감변동에 관계없이 존속하고, 하나의 단일체로서 구성원으로부터 독립하여 존재하는 단체이다. 사단법인은 일정한 목적을 위하여 결합한 사람의 집단에 법인격을 부여한 것으로 재산을 본체로 하는 재단법인과 다르다.

(나) 구성 등

사단법인에 가입된 구성원을 사업이라고 하는데, 사단법인은 표현 그대로 사람의 집단이기 때문에 이러한 구성요소인 사원이 필요하다. 다만, 사원은 반드시 자연인일 필요는 없고 단체 자체가 사원으로 될 수도 있다.

(다) 성립

사단법인은 통상 정관을 작성하여 주무관청의 허가를 받아 주된 사무소소재지에 등기를 마침으로써 성립되지만, 회사와 같은 영리법인의 경우에는 주무관청의 허가절차가 없이 법이 정한 설립요건을 갖춰 등기를 마침으로써 성립되기도 한다.

(2) 재단법인

(가) 개념

재단법인은 특정한 목적에 바쳐진 재산을 중심으로 한 재단에 권리주체가 되는 자격을 인정한 것을 말한다.

(나) 사단법인과의 차이점

재단법인은 일정한 목적을 위하여 모은 재산이나 출연한 재산을 개인의 권리에 귀속시키지 않고 별개의 실체로 운영하기 위해 재산을 구성요소로 성립된 법인격체라는 점에서 사단법인과 차이가 있다. 또한, 재산이 의사를 표시할 수는 없으므로 (이사가 법인을 대표하여 법률행위를 하지만 인적 단체는 아니다) 사단법인과 같은 사원총회(또는 주주총회)가 없으며, 영리를 목적으로 한 재단법인의 설립은 허용되지 않는다(민법제49조제1항).

(다) 정관변경 등 제한

재단법인은 재산출연자의 의사를 존중하기 위한 취지에서 설립목적을 비롯한 정관변경에 특별히 많은 제약을 두고 있다(민법 제46조).

[사단법인과 재단법인의 비교]

구분	사단법인	재단법인
설립의 구성	일정 목적 사람의 집단	일정 목적 출연한 재산
사원의 필요성	구성원의 사람 필요	구성원인 사원 부존재
법인의 기관	최고 의사결정은 사원총회에서 자주적으로 결정됨	출연자의 의사가 존중됨
정관변경 등	단체의 설립, 법인의 형태, 정관의 작성 변경 등 폭넓은 자율성 인정	출연자의 의사를 존중하기 위해 정관변경 등에 많은 제약이 가해지는 타율적 조직체
법인의 행태	영리 형태 및 비영리 형태 모두 가능	비영리 목적으로 하는 법인만 인정
설립행위	2인 이상의 설립자가 정관을 작성	설립자가 재산을 출연하고 정관을

	하여 주무관청의 허가를 받아야 함	작성하여 주무관청의 허가를 받아야 함
법인의 해산	임의해산 가능	임의해산 불가능

나. 공법인과 사법인

공법인이란 그 활동목적이 국가로부터 부여된 법인인데 대하여, 사법인은 그 목적이 사인으로부터 부여된 법인, 즉 사적 목적을 위하여 존재하는 법인을 말한다. 이러한 의미의 공법인은 광의로는 국가 · 지방자치단체를 포함하여 공사 · 공단 등의 공공단체를 의미하나, 협의로는 국가 · 지방자치단체를 제외한 개념으로 사용된다. 이들 양자를 구별하는 표준에 대해서는 수많은 견해가 제기되었는바, 가령 몇 가지의 예를 들자면, 법인의 준거법이 공법이냐 사법이냐, 법인의 설립방법이 강제적이냐 임의적이냐, 향유하는 권리가 공권이냐 사권이냐, 법인의 목적이 공익추구에 있느냐 사익추구에 있느냐 등이 그것이다.

다. 영리법인, 비영리법인

(1) 영리법인

당해 법인의 사업목적이 영리적인 것이냐의 여부에 의한 구별이다. 우리 민법은 구성원의 사익을 도모하고 구성원 개인에게 분배하여 경제적 이익을 주는 것을 목적으로 하는 영리'사단'법인만을 인정하고 있다. 이에 해당하는 것으로는 상행위를 행하는 것을 업으로 하는 상법상의 각종의 「회사」(동법 제169조)가 있다.

(2) 비영리법인

(가) 개념

비영리법인이란 「학술, 종교, 자선, 기예, 사교 기타 영리 아닌 사업을 목적으로 하는 사단 또는 재단」(민법 제32조)을 말한다. 우리민법의 법인에 관한 규정은 주로 비영리법인이 그 적용대상이 된다. 그러나 그밖에도 각 개별법에 의해서 설립되는 특수비영리법인이 있다.

구 분		설립근거	법인성격
민법·공익법인	사단	• '민법' 제32조 및 '환경부 및 기상청 소관 비영리법인의 설립과 감독에 관한 규칙' • '공익법인의 설립·운영에 관한 법률'	• 회원을 기초로 하는 회원단체로서 회원의 권익보호 및 자질향상 등 도모 • 총회 및 이사회로 구성
	재단	• '민법' 제32조 및 '환경부 및 기상청 소관 비영리법인의 설립과 감독에 관한 규칙' • '공익법인의 설립·운영에 관한 법률'	• 출연재산을 기초로 하는 지원단체 성격이 강하며 주로 연구사업, 지원사업 수행 • 이사회 구성
특수법인		• '한국환경공단법'과 같이 개별법률에 따라 설립된 법인	• 개별법률에서 정하고 있는 목적사업을 수행
법정법인		• '환경정책기본법' 등 개별법률에서 법인의 설립을 규정	• 개별법률 및 정관에서 정하고 있는 목적사업을 수행

(나) 사업목적의 비영리성

비영리법인에서 말하는 '영리 아닌 사업'의 핵심은 법인사업에서 발생한 이익이 구성원에게 분배되지 않는다는 것이다. 따라서 구조적으로 이익을 분배할 구성원이 없는 재단법인에 있어서는 언제나 비영리재단법인만 인정되고, 사단법인의 경우 이익분배 유무에 따라 영리 사단법인과 비영리사단법인으로 나누어지는 바, 민법을 설립근거 법률로 하여 법인을 설립하기 위해서는 반드시 '사업목적의 비영리성'이 인정되어야 한다.

(다) 수익사업의 가능성

1) 수익사업의 가능성

비영리법인은 비영리사업의 목적을 달성하는데 필요하며 법인의 설립목적과 본질에 위배되지 아니하는 범위 내에서 수익활동을 할 수 있다(예: 비영리사단법인인 학술단체가 전시회를 개최하면서 입장료를 징수하거나 운영경비를 마련하기 위하여 간행된 잡지를 일반인에게 유상으로 판매하는 행위 등).

2) 수익사업의 범위

다만 이러한 수익을 구성원들에게 분배하여서는 아니 된다. 수익사업을 하더라도 그 이익을 구성원에게 분배하는 것을 목적으로 하지 않는다면 비영리법인이 된다. 따라서 이 경우 창출된 이익은 법인의 구성원들에게 분배되지 아니하고 법인 고유의 재산으로 적립될 뿐이다. 만약 구성원에게 법인 활동을 통해 벌어들인 수익을 분배하게 되면 영리목적의 법인이 되어 상사회사에 관한 규정이 준용된다(민법 제39조).

법인세의 부과대상이 되는 수익사업은 다음과 같다(법인세법 제4조 제3항).

- 이자소득
- 배당소득
- 주식 · 신주인수권 또는 출자지분의 양도로 인한 수입
- 유형자산 및 무형자산의 처분으로 인한 수입. 다만, 고유목적사업에 직접 사용하는 자산의 처분으로 인한 대통령령으로 정하는 수입은 제외한다.
- 「소득세법」 제94조제1항제2호 및 제4호에 따른 자산의 양도로 인한 수입

소득세법 제94조(양도소득의 범위)

① 양도소득은 해당 과세기간에 발생한 다음 각 호의 소득으로 한다.

1. 토지[「공간정보의 구축 및 관리 등에 관한 법률」에 따라 지적공부(地籍公簿)에 등록하여야 할 지목에 해당하는 것을 말한다] 또는 건물(건물에 부속된 시설물과 구축물을 포함한다)의 양도로 발생하는 소득

4. 다음 각 목의 어느 하나에 해당하는 자산(이하 이 장에서 '기타자산'이라 한다)의 양도로 발생하는 소득

　가. 사업에 사용하는 제1호 및 제2호의 자산과 함께 양도하는 영업권(영업권을 별도로 평가하지 아니하였으나 사회통념상 자산에 포함되어 함께 양도된 것으로 인정되는 영업권과 행정관청으로부터 인가 · 허가 · 면허 등을 받음으로써 얻는 경제적 이익을 포함한다)

　나. 이용권 · 회원권, 그 밖에 그 명칭과 관계없이 시설물을 배타적으로 이용하거나 일반이용자보다 유리한 조건으로 이용할 수 있도록 약정한 단체의 구성원이 된 자에게 부여되는 시설물 이용권(법인의 주식 등을 소유하는 것만으로 시설물을 배타적으로 이용하거나 일반이용자보다 유리한 조건으로 시설물 이용권을 부여받게 되는 경우 그 주식 등을 포함한다)

다. 법인의 자산총액 중 다음의 합계액이 차지하는 비율이 100분의 50 이상인 법인의 과점주주(소유 주식 등의 비율을 고려하여 대통령령으로 정하는 주주를 말하며, 이하 이 장에서 '과점주주'라 한다)가 그 법인의 주식 등의 100분의 50 이상을 해당 과점주주 외의 자에게 양도하는 경우(과점주주가 다른 과점주주에게 양도한 후 양수한 과점주주가 과점주주 외의 자에게 다시 양도하는 경우로서 대통령령으로 정하는 경우를 포함한다)에 해당 주식 등

1) 제1호 및 제2호에 따른 자산(이하 이 조에서 '부동산등'이라 한다)의 가액

2) 해당 법인이 직접 또는 간접으로 보유한 다른 법인의 주식가액에 그 다른 법인의 부동산등 보유비율을 곱하여 산출한 가액. 이 경우 다른 법인의 범위 및 부동산등 보유비율의 계산방법 등은 대통령령으로 정한다.

라. 대통령령으로 정하는 사업을 하는 법인으로서 자산총액 중 다목 1) 및 2)의 합계액이 차지하는 비율이 100분의 80 이상인 법인의 주식 등

마. 제1호의 자산과 함께 양도하는 「개발제한구역의 지정 및 관리에 관한 특별조치법」 제12조제1항제2호 및 제3호의2에 따른 이축을 할 수 있는 권리(이하 '이축권'이라 한다). 다만, 해당 이축권 가액을 대통령령으로 정하는 방법에 따라 별도로 평가하여 신고하는 경우는 제외한다.

• 그 밖에 대가(對價)를 얻는 계속적 행위로 인한 수입으로서 대통령령으로 정하는 수입

(라) 수익사업에 대한 규율

수익사업에 관하여는 영리법인과 동일하게 세법의 규정을 적용받는다. 즉 필요한 자금 확보를 위해 수익사업을 했을 경우 그 사업경영 범위 내에서 법인세를 납부할 의무를 지게 된다. 그렇지만 이러한 영리행위를 하였을 경우에도 그 수익은 법인의 비영리목적사업에 사용되어야 하고 어떠한 형식으로든지 구성원에게 분배하는 것은 허용되지 않는다.

(마) 사업신고

비영리법인이라도 수익사업에 관하여는 영리법인과 동일한 세법규정을 적용받는다. 따라서 필요한 자금의 확보를 위해 수익사업을 영위하였을 경우 그 사업경영 범위 내에서 법인세

납부의무를 진다. 한편 수익사업을 영위하려는 법인은 정관이 정하는 바에 따라 수익사업을 운영하여야 하기 때문에 정관에 수익사업의 근거조항 및 구체적인 사업의 종목의 등재가 없는 경우에는 정관을 변경하여 수익사업의 근거조항을 신설하여야 한다.

또한, 비영리사단법인이 수익사업을 개시한 때에는 그 사업의 개시일로부터 2개월 이내에 수익사업 개시신고서와 함께 수익사업과 관련된 대차대조표 등을 납세지 세무서장에게 신고하여야 한다.

라. 공익법인

(1) 개념

비영리법인 중 일정한 공익사업을 목적으로 하는 법인을 특히 「공익법인」이라고 하는 경우가 있다. 즉, 「공익법인의 설립 · 운영에 관한 법률」에서는 「재단법인이나 사단법인으로서 사회 일반의 이익에 이바지하기 위하여 학자금 · 장학금 또는 연구비의 보조나 지급, 학술, 자선(慈善)에 관한 사업을 목적으로 하는 법인」(동법 제2조)을 「공익법인」이라고 한다.

(2) 세제혜택 및 규제

(가) 세제혜택

공익법인의 경우 일반 비영리법인과 비교하여 출연자에 대한 상속세면제(상증법 제16조 제1항), 공익법인에 대한 증여세면제(상증법 제48조 제2항), 고유목적준비금의 손금삽입 (법인세법 제29조), 재화 및 용역에 대한 부가가치세 면제(부가가치세법 제12조 제1항) 등의 세제혜택을 받는다.

(나) 규제

공익법인의 경우 일반 비영리법인과 비교하여 사업범위가 「공익법인법」 시행령 제2조의 규정범위 내로 제한되며 '이사회' 설치가 의무(제6조), 임원 관련 요건이 강화(제5조), 주무 관청의 승인을 받아 상근 임직원 수를 정하고(제5조 제9항), 수익사업을 하려면 주무관청의 승인이 필요하며(제4조 제3항, 기본재산 처분에 주무관청의 허가 필요(제11조 제2항), 잔여 재산 귀속이 제한(제13조)되고, 주무관청의 관리감독권이 구체화(제14조 제2항, 제3항),

징역 · 벌금 등의 형사처벌 제재도 존재(제19조)한다는 점에서 규제가 강한 편이다.

(다) 민법과 공익법인과의 관계

민법과 공익법인법은 일반법과 특별법의 관계로써, 비영리법인 중에서 공익법인의 설립에 관해서는 특별법 우선적용의 원칙에 따라 공익법인법 제4조이하의 규정이 민법에 우선해서 적용되고, 해산에 관한 규정 등 공익법에 규정되지 않은 부분은 민법의 규정이 적용된다(공익법인법 제1조 참조).

3. 비영리법인과 구분되는 유사단체

가. 법인 아닌 사단

법인 아닌 사단이란 사단법인의 실체가 되는 사단의 실질을 가지고 있으나, 법인으로 되지 않은 것을 지칭한다. 특징 '법인 아닌 사단'이 발생하는 이유는 주무관청의 허가를 받지 못하였거나 행정관청의 감독 기타규제 받기를 원하지 않기 때문에 처음부터 법인으로 만들고 싶지 않거나, 법인이 설립도중에 있기 때문이다.

법인 아닌 사단의 예로 종중, 교회, 아파트입주자대표회의(대법원 2007. 6. 15. 선고 2007다6307판결), 아파트부녀회(대법원 2006. 12. 21. 선고 2006다52723 판결) 등이 있으며, 법인 아닌 사단도 사단으로서의 조직을 갖추고, 사단법인의 정관과 유사한 규칙을 마련하여 대표의 방법 · 총회의 운영 · 재산 관리 등이 정해져 있어야 한다. 법인 아닌 사단의 행위능력 · 대표기관의 권한과 그 대표의 형식 · 대표기관의 불법행위로 인한 사단의 배상책임 등에 대해서는 「민법」의 '사단법인'에 관한 규정이 적용된다.

<비영리민간단체의 요건> * 비영리민간단체지원법 제2조
- 사업의 직접 수혜자가 불특정 다수일 것
- 구성원 상호간에 이익분배를 하지 아니할 것
- 사실상 특정정당 또는 선출직 후보를 지지·지원할 것을 주된 목적으로 하거나, 특정 종교의 교리전파를 주된 목적으로 하여 설립·운영되지 아니할 것
- 상시 구성원수가 100인 이상일 것
- 최근 1년 이상 공익활동실적이 있을 것
- 법인이 아닌 단체일 경우에는 대표자 또는 관리인이 있을 것

나. 법인 아닌 재단

법인 아닌 재단이란 재단법인의 실체가 되는 재단으로서의 실질은 가지고 있으나 법인으로 되지 않은 것을 지칭한다. 특징 '법인 아닌 재단'이 발생하는 이유는 주무관청의 허가를 받지 못하였거나, 행정관청의 감독 기타규제 받기를 원하지 않기 때문에 처음부터 법인으로 만들고 싶지 않거나, 법인이 설립도중에 있기 때문입니다.

법인 아닌 재단의 예로 자선기금, 장학재단 등을 들 수 있으며, 법인 아닌 재단의 사회적 활동에 따른 법률관계 등은 「민법」의 '재단법인'에 관한 규정 중 권리능력을 전제로 하는 것을 제외한 나머지 규정이 적용됩니다.

다. 조합

(1) 개념

'조합'이란 단체로서의 단일성보다 구성원의 개성이 강하게 나타나는 단체로서, 단체의 행동은 구성원 전원 또는 전원으로부터 대리권이 주어진 자에 의해 행해지고 그 법률효과도 단체가 아닌 구성원 모두에게 귀속하는 등 사단의 실질을 가지고 있지 않은 단체를 말한다.

(2) 특징

「민법」은 이러한 조합을 법인으로 하지 않고 구성원 사이의 계약관계로 규율하고 있다(민법 제703조, 제704조 및 제706조). 이때 조합은 2인 이상이 상호 출자하여 공동사업을 경영할

것을 약정함으로써 그 효력이 생긴다(민법 제703조 및 대법원 2007. 6. 14. 선고 2005다 5140 판결).

또한 조합은 공동사업을 경영해야 하며, 그 사업이 영리적이든 비영리적이든 상관이 없고, 사회적 활동은 전체 조합원의 이름으로 해야 한다.

민법 제703조(조합의 의의) ① 조합은 2인 이상이 상호출자하여 공동사업을 경영할 것을 약정함으로써 그 효력이 생긴다.

② 전항의 출자는 금전 기타 재산 또는 노무로 할 수 있다.

제704조(조합재산의 합유) 조합원의 출자 기타 조합재산은 조합원의 합유로 한다.

제706조(사무집행의 방법) ① 조합계약으로 업무집행자를 정하지 아니한 경우에는 조합원의 3분의 2이상의 찬성으로써 이를 선임한다.

② 조합의 업무집행은 조합원의 과반수로써 결정한다. 업무집행자 수인인 때에는 그 과반수로써 결정한다.

③ 조합의 통상사무는 전항의 규정에 불구하고 각 조합원 또는 각 업무집행자가 전행할 수 있다. 그러나 그 사무의 완료 전에 다른 조합원 또는 다른 업무집행자의 이의가 있는 때에는 즉시 중지하여야 한다.

Ⅱ. 민법상 비영리법인 설립절차

1. 법인의 설립

가. 개관

민법 제31조는 '법인의 성립은 법률의 규정에 의함이 아니면 성립하지 못한다.'라고 규정하여 법률의 규정에 벗어난 법인의 설립을 인정하지 않으며, 법인의 설립을 위해서는 법률이 인정하는 법정의 요건을 구비하여야 하는데, 통상 비영리 사단법인의 경우에는 i) 정관의 작성과 사원들의 뜻을 묻는 창립총회 개최 등의 '사단법인 설립준비' ii) 주무관청의 '사단법인 설립허가' iii) 법원에의 '사단법인 설립등기' 단계를 거쳐 설립된다.

나. 주무관청

(1) 주무관청 확인

설립준비를 마친 후 설립하고자 하는 사단법인이 목적으로 하는 사업을 관리하는 행정관청 즉, 주무관청을 확인하고 설립허가신청서를 제출하여야 하는데, 주무관청을 확인하기 위해 「정부조직법」과 각 부·처·청의 직제 및 직제시행규칙 등을 살펴 업무소관을 검토한 후 「행정권한의 위임 및 위탁에 관한 규정」 등을 검토하여 그 업무의 위임여부를 따져 주무관청을 확인해야 한다. 다만, 법인이 목적으로 하는 사업을 관할하는 행정관청이 둘 이상인 때에는 두 곳 모두 주무관청이 된다.

(2) 주무관청의 허가 여부

주무관청의 허가 여부는 주무관청의 자유재량에 속하며, 따라서 비록 법인설립을 목적으로 하는 단체가 법인설립허가신청을 하였으나 주무관청으로부터 허가를 받지 못하였더라도 행정소송으로 이를 다툴 수 없다는 것이 판례의 입장이다(대법원 1996. 9. 10. 선고 95누 18437 판결 등)

(3) 권한의 위임

비영리 사단법인의 설립허가 및 취소, 정관변경허가, 해산신고의 수리, 그 밖의 지도 · 감독 등 행정기관의 장의 권한 중 일부는 다음과 같이 위임될 수 있다.

소관	위임규정
국가보훈처	국가보훈처장은 국가보훈처장 소관의 비영리법인(법인의 활동범위가 해당 특별시장 · 광역시장 · 특별자치시장 · 도지사 또는 특별자치도지사의 관할구역에 한정되는 경우만 해당함)의 설립허가 및 그 취소, 정관변경허가, 해산신고의 수리, 그 밖의 지도 · 감독에 관한 권한을 특별시장 · 광역시장 · 특별자치시장 · 도지사 또는 특별자치도지사에게 각각 위임한다(「행정권한의 위임 및 위탁에 관한 규정」 제17조의2).
식품의약품 안전처	식품의약품안전처장은 식품의약품안전처장 소관의 비영리법인(비영리법인의 활동범위가 인접한 2개 이하의 특별시장 · 광역시장 · 특별자치시장 · 도지사 또는 특별자치도지사의 관할구역에 한정되는 경우만 해당하며, 식품의약품안전처장이 정하여 고시하는 비영리법인은 제외함)의 설립허가 및 그 취소, 정관변경허가, 해산신고의 수리, 그 밖의 지도 · 감독에 관한 권한을 특별시장 · 광역시장 · 특별자치시장 · 도지사 또는 특별자치도지사에게 각각 위임합니다. 다만, 비영리법인의 활동범위가 인접한 2개의 특별시 · 광역시 · 특별자치시 · 도 또는 특별자치도에 걸치는 경우에는 해당 법인의 주된 사무소가 소재하는 지역을 관할하는 특별시장 · 광역시장 · 특별자치시장 · 도지사 또는 특별자치도지사에게 각각 위임한다(「행정권한의 위임 및 위탁에 관한 규정」 제18조제6항).
과학기술 정보통신부	1. 과학기술정보통신부장관은 우정사업 관련 비영리법인(과학기술정보통신부장관이 정하여 고시하는 비영리법인은 제외함)의 설립허가 및 그 취소, 정관변경허가, 해산신고의 수리, 그 밖의 지도 · 감독에 관한 권한을 우정사업본부장에게 위임한다(「행정권한의 위임 및 위탁에 관한 규정」 제21조의2제1항제15호). 2. 과학기술정보통신부장관은 과학기술정보통신부장관 소관의 비영리법인(과학기술정보통신부장관이 정하여 고시하는 비영리법인, 우정사업 관련 비영리법인 및 과학기술 관련 비영리법인은 제외함)의 설립허가 및 그 취소, 정관변경허가, 해산신고의 수리, 그 밖의 지도 · 감독에 관한 권한을 그 소관에 따라 국립전파연구원장 및 중앙전파관리소장에게 각각 위임한다(「행정권한의 위임 및 위탁에 관한 규정」 제21조의2제2항제2호). 3. 과학기술정보통신부장관은 과학기술 관련 비영리법인(과학기술정보통신부장관이 정하여 고시하는 비영리법인은 제외함)의 설립허가 및 그 취소, 정관변경허가, 해산신고의 수리, 그 밖의 지도 · 감독에 관한 권한을 해당 비영리법인의 소재지에 따라 다음과 같이 위임한다(「행정권한의 위임 및 위탁에 관한 규정」 제21조의2제3항). ① 국립과천과학관장: 소재지가 서울특별시, 경기도 및 강원도인 비영리법인 ② 국립중앙과학관장: 소재지가 위 ① 외의 지역인 비영리법인
교육부	교육부장관은 교육부장관 소관의 비영리법인(교육부장관이 정하여 고시하는 비영리법인은 제외함)의 설립허가 및 그 취소, 정관변경허가, 해산신고의 수리,

	그 밖의 지도 · 감독에 관한 권한을 교육감에게 위임한다(「행정권한의 위임 및 위탁에 관한 규정」 제22조제1항제1호)
외교부	외교부장관은 외교부장관 소관의 비영리법인(외교부장관이 정하여 고시하는 비영리법인은 제외함)의 설립허가 및 그 취소, 정관변경허가, 해산신고의 수리, 그 밖의 지도 · 감독에 관한 권한을 특별시장 · 광역시장 · 특별자치시장 · 도지사 또는 특별자치도지사(법인의 활동범위가 2개 이상의 특별시 · 광역시 · 특별자치시 · 도 또는 특별자치도에 걸치는 비영리법인의 경우에는 해당 법인의 주된 사무소가 소재하는 지역을 관할하는 특별시장 · 광역시장 · 특별자치시장 · 도지사 또는 특별자치도지사를 말함)에게 각각 위임한다(「행정권한의 위임 및 위탁에 관한 규정」 제22조의2).
소방청	소방청장은 소방청장 소관의 비영리법인(법인의 활동범위가 해당 특별시장 · 광역시장 · 특별자치시장 · 도지사 또는 특별자치도지사의 관할구역에 한정되는 경우만 해당함)의 설립허가 및 그 취소, 정관변경허가, 해산신고의 수리, 그 밖의 지도 · 감독에 관한 권한을 특별시장 · 광역시장 · 특별자치시장 · 도지사 또는 특별자치도지사에게 각각 위임한다(「행정권한의 위임 및 위탁에 관한 규정」 제29조제4호).
문화체육 관광부	문화체육관광부장관은 문화체육관광부장관 소관의 비영리법인의 설립허가 및 그 취소, 정관변경허가, 해산신고의 수리, 그 밖의 지도 · 감독에 관한 권한을 특별시장 · 광역시장 · 특별자치시장 · 도지사 또는 특별자치도지사(법인의 활동범위가 2개 이상의 특별시 · 광역시 · 특별자치시 · 도 또는 특별자치도에 걸치는 비영리법인의 경우에는 해당 법인의 주된 사무소가 소재하는 지역을 관할하는 특별시장 · 광역시장 · 특별자치시장 · 도지사 또는 특별자치도지사를 말함)에게 각각 위임합니다. 다만, 문화체육관광부장관이 정하여 고시하는 비영리법인 또는 체육, 미디어 또는 종교 분야가 아닌 법인으로서 활동범위가 3개 이상의 특별시 · 광역시 · 특별자치시 · 도 또는 특별자치도에 걸치는 비영리법인의 경우에는 문화체육관광부가 주무관청이 된다(「행정권한의 위임 및 위탁에 관한 규정」 제30조제1항).
문화재청	문화재청장은 문화재청장 소관의 비영리법인(법인의 활동범위가 해당 특별시장 · 광역시장 · 특별자치시장 · 도지사 또는 특별자치도지사의 관할구역에 한정되는 경우만 해당함)의 설립허가 및 그 취소, 정관변경허가, 해산신고의 수리, 그 밖의 지도 · 감독에 관한 권한을 특별시장 · 광역시장 · 특별자치시장 · 도지사 또는 특별자치도지사에게 각각 위임한다(「행정권한의 위임 및 위탁에 관한 규정」 제31조).
농림축산 식품부	농림축산식품부장관은 농림축산식품부장관 소관의 비영리법인(법인의 활동범위가 해당 특별시장 · 광역시장 · 특별자치시장 · 도지사 또는 특별자치도지사의 관할구역에 한정되는 경우만 해당함)의 설립허가 및 그 취소, 정관변경허가, 해산신고의 수리, 그 밖의 지도 · 감독을 특별시장 · 광역시장 · 특별자치시장 · 도지사 또는 특별자치도지사에게 각각 위임한다(「행정권한의 위임 및 위탁에 관한 규정」 제32조제1항제7호).
농촌진흥청	농촌진흥청장은 농촌진흥청장 소관의 비영리법인(법인의 활동범위가 해당 특별시장 · 광역시장 · 특별자치시장 · 도지사 또는 특별자치도지사의 관할구역에

	한정되는 경우만 해당함)의 설립허가 및 그 취소, 정관변경허가, 해산신고의 수리, 그 밖의 지도 · 감독에 관한 권한을 특별시농업기술센터소장, 광역시농업기술센터소장, 특별자치시농업기술센터소장, 도 농업기술원장 및 특별자치도농업기술원장에게 각각 위임한다(「행정권한의 위임 및 위탁에 관한 규정」 제33조제2항).
산림청	산림청장은 산림청장 소관의 비영리법인(비영리법인의 활동범위가 해당 특별시장 · 광역시장 · 특별자치시장 · 도지사 또는 특별자치도지사의 관할구역에 한정되는 경우만 해당함)의 설립허가 및 그 취소, 정관변경허가, 해산신고의 수리, 그 밖의 지도 · 감독의 권한을 특별시장 · 광역시장 · 특별자치시장 · 도지사 또는 특별자치도지사에게 각각 위임한다(「행정권한의 위임 및 위탁에 관한 규정」 제34조제2항).
산업통상자원부	산업통상자원부장관은 산업통상자원부장관 소관의 비영리법인(비영리법인의 활동범위가 해당 특별시장 · 광역시장 · 특별자치시장 · 도지사 또는 특별자치도지사의 관할구역에 한정되는 경우만 해당하며, 중앙행정기관으로부터 재정지원을 받거나 사무를 위탁받은 법인은 제외함)의 설립허가 및 그 취소, 정관변경허가, 해산신고의 수리, 그 밖의 지도 · 감독에 관한 권한을 특별시장 · 광역시장 · 특별자치시장 · 도지사 또는 특별자치도지사에게 각각 위임한다(「행정권한의 위임 및 위탁에 관한 규정」 제35조제1항제2호).
보건복지부	보건복지부장관은 보건복지부장관 소관의 다음 중 어느 하나에 해당하는 비영리법인의 설립허가 및 그 취소, 정관변경허가, 해산신고의 수리, 그 밖의 지도 · 감독에 관한 권한을 4급 이상 공무원을 장으로 하는 소속기관의 장에게 위임한다(「행정권한의 위임 및 위탁에 관한 규정」 제36조제3항제4호). 1. 장사시설 설치 또는 한센인 정착사업을 목적으로 하는 재단법인 2. 위 1. 외의 법인 중 활동범위가 해당 특별시장 · 광역시장 · 특별자치시장 · 도지사 또는 특별자치도지사의 관할구역에 한정되는 법인(다만, 특별시 · 광역시 · 특별자치시 · 도 또는 특별자치도가 출연하여 설립한 법인은 제외함)
환경부	환경부장관은 환경부장관 소관의 비영리법인의 설립허가 및 그 취소, 정관변경허가, 해산신고의 수리, 그 밖의 지도 · 감독에 관한 권한을 특별시장 · 광역시장 · 특별자치시장 · 도지사 또는 특별자치도지사에게 각각 위임한다. 다만, 법인의 활동범위가 인접한 2개 이하의 특별시장 · 광역시장 · 특별자치시장 · 도지사 또는 특별자치도지사의 관할구역에 한정되는 경우만 해당하며, 법인의 활동범위가 인접한 2개의 특별시 · 광역시 · 특별자치시 · 도 또는 특별자치도에 걸치는 경우에는 해당 법인의 주된 사무소가 소재하는 지역을 관할하는 특별시장 · 광역시장 · 특별자치시장 · 도지사 또는 특별자치도지사에게 각각 위임한다(「행정권한의 위임 및 위탁에 관한 규정」 제38조제2항).
고용노동부	고용노동부장관은 고용노동부장관 소관의 노사관계 관련 비영리법인(다만, 법인의 활동범위가 2개 이상의 지방고용노동청장의 관할구역에 걸치는 경우는 제외함)의 설립허가 및 그 취소, 정관변경허가, 해산신고의 수리, 그 밖의 지도 · 감독에 관한 권한을 지방고용노동청장에게 위임한다(「행정권한의 위임 및 위탁에 관한 규정」 제39조단서 및 제4호).

여성가족부	여성가족부장관은 여성가족부장관 소관의 비영리법인(법인의 활동범위가 특별시장·광역시장·특별자치시장·도지사 또는 특별자치도지사의 관할구역에 한정되는 경우만 해당함)의 설립허가 및 그 취소, 정관변경허가, 해산신고의 수리, 그 밖의 지도·감독에 관한 권한을 특별시장·광역시장·특별자치시장·도지사 또는 특별자치도지사에게 각각 위임한다(「행정권한의 위임 및 위탁에 관한 규정」 제40조제1항).
국토교통부	국토교통부장관은 국토교통부장관 소관의 비영리법인(비영리법인의 활동범위가 해당 특별시장·광역시장·특별자치시장·도지사 또는 특별자치도지사의 관할구역에 한정되는 경우만 해당함)의 설립허가 및 그 취소, 정관변경허가, 해산신고의 수리, 그 밖의 지도·감독에 관한 권한을 특별시장·광역시장·특별자치시장·도지사 또는 특별자치도지사에게 각각 위임한다(「행정권한의 위임 및 위탁에 관한 규정」 제41조제3항).
해양수산부	해양수산부장관은 해양수산부장관 소관 중 수산 및 해양레저스포츠 분야 비영리법인(법인의 활동범위가 해당 특별시장·광역시장·특별자치시장·도지사 또는 특별자치도지사의 관할구역에 한정되는 경우만 해당함)의 설립허가 및 그 취소, 정관변경허가, 해산신고의 수리, 그 밖의 지도·감독에 관한 권한을 특별시장·광역시장·특별자치시장·도지사 또는 특별자치도지사에게 각각 위임한다(「행정권한의 위임 및 위탁에 관한 규정」 제41조의2제6항제1호).
중소벤처기업부	중소벤처기업부장관은 중소벤처기업부장관 소관의 비영리법인(법인의 활동범위가 해당 지방중소벤처기업청장의 관할구역에 한정되는 경우만 해당함)의 설립허가 및 그 취소, 정관변경허가, 해산신고의 수리, 그 밖의 지도·감독에 관한 권한을 관할 지방중소벤처기업청장에게 위임합니다. 다만, 법인의 활동범위가 제주특별자치도지사의 관할구역에 한정되는 경우에는 제주특별자치도지사에게 위임한다(「행정권한의 위임 및 위탁에 관한 규정」 제41조의3).

상기의 정부조직상 주무관청의 업무는 「행정권한의 위임 및 위탁에 관한규정」에 의거하여, 비영리법인의 설립허가 및 취소, 정관변경허가, 해산신고의 수리, 그 밖의 지도·감독 업무가 지방자치단체의 장이나 하급행정기관의 장에게 위임되어 있는 경우가 많으므로, 정확한 설립허가 업무 처리 관청을 확인하기 위해서는 동 규정을 확인할 필요가 있다.

다. 구비서류

법제처 국가법령정보 사이트(http://www.law.go.kr)에서 '법인'이라는 키워드를 검색하면, 법무부 소관 비영리법인의 설립 및 감독에 관한 규칙을 비롯하여, 국방부 및 그 소속청 소관비영리법인의 설립 및 감독에 관한 규칙, 국토교통부 및 그 소속청 소관 비영리법인의 설립 및 감독에 관한 규칙, 금융위원회 소관 비영리법인의 설립 및 감독에 관한 규칙, 기획재정부 및 그 소속청 소관 비영리법인의 설립 및 감독에 관한 규칙, 농림축산식품부장관 및 그 소속 청장소관 비영리법인의 설립 및 감독에 관한 규칙, 문화체육관광부 및 문화재청 소관 비영리법인의 설립 및 감독에 관한 규칙 등을 열람할 수 있으며, 각 규칙의 하단에 첨부된 서류를 활용할 수 있다.

구비서류 / 법인별	근거법령	비영리법인 (민법제32조)		공익법인 (공익법)		비고
		사단	재단	사단	재단	
1 법인설립허가신청서 (비영리법인용, 공익법인용 구분)	부령 별지1호	○	○	○	○	
2 설립취지서 (임의서식으로 작성)	공익령4-① -2	△	△	○	○	공익법인
3 발기인의 인적사항 (성명 · 주민등록번호 · 주소 · 약력) ※ 설립발기인이 법인인 경우에는 그 명칭, 주된 사무소의 소재지, 대표자의 성명 · 주민등록번호 · 주소와 정관, 최근의 사업활동을 기재한 서류)	부령 3-1 공익령4-① -1	○	×	○	×	사단법인
4 임원취임예정자 인적사항 (성명 · 주민등록번호 · 주소 · 약력)	부령 3-5	○	○	○	○	공통
5 임원취임승락서, (필요시 겸직동의서)	부령 3-5	○	○	○	○	공통
6 특수관계 부존재 확인서 (※ 사후 발견시 임원취임 취소)	공익령12	×	×	○	○	공익법인
7 창립(발기인) 총회 회의록 (회의록 내용상 별첨서류 첨부 · 간인) ※ 설립발기인이 법인인 경우에는 법인의 설립에 관한 의사의 결정을 증명하는 서류	부령 3-6 공익령4-① -8	○	×	○	×	사단법인
8 출연자 확인서 (※ 정관을 첨부하여 간인)	민법 43	×	○	×	○	재단법인
9 정관 (정관작성기준 준수) (※ 재단법인의 경우 8호 첨부물로 갈음 가능)	부령 3-2 공익령4-① -3	○	○	○	○	공통
10 법인조직 및 상근임직원 정수표	공익령14	×	×	○	○	공익법인
11 재산출연증서(기부승락서) : 공익법인의 경우 기부승락서에 해당 ※ 인감증명서, 잔고증명 등 출연재산의 소유증명서 첨부	부령 3-3 공익령4-① -4	○	○	○	○	공통
12 재산총괄표와 그 입증서류 (특히 공익법인의 경우, 부동산 · 예금 · 유가증권 등 주된 재산에 관한 등기소 · 금융기관 등의 증명서)	부령 3-3 공익령4-① -4 공익령4-① -6	○	○	○	○	공통
13 기본재산 목록	부령 3-3	○	○	○	○	공통

		공익령4-① -4					
14	(보통·운영)재산 목록 ※ 비영리법인은 '운영재산', 공익법인은 '보통재산'에 해당	부령 3-3 공익령4-① -4	○	○	○	○	공통
15	회비징수 예정증명서 또는 기부신청서	공익령4-① -4	×	×	○	×	공익사단
16	사원명부 (성명·주소·연락처) ※ 100명이 넘을 경우 '이상 100명외 ○○명'으로 총수 기재서류	공익령4-① -8	△	×	○	×	공익사단
17	당해연도 사업계획서 및 수지예산서	부령 3-4	○	○	×	×	비영리법인
18	사업개시예정일 및 사업개시이후 2 사업년도분의 사업계획서 및 수지예산서	공익령4-1-7	×	×	○	○	공익법인
19	사무실 확보증명서 ※ 건물사용승락서 또는 임대차계약서, 건물소유권 입증서류, 인감증명서	민법33, 36	○	○	○	○	공통

2. 비영리사단법인 설립절차

사단법인의 설립절차는 설립자(발기인)에 의한 단체의 설립준비단계와 그 단체에 대한 설립 허가 및 등기를 통하여 법인격을 부여받는 단계로 구분할 수 있다. 이러한 사단법인의 설립허 가를 받고자 하는 자는 법인설립허가 신청서와 허가절차에 따른 첨부서류를 주무관청에 제출하는 방법으로 허가를 받은 후 관할등기소에 등기를 마치면 된다.

[비영리사단법인 단계별 설립절차 개요]

■ 1단계 : 설립준비
○ 법인의 명칭과 목적 설정, 정관·사업계획서·예산서 작성 및 창립총회 개최
  1) 법인의 목적 설정
  2) 설립발기인 구성 : (사단법인) 최소 2인 이상
  3) 법인의 명칭 설정
  4) 기관 구성 : 회원, 총회, 임원 등을 규정
  5) 정관 작성 : 법인의 기본규범이며 준수해야 할 사항

6) 창립총회 개최 : 정관 심의 및 채택 → 이사장(대표이사 등) 및 임원 선출 → 사업 계획 및 예산 승인

■ 2단계 : 비영리법인 설립허가
○ 설립 법인의 목적사업 관할 행정관청(주무관청) 확인
○ 주무관청 확인 후 해당 주무관청에 신청서류를 갖추어 제출

담당부서 지정 기준
– 정관의 명칭, 목적과 사업, 사업계획, 예산 비중 순서로 종합 검토
– 설립 배경 및 대표자 등 발기인과 임원 이력 검토

○ 주무관청은 설립허가 신청이 적절하면 설립허가 처분을, 설립허가 신청이 부적절하면 설립불허가 처분을 그 신청인에게 통지
  1) 설립허가 규정 법령의 확인
  2) 주무관청 확인 및 설립허가 신청서 제출
  3) 주무관청의 허가 시 주된 검토사항
  – 신청서의 검토 / 법인설립의 필요성/ 법인의 목적과 사업의 실현가능성/ 법인 명칭의 유사성/ 재정적 기초의 확보가능성
  4) 허가여부의 결정 및 통지
  – 설립 허가할 경우 설립허가 알림 공문과 함께 설립허가증 발급

■ 3단계 : 사단법인 설립등기
○ 설립허가 받은 비영리법인이 주된 사무소의 소재지를 관할하는 법원등기소에 설립등기를 마치면 법인으로 성립(「민법」 제33조)
  1) 비영리 사단법인 설립등기(관할 등기소) 및 설립신고(관할 세무서)
  2) 재산이전 및 법인 설립등기 보고 (주무관청)

○ 공익활동 목적의 비영리법인일 경우 지정기부금단체로 신청하여 기부자에게 세제혜택 부여

1) 지정기부금단체 추천 신청(주무관청)

2) 지정기부금단체 지정(기획재정부)

가. 설립준비

(1) 목적 정하기

비영리사단법인은 민법 제32조 규정에 의거하여 학술, 종교, 자선, 기예, 사교 기타 영리아 닌 사업을 목적으로 설립하여야 한다. 여기서 영리 아닌 사업이란 주식회사의 경우 법인의 이익이 발생할 경우 주주에게 배당금을 배당하는 반면 비영리 법인의 경우에는 그 사업을 통해 이익을 발생한 경우라도 그 구성원에 분배되지 않는 것을 말한다. 즉 개개의 구성원의 이익을 목적으로 하지 않는 사업을 말하며, 반드시 공익을 목적으로 하는 사업을 의미하는 것은 아니다.

(2) 설립자 구성하기

비영리사단법인을 설립하고자 하는 경우 적어도 '2인 이상'의 설립자가 필요하며, 2인 이상 으로 구성된 설립발기인은 정관을 작성해 그 정관에 기명날인하고 법인의 구성원을 확정하 는 등의 일을 하게 된다. 따라서 비영리사단법인을 설립하기 위해서는 먼저 사업목적이 동일한 사람들을 모집해야 한다.

한편, 발기인 란에는 발기인의 성명, 주민등록번호, 주소, 연락처 및 주요약력(3~4가지)등 을 기재하며, 약력은 가급적 법인의 목적사업과 관련된 것을 중심으로 3~4개 정도를 적고 전·현직 여부를 표시하면 좋다. 다만, 이미 설립된 법인이 다른 법인을 설립하고자 신청하 는 경우에는 법인의 명칭, 주된 사무소의 소재지, 대표자의 성명·주민등록번호·주소를 기재한 서류와 법인의 정관을 함께 제출하여야 한다.

[발기인 인적사항 기재 서식]

발 기 인 인 적 사 항

성 명 (한 자)	주민등록 번 호	주 소 (우편번호)	주 요 약 력	연락처(☎)
홍길동 (洪吉東)		서울 종로구 계동 123번지 (123~456)	○(현) ○(전) ○(전)	
			○ ○ ○	
			○ ○ ○	
			○ ○ ○	
			○ ○ ○	
			○ ○ ○	

작성자 : 사단법인 ○○○○ 발기인 대표 ○○○ (날인 또는 서명)

주) 약력은 가급적 법인의 목적사업과 관련된 것을 중심으로 3~4개 정도를 적고 전 · 현직 여부를 표시

(3) 명칭 정하기

비영리사단법인의 사업목적을 정한 후에는 설립할 법인의 명칭을 정해야 하는데, 법인의 명칭은 사업목적을 나타낼 수 있는 명칭을 정해야 하고, 설립할 법인의 명칭이 기존의 법인의 명칭과 동일한지 여부도 확인해야 한다.

> ▶ 참고 – 동일명칭의 확인 방법
> 1. 대법원 인터넷등기소(http://www.iros.go.kr)에 접속한다.
> 2. '법인등기' → '열람' 선택 → '상호로 검색'에서 '전체등기소' 선택 → 법인종류에서 설립할 법인의 종류로 검색→'상호' 검색

(4) 사단법인의 정관작성

'정관'이란, 민법 제40조 및 제43조 규정에 따라 사단법인의 조직형태, 운영방법 및 사업 활동 등에 관한 기본적인 사항을 규정한 최고의 자치법규를 말한다. '정관'은 단체의 기본규범에 해당하는 것으로 단체활동의 근거가 되므로 반드시 구비되어야 한다. 한편, 사단법인에 있어서 설립행위는 곧 법인의 정관의 작성을 일컫는 것이지만, 재단법인에 있어서 설립행위란 법인의 정관의 작성과 함께 재산의 출연을 의미한다. 설립자가 정관을 작성할 경우 그 곳에 기명날인을 하여야 하며, 이는 요식행위이기 때문에 만일 설립자의 기명날인이 없는 정관의 경우에는 그 효력이 없다.

(가) 설립행위

사단법인의 설립행위란 설립자(발기인)가 장차 성립될 사단법인의 근본규칙인 정관을 작성하는 행위를 말한다. 민법은 설립자가 정관을 서면에 작성하여 기명날인 할 것을 요구하고 있다(민법 제40조). 따라서 설립자의 기명날인이 없는 정관은 효력이 없다. 한편, 설립자의 수에 대해서는 민법에 언급이 없지만 사단의 성질상 2인 이상은 필요하다고 해석된다.[2] 비영리사단법인은 정관에 기재된 내용에 따라 법인을 구성 · 운영해야 하며, 법인설립허가를 신청할 때에 정관을 주무관청에 제출해야 한다.

---

2) 참고로 2011년 국회 제출되었던 민법 개정안은 사단법인의 구성원을 5인 이상으로 규정하고 있었다.

(나) 정관의 기재사항

정관에는 반드시 기재하여야 하는 사항인 '필수적 기재사항'과 그렇지 않은 '임의적 기재사항'이 있다. 필수적 기재사항 중 한 가지라도 누락되면 정관 전체가 무효가 되며 임의적 기재사항은 기재하지 않아도 정관 자체의 효력에는 영향이 없지만 기재하지 않으면 그 사항에 대해서 법률상의 효력이 발생하지 않게 된다.

1) 필요적 기재사항

비영리사단법인의 경우 아래 소정의 필요적 기재사항은 정관에 반드시 기재되어야만 하고 (민법 제40조), 그 중 하나라도 빠지면 정관으로서의 효력이 생기지 않아 주무관청으로부터 법인설립의 허가를 받을 수 없게 된다.

① 목적 : 법인의 사업목적을 기재하여야 하며, 목적사업은 영리아닌 사업이어야 하며, 사업목적을 구체적으로 기재하여야 한다. 여기서의 목적사업은 법인설립허가 신청시 제출한 사업계획서 등에 기재된 목적사업을 의미한다. 다만, 비영리사단법인이 비영리사업의 목적 달성에 필요한 수익사업을 영위하는 경우에는 관할세무서에 사업자등록 및 수익사업 개시신고 등을 해야 한다.

② 명칭 : 법인의 명칭을 기재한다. 여기서 명칭은 사단법인의 경우 사단법인이라는 단어 앞이나 뒷부분에 '0000 사단법인 또는 사단법인 0000'과는 것을 말한다. 이는 되도록 목적사업을 특정될 수 있는 단어를 사용하는 것이 좋고, 명칭을 정할 때에는 반드시 기존 법인의 명칭과 동일한지 여부를 확인하여야 한다.

> • 명칭사용에 특별한 제한은 없고, 「사단법인」이라는 명칭을 쓰지 않아도 무방하다.
> • 다만 실무적으로 기존 법인과 동일한 명칭을 사용하는 것은 허용되지 아니한다. 개정 「법무부 소관 비영리법인의 설립 및 감독에 관한 규칙」에서도 명시적으로 '다른 법인과 동일한 명칭이 아닐 것'을 설립허가 요건으로 규정하고 있다.

③ 사무소의 소재지 : 법인의 사무소가 두개 이상인 때에는 모두 기재하고 주된 사무소를

정해야 한다.

> 사무소 소재지 기재 시에는 실무적으로 도로명과 건물번호, 건물명, 호수까지 모두 기
> 재함이 타당하다.

④ 자산에 관한 규정 : 자산의 종류 · 구성 · 관리 · 운용방법 · 회비 등에 관한 사항을 기재한
다. 기본재산의 규모에 관하여는 지역마다 다소 차이가 있지만 사단법인의 경우 기본재산이
5,000만원 정도(서울 2,500만원)를 요구하며, 재산법인의 경우 기본재산의 5억원 이상을
출연하여야 한다. 다만, 서울시의 경우 기본재산 대신 최소 10% 이상의 운영자금 확보를
요구하고 있는 점에 유의하여야 한다.

> • 민법에는 어느 정도까지 자산에 관한 규정을 표시하여야 하는 지에 대한규정이 없으
>   나, 통상적으로 주무관청 및 일반의 제3자에게 비영리법인의 견실한 재정적 기초를
>   알리는 데 필요한 정도라고 해석된다.
> • 구체적으로 자산의 종류 · 구성 · 관리 · 운용방법 · 각 사원의 출자액 · 출자의무(회
>   비)에 관한 것이 그 기재사항이 된다.
> • 개정 「법무부 소관 비영리법인의 설립 및 감독에 관한 규칙」에서는 '목적하는 사업
>   을 수행할 수 있는 충분한 능력이 있고 재정적 기초가 확립되어 있거나 확립될 수 있
>   을 것'을 법인 설립허가 요건으로 규정(제4조 제1항 제2호)하고 있다.

⑤ 이사의 임면에 관한 규정 : 이사의 임면의 방법을 정하여 기재하되, 그 방법에는 제한이
없다. 총회의 의결에 의하지 않는 선임방법을 정하거나 구성원이 아닌 사람을 이사에 임면할
것을 기재하여도 상관없다.

> • 이사의 임면방법에 관한 규정, 즉 이사의 수, 자격, 임기, 선임과 해임의 방법등에
>   관한 사항이 여기에 해당된다.
> • 이사 및 감사의 수를 정관에서 확정할 필요는 없고, 'ㅇ명 이상의 이사', 'ㅇ명이하의
>   감사' 식으로 규정하는 것도 가능하다.

⑥ 사원자격의 득실에 관한 규정 : 사원의 입사 · 퇴사 및 제명 등에 관한 것을 기재한다.

> 절대로 퇴사를 인정하지 않는다거나 퇴사의 조건으로 부당한 위약금을 정하는 것과 같은 정관규정은 사회질서에 반하는 규정으로 무효일 수 있다.

⑦ 존립시기나 해산사유를 정하는 때에는 그 시기 또는 사유 : 법인의 존립시기 또는 해산사유를 기재한다.

> 존립시기나 해산사유를 정하는 때에는 그 시기 또는 사유 · 이에 관한 사항은 반드시 정하여야 하는 것은 아니므로, 특히 이를 정하고 있는 때에만 기재하면 된다.

⑧ 정관의 붙임서류

㉠ 법인 설립당시의 재산 목록

㉡ 법인이 사용할 인장

- 법인 설립당시 사용 중인 인장이 없는 경우 설립허가 등기 후 주무관청에 보고시 제출해도 된다.
- 기본재산의 처분에 관한 사항은 주무관청의 허가대상은 아니나 기본재산이 정관의 별지로 구성되어 있으므로 기본재산 변동은 별지개정사항이 되어 정관의 변경절차를 따른다.
- 법인이 계약 등 법률 행위 시에는 반드시 법원에 등기한 대표이사의 인감을 사용하여야 하고 법인의 직인은 공시된 것이 아닌 임의의 것임에 유의해야 한다.

⑨ 기타

정관은 법인의 유지운영을 위하여 준수하여야 할 기본이 되는 규칙이므로 향후 법인운영에 필요한 사항을 망라하고 관계법규에 어긋남이 없도록 작성하여야 하며, 발기인 전원이 기명날인하고 정관의 면과 면 사이에 발기인 전원의 간인을 하여야 한다(인감증명서 첨부).

2) 임의적 기재사항

정관에는 기재되어 있으나, 필요적 기재사항에 해당하지 않는 사항을 말한다. 임의적 기재사항에는 특별한 제한이 없다. 임의적 기재사항이라도 일단 정관에 기재되면 필요적 기재사항과 마찬가지의 효력을 가지게 되므로, 이를 변경하려면 정관변경의 절차(즉 주무관청의 허가와 정관변경등기)가 필요하다.

[정관작성 기준표]

항목	작성기준	검토의견
제1장 총 칙	1. 법인의 명칭을 정하되, 명칭 앞에 '사단법인'이라는 문구를 넣어야한다.	
	2. 법인의 목적을 정한다.	
	3. 법인의 사무소의 위치를 정한다.	
	4. 법인의 목적을 달성하기 위한 사업을 종목별로 구체적으로 정한다.	
제2장 회 원	1. 회원의 종류와 자격을 정하고 회원이 되는 절차를 정한다.	
	2. 회원의 권리 · 의무에 관한 사항을 정한다.	
	3. 회원은 임의로 탈퇴할 수 있게 정한다.	
	4. 회원의제명 등의 징계는 총회 또는 이사회의 의결을 거치도록 정한다.	
제3장 임 원	1. 임원의 종류와 수를 정하되, 특별한 사유가 없는 한 이사는 5인 이상, 감사는 2인 이하로 정하고, 상임이사의 수를 정한다.	
	2. 임원의 임기는 3년으로 정함을 원칙으로 한다.	
	3. 임원의 임기중 궐위될 경우의 그 보충방법을 정한다.	
	4. 임원은 총회에서 선출하도록 정한다 (다만, 상임임원은 이사회에서 선출하도록 정할 수 있다)	
	5. 임원의 결격사유와 상임임원의 겸직금지에 관한 사항을 정한다.	
	6. 법인이 특별한 사유로 인하여 총회를 개최하지 못함으로써 차기 임원을 선출하기 전에 임원의 임기가 만료된 경우의 총회 소집권자 또는 업무의 계속성에 관한 사항을 정한다.	
	7. 대표자의 직무는 법인을 대표하고 법인의 업무를 총괄하는 것으로 정한다.	
	8. 이사의 직무는 이사회에 출석하여 법인의 업무에 관한 사항을 심의.의결하며 이사회 또는 대표자로부터 위임받은 사항을 처리하는 것으로 한다.	
	9. 대표자의 유고시 또는 궐위시의 직무대행에 관한 사항을 정한다.	
	10. 감사의 직무는 다음의 것으로 정한다. 가. 법인의 재산상황을 감사하는 일 나. 이사회의 운영 및 업무에 관한 사항을 감사하는 일 다. 가목 및 나목의 감사결과 부정 또는 부당한 점이 있음을 발견한 때에는 이사회 · 총회에 그시정을 요구하고 주무관청에 보고하는 일 라. 다목의 시정요구 및 보고를 하기 위하여 필요한 때에는 총회 · 이사회	

	의 소집을 요구하는 일 마. 법인의 재산상황과 업무에 관하여 이사회 및 총회 또는 대표자에게 　　의견을 진술하는 일	
제4장 총 회	1. 총회의 의결사항은 다음의 것으로 한다. 가. 임원선출 및 해임에 관한 사항 나. 정관변경에 관한 사항 다. 사업계획 예산 및 결산에 관한 사항 라. 기타 정관의 변경, 법인의 해산 등 중요한 사항	
	2. 총회는 정기총회와 임시총회로 하고 그 소집일자 · 소집방법 · 의결정 족수 기타 필요한 사항을 정한다.	
	3. 의장 또는 사원의 의결권 없는 경우를 다음과 같이 정한다. 가. 법인과 의장 또는 사원간의 법률상의 소송의 개시및해결에 관한 사항 나. 금전 및 재산의 수수를 수반하는 사항으로서 의장 또는 사원 자신과 　　법인의 이해가 상반되는 사항	
제5장 이사회	1. 이사회의 기능은 다음과 같이 정한다. 가. 업무의 집행에 관한 사항 나. 사업계획의 운영에 관한 사항 다. 예산 · 결산서 작성에 관한 사항 라. 총회에서 위임받은 사항 마. 정관에 의하여 그 권한에 속하는 사항 바. 상임임원 선출 및 해임에 관한 사항(이사회에서 선출하도록 정하는 　　경우에 한하며, 대표자는 제외한다.) 사. 기타 주요사항	
	2. 이사회의 소집 · 의결정족수 · 결의 · 의결권 없는 경우, 기타사항에 관 하여 정한다.	
제6장 재산회계	1. 법인의 수익금은 사원의 회비 기타의 재원으로 하도록 정한다.	
	2. 법인의 회계는 정부 회계연도에 따르도록 정한다.	
	3. 법인의 사업계획 및 세입세출예산은 매회계연도 개시후 2월이내에 수 립 · 편성하고, 당해 연도의 사업실적서 및 수지결산서는 매회계연도 종료후 2월이내에 작성하도록 정한다.	
	4. 임원의 보수에 관하여 정하되 상임임원을 제외한 임원에 대하여는 보수 를 지급하지 아니함을 원칙으로 정한다.	
제7장 보 칙	1. 법인을 해산하고자 할 때에는 총회에서 사원 3분의 2이상의 찬성으로 의결하도록 정한다.	
	2. 법인이 해산할 경우의 잔여재산 처분방법에 관하여 정한다.	
	3. 법인이 정관을 개정하고자 할 때에는 이사 3분의 2이상의 찬성과 총회의 결의를 거쳐 주무관청의 허가를 받도록 정한다.	
	4. 서면결의에 관하여 규정한다.	

권장표준문안(사단법인)	심사요령
제1장 총 칙 **제1조(목적)** 이 법인은 ○○○○○사업을 수행함으로써 ○○○○○ 증진에 기여함을 목적으로 한다. **제2조(명칭)** 이 법인의 명칭은 '사단법인 ○○○○○" (이하 '법인"이라 한다)이라 칭한다. **제3조(사무소의 소재지)** 이 법인의 주사무소는 ○○시 ○○구 ○○동 ○○○번지에 두며, 필요한 곳에 분사무소(지부)를 둘 수 있다. **제4조(사업)** 이 법인은 제1조의 목적을 달성하기 위하여 다음 각호의 사업을 수행한다. 　1. (구체적인 사업종류 기재)　　2......................... 　3.........................　　　　4......................... **제5조(이익공여 무상 원칙)** ① 제4조 각호의 목적사업으로 제공하는 이익은 원칙적으로 무상으로 한다. 다만, 그 실비 등을 수혜자에게 부담시키는 경우에는 이사회 의결과 노동부장관의 사전 승인을 얻어야 한다. ② 제4조의 사업수행으로 제공되는 이익은 그 목적을 한정한 경우를 제외하고는 수혜자의 출생지, 출신학교, 직업, 기타 사회적 신분 등에 의하여 부당하게 차별하지 않는다. **제6조(수익사업)** 이 법인은 제4조 각호에 규정된 목적사업의 경비를 충당하기 위하여 필요한 때에는 그 본질에 반하지 아니하는 범위 안에서 수익사업을 할 수 있으며, 수익사업을 하고자 할 때에는 이사회 의결과 노동부장관의 사전 승인을 얻어야 한다. **제2장 사 원(또는 회원)** **제7조(사원의 구분)** 이 법인의 사원은 특별사원과 보통사원(이하 '사원'이라 한다)으로 구분한다. 　1. 특별사원(회원)은 .... 　2. 보통사원(회원)은 .... **제8조(사원의 자격)** 이 법인의 사원은 이 법인의 설립목적에 동의하면서 가입신청서를 제출하고 소정의 입회비를 납입한 자(이사회의	○ 총칙에는 법인의 명칭, 소재지, 목적, 사업내용 등을 정함 – 명칭앞에는 '사단법인'이라는 문구를 삽입하고 – 사업내용은 법인의 목적을 달성하기 위한 사업을 종목별로 구체적으로 적시 – 목적사업의 무상성 및 수혜자의 범위제한 금지(공평대우)에 관한 사항을 포함하도록 하고 – 수혜자에게 비용을 부담하게 하거나, 수익사업시 주무관청의 승인을 받도록 함 ♣ 사단법인이란 사람의 집합체인 단체에 법적인격을 부여한 것으로, 그 구성원인 사원이 있고, 단체의 의사결정기관으로 사원총회가 있는 법인을 말함. ♣ 비영리사단법인정관 기재사항(민법40조) : ① 목적, ② 명칭, ③ 사무소의 소재지, ④ 자산에 관한 규정, ⑤이사의 임면에 관한 규정, ⑥ 사원자격의

승인을 얻은 자)로 한다.

제9조(사원의 권리) 이 법인의 사원은 총회에서 선거권과 피선거권을 가지며 이 법인의 모든 업무에 참여할 권리를 가진다.

득실에 관한 규정 ⑦ 존립시기 · 해산사유를 정하는 경우 그 시기 및 사유

♣ 공익법인의설립운영에관한법률(제4조 3항) : 수익사업 시 주무관청의 승인

○ 사원의 종류와 자격, 사원의 권리와 의무를 정함
− 사원의 탈퇴는 임의로 할 수 있도록 하고
− 제명 등 징계시 사유 및 절차(총회 또는 이사회의 의결) 등을 규정함.

제10조(사원의 의무) 이 법인의 사원은 다음과 같은 의무를 가진다.
 1. 정관 및 제규정의 준수
 2. 총회 및 이사회의 결의사항 이행
 3. 회비 및 제부담금의 납부

제11조(탈퇴) 이 법인의 사원이 탈퇴를 하고자 할 때는 법인의 이사장에게 탈퇴서를 제출함으로써 자유롭게 탈퇴할 수 있다.

○ 자유의사에 따라 탈퇴할 수 있도록 함

제12조(사원의 상벌) ① 이 법인의 사원으로서 법인의 발전에 기여한 자에 대해서는 이사회의 의결을 거쳐 포상할 수 있다.
② 이 법인의 사원이 목적에 위배되는 행위 또는 명예와 위신에 손상을 가져오는 행위를 하거나 제10조의 의무를 이행하지 아니한 경우에는 이사회의 의결을 거쳐 이사장이 제명 · 견책 등의 징계를 할 수 있다.

제 3 장 임   원

제13조(임원의 구분과 정수) 이 법인에 다음의 임원을 둔다.
 1. 이사장 1명
 2. 이사 ○○명(대표이사를 포함하여 5인이상 15인이내의 확정인원수 기재)
 3. 감   사 ○명

○ 임원의 종류와 수 등을 정함
− 특별한 사유가 없는 한 이사는 5~15인 사

제14조(임원의 선출) ① 임원은 총회에서 선출한다.

② 임원이 임기중 궐위된 경우에는 2개월이내에 총회에서 그 후임자를 선출하여야 한다.

제15조(임기) ① 이 법인의 이사의 임기는 3년으로 하고 감사는 2년으로 한다.

② 보궐임원의 임기는 제 1항과 같다.

③ 부득이한 사유로 차기 임원을 선출하지 못한 채 임원의 임기가 만료된 경우에는 전임 임원은 차기 임원이 선출될 때까지 그 직무를 수행할 수 있다.

제16조(임원의 결격사유) ① 다음 각호의 1에 해당하는 자는 임원이 될 수 없다.

1. 미성년자
2. 금치산자 또는 한정치산자
3. 파산자로서 복권되지 아니한 자
4. 금고이상의 형을 받고 집행이 종료되거나 집행을 받지 아니하기로 확정된 후 3년이 경과되지 아니한 자

이에서 정함.

· 이사의 수는 제한이 없으나 정관에서 그 수를 임의로 정할 수 있음(민법40조, 43조)

· 공익법인설립운영에관한법률제5조는 이사 5~15인, 감사2인을 두도록 하고 있음

− 감사는 2인 이하로 하고 임기는 2년이하, 이사의 임기는 3년(4년초과 금지)으로 정함을 원칙으로 함

− 임원의 결격사유, 선출절차, 결격사유, 궐위시 보충방법

− 임원의 임기만료전 총회 개최불가시 총회 소집권자 또는 업무의 계속 수행에 관한 사항

− 대표자의 직무, 이사의 직무, 감사의 직무, 대표자 유고시 직무대행에 관한 사항

− 이사의 의결권 제한(민법64조) : 법인과 이사의 이익이 상반하는 사항

♣ 이사는 대외적으로 법인을 대표하고, 대내적으로 업무집행기관

5. 주무관청으로부터 임원의 취임이 취소된 후 2년이 경과되지 아니한 자
6. 특정경제범죄가중처벌등에관한법률제14조2항의 규정에 해당되는 자

② 임원이 제1항 각호의 1에 해당하게 된 때에는 그 자격을 상실한다.

♣ 특정경제범죄가중처벌등에관한법률제14조2항 : 특정재산범죄의 가

제17조(임원의 직무) 이 법인의 임원의 직무는 다음과 같다.
① 이사장은 이 법인을 대표하고 이 법인의 업무를 총괄하며 총회와 이사회의 의장이 된다.
② 이사장 유고시에는 이사장이 지명하는 이사가, 이사장 궐위시에는 이사중 최연장자가 그 업무를 대행한다.
③ 이사는 이사회에 출석하여 이 법인의 업무에 관한 사항을 심의·의결하며 이사회 또는 이사장으로부터 위임받은 사항을 처리한다.
④ 감사의 직무는 다음과 같다.
　1. 법인의 재산상황을 감사하는 일
　2. 이사회 운영과 그 업무에 관한 사항을 감사하는 일
　3. 제1호 및 제2호의 감사결과 부정 또는 부당한 점이 있음을 발견한 때에는 이사회 및 총회에 그 시정을 요구하고 주무관청에 보고하는 일
　4. 제3호의 보고를 하기 위하여 필요한 때에는 총회 및 이사회의 소집을 요구하는 일
　5. 법인의 재산상황 또는 총회 및 이사회의 운영과 그 업무에 관한 사항에 대하여 총회 및 이사회에서 의견을 진술하는 일

제18조(상근 임·직원) ① 이 법인은 이사회(또는 총회)의 의결을 거쳐 상근 임·직원을 둘 수 있다.
② 상근 임·직원의 임용·복무·보수 등에 관하여는 관계법령에 적합하도록 별도의 규정으로 정한다.

제 4 장 총　회

제19조(총회의 의결사항) 총회의 의결사항은 다음과 같다.
　1. 임원선출 및 해임에 관한 사항
　2. 정관의 변경에 관한 사항
　3. 법인 해산에 관한 사항
　4. 예산 및 결산의 승인
　5. 사업계획의 승인
　6. 기타 이사회가 부의하거나 이 법인 운영에 필요한 중요사항

중처벌(제3조), 재산해외도피(제4조2항), 수재등의 죄(제5조4항), 사금융알선등의 죄(제8조)로 유죄판결을 받은자는 일정기간 관허업의 허가·인가·면허·등록·지정 등을 받을 수 없음.

ㅇ 감사의 직무(민법67조)

ㅇ 필요시 규정

ㅇ 총회에 관한 사항을 정함
－ 총회의 의결사항
－ 총회의 종류, 소집일자, 소집절차 및 방법, 의결정족수 등
－ 의결권 제한에 관한 사항

♣ 총회는 사단법인의

	최고의사결정기관이며 필수기관임.
제20조(소집 및 통지) ① 총회는 정기총회와 임시총회로 한다. ② 정기총회는 매년 1회 소집하며, 임시총회는 이사장이 필요하다고 인정하는 경우, 재적사원 5분의 1이상 또는 재적이사 3분의 1이상이 회의안건을 명시하여 소집을 요구한 경우, 제17조제4항제4호의 규정에 의해 감사가 요구한 경우에 소집할 수 있다. ③ 총회를 소집하고자 할 때에는 회의개최일 7일전에 회의안건, 시간, 장소 등을 각 사원에게 통지하여야 한다.	♣ 통상(정기)총회는 1년에 1회이상(민법69조), 임시총회(민법70조), 총회의 소집(민법71조)
제21조(개회 및 의결정족수) 법인의 총회는 이 정관에서 따로 정한 사항을 제외하고는 재적사원 과반수의 출석과 출석사원의 결의권의 과반수로 의결한다. 다만, 가부 동수인 경우에는 부결된 것으로 본다. **제22조(의결권의 제한)** 임원 또는 사원은 다음 각호의 경우에 의결권을 행사하지 못한다. 　1. 임원의 취임 및 해임에 있어 자신에 관한 사항 　2. 금전 및 재산의 수수를 수반하는 사항으로서 임원 또는 사원 자신과 법인의 이해가 상반되는 사항	♣ 총회의 의결정족수 : 사원과반수의 출석과 출석사원의 결의권의 과반수에 의하여 결의하고(민법75조1항), 예외적으로 정관의 변경은 총사원의 2/3, 임의해산은 총사원의 3/4이상의 동의 필요(민법42조1항, 78조)

제 5 장　이 사 회

제23조(이사회의 기능) 이사회는 다음 사항을 심의 의결한다. 　1. 업무집행에 관한 사항 　2. 사업계획 운영에 관한 사항 　3. 예산·결산서 작성에 관한 사항 　4. 총회에서 위임받은 사항 　5. 기타 이사장이 법인의 운영상 중요하다고 부의하는 사항	
제24조(이사회의 소집) ① 이사회는 정기 이사회와 임시이사회로 구분하며, 의장이 이를 소집한다. ② 정기 이사회는 매년 1회 개최하고 임시이사회는 감사 또는 재적이사 3분의1 이상의 요청이 있거나 이사장이 필요하다고 인정할 때 소집한다. ③ 이사회를 소집하고자 할 때에는 회의목적과 안건, 시간, 장소를 문서로 명시하여 이사회 개최 7일전까지 이사 및 감사에게 서면으로 통지하여야 한다. **제25조(개회 및 의결정족수)** ① 이 법인의 이사회는 이 정관에서	○ 이사회에 관한 사항을 정함 － 이사회의 심의·의결사항 － 이사회 종류, 소집 절차, 개회 및 의결정족수, 의결권 제한 등에 관한 사항 등

따로 정한 사항을 제외하고는 재적이사 과반수의 출석으로 개회한다. ② 이사회의 의결은 이 정관에서 따로 정한 사항을 제외하고는 출석이사 과반수의 찬성으로 의결한다. 다만 가부동수인 경우에는 부결된 것으로 본다.	
제26조(의결권의 제한) 이사는 다음 각호의 경우에 의결권을 행사하지 못한다. 　1. 이사의 선임 또는 해임에 있어 자신에 관한 사항 　2. 금전 및 재산의 수수를 수반하는 사항으로서 이사 자신과 법인의 이해가 상반되는 사항	
제 6 장 재산 및 회계 **제27조(재산)** ① 이 법인의 재산은 기본재산과 보통재산으로 구분하여 관리한다 ② 기본재산은 다음 각호의 재산으로 하며 그 밖의 재산은 보통재산으로 한다. 　1. 표1의 기본재산 목록에 기재된 재산 　2. 부동산 　3. 이사회의 결의에 의하여 기본재산에 편입된 재산	○ 재산 및 회계에 관한 사항을 정함. – 법인 자산의 구분 및 관리 – 법인의 재원(사원의 회비 또는 기타 재원) – 법인의 회계는 정부의 회계연도에 따름 – 사업계획, 예산, 결산 등의 보고
제28조(재산의 관리) ① 이 법인의 기본재산을 매매 · 증여 · 임대 · 교환 또는 용도변경하거나 담보를 제공하고자 할 때와 기본재산에 관한 의무의 부담 및 권리의 포기(이하'처분'이라 한다)를 하고자 하는 때에는 이사회의 의결을 거쳐 총회의 승인을 얻은 후 제33조에 의한 정관변경 절차를 거쳐야 한다. ② 이 법인이 기본재산 총액에서 부채 총액을 공제한 금액의 100분의 ○○이상에 상당하는 금액을 1년 이상 장기 차입하는 경우에는 이사회의 의결을 거쳐 노동부장관의 승인을 받아야 한다.	○ 공익법인의설립운영에관한법률시행령 제17조
제29조(재원조달) 이 법인의 운영에 필요한 경비는 다음 각호의 재원으로 충당한다. 　1. 사원의 회비 　2. 기본재산으로부터 생기는 과실 　3. 후원금 　4. 기타 수입금	○ 공익법인의설립운영에관한법률시행령 제18조
제30조(재무 · 회계운영의 기본원칙) 법인의 재무 · 회계는 설립목적에 따라 건전하게 운영하여야 한다. **제31조(사업계획 및 예산 · 결산 등의 보고)** ① 이 법인의 매년도 사	

업계획과 세입·세출 예산은 매회계연도 개시 전에 편성하되 이사회의 의결을 거쳐 총회의 승인을 얻은 후 다음 연도 2월말까지 주무관청에 제출하여야 한다. ② 이 법인의 매년도 사업실적과 수지결산서는 회계연도 종료후 작성하되 이사회의 의결을 거쳐 총회의 승인을 얻은 후 다음 연도 2월말까지 주무관청에 제출하여야 한다. ③ 이 법인의 매년도말 현재의 재산목록은 다음 연도 2월말까지 주무관청에 제출하여야 한다	○ 공익법인의설립운영에관한법률제12조2항
제32조(회계년도) 이 법인의 회계연도는 매년 1월1일부터 12월31일까지로 한다. 제 7 장 정관의 변경 및 해산 등 **제33조(정관변경)** 이 법인의 정관을 변경하고자 할 때에는 재적이사 3분의 2이상의 찬성과 총회의 의결을 거쳐 노동부장관의 허가를 받아야한다. **제34조(법인의 해산)** 이 법인을 해산하고자 할 때에는 총회에서 재적사원 3분의 2이상의 찬성으로 의결하여 해산등기를 완료한 후 지체없이 주무관청에 신고하여야 한다. **제35조(청산 및 잔여재산의 처분)** ① 이 법인이 해산할 때에는 해산 당시의 이사가 청산인이 된다. ② 청산후의 잔여재산은 총회의 의결을 거친 후 주무관청의 허가를 받아 이 법인과 유사한 목적을 가진 비영리법인 또는 국가·지방자치단체에 기증한다. **제36조(준용규정)** 이 정관에서 규정하지 아니한 사항에 대하여는 '민법' 중 사단법인에 관한 규정과 '노동부소관비영리법인의설립및감독에관한규칙'을 준용한다. **제37조(규칙제정)** 이 법인의 운영 및 이 정관의 시행에 관하여 필요한 세부사항은 이사회 의결을 거쳐 별도의 규칙으로 정한다. 부 칙 ① (시행일) 이 정관은 주무관청의 허가를 받은 날부터 시행한다. ② (설립 당시의 기본재산 등) 이 법인 설립당시의 재산목록은 표1과 같다.	○ 정관변경 및 법인의 해산에 관한사항을 정함 - 정관변경에 관한 사항(민법42조) - 법인 해산결의(민법78조) 및 해산시 잔여재산 처분방법(민법80조) ♣ 사단법인의 정관변경(민법42조) : 총사원의 3분의 2이상의 동의, 단 정관에 다른 규정이 있으면 그 규정에 의함. ♣ 사단법인의 해산사유(민법77조) ·공통사유 : ① 존립기간 만료, 기타 정관에서 정한 사유 발생 ② 목적의 달성 또는 달성불능 ③ 파산, ④ 설립허가 취소 ·특별사유 : ① 사원이 없게 된 경우, ② 사원총회의결의

(5) 기관의 구성

[사단법인의 기구]

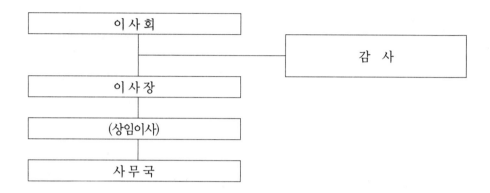

(가) 기관의 개념

1) 기관의 개념

법인이 의사를 결정하고, 그 의사에 의거하여 외부에 대하여 행동하며, 내부의 사무를 처리하기 위해서는 일정한 조직이 필요한데, 이 조직을 이루는 것이 법인의 「기관」이다. 여기에는 의사결정기관, 의사집행기관, 감독기관 등이 존재한다. 기관은 법률상 반드시 두어야 하는 필요기관과 둘 수도 있는 임의기관으로 나뉜다. 대표기관이자 집행기관인 「이사」는 모든 법인이 두어야 하는 필요기관이지만, 이사의 감독기관인 「감사」는 민법상 법인에는 임의기관이다(다만, 공익법인법상 공익법인에는 필요기관이다). 법인의 최고의사결정기관인 「사원총회」는 사단법인에게는 필요기관이지만, 재단법인에는 성질상 존재하지 아니한다.

2) 기관구성을 위한 임원의 선임 등

'임원'이란, 어떤 단체에 소속하며 그 단체의 중요한 일을 맡는 사람으로서 비영리사단법인의 경우 임원은 이사와 감사를 말한다.

가) 임원의 선임

임원은 법인의 재산을 관리하고 설립취지에 따라 계획된 비영리사업 수행에 최선을 다하는 사람으로 비영리사업을 객관적이고 공정하게 수행할 수 있는 사람을 선임한다. 이러한 임원 선임 또는 해임은 정관이 정한 바에 따른다.

나) 결격사유

공익법인과 사회복지법인 등의 경우에는 임원선임과 관련해 결격사유를 규정하고 있다(「공익법인의 설립·운영에 관한 법률」 제5조 제6항 및 「사회복지사업법」 제19조).

- 미성년자, 금치산자 또는 한정치산자
- 금고 이상의 형을 선고받고 집행이 종료되거나 집행 받지 않기로 확정된 후 3년이 경과되지 않은 사람 등

다) 임원의 선출 및 임기

이사와 감사는 이사회에서 선출하며, 임기 종료 전에 임원을 해임하고자 하는 경우 이사회의 의결을 거쳐야 하며 정관이 정하는 바에 따라 새로 선임된 임원의 임기는 전임자의 잔여기간으로 한다. 한편, 임원의 임기와 중임 또는 연임 여부는 정관이 정한 바에 따른다.

> 〈서울고법 990119 98나21603공2001. 1. 15[122],113〉
> 사단법인의 정관에 회장의 중임을 금지하는 규정만 두고 있을 뿐 전임자의 궐위로 인하여 선임된 이른바 보선회장을 특별히 중임제한 대상에서 제외한다는 규정을 두고 있지 않는 경우, 중임이 제한되는 회장에는 보선회장도 포함되는 것으로 해석함이 상당함

라) 임원의 변경과 등기

임원 중 이사의 변경 등이 있는 경우에는 정관의 규정에 따라 이사회의 의결을 거쳐 변경할 수 있는데, 이러한 이사의 변경이 있는 경우 그 변경사항을 등기해야 한다(민법 제52조). 한편, 주무관청에 따라서는 임원을 교체하여 선임(選任)한 경우에 임원 선임보고를 의무화하는 규정을 두는 경우도 있으니(예, 「감사원 소관 비영리법인의 설립 및 감독에 관한 규칙」 제8조) 그에 면밀한 확인이 요구된다.

> 감사원 소관 비영리법인의 설립 및 감독에 관한 규칙 제8조(임원선임의 보고 및 승인 등)
> 법인이 임원을 교체하여 선임(選任)한 때에는 지체 없이 제3조제6호의 서류와 임원 교
> 체선임을 결의한 총회 또는 이사회의 회의록을 첨부하여 감사원에 보고하고 승인을 받
> 아야 한다. 다만, 재선임된 임원에 대해서는 제3조제6호의 서류를 제출하지 아니한다.

이렇듯 임원 중 이사에 관한 변경사항이 있는 경우 그 변경사항에 대하여 등기해야만 제3자에 주장할 수 있다, 즉 대항력이 생기는 것이다(민법 제52조). 즉, 임원에 관한 개선(改選)으로 ⅰ) 기존의 임원이 퇴임, ⅱ) 새로운 임원의 취임, ⅲ) 임원의중임, ⅳ) 임원 대표권의 제한 등의 임원에 관한 변경사항이 있는 경우에는 그 변경사항에 대해 등기를 해야 제3자에게 주장할 수 있는 것이다.

또한, 임원변경으로 이사의 정수에 변동이 발생하는 경우가 많으므로, 임원변경을 이유로 변경등기를 하는 경우에는 이사의 정수를 확인하기 위해 정관을 제출하여야 한다.

마) 임원의 퇴임

임원의 퇴임 등기는 이사가 사임하거나 이사의 해임, 이사의 사망 또는 그 밖의 결격사유가발생하는 경우에 퇴임한 이사의 성명과 퇴임사유 등을 기재하여 임원의 퇴임등기를 한다.

① 이사 사임의 경우

이사의 사임으로 임원의 퇴임등기를 하는 경우에는 사임의 의사를 확인하는 사임서 및 인감증명서등을 첨부하여 법인 변경등기 신청서를 법원에 제출하여야 한다.

[사임서]

사 임 서

사단(재단)법인 ○○○○ 귀하

본인은 사단(재단)법인 ○○○○에 20 년   월   일부터 20 년   월   일까지 이사로
있었으며, ○○○○를 사유로 사단(재단)법인 ○○○○ 이사직을 사임합니다.

또한, 사단(재단)법인 ○○○○의 모든 권리와 책임을 포기합니다.

20 년 월 일

주 소 :

성 명 :   (인)

주민등록번호 :

[법인 변경등기 신청서]

<table>
<tr><td colspan="10" align="center">사단(재단)법인변경등기신청</td></tr>
<tr><td rowspan="2">접
수</td><td colspan="2">년 월 일</td><td rowspan="2">처
리
인</td><td>접 수</td><td>조 사</td><td>기 입</td><td>교 합</td><td>각종통지</td></tr>
<tr><td>제</td><td>호</td><td></td><td></td><td></td><td></td><td></td></tr>
</table>

명 칭		등기번호	
주사무소			
등 기 의 목 적	이사 등의 변경등기		
등 기 의 사 유	20○○년 ○월 ○일 이사(감사) ○○○이 사임하고 20○○년 ○월 ○일 주주총회에서 다음 사람이 이사(감사)로 선임되어 같은 날 취임을 승낙하여 취임하였으므로 다음사항의 등기를 구함		
등기연월일	20 년 월 일		
등 기 할 사 항			
대표이사·이사 등의 퇴임·취임·대표권 등과 그 연월일	이사 ○○○ 취임(기재예) 주민등록번호 : 주소 : 이사 ○○○ 퇴임(기재예) 주민등록번호 : 주소 : 이사 ○○○외에는 대표권 없음(기재예) 주민등록번호 : 주소 :		
기 타			

등록세/수수료				
과세표준액	금 원	등록세	금	원
교육세	금 원	농어촌특별세	금	원
세액합계	금 원	등기신청수수료	금	원

첨 부 서 면			
1. 사원총회의사록(해임, 선임 등의 경우)	통	1. 취임승낙서(인감증명서 포함)	통
1. 사임서(인감증명서포함)	통	1. 주민등록표등(초)본(선임한 경우)	통
1. 가족관계 등록사항별 증명서(사망한 경우)	통	1. 정관(필요한 경우)	통
1. 판결 또는 결정등본 및 확정증명원		1. 등록세영수필확인서	통
(파산, 금치산선고 등)	통	1. 위임장(대리인이 신청할 경우)	통
		〈기 타〉	

```
                              년  월  일

 신청인  상  호
         본  점
 대표자  성  명              (인)  (전화 :        )
         주  소
 대리인  성  명              (인)  (전화 :        )
         주  소


              지방법원    등기소  귀중
```

```
    - 신청서 작성요령 및 등기수입증지 첩부란 -

 1. 해당란이 부족할 때에는 별지를 이용합니다.

 1. 해당 등기신청과 관계없는 사항에 대하여는 '해당없음'으로 기재하거나 삭제하고,
    필요한 사항은 추가 기재합니다.

 1. 등기신청수수료 상당의 대법원등기수입증지를 이 난에 붙입니다.
```

(용지규격 21cm × 29.7cm)

② 이사 해임의 경우

이사의 해임으로 임원의 퇴임등기를 하는 경우에는 법인 변경등기 신청서와 함께 해임을
증명하는 서면을 제출해야 하며, 이때 해임을 증명하는 사원총회의사록을 첨부해야 되고
그 의사록은 공증을 받아야 한다(「공증인법」 제66조의2제1항).

〈대법원 1995.7.25 선고 95누2883 판결〉
민법 제32조, 제37조, 제40조제5호, 제42조제2항, 제43조, 제45조제3항 규정들을 종
합하여 보면, 비영리법인인 재단법인의 이사 임면에 관한 규정을 주무관청이 검토하여
법인설립 또는 정관변경을 허가할 것인지 여부를 결정하도록 하여 재단법인에 대한 주
무관청의 감독의 실효를 올리도록 한 법의를 찾아볼 수 있고, 따라서 법인의 이사와 감
사의 임면에 있어 주무관청의 인가 또는 승인을 요한다는 취지의 정관의 규정이 있을
때에는 주무관청은 민법의 이사 임면에 관한 정관규정의 당·부당을 검토하므로, 재단
법인을 일반적으로 감독하는 권한을 정관의 규정에 의하여 구체적인 이사와 감사의 임
면에 대하여 확장하였다고 보는 것이 타당하다.

사원총회(이사회)의사록

1. 개최일시 20○○년 ○월 ○일 ○○시
2. 개최장소 ○○시 ○○구 ○○동 ○○번지 회의실
3. 총 사원(이사)수 ○○○명
4. 출석사원(이사)수 ○○명
    본인출석 ○○명
    위임출석 ○명

의장인 이사 ○○○는 정관규정에 따라 의장석에 등단하여 위와 같이 법정수에 달하는 사원(이사)이/가 출석하였으므로 본 총회(이사회)가 적법하게 성립되었음을 알리고 개회를 선언한 후, 사전에 통지한 의안이 다음 의안을 부의하고 심의를 구하다.

제1호 의안 ○○○○건

의장은 ○○○○○○○○○○○○○○○를 이유로 할 필요가 있음을 설명하고 그 찬·반 여부를 물으니 전원이 이의 없이 찬성하여 만장일치로 그에 대해 승인을 가결하다.

20○○년 ○월 ○일

사단(재단)법인 ○○○○○
○○시 ○○구 ○○동 ○○번지

의장이사 ○○○ (인)
이사   ○○○ (인)
이사   ○○○ (인)

③ 이사 사망의 경우

이사의 사망으로 퇴임하는 경우에는 사망사실을 기재한 가족관계 등록사항별 증명서와 법인변경등기신청서를 법원에 제출해야 한다.

④ 이사의 파산 등의 경우

이사가 파산, 금치산선고 또는 형의 선고 등으로 퇴임하는 경우에는 그 결격사유를 증명하는 판결 및 결정등본 등을 법인 변경등기 신청서와 함께 법원에 제출해야 한다.

바) 임원의 취임

기존 이사의 임기 만료 등으로 새로이 이사를 선임하는 경우 취임한 이사의 성명, 주민등록번호와 취임취지 및 등기연월일을 기재하여 임원취임등기를 한다. 이사의 취임등기를 위해서는 다음과 같은 서류를 준비하여 제출하여야 한다.

- 법인의 변경등기 신청서
- 이사를 선임한 공증 받은 사원총회의사록
- 취임승낙서(사원총회의사록에 취임을 승낙한 취지가 기재되어 있고 취임예정자가 그 의사록에 날인한 경우에는 취임승낙서를 별도로 첨부하지 않아도 됨)
- 취임승낙자의 인감증명서 및 인감 제출
- 주민등록번호 또는 생년월일을 증명하는 서면 등을 함께 제출한다.

사원총회(이사회)의사록

1. 개최일시 20○○년 ○월 ○일 ○○시
2. 개최장소 ○○시 ○○구 ○○동 ○○번지 회의실
3. 총 사원(이사)수 ○○○명
4. 출석사원(이사)수 ○○명

　　본인출석 ○○명

　　위임출석 ○명

의장인 이사 ○○○는 정관규정에 따라 의장석에 등단하여 위와 같이 법정수에 달하는 사원(이사)이/가 출석하였으므로 본 총회(이사회)가 적법하게 성립되었음을 알리고 개회를 선언한 후, 사전에 통지한 의안이 다음 의안을 부의하고 심의를 구하다.

제1호 의안 ○○○○건

의장은 ○○○○○○○○○○○○○○○를 이유로 할 필요가 있음을 설명하고 그 찬·반 여부를 물으니 전원이 이의 없이 찬성하여 만장일치로 그에 대해 승인을 가결하다.

20○○년 ○월 ○일

사단(재단)법인 ○○○○○

○○시 ○○구 ○○동 ○○번지

의장이사 ○○○ (인)

이사　　○○○ (인)

이사　　○○○ (인)

취 임 승 낙 서

사단(재단)법인 ㅇㅇㅇㅇ 이사장 (인)

설립자 ㅇㅇㅇ 귀하

본인은 금번 설립하는 사단(재단)법인 ㅇㅇㅇㅇ의 이사(임기 ㅇ년)에 취임할 것을 승낙합니다.

20 년   월   일

주소 :

주민등록번호 :

성명 :   (인)

사) 임원의 중임

① 중임등기

㉮ 원칙

이사의 임기가 만료된 후 재선되어 다시 이사로 취임하는 경우에도 법인 변경등기를 해야 한다. 다시 말해 동일인이 다시 취임하여 전임 임기만료일과 후임 임기개시일이 동일한 경우에도 이사의 임기가 연장되는 것이 아니라 이사의 지위가 새로 시작되기 때문에 취임등기와 퇴임등기를 해야 하는 것이다. 그러나 등기실무상 퇴임취지와 재취임취지를 중복기재하지 않고 중임의 취지를 기재하는 중임등기로 취임등기와 퇴임등기를 대신한다.

㉯ 예외

다만, 등기선례에 따르면, 임기 만료된 이사가 정관에 따라 후임자가 취임할 때까지 권리·의무를 행사하던 중에 재선되어 전임 임기만료일과 후임이사의 임기개시일이 서로 다른 경우에는 중임등기가 아닌 퇴임등기와 취임등기를 해야 한다.

② 이사의 임기만료전 중임의 경우

이사의 임기만료 전에 중임되는 임기를 새로 시작해야 하는 경우에는 이사의 사임서를 받아 사임으로 인한 퇴임과 취임 등기를 하면 된다. 이 경우 다음과 같은 서류를 법원에 제출하여야 한다.

• 중임등기를 신청하기 위해서는 공증 받은 사원총회의사록

• 주민등록등본

• 인감 및 인감증명서

• 법인의 변경등기 신청서 등을 법원에 제출해야 한다.

아) 임원 대표권 제한 신설 등

이사의 대표권과 관련하여 그 제한규정을 신설하는 때에는 다음을 사항을 기재하여야 한다.

• 대표권 제한규정을 신설하는 취지

• 그 등기연월일

• 대표권 있는 이사의 성명과 주소

또한 대표권 제한 규정을 변경하는 때에는 다음의 사항을 기재하여야 한다.
• 변경된 대표권 있는 이사의 성명 · 주소
• 변경취지 및 그 연월일

그리고 대표권 제한규정을 폐지하는 때에는 다음의 사항을 기재해야 한다.
• 대표권 제한규정 폐지의 취지
• 그 등기연월일

따라서 대표권 제한규정의 신설, 변경 또는 폐지 등을 이유로 법인등기를 변경하는 경우에는 다음의 서류를 첨부하여 등기하여야 한다.
• 법인변경등기 신청서
• 공증 받은 사원총회의사록
• 정관변경에 따른 주무관청의 허가서

(나) 이사
1) 법인의 대표
이사는 대외적으로 법인을 대표하고(대표기관), 대내적으로 법인의 업무를 집행하는(업무집행기관), 상설적인 필요기관이다. 사단법인이든 재단법인이든 법인에는 반드시 이사를 두어야 한다(민법 제57조). 이사의 수에는 제한이 없으며, 정관에서 임의로 정할 수 있다. 또한 이사가 수인인 경우에는 정관에 다른 규정이 없으면 법인의 사무집행은 이사의 과반수로써 결정하며, 이사는 선량한 관리자의 주의로 그 직무를 행하여야 한다.

임원취임 예정자 인적사항

직위	성 명 (한 자)	주민등록 번 호	본 적 (호주성명 :)	주 소 (우편번호)	주요약력	임기	연락처 (☎)
이사장	홍길동 (洪吉東)		서울 종로구 명륜동 2가 123번지 (호주 : 홍길동)	서울 중구 계동 123번지 (123~456)	○(현) ○(전) ○(전)	4년	
					○ ○ ○		
					○ ○ ○		
					○ ○ ○		
					○ ○ ○		
					○ ○ ○		

작성자 : 사단법인 ○○○○ 발기인 대표 ○○○ (서명 또는 날인)

　　　　재단법인 ○○○○ 출연자 ○○○ (서명 또는 날인)

주) 1. 본적과 호주는 공익법 제5조 제6항에서 규정하고 있는 임원의 결격여부를 본적지에 조회하기 위한 것이며,
　　　이 난의 기록이 없을 경우 호적등본 제출로 갈음할 수 있다.
　　2. 약력은 가급적 법인의 목적사업과 관련된 것을 중심으로 3~4개 정도를 적고, 전ㆍ현직 여부를 표시한다.

2) 이사의 집행권원

이사는 법인의 모든 내부적 사무를 집행한다(민법 제58조 제1항). 이사가 수인인 경우에는 정관에 다른 규정이 없으면 법인의 사무집행은 이사의 과반수로써 결정한다. 이사로 선임된 경우 이사는 다음과 같은 업무를 집행하여야 한다.

• 법인설립 허가 이후, 법인설립등기(「민법」 제33조),
• 재산목록의 작성 · 비치(「민법」 제55조제1항)
• 법인이 채무를 완제하지 못한 경우에는 파산 신청(「민법」 제79조)
• 법인이 해산하는 때에는 청산인의 역할을 수행(「민법」 제82조)
• 사원명부 작성 · 비치(「민법」 제55조제2항)
• 사원총회의 소집(「민법」 제69조 및 제70조)
• 사원총회의 의사록 작성(「민법」 제76조)

3) 이사의 자격

이사가 될 수 있는 것은 자연인에 한하는 것으로 해석함이 통설이다. 그러나 자격상실 또는 자격정지의 형을 받은 자는 이사가 될 수 없다(형법 제43조 · 제44조).

4) 이사의 등기사항

이사의 임면방법은 정관에 반드시 기재되어야 하는 필요적 기재사항이다. 이사의 성명 · 주소는 등기사항이며(민법 제49조 제2항), 이를 등기하지 않으면 이사의 선임 · 해임 · 퇴임을 가지고서 제3자에게 대항할 수 없다(민법 제54조제1항).

5) 이사의 직무권한 및 이사의 임무해태나 위반 시 제재
가) 선량한 관리자로서의 주의의무

법인과 이사의 관계는 특수한 위임관계라고 할 수 있으므로, 이사는 선량한 관리자의 주의로써 충실하게 그 직무를 수행할 법적 의무가 있다(민법 제61조 참조).

나) 손해배상책임

이사가 그 임무를 해태한 때에는 그 이사는 법인에 대하여 연대하여 손해배상의 책임을 부담하여야 한다.

다) 과태료

또한 이사가 각종의 법인등기를 게을리 하거나, 재산목록의 작성 및 비치의무를 위반 또는 부정기재를 한 경우, 사원명부의 작성 및 비치의무를 위반 또는 부정기재한 경우, 사원총회 의사록의 작성 및 비치에 관한 의무를 위반한 경우 및 파산선고의 신청을 게을리 한 경우에는 500만원 이하의 과태료 처분을 받게 된다(민법 제97조 제1호 · 제2호 · 제5호 및 제6호).

6) 이사의 대표권 제한

가) 이사의 대표권

이사는 법인의 사무에 관하여 각자 법인을 대표한다(민법 제59조 제1항). 대표하는 사무는 법인의 모든 사무로 제한이 없다. 각자 대표하므로 이사가 수인이어도 각 이사는 단독으로 대표할 수 있는 단독대표가 원칙이다.

나) 이사의 대표권 제한

이사의 대표권은 ⅰ) 정관에 의한 제한, ⅱ) 이익상반에 따른 제한, ⅲ) 복임권의 제한 등과 같은 제한이 있다.

> 〈서울고법 1965.4.7 고집1965민,219〉
> 재단법인의 대표이사인 사람이 그 법인을 대표하여 자기의 개인채무를 법인으로 하여금 인수케 하는 행위를 함은 민법 제64조의 이른바 법인과 이사의 이익이 상반하는 사항이라 할 것이므로 그 대표권이 없어 그 행위는 재단에 대하여 효력이 없다.

가) 정관에 의한 제한

이사의 대표권을 제한하기 위해서는 정관에 기재해야 하며, 정관에 기재되지 않은 대표권의 제한은 무효이다(민법 제41조).

만일 정관에 이사의 대표권을 제한한 규정을 기재한 때에는 등기를 해야만 제3자에게 주장할 수 있으며(민법 제60조, 대법원 1992. 2. 14. 선고, 91다24564 판결), 이사의 대표권제한 규정을 정관에는 기재하였으나 등기를 하지 않았다면, 법인은 이사와 거래한 제3자에게 대표권의 제한을 주장할 수 없고 또한 그 제한을 위반하여 대표권을 행사한 이사의 행위의 효과는 법인에게 귀속된다.

사단법인의 경우 사원총회에서 이사의 대표권제한을 의결할 수 있는데(민법 제59조제1항 단서), 사원총회에서 이사의 대표권제한을 의결한 경우에도 등기를 해야만 제3자에게 주장할 수 있다(민법 제60조).

【판시사항】

이사의 대표권 제한 등기의 대항력(대법원 1992. 2. 14. 선고 91다24564 판결)

【판결요지】

재단법인의 대표자가 그 법인의 채무를 부담하는 계약을 함에 있어서 이사회의 결의를 거쳐 노회와 설립자의 승인을 얻고 주무관청의 인가를 받도록 정관에 규정되어 있다면 그와 같은 규정은 법인 대표권의 제한에 관한 규정으로서 이러한 제한은 등기하지 아니하면 제3자에게 대항할 수 없다. 또한, 법인의 정관에 법인 대표권의 제한에 관한 규정이 있으나 그와 같은 취지가 등기되어 있지 않다면 법인은 그와 같은 정관의 규정에 대하여 선의냐 악의냐에 관계없이 제3자에 대하여 대항할 수 없다.

나) 이익 상반에 따른 행위

이사가 법인의 재산을 넘겨받은 경우 등 이사의 이익과 법인의 이익이 상반되는 때에는 이사에게는 대표권이 없다(민법 제64조 전단). 이 경우 이해관계인 또는 검사의 청구에 의해 법원이 선임한 특별대리인이 법인을 대표하며(민법제64조 후단), 이때의 특별대리인은 법인의 일시적인 대표기관으로 해당 사항에 대해서만 법인을 대표한다.

다만, 이사의 이익과 법인의 이익이 충돌하더라도 다른 이사가 있으면 그 다른 이사가 법인을 대표하면 되므로 다른 이사도 없는 경우에만 특별대리인을 선임하며, 이사가 법인의 이익과 상반되게 자신의 이익을 위해 법인을 대표한 경우에는 그 행위는 권한 없는 대표행위로서 법인에게는 효력이 없다.

다) 복임권이 제한

이사는 원칙적으로 자신의 대표권을 행사해야 하지만, 이사가 직접 법인을 대표하는 것이 불가능하거나 부적당한 경우에 대리인을 선임할 수 있다(민법 제62조). 다만, 정관 또는 총회의 결의로 금지하지 않은 사항에 대해서만 이사는 대리인을 선임할 수 있으며, 이사에 의해 선임된 대리인은 법인의 기관이 아니고, 법인의 대리인이며, 이사는 본인이 선임한 대리인의 선임·감독에 대하여 책임을 부담한다(민법 제121조제1항).

라) 총회의 결의에 의한 제한

이사가 사단법인을 대표하는 데에는 총회의 의결에 의하여야 한다고 규정하고 있으므로 사단법인의 이사의 대표권은 회원총회의 의결로써 제한할 수도 있다(민법 제59조제1항 단서).

7) 이사의 임명, 퇴임 또는 해임

가) 이사의 임명

이사의 임명과 해임에 관한 규정은 정관에서 정한다. 이에 관한 사항은 정관의 필요적 기재사항이다. 이사의 선임행위에 관해서는 유임 내지 중임금지의 규정이 없으므로, 임기만료 후에 이사의 개임(改任)이 없었다면 묵시적으로 다시 선임하였다고 해석할 수 있다.

나) 퇴임 또는 해임

이사의 퇴임과 해임은 정관에 규정된 바에 따른다. 임기 만료, 해임 또는 자의로 퇴임한 이사는 그 후임자가 정해질 때까지 계속하여 법인의 사무를 수행하며, 아직 임기가 남아 있는 다른 이사가 법인의 정상적인 활동을 계속할 수 있는 경우에는 퇴임한 이사가 계속하여 법인의 사무를 수행하지 않아도 된다.

(다) 이사회

1) 개념

이사가 수인 있는 경우 이사들로 구성된 회의체인 이사회를 둘 수 있다. 그러나 현행 민법은 이사회에 관한 규정을 두고 있지 아니하여, 이사회는 필요기관이 아니라 정관의 규정에 의하여 설치할 수 있는 임의기관이며, 총회에서 의결된 사항을 집행함에 필요한 세부사항을 의결한다.

2) 의결정족수

이사가 여러 명이 있는 경우, 정관에 다른 특별한 규정이 없으면 법인의 사무집행은 이사의 과반수의 의결로 결정할 수 있다.

3) 이사회의 기능

정관에 이사회를 두도록 규정한 경우, 이사회는 아래와 같은 기능을 수행한다.

- 법인의 예산, 결산
- 차입금 및 재산의 취득, 처분의 관리에 관한 사항
- 정관변경에 관한 사항
- 법인의 해산에 관한 사항임원의 임명과 해임에 관한 사항
- 그 밖에 법령이나 정관에 의해 그 권한에 속하는 사항

(라) 사원총회

사원총회는 비영리사단법인의 최고 의사결정기관이며, 사원총회는 사단법인의 필수기관으로 정관의 규정으로 폐지할 수 없는 기관으로, 그 구성원인 사원은 평등한 지위에서 법인의 운영에 관한 의사결정권을 가진다.

〈서울고법990119 98나21603공2001.1.15[122],113〉
사단법인의 정관은 이를 작성한 사원뿐만 아니라 그 후에 가입한 사원이나 사단법인의 기관등도 구속하는 점에 비추어보면 그 법적성질은 계약이 아니라 자치법규로 보는 것이 타당하므로, 이는 어디까지나 객관적인 기준에 따라 그 규범적인 의미내용을 확정하는 법규해석의 방법으로 해석되어야 하는 것이지, 작성자의 주관이나 해석 당시의 사원의 다수결에 의한 방법으로 자의적으로 해석될 수는 없다 할 것이어서, 어느 시점의 사단법인의 사원들이 정관의 규범적인 의미내용과 다른 해석을 사원총회의 결의라는 방법으로 표명하였다 하더라도 그 결의에 의한 해석은 그 사단법인의 구성원인 사원들이나 법원을 구속하는 효력이 없다.

1) 총회의 설치

사단법인에는 사단법인을 구성하는 사원의 전원으로써 구성되는 최고 의사결정기관인 사원총회를 반드시 두어야 한다(즉 '필요기관'이다). 사원이 없는 재단법인에는 사원총회가 존재하지 아니한다. 사단법인은 정관의 변경·법인의 해산 등을 비롯한 사단법인에 관한 모든 근본적 의사를 결정하는 최고 의사결정 기관이면서 필요기관이므로, 정관의 규정에 의해서도 이를 폐지하지 못한다.

2) 총회의 권한

사단법인의 사무는 정관으로 이사 또는 기타 임원에게 위임한 사항 외에는 총회의 결의에 의하여야 한다.

3) 사원총회의 종류

사원총회에는 통상총회와 임시총회가 있다.

가) 통상총회

통상총회는 적어도 1년에 1회 이상 정관이 정한 시기에 소집되는 총회를 말하며(「민법」 제69조), 소집시기를 정하지 않은 경우에는 이사가 정하면 된다.

나) 임시총회

사단법인의 이사나 감사가 필요하다고 인정한 때에는 임시총회를 소집할 수 있으며, 총사원의 5분의 1이상으로부터 회의의 목적사항을 제시하여 청구한 때에는 이사는 임시총회를 소집하여야 한다. 이 정수는 정관으로 증감할 수 있다. 이의 청구가 있는 후 2주간 내에 이사가 총회소집의 절차를 밟지 아니한 때에는 청구한 사원은 법원의 허가를 얻어 이를 소집할 수 있다.

다) 사원총회의 소집절차

총회의 소집은 1주간 전에 그 회의의 목적사항을 기재한 통지를 발하고 기타 정관에 정한 방법에 의하여야 하며, 총회는 통지한 사항에 관하여서만 결의할 수 있다. 그러나 정관에 다른 규정이 있는 때에는 그 규정에 의한다. 만일, 정관에 소집통지에 관한 규정이 없으면 개별적 통지, 신문광고 등으로 사원 전원에게 알릴 수 있는 적절한 방법을 이용하여 통지하면 된다.

> 비영리 사단법인의 사원총회 소집통지는 언제, 어떻게 발송해야 하나요?
>
> **질문**
>
> A는 비영리 사단법인의 이사로서 임시총회를 소집하려고 합니다. 5월 15일 오전 10시에 사원총회가 개최되는 경우 A는 최소한 언제까지 사원총회의 소집통지를 발송해야 하나요. 그리고 소집통지의 방법은 특정되어야 하나요?
>
> **답변**
>
> A는 비영리 사단법인의 이사로서 임시총회를 소집할 수 있습니다. 이때 사원총회의 소집통지는 사원총회 개최일 1주간 전에 그 회의의 목적을 적시하여 통지해야 합니다. 사원총회가 5월 15일 오전 10시에 개최되는 경우 소집통지는 5월 15일의 전일인 5월 14일부터 1주간 전에 발송되어야 하므로, 5월 7일 24시까지는 각 사원들에게 소집통지를 발송해야 합니다(「민법」 제70조 및 제71조). 사원총회의 소집통지를 발송하는 경우 그 방법은 정관의 규정을 따르면 됩니다. 다만, 정관에 규정이 없으면 개별적 통지, 신문광고 등 적절한 방법을 통해 사원 전원에게 알릴 수 있으면 됩니다(「민법」 제71조).

라) 총회의 결의방법 및 의사록 작성

총회의 결의에 있어서는 정족수사원들은 평등한 결의권을 가지며(「민법」 제73조제1항), 결의에 필요한 정수는 정관에 따로 규정할 수 있다. 그러나 정관에 규정이 없으면, 결의에 필요한 정수는 사원 과반수의 출석과 출석사원의 결의권의 과반수로 결의하면 된다(「민법」 제75조제1항).

또한 총회의 의사에 관하여는 의사록을 작성하여야 하는데, 의사록에는 의사의 경과, 요령 및 결과를 기재하고 의장 및 출석한 이사가 기명날인하여야 한다. 이사는 이렇게 작성된 의사록을 주된 사무소에 비치하여야 한다.

마) 결정사항

사원총회에서는 다음과 같은 사항을 결정할 수 있다.

• 이사 또는 그 밖의 임원에게 위임한 사항 외의 사항(「민법」 제68조)

- 정관을 변경하거나 법인을 임의 해산하는 경우에는 반드시 사원총회의 결의로 결정해야 한다.

(마) 감사

1) 임의기관

사단법인 또는 재단법인은 정관 또는 총회의 결의로 감사를 둘 수 있다(민법제66조). 즉 현행 민법상 감사는 필요기관이 아닌 임의기관이다.

2) 감사에 대한 등기

감사는 법인 내부의 사무집행에 대한 감독권한을 가지고 있으나, 법인을 대표하는 기관이 아니므로 감사의 성명, 주소는 이사와는 달리 등기사항이 아니다.

3) 감사의 직무

감사의 직무는 다음과 같다.
- 법인의 재산상황을 감사하는 일
- 이사의 업무집행의 상황을 감사하는 일
- 재산상황 또는 업무집행에 관하여 부정, 불비한 것이 있음을 발견한 때에는 이를 총회 또는 주무관청에 보고하는 일
- 위 각 사항의 보고를 위하여 필요 있는 때에는 총회를 소집하는 일

4) 위반시 제재

가) 손해배상책임

감사는 이사와 마찬가지로 선량한 관리자의 주의로 직무를 수행해야 하며, 이를 위반한 경우에는 손해배상의 책임을 부담한다.

나) 과태료

또한 감사가 법인의 사무 검사 · 감독에 대한 주무관청의 검사 · 감독을 방해하거나, 주무관

청 또는 사원총회에 대하여 사실 아닌 신고를 하거나 사실을 은폐한 경우에는 500만원 이하의 과태료 처분을 받는다(민법 제97조제3호 및 제4호).

(6) 창립총회개최

(가) 개념

'창립총회'란, 단체를 구성하기 위해 단체를 구성하는 일에 대한 경과를 보고하고, 임원 선임, 정관의 채택 등과 같은 의사결정을 위한 모임이다. 비영리사단법인은 설립자가 작성한 정관의 확정 및 정관규정에 따른 임원 선임 등을 창립총회에서 결정하며, 단체구성원인 사원이 발기인과 동일한 경우에는 발기인총회가 창립총회로 된다.

(나) 개최공고

창립총회를 개최하기 위해서는 창립총회 일시, 장소, 조합원의 자격요건, 의결사항을 포함하여 7일 이상 창립총회 개최를 공고해야 한다. 7일에는 공휴일과 일요일이 포함되며, 공고일과 개최일은 포함되지 않지만 말일이 토요일이나 공휴일인 경우에는 그 익일에 만료된다. 개최 공고를 게시하였다는 증빙은 주사무소에 게시한 경우 사진, 신문 등에 공고한 경우 해당 신문, 우편, 전자우편 등으로 발송한 경우 그 발송내역 등을 함께 제출하여야 한다.

공고 제2018-01-01호

담당 : 사단법인 설립 발기인

사단법인 설립을 위한 창립총회 소집 통보

사단법인 한국00협회(가칭)을 설립하기 위한 회원 창립총회를 개최하고자 다음과 같이 통보합니다.

- 다 음 -

1. 대상 : 전체 회원
2. 회의 일시 : 2000년 00월 00일, 18:00~20:00까지
3. 장소 : 0000
4. 목적 : 사단법인 설립
5. 회의내용

   ① 비영리사단법인 한국00협회 설립 건

   ② 설립취지 채택의 건

   ③ 정관 승인의 건

   ④ 임원 선임의 건

   ⑤ 사업계획 및 예산의 건

   ⑥ 재산 승인의 건

   ⑦ 사무실 설치장소 결정의 건

※ 회원 여러분의 의견을 수렴하여 사단법인을 설립하기 위해 위와 같은 사항을 결정하고자 하오니 회원 여러분의 많은 참여 부탁드립니다. 감사합니다.

2000년 00월 00일

사단법인 한국00협회 발기인 대표 : 000 (인)

(다) 의결사항

창립총회에서는 다음과 같은 사항들을 의결한다.

- 임시의장의 선출
- 정관심의
- 출연내용 채택
- 이사장 선임
- 임원선임 및 임기결정
- 사업계획 및 예산심의
- 사무소설치

(라) 작성방법

창립총회 회의록은 법인설립이 적법한 절차를 거쳐 성립되었느냐를 판단하는 중요한 기준이 되므로 육하원칙에 따라 작성하되, 회의 일시와 장소, 참석대상 및 참석인원(또는 참석작명단), 회의안건, 진행자 등이 누락되지 않도록 하여야 할 뿐만 아니라 설립취지, 정관의 심의 · 의결, 임원 선출, 재산출연 및 수증에 관한 사항 의결, 사업계획서 및 수입 · 지출 예산 의결에 관한 사항이 모두 포함되도록 하여야 한다. 특히 회의진행과 관련하여 정관 심의과정 및 임원선출의 표결사항, 찬 · 반 토론내용 등을 상세히 기재하고 회의록 작성이 끝나면 참석한 서명위원들이 기록내용을 확인하고 연명으로 날인하여야 한다. 또한, 회의록의 내용 중 별첨 유인물로 설명(진행)된 것은 회의록에 첨부하여 서명위원들이 간인하여야한다(설립발기인이 법인인 경우에는 회의록 대신 설립에 관한 의사결정을 증명하는 서류를 제출한다).

사단법인 ○○○○ 창립(발기인) 총회 회의록

(아래는 예시문입니다)

1. 회의일시 : 2002년 ○○월 ○○일 (15:00~17:00)
2. 회의장소 : 서울특별시 ○○구 ○○동 ○○번지 ○○호실
3. 회의안건 : ① 의장선출 ② 설립취지 채택 ③ 정관심의 ④ 출연내용 ⑤ 이사장 선임 ⑥ 임원선임 및 임기결정 ⑦ 사업계획 및 예산심의 ⑧ 사무소 설치 ⑨ 법인조직 및 상근임직원 정수 책정
4. 회원총수 : ○○명 ('회원 명부' 참조)
5. 출석회원(발기인 포함) : ○○명
6. 결석회원(발기인 포함) : ○○명
7. 회의내용

임시 사회자 ○○○은 본 총회가 적법하게 성립되었음을 성원 보고한 후 '임시의장 선출' 안건을 상정하다.

[제1의안 상정] : 임시의장 선출

사회자 :   – '임시의장 선출(안)'을 상정하겠습니다.

              – 추천하여 주시기 바랍니다.

○○○ :   ○○○를 임시의장으로 선출할 것을 제안합니다.

사회자 :   – 다른 분 추천 있습니까? (더 이상의 추천이 없다.)

사회자 :   – ○○○께서 추천한 ○○○을 임시의장으로 선출하겠습니다. 이의 있으시면 말씀해 주시고, 찬성하시면 박수로 의결하여 주시기 바랍니다.

           (만장일치로 전원 박수)

사회자 :   – 임시의장에 ○○○가 선출되었음을 선포합니다.

           (의사봉 3타)

(이후의 의사진행은 임시의장 ○○○에게 인계하고 사회자는 물러나다.)

[제2의안 상정] 설립취지 채택

의　장 :　(간단하게 임시의장 취임 인사를 한다.)

　　　　　－ 우리 법인의 '설립취지 채택' 안건을 상정합니다.

　　　　　－ ○○○ 발기인께서 설립취지(안)을 낭독해 주시기 바랍니다.

○○○ :　(유인물로 작성되어 배포된 설립 취지 문안을 낭독한다)

의　장 :　－ ○○○께서 낭독하신 설립취지에 대하여 의견이 있으시면 말씀해 주십시오

○○○ :　－ 이미 준비된 설립취지문에 찬성하며 원안 의결할 것을 제안합니다.

(회원전원) : (○○○의 제안에 찬성하며 모두 박수치다.)

의　장 :　－ 본 설립취지(안)에 이의 없으신 것으로 알고 원안대로 가결되었음을 선포

　　　　　합니다. (의사봉 3타)

[제3의안 상정] 정관심의의 건

의　장 :　－ 이어서 '정관심의'에 들어가겠습니다.

　　　　　(○○○ 발기인에게 준비된 정관(안) 낭독을 요청하다.)

○○○ :　(정관 초안을 낭독하다.)

○○○ :　－ 정관의 내용이 무리없이 잘 구성되었다고 생각합니다.

　　　　　－ 본 정관이 어떠한 과정으로 작성되었는지 의장님께서 부연설명 해 주시면

　　　　　고맙겠습니다.

의　장 :　－ 본 정관은 우리 법인의 주무관청인 지식경제부에서 만든 정관예문(준칙)

　　　　　을 기초로 하여 작성하였습니다.

　　　　　－ 본 정관에 추가 또는 삭제할 내용이 있으시면 말씀해 주십시오.

○○○ :　－ 본 정관에 특별히 추가 또는 삭제할 내용은 없는 것 같습니다.

　　　　　－ 원안대로 의결할 것을 제안합니다. (전원 박수)

의　장 :　－ 그러면 본 정관도 초안에 이의 없으신 것으로 보고 원안대로 가결되었음

　　　　　을 선포합니다. (의사봉 3타)

[제4의안 상정] 출연내용 채택의 건

의 장 : - 다음은 '출연재산 채택(안)'을 상정합니다.

        - 우리 법인의 출발을 위하여 ○○○께서 현금 0000원을 출연하시겠다는 의사를 밝혔고, ○○○께서 현금 000원을 출연하시겠다는 의사를 밝혔습니다. 본 출연이 채택될 경우 ○○○의 출연금 0000원은 기본재산으로, ○○○의 출연금 000원은 설립 당해 연도의 설립 제비용 등의 경비로 사용하기 위하여 보통재산으로 구분 채택하고자 합니다.

        - 출연내용에 대하여 의견 나누어 주시기 바랍니다.

○○○ : - 의장께서 설명하신 출연내용과 의견에 대하여 적극 찬성하며 출연하신 분의 뜻을 따라 원안대로 채택할 것을 제안합니다.

○○○ : - ○○○의 제안에 찬성합니다. (회원 모두 박수)

의 장 : - 출연재산을 원안대로 모두 채택합니다.

        - 출연재산 채택 의결내용

            ▷ 000님 출연금 : 현금 0000원 → 기본재산

            ▷ 000님 출연금 : 현금 0000원 → 보통재산

[제5의안 상정] 이사장 선임의 건

의 장 : - 우리 법인을 이끌어 나갈 '이사장 선임(안)'을 상정합니다.

        - 회원님들께서 덕망 있고 훌륭하신 분을 추천하여 주시기 바랍니다.

○○○ : - 이사장에는 현재 임시의장으로 사회를 보시는 ○○○께서 맡아 주실 것을 제안합니다. (전원 박수)

의 장 : - 부족한 저를 추천해 주셔서 감사합니다. 그러나 저보다 더 훌륭하신 분들이 더 많으신 줄 아니 다른 분을 더 추천해 주시면 좋겠습니다.

○○○ : - ○○○의 제안에 회원 모두 찬성하는 것 같습니다. 다시 한 번 의장님을 이사장에 추천합니다. (전원 박수)

의 장 : - 그러면 여러분의 뜻에 따라 당분간 우리 법인의 이사장직을 맡아보겠습니다.

- 이사장 선임 건에 본인 000가 선출되었음을 선포합니다. (의사봉 3타)

[제6의안] 임원선임 및 임기결정의 건

의 장 :　- 이어서 '임원선임 및 임기결정'에 관한 안건을 상정합니다.

　　　　- 우선 임원의 수는 정관심의에서 기 결정되었듯이 00명으로 되어 있으니, 이에 대한 임원 후보자들을 추천하여 주시기 바랍니다.

　　　　- 아울러 임원의 임기 문제도 함께 제시하여 주시기 바랍니다.

　　(회원들의 추천과 논의 끝에 다음과 같이 뜻이 모아지다.)

　　　　▷ 이사(00명) : 0000, 0000, 0000, 0000, 이상 00명 → 임기 4년

　　　　　　　　　　　 0000, 0000, 0000, 0000, 이상 00명 → 임기 2년

　　　　▷ 감사(2명) : 0000 → 임기 2년

　　　　　　　　　　 0000 → 임기 1년

의 장 :　- 임원의 선출 및 임기의 내용이 결정된 것 같습니다.

　　　　- 본 내용에 다른 의견이 있으시면 말씀해 주십시오.

　　　　　(회중에서 이의 없음을 말하고 박수치다)

의 장 :　- 임원의 선출 및 임기를 여러분의 결정대로 가결되었음을 선포합니다.

　　　　　(전원박수 - 의사봉 3타)

의 장 :　- 이어서 우리 법인설립 최초의 회원을 채택하고 회원의 회비 징수액을 결정하고자 하는데, 현재의 회원은 회원명부와 같이 총 00명이며 회비는 년 000원으로 하고자 하는 바, 여러분의 의견을 말씀해 주시고, 이의가 없이 찬성하신다면 박수로 의결하여 주시기 바랍니다.

(회 중) :　(전원 찬성하며 박수)

의 장 :　설립최초의 회원 및 회비징수액을 원안대로 가결되었음을 선포합니다.

　　　　　(의사봉 3타)

　　　　▷ 회원수 : 총 00명

　　　　▷ 회비징수액 : 년 000원

[제7의안 상정] 사업계획 및 예산심의의 건

의 장 : – 향후 '3개년간의 사업계획 및 수지예산(안)'을 상정합니다.

– ㅇㅇㅇ께서 본 안에 대하여 설명하여 주시기 바랍니다.

ㅇㅇㅇ : (유인물을 통하여 '3개년간의 사업계획 및 수지예산' 사항을 설명하다)

ㅇㅇㅇ : – 상정(안)에 찬성합니다. 원안의결을 제안합니다 (전원 동의 – 박수)

의 장 : – 전원 찬성으로 향후 3개년간의 사업계획 및 예산(안)을 원안대로 가결 선
포합니다 (의사봉 3타)

[제8의안 상정] 사무소 설치의 건

의 장 : – 다음은 본 법인의 '사무소 설치(안)'을 상정합니다.

– (사무소는 ㅇㅇㅇ가 ㅇㅇㅇㅇㅇㅇ소재 건물을 법인 사무실로 무상 사용할
것을 허락하였다는 내용을 설명하고 이에 대한 동의 여부를 묻다)

ㅇㅇㅇ : 사무실을 무상으로 내어 주신 ㅇㅇㅇ께 감사 드리며 원안의결을 제안합니
다.(전원 박수)

의 장 : 우리 법인의 사무소를 '서울특별시 ㅇㅇ구 ㅇㅇ동 ㅇㅇ–ㅇㅇ'로 결정되었
음을 선포합니다 (의사봉 3타)

[제9의안] 법인조직 및 상근 임직원 정수 책정

의 장 : – 마지막으로 '법인의 조직 및 상근임직원의 정수 책정(안)'을 상정합니다.

– 유인물을 보시고 의견을 말씀해 주시고, 이의 없으시면 원안대로 통과하
겠습니다 (전원 이의없음을 표시하다)

의 장 : – 이 안건도 전원 찬성으로 원안 가결되었음을 선포합니다 (의사봉 3타)

8. 폐   회

의 장 : – 마지막으로 회의록 서명위원으로 참석회원 중 「ㅇㅇㅇ, ㅇㅇㅇ, 홍길동,
ㅇㅇㅇ」의 ㅇ명을 지정하여 서명·날인토록 하겠습니다. 이견이 있으면

말씀해 주시기 바랍니다.(전원 이의 없음을 표시하다). 지정받은 서명위원들께선 폐회후 남아서 작성된 회의록 내용의 사실여부를 확인하고 서명하여 주시기 바랍니다.

– 이상으로 모든 회의를 마치겠습니다. 감사합니다.

200○년 ○월 ○일

덧붙임   1. 설립취지문 1부.
        2. 정관 1부.
        3. 사업계획서 및 수지예산서(비영리법인은 1년, 공익법인은 3년) 1부.
        4. 법인 조직 및 상근임직원 정수표 1부.
        (※ 덧붙인 문서는 서명위원들이 본 회의록과 함께 간인하여야 함)

회원 대표 ○ ○ ○ (인)

회원   ○ ○ ○ (인)

‘   ○ ○ ○ (인)

‘   ○ ○ ○ (인)

‘   ○ ○ ○ (인)

‘   ○ ○ ○ (인)

주) 1. 창립총회 회의록은 법인설립이 적법한 절차를 거쳐 성립되었느냐를 판단하는 중요한 기준이 되므로 육하원칙에 따라 작성하되, 진행자 등이 누락되지 않도록 한다.

2. 특히 회의진행과 관련하여 정관 심의과정 및 임원선출의 표결사항, 찬·반 토론내용 등을 상세히 기재하고 회의록 작성이 끝나면 참석한 서명위원들이 기록내용을 확인하고 연명으로 날인하여야 한다.

3. 회의록의 내용 중 별첨 유인물로 설명(진행)된 것은 회의록에 첨부하여 서명위원들이 간인하여야 한다.

4. 본 회의록에 첨부된 문서들은 첨부한 것으로 갈음한다. (별도로 첨부할 필요 없음)

나. 사단법인 설립허가절차

(1) 개관

민법 제31조는 '법인의 성립은 법률의 규정에 의함이 아니면 성립하지 못한다.'라고 하여 법률의 규정에 벗어난 법인의 설립을 인정하지 않으며, 법인의 설립을 위해서는 법률이 인정하는 법정의 요건을 구비하여야 한다. 따라서 비영리사단법인을 설립하기 위해서는 먼저 설립하려는 법인의 목적사업을 관할하는 행정관청을 확인한 후 해당 행정관청에 법인 설립허가 신청서와 관련 서류들을 제출하는데, 법인의 설립절차는 크게 ⅰ) 발기인 또는 설립자에 의한「단체의 설립단계」와 ⅱ) 그 설립된 단체에 국가기관의 행정행위에 의한 「법인격부여단계」로 구분된다. 이때 설립되는 법인의 종류는 현행 민법상 사단법인 혹은 재단법인 중의 하나여야 한다. 민법에 근거하여 설립되는 법인은 '비영리' 사업을 추구하는 것을 전제로 한다. 단체의 설립단계는 설립발기인들에 의한 ⅰ) 정관의 작성 및 ⅱ) 기관의 구성으로 이루어진다. 기관의 구성은 대개 정관 작성시에 함께 이루어지게 되므로, 특히 ⅰ)을 강학상 '설립행위'라고 부른다. 한편, 법인의 목적사업을 관할하는 행정관청이 둘 이상인 때에는 각각의 행정관청으로부터 허가를 얻어야 한다.

(2) 주무관청 확인

설립준비를 마치고 설립하고자 하는 사단법인이 목적으로 하는 사업의 주무관청(주무관청 은 법인의 활동영역에 따라 중앙행정기관, 시·도지사 또는 시장·군수·구청장이 됨)에 따라 설립허가 신청서 및 첨부서류 등도 주무관청에 따라 다르다.

(가) 관련 법령확인

민법 제32조는 학술, 종교, 자선, 기예, 사교 기타 영리 아닌 사업을 목적으로 하는 사단 또는 재단은 주무관청의 허가를 얻어 이를 법인으로 할 수 있도록 되어 있다. 따라서 비영리사 단법인을 설립하고자 하는 경우에는 그 주무관청인 기타 중앙행정기관의 소관 비영리 법인 의 설립 및 감독에 관한 규칙(부령 또는 총리령)에서 규정한 설립허가에 관한 사항을 확인하 여야 한다.

참고로, 사회일반의 이익에 이바지하기 위하여 학자금·장학금 또는 연구비의 보조나 지급,

자선에 관한 사업을 목적으로 하는 공익법인을 설립하고자 하는 경우에는 「공익법인의 설립·운영에 관한법률」을, 「국민기초생활보장법」 등에 의한 보호·선도 또는 복지에 관한 사업 등을 목적으로 하는 사회복지법인을 설립하고자 하는 경우에는 「사회복지사업법」을 확인한다.

(나) 주무관청 확인

주무관청의 확인이 중요한 이유는 설립하고자 하는 신청서를 그곳에 제출하여야 하기 때문이다. 즉, 설립준비를 마친 후 설립하고자 하는 사단법인이 목적으로 하는 사업을 관리하는 행정관청 즉, 주무관청을 확인하고 설립허가신청서를 제출하는 것이 법인설립의 시작이다. 따라서 성공적인 법인설립을 위해서는 이를 확인하는 것이 매우 중요한 일인데, 그러한 주무관청을 확인하기 위해서는 우선 본서 'Ⅱ. 민법상 비영리법인 설립절차, 2. 주무관서'의 확인 및 「정부조직법」과 각 부·처·청의 직제 및 직제시행규칙 등을 살펴 업무 소관을 검토한 후 「행정권한의 위임 및 위탁에 관한 규정」 등을 검토하여 그 업무의 위임여부를 따져 주무관청을 확인하여야 한다. 다만, 법인이 목적으로 하는 사업을 관할하는 행정관청이 둘 이상인 때에는 그들 모두가 주무관청이 되며, 법인의 활동영역이 특정 지방자치단체의 관할 구역 내에 있으면 해당 시·도지사 또는 시장·군수·구청장이 주무관청이 되는 점에 유의하여야 한다.

예컨대, 법인의 사업이 법률문화의 진흥을 위한 목적이라면 법무부장관, 장학사업을 목적으로 한다면 교육부장관 또는 시·도교육청장, 자선·보건·위생사업이 목적인 경우는 보건복지부장관, 종교·예술·문화사업 등의 목적이라면 문화관광부장관이 주무관청이 된다.

> 법인의 목적이 두 개 이상의 행정관청의 소관사항인 때에는 해당 행정관청으로부터 모두 허가를 받아야 하는지 아니면 그중 하나의 행정관청으로부터 허가를 받으면 충분한 것인지에 대해서는 다툼의 여지가 있다.
>
> 예컨대 법인이 문화·체육 관련 내용(문화체육부)을 교육·연구(교육부 또는 교육감)하는 사업을 할 때, 법인이 2가지 이상 복수의 사업을 동시에 목적 사업으로 하려고 할

때 어디가 주무관청인지가 문제된다.

- 민법에는 이에 관한 해당규정이 없으며, 현재 이에 관한 명확한 판례도 없는 상태이다. 학계에서는 해당 행정관청이 모두 주무관청이므로 해당 행정관청의 허가를 모두 받아야한다는 복수설과 그 중의 어느 한 관청으로부터 허가로 족하다는 단수설이 대립하고 있다(제3판 주석민법 총칙 1권 599면에서는 양 주무관청의 허가가 필요한 것으로 서술하고 있다).

- 민법이 법인설립 허가주의를 취하는 이유는 무분별한 법인 난립을 방지하고 법인을 관리·감독하기 위해서인데, 업무 소관 행정관청이 아니면 업무를 실질적으로 관리를 할수 없는 점 등을 고려하면 현재로서는 학설상 다수설과 같이 각각 설립허가를 받는 것이 상당하다고 판단된다.

- 하나의 주무관청 허가만으로 충분하다고 해석한다면, A사업을 관장하는 주무관청이 그 구체적인 사업내용을 잘 알지 못하는 B사업에 관한 부분까지 허가 및 관리·감독 하여야한다는 문제가 발생하기 때문이다.

- 그런데 참고로, 공익법익법이 적용되는 공익법인의 경우에는 공익법인법 시행령 제4조제2항, 제5조 제2항에서 주된 사업을 주관하는 주무관청이 설립허가의 주체가 되고, 다른 행정관청과 '협의'가 필요한 것으로 명시적으로 규정하고 있다.

- 따라서 예를 들어 설립허가 신청을 하는 법인이 A, B 2가지 목적사업을 수행하려고 하는데, B 사업이 극히 부수적인 내용이고 A 사업 주무관청에서 전체적인 관리·감독이 가능한 정도라면 A 사업 주무관청에서 단독 설립허가도 가능할 것이지만, B 사업이 일정 정도 비중이 있고 B 사업 주무관청의 의견을 들어볼 필요가 있는 경우에는 A사업 주무관청에서 B 사업 주무관청과 협의하여 설립허가 여부를 정하고, A와 B 사업의 비중이 상당정도 대등한 경우에는 양 주무관청 모두의 설립허가가 필요하다고 해석함이 관련 법령 해석에도 크게 어긋나지 않으면서 실무적인 문제도 발생시키지 않을 수 있는 방안이라고 판단된다.

▶ 참고 : 각 부처의 직제에 대한 정보는 법제처 국가법령정보센터에서 확인할 수 있다.

(3) 주무관청의 설립허가 시 검토사항

주무관청에 법인설립허가 신청을 하면 주무관청에서는 어떠한 기준으로 설립허가 여부에 대한 판단을 하고 있는지 명확한 검토가 필요하다. 만일 그러한 기준을 명확히 알고 있다면 처음부터 그에 맞춘 준비를 할 수 있고 그 만큼 원하는 법인설립절차가 편안히 진행될 수 있기 때문이다. 다음의 사항이 법인설립신청 시 주무관청의 검토사항이니, 이에 대한 면밀한 사전 검토는 필수적이다.

(가) 재량에 의한 판단사항

1) 법인설립의 필요성

법인의 설립 목적과 목적사업의 비영리성, 법인의 목적사업이 공익을 해하지는 않는 것인지 등을 종합적으로 고려하여 법인설립의 필요성 여부를 검토한다. 또한, 법인의 명칭, 목적사업 등이 법무부 관련 법인의 범위와 소관 업무 범위 내에 해당하는지를 검토한다.

2) 법인의 독자성과 전문성

법인의 목적사업이 막연하고 추상적이어서는 아니 되고, 구체적이고 실현가능한 것이어야 하며, 과거활동실적과 인적 구성·물적 설비 등을 종합적으로 고려하여 실현가능성을 판단한다.

3) 재정적 기초의 확보가능성

사단법인의 경우 필수 구성요소인 회원의 수와 자격, 연회비 액수의 적정성, 회비 징수방법 등을 면밀히 검토하여 법인 운영의 실효성이 확보되었는지를 검토한다.

4) 법인명칭의 유사성

법인의 명칭이 기존법인의 명칭과 동일한 경우에는 법인설립이 허가되지 아니하기 때문에 설립 신청한 법인의 명칭이 기존법인의 명칭과 유사한지 여부도 검토대상이다.

5) 신청서 검토

비영리사단법인 설립허가신청이 들어오면 각 주무관청은 다음 사항을 검토한 후 허가여부를 결정한다(「공익법인의 설립·운영에 관한 법률 시행령」 제4조제1항).

> **공익법인의 설립운영에 관한 법률 시행령 제4조 (설립허가신청)** ① 공익법인의 설립허가를 받으려는 자(이하 '설립발기인'이라 한다)는 법인설립허가신청서에 다음 각 호의 서류를 첨부하여 주무관청에 제출해야 한다.
>
> 1. 설립발기인의 성명·주소·약력(설립발기인이 법인인 경우에는 그 명칭, 주된 사무소의 소재지, 대표자의 성명·주소·정관 및 최근의 사업활동)을 기재한 서류 1부
> 2. 설립취지서 1부
> 3. 정관 1부
> 4. 재단법인인 경우에는 출연재산의 종류·수량·금액 및 권리관계를 명확하게 기재한 재산목록(기본재산과 보통재산으로 구분하여 기재하여야 한다) 및 기부신청서 1부, 사단법인인 경우에는 회비징수예정명세서 또는 기부신청서 1부
> 5. 삭제 [91·5·31]
> 6. 부동산·예금·유가증권 등 주된 재산에 관한 등기소·금융기관 등의 증명서 1부
> 7. 사업개시예정일 및 사업개시이후 2 사업연도분의 사업계획서 및 수입·지출예산서 1부
> 8. 사단법인인 경우에는 창립총회회의록 및 사원이 될 자의 성명 및 주소를 기재한 사원명부(사원명부를 작성하기 곤란한 때에는 사원의 총수를 기재한 서류) 각 1부
> 9. 삭제 [91·5·31]
> ② 공익법인의 사업이 2이상의 주무관청의 소관에 속하는 경우에는 그 주된 사업을 주관하는 주무관청에 법인설립허가를 신청하여야 한다.

이때 법인의 명칭과 설립목적, 사업 등이 각 주무관청의 업무 범위 내에 해당하는지를 먼저 검토하며, 주무관청에 따라 허가요건이 다를 수 있으나, 대체로 법인설립의 필요성, 법인의 목적과 사업의 실현가능성, 법인명칭의 유사성, 재정적 기초의 확보가능성 등을 허가요건으로 판단한다.

(나) 기속적 검토사항

정관의 필수적 기재사항의 누락여부를 검토하고, 보완 불능시 설립을 불허한다. 그 외 설립발기인의 날인, 임원취임예정자의 취임승낙서의 날인과 인감대조 등 및 각종 증명서의 유효기간 경과 여부 등 구비서류의 누락여부 검토하고, 누락시 보완을 요청한다.

(4) 비영리사단법인 설립허가 신청

(가) 설립허가 신청

비영리사단법인 설립허가를 신청하면, 해당 주무관청은 각 허가요건의 적합여부에 따라 법인설립 허가여부를 결정한다.

(나) 허가신청시 제출서류

1) 신청서 제출

가) 신청서 제출

비영리사단법인 설립준비를 끝마친 설립자 또는 설립발기인들은 설립하려는 법인의 주무관청에설립허가 신청서와 정관 등을 함께 제출한다(「공익법인의 설립·운영에 관한 법률 시행령」 제4조제1항 참조).

[법인설립허가신청서]

법인설립허가신청서				처리기간	
				○○일	
신청인	주소		전화번호		
	성명		주민등록번호		
법인명	명칭				
	소재지		전화번호		
	대표자성명		주민등록번호		

민법 제32조 및 ○○○소관비영리법인의설립및감독에관한규칙 제○조의 규정에 의하여 위와 같이 법인설립허가를 신청합니다.

20 . . . .

신청인 (서명 또는 인)

○○○ 귀하

첨부서류

1. 설립발기인의 성명 · 주민등록번호 · 주소 및 약력을 기재한 서류(설립발기인이 법인인 경우에는 그 명칭, 주된 사무소의 소재지, 대표자의 성명 · 주민등록번호 · 주소와 정관을 기재한 서류) 1부
2. 정관 1부
3. 재산목록(재단법인에 있어서는 기본재산과 운영재산으로 구분하여 기재하여야 한다) 및 그 입증서류와 출연의 신청이 있는 경우에는 그 사실을 증명하는 서류 각 1부
4. 당해 사업연도분의 사업계획 및 수지예산을 기재한 서류 1부
5. 임원 취임예정자의 성명 · 주민등록번호 · 주소 및 약력을 기재한 이력서(명함판 사진 첨부)와 취임승낙서 각 1부
6. 창립총회회의록(설립발기인이 법인인 경우에는 법인설립에 관한 의사의 결정을 증명하는 서류) 1부

나) 신청서 기재방법

법인설립허가신청서의 신청인란에는 설립하고자 하는 법인의 대표자 또는 실무책임자(사무총장 등)를 기재하고 서명을 하거나 날인하여야 하며, 법인란에는 설립하고자 하는 법인의 명칭과 소재지 등을 기재하면 된다.

또한, 소재지는 주소, 건물명 등을 구체적으로 기재하여야 하고, 이때 기재된 소재지는 정관에 기재된 사무소 소재지와 일치해야 하며, 대표자는 창립(발기인)총회에서 선임된 대표자의 인적사항을 그대로 기재하면 된다.

2) 신청서와 함께 제출할 서류

• 설립발기인의 인적사항을 적은 서류

비영리사단법인의 경우에는 정관에 기명날인한 사람의 인적사항을 기재하면 된다.

[서식 _ 발기인 명단]

발기인 명단

성명	주민등록번호	주소	약력	비고

- 정관 1부
- 재산목록 및 그 입증서류 1부(재산출연의 신청이 있는 경우에는 그 사실을 증명하는 서류 1부)

법인 설립 시 기본재산으로 출연한 재산, 무상으로 취득한 재산, 회계연도 세계잉여금으로 기본재산에 편입된 재산과 이사회에서 기본재산으로 정한 재산을 기본재산으로 하고, 그 밖의 재산을 운영재산으로 한다.

한편, 재산목록은 기본재산과 운영재산으로 명확하게 구분하고, 금액은 감정평가액을 기재한다. 이중 기본재산은 소재지, 지번, 지목, 면적, 평가가액 등을 기재하며, 운영재산은 재산의 종류, 수량 및 금액 등을 기재하면 된다. 또한 법인이 출연하는 재산 중 법인의 목적사업 수행에 관계되는 부동산 또는 동산으로서 법인 설립 시 기본재산으로 출연한 재산, 기부에 의하거나 기타 무상으로 취득한 재산, 회계연도 세계잉여금으로 기본재산에 편입된 재산과 이사회에서 기본재산으로 정한 재산은 이를 기본재산으로 하고 그 이외의 재산은 운영재산으로 한다. 그 외 재산기증(출연)승낙서에 재산목록, 출연인 인적사항, 출연일자를 기재 후 인감날인(출연자의 인감증명서 첨부)을 하면 되고, 주식, 예금 등의 출연행위에 대하여는 공증인의 공증을 받도록 한다. 그리고 기본재산이 수익발생을 할 수 있는 경우에는 수익을 파악할 수 있도록 작성하고 수익산출 근거를 명시하여야 하며, 수익을 증명할 수 있는 기관이 발행하는 증빙서류를 첨부(수익확인서, 배당이익증명서, 이자수익확인서, 납세필증 등)하여야 한다.

재산목록				
구분	재산명	수량	금액(원)	비고
기본재산				
운영재산				
합계				

20 년 월 일

위 사실을 확인함

사단(재단)법인 ○○○○ 이사장 (인)

[서식 – 재산출연의 신청이 있는 경우에는 그 사실을 증명하는 서류]

기본재산						
재산명	종별 (소재지, 지번, 지목)	수량 (지적 : ㎡)	단가(원)	금액(원)	취득원인	비고
합계						

운영재산					
구분	품명	수량	단가(원)	금액(원)	비고
장비	업무용차량 컴퓨터 · ·				
합계					

• 사업계획서 및 수지예산을 기재한 서류 1부

사업의 기본방향, 추진사업, 주요사업별 추진일정 및 소요예산, 수지예산서를 기재한다. 사업계획서는 단체가 수행하고자 하는 사업목적과 내용을 명확하게 정리할 필요가 있다. 사업의 방향이 결정되고 그 목적이 결정되었다면 사업계획서는 법인 정관에 명시된 법인설립 취지와 부합하도록 그 목적사업을 분명하게 그리고 일관성 있게 작성하여야 한다. 그 외 당연히 사업계획서는 설립허가를 담당하는 주무관서의 내부심사지침에 적합하도록 적성하여야 함은 물론이다. 따라서 사업계획서를 작성할 때에는 우선 주무관서의 내부심사지침을 명확히 확인한 후 구체적으로 사단법인의 기본자산, 임원 또는 회원의 회비, 기부금등 법인이 확보할 수 있는 예산 범위를 사전에 파악하여 예산 내에서 목적사업별로 기능한 세부 사업내용을 설정하여야 하고 그에 따라 구체적인 항목을 구성하여 지출 계획을 세워야 한다.

사업계획서의 정해진 형식은 없다. 따라서 자유롭게 작성할 수는 있지만 기본적으로 정관에 기재된 주요사업목표와 그에 따른 세부사업내용, 각 사업별 구체적인 사업목적과 시기, 장소, 내용, 시행방법, 소요예산, 기타 향후 계획 등이 포함되어야 한다. 또한 사업계획서는 사업수지예산서와도 밀접하게 연결됨으로 각 사업 예산의 수입과 지출항목의 수치가 서로 일치하도록 작성하여야 한다. 이러한 사업계획서는 신청 당해 연도 분을 제출하는 것이 원칙이지만 하반기에 설립허가를 신청하는 경우에는 차기 연도의 사업계획서를 함께 제출하여야 한다.

사업계획서 및 수지예산서

1. 사업계획서
– 사업계획의 목적과 연도별 계획 기재

2. 수지예산서

– 예산총괄표

사업명	예산액	산출근거

– 수지예산서(수입지부)

연예산액	월예산액	사업내역	비고

– 수지예산서(지출지부)

내역	금액	비고

또한 수지예산서는 비영리법인 설립 서류 중 사업예산에 관한 사항을 기재한 서류이다. 활동이력이 있는 단체라면 지난 수입과 지출을 기재할 수 있지만 신규로 설립하는 비영리단체의 경우라면 사업수지예산서 작성이 어려울 수 있다. 사업수지예산서는 크게 두부분으로 나누어 기재하여야 하는데 그 하나는 수입부분이고 또 하나는 지출부분이다.

수입부분에는 회비, 출연금, 과실소득, 전기이월금, 법인세 환급금 등이 기재되어야 하는데 이중 회비란은 회원들로부터 정기적으로 받을 회비수입액을 기재하면 되고, 출연금 중 목적사업기부란은 목적사업에 사용하기 위하여 받을 기부금액을 기재하며, 재산증자기부란은 기본재산 증자를 위하여 받은 기부금액을 기재한다. 그 외 과실소득란은 법인 소유 기본재산 운영으로 발생될 과실(이자, 임대료 등) 금액을 기재하며, 전기이월액란 중 고유목적 사업 준비금은 고유목적사업 준비금으로 설정한 금액을 기재하고, 이월 잉여금란은 전년도 이월액 중 고유목적사업 준비금을 제외한 금액을 기재하며, 기타란은 이월이영금을 세부항목으로 구분할 경우 순수 이월잉여금 외에 별도 항목으로 구분하면 된다. 그리고 법인세 환급액은 전년도 법인세 환급액을 기재하면 된다.

지출부분에는 경상비, 퇴직 적립금, 목적사업비, 기본재산 편입액 등이 기재되어야 하는데, 이중 경상비란 중 인건비는 상근직원에게 지급할 인건비를 기재하고 운영비는 경상비 중 인건비를 제외한 금액을 기재한다. 또한 퇴직 적립금은 상근 직원에 대한 퇴직 적립(예정)액을 기재하면 되고 법인세란은 출연재산 운영소득을 근거로 지출될 법인세액을 기재하면 된다. 그 외 목적사업비란은 정관에 명시된 목적사업 수행에 소요되는 경비를 사업별로 기재하되 직접 목적사업비가 아닌 부대경비는 제외한다. 그리고 기본재산 편입액란은 전년도 이월액 중 당해 연도 기본재산 편입예정액을 기재하면 된다.

[서식 _ 수지계산서]

지출		
구분		금액
① 경상비	인건비	
	운영비	
	소계	
② 퇴직적립금		
③ 법인세		
④ 목적사업비	* 사업계획별로 작성	
	소계	
⑤ 기본재산 편입액		
⑥ 이월잉영금	목적사업 준비금	전기	
		당기	
	이월잉여금	
	소계	
⑦		
⑧		
합 계		

• 임원취임 예정자의 인정사항을 적은 서류 1부 및 취임승낙서 1부

비영리사단법인은 정관이 정한 절차에 따라 임원을 선임하며, 임원취임자의 취임승낙의사
와 인적사항, 직위와 취임기간을 기재한다.

임 원 조 서							
번호	직위	성명(한자)	주민등록번호	임기	학력	주소	현직

사단(재단)법인 ○○○○ 이사장 (인)

취 임 승 낙 서

사단(재단)법인 ○○○○ 이사장 (인)

설립자 ○○○ 귀하

본인은 금번 설립하는 사단(재단)법인 ○○○○의 이사(임기 ○년)에 취임할 것을 승낙
합니다.

20 년   월   일

주소 :

주민등록번호 :

성명 :   (인)

• 창립(발기인) 총회 회의록 1부

법인설립이 적법한 절차를 거쳐 성립되었는가에 대한 중요한 판단자료이므로, 육하원칙에
따라 작성한다. 따라서 회의록에는 설립취지, 정관의 심의 · 의결, 임원선출, 재산출연 및
수증에 관한 사항, 사업계획서 및 수지예산서 등의 의결에 관한 사항이 포함되고, 발기인
전원이 기명날인하여야 하며, 회의록 각 면과 면 사이에 발기인 전원이 간인을 하여야 한다.

사단(재단)법인 ○○○○ 창립(발기인) 총회 회의록

1. 일시 : 20 년   월   일
2. 장소 :
3. 출석위원 : ○○○, ○○○, ○○○, ○○○, ○○○, ...(성명기재)
4. 결석위원 : ○○○, ○○○, ○○○, ...(성명기재)
5. 안건
   - 제1호 의안 : 설립취지선택(안)
   - 제2호 의안 : ○○법인 명칭제정(안)
   - 제3호 의안 : 정관(안)
   - 제4호 의안 : 임원선임(안)
   - 제5호 의안 : 법인사업계획서(안)
   - 기타 안건(있는 경우 상정)
6. 회의내용

발언자	회의진행사항
사회자 ○○○	발기인 ○명 중 ○명이 참석하여 성원이 되었으므로 개회를 선언합니다. 어느 분이 임시의장을 맡으시면 좋으실지 말씀하여 주시기 바랍니다. ○○○을 임시의장으로 선출할 것을 제의합니다.
발기인(가) ○○○	제청합니다.
발기인(나) ○○○	(의안별로 구체적인 토의사항을 발표자 순서대로 기록하여 정리)

20 년   월   일

사단(재단)법인 ○○○○

발기인 ○○○ (인)

발기인 ○○○ (인)

발기인 ○○○ (인)

(5) 주무관청의 법인설립허가

(가) 처리기간

주무관청은 특별한 사유가 없는 한 20일 이내에 설립신청사항을 심사하여 허가 또는 불허가 처분을 하여야 한다(법인규칙 제4조 제2항). 이때 주무관청은 필요하다고 인정할 때에는 신청인에게 기간을 정하여 필요한 자료를 제출하게 하거나 설명을 요구할 수 있다.

(나) 처리방법

허가 또는 불허가 처분은 서면으로 신청인에게 통지하며, 허가하는 경우에는 법인설립허가 증을 발급한다. 한편, 법인의 사업이 2 이상의 주무관청의 소관에 속하는 경우에는 법인설립 허가신청을 받은 주무관청은 다른 주무관청과 그 설립허가에 관한 협의 후 이를 허가하여야 한다.

○ 설립허가 후 아래와 같은 사항이 발생할 경우 그 적정성을 검토하여 허가증을 재발 급하거나 발급된 허가증 뒷면의 변경사항 란에 변경내역을 기재하여 통보
  ① 법인 명칭 변경(정관변경허가 신청 필요)
  ② 사업내용 변경(정관변경허가 신청 필요)
  ③ 허가조건 변경
  ④ 소재지 변경(정관변경허가 신청 필요)
  ⑤ 대표자 변경
  * 허가번호는 최초 허가 당시의 허가번호를 계속 사용하며, 허가증 재발급 시에는 재발급일자 하단 에 '(최초발급일자)'를 병기함

(다) 설립허가 조건

비영리법인의 설립허가 여부는 주무관청의 재량이다. 따라서 이러한 재량행위의 결정을 위해서 관계 법령에 명시적인 금지규정이 없는 한 설립허가를 함에 있어 필요한 조건을 붙일 수 있다.

> ▸ 허가조건의 예
> • 법인설립 허가일로부터 1년 이내에 목적사업을 실시할 것
> • 목적사업을 계속하여 2년 이상 중단하지 말 것
> • 법인의 목적과 관련이 없는 수익사업을 하지 아니할 것 등
>
> ▸ 권고사항
> • 매년 가시적인 활동실적이 있을 것
> • 주무관청 시정요구에 정당한 사유없이 불응하지 않을 것
> • 목적사업을 위한 부대사업을 주된 사업으로 운영하거나 그 수익금을 목적사업 이외
>   의용도로 사용하지 않을 것

(6) 설립허가 후 변경사항의 처리

설립허가 후 다음과 같은 사항이 발생할 경우 허가 관청은 그 적정성을 검토하여 허가증을
재발급 하거나 발급된 허가증(앞면 또는 뒷면)에 변경사항을 기재하여 통보한다.

• 법인의 명칭 변경 (정관변경허가 신청 필요)

• 사업내용 변경 (정관변경허가 신청 필요)

• 허가조건 변경

• 소재지 변경 (정관변경허가 신청 필요)

• 대표자 변경

다. 설립등기

비영리사단법인은 주무관청으로부터 허가를 받은 후 설립등기를 해야 법인으로 성립됩니다
(「민법」 제33조 및 「비송사건절차법」 제60조제1항).

(1) 관할등기소에 등기

사단이든 재단이든 법인성립이 인정되기 위해서는, 법인설립의 허가가 있은 때로부터 3주간
내에 주된 사무소의 소재지에서 설립등기를 하여야 한다(민법제49조 제1항). 이때 등기기간

은 주무관청의 「설립허가서」가 도착한 날로부터 기산한다(민법제53조). 「주된 사무소」란 사무소가 둘 이상 있는 경우에 법인활동의 중심을 이루는 사무소를 말하지만, 설립등기를 함에 있어서는 형식적으로 정관과 등기부에 주된 사무소로 기재된 사무소를 의미한다. 등기를 해태하는 경우 과태료가 부과될 수 있다(민법 제97조).

(2) 설립등기 신청인

법인을 대표할 사람이 등기신청인이 되며, 법인의 이사들은 각자 대표권이 있으므로 등기신청을 할 수 있으나, 대표권을 제한 받는 이사의 경우에는 등기를 신청할 수 없다(비송사건절차법 제63조). 또한, 설립등기신청서에 인감을 날인하기 위해서는 그 인감을 미리 관할 등기소에 제출해야 한다(비송사건절차법 제66조제1항 및 상업등기법 제25조제1항).

(3) 설립등기사항

(가) 등기신청서 제출

1) 신청서 제출

설립등기를 하기 위해서는 설립등기신청서에 아래 (나) 사항을 기재하여 신청인이 기명날인해야 한다(「민법」 제49조제2항, 「비송사건절차법」 제66조제1항 및 「상업등기법」 제24조제3항).

사단(재단)법인설립등기신청

접 수	년 월 일		처 리 인	접 수	조 사	기 입	교 합	각종통지
	제 호							

등 기 의 목 적	사단(재단)법인의 설립
등 기 의 사 유	사단(재단)법인을 설립하기 위하여 정관을 작성하고200○년○월○일 주무관청의 허가를 얻었으므로 다음 사항의 등기를 구함
허가서 도착연월일	20 년 월 일
등 기 할 사 항	
명 칭	
주사무소	
목 적	본 법인은 ○○○○함을 목적으로 한다. 위 목적을 달성하기 위하여 다음 사업을 행한다. 1. ○○○의 설치 · 운영 2. ○○○○○○의 연구 및 조사 3. · · · · · 4. · · · · · ※ 사업내용은 정관에 기재한 목적 및 구체적인 사업조항도 기재
이사, 감사의 성명, 주민등록번호 및 주소	이사 ○○○(-) ○○시○○구○○동○ 이사 ○○○(-) ○○시○○구○○동○ 이사 ○○○(-) ○○시○○구○○동○ 감사 ○○○(-) ○○시○○구○○동○

이사장의 성명과 주소	이사장 ○○○(―) ○○시○○구○○동○				
이사의 대표권에 대한 제한	이사 ○○○ 이외에는 대표권이 없음				
분사무소	○○시○○구○○동○ ※ 설립시에 분사무소가 있는 경우 기재				
설립허가연월일	20 년 월 일 ※ 주무관청의 설립허가서에 기재된 허가일자 기재				
존립기간 또는 해산사유	법인성립일로부터 만○○년 ※ 정관에 존립기간 또는 해산사유가 있는 경우 기재				
자산의 총액	금○○○○○○○○○원 ※ 적극재산에서 소극재산을 공제한 금액 기재하며, 사단법인이 자산이 없는 때에는 금액을 '0'으로 하여 기재				
출자의 방법	1. 회비 1. 정부, 지방자치단체의 보조금 및 지원금 1. · · · · · 1. · · · · · ※ 정관에 출자에 대한 규정 중 그에 대한 사항 기재				
기타					
과세표준액	금 원		등록세	금	원
교육세	금 원		농어촌특별세	금	원
세액합계	금 원		등기신청수수료	금	원

첨 부 서 면

1. 정 관	통	1. 등록세영수필확인서	통
1. 재산목록	통	1. 위임장(대리인이 신청할 경우)	통
1. 설립허가서	통	1. 주민등록등본	통
1. 창립총회의사록(임원선임서)	통	1. 법인인감카드발급신청서	통
1. 취임승낙서	통	1. 인감증명서	통
1. 인감신고서	통	〈기타〉	

년 월 일

신청인   명 칭
          주사무소
대표사원 성 명 이사장   (인) (전화 :   )
          주 소
대리인   성 명 법무사   (인) (전화 :   )
          주 소

지방법원   등기소 귀중

- 신청서 작성요령 및 등기수입증지 첩부란 -
1. 해당란이 부족할 때에는 별지를 이용합니다.
1. 해당 등기신청과 관계없는 사항에 대하여는 '해당 없음'으로 기재하거나 삭제하고,
   필요한 사항은 추가 기재합니다.
1. 등기신청수수료 상당의 대법원등기수입증지를 이 난에 붙입니다.

2) 신청서 작성방법

신청서는 원칙적으로 한글과 아라비아 숫자로 기재하며(다만 법인의 명칭과 외국인의 성명
은 먼저 한글과 아라비아숫자로 기재한 후, 로마자 등의 표기를 병기할 수 있다). 신청서의
기재사항 난이 부족할 경우 별지를 사용하고 신청서와 별지의 각 장 사이에 간인을 하여야
한다.

① 등기의 목적

등기신청서 등기의 목적란에 "사단법인 설립"으로 기재한다.

② 등기의 사유

등기를 신청하는 이유를 기재하는 항목으로, 일반적으로 "사단법인을 설립하기 위하여
정관을 작성하고(20○○년 ○월 ○일 창립총회를 마치고) 20○○년 ○월 ○일 주무관청의
허가를 얻었으므로 다음 사항의 등기를 구함"으로 기재한다.

③ 설립허가서 도착연월일

주무관청으로부터 허가서가 도달한 다음날부터 등기기간을 기산하므로 이를 확인하기 위하
여 기재한다(교부받은 경우는 교부일자임).

④ 주사무소/분사무소 신청 구분

주사무소에서의 등기신청(주사무소신청 선택), 분사무소에서의 등기신청(분사무소신청
선택), 또는 주사무소 및 분사무소에 관한 등기를 주사무소에서 일괄하여 신청하는지 여부를

표시하는 항목이다. 법인 설립과 동시에 분사무소를 설치(주사무소와 다른 관할)하여 주사무소 관할 등기소에서 설립등기와 분사무소 설치등기를 일괄하여 동시에 신청하는 경우 주·분사무소 일괄신청임을 표시하면 된다.

⑤ 명칭

정관에 기재된 명칭을 기재하며, 민법법인의 명칭을 등기하는 때에는 사단법인 또는 재단법인임을 표시하여야 한다. 등기부상 로마자 등의 표기를 병기하고자 할 경우(대법원 등기예규 제1455호 참조)는 명칭 오른쪽에 괄호를 사용하여 병기할 수 있으며, 병기되는 로마자 등의 표기는 반드시 정관에 기재되어 있어야 한다.

⑥ 주사무소

창립총회 등에서 정한 주된 사무소 소재지를 기재하며, 정관에는 소재지의 최소행정구역을 표시함으로써 족하지만 신청서에는 그 소재 지번까지 모두 기재하여야 한다.

⑦ 이사의 성명 및 주민등록번호

정관에서 정한 또는 창립총회에서 선출된 이사의 성명·주민등록번호를 기재하고, 주민등록번호가 없는 재외국민 또는 외국인의 경우에는 주민등록번호 대신 생년월일을 기재하여야 한다. 대표권이 있는 이사는 그 주소도 기재하여야 한다. 외국인의 성명은 국적과 원지음을 한글 등으로 기재한 후, 괄호를 사용하여 로마자 등의 표기를 병기할 수 있다(예 : 이사 미합중국인 존에프케네디(JOhn. F. Kennedy)). 이사의 수와 임기는 제한이 없으며 정관으로 정한 바에 따른다.

⑧ 이사의 대표권에 대한 제한

이사는 법인의 사무에 관하여 각자 법인을 대표함이 원칙이나 정관이나 창립총회에서 제한할 수 있다. 실무상 특정 이사에게만 대표권을 주거나 수인으로 하여금 공동으로 대표를 정하는 것으로 대표권을 제한하고 있으며 이에 관한 사항을 기재한다.

⑨ 목적

목적은 법인이 영위하고자 하는 사업 또는 그 사업을 통하여 법인이 추구하고자 하는 목표를 말한다. 정관에서 정한 목적을 기재하며 목적의 기재는 사회 관념상 일반인이 어떤 종류의 사업을 영위하고자 하는지 알 수 있도록 구체적으로 특정하여 기재하여야 한다.

⑩ 분사무소

정관에 분사무소를 정한 경우 또는 창립총회에서 분사무소 설치를 결의하였을 때 기재하며, 주사무소와 동일하게 소재 지번까지 기재하여야 한다. 설립등기시 본·지점 일괄신청을 하지 않았을 경우, 설립등기 후 3주 이내에 분사무소 소재지 관할등기소에서 분사무소설치 등기신청을 하여야 한다.

⑪ 설립허가 연월일

주무관청의 설립허가 연월일을 기재하며, 주무관청으로부터 교부받은 허가서에 기재된 설립허가일자를 의미한다.

⑫ 존립기간 또는 해산사유

법인이 정관으로 존속기간이나 해산사유를 정한 경우에는 이를 기재한다. 정관의 필수적 기재사항은 아니나 정한 경우에는 이를 등기하여야 한다.

⑬ 자산의 총액

법인이 보유하고 있는 정관상의 기본재산은 물론 기타 부동산, 동산 및 채권 등을 포함하는 적극재산의 총액에서 채무 등의 소극재산을 공제한 순재산액을 의미한다.

⑭ 출자방법

출자방법은 자산에 관한 규정의 내용으로 정관에서 정한 경우에 한하여 등기한다.

⑮ 신청등기소 및 등록면허세·수수료

신청하는 등기소별로 기재하여야 하며 납부한 등록면허세영수필확인서에 기재된 등록면허세 및 지방교육세 금액을 기재한다. 등기신청수수료는 등기사항증명서 등 수수료규칙 제5조의4 및 제5조의3에서 정한 금액을 기재한다. 설립과 동시에 분사무소를 설치하고 주·분사무소 일괄신청을 하는 경우 분사무소 등기신청과 관련된 등록면허세 등을 별도로 납부하여야 한다.

⑯ 과세표준액
과세표준은 자산의 총액을 기재한다.

⑰ 첨부서면
등기신청서에 첨부하는 서면을 기재한다.

⑱ 신청인 등
설립등기를 신청하는 법인의 명칭과 주사무소 대표자의 성명과 주소를 기재하며, 위임받은 대리인이 신청할 경우 대리인의 성명과 주소를 기재한다. 대표자는 등기신청과 동시에 제출하는 법인 인감도장을 날인하여야 하며 대리인의 경우는 날인할 도장에 대한 제한은 없다.

(나) 등기사항(민법 제39조 제2항)
등기신청시 등기사항은 다음과 같다.

• 목적
법인이 영위 또는 추구하고자 하는 사업이 무엇인지 제3자가 알 수 있을 정도로 표시하여야 하며, 사업의 종류도 구체적으로 표시해야 한다.

• 명칭
법인의 명칭은 법령상 사용이 제한되는 명칭을 제외하고는(은행법 제14조, 보험법 제8조 제2항 등) 자유롭게 정할 수 있다. 다만, 법인명칭의 등기 시에 법인의 종류(즉 사단법인 또는 재단법인)를 부기하여야 한다(민법법인 및 특수법인 등기규칙 제4조).

• 사무소

법인의 사무소의 소재지를 등기하여야 한다. 사무소가 수개인 때에는 그 중 1곳을 주된
사무소로, 나머지를 분사무소로 등기한다. 또한, 정관에 사무소의 소재지를 기재할 때에는
최소행정구역까지만 기재하여도 무방하지만, 등기상에는 소재지의 구체적인 지번까지 등
기하여야 한다.

• 설립허가의 연월일

주무관청으로부터 교부받은 「설립허가서」에 기재된 일자를 등기한다.

• 존립시기나 해산사유

법인이 존속하기로 하는 기간을 미리 정하여 놓거나, 법정해산사유 이외에 일정한 사유가
발생하면 법인이 해산하기로 정한 사유가 있으면 이를 등기하여야 한다.

• 자산의 총액

자산의 총액이란 정관상의 기본재산은 물론 기타 법인이 보유하는 일체의 적극재산의 총액
에서 채무 등의 소극재산을 공제한 순재산액을 의미한다. 사단법인의 경우에는 설립시에
자산총액이 전혀 없어도 상관이 없지만, 재단법인에 있어서는 자산총액이 반드시 있어야
하고 이를 등기하여야 한다. 다만 사단법인의 경우에도 자산총액이 0원으로 기재할 수는
있지만, 자산총액을 미정 혹은 공란으로 하여 등기할 수는 없다.

• 출자의 방법을 정한 때에는 그 방법

가령 사단법인의 정관에 발기인이나 사원들의 출자의무에 관한 규정이 있거나, 재단법인의
정관에 설립자가 정기적으로 출연하기로 하는 규정이 있을 때에는 그러한 사항은 등기하여
야 한다.

- 이사의 성명 · 주소

법인의 이사의 성명과 주소를 등기하여야 한다. 이사의 등기 시에 주민등록번호도 등기하여야 한다(비송사건절차법 제62조).

- 이사의 대표권을 제한한 때에는 그 제한

이사는 법인의 사무에 관하여 각자 법인을 대표하는 것을 원칙으로 하지만, 정관이나 사원총회의 결의에 의해서 이사의 대표권을 제한할 수 있다(민법제59조 제1항). 그러한 이사의 대표권의 제한에 관한 사항은 등기하여야 하며, 이를 등기하지 않으면 대표권이 제한되어 있음을 이유로 제3자에게 대항하지 못한다(민법 제60조).

- 등기의 목적

어떠한 종류의 법인을 설립할 것인지를 정확하게 기재해야 합니다. 따라서 사단법인을 설립하기 위해서는 '사단법인의 설립'이라고 기재한다. 법원 또는 행정기관 등의 허가가 필요한 사항의 등기를 신청하는 경우에는 허가서의 도달 연월일을 기재하면 된다.

(다) 등기신청시 첨부서류

법인을 대표하는 사람은 아래의 서류를 첨부하여 설립등기를 신청한다(「비송사건절차법」 제63조).

- 법인의 정관

- 창립총회의사록(이사의 자격증명서)

법인설립 시 선임되는 이사는 정관에 정해져 있기 때문에 별도의 이사의 자격증명서를 제출하지 않아도 되지만, 정관에서 정해지지 않은 경우에는 창립총회의사록 및 취임승낙서 등을 제출해야 한다. 또한 창립총회의사록을 제출하는 경우에는 공증인의 인증을 받아서 제출해야 한다(「공증인법」 제66조의2제1항).

• 주무관청의 설립허가서 또는 인증이 있는 허가서 등본

민법상의 법인은 반드시 주무관청의 허가를 받아야 하며 설립등기 시 첨부서면으로 허가서 또는 허가기관이 인증한 등본을 첨부하여야 하며, 허가서 원본을 제출한 경우에는 허가서 사본에 대하여 등기관이 원본대조필을 한 후 원본을 반환받을 수 있다.

[서식 _ 법인설립허가증]

제○○○호

법인설립 허가증

1. 법인 명칭 :

2. 소재지 :

3. 대표자 :
　○성명 :
　○주민등록번호 :
　○주소 :

4. 사업내용

민법 제32조 및 ○○○소관 비영리법인의 설립 및 감독에 관한 규칙 제○조의 규정에 의하여 위와 같이 허가합니다.

20　년　월　일
○○○장　　　[인]

• 인감신고서

등기신청서에 기명날인할 사람(법인의 대표자 등)은 미리(설립등기와 동시에) 등기소에 인감을 제출하여야 한다. 인감신고서에는 인감증명법에 의하여 신고한 인감을 날인하고 발행일로부터 3개월 이내의 인감증명서를 첨부하여야 하며, 또한 인감신고서와 함께 인감대지(인감의 제출·관리 및 인감증명서 발급에 관한 업무처리지침 별지 제2호 양식)도 함께 제출하여야 한다.

[서식] 인감신고서

인감 · 개인(改印) 신고서

(신고하는 인감날인란)　　　　　　　(인감제출자에 관한 사항)

상호(명칭)		등기번호	
본점(주사무소)			
인감제출자	자격/성명		
	주민등록번호		
	주 소		

ㄴ 위와 같이 인감을 신고합니다.
ㄴ 위와 같이 개인(改印)하였음을 신고합니다.

　　　　년　　　월　　　일　　　　　(개인인감 날인란)

신고인 본 인 성 명　　　　(인)
**　　　　대리인 성 명**　　　　(인)

지방법원   등기소 귀중

> 주 1. 개인인감 날인란에는 「인감증명법」에 의하여 신고한 인감을 날인하고
>   그 인감증명서(발행일로부터 3개월 이내의 것)를 첨부하여야 합니다.
>   개인(改印)신고의 경우, 개인인감을 날인하는 대신에 등기소에 신고
>   한 유효한 종전 인감을 날인하여도 됩니다.
>   2. 인감 · 개인신고서에는 신고하는 인감을 날인한 인감대지를 첨부하여
>   야 합니다.
>   3. 지배인이 인감을 신고하는 경우에는 인감제출자의 주소란에 지배인을
>   둔 장소를 기재하고, 「상업등기규칙」 제36조제4항의 보증서면(영업
>   주가 등기소에 신고한 인감 날인)을 첨부하여야 합니다.

위 임 장

성 명 :   주민등록번호(−   )
주 소 :
  위의 사람에게, 위 인감신고 또는 개인신고에 관한 일체의 권한을 위임함.

200 년   월   일

인감(개인) 신고인 성 명   (인)

• 위임장

등기신청권자 이외의 대리인에 의하여 등기신청을 하는 때에는 그 권한을 증명하는 서면으
로 위임장을 첨부하여야 하는데, 실무상 수임자, 위임자, 위임내용을 기재하고 등기소에
제출하는 인감을 날인하여 작성한다.

[서식 _ 위임장]

위 임 장		
법인의 표시	상호 : 사단(재단)법인 ○○○ 본점 : 서울특별시 ○○구 ○○동 ○○번지	
등기의 목적		
등기의 사유		
대리인	법무사 ○○○ 서울특별시 ○○구 ○○동 ○○번지	
위 대리인에게 위 등기의 신청 및 취하, 그리고 원본 환부청구 및 수령에 관한 모든 권한을 위임한다. 또한 복대리인 선임을 허락한다. 　　　　　　　　년　　　월　　　일		
위임인	사단(재단)법인 ○○○ 서울특별시 ○○구 ○○동 ○○번지	
	대표이사 ○○○ 서울특별시 ○○구 ○○동 ○○번지	인감
		인감
		인감

※ 날인된 인감은 인영대조 전산시스템에 의하여 등기관이 조사를 합니다. 따라서 인감을 날인할 때에는 인영이 인감날인란의 선내를 벗어나지 않도록 각별히 주의하시기 바랍니다.

※ 이 양식은 주식회사뿐 아니라 모든 종류의 법인에 관하여 적용됩니다. 주식회사 이외의 다른 법인은 양식의 해당 문구를 적절히 수정하여 사용하시기 바랍니다.

• 등록면허세영수필확인서

주사무소 소재지 관할 시·군·구청장으로부터 등록면허세납부서를 발부받아 납부한 후 등록면허세영수필확인서를 첨부하여야 한다. 법인설립과 동시에 분사무소를 설치하여 주·분사무소 일괄신청을 하는 경우는 분사무소 소재지 관할 시·군·구청장으로부터 별도의 등록면허세납부서를 발부받아 납부한 후 등록면허세영수필확인서를 첨부하여야 하며, 대통령령으로 정하는 대도시 내에서의 설립등기시에는 당해 세율의 3배의 등록면허세를 납부하여야 한다. 여기서 대도시라 함은 수도권정비계획법 시행령 제9조 별표1에 지정되어 있는 권역을 의미한다.

• 이사회 의사록

사단법인 설립등기시 이사회의사록은 필요적 첨부서면은 아니나 정관에서 이사회의 권한으로 정하고 그 사항을 이사회에서 결의한 경우 이사회의사록을 첨부해야 한다.

[서식 _ 이사회 의사록]

이사회 의사록

○○○○년 ○월 ○○일 ○○시 본점 회의실에서 다음과 같이 이사회를 개최하다.

이사 총수	○명,	감사 총수	○명
출석이사수	○명,	출석감사수	○명

의안 : 대표이사 보선의 건

의장 ○○○은 본 회사 대표이사 ○○○이 ○○○○년 ○월 ○○일 사임하였으므로 이를 보선하기 위하여 그 선출방법을 물은 바, 무기명비밀투표로 선출하기로 전원일치 합의하여 즉시 투표한 결과 다음과 같이 선출하다.

대표이사 ○ ○ ○

위 선출된 대표이사는 즉석에서 취임을 승낙하다.

의장은 이상으로서 의안 전부의 심의를 종료하였으므로 폐회한다고 선언하다(회의 종료시각 ○○시 ○○분).

위 의사의 안건, 경과요령, 그 결과, 반대하는 자와 그 반대이유를 명백히 하기 위하여 이 의사록을 작성하고 출석한 이사 및 감사가 기명날인 또는 서명하다.

○○○○년 ○월 ○○일

주식회사 ○○○○
    ○○시 ○○구 ○○동 ○○번지

      의장 대표이사   ○ ○ ○ (인)
         사 내 이 사   ○ ○ ○ (인)
         사 외 이 사   ○ ○ ○ (인)
         기타비상무이사 ○ ○ ○ (인)
         감   사   ○ ○ ○ (인)

• 의사록 공증

등기신청시 첨부되는 총회 등의 의사록은 공증인의 인증을 받아야 한다(다만, 「공증인법 시행령」 제37조의3에 따라 법무부장관이 지정고시한 인증 제외대상 법인은 공증인의 인증이 면제됨).

• 번역문

등기신청 서류 중 외국어로 작성된 문서는 이를 번역하여 번역문을 첨부해야 하며, 번역인의 자격에는 제한이 없으나 번역인의 성명 주소를 기재하고 기명날인 또는 서명해야 한다(번역문을 공증받을 필요는 없음).

• 법인인감카드발급 신청서

법인인감증명서는 설립등기 완료 후 법인인감도장을 지참하여 법인인감 카드 또는 전자증명서(HSM USB)를 발급받을 수 있다.

[서식 _ 인감카드발급 신청서]

인감카드 (재)발급신청서

(인감제출자에 관한 사항)

상호(명칭)		등기번호	
본점(주사무소)			
인감 제출자	자격 / 성명		
	주민등록번호		

인감카드 비밀번호		발급사유	⊔ 최초발급 ⊔ 카드분실 ⊔ 카드훼손 ⊔ 기타( )

위와 같이 인감카드의 (재)발급을 신청합니다.

년   월   일

신청인 인감제출자   (본 인) 성 명   (인) (전화 :   )

　　　　　　　　　　(대리인) 성 명   (인) (전화 :   )

지방법원   등기소 귀중

접수번호		인감카드번호	

– 대법원수입증지를 붙이는 란 –

주 1. 인감카드 비밀번호란에는 (재)발급받아 사용할 인감카드의 비밀번호를 기재하며, 아라비아숫자 6자릿수를 기재하여야 합니다. 비밀번호는 인감카드와 함께 인감증명서의 발급을 신청할 권한이 있는 것으로 보게 되는 중요한 자료이므로 권한이 없는 사람이 알지 못하도록 주의하시기 바랍니다.

2. 인감카드의 재발급을 신청할 때에는 「등기부 등·초본 등 수수료규칙」 제5조의7에 의하여 5,000원 상당의 대법원수입증지를 이 난에 붙여야 합니다. 다만, 인감카드를 반납할 때에는 붙일 필요가 없습니다.

위   임   장

성 명 :   주민등록번호(–   )

주 소 :

위의 사람에게, 위 (재)발급신청서에 기재된 인감카드 발급신청과 그 수령 등에 관한 일체의 권한을 위임함.

200 년   월   일

인감신고인 성 명   (인)

라. 비영리사단법인의 설립신고

(1) 설립신고

법인은 설립등기일(사업의 실질적 관리장소를 두게 되는 경우에는 그 실질적 관리장소를 두게 된 날)부터 2개월 이내에 아래의 사항을 기재한 법인설립신고서(「법인세법 시행규칙」 별지 제73호 서식) 및 정관 등을 납세지 관할세무서장에게 신고해야 한다(「법인세법」 제109조제1항).

(2) 설립신고서 기재사항

- 법인의 명칭과 대표자의 성명
- 본점이나 주사무소 또는 사업의 실질적 관리장소의 소재지
- 사업 목적
- 설립일

[서식 _ 법인설립신고서 및 사업자등록신청서]

■ 법인세법 시행규칙 [별지 제73호서식] 〈개정 2019. 3. 20.〉　　　　홈택스(www.hometax.go.kr)에서도 신고할 수 있습니다.　(앞쪽)

접수번호	[ ] 법인설립신고 및 사업자등록신청서 [ ] 국내사업장설치신고서(외국법인)	처리기간
		3일 (보정기간은 불산입)

귀 법인의 사업자등록신청서상의 내용은 사업내용을 정확하게 파악하여 근거과세의 실현 및 사업자등록 관리업무의 효율화를 위한 자료로 활용됩니다. 아래의 사항에 대하여 사실대로 작성하시기 바라며 신청서에 서명 또는 인감(직인)날인하시기 바랍니다

1. 인적사항

법　인　명(단체명)		승인법인고유번호 (폐업당시 사업자등록번호)	
대　　표　　자		주민등록번호	－
사업장(단체)소재지		층　　호	
전　화　번　호	(사업장)	(휴대전화)	

2. 법인현황

법인등록번호	－	자본금		원	사업연도	월 일~ 월 일
법　인　성　격 (해당란에 ○표)						
내 국 법 인		외 국 법 인	지점(내국법인의 경우)		분할신설법인	

영리 일반	영리 외투	비영리	국 가 지방자치	법인으로보는 단체		지점 (국내사업장)	연 락 사무소	기타	여	부	본점 사업자 등록번호	분할전사 업자등록 번호	분할연월 일
				승인법인	기타								

조합법인 해당 여부		사업자 단위 과세 여부		공 익 법 인				외국 · 외투 법인	국 적	투자비율
여	부	여	부	해당여부	사업유형	주무부처명	출연자산여 부			
				여 · 부			여 · 부			

3. 외국법인 내용 및 관리책임자 (외국법인에 한함)

외 국 법 인 내 용

본점	상 호	대 표 자	설 치 년 월 일	소 재 지

관 리 책 임 자

성 명 (상 호)	주민등록번호 (사업자등록번호)	주 소 (사업장소재지)	전 화 번 호

4. 사업장현황

사 업 의 종 류						사업(수익사업) 개 시 일
주업태	주 종 목	주업종코드	부업태	부 종 목	부업종코드	
						년 월 일

사이버몰 명칭			사이버몰 도메인			

사업장 구분 및 면적		도면첨부		사업장을 빌려준 사람(임대인)			
자가	타가	여	부	성 명(법인명)	사업자등록번호	주민(법인)등록번호	전화번호
㎡	㎡						

임 대 차 계 약 기 간	(전세)보증금	월 세(부가세 포함)
20 . . . ~ 20 . . .	원	원

개 별 소 비 세				주 류 면 허		부가가치세 과세사업		인 · 허 가 사업 여부			
제조	판매	장소	유흥	면 허 번 호	면 허 신 청	여	부	신고	등록	인·허가	기타
					여 · 부						

설립등기일 현재 기본 재무상황 등

자산 계	유동자산	비유동자산	부채 계	유동부채	비유동부채	종업원수
천원	천원	천원	천원	천원	천원	명

전자우편주소		국세청이 제공하는 국세정보 수신동의 여부	[ ] 문자(SMS) 수신에 동의함(선택) [ ] 이메일 수신에 동의함(선택)

210mm×297mm[백상지 80g/㎡ 또는 중질지 80g/㎡]

5. 사업자등록신청 및 사업시 유의사항(아래 사항을 반드시 읽고 확인하시기 바랍니다)

가. 사업자등록 상에 자신의 **명의를 빌려주는 경우** 해당 법인에게 부과되는 각종 세금과 과세자료에 대하여 소명 등을 해야 하며, 부과된 세금의 체납시 소유재산의 **압류 · 공매처분**, 체납내역 금융회사 통보, 여권발급제한, 출국규제 등의 불이익을 받을 수 있습니다.

나. 내국법인은 주주(사원)명부를 작성하여 비치해야 합니다. 주주(사원)명부는 사업자등록신청 및 법인세 신고시 제출되어 지속적으로 관리되므로 사실대로 작성해야 하며, 주주명의 대여시는 **양도소득세 또는 증여세**가 과세될 수 있습니다.

다. 사업자등록 후 정당한 사유 없이 6개월이 경과할 때까지 사업을 개시하지 아니하거나 부가가치세 및 법인세를 신고하지 아니하거나 사업장을 무단 이전하여 실지사업여부의 확인이 어려울 경우에는 사업자등록이 직권으로 말소될 수 있습니다.

라. 실물거래 없이 세금계산서 또는 계산서를 발급하거나 수취하는 경우 「조세범처벌법」 제10조제3항 또는 제4항에 따라 해당 법인 및 대표자 또는 관련인은 3년 이하의 징역 또는 공급가액 및 그 부가가치세액의 3배 이하에 상당하는 벌금에 처하는 처벌을 받을 수 있습니다.

마. 신용카드 가맹 및 이용은 반드시 사업자 본인 명의로 해야 하며 사업상 결제목적 이외의 용도로 신용카드를 이용할 경우 「여신전문금융업법」 제70조제2항에 따라 3년 이하의 징역 또는 2천만원 이하의 벌금에 처하는 처벌을 받을 수 있습니다.

바. 공익법인의 경우 공익법인에 해당하게 된 날부터 3개월 이내에 전용계좌를 개설하여 신고해야 하며, 공익목적사업과 관련한 수입과 지출금액은 반드시 신고한 전용계좌를 사용해야 합니다.(미이행시 가산세가 부과될 수 있습니다.)

신청인의 위임을 받아 대리인이 사업자등록신청을 하는 경우 아래 사항을 적어 주시기 바랍니다.

대 리 인 인적사항	성 명		주민등록번호	
	주 소 지			
	전화 번호		신청인과의 관계	

신청 구분	[ ] 사업자등록만 신청 [ ] 사업자등록신청과 확정일자를 동시에 신청 [ ] 확정일자를 이미 받은 자로서 사업자등록신청 (확정일자 번호:)

신청서에 적은 내용과 실제 사업내용이 일치함을 확인하고, 「법인세법」 제109조 · 제111조, 같은 법 시행령 제152조부터 제154조까지, 같은 법 시행규칙 제82조제3항제11호 및 「상가건물 임대차보호법」 제5조제2항에 따라 법인설립 및 국내사업장설치 신고와 사업자등록 및 확정일자를 신청합니다.

년   월   일

신 청 인   (인)
위 대리인   (서명 또는 인)

세무서장 귀하

붙임 서류	1. 정관 1부(외국법인만 해당합니다)
	2. 임대차계약서 사본(사업장을 임차한 경우만 해당합니다) 1부
	3. 「상가건물 임대차보호법」의 적용을 받는 상가건물의 일부를 임차한 경우에는 해당 부분의 도면 1부
	4. 주주 또는 출자자명세서 1부
	5. 사업허가ㆍ등록ㆍ신고필증 사본(해당 법인만 해당합니다) 또는 설립허가증사본(비영리법인만 해당합니다) 1부
	6. 현물출자명세서(현물출자법인의 경우만 해당합니다) 1부
	7. 자금출처명세서(금지금 도ㆍ소매업, 액체ㆍ기체연료 도ㆍ소매업, 재생용 재료 수집 및 판매업, 과세유흥장소에서 영업을 하려는 경우에만 제출합니다) 1부
	8. 본점 등의 등기에 관한 서류(외국법인만 해당합니다) 1부
	9. 국내사업장의 사업영위내용을 입증할 수 있는 서류(외국법인만 해당하며, 담당 공무원 확인사항에 의하여 확인할 수 없는 경우만 해당합니다) 1부
	10. 사업자단위과세 적용 신고자의 종된 사업장 명세서(법인사업자용)(사업자단위과세 적용을 신청한 경우만 해당합니다) 1부

작성방법

사업장을 임차한 경우 「상가건물 임대차보호법」의 적용을 받기 위하여서는 사업장 소재지를 임대차계약서 및 건축물관리대장 등 공부상의 소재지와 일치되도록 구체적으로 적어야 합니다.
(작성 예) ○○동 ○○○○번지 ○○호 ○○상가(빌딩) ○○동 ○○층 ○○○○호

210mm×297mm[백상지 80g/㎡ 또는 중질지 80g/㎡]

마. 재산이전 및 재산이전 보고

설립허가를 받은 법인은 법인설립허가 신청할 때 제출했던 재산목록에 따른 재산을 법인에게 이전하고 일정 기간 내에 그 이전을 증명하는 등기소 또는 금융기관의 증명서를 주무관청에 제출해야 한다(예, 「국방부 및 그 소속청 소관 비영리법인의 설립 및 감독에 관한 규칙」 제5조제1항). 이때 부동산의 소유권 이전등기, 예금 등의 법인 명의로의 금융기관예치, 주식의 명의개서, 각종 재산권의 권리이전 등 적절한 방법으로 법인소유로 이전하였음을 증명하는 서류를 갖추어야 한다.

바. 법인설립등기 완료사실 및 법인에게로 재산이전 완료사실을 주무관청에 보고

주무관청으로부터 허가를 받은 법인은 법인 설립등기를 하였을 때에는 10일 이내에 그 사실을 주무관청에 보고하거나 법인 등기사항증명서 1부를 제출해야 한다(국방부 및 그 소속청 소관비영리법인의 설립 및 감독에 관한 규칙 제5조제2항). 보고를 받은 주무관청은 전자정부법 제36조제1항의 규정에 따른 행정정보의 공동이용을 통해 법인등기사항증명서를 확인해야 한다(국방부 및 그 소속청 소관 비영리법인의 설립 및 감독에 관한규칙 제5조제2항).

사. 주무관청의 지도 감독 및 법인 설립허가사실 통보(주무관청 ▶ 세무서)

(1) 지도 감독

설립허가 후부터 주무관청은 다음의 사항을 지도 · 감독하여야 한다.

- 재산이전 및 등기 보고
- 설립허가 취소 등 제재사항
- 임원 결원방지
- 사전허가(승인) 및 보고사항 적기 수행

 i) 기본재산 처분 허가

 ii) 기본재산편입예외 기부금 사용승인(공익법인)

 iii) 예산 및 결산 보고

 iv) 수익사업 : 정관변경 허가 및 사업별 승인(공익법인)

 v) 상근임직원 정수 승인(공익법인) 등

(2) 세무서 통보

비영리법인도 상증법상의 공익법인에 해당할 수 있으므로 세무서에 통보함이 타당하다(상증법 제48조 제7항).

아. 사업자등록신청

법인이 영리이든 비영리이든 관계없이 사업상 독립적으로 재화 또는 용역을 공급하는 경우에는 사업자등록을 하여야 한다.

사업자는 사업장마다 대통령령으로 정하는 바에 따라 사업 개시일부터 20일 이내에 사업장 관할 세무서장에게 사업자등록을 신청하여야 한다. 다만, 신규로 사업을 시작하려는 자는 사업 개시일 이전이라도 사업자등록을 신청할 수 있다(부가가치세법 제8조 제1항). 사업자는 상기 사업자등록의 신청을 사업장 관할 세무서장이 아닌 다른 세무서장에게도 할 수 있으며, 이 경우 사업장 관할 세무서장에게 사업자등록을 신청한 것으로 보게 된다(부가가치세법 제8조 제2항).

자. 장부 및 서류의 비치

(1) 재산목록의 작성(민법 제55조 제1항)

법인은 성립한 때 및 매년 3월내 재산목록을 작성하여 사무소에 비치한다. 참고로 사업연도를 정한 법인은 성립한 때 및 그 연도 말에 이를 작성한다.

(2) 사원명부의 비치(민법 제55조 제2항)

사단법인은 사원명부를 비치하고 회원의 변경이 있는 때에는 이를 기재하여야 한다.

(3) 기타 장부 및 서류의 비치

법인은 다음의 장부 및 서류를 사무실에 비치하여야 한다.

번호	서류 및 장부명	보존기간	근거
1	재산목록	10년 이상	해석상
2	장부와 중요증빙서류	10년	상법 제33조, 국세기본법 제85조의3,
3	전표	5년 ~ 10년	법인세법 제112조, 상증법 제51조, 상증령 제44조, 소득세법 제160조
4	근로자명부, 근로계약서, 임금대장 등 근로계약에 관한 중요서류	3년	근로기준법 제41조 · 제42조동법 시행령 제21조 · 제22조
5	사원(회원)명부(사단법인)	영구	해석상
6	회의록	10년 이상	해석상
7	설립허가서(정관포함), 정관변경허가서(정관포함)	영구	해석상
8	임원취임(해임) 승인 문서	영구	해석상
9	기타 허가 · 승인 · 보고 문서	10년	소관부처 규칙에 따름 해당규칙없으면 중요증비서류에 준함

다. 설립허가 취소

(1) 설립허가 취소요건

민법은 다음 3가지를 법인설립허가의 취소사유로 들고 있다(제38조).

• 법인이 목적 이외의 사업을 한 경우

- 법인의 목적이란 법인정관에 정하여진 목적을 뜻하므로, 법인이 목적 이외의 사업을 한다는 것은 법인정관에 기재된 목적 이외의 사업을 하는 것을 의미한다. 따라서 민법에 의거하여 설립된 법인은 비영리를 목적으로 하는 법인이므로 만약 영리를 목적으로 하는 사업을 하는 경우에는 설립허가 취소사유에 해당하게 된다.
- 다만 비영리를 목적으로 하는 법인이 비영리사업의 목적을 달성하는데 필요하여 그 본질에 반하지 않을 정도의 영리사업을 하는 것은 법인의 목적을 벗어난 것으로 볼 수 없다.
- 예컨대 암예방 홍보를 목적으로 하는 사단법인이 학술대회를 개최하면서 참가비를 징수하거나 관련서적을 판매하는 등의 행위는 가능하다.
- 특정한 비영리목적의 법인이 다른 비영리목적의 사업을 하는 것을 목적 외의 사업이라 하여 설립허가를 취소할 수 있는지가 문제된다(예컨대 자선사업을 목적으로 하는 법인이 학술사업을 하는 경우). 이러한 경우는 설립허가취소에 해당하지 않는다고 본다. 설립허가취소의 근거가 민법의 규정임에도 불구하고 그 실질은 기본권제한에 관한 행정법적 규정이기 때문에 엄격하게 판단할 필요가 있는 것이다.
- 예컨대 실질은 영리사업을 하면서도 회사법이나 조세법 규정을 회피하기 위하여 민법상 비영리법인으로 설립하는 경우 등에 국한하여 적용하는 것이 타당하다. • 만약 그러한 정관목적과 부합하지 않는 다른 비영리사업이 지속된다면 주무관청은 법인사무의 검사 · 감독권(민법 제37조)의 일환으로 법인의 정관변경을 명할 수 있을 것이다.

• 설립허가의 조건에 위반한 경우

- 주무관청은 일정한 조건의 성취를 전제로 하여 법인설립을 허가할 수 있다. 그러한 조건을 전제로 법인이 설립되었음에도 법인이 그러한 조건을 충족시키지 못하게 되면 주무관청은 설립허가를 취소할 수 있다.
- 예컨대 일정한 인적 · 물적 시설을 갖출 것을 조건으로 하여 자선사업을 목적으로 하는 법인설립이 허가된 경우에 그 조건으로 정한 시설이 갖추어지지 못하였다면 법인설립조건을 위반한 것이 되고 이때 주무관청은 그 법인의 설립허가를 취소할 수 있다.
- 다만 그 조건이 법인의 설립허가조건인지 혹은 주무관청의 단순한 희망사항에 불과한 것인지를 실제로 판별하기 곤란한 경우도 있지만, 그것이 후자에 해당하는 경우에는 이를 위반하였다고 하여 설립허가를 취소할 수는 없다.

- 기타 공익을 해하는 행위를 한 경우

> - 무엇이 공익을 해하는 행위인지에 대해 판단하는 것이 문제된다. 이에 대해서는 명확한 기준이 없는바, 대법원은 '민법 제38조에서 말하는 비영리법인이 공익을 해하는 행위를 한 때라 함은 법인의 기관이 공익을 침해하는 행위를 하거나 그 사원총회가 그러한 결의를 한 경우를 의미 한다'고 판시하고 있다(大判 1982. 10. 26. 81누363). 그러나 법인의 기관이 한 행위가 공익을 해하는 행위라고 하더라도 그것이 개인의 행위로써 한 것일 때에는 이를 이유로 법인의 설립허가를 취소할 수 없다(大判 1966. 6. 21. 66누21)
> - 공익을 해하는 지의 여부는 주무관청이 자의적으로 판단해서는 안 될 것이고 법인의 기관이 한 행위 혹은 사원총회의 결의내용이 구체적으로 형법 또는 행정법상 규정에 위반하거나 전체 법질서에 반하는 지에 따라 판단되어야 할 것이다.

다만, 판례는 설립허가 취소요건을 엄격하게 판단하며, '비영리법인 설립 후에 있어서의 허가취소는 본조에 해당되는 경우에 국한되는 것으로서 그 목적달성이 불능하게 되었다는 것으로는 본법 제77조 소정 당연해산사유에 해당될지 몰라도 그 사유만으로 설립허가를 취소할 사유에 해당된다 할 수 없다.'고 판시하고 있다(대법원 1968. 5. 28. 선고 67누55 판결).

(2) 취소절차와 효과

민법은 설립허가를 해준 주무관청이 설립허가의 취소권한을 갖는다는 것 외에, 그 취소절차에 관하여는 아무런 규정을 두고 있지 않다. 따라서 주무관청은 민법 제37조에 의거하여 법인에 대한 검사·감독권을 행사한 다음 설립허가를 취소하든지 또는 검사·감독권을 행사하지 않고 곧바로 설립허가를 취소할 수 있다. 다만 어느 경우에나 설립허가를 취소하는 경우에는 청문을 실시할 것이 요구된다(법인규칙 제9조).

(3) 구제절차

주무관청에 의한 설립허가의 취소는 공권력의 행사에 해당된다. 따라서 이에 불복이 있는 법인은 행정심판법에 기하여 심판청구를 할 수 있고 다시 행정소송법에 의하여 행정소송을 제기할 수 있다. 설립허가취소처분으로 인해 법인은 청산법인으로 되어 청산목적의 범위

내에서 존속하게 되지만, 만약 설립허가의 취소처분이 법원의 판결에 의하여 취소되면 취소처분의 효과는 소급해서 상실되므로 취소처분 이후에 청산목적을 넘어 행해졌던 법인의 행위도 모두 유효로 인정된다.

차. 해산 및 청산

(1) 법인해산사유

(가) 법인공통해산사유

민법 제77조 제1항의 법인의 해산사유는 다음과 같다.

1) 존립기간 만료

존립기간은 사단법인에서는 정관의 필요적 기재사항이고, 재단법인에서는 임의적 기재사항이다. 또는 존립기간은 법인의 등기사항이다(민법 제49조 제2항).

2) 법인의 목적 달성 또는 달성의 불능

목적을 달성했는지 또는 달성이 불능한지는 사회관념에 따라서 결정한다. 목적의 달성불능은 법률상 또는 사실상으로 목적을 완료할 수 없게 되었음이 확정적인 것을 의미하므로, 설사 일시적으로 그 목적 달성이 불능일지라도 그 달성이 가능한 것으로 보일 경우에는 여기에 해당되지 아니한다.

3) 기타 정관에서 정한 해산사유발생

해산사유는 사단법인에서는 정관의 필요적 기재사항이고, 재단법인에서는 임의적 기재사항이다. 또한 해산사유는 법인의 등기사항이다(민법 제49조 제2항). 법인이 채무를 완전히 변제할 수 없는 상태, 즉 채무초과가 된 상태를 의미한다. 법인의 파산원인은 자연인과 달리 지급불능에 이를 필요가 없이 단순한 채무초과로써 충분하다.

4) 법인의 파산

법인이 채무를 완제하지 못하게 된 때에는 이사는 지체없이 파산신청을 하여야 한다(민법

제79조). 이사가 파산의 신청을 게을리 하면 과태료의 처분을 받게 된다 (민법제97조 6호).

5) 설립허가의 취소
민법은 다음 3가지를 법인설립허가의 취소사유로 들고 있다(제38조).
- 법인이 목적 이외의 사업을 한 경우
- 설립허가의 조건에 위반한 경우
- 기타 공익을 해하는 행위를 한 경우

위의 각 경우에 해당하면 주무관청은 법인설립허가를 취소할 수 있다. 그렇지만 이외의 사유로 법인의 설립허가를 취소할 수는 없다. 대법원도 '비영리법인의 설립허가의 취소는 민법 제38조의 규정에 해당하는 경우에만 가능하다'판시하였다(大判 1977. 8. 23. 76누 145). 따라서 이를테면 법인의 목적달성이 불능하게 된 경우에는 법인의 해산사유에 해당될 수 있어도 주무관청이 법인의 설립허가를 취소할 수 있는 사유는 아니다.

(나) 사단법인에 특유한 해산사유
민법은 그 외 사단법인에 특유한 해산사유로 다음 2가지를 명시하고 있다(제77조 제2항).

1) 사원이 없게 된 경우
사단법인의 구성원인 사원이 모두 사망하거나 퇴사, 기타의 사유로 한 사람도 없게 된 경우를 말한다. 사원이 한 명이라도 남아 있게 되면 그 남은 사원이 설립목적을 달성시킬 수도 있으며, 또한 사원이 증가될 가능성이 있기 때문에 해산사유로 보지 아니한다. 다만, 사원이 한 사람도 없게 되어 사단법인이 해산된 경우라도 즉시 해당법인이 그 권리능력을 상실하는 것은 아니고 통상적인 해산의 경우와 마찬가지로 청산절차에 거쳐 법인이 소멸한다.

2) 사원총회의 해산결의
사원총회의 결의에 의한 해산을 「임의해산」이라고 한다. 이는 총회의 전권사항이므로 총회 이외의 다른 기관이 해산결의를 할 수 있도록 하는 정관규정은 효력이 없다. 이때 해산결의의 정족수는 정관이 달리 규정한 바가 없으면, 총사원 4분의 3 이상의 동의를 요한다. 한편, 해산결의를 함에 있어서 조건부나 기한부로 할 수 없다고 보는 것이 통설의 태도이다.

(다) 취소절차와 효력

민법은 설립허가를 해준 주무관청이 설립허가의 취소권한을 갖는다는 것 외에, 그 취소절차에 관하여는 아무런 규정을 두고 있지 않다. 따라서 주무관청은 민법 제37조에 의거하여 법인에 대한 검사·감독권을 행사한 다음 설립허가를 취소하든지 또는 검사·감독권을 행사하지 않고 곧바로 설립허가를 취소할 수 있다. 다만, 어느 경우에나 설립허가를 취소하는 경우에는 청문을 실시할 것이 요구된다.

(라) 구체절차

주무관청에 의한 설립허가의 취소는 공권력의 행사에 해당된다. 따라서 이에 불복이 있는 법인은 행정심판법에 기하여 심판청구를 할 수 있고 다시 행정소송법에 의하여 행정소송을 제기할 수 있다. 설립허가취소처분으로 인해 법인은 청산법인으로 되어 청산목적의 범위 내에서 존속하게 되지만, 만약 설립허가의 취소처분이 법원의 판결에 의하여 취소되면 취소처분의 효과는 소급해서 상실되므로, 취소처분 이후에 청산목적을 넘어 행하여진 법인의 행위도 모두 유효로 인정된다.

(2) 해산등기

(가) 해산등기

청산인은 파산의 경우를 제하고는 그 취임 후 3주간 내에 관할등기소에 해산등기를 하여야 한다. 해산등기를 하기 전에는 제3자에게 해산사실을 가지고 대항할 수 없다(민법 제54조 제1항).

(나) 해산에 따른 효과

법인은 해산사유의 발생에 의하여 해산등기의 경료여부와 관계없이 해산하게 되고 그에 따라 청산절차가 개시된다. 다만, 파산의 경우에는 파산절차에 들어간다. 해산한 법인은 청산의 목적범위 내에서만 권리·의무의 주체가 된다. 즉 해산한 법인은 청산업무수행을 위한 청산법인으로 전환된다.

(3) 청산

(가) 청산의 개념

청산이란 해산한 법인이 남아 있는 사무를 처리하고 재산을 정리하여 완전히 소멸할 때까지의 절차를 말한다. 청산에는 두 가지 절차가 존재한다. ① 파산으로 해산하는 경우 : 이 경우에는 「채무자 회생 및 파산에 관한 법률」에서 정한 파산절차에 따라 청산된다. ② 그 밖의 원인에 의하여 해산하는 경우 : 이 경우에는 민법이 규정하는 청산절차에 의한다. 민법상의 청산절차에 관한 규정은 모두 제3자의 이해관계에 중대한 영향을 미치기 때문에 이른바 강행규정이다(대법원 1995. 2. 10. 선고 94다13473 판결). 해산한 법인은 청산법인으로 전환되고, 청산법인은 청산의 목적범위 내에서만 권리가 있고 의무를 부담하게 된다(민법 제81조).

(나) 청산법인의 기관

1) 청산인

법인이 해산하면 이사에 갈음하여 청산인이 청산법인의 집행기관이 된다. 단, 파산에 의한 해산의 경우에는 파산재단 관련 업무에 대해서는 파산관재인이, 파산재단과 관련되지 아니한 그 밖의 업무에 대해서는 청산인이 집행기관이 된다.

2) 청산인의 범위

청산인이 되는 자는 다음과 같다.

가) 원칙: 이사(민법 제82조)

이사가 공익을 해하는 행위를 하였음을 이유로 법인의 설립허가가 취소되어 법인이 해산되는 경우에도 그 이사가 청산인이 되는 것은 불합리하다. 따라서 이러한 경우에는 민법 제84조에 의거하여 법원이 직권 또는 이해관계인이나 검사의 청구에 의하여 '중요한 사유'가 있는 때에 해당됨을 이유로 하여 그 청산인을 해임시키고 새로운 청산인을 선임하는 것이 타당하다.

나) 정관 또는 사원총회의 결의에 의하여 정한 자(민법 제82조)

정관 또는 사원총회의 결의로써 이사 이외의 자가 청산인이 된다는 뜻을 정한 경우에는, 그 자만이 청산인이 되고 종래의 이사는 그 지위를 상실한다.

다) 법원에 의해 선임된 자(민법 제83조)

다음의 경우에 법원은 직권 또는 이해관계인이나 검사의 청구에 의하여 청산인을 선임할 수 있다.

- 해산당시 이사가 사망·사임 등의 이유로 존재하지 아니한데, 정관이나 사원총회의 결의에 의하여 이사 이외의 청산인이 될 자를 정하지 아니한 경우
- 이사 기타의 자가 청산인이 된 경우라도 그가 사망·사임·해임 등 이유로 청산인의 정원에 모자라 법인에 손해가 생길 염려가 있는 경우

3) 청산인 결격사유

청산인의 결격사유는 다음과 같다(비송사건절차법 제36조, 제121조).

- 미성년자
- 피성년후견인 또는 피한정후견인
- 자격이 정지되거나 상실된 자
- 법원에서 해임된 청산인
- 파산선고를 받은 자

다만, 중요한 사유가 있는 때에는 법원은 직권 또는 이해관계인이나 검사의 청구에 의하여 청산인을 해임할 수 있다(민법 제84조).

(4) 청산사무

(가) 해산등기와 해산신고

청산인은 파산의 경우를 제하고는 그 취임 후 3주간 내에 다음 사항을 주된 사무소 및 분사무소소재지에서 등기하여야 한다(민법 제85조 제1항).

- 해산의 사유 및 연월일
- 청산인의 성명 및 주소
- 청산인의 대표권을 제한한 때에는 그 제한

또한 청산인은 그 취임 후 3주간 내에 같은 사항을 주무관청에 신고하여야 한다(민법 제86조 제1항). 청산 중에 해산등기사항에 변경이 생기면, 3주간 내에 변경등기를 하여야 한다(민법 제85조 제2항 및 제52조). 청산인이 위의 등기를 게을리 하거나, 주무관청에 사실 아닌 신고를 하거나 사실을 은폐한 때에는 과태료의 처분을 받게 된다(민법 제97조 1호, 4호).

(나) 현존사무의 종결
(다) 채권의 추심 및 채무의 변제
(라) 잔여재산의 인도

채권추심 및 채무변제 절차를 밟은 후에 잔여재산이 있는 경우에는 다음의 순서로 잔여재산이 귀속된다(민법 제80조). ① 정관에서 지정한 자 ② 정관으로 귀속 권리자를 지정하지 아니하거나 이를 지정하는 방법을 정하지 아니한 때에는 이사 또는 청산인은 주무관청의 허가를 얻어 그 법인의 목적에 유사한 목적을 위하여 그 재산을 처분할 수 있다. 단, 사단법인에 있어서는 총회의 결의가 있어야 한다. ③ 위의 어느 방법으로도 처분할 수 없는 경우에는 잔여재산은 국고에 귀속된다.

한편, 비영리법인의 이사 또는 청산인은 「민법」 제80조제2항에 따라 잔여재산의 처분에 대한 허가를 받으려면 그 처분 사유, 처분하려는 재산의 종류·수량·금액 및 처분 방법을 적은 별지 제6호서식의 잔여재산 처분허가 신청서에 다음 각 호의 서류를 첨부하여 주무관청에 제출하여야 한다(법인규칙 제11조).
• 해산 당시의 정관 1부 (해산 신고 시의 정관을 확인할 필요가 있는 경우에만 제출한다)
• 사단법인의 경우에는 총회의 회의록 1부 (해산신고 시에 제출한 서류 등으로 민법 제80조에 따른 재산처분에 대한 총회의 결의가 확인되지 않는 경우에만 제출한다)

(5) 청산종결 등기와 신고

청산이 종결한 때에는 청산인은 3주간 내에 이를 등기하고 주무관청에 신고하여야 하며(민법 제94조), 이때 청산인은 제7호 서식의 청산종결 신고서(전자문서로 된 신고서를 포함한다)를 주무관청에 제출하여야 한다. 한편, 청산종결등기가 경료된 경우에도 청산사무가 종료되었다 할 수 없는 경우에는 청산법인으로 존속한다(대법원 1980. 4. 8. 선고 79다2036 판결).

(6) 파산신청

청산 중 법인의 재산이 그 채무를 완제하기에 부족한 것이 분명하게 된 때에는 청산인은 지체없이 파산선고를 신청하고 이를 공고하여야 한다. 이 공고에는 법원의 등기사항의 공고 방법이 준용된다. 청산인이 이 파산신청을 게을리 하거나 공고해태 또는 부정공고를 하면 과태료의 처분을 받게 된다(민법 제97조 6호, 7호). 또한 청산인은 파산관재인에게 그 사무를 인계함으로써 그 임무가 종료된다.

Ⅲ. 등기 및 정관변경

1. 법인이 해야 할 등기

(1) 설립등기

해당 주무관청으로부터 설립허가를 받은 법인은 그 설립허가서를 받은 날부터 3주 이내에 주된 사무소소재지를 관할하는 법원에 설립등기를 해야 한다(「민법」 제49조제1항 및 「민법」 제53조).

(2) 사무소 이전 및 분사무소 설치 등의 등기

(가) 등기기간

법인이 주된 사무소를 이전하거나 분사무소를 설치하는 경우, 법인은 해당 주무관청의 허가를 받은 날부터 3주 이내에 이전 및 설치등기를 해야 한다(「민법」 제50조, 제51조 및 제53조).

〈대구지법 1988.12.19 선고88카I2711제1민사부판결〉
대구중구지회가 비록 독자적인 정관을 갖지 않고 사단법인 한국이용사회의 산하단체로서 임원선출에 대한 인준을 받고 수입금의 일부를 중앙회에 납부하며 업무상 지도감독을 받는 점 등은 인정되나, 그 지회자신이 회원다수로 구성된 임의적 단체로서 지회장, 부지회장, 상임위원, 감사 등의 기관과 정기총회라는 의결기관을 갖추고 독자적인 예산을 편성하여 집행하는 등 독자적인 사회적 활동을 하고 있다면, 그 나름대로 권리능력없는 사단이라고 못 볼 바 아니다.

(나) 첨부서류

1) 주된 사무소 관할 등기소에 하는 분사무소(지회) 설치등기

주된 사무소 관할 등기소에 하는 분사무소(지회) 설치등기를 하는 경우 분사무소 설치등기 신청서와 다음과 같은 서류들을 첨부하여야 한다. 다만, ① 설립 목적 및 수행 사무가 공익적

이고, ② 주무관청의 감독으로 법인 총회 등의 결의절차와 내용의 진실성에 대한 분쟁의 소지가 없는 법인으로서 주무관청의 추천을 받아 법무부장관이 지정·고시하는 법인의 경우 공증인의 인증을 받지 않아도 된다(「공증인법」 제66조의2제1항 단서 및 「공증인법 시행령」 제37조의3).

- 설치하는 '분사무소(지회)의 소재지와 설치연월일'을 기재한 분사무소 설치등기 신청서
- 공증 받은 사원총회의사록(「공증인법」 제66조의2제1항 본문)
- 주무관청의 허가서 및 분사무소(지회) 설치를 결정한 이사회회의록 또는 이사과반수결의 서

등을 제출하여야 한다.

<table>
<tr><td colspan="8" align="center">사단(재단)법인 분사무소 설치등기신청</td></tr>
</table>

접수	년 월 일	처리인	접 수	조 사	기 입	교 합	각종통지
	제 호						

명 칭	사단(재단)법인○○○○	등기번호	
주사무소	○○시○○구○○동		
등 기 의 목 적	분사무소 설치등기		
등 기 의 사 유	20○○년 ○월 ○일 사원총회(또는 이사회)에서 정관변경을 결의하고 20○○년 ○월 ○일 주무관청의 허가를 받아 20○○년 ○월 ○일 분사무소를 다음 장소로 설치하였으므로 그 등기를 구함		
허가서도착연월일	20○○년 ○월 ○일		
분사무소	○○시○○구○○동○○번지		
등 기 할 사 항			
분사무소 소재지 및 설치연월일	분사무소 ○○시○○구○○동○○번지 설치연월일 20○○년 ○월 ○일		
기 타			

신청등기소 및 등록세/수수료					
과세표준액	금	원	등 록 세	금	원
교 육 세	금	원	농어촌특별세	금	원
세 액 합 계	금	원	등기신청수수료	금	원

첨 부 서 면			
1. 사원총회(이사회)의사록	통	1. 등록세영수필확인서	통
1. 주무관청의 허가서	통	1. 위임장(대리인이 신청할 경우)	통
1. 사회의사록 또는 이사과반수 결의서	통	기 타〉	

년 월 일

신청인   명 칭
             주사무소
대표자   성 명   (인) (전화 :   )
             주 소
대리인   성 명   (인) (전화 :   )
             주 소

지방법원   등기소 귀중

- 신청서 작성요령 및 등기수입증지 첨부란 -

1. 해당란이 부족할 때에는 별지를 이용합니다.
1. 해당 등기신청과 관계없는 사항에 대하여는 '해당없음'으로 기재하거나 삭제하고, 필요한 사항은 추가 기재합니다.
1. 등기신청수수료 상당의 대법원등기수입증지를 이 난에 붙입니다.

(용지규격 21cm × 29.7cm)

사원총회(이사회) 의사록

1. 개최일시   20○○년 ○월 ○일 ○○시
2. 개최장소   ○○시 ○○구 ○○동 ○○번지 회의실
3. 총 사원(이사)수   ○○○명
4. 출석사원(이사)수 ○○명
    본인출석   ○○명
    위임출석   ○명

의장인 이사 ○○○는 정관규정에 따라 의장석에 등단하여 위와 같이 법정수에 달하는 사원(이사)이/가 출석하였으므로 본 총회(이사회)가 적법하게 성립되었음을 알리고 개회를 선언한 후, 사전에 통지한 의안이 다음 의안을 부의하고 심의를 구하다.

제1호 의안 ○○○○건

의장은 ○○○○○○○○○○○○○○○를 이유로 할 필요가 있음을 설명하고 그 찬·반 여부를 물으니 전원이 이의 없이 찬성하여 만장일치로 그에 대해 승인을 가결하다.

20○○년 ○월 ○일

사단(재단)법인 ○○○○○
○○시 ○○구 ○○동 ○○번지

의장이사 ○○○ (인)
이사   ○○○ (인)
이사   ○○○ (인)

이사과반수결의서

20○○년 ○월 ○일 이사 전원의 일치(또는 이사과반수의 일치)로서 다음 사항을 결의함.

결의사항

1. 본 법인의 ○○○○○○○○○○○○○를 ○○○○○하도록 함
   ○○○○○○○○○○○○○○○○○○○○
   ○○○○○○○○○○○○○○○○○○○

2. 법인의 ○○○○○○○를 함
   ○○○○○○○○○○○○
   ‧‧‧‧‧‧‧‧‧‧‧‧‧‧‧‧‧

위의 결의사실을 명확히 하기 위하여 이 결의서를 작성하고 이에 기명날인 함

20○○년 ○월 ○일

사단(재단)법인 ○○○○
이사 ○○○(인)
이사 ○○○(인)

2) 설치되는 분사무소(지회) 관할 등기소에 하는 분사무소 설치등기

설치할 분사무소(지회) 소재지에서 주된 사무소의 설립등기사항과 '법인성립연월일 및 분사무소(지회) 설치연월일'을 기재한 분사무소 설치등기 신청서와 법인등기사항증명서, 공증받은 사원총회의사록(「공증인법」 제66조의2제1항) 및 주무관청의 허가서 등을 제출하여야한다.

(다) 분사무소 이전 및 등기

1) 분사무소(지회) 이전을 위한 허가

법인이 설립등기한 분사무소(지회)를 이전하는 경우에는 주무관청의 이전허가를 받아야한다.

2) 이전등기

분사무소의 구 소재지에서 이전허가서를 받은 날부터 3주 이내에 이전등기를 하고 새로운 소재지에서는 같은 기간 내에 설립등기사항을 등기하여야 한다(「민법」 제51조제1항, 제52조 및 제53조). 다만, 동일한 등기소의 관할구역 내에서 사무소를 이전한 때에는 그 이전사실만 등기하면 된다(「민법」 제51조제2항).

3) 주된 사무소 관할 등기소에 분사무소(지회) 이전등기를 신청하는 경우

'분사무소 이전소재지와 이전연월일을 기재'한 분사무소(지회) 이전등기 신청서, 주무관청의 허가서, 공증 받은 사원총회의사록(「공증인법」 제66조의2제1항), 이전일자결정 등 이전업무집행을 결정한 이사회의사록또는 이사과반수결의서 등을 제출하여야 한다.

4) 기존 분사무소(지회) 관할 등기소에 하는 분사무소(지회) 이전등기

기존 분사무소(지회) 소재지 관할 등기소에 '분사무소 이전소재지와 이전연월일을 기재'한 분사무소 이전등기 신청서와 법인등기사항증명서 및 주무관청의 허가서 등을 제출하여야한다.

5) 새로운 분사무소(지회) 관할 등기소에 하는 분사무소(지회) 이전등기

새로운 분사무소(지회) 소재지 관할 등기소에 새로운 주소지에서 주된 사무소의 설립등기사항과 '분사무소 이전연월일 및 법인성립연월일을 기재'한 분사무소 이전등기 신청서와 법인등기사항증명서 및 주무관청의 허가서 등을 제출하여야 한다.

(라) 분사무소 폐지 및 등기

1) 분사무소(지회) 폐지를 위한 허가

설립등기한 분사무소(지회)를 폐지하는 경우에는 주무관청의 허가를 받아야 한다.

2) 폐지등기

주무관청으로부터 폐지허가서를 받은 날부터 3주 이내에 분사무소(지회) 폐지등기를 신청해야 한다.

3) 제출서류

법인의 주된 사무소 소재지 관할 등기소에 '분사무소(지회) 폐지의 취지와 그 연월일을 기재'한 분사무소(지회) 폐지등기 신청서, 주무관청의 허가서, 공증 받은 사원총회의사록(「공증인법」 제66조의2제1항) 및 폐지업무집행사항을 결정한 이사회회의록 또는 이사과반수결의서 등을 제출해야 한다.

분사무소(지회) 소재지 관할 등기소에 '분사무소 폐지취지와 그 연월일을 기재'한 분사무소(지회) 폐지등기 신청서와 주무관청의 허가서와 법인등기사항증명서 등을 제출해야 한다.

사단(재단)법인 분사무소 폐지등기신청

접수	년 월 일	처리인	접 수	조 사	기 입	교 합	각종통지
	제 호						

명 칭	사단(재단)법인○○○○	등기번호	
주사무소	○○시○○구○○동		
등 기 의 목 적	분사무소 폐지등기		
등 기 의 사 유	20○○년 ○월 ○일 사원총회(또는 이사회)에서 정관변경을 결의하고 20○○년 ○월 ○일 주무관청의 허가를 받아 20○○년 ○월 ○일 분사무소를 폐지하였으므로 그 등기를 구함		
허가서도착연월일	20○○년 ○월 ○일		
분사무소	○○시○○구○○동 ○○번지		

등 기 할 사 항

20○○년 ○월 ○일 ○○시○○구○○동 ○○번지의 분사무소 폐지

기 타	

과세표준액	금 원	등 록 세	금 원
교 육 세	금 원	농어촌특별세	금 원
세 액 합 계	금 원	등기신청수수료	금 원

첨 부 서 면

1. 사원총회(이사회)의사록 통 1. 주무관청의 허가서 통 1. 이사회의사록 또는 이사과반수 결의서 통	1. 등록세영수필확인서 통 1. 위임장(대리인이 신청할 경우) 통 〈기 타〉

년 월 일

신청인　　　명 칭
　　　　　주사무소
대표자　　　성 명　　　(인) (전화 :　　　)
　　　　　주 소
대리인　　　성 명　　　(인) (전화 :　　　)
　　　　　주 소

지방법원   등기소 귀중

```
- 신청서 작성요령 및 등기수입증지 첩부란 -
1. 해당란이 부족할 때에는 별지를 이용합니다.
1. 해당 등기신청과 관계없는 사항에 대하여는 '해당없음'으로 기재하거나 삭제하고,
   필요한 사항은 추가 기재합니다.
1. 등기신청수수료 상당의 대법원등기수입증지를 이 난에 붙입니다.
```

(용지규격 21cm × 29.7cm)

[서식 _ 이사회 과반수 결의서]

```
                        이사과반수결의서

20○○년 ○월 ○일 이사 전원의 일치(또는 이사과반수의 일치)로서 다음 사항을 결의함.

결의사항

1. 본 법인의 ○○○○○○○○○○○○○○를 ○○○○○하도록 함
   ○○○○○○○○○○○○○○○○○○○○
   ○○○○○○○○○○○○○○○○○○

2. 법인의 ○○○○○○○를 함
   ○○○○○○○○○○○○

   ................

위의 결의사실을 명확히 하기 위하여 이 결의서를 작성하고 이에 기명날인 함

                     20○○년 ○월 ○일

                 사단(재단)법인 ○○○○
                     이사 ○○○(인)
                     이사 ○○○(인)
```

(3) 변경등기

(가) 변경등기 사유

법인설립등기사항(목적, 명칭, 사무소, 설립허가의 연월일, 존립 시기나 해산사유를 정한 때에는 그 시기 또는 사유, 자산의 총액, 출자의 방법을 정한 때에는 그 방법, 이사의 성명 및 주소, 이사의 대표권을 제한한 때에는 그 제한 등)에 변경이 있는 경우에는 주무관청으로부터 변경허가를 받은 날부터 3주 이내에 변경등기를 해야 한다(「민법」 제52조 및 「민법」 제53조).

(나) 임원의 변경등기

1) 임원의 변경

임원 중 이사의 변경 등이 있는 경우에는 정관의 규정에 따라 이사회의 의결을 거쳐 변경할 수 있는데, 이러한 이사의 변경이 있는 경우 그 변경사항을 등기해야 한다(「민법」 제52조). 한편, 주무관청에 따라 임원을 교체하여 선임(選任)한 경우에 임원 선임보고를 의무화하는 규정을 두는 경우도 있다(예, 「감사원 소관 비영리법인의 설립 및 감독에 관한 규칙」 제8조).

2) 임원변경에 따른 법인등기

임원 중 이사에 관한 변경사항이 있는 경우에는 그 변경사항에 대해 등기를 해야만 제3자에게 주장할 수 있다(「민법」 제54조). 따라서 임원에 관한 개선(改選)으로 ⅰ) 기존의 임원이 퇴임, ⅱ) 새로운 임원의 취임, ⅲ) 임원의 중임, ⅳ) 임원 대표권의 제한 등의 임원에 관한 변경사항이 있는 경우에는 그 변경사항에 대해 등기를 해야 제3자에게 주장할 수 있다. 한편, 임원변경으로 이사의 정수에 변동이 발생하는 경우가 많으므로, 임원변경을 이유로 변경등기를 하는 경우에는 이사의 정수를 확인하기 위해 정관을 제출하도록 하고 있음에 유의하여야 한다.

가) 임원의 퇴임

① 임원의 퇴임

임원의 퇴임 등기는 이사가 사임하거나 이사의 해임, 이사의 사망 또는 그 밖의 결격사유가 발생하는 경우에 퇴임한 이사의 성명과 퇴임사유 등을 기재하여 임원의 퇴임등기를 한다.

사 임 서

사단(재단)법인 ○○○○ 귀하

본인은 사단(재단)법인 ○○○○에 20 년 월 일부터 20 년 월 일까지 이사로 있었으며, ○○○○를 사유로 사단(재단)법인 ○○○○ 이사직을 사임합니다.

또한, 사단(재단)법인 ○○○○의 모든 권리와 책임을 포기합니다.

20 년 월 일

주 소 :

성 명 :   (인)

주민등록번호 :

[서식 – 사단(재단)법인의 변경등기(이사 변경, 대표권제한규정 변경)]

<h2>사단(재단)법인 변경등기신청</h2>

접 수	년 월 일	처 리 인	등기관 확인	각종 통지
	제 호			

명 칭		등기번호	
주 사 무 소			
등 기 의 목 적	이사 변경, 대표권제한규정 변경		
등 기 의 사 유			
허가서 도착연월일			
주사무소/분사무소 신청구분	1. 주사무소 신청 ☐	2. 분사무소 신청 ☐	3. 주사무소 · 분사무소 일괄신청 ☐
등 기 할 사 항			
이사의 성명, 주민 등록번호 및 변경연 월일			
대표권제한규정 및 변경연월일			
기 타			
신청등기소 및 등록면허세/수수료			

순번	신청등기소	구분	등록면허세	농어촌특별세	세액합계	등기신청수수료

		지방교육세					
		금 원	금 원		금 원	금 원	
		금 원					
합 계							
등기신청수수료 납부번호							

첨 부 서 면

1. 사원총회 또는 이사회 의사록   통
   * 해임, 선임 등의 경우
   * 이사결정서(이사회가 없는 경우)
1. 사임서(인감증명서나 본인서명사실
   확인서 또는 전자본인서명확인서의
   발급증 포함)   통
1. 가족관계 등록사항별 증명서   통
   * 사망, 개명의 경우
1. 취임승낙서(인감증명서나 본인서명사실
   확인서 또는 전자본인서명확인서의
   발급증 포함)   통

1. 주민등록표등(초)본(선임한 경우)   통
1. 정관   통
   주무관청의 허가서(허가가 필요한 경우)
1. 인감신고서   통
1. 등록면허세영수필확인서   통
1. 등기신청수수료영수필확인서   통
1. 위임장(대리인이 신청할 경우)   통
〈기 타〉

년 월 일

신청인 명 칭
     주사무소
이 사 성 명   (인) (전화:)
     주 소
대리인 성 명   (인) (전화:)
     주 소

지방법원   등기소 귀중

(용지규격 21cm × 29.7cm)

② 이사의 해임

'이사의 해임'으로 임원의 퇴임등기를 하는 경우에는 법인 변경등기 신청서와 함께 해임을
증명하는 서면을 제출해야 합니다. 이때 해임을 증명하는 사원총회(이사회)의사록을 첨부
해야 되고 그 의사록은 공증을 받아야 한다(「공증인법」 제66조의2제1항 본문). 다만, ⅰ)
설립 목적 및 수행 사무가 공익적이고, ⅱ) 주무관청의 감독으로 법인 총회 등의 결의절차와
내용의 진실성에 대한 분쟁의 소지가 없는 법인으로서 주무관청의 추천을 받아 법무부장관
이 지정 · 고시하는 법인의 경우 공증인의 인증을 받지 않아도 된다(「공증인법」 제66조의2
제1항 단서 및 「공증인법 시행령」 제37조의3).

③ 이사의 사망, 파산, 금치산선고 등

'이사의 사망'으로 퇴임하는 경우에는 사망사실을 기재한 가족관계 등록사항별 증명서와
법인 변경등기신청서를 법원에 제출해야 하며, '이사가 파산, 금치산선고 또는 형의 선고
등으로 퇴임' 하는 경우에는 그 결격사유를 증명하는 판결 및 결정등본 등을 법인 변경등기
신청서와 함께 법원에 제출해야 한다.

나) 임원의 취임

기존 이사의 임기 만료 등으로 새로이 이사를 선임하는 경우 취임한 이사의 성명, 주민등록번

호와 취임취지 및 등기연월일을 기재하여 임원취임등기를 하며, 이사의 취임등기를 위해
법인의 변경등기 신청서와 이사를 선임한 공증 받은 사원총회(이사회)의사록, 취임승낙서
(사원총회의사록에 취임을 승낙한 취지가 기재되어 있고 취임예정자가 그 의사록에 날인한
경우에는 취임승낙서를 별도로 첨부하지 않아도 됨), 취임승낙자의 인감증명서 및 인감
제출, 주민등록번호 또는 생년월일을 증명하는 서면 등을 함께 제출한다.

[서식 _ 취임승낙서]

취 임 승 낙 서

사단(재단)법인 ○○○○ 이사장 (인)

설립자 ○○○ 귀하

본인은 금번 설립하는 사단(재단)법인 ○○○○의 이사(임기 ○년)에 취임할 것을 승낙합니다.

20 년   월   일

주소 :

주민등록번호 :

성명 :   (인)

다) 임원의 중임

이사의 임기가 만료된 후 재선되어 다시 이사로 취임하는 경우에도 법인 변경등기를 해야한다. 즉 동일인이 다시 취임하여 전임 임기만료일과 후임 임기개시일이 동일한 경우에도이사의 임기가 연장되는 것이 아니라 이사의 지위가 새로 시작되기 때문에 취임등기와 퇴임등기를 해야 하는 것이다. 그러나 등기실무상 퇴임취지와 재취임취지를 중복기재하지 않고중임의 취지를 기재하는 중임등기로 취임등기와 퇴임등기를 대신한다.

다만, 등기선례에 따르면, 임기 만료된 이사가 정관에 따라 후임자가 취임할 때까지 권리 · 의무를 행사하던 중에 재선되어 전임 임기만료일과 후임이사의 임기개시일이 서로 다른경우에는 중임등기가 아닌 퇴임등기와 취임등기를 해야 한다. 한편, 이사의 임기만료 전에중임되는 임기를 새로 시작해야 하는 경우에는 이사의 사임서를 받아 사임으로 인한 퇴임과취임 등기를 하면 된다. 따라서 중임등기를 신청하기 위해서는 공증 받은 사원총회의사록,주민등록등본, 인감 및 인감증명서, 법인의 변경등기 신청서 등을 법원에 제출해야 한다.

라) 임원 대표권의 제한 신설 등

이사의 대표권과 관련하여 그 제한규정을 신설하는 때에는 '대표권 제한규정을 신설하는취지와 그 등기연월일 및 대표권 있는 이사의 성명과 주소'를 기재하고, 대표권 제한규정을변경하는 때에는 '변경된 대표권 있는 이사의 성명 · 주소와 변경취지 및 그 연월일'을 기재하며, 대표권 제한규정을 폐지하는 때에는 '대표권 제한규정 폐지의 취지와 그 등기연월일'을기재하여야 한다. 한편, 대표권 제한규정의 신설, 변경 또는 폐지는 정관에 기재된 대표권제한규정을 변경해야 하기 때문에 정관변경에 대해 주무관청의 허가를 받아야 한다. 따라서대표권 제한규정의 신설, 변경 또는 폐지 등을 이유로 법인등기를 변경하는 경우에는 법인변경등기 신청서와 공증 받은 사원총회(이사회)의사록 및 정관변경에 따른 주무관청의 허가서를 첨부하여 등기해야 한다.

(4) 해산 및 청산종결등기

청산인은 해산사유와 연월일, 청산인의 성명과 주소, 청산인의 대표권을 제한한 때에는그 제한을 취임 후 3주 이내에 주된 사무소와 분사무소(지회)의 소재지를 관할하는 법원에 등기해야 하며(「민법」 제85조제1항), 청산종결등기는 청산종결 내용에 대해 청산종결일부터 3주 이내에 주된 사무소와 분사무소(지회)를 관할하는 법원에 등기해야 한다.

〈설립허가가 취소된 민법법인에 대한 해산등기 등을 직권으로 할 수 있는지 여부 등〉

* 대법원 상업등기선례200812-1 2008.12.19.

1. 법인설립허가가 취소되어 '주무관청의 설립허가취소에 따른 법인등기 사무처리요령(등기예규 제351호)'에 따라 등기기록에 설립허가취소에 관한 내용이 기록된 경우라도 청산절차가 종결되지 않는 한 법인이 소멸된 것으로 볼 수는 없다.
2. 설립허가가 취소된 법인이 스스로 해산등기와 청산종결등기를 하지 않는 경우 법원이 직권으로 해산등기 및 청산종결등기를 할 수 있는 법적 근거가 없으므로 직권에 의한 해산등기와 청산종결등기 및 이에 따른 등기부폐쇄는 불가능하다.

〈설립허가 취소된 민법법인에 대하여 해산등기신청을 하지 아니하는 경우의 조치〉

* 대법원 등기선례3-981 1992.08.31.

설립허가가 취소된 민법법인이 스스로 해산등기를 신청하지 아니하는 경우 법원의 직권이나 주무관청의 촉탁으로 해산등기를 할 수 있는 법적근거는 없다. 다만 민법 제97조의 규정에 의한 과태료에 처함으로써 그 등기신청을 간접적으로 강제할 수는 있을 것이다.

(가) 해산 및 청산인 취임등기

청산인은 해산사유와 연월일, 청산인의 성명과 주소, 청산인의 대표권을 제한한 때에는 그 제한을 취임 후 3주 이내에 주된 사무소와 분사무소(지회)의 소재지를 관할하는 법원에 등기해야 하며(「민법」 제85조제1항), 청산종결등기는 청산종결 내용에 대해 청산종결일부터 3주 이내에 주된 사무소와 분사무소(지회)를 관할하는 법원에 등기해야 한다.

1) 해산등기, 청산인 취임등기

법인이 해산되면 청산인은 취임 후 3주 이내에 해산사유(파산 제외) 및 연월일, 청산인의 성명 및 주소 등을 주된 사무소와 분사무소 소재지 관할 등기소에 등기해야 한다(「민법」 제85조제1항). 해산등기와 청산인 취임등기는 실무상 1건으로 신청하는 것이 일반적이나,

각각 별도의 건으로 신청하는 것도 가능하다. 다만, 해산등기 전에 청산인 취임등기를 먼저 등기할 수는 없다. 한편, 법인이 파산으로 해산하는 경우에는 청산인이 법인해산등기 및 청산인 선임등기를 할 필요가 없으며, 이때에는 법원 등이 직권으로 촉탁서에 파산결정등 (초)본 등 관련서류를 첨부하여 각 사무소 소재지의 관할등기소에 파산등기를 촉탁하여, 파산종결의 등기를 하면 법인의 등기는 폐쇄된다.

2) 해산등기의 기재사항 및 첨부서류

해산등기에는 해산사유 및 취지, 해산연월일을 기재하고, 청산인 취임등기에는 청산인의 성명 및 주민등록번호 등을 기재해야 하며, 법인의 해산등기 및 청산인 취임등기에는 해산을 증명하는 서면, 청산인의 자격을 증명하는 서면(이사가 청산인이 되는 경우는 제외), 정관, 청산인의 취임승낙서와 주민등록등본, 청산인의 인감신고서 등을 첨부해야 한다(「비송사건절차법」 제65조).

3) 법인의 해산을 증명하는 서면

법인의 존립기간 만료로 법인이 해산하는 경우에는 그 시기가 법인 등기부에 기재되어 있으므로 따로 서면을 준비할 필요는 없다. 다만,
- 정관에 정한 해산사유가 발생한 경우에는 그 사유발생을 증명하는 서면
- 법인의 목적달성 또는 달성 불능으로 해산하는 경우에는 그 달성 또는 달성불능을 확인하는 공증 받은 사원총회의사록
- 설립허가 취소로 해산하는 경우에는 해당 주무관청의 설립허가 취소서 또는 설립허가 취소통지서
- 비영리사단법인의 특별 해산사유로 해산하는 경우
－ 사원이 없어 해산하는 경우에는 청산인도 선임할 수 없기 때문에 법원이 청산인을 선임한 결정서의 등본
－ 사원총회 결의로 해산하는 경우에는 공증 받은 사원총회의사록. 다만, 주무관청의 허가를 조건으로 해산을 결의한 때에는 주무관청의 허가서도 첨부하여야 한다.

4) 청산인의 취임을 증명하는 서면(이사가 청산인이 되는 경우는 제외)

정관으로 청산인을 정한 경우에는 정관, 사원총회에서 청산인을 선임한 경우에는 그 사실을 증명하는 공증 받은 사원총회의사록(「공증인법」 제66조의2제1항 본문), 법원이 청산인을 선임한 경우에는 법원의 청산인 선임결정서등본 등을 첨부한다. 다만, ⅰ) 설립 목적 및 수행 사무가 공익적이고, ⅱ) 주무관청의 감독으로 법인 총회 등의 결의절차와 내용의 진실성에 대한 분쟁의 소지가 없는 법인으로서 주무관청의 추천을 받아 법무부장관이 지정·고시하는 법인의 경우 공증인의 인증을 받지 않아도 된다(「공증인법」 제66조의2제1항 단서 및 「공증인법 시행령」 제37조의3).

한편, 청산인의 대표권제한이 있는 경우에는 그 제한규정을 증명하는 정관, 사원총회의사록 또는 청산인회의사록, 여러 명의 청산인이 공동으로 법인을 대표할 것을 정한 경우에는 그 사항을 증명하는 정관, 사원총회의사록 또는 청산인회의사록 등을 첨부하여야 한다.

5) 등기서류의 제출

해산법인은 위의 법인의 해산을 증명하는 서면 및 청산인의 취임을 증명하는 서면(분사무소에 해산등기 및 청산인 취임등기를 신청하는 경우에는 법인등기사항증명서와 주무관청의 허가서 등만 제출하면 됨)과 해산등기 및 청산인 취임등기 신청서를 주된 사무소 및 분사무소 소재지를 관할하는 등기소에 제출합니다.

[서식 _ 해산등기 및 청산인 취임등기신청서]

사단(재단)법인 해산 및 청산인 취임등기신청

접수	년 월 일		처리인	접 수	조 사	기 입	교 합	각종통지
	제 호							

명 칭	사단(재단)법인○○○ 　　　 등기번호	
주사무소	○○시○○구○○동	
등기의목적	해산 및 청산인 취임등기	
등기의사유	20○○년 ○월 ○일 사원총회(또는 이사회)에서 해산을 결의하고 20○○년 ○월 ○일 주무관청의 허가를 받아 해산하였으므로 다음 사항의 등기를 구함. 20○○년 ○월 ○일 사원총회(또는 이사회)에서 다음 사람이 청산인으로 선임되어 같은 날 취임하고 20○○년 ○월 ○일 청산인회에서 청산인 ○○○가 대표권 있는 청산인으로 선임되어 같은 날 취임하였으므로 그 등기를 구함.	
허가서도착연월일	20○○년 ○월 ○일	

등 기 할 사 항
20○○년 ○월 ○일 사원총회(또는 이사회)에서 해산결의 20○○년 ○월 ○일 사원총회(또는 이사회)에서 다음 사람이 청산인으로 선임 청산인　　○○○ 　　　　　주소 청산인　　○○○ 　　　　　주소 청산인 ○○○ 외에는 대표권 없음

기 타	

과세표준액	금 　　원	등 록 세	금 　　원
교 육 세	금 　　원	농어촌특별세	금 　　원
세 액 합 계	금 　　원	등기신청수수료	금 　　원

첨 부 서 면			
1. 사원총회(이사회)의사록	통	1. 청산인회의사록	통
1. 주무관청의 허가서	통	1. 법인등기부등(초)본	통
1. 주무관청의 설립허가취소서	통	1. 취임승낙서 및 주민등록등본	통
1. 청산인인감신고서와 인감증명	통	1. 등록세영수필확인서	통
1. 정관	통	1. 위임장(대리인이 신청할 경우)	통
1. 청산인선임결정서	통	〈기 타〉	

년 　월 　일

신청인　　명 칭
　　　　　주사무소
대표자　　성 명　　　　　(인)　(전화 :　　　　)
　　　　　주 소
대리인　　성 명　　　　　(인)　(전화 :　　　　)
　　　　　주 소

지방법원　　등기소 귀중

```
- 신청서 작성요령 및 등기수입증지 첩부란 -
1. 해당란이 부족할 때에는 별지를 이용합니다.
1. 해당 등기신청과 관계없는 사항에 대하여는 '해당없음'으로 기재하거나 삭제하고,
   필요한 사항은 추가 기재합니다.
1. 등기신청수수료 상당의 대법원등기수입증지를 이 난에 붙입니다.
```

(용지규격 21cm × 29.7cm)

(나) 청산종결 등기

1) 청산의 종결

청산이 종결되면 청산인은 3주 이내에 등기하고 주무관청에 신고해야 한다(「민법」 제94조).

2) 제출서류

청산종결의 취지와 연월일을 기재한 청산종결등기 신청서와 공증 받은 사원총회의사록(「공증인법」 제66조의2제1항) 등을 첨부해야 한다.

[서식 _ 청산종결등기 신청서]

사단(재단)법인 청산종결등기신청								
접수	년 월 일	처리인	접 수	조 사	기 입	교 합	각종통지
	제 호						

명 칭	사단(재단)법인○○○○	등기번호	
주사무소	○○시○○구○○동		
등기의목적	청산종결등기		
등기의사유			

	20○○년 ○월 ○일 청산을 종결하고 사원총회(청산인회)에서 그 결산보고서의 승인을 받았으므로 다음사항의 등기를 구함.
허가서도착연월일	20○○년 ○월 ○일

<table>
<tr><td colspan="4" align="center">등 기 할 사 항</td></tr>
<tr><td colspan="4" align="center">20○○년 ○월 ○일 법인 청산종결</td></tr>
<tr><td>기 타</td><td colspan="3"></td></tr>
<tr><td>과세표준액</td><td>금   원</td><td>등 록 세</td><td>금   원</td></tr>
<tr><td>교 육 세</td><td>금   원</td><td>농어촌특별세</td><td>금   원</td></tr>
<tr><td>세 액 합 계</td><td>금   원</td><td>등기신청수수료</td><td>금   원</td></tr>
</table>

첨 부 서 면

1. 사원총회(청산인회)의사록(결산보고서 포함) 통	1. 청산인회의사록	통
1. 주무관청의 허가서 통	1. 법인등기부등(초)본	통
1. 주무관청의 설립허가취소서 통	1. 취임승낙서 및 주민등록등본	통
1. 청산인인감신고서와 인감증명 통	1. 등록세영수필확인서	통
1. 정관 통	1. 위임장(대리인이 신청할 경우)	통
1. 청산인선임결정서 통	〈기 타〉	

년   월   일

신청인   명 칭
　　　　　주사무소
대표자   성 명　　　　　(인)　(전화 :　　　　)
　　　　　주 소
대리인   성 명　　　　　(인)　(전화 :　　　　)
　　　　　주 소

지방법원　　　등기소 귀중

(용지규격 21cm × 29.7cm)

2. 등기의 효력

가. 효력

비영리사단법인의 설립등기는 법인의 성립요건입니다. 따라서 해당 주무관청의 허가로 법인은 설립되고, 설립등기를 하여야 법인으로서 성립된다(「민법」 제33조 및 제49조). 설립등기 이외의 등기(사무소 이전 및 분사무소 설치등기, 변경등기, 해산 및 청산종결등기)는 그 등기할 사항들을 등기해야 제3자에게 주장할 수 있다(「민법」 제54조).

나. 위반시 제재

위반 시 제재법인의 대표기관이 해야 할 등기를 해태하는 경우에는 500만원 이하의 과태료가 부과된다(「민법」 제97조제1호).

3. 정관변경

가. 정관변경의 의미

정관변경은 법인이 그의 동일성을 유지하면서 그 조직을 변경하는 것으로써, 정관에 규정된 기존사항을 변개하는 경우뿐만 아니라, 새로운 사항의 신설이나 기존사항의 폐지, 자구수정이나 보완에 그치는 형식적인 변경도 모두 포함된다. 사단법인에서는 원칙적으로 정관을 변경할 수 있으나, 재단법인은 정관을 변경할 수 없음이 원칙이다.

나. 정관변경의 요건

사단법인의 정관은 총 사원 3분의 2 이상의 동의가 있는 때에 한하여 이를 변경할 수 있다. 그러나 정관변경을 위한 결의의 정수에 관하여 정관에 다른 규정이 있는 때에는 그 규정에 의한다(민법 제42조 제1항). 정관의 변경이 유효하기 위해서는 주무관청의 허가를 얻어야 한다(민법 제42조제2항). 정관의 변경사항이 등기사항인 경우에는 그 변경을 등기하여야 제3자에게 대항할 수 있다(민법 제54조 제1항).

> 〈대법원 1985. 8. 20 선고 84누509판결〉
> 비영리 재단법인의 설립이나 정관변경에 관하여 허가주의를 채용하고 있는 제도 아래에서는 비영리법인의 설립이나 정관변경에 관한 주무관청의 허가는 그 본질상 주무관청의 자유재량에 속하는 행위로서 그 허가여부에 대하여 다툴 수 없는 법리이므로 비영리 재단법인의 정관변경을 불허가한 처분은 행정소송의 대상이 되는 행정처분이 아니다.

다. 정관변경과 관련된 제 문제

(1) 사단법인의 경우 사원총회가 아닌 다른 기관(예, 이사회)에서 정관 변경결의를 한 경우의 유효여부

정관변경은 사원총회의 전권사항이므로, 정관에서 사원총회의 결의에 의하지 않고서 변경할 수 있다고 규정하여도, 그 규정은 무효이다.

(2) 사단법인의 정관에서 그 정관을 변경할 수 없다고 규정하는 경우에 정관변경 가능 여부

이 경우에도 모든 사원의 동의가 있으면 변경할 수 있다고 해석된다.

(3) 사단법인의 정관에서 정하고 있는 목적을 다른 것으로 변경할 수 있는지의 여부

목적의 변경도 보통의 정관변경절차에 따라 가능하다고 해석된다. 다만 비영리법인이 그의 목적을 변경하는 경우에는 변경된 목적도 비영리성을 가져야 한다.

(4) 정관목적을 추가함에 따라 다른 주무관청의 허가를 필요로 하는지의 여부

추가된 정관목적이 종전의 정관목적과 비교해서 종된 것이면 종전의 주무관청으로부터

정관변경허가를 받으면 될 것이지만, 종전의 정관목적과 비교하여 대등한 정도의 목적이라면 다른 주무관청의 허가를 받아야 한다고 해석된다.

라. 정관변경 허가신청

(1) 허가신청

법인이 정관을 변경하고자 할 때에는 주무관청의 허가를 얻어야 효력이 있다(민법 제42조 제2항, 제45조 제3항, 제46조).

(2) 첨부서류

법인의 정관변경을 위하여 정관변경의 허가를 신청하는 경우에 다음의 서류를 구비하여야 한다(법인규칙 제6조)

- 정관 변경허가 신청서 1부[별지 제4호서식]
- 정관 변경 사유서 1부
- 개정될 정관(신 · 구대비표를 첨부한다) 1부
- 정관 변경과 관계있는 총회(사단법인) 또는 이사회(재단법인)의 회의록 1부
- 기본재산의 처분에 따른 정관 변경의 경우에는 처분 사유, 처분재산의 목록, 처분 방법 등을 적은 서류 1부

정관변경허가신청서

명칭			
소재지		전화번호	
대표자성명		주민등록번호	
주소		전화번호	
설립허가일자		설립허가번호	
변경내용			

민법 제45조 · 제46조 및 ○○○소관 비영리법인의 설립 및 감독에 관한 규칙 제○조의 규정에 의하여 위와 같이 정관변경허가를 신청합니다.

년   월   일

신청인   (서명 또는 인)

○○○○장관 귀하

※구비서류

1. 정관변경사유서 1부
2. 정관변경 신 · 구 대비표(신 정관 첨부) 1부
3. 정관의 변경에 관한 총회 또는 이사회의 회의록 1부
4. 기본재산의 처분에 따른 정관변경의 경우에는 처분의 사유, 처분재산의 목록, 처분의 방법, 처분후의 재산목록 등을 기재한 서류 1부

정관변경사유서

본 법인의 임원 중 이사 정수가 7인으로 구성되었으나 …. … ..를 위하여 정관 제○조 중 "이사 7인"을 "이사 9인"으로 증원하고자 합니다.

년   월   일

○○법인 ○○○이사장 (인)

○○○장관 귀하

정관 변경 신·구 대비표

현 행(구)	개 정(신)
제○조 ※ 개정조문만 발췌 대비	제○조

마. 정관변경의 등기

허가받은 변경사항이 등기해야 할 사항인 경우에는 그 변경사항을 등기해야 제3자에게 주장할 수 있다(「민법」 제49조제2항 및 제52조).

목적, 명칭, 사무소, 설립허가의 연월일, 존립 시기나 해산사유를 정한 때에는 그 시기 또는 사유, 자산의 총액, 출자의 방법을 정한 때에는 그 방법, 이사의 성명, 주소 등의 정관기재사항을 변경한 경우에는 그 변경사항을 등기해야 한다. 이러한 정관변경사항이 있는 때에는 주무관청의 허가서를 받은 날부터 3주 이내에 변경등기를 해야 한다(「민법」 제52조 및 제53조).

Ⅳ 기본재산의 처분

비영리사단법인의 재산은 기본재산과 운영재산으로 구분하여 운영해야 한다.

1. 재산의 구분

가. 기본재산

기본재산은 ⅰ) 법인설립 당시 기본재산으로 출연한 재산, ⅱ) 기부 또는 무상으로 취득한 재산, ⅲ) 회계연도 세계잉여금으로 기본재산에 편입된 재산과 이사회에서 기본재산으로 정한 재산을 말한다.

나. 운영재산

운영재산은 기본재산 이외의 모든 재산으로 목적사업비와 그 운영경비에 사용될 수 있는 재산을 말한다. 일반적으로 운영재산에는 기본재산으로부터 발생되는 일체의 이익금(① 예금 또는 채권 등에서 발생한 수입이자, ② 주식의 배당금 및 무형자산으로부터 발생한 사용료, ③ 영업권이나 특허권 등 무형자산으로부터 발생한 사용료, ④ 법인 소유의 영리사업소득 중 경비 및 제세공과금 일체를 차감하고 목적사업비로 기부된 사업소득), 전년도 예산 중 사용 잔액이 해당연도로 이월된 전기이월금, 일체의 환급금이나 회수금(① 전년도 납입 법인세 중 환급금, ② 지출된 사업비 중 사용 잔액 환불금, ③ 지출된 사업비 중 사용 포기된 회수금), 기타 물품의 매각처리대금과 같은 잡수입금 등이 해당된다고 볼 수 있다.

2. 기본재산의 처분 등

가. 기본재산처분의 의미

법인의 존립기초가 되는 재산을 기본재산이라고 하고, 그러한 재산을 처분 하는 것을 기본재산 처분(기본재산을 매매, 증여, 임대, 교환, 담보제공 또는 권리의 포기와 증감 등기본재산에 관한 권리의 득실변경을 가져오는 일체의 행위를 말함)이라고 한다. 민법에는 이에 관한 규정이 없다.

> 〈대법원 1978. 7. 25 선고 78다783판결〉
> 기본재산을 감소시키는 경우는 물론, 이를 증가시키는 경우에도 반드시 그 정관의 기재사항에 변경을 초래한다 할 것이므로, 이 두 경우에는 모두 정관의 변경이라 할 것이고, 따라서 이러한 변경에는 주무부처의 허가를 받아야만 효력이 발생하며 주무부처의 허가가 없으면 무효임

〈예 : 기본재산의 매도 · 증여 또는 교환에 관한 허가신청 시〉
- 처분이유서
- 처분재산의 목록 및 감정평가서
- 총회 또는 이사회 회의록
- 처분의 목적, 용도, 예정금액, 방법과 그로 인하여 소실될 재산의 보충방법 등을 기재한 서류
- 처분재산과 전체재산의 대비표
- 처분할 재산의 등기부등본 또는 금융기관의 증명서

〈예 : 기본재산 취득에 따른 허가신청 시〉
- 취득사유서
- 취득한 재산의 종류, 수량, 및 금액을 기재한 서류
- 취득한 재산의 등기부등본 또는 금융기관의 증명서
- 총회 또는 이사회 회의록

나. 정관변경 등

비영리사단법인이 기본재산을 처분해 정관에 기재된 자산에 관한 규정이 변경된다면 정관을 변경해야하고, 정관은 총사원 3분의 2이상의 동의(정수에 관해 정관에 다른 규정이 있으면 그에 따름)가 있어야 변경할 수 있다(「민법」 제40조제4호 및 제42조제1항). 또한 정관을 변경할 경우에는 주무관청의 허가를 받아야 한다(「민법」 제42조제2항 참조).

다. 구비서류

기본재산의 처분과 취득은 정관변경을 초래하므로, 주무관청의 허가를 위해제출하는 서류는 정관변경절차에 준한다(법인규칙 제6조 참고).

(1) 공통서류

- 정관 변경허가 신청서 1부[별지 제4호서식]
- 정관 변경 사유서 1부
- 개정될 정관(신 · 구대비표를 첨부한다) 1부
- 정관 변경과 관계있는 총회(사단법인) 또는 이사회(재단법인)의 회의록 1부
- 기본재산의 처분에 따른 정관 변경의 경우에는 처분 사유, 처분재산의 목록, 처분 방법 등을 적은 서류 1부

(2) 그 외

- 재산처분시 : 처분재산명세서(처분의 사유, 처분재산목록, 처분의 방법 등을기재) 1부
- 재산취득시 : 취득재산명세서(취득의 사유, 취득재산목록, 취득의 방법 등을 기재, 취득한 재산의 등기부등본 또는 금융기관의 증명서 등을 첨부) 1부

Ⅴ. 비영리민간단체지원

공익활동을 수행하는 비영리사단법인으로서 「비영리민간단체 지원법」에 의한 행정지원 또는 재정지원을 받고자 하는 경우 주무관청에 등록을 해야 한다.

1. 비영리민간단체 지원이란

'비영리민간단체 지원'이란 영리활동이 아닌 공익활동 수행을 주된 목적으로 하는 단체(법인도 포함)에게 행정지원 또는 재정지원을 해주는 것을 말한다(「비영리민간단체 지원법」 제2조).

2. 비영리민간단체의 범위

'비영리민간단체'란 영리가 아닌 공익활동을 수행하는 것을 주된 목적으로 하는 민간단체로서 다음의 요건을 갖춘 단체를 말한다(「비영리민간단체 지원법」 제2조).

- 사업의 직접 수혜자가 불특정 다수일 것
- 구성원 상호간에 이익분배를 하지 아니할 것
- 사실상 특정 정당 또는 선출직 후보를 지지 · 지원 또는 반대할 것을 주된 목적으로 하거나, 특정종교의 교리전파를 주된 목적으로 설립 · 운영되지 않을 것
- 상시 구성원수가 100인 이상일 것
- 최근 1년 이상 공익활동실적이 있을 것
- 법인이 아닌 단체일 경우에는 대표자 또는 관리인이 있을 것

3. 비영리민간단체의 등록

가. 지원신청방법

비영리민간단체에 대한 지원을 받기 위해서는 주무관청의 허가를 받아 등기한 법인이라도 중앙행정기관의 장이나 특별시장 · 광역시장 · 특별자치시장 · 도지사 또는 특별자치도지사(이하 '시 · 도지사'라 함)에게 등록을 신청해야 한다(「비영리민간단체 지원법」 제4조제1

항 및 「비영리민간단체 지원법 시행령」 제3조제1항 참조). 등록하고자 하는 민간단체의 사업범위가 2개 이상의 특별시·광역시·특별자치시·도 또는 특별자치도에 걸쳐 있고, 2개 이상의 시·도에 사무소를 설치·운영하고 있는 단체인 경우에는 그 주된 공익활동을 주관하는 중앙행정기관의장에게 신청해야 한다(「비영리민간단체 지원법 시행령」 제3조제1항). 그 외의 단체인 경우에는 해당 단체의 사무소가 소재하는 시·도의 특별시장·광역시장 또는 도지사에게 신청하면 된다(「비영리민간단체 지원법 시행령」 제3조제1항).

나. 제출서류

지원을 받기 위해서는 등록신청서(「비영리민간단체 지원법 시행령」 별지 제1호 서식)와 함께 아래의 서류를 첨부해야 하는데, 법인의 경우는 이미 주무관청에서 필요한 서류를 받은 상태이므로 구비서류 중 '회원명부'만 제출해도 된다(「비영리민간단체 지원법 시행령」 제3조제1항).

- 회칙 1부
- 해당 연도 및 전년도의 총회회의록 각 1부
- 해당 연도 및 전년도의 사업계획·수지예산서, 전년도의 결산서 각 1부
- 회원명부 1부

■ 비영리민간단체지원법 시행령 [별지 제1호서식] 〈개정 2016. 8. 29.〉

비영리민간단체 등록(변경)신청서

(앞쪽)

접수번호		접수일자	처리기간	20일(변경 시 10일)

신청인	성명(한글)		생년월일	
	(한자)			
	대표자와의 관계		연락처	
	주소			

단체	명칭	연락처
	소재지	
	대표자 성명	대표자 생년월일
	대표자 주소	대표자 연락처
	주된 사업	

「비영리민간단체 지원법」 제4조제1항, 같은 법 시행령 제3조제1항 및 제4항에 따라 위와 같이 등록(변경)을
신청합니다.

년   월   일

신청인   (서명 또는 인)

귀하

첨부서류	〈등록 신청 시〉
	
	1. 회칙 1부
	2. 당해 연도 및 전년도의 총회 회의록 각 1부
	3. 당해 연도 및 전년도의 사업계획 · 수지예산서, 전년도의 결산서 각 1부
	4. 회원명부(회원의 주소와 연락처가 작성되어야 하며, 회원이 100인 이상인 경우에는
	   100인까지 작성 후 '외 ○○인'으로 표기하여야 합니다) 1부
	※ 법인의 경우에는 제출서류 중 회원명부만 제출
	  5. 최근 1년 이상의 공익활동실적을 증명할 수 있는 자료 1부
	
	〈등록변경 신청 시〉
	1. 단체의 명칭 변경 또는 주된 사업을 변경한 경우에는 등록변경신청서 및 회칙 각 1부
	2. 대표자 · 관리인 또는 주된 사무소의 소재지를 변경한 경우에는 등록변경신청서 1부
		수수료
		없음

210mm×297mm[백상지 80g/㎡]

4. 비영리민간단체에 대한 지원

가. 지원내용

공익활동에 참여하는 비영리민간단체는 행정자치부장관 또는 시·도지사로부터 필요한 행정지원 및 재정지원을 받을 수 있다(「비영리민간단체 지원법」 제5조제2항). 특히, 다른 법률에 의하여 보조금을 교부하는 사업 외의 사업으로서 공익활동을 추진하기 위한 사업에 대하여 소요경비를 행정자치부장관 또는 시·도지사로부터 지원받을 수 있다.

나. 행정지원

비영리민간단체가 수행하는 사업수행을 위하여 필요한 경우에는 해당사업과 관련이 있는 공공기관 등에 대하여 업무와 관련한 사항 등에 대한 협조를 요청할 수 있다(「비영리민간단체 지원법 시행령」 제13조제2항).

다. 재정지원

공모방식으로 사업신청을 제출받아 민간인 전문가로 구성된 공익사업선정위원회의의 심사선정을 거쳐, 비영리민간단체는 공익사업을 추진하는데 필요한 사업비의 일부를 지원받을 수 있다(「비영리민간단체 지원법」 제7조).

라. 우편요금 지원

비영리민간단체가 공익활동을 위하여 사용하는 우편물 중 우편요금 별·후납 우편물에 대하여는 일반우편요금의 100분의 25를 감액 받을 수 있다(「비영리민간단체 지원법 시행령」 제14조).

제2편
유형별 비영리사단법인
설립절차

제1장 식품의약품안전처 소관 비영리법인 설립

1. 개관

식품의약품안전처 소관 비영리법인의 설립 및 감독에 관한 규칙(이하 규칙이라고만 함)은 「민법」에 따라 식품의약품안전처장이 주무관청이 되는 비영리법인의 설립 및 감독에 필요한 사항을 규정함을 목적으로 하며, 이에 따른 비영리법인(이하 '법인'이라 한다)의 설립허가, 법인 사무의 검사 및 감독 등에 관하여는 다른 법령에 특별한 규정이 있는 경우를 제외하고는 이 규칙에서 정하는 바에 따른다.

본장은 식품의약품안전처 소관 비영리법인의 설립과 관련한 일반절차인 설립허가신청 및 관련 첨부서류 그리고 정관변경허가신청, 사업계획보고 등에 관한 내용들을 정리하였다. 그 외 관련서류들은 제1편 관련 내용부분을 참고하기 바란다.

2. 설립허가절차

가. 설립허가의 신청

「민법」 제32조에 따라 법인의 설립허가를 받으려는 자(이하 '설립발기인'이라 한다)는 별지 제1호 서식의 법인 설립허가 신청서에 다음의 서류를 첨부하여 식품의약품안전처장에게 제출하여야 한다(규칙 제3조).

- 설립발기인의 성명 · 생년월일 · 주소 · 약력을 적은 서류(설립발기인이 법인인 경우에는 그 명칭, 주된 사무소의 소재지, 대표자의 성명 · 생년월일 · 주소와 정관을 적은 서류) 1부
- 정관 1부
- 재산목록(재단법인의 경우에는 기본재산과 운영재산으로 구분하여 적어야 한다) 및 그 증명서류와 출연(出捐) 신청이 있는 경우에는 그 사실을 증명하는 서류 각 1부
- 해당 사업연도분의 사업계획 및 수입 · 지출 예산을 적은 서류 1부
- 임원 취임 예정자의 성명 · 생년월일 · 주소 · 약력을 적은 서류 및 취임승낙서 각 1부
- 창립총회 회의록(설립발기인이 법인인 경우에는 법인 설립에 관한 의사 결정을 증명하는 서류) 1부

■ 식품의약품안전처 소관 비영리법인의 설립 및 감독에 관한 규칙 [별지 제1호서식] 〈개정 2015.8.5.〉

법인 설립허가 신청서

접수번호		접수일	처리일	처리기간	20일

신청인	성명		생년월일	
	주소		전화번호	

법 인	명칭		전화번호	
	소재지			
대표자	성명		생년월일	
	주소		전화번호	

「민법」 제32조 및 「식품의약품안전처 소관 비영리법인의 설립 및 감독에 관한 규칙」 제3조에 따라 위와 같이 법인 설립허가를 신청합니다.

년   월   일

신청인   (서명 또는 인)

식 품 의 약 품 안 전 처 장 귀하

신청인 제출서류	1. 설립발기인의 성명·생년월일·주소·약력을 적은 서류(설립발기인이 법인인 경우에는 그 명칭, 주된 사무소의 소재지, 대표자의 성명·생년월일·주소와 정관을 적은 서류) 1부 2. 정관 1부 3. 재산목록(재단법인의 경우에는 기본재산과 운영재산으로 구분하여 적어야 합니다) 및 그 증명서류와 출연 신청이 있는 경우에는 그 사실을 증명하는 서류 각 1부 4. 해당 사업연도분의 사업계획 및 수입·지출 예산을 적은 서류 1부 5. 임원 취임 예정자의 성명·생년월일·주소·약력을 적은 서류 및 취임승낙서 각 1부 6. 창립총회 회의록(설립발기인이 법인인 경우에는 법인 설립에 관한 의사 결정을 증명하는 서류) 1부 ※ 제3호의 서류 중 담당 공무원 확인사항인 증명서류는 제출하지 않아도 됩니다.	수수료 없음
담당 공무원 확인사항	재산목록에 적힌 재산의 토지(건물) 등기사항	

처리절차

신청서 작성	→	접 수	→	확 인	→	결 재	→	허가증 작성	→	허가증 발급

신청인   식품의약품안전처(비영리법인의 설립 및 감독 업무 담당부서)

210mm×297mm[일반용지 60g/㎡(재활용품)]

제1장 총칙

제1조 (명칭) 이 법인의 명칭은 사단법인 대한항암요법연구회 (이하 '본 법인')이라 하며, 영문 명칭은 'Korean Cancer Study Group (약칭 KCSG)'로 표기한다.

제2조 (목적) 본 법인은 암에 관한 국내외 다기관 임상시험 수행 및 지원, 회원 간 교류 및 협력, 관련 제도 개선을 통하여 안전하고 효과적인 새로운 암 치료법의 개발에 힘쓰며, 암 임상시험에 종사하는 전문인력을 양성하고 임상시험에 대한 올바른 정보를 국민에게 전달하여 궁극적으로 국민 보건 향상에 기여함을 목적으로 한다.

제3조(사무소의 소재지)
① 본 법인의 사무소는 서울특별시 강남구 테헤란로84길 15, 4층에 둔다.
② 본 법인은 필요에 따라 지부 및 분사무소를 둘 수 있다.

제4조 (사업) 본 법인은 제2조의 목적을 달성하기 위하여 다음과 같은 사업을 수행한다.
1. 암에 관한 다기관 임상시험 수행 및 지원 사업
2. 암 임상시험에 관한 회원 상호간 기술 · 정보 교류 및 협력 사업
3. 암 임상시험과 관련된 국내외 단체와의 교류 및 협력 사업
4. 암 임상시험에 관련된 전문 인력 교육 및 양성 사업
5. 암 임상시험 관련 제도 및 정책 연구 사업
6. 암 임상시험에 관한 대국민 홍보 사업
7. 기타 법인의 목적달성에 필요한 사업

제2장 회원

제5조 (회원의 자격) 본 법인의 회원은 정회원과 준회원으로 구성한다.
① 정회원은 다음 각 호의 중 하나에 해당하는 자로서 제6조의 입회 절차를 마친 자로

한다.

1. 제2조의 목적에 찬동하는 혈액종양내과 분과 전문의
2. 제2조의 목적에 찬동하는 임상시험 관련 분야 전문가로서, 본 법인의 발전에 기여한 공로가 인정되어 정회원 3인 이상의 추천을 받아 이사회에서 승인한 자
② 준회원은 제2조의 목적에 찬동하며, 정회원 1인 이상의 추천을 받은 자로서 제6조의 입회 절차를 마친 자로 한다.

제6조 (회원의 가입) 본 법인의 회원이 되고자 하는 자는 소정의 회원가입 신청서를 제출한 뒤 이사회의 승인을 거쳐 회원으로 가입한다.

제7조 (회원의 권리)
① 회원은 본 정관에서 정하는 바에 따라 회원의 권리를 갖는다.
② 정회원은 총회에 출석하여 본 법인에 관한 의견을 제안하고 의결에 참여할 권리를 가지며, 선거권과 피선거권을 가진다.
③ 회원은 법인에서 시행하는 사업에 참여할 수 있으며 교육, 출판물, 기타 자료를 이용할 권리를 가진다.

제8조 (회원의 의무) 회원은 다음의 의무를 가진다.
① 본 법인의 정관 및 규정의 준수
② 총회 및 이사회 의결사항의 이행
③ 회비 납부 (단, 만 65세 이상 회원은 회비가 면제된다.)

제9조 (회원의 탈퇴와 제명)
① 회원은 본인의 의사에 따라 자유롭게 탈퇴할 수 있다.
② 정당한 사유 없이 2년 이상 회비를 미납하였을 경우, 체납된 회비를 납부할 때까지 회원자격은 정지된다.
③ 회원이 법인의 명예를 손상시키거나 목적 수행에 지장을 초래한 경우 이사회의 의결을 거쳐 제명할 수 있다.
④ 탈퇴 및 제명으로 인하여 회원의 자격을 상실한 경우 이미 납부한 회비 등에 대한 권

리를 요구할 수 없다.

제10조 (회원의 상벌)

① 본 법인의 회원으로서 법인의 발전에 기여한 자에 대하여는 이사회의 의결을 거쳐 포상할 수 있다.

② 본 법인의 회원으로서 법인의 목적에 위배되는 행위 또는 명예와 위신에 손상을 가져오는 행위를 하거나 제8조의 의무를 이행하지 아니한 자에 대하여는 이사회의 의결을 거쳐 일시 회원 자격 정지 등의 징계를 할 수 있다.

제3장 임원 및 직원

제11조 (임원)

① 본 법인은 다음의 임원을 둔다.

1. 회장 1인

2. 이사 5인 이상 20인 이내 (회장 포함)

3. 감사 2인

② 모든 임원은 비상임으로 한다.

제12조 (임원의 선임)

① 이사는 정회원 중에서 이사회가 추천하여 총회의 승인을 받아 선임한다.

② 회장은 선출된 이사 중에서 이사회에서 선출하여 총회의 승인을 받아 선임한다.

③ 감사는 정회원 중에서 이사회가 추천하여 총회의 승인을 받아 선임한다.

④ 임원 선임에 있어서 이사 상호간에 민법 제777조에 규정된 친족관계에 있는 자가 이사정수의 1/5을 초과할 수 없다.

⑤ 감사는 감사 상호간 또는 이사와 민법 제777조에 규정된 친족관계가 없어야 한다.

⑥ 새로운 임원의 선출은 임기만료 2개월 이내에 해야 한다. 단, 새로운 회장은 임기만료 2개월 이전이라도 할 수 있다.

⑦ 임원의 보선은 결원이 발생한 날로부터 2개월 이내에 하여야 한다.

⑧ 새로운 임원의 선출이 있을 때에는 지체없이 식품의약품안전처장에게 보고한다.

제13조 (임원의 임기)

① 회장의 임기는 2년으로 하고 1회에 한해 연임할 수 있다.

② 이사의 임기는 2년으로 하되 연임할 수 있다.

③ 보선된 임원의 임기는 전임자의 잔여기간으로 한다.

④ 임원은 임기만료 후라도 후임자가 취임할 때까지는 임원으로 직무를 수행한다.

⑤ 이 정관 시행당시의 임원은 정관의 시행일부터 차기년도 2월 마지막 날까지로 한다.

제14조 (임원의 직무)

① 회장은 본 법인을 대표하고 법인의 업무를 총괄하며, 총회 및 이사회의 의장이 된다.

② 이사는 이사회에 출석하여 본 법인의 업무에 관한 사항을 의결하며 총회 또는 이사회로부터 위임받은 사항을 처리한다.

③ 감사는 다음의 직무를 행한다.

1. 본 법인의 재산상황을 감사하는 일

2. 총회 및 이사회의 운영과 그 업무에 관한 사항을 감사하는 일

3. 제1호 및 제2호의 감사결과 부정 또는 부당한 점이 있음을 발견한 때에는 이사회 또는 총회에 그 시정을 요구하고 그래도 시정 하지 않는 경우 식품의약품안전처장에게 보고하는 일

4. 제3호의 보고를 하기 위하여 필요한 때에는 총회 또는 이사회의 소집을 요구하는 일

5. 본 법인의 재산상황과 업무에 관하여 총회 및 이사회 또는 회장에게 의견을 진술하는 일

제15조 (회장의 직무대행)

① 회장이 궐위되었을 때에는 출석 이사 중 연장자의 사회아래 이사회의 의결을 거쳐 선임된 이사가 회장의 직무를 대행한다.

② 제1항의 규정에 의하여 회장의 직무를 대행하는 이사는 지체없이 회장 선출의 절차를 밟아야 한다.

제16조 (임원의 해임) 이사회는 임원이 다음 각 호의 어느 하나에 해당하는 경우에는 총

회의 의결을 거쳐 해임할 수 있다.

1. 법령이나 정관을 위반하는 행위를 하거나 그 직무상 의무를 게을리 하는 등 임원으로서의 직무수행에 현저한 지장이 있다고 판단되는 경우
2. 임원간의 분쟁, 회계부정 또는 현저한 부당행위 등으로 법인에 중대한 손실을 발생하게 하거나 법인의 명예를 훼손한 때
3. 심신장애 등 그 밖의 사유로 업무를 수행할 수 없게 되었을 때

제17조 (직원)

① 법인에 필요한 직원을 두되 직원은 회장이 임면한다.
② 직원의 임용, 보수 및 복무규정에 관한 사항은 이사회의 의결을 거쳐 별도의 규정으로 정한다.
③ 회장은 필요한 때에 예산의 범위 안에서 정원 외에 계약 또는 임시로 직원을 채용할 수 있으며, 계약내용과 기간 등에 관하여 필요한 사항은 회장이 따로 정한다.

제4장 총회

제18조 (총회의 구성)

총회는 본 법인의 최고의결기관이며 정회원으로 구성한다. 다만, 준회원은 총회에 출석하여 발언할 수 있다.

제19조 (구분 및 소집)

① 총회는 정기총회와 임시총회로 구분하며, 회장이 소집한다.
② 정기총회는 매 회계연도 종료 후 2개월 이내에 소집하며, 임시총회는 회장이 필요하다고 인정할 때에 소집한다.
③ 총회의 소집은 회장이 회의 안건, 일시, 장소 등을 명기하여 회의 개시 7일전까지 각 회원에게 서면(전자문서를 포함한다, 이하 같다)으로 통지하여야 한다. 다만, 회장이 긴급히 소집할 필요가 있다고 인정하는 경우에는 이 기간을 단축할 수 있다.

제20조 (총회소집의 특례)

① 회장은 다음 각 호의 1에 해당하는 소집요구가 있을 때에는 그 소집요구일로부터 30일 이내에 총회를 소집하여야 한다.

1. 재적이사 과반수가 회의의 목적을 제시하여 소집을 요구한 때

2. 제14조제3항제4조의 규정에 의해 감사의 요구가 있을 때

3. 재적 정회원 3분의 1이상이 회의의 목적을 제시하여 소집을 요구한 때

② 총회 소집권자가 궐위되거나 이를 기피함으로써 7일 이상 총회소집이 불가능한 때에는 재적이사 과반수 또는 재적 정회원 3분의 1이상의 찬성으로 총회를 소집할 수 있다.

③ 제2항의 규정에 의한 총회는 출석 이사 중 연장자의 사회아래 이사회의 의결을 거쳐 선임된 이사가 의장이 된다.

제21조 (의결정족수)

① 총회는 재적 정회원 과반수의 출석으로 개의하고 출석 정회원 과반수의 찬성으로 의결한다.

② 단, 정관개정의 경우 재적 정회원의 3분의 2 이상, 법인 해산의 경우 재적 정회원 4분의 3 이상의 찬성으로 의결한다.

③ 정회원은 대리인 또는 서면으로 의결권을 행사할 수 있다. 이 경우 그 회원은 출석한 것으로 보고, 대리인은 대리권을 증명하는 서류를 총회 개최 전까지 의장에게 제출해야 한다.

④ 총회의 의장은 표결권이 없다.

제22조 (총회의 기능) 총회는 다음의 사항을 의결한다.

1. 임원의 선출 및 해임에 관한 사항

2. 본 법인의 해산 및 정관변경에 관한 사항

3. 기본재산의 처분 및 취득에 관한 사항

4. 예산 및 결산에 관한 사항

5. 사업계획에 관한 사항

6. 기타 이사회에서 필요하다고 인정하는 사항

제23조 (의결제척사유) 회원은 다음 각 호의 1에 해당하는 때에는 그 의결에 참여하지

못한다.

1. 임원의 선출 및 해임에 있어 자신에 관한 사항을 의결할 때
2. 금전 및 재산의 수수 또는 소송 등에 관련되는 사항으로서 자신과 본 법인의 이해가
   상충될 때

제5장 이사회

제24조 (이사회의 구성)
① 이사회는 이사 전원으로 구성한다.
② 감사는 이사회에 출석하여 발언할 수 있다.

제25조 (이사회의 소집)
① 이사회는 정기이사회와 임시이사회로 구분한다.
② 정기이사회는 연 1회 개최하고, 임시이사회는 제26조 각 호의 1에 해당하는 소집요
구가 있는 때에 소집한다.
③ 이사회의 소집은 회장이 회의안건, 일시, 장소 등을 명기하여 회의 개시 7일전까지
문서로 각 이사 및 감사에게 통지하여야 한다. 다만, 긴급하다고 인정되는 정당한 사유
가 있을 때에는 그러하지 아니한다.

제26조 (이사회 소집의 특례)
① 회장은 다음 각 호의 1에 해당하는 소집요구가 있는 때에는 그 소집요구일로부터 30
일 이내에 이사회를 소집하여야 한다.

1. 이사 과반수가 회의의 목적을 제시하여 소집을 요구한 때
2. 제14조제3항제4조의 규정에 의해 감사의 요구가 있을 때
② 이사회 소집권자가 궐위되거나 이를 기피함으로써 7일 이상 이사회 소집이 불가능
할 때에는 재적이사 과반수의 찬성으로 이사회를 소집할 수 있다.
③ 제 2항의 규정에 의한 이사회는 출석 이사 중 연장자의 사회아래 이사회의 의결을
거쳐 선임된 이사가 의장이 된다.

제27조 (서면결의)

① 회장은 이사회에 부의할 사항 중 식품의약품안전처장의 승인·허가를 요하지 아니하는 사항으로서 경미한 사항 또는 긴급을 요하는 사항에 관하여는 이를 서면·통신으로 의결할 수 있다. 이 경우에 회장은 그 결과를 차기 이사회에 보고하여야 한다.

② 제1항의 서면결의 사항에 대하여 재적이사 과반수가 이사회에 부의할 것을 요구하는 때에는 회장은 이에 따라야 한다.

제28조 (의결정족수)

① 이사회는 재적이사 과반수의 출석으로 개의하고 출석이사 과반수의 찬성으로 의결한다.

② 제30조에 따라 의결제척사유에 해당되는 이사는 그 안건의 의결에 참여할 수 없다. 이 경우 의결에 참여하지 못하는 이사는 제1항에 따른 재적이사 수에 포함되지 아니한다.

③ 부득이한 사유로 회의에 직접 참석할 수 없는 이사는 대리인 또는 서면으로 의결권을 행사할 수 있다. 대리인은 대리권을 증명하는 서류를 총회 개최 전까지 의장에게 제출해야 한다.

제29조 (이사회의 의결사항) 이사회는 다음의 사항을 심의. 의결한다.

1. 사업계획 수립에 관한 사항
2. 사업 결과 및 성과에 관한 사항
3. 예산, 결산서의 작성에 관한 사항
4. 정관변경에 관한 사항
5. 재산관리에 관한 사항
6. 회원의 가입과 탈퇴, 상벌에 관한 사항
7. 총회에 부의할 안건의 작성
8. 총회에서 위임받은 사항
9. 정관에서 이사회의 의결을 요하는 사항
10. 기타 본 법인의 운영상 중요하다고 회장이 부의하는 사항

제30조(의결제척사유) 이사는 다음 각 호의 1에 해당하는 때에는 그 의결에 참여하지 못

한다.

1. 임원의 선출 및 해임에 있어 자신에 관한 사항을 의결할 때
2. 금전 및 재산의 수수 또는 소송 등에 관련되는 사항으로서 자신과 본 법인의 이해가 상충될 때

제6장 위원회

제31조(위원회)

① 법인의 업무 집행을 위해 업무 분야에 따른 각종 위원회를 둘 수 있다.

② 위원장은 회장이 임면한다.

③ 각 위원회의 운영에 관해서는 별도의 규정으로 정한다.

제7장 재산과 회계

제32조 (재산의 구분)

① 본 법인의 재산은 다음과 같이 기본재산과 보통재산을 구분한다.

1. 기본재산은 본 법인 설립시 그 설립자가 출연한 재산과 이사회에서 기본재산으로 정한 재산으로 하며, 그 목록은 '별지 1'과 같다.
2. 보통재산은 기본재산 이외의 재산으로 한다.

제33조 (재산의 관리)

① 본 법인은 그 목적사업을 달성하기 위하여 그 재산을 성실히 관리하여야 한다.

② 본 법인의 기본재산을 처분(매도, 증여, 교환을 포함한다)하고자 할 때에는 이사회의 의결과 총회의 의결을 거쳐야 한다.

③ 기본재산의 변경에 관하여는 정관변경에 관한 규정을 준용한다.

제34조 (수입금) 본 법인의 재정은 다음의 수입금으로 충당한다.

1. 회원의 회비
2. 재산으로 생기는 과실

3. 각종 출연금, 보조금, 기부금, 연구용역 수입금

4. 그 밖의 수입금

제35조 (회계연도) 법인의 회계연도는 정부의 회계연도에 따른다.

제36조 (예산편성 및 결산)

① 본 법인은 회계연도 개시 전 사업계획 및 예산을 이사회의 승인을 받아 회계연도 개시 후 집행할 수 있으며, 정기 총회의 승인을 받아야 한다. 단, 국고부담이 수반되는 사업은 사전에 식품의약품안전처의 승인을 받아야 한다.

② 본 법인은 사업실적 및 결산내용을 당해 회계연도 종료 후 2월 이내에 이사회의 의결을 거쳐 총회의 승인을 받아야 한다.

③ 익년도의 사업계획서 및 예산서와 당해연도 사업실적서 및 수기결산서를 회계연도 종료 후 2월 이내에 식품의약품안전처장에게 보고하여야 한다. 이 경우 재산목록과 업무현황, 감사결과 보고서도 함께 제출하여야 한다.

④ 새로운 회계연도 개시 전까지 사업계획서 및 예산안을 승인받지 못한 경우라도 인건비 및 임차료 등 필요경비는 전년도 예산을 준하여 집행할 수 있다.

제37조 (회계감사) 감사는 회계감사를 연 1회 이상 실시하여야 한다.

제38조 (임원의 보수) 임원에 대하여는 보수를 지급하지 아니한다. 다만, 업무수행에 필요한 출석수당 및 회의수당과 그 업무수행에 필요한 실비는 지급할 수 있다.

제8장 보 칙

제39조 (법인해산 및 잔여재산의 처리 등)

① 본 법인이 해산하고자 할 때에는 총회에서 재적 정회원 4분의 3이상의 찬성으로 의결하여 식품의약품안전처장에게 신고하여야 한다.

② 본 법인이 해산한 때의 잔여재산은 총회의 의결을 거쳐 식품의약품안전처장의 허가를 얻어 국가·지방자치단체 또는 유사한 목적을 가진 다른 비영리법인에게 귀속되도

록 한다.

③ 청산인은 법인의 청산을 종결한 때에는 「민법」제94조에 따라 그 취지를 등기하고 청산종결 신고서를 식품의약품안전처장에게 제출한다.

제40조 (정관변경) 이 정관을 변경하고자 할 때에는 총회에서 재적 정회원 3분의 2이상의 찬성으로 의결하여 식품의약품안전처장의 허가를 받아야 한다.

제41조 (기부금 사용의 공개) 본 법인은 기부금 사용에 있어 법인의 홈페이지를 통해 연간 기부금 모금액 및 활용실적을 매년 3월말까지 공개하여야 한다.

제42조 (규칙제정) 이 정관에 정한 것 외에 본 법인의 운영에 관하여 필요한 사항은 이사회의 의결을 거쳐 규칙으로 정한다.

부칙

제1조 (시행일) 이 정관은 식품의약품안전처의 허가를 받은 날로부터 시행한다.

[서식 _ 재산목록]

		재산목록		
구분	재산명	수량	금액(원)	비고
기본재산				
운영재산				
합계				

20 년   월   일

위 사실을 확인함

사단(재단)법인 ○○○○ 이사장 (인)

사업계획서 및 수지예산서

1. 사업계획서

- 사업계획의 목적과 연도별 계획 기재

2. 수지예산서

- 예산총괄표

사업명	예산액	산출근거

- 수지예산서(수입지부)

연예산액	월예산액	사업내역	비고

- 수지예산서(지출지부)

내역	금액	비고

임 원 조 서

번호	직위	성명(한자)	주민등록번호	임기	학력	주소	현직

사단(재단)법인 ○○○○ 이사장 (인)

취 임 승 낙 서

사단(재단)법인 ○○○○ 이사장 (인)

설립자 ○○○ 귀하

본인은 금번 설립하는 사단(재단)법인 ○○○○의 이사(임기 ○년)에 취임할 것을 승낙합니다.

20 년   월   일

주소 :

주민등록번호 :

성명 :   (인)

사단(재단)법인 ○○○○ 창립(발기인) 총회 회의록

1. 일시 : 20 년   월   일

2. 장소 :

3. 출석위원 : ○○○, ○○○, ○○○, ○○○, ○○○, ...(성명기재)

4. 결석위원 : ○○○, ○○○, ○○○, ...(성명기재)

5. 안건

　– 제1호 의안 : 설립취지선택(안)

　– 제2호 의안 : ○○법인 명칭제정(안)

　– 제3호 의안 : 정관(안)

　– 제4호 의안 : 임원선임(안)

　– 제5호 의안 : 법인사업계획서(안)

　– 기타 안건(있는 경우 상정)

6. 회의내용

발언자	회의진행사항
사회자 ○○○	발기인 ○명 중 ○명이 참석하여 성원이 되었으므로 개회를 선언합니다. 어느 분이 임시의장을 맡으시면 좋으실지 말씀하여 주시기 바랍니다. ○○○을 임시의장으로 선출할 것을 제의합니다.
발기인(가) ○○○	제청합니다.
발기인(나) ○○○	(의안별로 구체적인 토의사항을 발표자 순서대로 기록하여 정리)

20 년   월   일

사단(재단)법인 ○○○○

발기인 ○○○ (인)

발기인 ○○○ (인)

발기인 ○○○ (인)

나. 설립허가

(1) 설립허가

식품의약품안전처장은 법인 설립허가 신청의 내용이 다음의 기준에 맞는 경우에만 그 설립을 허가할 수 있다(규칙 제4조).

• 법인의 목적과 사업이 실현 가능할 것

• 목적으로 하는 사업을 할 수 있는 충분한 능력이 있고, 재정적 기초가 확립되어 있거나 확립될 수 있을 것

• 다른 법인과 같은 명칭이 아닐 것

(2) 심사 및 허가기간

식품의약품안전처장은 법인 설립허가 신청을 받았을 때에는 특별한 사유가 없으면 20일 이내에 심사하여 허가 또는 불허가 처분을 하고, 그 결과를 서면으로 신청인에게 통지하여야 한다. 이 경우 허가를 할 때에는 별지 제2호서식의 법인 설립허가증을 신청인에게 발급하고, 법인 설립허가대장에 필요한 사항을 적어야 하며, 법인의 설립허가를 할 때에는 필요한 조건을 붙일 수 있다.

■ 식품의약품안전처 소관 비영리법인의 설립 및 감독에 관한 규칙 [별지 제2호서식]　　　　　　　　　　　　　　(앞쪽)

제　호

법인 설립허가증

1. 법인 명칭:

2. 소 재 지:

3. 대 표 자
　가. 성　명:
　나. 생년월일:
　다. 주　소:

4. 사업 내용:

5. 허가 조건:

「민법」 제32조 및 「식품의약품안전처 소관 비영리법인의 설립 및 감독에 관한 규칙」 제4조에 따라 위와 같이 법인 설립을 허가합니다.

년　　　월　　　일

식품의약품안전처장　　　　　直인

210mm×297mm[일반용지 60g/㎡(재활용품)]

준수사항

1. 「민법」 및 「식품의약품안전처 소관 비영리법인의 설립 및 감독에 관한 규칙」 등 관련 법령과 정관에서 정한 내용을 준수해야 합니다.
2. 정관에서 정하는 목적사업 중 다른 법률에 따른 허가·인가·등록·신고의 대상이 되는 사업을 하려는 경우에는 관련 법령에 따른 절차를 거쳐야 합니다.
3. 매 사업연도 종료 후 2개월 이내에 다음의 서류를 식품의약품안전처의 소관 부서에 제출해야 합니다.
   가. 다음 사업연도의 사업계획 및 수입·지출 예산서 1부
   나. 해당 사업연도의 사업실적 및 수입·지출 결산서 1부
   다. 해당 사업연도 말 현재의 재산목록 1부
4. 다음의 어느 하나에 해당되는 경우에는 「민법」 제38조에 따라 법인의 설립허가를 취소할 수 있습니다.
   가. 설립 목적 외의 사업을 하였을 때
   나. 설립허가의 조건을 위반하였을 때
   다. 공익을 해치는 행위를 하였을 때
5. 법인이 해산(파산으로 인한 해산은 제외합니다)하였을 때에는 해산등기를 마친 후 지체 없이 식품의약품안전처장에게 해산 신고를 해야 합니다.
6. 법인의 청산이 종결되었을 때에는 등기를 한 후 식품의약품안전처의 소관 부서에 신고해야 합니다.

〈 변 경 사 항 〉

변경일	내　용	확인

210mm×297mm[일반용지 60g/㎡(재활용품)]

다. 설립 관련 보고

(1) 법인자산 이전

법인의 설립허가를 받은 자는 허가를 받은 후 지체 없이 기본재산과 운영재산을 법인에 이전(移轉)하고 1개월 이내에 이전을 증명하는 등기소 또는 금융회사 등의 증명서를 식품의약품안전처장에게 제출하여야 한다(규칙 제5조).

(2) 설립관련 보고

법인은 「민법」 제49조부터 제52조까지 또는 제52조의2에 따라 법인 설립 등의 등기를 하였을 때에는 10일 이내에 식품의약품안전처장에게 등기 사실을 서면으로 보고하거나 법인 등기사항증명서 1부를 제출하여야 한다. 이 경우 서면 보고를 받은 식품의약품안전처장은 「전자정부법」 제36조 제1항에 따른 행정정보의 공동이용을 통하여 법인 등기사항증명서를 확인하여야 한다.

3. 설립허가 이후의 절차

가. 정관 변경의 허가 신청

「민법」 제42조 제2항, 제45조 제3항 또는 제46조에 따른 정관 변경의 허가를 받으려는 법인은 별지 제3호서식의 법인 정관 변경허가 신청서에 다음의 서류를 첨부하여 식품의약품안전처장에게 제출하여야 한다(규칙 제6조). 정관변경신청서는 첨부 서식과 같고 그 외 관련 서면을 제1편 정관변경란의 첨부서류를 참고바란다.

- 정관 변경 사유서 1부
- 개정될 정관(신·구조문대비표를 첨부한다) 1부
- 정관 변경과 관계있는 총회 또는 이사회의 회의록 사본 1부
- 기본재산 처분에 따른 정관 변경인 경우에는 처분 사유, 처분재산의 목록, 처분 방법 등을 적은 서류 1부

■ 식품의약품안전처 소관 비영리법인의 설립 및 감독에 관한 규칙 [별지 제3호서식]

법인 정관 변경허가 신청서

접수번호	접수일	처리일	처리기간	7일

신청인	성명		생년월일 (외국인등록번호)	
	주소		전화번호	

법 인	명칭	전화번호
	소재지	
	설립허가일	설립허가번호

대표자	성명	생년월일 (외국인등록번호)
	주소	전화번호

「민법」제42조제2항·제45조제3항·제46조 및 「식품의약품안전처 소관 비영리법인의 설립 및 감독에 관한 규칙」제6조에 따라 위와 같이 정관의 변경허가를 신청합니다.

년   월   일

신청인   (서명 또는 인)

식 품 의 약 품 안 전 처 장 귀하

신청인 제출서류	1. 정관 변경 사유서 1부 2. 개정될 정관(신·구조문대비표를 첨부합니다) 1부 3. 정관 변경과 관계있는 총회 또는 이사회의 회의록 1부 4. 기본재산 처분에 따른 정관 변경인 경우에는 처분 사유, 처분재산의 목록, 처분 방법 등을 적은 서류 1부	수수료 없음

처리절차

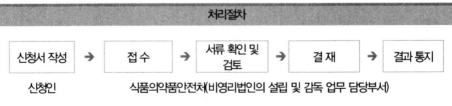

신청서 작성	→	접 수	→	서류 확인 및 검토	→	결 재	→	결과 통지
신청인		식품의약품안전처(비영리법인의 설립 및 감독 업무 담당부서)						

210mm×297mm[일반용지 60g/㎡(재활용품)]

정 관 변 경 사 유 서

법 인 명		
변경 사항	변경일자	
	변경내용	
주 요 골 자		
변 경 사 유		(구체적으로 기재)

정관 변경 신·구 대비표

변경전	변경후	비고 (구체적 사유)

나. 사업실적 및 사업계획 등의 보고

법인은 매 사업연도가 끝난 후 2개월 이내에 다음 각 호의 서류를 식품의약품안전처장에게 제출하여야 한다(규칙 제7조).

• 다음 사업연도의 사업계획 및 수입·지출 예산서 1부

• 해당 사업연도의 사업실적 및 수입·지출 결산서

• 해당 사업연도 말 현재의 재산목록 1부

다. 법인 사무의 검사·감독

식품의약품안전처장은 「민법」 제37조에 따른 법인 사무의 검사 및 감독을 위하여 불가피한 경우에는 법인에 관계 서류·장부 또는 그 밖의 참고자료 제출을 명하거나 소속 공무원으로 하여금 법인의 사무 및 재산 상황을 검사하게 할 수 있으며(규칙 제8조), 이에 따라 법인 사무를 검사하는 공무원은 그 자격을 증명하는 증표를 관계인에게 보여 주어야 한다.

4. 설립허가 취소 등

가. 설립허가의 취소

주무관청은 법인이 목적이외의 사업을 하거나 설립허가의 조건에 위반하거나 기타 공익을 해하는 행위를 한때에는 그 허가를 취소할 수 있는데, 이에 따라 비영리법인의 설립허가를 취소하려면 청문을 하여야 한다(규칙 제9조).

나. 해산신고

법인이 해산(파산으로 인한 해산은 제외한다)하였을 때에는 그 청산인은 「민법」 제85조 제1항에 따라 해산등기를 마친 후 지체 없이 별지 제4호 서식의 법인 해산 신고서에 다음 각 호의 서류를 첨부하여 식품의약품안전처장에게 제출하여야 한다(규칙 제10조).

- 해산 당시의 재산목록 1부
- 잔여재산 처분방법의 개요를 적은 서류 1부
- 해산 당시의 정관 1부
- 사단법인이 총회의 결의에 의하여 해산하였을 때에는 해산 결의를 한 총회의 회의록 사본 1부
- 재단법인의 해산 시 이사회가 해산을 결의하였을 때에는 해산 결의를 한 이사회의 회의록 사본 1부

■ 식품의약품안전처 소관 비영리법인의 설립 및 감독에 관한 규칙 [별지 제4호서식]

법인 해산 신고서

접수번호		접수일	처리일	처리기간	10일

청산인	성명			생년월일 (외국인등록번호)	
	주소			전화번호	

청산법인	명칭		전화번호
	소재지		

해산 연월일	
해산 사유	

「민법」 제86조제1항 및 「식품의약품안전처 소관 비영리법인의 설립 및 감독에 관한 규칙」 제10조에 따라 위와 같이 법인 해산을 신고합니다.

년　　　월　　　일

신고인　　　　　　　　　　　　(서명 또는 인)

식 품 의 약 품 안 전 처 장 귀하

신고인 제출서류	1. 해산 당시의 재산목록 1부 2. 잔여재산 처분방법의 개요를 적은 서류 1부 3. 해산 당시의 정관 1부 4. 사단법인이 총회 결의에 의하여 해산하였을 때에는 해산 결의를 한 총회의 회의록 사본 1부 5. 재단법인의 해산 시 이사회가 해산을 결의하였을 때에는 해산 결의를 한 이사회의 회의록 사본 1부	수수료 없 음
담당 공무원 확인사항	법인 등기사항증명서	

처리절차

신고서 작성	→	접 수	→	검토 및 확인	→	결재
신고인		식품의약품안전처(비영리법인의 설립 및 감독 업무 담당부서)				

210mm×297mm[일반용지 60g/㎡(재활용품)]

다. 잔여재산 처분의 허가

법인의 이사 또는 청산인은 「민법」 제80조 제2항에 따라 잔여재산의 처분에 대한 허가를 받으려면 별지 제5호서식의 잔여재산 처분허가 신청서에 다음 각 호의 서류를 첨부하여 식품의약품안전처장에게 제출하여야 한다(규칙 제11조).

• 해산 당시의 정관 1부(해산 신고 시 제출한 정관과의 대조 확인이 필요한 경우만 해당한다)

• 총회의 회의록 1부(사단법인의 해산 신고 시에 제출한 서류만으로 확인이 되지 않을 경우만 해당한다)

■ 식품의약품안전처 소관 비영리법인의 설립 및 감독에 관한 규칙 [별지 제5호서식]

잔여재산 처분허가 신청서

접수번호	접수일	처리일	처리기간	10일

신청법인	명칭		전화번호	
	소재지			

대 표 자 (이사 · 청산인)	성명		생년월일 (외국인등록번호)	
	주소		전화번호	

처분재산	종류 및 수량
	금액
	처분방법

처분사유	

「민법」 제80조제2항 및 「식품의약품안전처 소관 비영리법인의 설립 및 감독에 관한 규칙」 제11조에 따라 위와 같이 잔여재산 처분허가를 신청합니다.

년   월   일

신청인   (서명 또는 인)

식품의약품안전처장   귀하

신청인 제출서류	1. 해산 당시의 정관 1부(해산 신고 시 제출한 정관과의 대조 확인이 필요한 경우에만 제출합니다) 2. 총회의 회의록 1부(사단법인의 해산 신고 시에 제출한 서류만으로 확인이 되지 않을 경우에만 제출합니다)	수수료 없음

처리절차

신청서 작성	→	접 수	→	확 인	→	결 재	→	결과 통지
신청인		식품의약품안전처(비영리법인의 설립 및 감독 업무 담당부서)						

210mm×297mm[일반용지 60g/㎡(재활용품)]

라. 청산 종결의 신고

청산인은 법인의 청산이 종결되었을 때에는 「민법」 제94조에 따라 등기를 한 후 별지 제6호 서식의 청산종결 신고서를 식품의약품안전처장에게 제출하여야 한다. 이 경우 식품의약품 안전처장은 「전자정부법」 제36조 제1항에 따른 행정정보의 공동이용을 통하여 법인 등기사 항증명서를 확인하여야 한다(규칙 제12조).

■ 식품의약품안전처 소관 비영리법인의 설립 및 감독에 관한 규칙 [별지 제6호서식]

청산종결 신고서

접수번호	접수일	처리일	처리기간	즉시

청 산 인	성명		생년월일 (외국인등록번호)	
	주소		전화번호	

청산법인	명칭		전화번호	
	소재지			

청산 연월일

청산 취지

「민법」 제94조 및 「식품의약품안전처 소관 비영리법인의 설립 및 감독에 관한 규칙」 제12조에 따라 위와 같이 청산 종결을 신고합니다.

년   월   일

신고인(청산인)   (서명 또는 인)

식 품 의 약 품 안 전 처 장 귀하

신고인 (청산인) 제출서류	없 음	수수료
담당 공무원 확인사항	법인 등기사항증명서	없 음

210mm×297mm[일반용지 60g/㎡(재활용품)]

제2장 환경부 및 기상청 소관 비영리법인 설립

1. 개관

환경부 및 기상청 소관 비영리법인 설립 및 감독에 관한 규칙(이하 규칙이라고만 함)은 「민법」에 따라 환경부장관 또는 기상청장이 주무관청이 되는 비영리법인의 설립과 감독에 필요한 사항을 규정함을 목적으로 하며, 이에 따른 비영리법인(이하 '법인'이라 한다)의 설립허가와 법인사무의 검사 및 감독 등에 관하여는 다른 법령에 특별히 규정된 것 외에는 이 규칙에서 정하는 바에 따른다.

본장은 환경부 및 기상청 소관 비영리법인 설립과 관련한 일반절차인 설립허가신청 및 관련 첨부서류 그리고 정관변경허가신청, 사업계획보고 등에 관한 내용들을 정리하였다. 그 외 관련서류들은 제1편 관련 내용부분을 참고하기 바란다.

2. 설립허가절차

가. 설립허가의 신청

「민법」 제32조에 따라 법인의 설립허가를 받으려는 자(이하 '설립발기인'이라 한다)는 별지 제1호서식의 법인설립 허가신청서(전자문서로 된 신청서를 포함한다)에 다음 각 호의 서류(전자문서로 된 서류를 포함한다)를 첨부하여 환경부장관 또는 기상청장(권한이 위임된 경우에는 그 위임을 받은 행정청을 말한다. 이하 '주무관청'이라 한다)에게 제출하여야 한다. 이 경우 주무관청은 제3호의 재산목록에 기재된 재산의 토지 및 건물등기부는 「전자정부법」 제36조 제1항에 따른 행정정보의 공동이용을 통하여 확인하여야 한다(규칙 제3조).

- 설립발기인의 성명·생년월일·주소 및 약력을 적은 서류(설립발기인이 법인인 경우에는 그 명칭, 주된 사무소의 소재지, 대표자의 성명·생년월일·주소와 정관을 적은 서류) 1부
- 정관 1부
- 재산목록(재단법인은 기본재산과 운영재산으로 구분하여 적어야 한다) 및 그 증명서류와 재산을 출연하는 경우에는 그 사실을 증명하는 서류 각 1부

- 해당 사업연도의 사업계획과 수입·지출 예산을 적은 서류 1부
- 임원 취임예정자의 성명·생년월일·주소 및 약력을 적은 서류와 취임승낙서 각 1부
- 창립총회 회의록(설립발기인이 법인인 경우에는 법인 설립에 관한 의사 결정을 증명하는 서류) 1부

[서식 _ 법인설립허가신청서]

■ 환경부 및 기상청 소관 비영리법인의 설립과 감독에 관한 규칙 [별지 제1호서식] 〈개정 2017. 3. 15.〉

법인설립 허가신청서

접수번호		접수일	처리일	처리기간 : 14일
신청인	성명			생년월일(외국인등록번
	주소			전화번호
법인	법인 명칭			
	법인 소재지			법인 전화번호
	대표자 성명			대표자 생년월일
	주소			대표자 전화번호

「민법」 제32조와 「환경부 및 기상청 소관 비영리법인의 설립과 감독에 관한 규칙」 제3조에 따라 위와 같이 법인설립을 신청하오니 허가하여 주시기 바랍니다.

년   월   일

신청인   (서명 또는 인)

환경부장관(기상청장) 귀하

첨부서류	1. 설립발기인의 성명 · 생년월일 · 주소 및 약력을 기재한 서류 1부(설립발기인이 법인인 경우에는 그 명칭, 주된 사무소의 소재지, 대표자의 성명 · 생년월일 · 주소와 정관을 기재한 서류) 2. 정관 1부 3. 재산목록(재단법인은 기본재산과 운영재산으로 구분하여 적어야 합니다) 및 그 입증서류와 출연의 신청이 있는 경우에는 그 사실을 증명하는 서류 각 1부 4. 해당 사업연도의 사업계획과 수입 · 지출예산을 적은 서류 1부 5. 임원 취임예정자의 성명 · 생년월일 · 주소 및 약력을 적은 서류와 취임 승낙서 각 1부 6. 창립총회 회의록(설립발기인이 법인인 경우에는 법인 설립에 관한 의사 결정을 증명하는 서류) 1부 ※ 제3호의 서류 중 재산목록에 기재된 재산의 토지(건물)등기부등본은 제출하지 않아도 됩니다.	수수료 없음
담당공무원 확인 사항	재산목록에 기재된 재산의 토지(건물)등기사항 증명서	

처리절차

신청서 작성	→	접수	→	확인	→	결재	→	허가증 작성	→	허가증 발급
신청인		주무관청		주무관청		주무관청		주무관청		주무관청

210mm×297mm[백상지 80g/㎡]

한반도환경운동연합본부 정관

제1장 총칙

제1조 (명칭)
이 법인은 '사단법인 한반도환경운동연합본부' (이하 '법인'이라 한다)라 한다.

제2조 (목적)
1. 본 법인은 후손에게 깨끗한 물, 맑은 공기, 푸른 강산을 물려주자는 일념으로 모인 환경 보호를 위한 순수 봉사 단체로 산업화로 인한 환경오염 및 오염의 원천적 문제들을 살피고 체계적으로 관리 및 홍보를 하여 환경보호 및 살아가는데 필요한 적절한 정보를 제공하여 더불어 살아가는 터전을 만들고자 한다.
2. 주된 사업으로는 환경정화 활동, 환경교육, 계몽, 계도활동 및 일반 봉사활동으로 지금 살고 있는 터전 및 나아가서는 한반도 전역으로 환경 보호 의식을 기르고 상부상조하는 봉사활동으로 사회의 연대를 이루어 아름다운 강산을 만드는데 목적이 있다.

제3조 (사무소 소재지)
법인의 소재지는 부산광역시에 두고, 필요에 따라 시·도에 지역본부, 시·군·구에 지부를 둔다.

제4조 (사업)
법인은 제2조의 목적을 달성하기 위하여 다음 각 호의 사업을 수행한다.
1. 전국 산림, 강, 해양 보호 및 정화 활동
2. 환경 보전을 위한 환경교육 및 환경 보호 캠페인
3. 환경운동 필요성 및 본 단체 홍보를 위한 일반봉사활동
4. 환경 보전을 위한 환경오염 감시, 신고 활동

5. 국가 또는 지방자치단체가 위탁하는 환경보전 관련 업무

6. 기타 법인 목적달성에 필요한 환경보호, 보전에 필요한 사항

제2장 회 원

제5조 (회원)

법인 회원의 종류는 정회원, 준회원, 명예회원, 특별회원으로 한다.

1. 정회원은 법인에서 정한 금액을 월 회비로 납부하는 자

2. 준회원은 법인에서 정한 금액을 자유롭게 납부하는 자

3. 명예회원은 법인에서 정한자로 한다.

4. 특별회원은 환경봉사활동을 위해 홈페이지, 이메일, 방문을 통해 자유롭게 가입하는 자

제6조 (자격)

1. 법인의 회원은 제2조의 목적과 설립 취지에 찬동하여 소정의 가입절차를 마친자로 한다.

2. 법인의 회원이 되고자 하는 자는 소정의 회원가입 신고서를 법인에 제출하여야한다. 부득이 한 경우 구두로 신청하고 추후에 신청서류를 제출 할수 있다.

3. 법인의 회원의 가입회비 등에 관한 세부사항은 각 본부, 지역본부, 지부에서 운영사항을 고려하여 그에 맞게 별도의 규정으로 한다.

제7조 (권리)

1. 법인의 회원 중 정회원은 법인의 임원 선거권 및 피선거권을 가지며 총회를 통하여 법인의 운영에 참여할 권리와 의결사항에 대한 의결권을 가진다.

2. 준회원, 명예회원, 특별회원은 총회에 출석하여 발언할 수 있으나 의결권은 없다.

3. 정회원은 법인의 자료 및 출판물을 제공받으며, 법인운영에 관한 자료를 열람 할 수 있다.

제8조 (의무)

법인 회원은 다음 각 호의 의무를 진다.

1. 본회의 정관 및 제규정의 준수

2. 총회 및 이사회의 결의 사항 이행

3. 회비 납부

4. 법인이 정한 각종 행사에 참여할 의무

제9조 (탈퇴 및 제명, 포상)

1. 법인회원은 본인의 의사에 따라 회원 탈퇴서를 제출함으로써 자유롭게 탈퇴할 수 있다.

2. 법인 회원이 법인의 명예를 손상시키거나 목적 수행에 지장을 초래할 경우 또는 6개월 이상 회원의 의무를 준수 하지 않은 경우에는 총회의 의결을 거쳐 제명할 수 있다.

3. 법인의 탈퇴 및 제명으로 인하여 회원의 자격을 상실한 경우에는 납부한 회비등에 대한 권리를 요구 할 수 없다.

4. 본 법인의 발전에 공로가 있는 회원에 대해서는 각 운영본부의 규정에 따라 포상한다. (단, 상패를 제외한 금전적 보상은 제외한다.)

제3장 임원

제10조 (임원)

법인은 다음 각 호의 임원을 둔다.

1. 연합본부 회장 : 1인

2. 연합본부부회장 : 10인 이내

3. 후원회장 : 5인 이내 (후원부회장 포함)

4. 상임 이사 : 1인

5. 이사 : 30인 이내 (연합본부회장, 연합본부부회장, 각 지역본부 회장 포함)

6. 운영위원 : 10인 이내

7. 자문위원, 고문 : 10인 이내

8. 감사 2인

9. 지역본부 회장 : 각 지역별 1인

제11조 (선출)

법인은 다음 각 호의 임원을 둔다.

1. 법인의 임원은 총회에서 선출한다.

2. 임기가 만료된 임원은 임기만료 2개월 이내에 후임자를 선출하여야 하며, 임원이 궐위된 경우에는 궐위된 날부터 2개월 이내에 후임자를 선출해야한다.

3. 임원선출이 있을 때에는 임원선출이 있는 날부터 3주 이내에 관할 법원에 등기를 마친 후 주무관청에 통보하여야 한다.

제12조 (해임)

법인 임원이 다음 각 호의 어느 하나에 해당하는 행위를 한 때에는 총회의 의결을 거쳐 해임 할 수 있다.

1. 법인의 목적에 위배되는 행위

2. 법인 임원간의 분쟁, 회계부정, 현저한 부당행위

3. 법인의 업무를 방해하는 행위

제13조 (결격사유)

법인 임원은 다음 각호의 어느 하나에 해당하는 자는 임원이 될 수 없다.

1. 피성년 후견인 또는 피한정 후견인

2. 법원의 판결 또는 다른 것에 의하여 자격이 상실 또는 정지된 자

3. 금고 이상의 실형의 선고를 받고 그 집행이 종료(집행이 종료된 것으로 보는 경우를 포함한다.)되거나 집행이 면제된 날부터 3년이 지나지 아니한 자

제14조 (상임이사)

1. 본 법인의 목적사업을 전담하게 하기 위하여 상임이사를 둘 수 있다.

2. 상임이사는 이사회 의결을 거쳐 이사 중에서 연합본부회장이 선임한다.

제15조 (임기)

1. 법인의 임원 임기는 3년, 감사의 임기는 2년으로 하며, 감사를 포함한 임원은 연임할 수 있다. 다만 보선된 임원의 임기는 전임자의 남은 임기로 한다.

2. 법인의 임원은 임기만료 후 라도 후임자가 취임할 때까지 임원으로 직무를 수행한다.

제16조 (임원의 직무)

1. 연합본부회장은 중앙본부를 대표하고 법인의 업무를 통괄하며, 총회 및 이사회의 의장이 된다.

2. 연합본부부회장은 연합본부회장을 보좌하며 연합본부회장 유고시 연장자 순으로 직무를 대행한다.

3. 이사는 이사회에 출석하여 법인의 업무에 관한 사항을 의결하며 이사회 또는 총회로부터 위임받은 사항을 처리한다.

제17조 (감사의 직무)

1. 법인의 재산 상황을 감사하는 일

2. 총회 및 이사회의 운영과 그 업무에 관한 사항을 감사하는 일

3. 제1호 및 제 2호의 감사결과 부정 또는 부당한 점이 있음을 발견한 때에는 이사회 또는 총회에 그 시정을 요구하고 주무관청에 보고하는 일

4. 제 3호의 시정요구 및 보고를 하기 위하여 필요한 때에는 총회 또는 이사회의 소집을 요구하는 일

5. 법인의 재산상황과 업무에 관하여 총회 및 이사회 또는 연합본부회장에게 의견을 진술하는 일

제4장 총회

제18조 (구성)

총회는 법인의 최고의결기관이며 회원으로 구성한다.

제19조 (회의 소집)

1. 총회는 정기총회와 임시총회로 구분하며, 연합본부회장이 소집한다.

2. 정기총회는 매년 5월에 소집하며 임시의장은 연합본부회장이 된다.

3. 임시총회는 연합본부회장이 필요하다고 인정할 때에 소집한다.

4. 총회의 소집은 연합본부회장이 회의안건, 일시, 장소 등을 명기하여 회의 개시 7일전까지 문서로 각 회원에게 통지 하여야 한다.

제20조 (소집의 특례)

1. 연합본부회장은 다음 각 호의 어느 하나에 해당하는 소집 요구가 있을 때에는 그 소집 요구일로부터 20일 이내에 총회를 소집하여야 한다.

    ① 재적이사 과반수가 회의의 목적을 제시하여 소집을 요구한 때

    ② 제17조 제 4호의 규정에 따라 감사가 소집을 요구한 때

    ③ 재적회원 3분의 2이상의 회의목적을 제시하여 소집을 요구한때

2. 총회 소집권자가 궐위되거나 이를 기피함으로써 7일 이상 총회소집이 불가능한 때에는 재적이사 과반수 또는 재적 회원 3분의 2이상의 찬성으로 총회를 소집 할 수 있다.

3. 제2항의 규정에 따른 총회는 출석한 연합본부부회장 중 최연장자가 연합본부회장의 직무를 대행한다.

제21조 (기능)

총회는 다음 각호의 사항을 의결한다.

1. 임원의 선출 및 해임에 관한 사항
2. 법인의 해산 및 정관변경에 관한 사항
3. 기본재산의 처분 및 취득에 관한 사항
4. 예산 및 결산의 승인
5. 사업 계획의 승인
6. 기타 중요사항 (단, 본 정관상 별도의 규정이 없는 경우는 일반 규칙을 따른다.)

제22조 (정족수)

총회는 정관에서 따로 정하는 사항을 제외하고는 회원의 재적과반수 출석으로 개회하고 출석인원 과반수의 찬성으로 의결한다.

단, 본 정관상 별도의 규정이 없는 경우는 일반규칙을 따른다.

제23조 (제척사유)

1. 임원의 선출 및 해임에 있어 자신에 관한 사항을 의결 할 때
2. 금전 및 재산의 수수 또는 소송 등에 관련 되는 사항으로서 자신과 본회의 이해가 상반될 때

제5장 이사회

제24조 (구성)

법인의 이사회는 연합본부회장, 연합본부부회장, 이사(상임이사 포함)로 구성한다.

제25조 (회의소집)

1. 법인의 이사회는 정기이사회와 임시이사회로 구분한다.
2. 정기이사회는 연1회 개최하고 임시이사회는 감사 또는 이사의 3분의 2이상의 요청이 있
   거나 연합본부회장이 필요하다고 인정하는 때에 소집한다.
3. 연합본부회장이 이사회를 소집하고자 할 때에는 회의개최 7일전까지 이사 및 감사에게
   회의의 목적과 안건, 개최일시 및 장소를 통지하여야 한다.
   다만, 긴급하다고 인정되는 정당한 사유가 있을 때에는 그러하지 아니한다.

제26조 (기능)

법인의 이사회는 다음 각호의 사항을 심의, 의결한다.

1. 업무집행에 관한 사항
2. 사업계획의 운영에 관한 사항
3. 예산, 결산서의 작성에 관한 사항
4. 재산관리에 관한 사항
5. 총회에 부칠 안건에 관한 사항
6. 총회에서 위임받은 사항
7. 정관의 규정에 따라 그 권한에 속하는 사항
8. 기타 본회의 운영상 중요하다고 연합본부회장이 부의 하는 사항(단, 정관상의 별도의
   규정이 없는 경우는 일반 규칙을 따른다.)

제27조 (정족수)

법인의 이사회는 재적이사 과반수의 출석으로 개회하고 출석이사 과반수의 찬성으로 의결
한다.

제28조 (서면결의)

1. 연합본부회장은 이사회에 부의할 사항 중 경미한 사항 또는 긴급을 요하는 사항에 관하여는 이를 서면으로 의결하도록 할 수 있다.

   이 경우 연합본부회장은 그 결과를 차기 이사회에 보고하여야 한다.

2. 제1항의 서면결의 사항에 대하여 재적이사 과반수가 이사회에 부칠 것을 요구하는 때에는 연합본부회장은 이에 따라야 한다.

제6장 재산과 회계

제29조 (재산의 구분)

1. 법인의 재산은 다음과 같이 기본재산과 운영재산으로 구분한다.

2. 기본재산은 법인의 목적사업 수행에 관계 되는 부동산 또는 동산으로 법인설립 시 그 설립자가 출연한 재산과 이사회에서 기본재산으로 정한 재산으로 하며   그 목록은 붙임과 같다.

3. 운영재산은 기본재산 이외의 재산으로 한다.

제30조 (관리)

1. 법인의 기본재산을 매도, 증여, 임대, 교환하거나 담보제공 또는 용도 등을 변경하고자 할 때 또는 의무의 부담이나 권리를 포기하고자 할 때에는 총회의 의결을 거쳐야한다.

2. 기본재산의 변경에 관하여는 정관 변경에 관한 규정을 준용한다.

제31조 (재원)

법인의 유지 및 운영에 필요한 경비의 재원은 다음 각 호와 같다.

1. 회비
2. 찬조금 및 기타 수익금
3. 기부금 및 후원금 협찬 지원금
4. 정부 또는 각종 단체에서의 보조금
5. 기타

제32조 (회계연도)

법인의 회계연도는 정부의 회계 연도를 따른다.

제33조 (예산편성 및 결산)

1. 법인의 회계연도 1개월 전에 사업계획 및 예산안을 이사회의 의결을 거쳐 총회의 승인을 얻는다.
2. 법인은 사업실적 및 결산내용을 당해 회계연도 종료 후 2개월 이내에 이사회의 의결을 거쳐 총회의 승인을 얻는다.

제34조 (회계 감사)

법인의 감사는 회계 감사를 연 1회 이상 실시하고 총회에 보고 하여야 한다.

제35조 (임원의 보수)

법인의 임원에 대하여는 보수를 지급하지 아니한다. 다만, 업무 수행에 필요한 실비는 지급 할 수 있다.

제36조 (차입금)

법인은 예산외의 의무부담이나 자금의 차입을 하고자 할 때에는 이사회의 의결을 거쳐야 한다.

제7장 사무처

제37조 (사무처)

1. 연합본부회장의 지시를 받아 업무를 지휘, 감독하고 총회 및 이사회 결의사항을 처리하기 위하여 사무처를 둔다.
2. 사무처에는 사무총장과 필요한 직원을 둘 수 있다.
3. 사무총장은 총회의 의결을 거쳐 연합본부회장이 임명하거나 해임한다.
4. 사무처의 조직 및 운영에 관한 사항은 이사회의 의결을 거쳐 별도 운영규정을 정한다.

5. 사무처의 직원 보수 규정은 따로 정한다.

제8장 보칙

제38조 (법인해산 및 잔여재산의 처분)

법인을 해산하고자 할 때에는 총회에서 재적회원 4분의 3이상의 찬성으로 의결하여 주무관청에 신고하여야 한다.

1. 해산 당시 재산목록 1부
2. 해산 당시 총회 회의록 1부
3. 해산 당시 정관 1부
4. 법인 해산 시 잔여재산은 국자, 지방자치단체 또는 유사한 목적을 가진 다른 비영리법인에게 귀속 하도록 한다.

제39조 (기부금 공개)

법인의 총회때 기부금 모금액 및 활용 실적을 공개하여야한다.

제40조 (정관개정)

이 정관을 개정하고자 할 때에는 총회에서 재적회원 3분의 2이상 참석하고 참석회원 2분의 1이상의 찬성으로 의결하여 환경부장관의 허가를 받아야 한다.

제41조 (업무보고)

다음 연도의 사업계획서 및 예산서와 해당연도 사업실적서 및 수지결산서는 회계 연도 종료 후 2개월 이내에 주무관청에 보고 하여야 한다.

이 경우 재산목록과 업무현황 및 감사결과 보고서도 함께 제출하여야 한다.

제42조 (준용규정)

이 정관에 규정 되지 아니한 사항은 민법 중 사단법인에 관한 규정과 환경부 및 기상청 소관 비영리법인의 설립과 감독에 관한 규칙을 준용한다.

제43조 (시행세칙 등)

이 정관이 정한 것 외에 본부의 시행세칙 및 제 규정은 이사회에서 정한다.

부칙

제1조 (시행일)

이 정관은 환경부장관의 허가를 받은 날부터 시행한다.

제2조 (경과조치)

이 정관은 시행 당시 법인 설립을 위하여 발기인 등이 행한 행위는 이 정관에 따라 행한 것으로 본다,

제3조 (최초 임원의 임기)

이 정관의 임원의 선임 및 임원의 임기 규정에도 불구하고 발기인 총회에서 선출한 최초 임원의 임기는 발기일로 한다.

제4조 (설립자의 기명 날인)

법인을 설립하기 위하여 이 정관을 작성하고 다음과 같이 발기인(설립자) 전원이 기명날인한다.

2017년 07월 21일

사단법인 한반도환경운동연합본부

설립발기인 인적사항

연번	직위	성 명	생년월일	주소	연락처
		주요 약력			임 기
	대표 이사				

작성자 : 사단법인 ○○○○ 발기인 대표 ○○○ (날인 또는 서명)

【서식 – 임원 취임 예정자 명단】

임원 취임 예정자 명단

연번	직위	성 명	생년월일	주소		연락처
				주요 약력		임 기
	대표이사					

작성자 : 사단법인 ○○○○ 발기인 대표 ○○○ (날인 또는 서명)

사단법인 ○○○○ 창립(발기인) 총회 회의록

(아래는 예시문입니다)

1. 회의일시 : 2002년 ○○월 ○○일 (15:00~17:00)
2. 회의장소 : 서울특별시 ○○구 ○○동 ○○번지 ○○호실
3. 회의안건 : ① 의장선출 ② 설립취지 채택 ③ 정관심의 ④ 출연내용 ⑤ 이사장 선임 ⑥ 임원선임 및 임기결정 ⑦ 사업계획 및 예산심의 ⑧ 사무소 설치 ⑨ 법인조직 및 상근임직원 정수 책정
4. 회원총수 : ○○명 ('회원 명부' 참조)
5. 출석회원(발기인 포함) : ○○명
6. 결석회원(발기인 포함) : ○○명
7. 회의내용

임시 사회자 ○○○은 본 총회가 적법하게 성립되었음을 성원보고한 후 '임시의장 선출' 안건을 상정하다.

　　[제1의안 상정] : 임시의장 선출

사회자 :　－ '임시의장 선출(안)'을 상정하겠습니다.
　　　　　－ 추천하여 주시기 바랍니다.
○○○ :　○○○를 임시의장으로 선출할 것을 제안합니다.
사회자 :　－ 다른 분 추천 있습니까? (더 이상의 추천이 없다)
사회자 :　－ ○○○께서 추천한 ○○○을 임시의장으로 선출하겠습니다. 이의 있으시면 말씀해 주시고, 찬성하시면 박수로 의결하여 주시기 바랍니다.

(만장일치로 전원 박수)

사회자 : – 임시의장에 ○○○가 선출되었음을 선포합니다.

(의사봉 3타)

(이후의 의사진행은 임시의장 ○○○에게 인계하고 사회자는 물러나다)

[제2의안 상정] 설립취지 채택

의 장 : (간단하게 임시의장 취임 인사를 하다)

– 우리 법인의 '설립취지 채택' 안건을 상정합니다.

– ○○○ 발기인께서 설립취지(안)을 낭독해 주시기 바랍니다.

○○○ : (유인물로 작성되어 배포된 설립취지문안을 낭독하다)

의 장 : – ○○○께서 낭독하신 설립취지에 대하여 의견이 있으시면 말씀
해 주십시오.

○○○ : – 이미 준비된 설립취지문에 찬성하며 원안 의결할 것을 제안합니다.

(회원전원) : (○○○의 제안에 찬성하며 모두 박수치다)

의 장 : – 본 설립취지(안)에 이의 없으신 것으로 알고 원안대로 가결되었음을
선포합니다. (의사봉 3타)

[제3의안 상정] 정관심의의 건

의 장 : – 이어서 '정관심의'에 들어가겠습니다.

(○○○ 발기인에게 준비된 정관(안) 낭독을 요청하다)

○○○ : (정관 초안을 낭독하다)

○○○ : – 정관의 내용이 무리없이 잘 구성되었다고 생각합니다.

– 본 정관이 어떠한 과정으로 작성되었는지 의장님께서 부연설명
해 주시면 고맙겠습니다.

의 장 : – 본 정관은 우리 법인의 주무관청인 지식경제부에서 만든 정관예문(준
칙)을 기초로 하여 작성하였습니다.

－ 본 정관에 추가 또는 삭제할 내용이 있으시면 말씀해 주십시오.

○○○ : － 본 정관에 특별히 추가 또는 삭제할 내용은 없는 것 같습니다.

－ 원안대로 의결할 것을 제안합니다. (전원 박수)

의 장 : － 그러면 본 정관도 초안에 이의 없으신 것으로 보고 원안대로 가
결되었음을 선포합니다. (의사봉 3타)

　[제4의안 상정] 출연내용 채택의 건

의 장 : － 다음은 '출연재산 채택(안)'을 상정합니다.

－ 우리 법인의 출발을 위하여 ○○○께서 현금 0000원을 출연하시겠
다는 의사를 밝혔고, ○○○께서 현금 000원을 출연하시겠다는
의사를 밝혔습니다. 본 출연이 채택될 경우 ○○○의 출연금 0000
원은 기본재산으로, ○○○의 출연금 000원은 설립 당해연도의 설
립 제비용 등의 경비로 사용하기 위하여 보통재산으로 구분 채택하
고자 합니다.

－ 출연내용에 대하여 의견 나누어 주시기 바랍니다.

○○○ : － 의장께서 설명하신 출연내용과 의견에 대하여 적극 찬성하며 출연하
신 분의 뜻을 따라 원안대로 채택할 것을 제안합니다.

○○○ : － ○○○의 제안에 찬성합니다. (회원 모두 박수)

의 장 : － 출연재산을 원안대로 모두 채택합니다.

－ 출연재산 채택 의결내용

▷ 000님 출연금 : 현금 0000원 → 기본재산

▷ 000님 출연금 : 현금 0000원 → 보통재산

　[제5의안 상정] 이사장 선임의 건

의 장 : － 우리 법인을 이끌어 나갈 '이사장 선임(안)'을 상정합니다.

－ 회원님들께서 덕망 있고 훌륭하신 분을 추천하여 주시기 바랍니다.

○○○ : – 이사장에는 현재 임시의장으로 사회를 보시는 ○○○께서 맡아 주실 것을 제안합니다. (전원 박수)

의 장 : 부족한 저를 추천해 주셔서 감사합니다. 그러나 저보다 더 훌륭하신 분들이 더 많으신 줄 아니 다른 분을 더 추천해 주시면 좋겠습니다.

○○○ : – ○○○의 제안에 회원 모두 찬성하는 것 같습니다. 다시 한 번 의장님을 이사장에 추천합니다. (전원 박수)

의 장 : – 그러면 여러분의 뜻에 따라 당분간 우리 법인의 이사장직을 맡아보겠습니다.

– 이사장 선임 건에 본인 000가 선출되었음을 선포합니다. (의사봉 3타)

[제6의안] 임원선임 및 임기결정의 건

의 장 : – 이어서 '임원선임 및 임기결정'에 관한 안건을 상정합니다.

– 우선 임원의 수는 정관심의에서 기 결정되었듯이 00명으로 되어 있으니, 이에 대한 임원 후보자들을 추천하여 주시기 바랍니다.

– 아울러 임원의 임기 문제도 함께 제시하여 주시기 바랍니다.

(회원들의 추천과 논의 끝에 다음과 같이 뜻이 모아지다)

▷ 이사(00명) : 0000, 0000, 0000, 0000, 이상 00명 → 임기 4년

0000, 0000, 0000, 0000, 이상 00명 → 임기 2년

▷감사(2명) : 0000 → 임기 2년

0000 → 임기 1년

의 장 : – 임원의 선출 및 임기의 내용이 결정된 것 같습니다.

– 본 내용에 다른 의견이 있으시면 말씀해 주십시오.

(회중에서 이의 없음을 말하고 박수치다)

의 장 : – 임원의 선출 및 임기를 여러분의 결정대로 가결되었음을 선포합니다.

(전원박수 – 의사봉 3타)

의 장 : – 이어서 우리 법인설립 최초의 회원을 채택하고 회원의 회비 징수액을 결정하고자 하는데, 현재의 회원은 회원명부와 같이 총 00명이며 회비

는 년 000원으로 하고자 하는 바, 여러분의 의견을 말씀해 주시고,
이의가 없이 찬성하신다면 박수로 의결하여 주시기 바랍니다.

(회 중) : (전원 찬성하며 박수)

의 장 : 설립최초의 회원 및 회비징수액을 원안대로 가결되었음을 선포합니다.

(의사봉 3타)

▷ 회원수 : 총 00명

▷ 회비징수액 : 년 000원

[제7의안 상정] 사업계획 및 예산심의의 건

의 장 : – 향후 '3개년간의 사업계획 및 수지예산(안)'을 상정합니다.

– ○○○께서 본 안에 대하여 설명하여 주시기 바랍니다.

○○○ : (유인물을 통하여 '3개년간의 사업계획 및 수지예산' 사항을 설명하다)

○○○ : – 상정(안)에 찬성합니다. 원안의결을 제안합니다. (전원 동의 – 박수)

의 장 : – 전원 찬성으로 향후 3개년간의 사업계획 및 예산(안)을 원안대
로 가결 선포합니다. (의사봉 3타)

[제8의안 상정] 사무소 설치의 건

의 장 : – 다음은 본 법인의 '사무소 설치(안)'을 상정합니다.

– (사무소는 ○○○가 ○○○○○○소재 건물을 법인 사무실로 무상
사용할 것을 허락하였다는 내용을 설명하고 이에 대한 동의 여부를
묻다)

○○○ : 사무실을 무상으로 내어 주신 ○○○께 감사드리며 원안의결을 제안합
니다.(전원 박수)

의 장 : 우리 법인의 사무소를 '서울특별시 ○○구 ○○동 ○○ – ○○'로 결정되
었음을 선포합니다. (의사봉 3타)

[제9의안] 법인조직 및 상근 임직원 정수 책정

의 장 : – 마지막으로 '법인의 조직 및 상근임직원의 정수 책정(안)'을 상정합니다.
　　　　 – 유인물을 보시고 의견을 말씀해 주시고, 이의 없으시면 원안대
　　　　　로 통과하겠습니다 (전원 이의 없음을 표시하다)
의 장 : – 이 안건도 전원 찬성으로 원안 가결되었음을 선포합니다. (의사봉 3타)

8. 폐　회

의 장 : – 마지막으로 회의록 서명위원으로 참석회원 중「○○○, ○○○, 홍길
　　　　　동, ○○○」의 ○명을 지정하여 서명·날인토록 하겠습니다. 이견이
　　　　　있으면 말씀해 주시기 바랍니다.(전원 이의없음을 표시하다). 지정받
　　　　　은 서명위원들께선 폐회후 남아서 작성된 회의록 내용의 사실여부를
　　　　　확인하고 서명하여 주시기 바랍니다.
　　　　 – 이상으로 모든 회의를 마치겠습니다. 감사합니다.

200○년 ○월 ○일

덧붙임　1. 설립취지문 1부.
　　　　2. 정관 1부.
　　　　3. 사업계획서 및 수지예산서(비영리법인은 1년, 공익법인은 3년) 1부.
　　　　4. 법인 조직 및 상근임직원 정수표 1부.
　　　　(※ 덧붙인 문서는 서명위원들이 본 회의록과 함께 간인하여야 함)

회원 대표 ○○○ (인)

		회원	○ ○ ○ (인)
		'	○ ○ ○ (인)
		'	○ ○ ○ (인)
		'	○ ○ ○ (인)
		'	○ ○ ○ (인)

주) 1. 창립총회 회의록은 법인설립이 적법한 절차를 거쳐 성립되었느냐를 판단하는 중요한 기준이 되므로 육하원칙에 따라 작성하되, 진행자 등이 누락되지 않도록 한다.

2. 특히 회의진행과 관련하여 정관 심의과정 및 임원선출의 표결사항, 찬·반 토론내용 등을 상세히 기재하고 회의록 작성이 끝나면 참석한 서명위원들이 기록내용을 확인하고 연명으로 날인하여야 한다.

3. 회의록의 내용 중 별첨 유인물로 설명(진행)된 것은 회의록에 첨부하여 서명위원들이 간인하여야 한다.

4. 본 회의록에 첨부된 문서들은 첨부한 것으로 갈음한다. (별도로 첨부할 필요 없음)

창립(발기인)총회 회의록

재 산 목 록

재 산 구 분		수량	소재지	평가액	취득원인	비고
총 계						
기 본 재 산	합계					
	동산 소계					
	현금					예치금
	주식					
	채권					기업 (회사채 포함)
	부동산 소계					
	건물					
	전					
	답					
	대지					
	임야					
	기타					
보 통 재 산	합계					
	현금					
작성자 : 사단법인 ○○○○○ 대표 ○ ○ ○ (날인 또는 서명)						

사 업 계 획 서

I. 주요사업 목표

  1. 제1사업명

  2. 제2사업명

  3. 제3사업명

II. (사업별) 세부사업 내용

  1. (제1사업명)

    가. 목적 :

    나. 사업내용 : 시행시기, 장소, 사업내용

    다. 시행방법 :

    라. 소요예산 : 인건비, 운영비, 기타

    마. 기타사항 :

    바. 향후계획 :

  2. (제2사업명)

  3. (제3사업명)

<u>※ 과거 사업 운영 실적 첨부</u>

<u>※ 외교부소관 법인의 경우 1년이상 사업실적 및 사업계획서 필수</u>

(외교부 소관 비영리 법인의 주요사업이 해외에서 추진되는 점을 고려, 사업 대상국의 법률 및 문화에 대한 이해 등 관련 기술적 비결을 증명할 수 있는 최소한의 실적 필요)

작성자 : 사단법인 ○○○○ 발기인 대표 ○○○ (날인 또는 서명)

수지 예산서(○○년도)

1. 총괄표

수입 예산 총액	지출 예산 총액	비고

2. 수입 예산서

(단위:원)

수입 항목	예상 수입액	산출근거
① 회 비		
② 출연금		
③ 과실소득		
④ 수익사업		
⑤ 전기 이월액		
⑥ 법인세 환급액		
합계		

3. 지출 예산서

(단위:원)

지출 항목	예상 지출액	산출근거
① 경상비(인건비, 운영비)		
② 퇴직 적립금		
③ 법인세		
④ 목적 사업비		
⑤기본재산 편입액		
합계		

[작 성 요 령]

수 입

① 회비(사단법인의 경우) : 회원들로부터 정기적으로 받을 회비수입액 기재

② 출연금

 − 목적사업기부 : 목적사업에 사용하기 위하여 받을 기부금액 기재

 − 재산증자기부 : 기본재산 증자를 위하여 받을 기부금액 기재

③ 과실소득 : 법인 소유 기본재산 운영으로 발생될 과실금액 기재

④ 수익사업(「법인세법」 제4조제3항)

 − 부동산·임대수익, 이자·배당소득, 주식·신주인수권 또는 출자지분의 양도로 생기는 수입 등

⑤ 전기 이월액

 − 고유목적사업준비금 : 고유목적사업준비금으로 설정한 금액 기재

 − 이월 잉여금 : 전년도 이월액 중 고유목적사업준비금을 제외한 금액 기재

 − 기타 : 이월잉여금을 세부항목으로 구분할 경우 순수 이월잉여금 외에 별도 항목으로 구분

⑥ 법인세 환급액 : 전년도 법인세환급액 기재

지 출

① 경상비

 − 인건비 : 상근직원에게 지급할 인건비 기재

 − 운영비 : 경상비 중 인건비를 제외한 금액 기재

② 퇴직 적립금 : 상근직원에 대한 퇴직적립(예정)액 기재

③ 법인세 : 출연재산 운영소득을 근거로 지출될 법인세액 기재

④ 목적 사업비 : 정관에 명시된 목적사업 수행에 소요되는 경비를 사업별로 기재하되, 직접목적사업비가
    아닌 부대경비는 제외

⑤ 기본재산 편입액 : 전년도 이월액 중 당해연도의 기본재산 편입 예정액 기재

나. 설립 허가

(1) 허가기준

주무관청은 법인설립 허가신청의 내용이 다음의 기준에 맞는 경우에만 이를 허가한다(규칙 제4조). 이에 따른 법인의 설립허가를 하기 위하여 필요하면 신청인에게 기간을 정하여 필요한 서류를 제출하게 하거나 설명을 요구할 수 있다. 이 경우 그에 걸리는 기간은 14일의 기간에 넣어 계산하지 아니한다.

• 법인의 목적과 사업이 실현 가능할 것
• 목적하는 사업을 수행할 수 있는 충분한 능력이 있고, 재정적 기초가 확립되어 있거나 확립될 수 있을 것
• 다른 법인과 같은 이름이 아닐 것

(2) 심사 및 허가기간

주무관청이 법인설립 허가신청을 받았을 때에는 특별한 사유가 없으면 14일 이내에 이를 심사하여 허가 또는 불허가의 처분을 하고, 이를 서면으로 신청인에게 통지하여야 한다. 이 경우 허가를 할 때에는 별지 제2호서식의 법인설립 허가증을 신청인에게 발급하고 별지 제3호서식의 법인설립허가대장에 필요한 사항을 적어야 한다.

[서식 _ 법인설립 허가증]

■ 환경부 및 기상청 소관 비영리법인의 설립과 감독에 관한 규칙 [별지 제2호서식] 〈개정 2012.7.4〉

(앞쪽)

제 호

법인설립 허가증

1. 법인명칭:

2. 소재지:

3. 대표자
   ○ 성 명:
   ○ 생년월일:
   ○ 주 소:

4. 사업내용:

5. 허가조건: 뒷면에 기재

「민법」 제32조와 「환경부 및 기상청 소관 비영리법인의 설립과 감독에 관한 규칙」 제4조에 따라 위 법인의 설립을 허가합니다.

년   월   일

환경부장관

(기상청장)

| 직인 |

210mm×297mm[백상지(150g/㎡)]

〈허가조건〉

| |
| |

〈변경사항〉

연월일	내용	확인

[별지 제3호서식]

법인설립허가대장

허가번호	법인명칭	사무소의 소재지	대표자 성 명	허가 연월일	기능 및 목적	담당과	비고

297㎜×210㎜[(보존용지(1종)70g/㎡)]

(2) 조건부허가

주무관청이 법인의 설립허가를 하는 경우에는 필요한 조건을 붙일 수 있다.

다. 설립관련 보고

(1) 기본재산 등 이전

법인의 설립허가를 받은 자는 그 허가를 받은 후 지체 없이 기본재산 및 운영재산을 법인에 이전(移轉)하고 1개월 이내에 그 이전을 증명하는 등기소 또는 금융회사 등의 증명서(전자문서로 된 증명서를 포함한다)를 주무관청에 제출하여야 한다(규칙 제5조).

(2) 설립관련 보고

법인은 「민법」 제49조부터 제52조까지의 규정에 따라 법인설립 등의 등기를 하였을 때에는 10일 이내에 주무관청에 보고하거나 등기사항전부증명서 1부를 제출하여야 한다. 다만, 보고를 받은 경우에는 주무관청은 「전자정부법」 제36조 제1항에 따른 행정정보의 공동이용을 통하여 법인등기부를 확인하여야 한다.

3. 허가 후 절차

가. 정관 변경의 허가신청

「민법」 제42조 제2항, 제45조 제3항 및 제46조에 따른 정관 변경의 허가를 받으려는 법인은 별지 제4호서식의 법인정관변경 허가신청서(전자문서로 된 신청서를 포함한다)에 다음의 서류(전자문서로 된 서류를 포함한다)를 첨부하여 주무관청에 제출하여야 한다(규칙 제6조).

- 변경 사유서 1부
- 개정될 정관(신·구조문대비표를 첨부한다) 1부
- 정관의 변경에 관한 총회 또는 이사회의 회의록 사본 1부
- 기본재산의 처분에 따른 정관 변경의 경우에는 처분의 목적, 처분재산의 목록, 처분의 방법 등을 적은 서류 1부

■ 통일부 소관 비영리법인의 설립 및 감독에 관한 규칙 [별지 제3호서식] 〈개정 2012.6.13〉

정관변경허가 신청서

14

접수번호	접수일	처리일	처리기간	10일

신청인	성명		생년월일	
	주소		전화번호	

법인	명칭		전화번호	
	소재지			
	설립허가일		설립허가번호	

대표자	성명		생년월일	
	주소		전화번호	

「민법」 제42조제2항, 제45조제3항 및 제46조와 「통일부 소관 비영리법인의 설립 및 감독에 관한 규칙」 제6조에 따라 위와 같이 정관의 변경허가를 신청합니다.

년   월   일

신청인   (서명 또는 인)

통일부장관   귀하

신청인 제출서류	1. 정관의 변경 사유서 1부 2. 신·구조문대비표를 포함한 정관개정안 1부 3. 정관의 변경과 관계가 있는 총회 또는 이사회의 회의록 1부 4. 기본재산의 처분의 사유, 처분 재산의 목록, 처분의 방법 등을 적은 서류(기본재산의 처분에 따른 정관변경이 있는 경우만 해당됩니다) 1부	수수료 없음

처리절차

신청서 작성 → 접수 → 서류 확인 및 검토 → 결재 → 결과 통지

신청인   처리기관: 통일부

210mm×297mm[백상지 80g/㎡]

정관변경사유서

법 인 명		
변경 사항	변경일자	
	변경내용	
주 요 골 자		
변 경 사 유		(구체적으로 기재)

정관 변경 신·구 대비표

변 경 전	변 경 후	비 고 (구체적 사유)

나. 사업실적과 사업계획 등의 보고

법인은 매 사업연도가 끝난 후 2개월 이내에 다음의 서류를 주무관청에 제출하여야 한다(규칙 제7조).

• 다음 사업연도의 사업계획 및 수입·지출 예산서 1부

• 해당 사업연도의 사업실적 및 수입·지출 결산서 1부

• 해당 사업연도 말 현재의 재산목록 1부

다. 법인사무의 검사와 감독 등

주무관청은 「민법」 제37조에 따른 법인사무의 검사와 감독 등을 위하여 필요하다고 인정하는 경우에는 법인에 관계 서류·장부, 그 밖의 참고자료를 제출하도록 명하거나 소속 공무원이 법인의 사무와 재산상황을 검사하게 할 수 있으며, 이에 따라 법인 사무를 검사하는 공무원은 그 자격을 증명하는 증표를 관계인에게 내보여야 한다.

4. 해산 등

가. 설립허가의 취소

주무관청은 법인이 목적이외의 사업을 하거나 설립허가의 조건에 위반하거나 기타 공익을 해하는 행위를 한때에는 그 허가를 취소할 수 있는데, 이에 따라 비영리법인의 설립허가를 취소하려면 청문을 하여야 한다(규칙 제9조).

나. 해산신고

법인이 해산한 경우(파산으로 인하여 해산한 경우는 제외한다)에는 그 법인의 청산인은 「민법」 제85조 제1항에 따라 해산등기를 마친 후 지체 없이 별지 제5호서식의 법인해산신고서(전자문서로 된 신고서를 포함한다)에 다음 각 호의 서류(전자문서로 된 서류를 포함한다)를 첨부하여 주무관청에 제출하여야 한다. 이 경우 주무관청은 「전자정부법」 제36조 제1항에 따른 행정정보의 공동이용을 통하여 법인등기부를 확인하여야 한다(규칙 제10조).

- 해산 당시의 재산목록 1부
- 잔여재산의 처분 방법의 대강을 적은 서류 1부
- 해산 당시의 정관 1부
- 사단법인이 총회의 결의에 따라 해산한 경우에는 그 결의를 한 총회의 회의록 사본 1부
- 재단법인이 정관에 따라 해산한 경우에 이사회의 해산 결의가 있으면 그 결의를 한 이사회의 회의록 사본 1부

■ 환경부 및 기상청 소관 비영리법인의 설립과 감독에 관한 규칙 [별지 제5호서식] 〈개정 2012.7.4〉

법인해산 신고서

접수번호	접수일	처리일	처리기간 : 7일

청산법인	법인 명칭	
	법인 소재지	법인 전화번호
	청산인 성명	청산인 생년월일(외국인등록번호)
	청산인 주소	청산인 전화번호

해산 연월일	
해산사유	

「민법」 제86조와 「환경부 및 기상청 소관 비영리법인의 설립과 감독에 관한 규칙」 제10조에 따라 위와 같이 법인해산을 신고합니다.

년   월   일

신청인   (서명 또는 인)

환경부장관(기상청장) 귀하

첨부서류	1. 해산 당시의 재산목록 1부 2. 잔여재산의 처분방법의 대강을 적은 서류 1부 3. 해산당시의 정관 1부 4. 사단법인이 총회의 결의에 따라 해산한 경우에는 그 결의를 한 총회의 회의록 사본 1부 5. 재단법인이 정관에 따라 해산한 경우에 이사회의 해산 결의가 있으면 그 결의를 한 이사회의 회의록 사본 1부	수수료 없음
담당공무원 확인사항	법인등기사항증명서 1부.	

처리절차

210mm×297mm[백상지 80g/㎡]

다. 잔여재산 처분의 허가

법인의 이사나 청산인이 「민법」 제80조 제2항에 따라 잔여재산의 처분에 대한 허가를 받으려면 그 처분 목적, 처분하려는 재산의 종류·수량·금액 및 처분 방법을 적은 별지 제6호서식의 잔여재산처분 허가신청서(전자문서로 된 신청서를 포함한다)를 주무관청에 제출하여야 한다(규칙 제11조).

■ 환경부 및 기상청 소관 비영리법인의 설립과 감독에 관한 규칙 [별지 제6호서식] 〈개정 2012.7.4〉

잔여재산처분 허가신청서

접수번호	접수일	처리일	처리기간 : 10일

신청인	법인 명칭	
	법인 소재지	법인 전화번호
	대표자(이사 · 청산인) 성명	대표자 생년월일
	대표자 주소	대표자 전화번호

처분재산	종류 및 수량	
	금액	
	처분방법	
처분사유		

「민법」제80조제2항과「환경부 및 기상청 소관 비영리법인의 설립과 감독에 관한 규칙」제11조에 따라 위와 같이 잔여재산 처분허가를 신청합니다.

년   월   일

신청인   (서명 또는 인)

환경부장관(기상청장) 귀하

첨부서류	1. 해산당시의 정관 1부(해산신고시 정관과의 확인이 필요한 경우에 한하여 제출한다) 2. 총회의 회의록(사단법인의 경우) 1부(해산신고시에 제출한 서류로서 확인이 되지 않을 경우에 한하여 제출한다)	수수료 없음

처리절차

신청서작성	→	접수	→	확인	→	결재
신청인		주무관청		주무관청		주무관청

210mm×297mm[백상지 80g/㎡]

라. 청산 종결의 신고

청산인은 법인의 청산이 종결된 경우에는 「민법」 제94조에 따라 그 취지를 등기하고, 별지 제7호서식의 법인청산 종결신고서(전자문서로 된 신청서를 포함한다)를 주무관청에 제출하여야 하며(규칙 제12조), 주무관청은 이에 따라 법인청산 종결의 신고를 받으면 「전자정부법」 제21조 제1항에 따른 행정정보의 공동이용을 통하여 법인의 등기부 등본을 확인하여야 한다. 다만, 신고인이 그 확인에 동의하지 아니하는 경우에는 신고일부터 10일 이내에 등기부 등본 1부를 주무관청에 제출하도록 하여야 한다.

■ 환경부 및 기상청 소관 비영리법인의 설립과 감독에 관한 규칙 [별지 제7호서식] 〈개정 2012.7.4〉

법인청산 종결신고서

접수번호		접수일	처리일	처리기간 : 즉시
청산법인	법인 명칭			
	법인 소재지		법인 전화번호	
	청산인 성명		청산인 생년월일(외국인등록번호)	
	청산인 주소		청산인 전화번호	

청산 연월일	
청산 취지	

「민법」 제94조와 「환경부 및 기상청 소관 비영리법인의 설립과 감독에 관한 규칙」 제12조에 따라 위와 같이 청산 종결을 신고합니다.

년   월   일

신청인   (서명 또는 인)

환경부장관(기상청장) 귀하

첨부서류	없음	수수료 없음

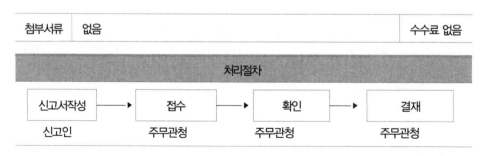

처리절차

신고서작성	→	접수	→	확인	→	결재
신고인		주무관청		주무관청		주무관청

210mm×297mm[백상지 80g/㎡]

제3장 과학기술정보통신부 소관 비영리법인 설립

1. 개관

과학기술정보통신부 소관 비영리법인의 설립 및 감독에 관한 규칙(이하 규칙이라고만 함)은 「민법」에 따라 과학기술부정보통신부장관이 주무관청이 되는 비영리법인의 설립 및 감독에 필요한 사항을 규정함을 목적으로 하며, 이에 따른 비영리법인(이하 '법인'이라 한다)의 설립허가, 법인 사무의 검사 및 감독 등에 관하여는 다른 법령에 특별한 규정이 있는 경우를 제외하고는 이 규칙에서 정하는 바에 따른다.

본장은 과학기술정보통신부 소관 비영리법인의 설립과 관련한 일반절차인 설립허가신청 및 관련 첨부서류 그리고 정관변경허가신청, 사업계획보고 등에 관한 내용들을 정리하였다. 그 외 관련서류들은 제1편 관련 내용부분을 참고하기 바란다.

2. 설립허가절차

가. 설립허가의 신청

「민법」 제32조에 따라 비영리법인의 설립허가를 받으려는 자(이하 '설립발기인'이라 한다)는 별지 제1호 서식의 비영리법인 설립허가 신청서에 다음의 서류를 첨부하여 과학기술정보통신부장관(이하 '주무관청'이라 한다)에게 제출하여야 한다. 이 경우 주무관청은 「전자정부법」 제36조 제1항에 따른 행정정보의 공동이용을 통하여 제3호의 재산목록에 적힌 재산 중 토지 또는 건물의 등기사항증명서를 확인하여야 한다(규칙 제3조).

- 설립발기인의 성명 · 생년월일 · 주소 및 약력을 적은 서류(설립발기인이 법인인 경우에는 그 명칭, 주된 사무소의 소재지, 대표자의 성명 · 생년월일 · 주소와 정관을 적은 서류) 1부
- 설립하려는 법인의 정관 1부
- 재산목록(재단법인의 경우에는 기본재산과 운영재산을 구분하여 적어야 한다) 및 그 증명서류와 출연(出捐) 신청이 있는 경우에는 그 사실을 증명하는 서류 각 1부
- 해당 사업연도분의 사업계획 및 수입 · 지출 예산을 적은 서류 1부

- 임원 취임 예정자의 성명 · 생년월일 · 주소 및 약력을 적은 서류와 임원 취임승낙서 각 1부
- 창립총회 회의록(설립발기인이 법인인 경우에는 법인 설립에 관한 의사 결정을 증명하는 서류) 1부

[서식 _ 비영리법인 설립허가 신청서]

■ 과학기술정보통신부 소관 비영리법인의 설립 및 감독에 관한 규칙 [별지 제1호서식] 〈개정 2017. 7. 26.〉

비영리법인 설립허가 신청서

접수번호	접수일	처리일	처리기간	20일

신청인	성명		생년월일	
	주소		전화번호	

법 인	명칭		전화번호	
	소재지			

대표자	성명		생년월일	
	주소		전화번호	

「민법」 제32조 및 「과학기술정보통신부 소관 비영리법인의 설립 및 감독에 관한 규칙」 제3조에 따라 위와 같이 비영리법인 설립허가를 신청합니다.

년   월   일

신청인   (서명 또는 인)

과학기술정보통신부장관   귀하

첨부서류	1. 설립발기인의 성명 · 생년월일 · 주소 및 약력을 적은 서류 1부(설립발기인이 법인인 경우에는 그 명칭, 주된 사무소의 소재지, 대표자의 성명 · 생년월일 · 주소와 정관을 적은 서류) 2. 설립하려는 법인의 정관 1부 3. 재산목록(재단법인의 경우 기본재산과 운영재산으로 구분하여 적어야 합니다) 및 그 증명서류와 출연(出捐) 신청이 있는 경우에는 그 사실을 증명하는 서류 각 1부	수수료 없 음

	4. 해당 사업연도분의 사업계획 및 수입·지출 예산을 적은 서류 1부
	5. 임원 취임 예정자의 성명·생년월일·주소 및 약력을 적은 서류와 임원 취임승낙서 각 1부
	6. 창립총회 회의록(설립발기인이 법인인 경우에는 법인 설립에 관한 의사 결정을 증명하는 서류) 1부
	※ 제3호의 서류 중 과학기술정보통신부장관 확인사항인 서류는 제출하지 않습니다.
과학기술정보 통신부장관 확인사항	재산목록에 적힌 재산 중 토지 또는 건물의 등기사항증명서

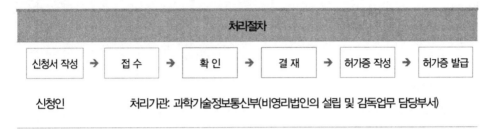

처리절차

신청서 작성 → 접 수 → 확 인 → 결 재 → 허가증 작성 → 허가증 발급

신청인　　　　　　처리기관: 과학기술정보통신부(비영리법인의 설립 및 감독업무 담당부서)

210mm×297mm[백상지 80g/㎡(재활용품)]

제1장 총칙

제1조(명칭)

이 법인은 '사단법인 한국천문우주과학관협회'(이하 '이 법인'이라 칭한다)라 칭하고 영문 명칭은 '(KASMA : The KOrea AstrOnOmy &Space science Museum AssOciatiOn)'이라 칭한다.

제2조(목적)

이 법인은 사회 일반의 이익에 공여하기 위하여 민법 제32조 및 주무관청소관 비영리 법인의 설립 및 감독에 관한 규칙에 따라 건전한 천문우주과학관 및 유사기관 간의 천문우주과학기술에 관한 정보교환과 상호 관심사항에 대한 협의를 통하여 천문우주과학 관련기관의 발전과 상호간의 교류를 증진하고, 사회 일반의 천문우주과학기술의 관심 증대와 천문우주과학 교육을 통한 미래 천문우주과학인 양성 및 회원 상호간에 친목 등을 목적으로 한다.

제3조(사무소의 소재지)

1. 이 법인의 사무소는 대전광역시 유성구에 둔다.
2. 이 법인은 이사회의 결의에 따라 지부를 설치할 수 있다.

제4조(사업)

1. 이 법인은 제2조의 목적을 달성하기 위해 다음의 사업을 한다.
2. 천문우주과학기술인 세미나 및 워크숍 개최
3. 천문우주과학기술에 관한 프로그램 및 콘텐츠 개발·보급
4. 천문우주과학기술 관련 인력 양성 및 천문업무 종사자 등의 교육훈련 [전면개정 2015. 02. 17]
5. 천문우주과학기술에 관한 협회지 발행 등 제 홍보 활동
6. 국내외 천문우주과학기술 관련 행사 개최 등 대중화 사업

7. 천문우주과학기술에 관한 국제교류협력사업

8. 정부, 지방자치단체, 민간단체에서 지정 또는 위탁받은 사업 [본조신설 2015. 02. 17]

9. . 기타 이 법인의 목적 달성을 위한 사업 [본조신설 2015. 02. 17]

10. 전항의 목적사업의 경비충당을 위하여 수익사업을 할 수 있다.

11. 제② 항의 수익사업을 하고자 하는 경우에는 주무관청의 사전 승인을 받아 시행한다.

제5조(법인 공여이익의 수혜자)

1. 이 법인은 제4조 1항에 규정한 목적사업을 수행함에 있어 공공성에 반하지 않아야 하며, 수요자 최소부담 원칙에 입각하여 수행하여야 한다.

2. 이 법인은 목적사업의 수혜자를 출생지, 출신학교, 근무처, 직업 또는 사회적 지위 등에 의하여 차별하지 아니한다.

제6조(위원회)

이 법인은 목적사업의 일부를 수행하기 위하여 위원회를 둘 수 있다.

제2장 회원

제7조(회원의 구분과 자격)

이 법인 회원의 구분과 자격은 다음 각호와 같다.

1. 정회원은 천문우주관련 과학관, 천체투영실 또는 천체관측실등을 운영하는 시설 및 기관으로 하되, 해당 기관의 장이 대표하며 실무 책임자가 기관장을 대리 할 수 있다. 단, 기관의 직제에 따라 기관의 장이 없거나, 부속시설 등으로 분류되는 기관은 해당 시설의 관리 책임자가 대표할 수 있다.

2. 특별회원은 협의회 취지에 찬동하는 기관 또는 인사로서, 총회에서 출석인원 과반수이상의 찬성으로 가입 승인을 얻은 자로 한다.

3. 준회원은 협의회 취지에 찬동하는 천문우주과학관련 기관 또는 인사로서, 총회에서 출석인원 과반수이상의 찬성으로 가입승인을 얻은 자로 한다.

4. 고문은 전임 임원과 천문우주과학정책 · 교육 · 문화 · 언론전문가로서 상임고문 1

인을 포함하여 6인 이내로 회장이 추천하고 이사회의결을 거쳐 추대한다.

제8조(회원의 권리와 의무)

이 법인의 회원은 정관 및 결의사항을 준수 하여야 하며 다음 각 항의 의무와 권리를 가진다.

1. 정회원은 이 법인의 운영에 참여할 권리(의결권, 피선거권, 발언권 등)를 가지며 소정의 회비를 납입해야 한다.
2. 특별회원, 준회원, 고문은 총회에 참석하여 의견을 개진할 수 있으며 본인의 의사에 따라 기여금을 납부할 수 있다.

제9조(회원의 탈퇴)

이 법인의 회원은 임의로 이 법인을 탈퇴할 수 있다.

제10조(회원의 제명)

이 법인의 회원으로서 이 법인의 취지에 배치되는 행위를 하였거나 소정의 의무를 수행하지 않았을 때에는 이사회의 의결을 거쳐 제명 할 수 있다.

제3장 임원

제11조(임원의 종류와 정수 및 자격)

이 법인에 다음 각호의 임원을 둔다.

1. 회장 1명
2. 부회장 2명 이내
3. 이사 11명 이내(회장, 부회장을 포함) [당연직 2명(국립중앙과학관 1명, 한국천문연구원 1명) / 선임직 6명 이내]
4. 감사 1명

다음 각 1에 해당하는 자는 이 법인의 임원이 될 수 없다.

1. 미성년자

2. 금치산자 또는 한정치산자

3. 파산자로서 복권되지 아니한 자

4. 금고 이상의 형을 받고 집행이 종료되거나 집행을 받지 아니하기로 확정된 후 3년이
   경과되지 아니한 자

5. 주무관청장관으로부터 임원취임승인이 취소된 후 2년이 경과되지 아니한 자

제12조(임원의 임기)

1. 이사의 임기는 3년으로 하고 연임할 수 있다.

2. 감사의 임기는 2년으로 하고 연임할 수 있다.

제13조(임원의 선임방법)

1. 임원은 총회에서 선임하여 주무관청의 승인을 받아 취임한다.

2. 임기전의 임원의 해임은 이사회의 의결을 거쳐 주무관청의 승인을 받아야 한다.

3. 임기 중 결원이 생긴 때에는 회장은 총회에서 보선하고 부회장과 이사는 후임자가
   그 직을 승계하며 감사는 새로이 총회에서 선임한다. 그리고 새로이 선임 및 승계한
   임원의 임기는 전임자의 잔여기간으로 한다.

제14조(임원 선임의 제한)

1. 이사회의 구성에 있어서 이사 상호간에 공익법인의 설립 · 운영에 관한법률시행령
   제12조의 규정에 의한 특수 관계에 해당하는 이사의 수는 이사 현원의 5분의 1을 초
   과하지 못한다.

2. 감사는 감사 상호간 또는 이사와 제1항에 규정한 특수 관계에 해당하는 자가 아니어
   야 한다.

제15조(회장의 선출방법과 그 임기)

1. 회장은 이사의 추천을 받아 총회의 의결로 선출하고 주무관청장관의 승인을 받아 취
   임한다. 다만, 회장이 궐위되었을 때에는 지체 없이 후임 회장을 선출하여 주무관청
   장관의 승인을 받아야 한다.

2. 회장의 임기는 이사로 재임하는 기간으로 한다.

제16조(회장 및 이사의 직무)

1. 회장은 이 법인을 대표하여 회무를 총괄하고 총회, 이사회의 의장이 되며 법인의 업무를 통리한다.
2. 부회장은 회장을 보좌하며 회장 유고시에는 연장자순으로 그 직무를 대행한다.
3. 이사는 이사회에 출석하여 이 법인의 업무에 관한 사항을 심의, 의결하며, 이사회 또는 회장으로 위임받은 사항을 처리한다.

제17조(회장의 직무대행)

회장의 사고가 있을 때에는 이사(부회장)중 최연장자인 이사가 회장의 직무를 대행한다.

제18조(감사의 직무)

이 법인의 감사는 다음 각호의 직무를 행한다.

1. 이 법인의 업무와 재산상황을 감사하는 일 및 이사에 대하여 이에 필요한 자료의 제출 또는 의견을 요구하고 이사회에서 발언하는 일
2. 이사회의 회의록에 기명 · 날인하는 일
3. 이 법인의 업무와 재산상황에 대하여 이사회에 출석하여 의견을 진술하는 일
4. 이 법인의 업무와 재산상황을 감사한 결과 불법 또는 부당한 점이 발견한 때 이를 이사회 또는 총회에 보고하는 일
5. 제4호의 보고를 하기 위하여 필요한 때에는 이사회 또는 총회의 소집을 요구하는 일
6. 이 법인의 업무, 재산상황을 감사한 결과 불법 또는 부당한 점이 있음을 발견한 때에는 지체없이 주무관청에 이를 보고하는 일
7. 이사가 이 법인의 목적범위 외의 행위를 하거나, 기타 관계법령이나 정관에 위배한 행위를 하여 법인에게 현저한 손해를 발생하게 할 우려가 있을 때에는 그 이사에 대하여 직무집행을 유지(留止)할 것을 법원에 청구하는 일

제4장 총회

제19조(총회의 기능)

총회는 다음 각호의 사항을 의결한다.

1. 임원의 선출에 관한 사항

2. 정관변경에 관한 사항

3. 법인의 해산에 관한 사항

4. 기본재산의 처분에 관한 사항

5. 예산 및 결산의 승인

6. 사업계획의 승인

7. 기타 중요한 사항

제20조(총회의 소집)

1. 총회는 정기총회와 임시 총회로 나누되 정기총회는 연 1회, 임시총회는 필요에 따라 회장 또는 회원 1/3 이상의 요구로 회장이 소집한다.

2. 회장은 회의안건을 명기하여 7일전에 각 회원에게 통지하여야 한다.

3. 총회는 제2항의 통지 사항에 한하여만 의결할 수 있다.

제21조(총회의 의결정족수)

1. 총회는 재적회원 과반수의 출석으로 개회한다.

2. 총회의 의사는 출석한 회원 과반수의 찬성으로 의결한다. 다만 가부 동수인 경우에는 의장이 결정한다.

제22조(총회소집의 특례)

회장은 다음 각 호의 1에 해당하는 소집 요구가 있을 때에는 그 소집 일로부터 20일 이내에 총회를 소집하여야 한다.

1. 재적이사 과반수가 회의의 목적을 제시하여 소집을 요구 할 때

2. 제17조 제5항의 규정에 의하여 감사가 소집을 요구한 때

3. 회원 3분의 1이상이 회의의 목적을 제시하여 소집을 요구한 때

4. 총회 소집권자가 궐위되거나 또는 이를 기피함으로써 총회소집이 불가능할 때에는 재적이사 과반수 또는 회원의 3분의 1이상의 찬성으로 총회를 소집할 수 있다.

5. 제2항에 의한 총회는 출석이사 중 연장자의 사회아래 그 의장을 지명한다.

제23조(총회의결 제척사유)

의장 또는 회원이 다음의 각 호의 1에 해당하는 때에는 그 의결에 참석하지 못한다.

1. 임원취임 및 해임에 있어 자신에 관한 사항
2. 금전 및 재산의 수수를 수반하는 사항 등 회원 자신과 이 법인과의 이해가 상반되는 사항

제23조2(총회회의록)

1. 총회의 의사에 관하여는 의사록을 작성하여야 한다.
2. 의사록에는 의사의 경과, 요령 및 결과를 기재하고 회장 및 출석한 이사가 기명날인 하여야 한다.

제5장 이사회

제24조(이사회의 기능)

이사회는 다음 각호의 사항을 심의 · 의결한다.

1. 정관변경, 임원선임에 관한 사항 심의
2. 사업계획운영에 관한 사항
3. 예산 및 결산서 작성에 관한 사항
4. 총회에서 위임받은 사항
5. 이 정관에 의하여 그 권한에 속하는 사항
6. 사무국 및 간사에 관한 사항
7. 기타 중요한 사항

제25조(의결정족수)

1. 이사회는 이사정수의 과반수가 출석하지 아니하면 개최하지 못한다.
2. 이사회의 의사는 출석이사 과반수의 찬성으로 의결한다. 다만 가부동수인 경우에는 의장이 결정한다.

제26조(의결제척 사유)

회장 또는 이사가 다음 각 호의 1에 해당하는 때에는 그 의결에 참석하지 못한다.

1. 임원의 취임 및 해임에 있어 자신에 관한 사항을 의결할 때
2. 금전 및 재산의 수수를 수반하는 사항 등 자신과 법인의 이해 상반될 때

제27조(이사회의 소집)

1. 이사회는 회장이 소집하고 그 의장이 된다.
2. 이사회를 소집하고자 할 때에는 적어도 회의 7일전에 목적사항을 명시하여 각 이사에게 통지하여야 한다.
3. 이사회는 제2항의 통지사항에 한하여만 의결할 수 있다. 다만, 재적이사 전원이 출석하고 출석이사 전원의 찬성이 있을 때에는 통지하지 아니한 사항이라도 이를 부의하고 의결할 수 있다.

제28조(이사회소집의 특례)

1. 이사장은 다음 각 호의 1에 해당하는 소집 요구가 있을 때에는 그 소집요구일로부터 20일 이내에 이사회를 소집 하여야 한다.
2. 재적이사 과반수로부터 회의의 목적사항을 제시하여 소집을 요구한때
3. 제17조 제5항의 규정에 의하여 감사가 소집을 요구한 때
4. 이사회 소집권자가 궐위되거나 또는 이를 기피함으로써 7일 이상 이사회 소집이 불가능할 때에는 재적이사 과반수의 찬성으로 주무관청의 승인을 받아 소집할 수 있다.
5. 제2항에 의한 이사회의 운영은 출석이사 중 연장자의 사회아래 그 회의의 의장을 선출하여야 한다.

제29조(서면결의 금지)

1. 이사회의 의사는 서면결의에 의할 수 없다. 다만, 경미한 사항 또는 긴급을 요하는 사항에 관하여는 이를 서면으로 의결할 수 있으며, 이 경우 의장은 그 결과를 차기 이사회에 보고하여야 한다.
2. 제1항의 서면결의 사항에 대하여 재적이사 과반수가 이사회에 부의할 것을 요구하

는 때에는 이에 따라야 한다.

제6장 재산 및 회계

제30조(재산의 구분)

1. 이 법인의 재산은 기본재산과 운영재산으로 구분한다.
2. 다음 각 호의 1에 해당하는 재산은 이를 기본재산으로 하고, 기본재산 이외의 재산은 운영재산으로 한다.
3. 설립시 기본재산으로 출연한 재산
4. 기부에 의하거나 기타 무상으로 취득한 재산. 다만, 기부목적에 비추어 기본재산으로 하기 곤란하여 주무관청의 승인을 얻은 것은 예외로 한다.
5. 보통재산 중 총회에서 기본재산으로 편입할 것을 의결한 재산.
6. 세계(歲計)잉여금 중 적립금

제31조(재산의 관리)

1. 제30조제2항의 기본재산을 매도, 증여, 임대, 교환하거나, 담보에 제공하거나, 의무부담 또는 권리의 포기를 하고자 할 때에는 이사회의 의결과 총회의 승인을 거쳐 주무관청의 허가를 받아야 한다.
2. 이 법인이 매수, 기부체납, 기타의 방법으로 재산을 취득할 때에는 지체 없이 이를 이 법인의 재산으로 편입조치 하여야 한다.
3. 기본재산 및 운영재산의 유지, 보존 및 기타 관리(제1항 및 제2항의 경우를 제외한다)에 관하여는 이사장이 정하는 바에 따른다.
4. 기본재산의 목록이나 평가액에 변동이 있을 때에는 지체 없이 기본재산목록을 변경하여 정관 변경 절차를 밟아야 한다.

제32조(재산의 평가)

이 법인의 모든 재산의 평가는 취득당시의 시가에 의한다. 다만, 재평가를 실시한 재산은 재평가액으로 한다.

제33조(경비의 조달 방법 등)

이 법인의 유지 및 운영에 필요한 경비는 기본자산의 과실, 사업수익, 회원의 회비 및 기타의 수입으로 조달한다.

제34조(회계의 구분)

1. 이 법인의 회계는 목적사업회계와 수익사업회계로 구분한다.
2. 제1항의 경우에 법인세법의 규정에 의한 법인세 과세대상이 되는 수익과 이에 대응하는 비용은 수익사업회계로 계리하고, 기타의 수익과 비용은 목적사업회계로 계리한다.
3. 제2항의 경우에 목적사업회계와 수익사업회계로 구분하기 곤란한 비용은 법인세에 관한 법령의 규정을 준용하여 배분한다.

제35조(회계원칙)

이 법인의 회계는 사업의 경영성과와 수지 상태를 정확하게 파악하기 위하여 모든 회계거래를 발생의 사실에 의하여 기업회계의 원칙에 따라 처리한다.

제36조(회계연도)

이 법인의 회계연도는 정부의 회계연도에 따른다.

제37조(예산외의 채무부담 등)

이 법인의 예산외의 채무의 부담 또는 채권의 포기는 이사회의 의결과 총회의 승인을 받아야 한다. 다만, 당해 회계연도의 수입으로 상환할 수 없는 자금을 차입(이하'장기차입금'이라 한다)하는 경우 차입하고자 하는 장기차입금액이 기본재산 총액에서 차입 당시의 부채총액을 공제한 금액의 100분의 5에 상당하는 금액 이상인 경우로 한다.

제38조(임원 등의 보수 제한)

1. 총회에서 의결한 정수 범위 내에서 상근 임직원을 둘 수 있다. 상근 임직원에게는는 보수를 지급한다.
2. 상근임원외의 임원에게는 업무에 필요한 실비(출장비 등)를 예산범위내에서 지급할

수 있다.

제39조(임원 등에 대한 재산대여 금지)

이 법인의 재산은 이 법인과 다음 각 호의 1에 해당하는 관계가 있는 자에 대하여는 정당한 대가없이 이를 대여하거나 사용하게 할 수 없다.

1. 이 법인의 설립자
2. 이 법인의 임원
3. 제1호 및 2호에 해당하는 자와 민법 제777조의 규정에 의한 친족관계 에 있는 자 또는 이에 해당하는 자가 임원으로 있는 다른 법인.
4. 이 법인의 재산상 긴밀한 관계가 있는 자
5. 제1항 각호의 규정에 해당되지 아니하는 자의 경우에도 이 법인의 목적에 비추어 정당한 사유가 없는 한 정당한 대가 없이 대여하거나 사용하게 할 수 없다.

제40조(예산서 및 결산서 제출)

법인은 매 사업연도 종료후 2월이내에 다음 각호의 서류를 주무관청장관에게 제출하여야 한다.

1. 다음 사업년도의 사업계획 및 수지예산서 1부
2. 당해사업연도의 사업실적 및 수지결산서 1부
3. 당해사업연도말 현재의 재산목록 1부

보 칙

제41조(정관변경)

이 법인의 정관을 변경하고자 할 때에는 총회에서 재적회원 과반수이상의 출석과 출석회원 3분의 2이상의 찬성으로 의결하여 주무관청의 허가를 받아야 한다.

제42조(해산)

1. 제1조의 규정에 의한 목적의 달성 또는 그 목적의 달성 불능으로 이 법인을 해산하고자 할 때에는 총회에서 재적회원 3분의 2이상의 찬성을 얻어야 하며 그 결과를 주무

관청장관에 신고하여야 한다. 다만, 회원이 없게 된 경우에는 총회의 결의 없이 해산한다.

2. 청산인은 파산의 경우를 제외하고는 그 취임 후 3주간 내에 해산 등기를 하고 등기부등본을 첨부하여 주무관청장관에게 해산신고를 하여야 한다.

제43조(해산법인의 재산귀속)

이 법인이 해산 할 때에는 잔여재산을 국가, 지방자치단체 또는 유사한 목적을 가진 다른 비영리법인에게 귀속한다.

제44조(기부금 공개)

이 법인의 연간 기부금 모금액 및 활용실적은 홈페이지를 통해 공개한다.

제45조(시행세칙)

이 법인의 회비징수에 관한 사항 등 이 정관에 관하여 필요한 사항은 이사회에서 정하여 총회의 승인을 얻어야 한다.

제46조(설립당초의 임원 및 임기)

본 정관 제12조의 규정에도 불구하고 이 법인의 설립 최초의 임원 및 임기는 [별지]와 같다.

부 칙

제1조(시행일) [2016. 12. 31개정]
이 정관은 주무관청장관의 허가를 받아 법원에 등기한 날(20 . .)로부터 시행한다.

제1조(시행일) [2015. 07. 31개정]
이 정관은 주무관청장관의 허가를 받아 법원에 등기한 날(20 . .)로부터 시행한다.

제1조(시행일) [2014. 12. 31개정]

이 정관은 주무관청장관의 허가를 받아 법원에 등기한 날(20 . .)로부터 시행한다.

제1조(시행일) [2013. 12. 31개정]
이 정관은 주무관청장관의 허가를 받아 법원에 등기한 날(20 . .)로부터 시행한다.

제1조(시행일) [2012. 12. 10개정]
이 정관은 교육과학기술부장관의 허가를 받아 법원에 등기한 날(20 . .)로부터 시행한다.

제1조(시행일) [2011. 12. 15개정]
이 정관은 교육과학기술부장관의 허가를 받아 법원에 등기한 날(20 . .)로부터 시행한다.

제1조(시행일) [2009. 07. 01제정]
이 정관은 교육과학기술부장관의 허가를 받아 법원에 등기한 날(200 . .)로부터 시행한다.

제2조(최초 임원 선출)
이 법인의 최초 임원 선출은 발기인 대표 회의에서 호선하여 과반수 찬성으로 선임하고 최초 총회에 보고하여 승인을 받아 선출한다.

제3조(경과조치)
이 법인 설립을 위하여 발기인등이 행한 행위는 이 정관에 의하여 행한 것으로 본다.

제4조(창립회원)
이 법인의 창립회원은 발기인 대표회의에서 본인이 입회원서를 작성하여 이 법인에 제출하고 제8조1항에 의해 소정의 회비를 납입한 날로부터 정회원에 가입한 것으로 본다.

제5조(이 법인 주최, 주관, 후원 명칭 및 로고 기준)
이 법인 관련 주최 · 주관 · 후원 등 행사

나. 설립허가

(1) 허가기준

주무관청은 비영리법인 설립허가 신청의 내용이 다음의 기준에 맞는 경우에만 그 설립을 허가할 수 있다(규칙 제4조)

• 비영리법인의 설립목적과 사업이 실현 가능할 것

• 목적사업을 할 수 있는 충분한 능력이 있고, 재정적 기초가 확립되어 있거나 확립될 수 있을 것

• 다른 법인과 같은 명칭이 아닐 것

(2) 심사 및 허가기간

주무관청은 비영리법인 설립허가 신청을 받았을 때에는 특별한 사유가 없으면 20일 이내에 심사하여 허가 또는 불허가 처분을 하고, 신청인에게 그 결과를 서면으로 알려야 한다. 이 경우 허가를 할 때에는 별지 제2호서식의 비영리법인 설립허가증을 발급하고, 별지 제3호서식의 비영리법인 설립허가 대장에 필요한 사항을 적어야 한다.

■ 과학기술정보통신부 소관 비영리법인의 설립 및 감독에 관한 규칙 [별지 제2호서식] 〈개정 2017. 7. 26.〉

제 호

비영리법인 설립허가증

1. 법인 명칭:

2. 소 재 지:

3. 대 표 자

　　　　　성 명:
　　　　　생년월일:
　　　　　주 소:

4. 사업 내용:

5. 허가 조건:

「민법」 제32조 및 「과학기술정보통신부 소관 비영리법인의 설립 및 감독에
관한 규칙」 제4조에 따라 위와 같이 법인 설립을 허가합니다.

년　　　월　　　일

과학기술정보통신부장관　　　　| 직인 |

210mm×297mm[백상지 120g/ ㎡(재활용품)]

준수사항

1. 「민법」및 「과학기술정보통신부 소관 비영리법인의 설립 및 감독에 관한 규칙」등 관련 법령과 정관에서 정한 내용을 준수해야 합니다.

2. 정관에서 정하는 목적사업 중 다른 법률에 따른 허가·인가·등록·신고의 대상이 되는 사업을 하려는 경우에는 관련 법령에 따른 절차를 거쳐야 합니다.

3. 매 사업연도 종료 후 2개월 이내에 다음의 서류를 주무관청의 소관 부서에 제출해야 합니다.

  가. 다음 사업연도의 사업계획 및 수입·지출 예산서 1부

  나. 해당 사업연도의 사업실적 및 수입·지출 결산서 1부

  다. 해당 사업연도 말 현재의 재산목록 1부

4. 다음 각 호의 어느 하나에 해당하는 경우에는 「민법」제38조에 따라 법인의 설립허가를 취소할 수 있습니다.

  가. 설립 목적 외의 사업을 한 경우

  나. 공익을 해치는 행위를 한 경우

  다. 설립허가의 조건을 위반한 경우

5. 법인이 해산(파산으로 인한 해산은 제외합니다)하였을 때에는 해산등기를 마친 후 지체 없이 주무관청에 해산신고를 해야 합니다.

6. 법인의 청산이 종결되었을 때에는 청산종결 등기를 한 후 주무관청의 소관부서에 신고해야 합니다.

〈 변 경 사 항 〉

연월일	내　용	확인

[서식 _ 비영리법인 설립허가대장]

■ 과학기술정보통신부 소관 비영리법인의 설립 및 감독에 관한 규칙 [별지 제3호서식] 〈개정 2017. 7. 26.〉

비영리법인 설립허가 대장

| 허가번호 | 법인명칭 | 사무소 | | 대표자 | | | | 허가연월일 | 기능 및 목적 | 주관부서 (전화번호) | 담당자 (전화번호) | 변경사항 |
		소재지	전화번호	성명	생년월일	주 소	전화번호					

297mm×210mm[백상지 80g/㎡(재활용품)]

(3) 조건부 허가

주무관청은 비영리법인의 설립허가를 할 때에는 필요한 조건을 붙일 수 있다.

다. 설립 관련 보고

(1) 재산이전

비영리법인의 설립허가를 받은 자는 그 허가를 받은 후 지체 없이 기본재산 및 운영재산을 비영리법인에 이전하고, 허가를 받은 날부터 1개월 이내에 재산의 이전을 증명하는 등기소 또는 금융회사 등의 증명서를 주무관청에 제출하여야 한다(규칙 제5조).

(2) 설립관련 보고

비영리법인은 「민법」 제49조부터 제52조까지의 규정에 따라 비영리법인 설립 등의 등기를 하였을 때에는 10일 이내에 그 사실을 주무관청에 서면으로 보고하여야 한다. 이 경우 주무관청은 「전자정부법」 제36조 제1항에 따른 행정정보의 공동이용을 통하여 법인 등기사항증명서를 확인하여야 한다.

3. 허가 후 절차

가. 정관 변경의 허가 신청

(1) 신청서 및 첨부서류

「민법」 제42조 제2항, 제45조 제3항 또는 제46조에 따른 정관 변경의 허가를 받으려는 비영리법인은 별지 제4호서식의 비영리법인 정관 변경허가 신청서에 다음의 서류를 첨부하여 주무관청에 제출하여야 한다(규칙 제6조).

- 정관 변경 사유서 1부
- 개정될 정관(신·구조문대비표를 첨부한다) 1부
- 정관 변경과 관계있는 총회 또는 이사회의 회의록 사본 1부
- 기본재산 처분에 따른 정관 변경인 경우에는 처분 사유, 처분재산의 목록, 처분 방법 등을 적은 서류 1부

■ 과학기술정보통신부 소관 비영리법인의 설립 및 감독에 관한 규칙 [별지 제4호서식] 〈개정 2017. 7. 26.〉

비영리법인 정관 변경허가 신청서

접수번호	접수일	처리일	처리기간	10일

신청인	성명		생년월일	
	주소		전화번호	

법 인	명칭		전화번호	
	소재지			
	설립허가일		설립허가번호	
대표자	성명		생년월일	
	주소		전화번호	

「민법」 제42조제2항, 제45조제3항 또는 제46조 및 「과학기술정보통신부 소관 비영리법인의 설립 및 감독에 관한 규칙」 제6조에 따라 위와 같이 정관의 변경허가를 신청합니다.

년   월   일

신청인   (서명 또는 인)

과학기술정보통신부장관   귀하

첨부서류	1. 정관 변경 사유서 1부 2. 개정될 정관(신 · 구대비표를 첨부합니다) 1부 3. 정관 변경과 관계있는 총회 또는 이사회의 회의록 사본 1부 4. 기본재산 처분에 따른 정관 변경인 경우에는 처분 사유, 처분재산의 목록, 처분 방법 등을 적은 서류 1부	수수료 없 음

처리절차

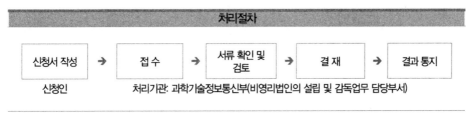

신청서 작성 → 접 수 → 서류 확인 및 검토 → 결 재 → 결과 통지

신청인   처리기관: 과학기술정보통신부(비영리법인의 설립 및 감독업무 담당부서)

210mm×297mm[백상지 80g/㎡(재활용품)]

정 관 변 경 사 유 서

법 인 명		
변경사항	변경일자	
	변경내용	
주 요 골 자		
변 경 사 유	(구체적으로 기재)	

정관 변경 신·구 대비표

변 경 전	변 경 후	비 고 (구체적 사유)

(2) 심사 및 심사기간

주무관청은 정관 변경의 허가 신청을 받았을 때에는 특별한 사유가 없으면 10일 이내에 심사하여 허가 또는 불허가 처분을 하고, 신청인에게 그 결과를 서면으로 알려야 한다.

나. 사업실적 및 사업계획 등의 보고

비영리법인은 매 사업연도가 끝난 후 2개월 이내에 다음의 서류를 주무관청에 제출하여야 한다(규칙 제7조).

• 다음 사업연도의 사업계획 및 수입·지출 예산서 1부
• 해당 사업연도의 사업실적 및 수입·지출 결산서 1부
• 해당 사업연도 말 현재의 재산목록 1부

다. 비영리법인 사무의 검사·감독

주무관청은 「민법」 제37조에 따른 비영리법인 사무의 검사 및 감독을 위하여 불가피한 경우에는 비영리법인에 관계 서류·장부 또는 그 밖의 참고자료 제출을 명하거나 소속 공무

원으로 하여금 비영리법인의 사무 및 재산 상황을 검사하게 할 수 있으며(규칙 제8조), 이에 따라 비영리법인의 사무를 검사하는 공무원은 그 자격을 증명하는 증표를 관계인에게 보여 주어야 한다.

4. 해산 등

가. 설립허가의 취소

주무관청은 법인이 목적이외의 사업을 하거나 설립허가의 조건에 위반하거나 기타 공익을 해하는 행위를 한때에는 그 허가를 취소할 수 있는데, 이에 따라 비영리법인의 설립허가를 취소하려면 청문을 하여야 한다(규칙 제9조).

나. 해산신고

비영리법인이 해산(파산으로 인한 해산은 제외한다)하였을 때에는 그 청산인은 「민법」 제85조 제1항에 따라 해산등기를 마친 후 지체 없이 별지 제5호서식의 비영리법인 해산 신고서(전자문서로 된 신고서를 포함한다)에 다음의 서류를 첨부하여 주무관청에 제출하여야 한다. 이 경우 주무관청은 「전자정부법」 제36조 제1항에 따른 행정정보의 공동이용을 통하여 법인 등기사항증명서를 확인하여야 한다(규칙 제10조).

- 해산 당시의 재산목록 1부
- 잔여재산 처분방법의 개요를 적은 서류 1부
- 해산 당시의 정관 1부
- 사단법인이 총회의 결의에 따라 해산하였을 때에는 해산 결의를 한 총회의 회의록 사본 1부
- 재단법인이 이사회의 해산 결의에 따라 해산하였을 때에는 해산 결의를 한 이사회의 회의록 사본 1부

■ 과학기술정보통신부 소관 비영리법인의 설립 및 감독에 관한 규칙 [별지 제5호서식] 〈개정 2017. 7. 26.〉

비영리법인 해산 신고서

접수번호		접수일	처리일	처리기간	7일
청산인	성명			생년월일	
	주소			전화번호	
청산법인	명칭			전화번호	
	소재지				
해산연월일					
해산사유					

「민법」 제86조제1항 및 「과학기술정보통신부 소관 비영리법인의 설립 및 감독에 관한 규칙」 제10조에 따라 위와 같이 비영리법인 해산을 신고합니다.

년　　　월　　　일

신고인　　　　　　　　　　　　　　　　(서명 또는 인)

과학기술정보통신부장관　　　귀하

첨부서류	1. 해산 당시의 재산목록 1부 2. 잔여재산 처분방법의 개요를 적은 서류 1부 3. 해산 당시의 정관 1부 4. 사단법인이 총회의 결의에 따라 해산하였을 때에는 해산 결의를 한 총회의 회의록 사본 1부 5. 재단법인이 이사회가 해산 결의에 따라 해산하였을 때에는 해산 결의를 한 이사회의 회의록 사본 1부	수수료 없 음
과학기술정보통신부장관 확인사항	법인 등기사항증명서	

처리절차

신고서 작성	→	접 수	→	검토 · 확인	→	결재
신고인		처리기관: 과학기술정보통신부(비영리법인의 설립 및 감독업무 담당부서)				

210mm×297mm[백상지 80g/㎡(재활용품)]

다. 잔여재산 처분의 허가

(1) 신청서 제출

비영리법인의 이사 또는 청산인은 「민법」 제80조 제2항에 따라 잔여재산의 처분에 대한 허가를 받으려면 그 처분 사유, 처분하려는 재산의 종류·수량·금액 및 처분 방법을 적은 별지 제6호서식의 잔여재산 처분 허가 신청서(전자문서로 된 신청서를 포함한다)에 다음의 서류를 첨부하여 주무관청에 제출하여야 한다(규칙 제11조).

• 해산 당시의 정관 1부(해산 신고 시 제출한 정관과의 확인이 필요한 경우만 해당한다)
• 총회의 회의록 사본 1부(사단법인의 해산 신고 시에 제출한 서류만으로 확인이 되지 아니할 경우만 해당한다)

(2) 심사 및 허가기간

주무관청은 잔여재산 처분 허가 신청을 받았을 때에는 특별한 사유가 없으면 14일 이내에 심사하여 허가 또는 불허가 처분을 하고, 그 결과를 서면으로 신청인에게 알려야 한다.

■ 과학기술정보통신부 소관 비영리법인의 설립 및 감독에 관한 규칙 [별지 제6호서식] 〈개정 2017. 7. 26.〉

잔여재산 처분 허가 신청서

접수번호		접수일	처리일	처리기간	14일

신청법인	명칭		전화번호	
	소재지			

대 표 자 (이사· 청산인)	성명		생년월일	
	주소		전화번호	

처분재산	종류 및 수량
	금액
	처분방법

처분사유

「민법」 제80조제2항 및 「과학기술정보통신부 소관 비영리법인의 설립 및 감독에 관한 규칙」 제11
조에 따라 위와 같이 잔여재산 처분 허가를 신청합니다.

년　　　월　　　일

신청인　　　　　　　　　　　　　　　(서명 또는 인)

과학기술정보통신부장관 　　　귀하

첨부서류	1. 해산 당시의 정관 1부(해산 신고 시 제출한 정관과의 확인이 필요한 경우에만 제출합니다)	수수료
	2. 총회의 회의록 사본 1부(사단법인의 해산 신고 시에 제출한 서류만으로 확인이 되지 않을 경우에만 제출합니다)	없음

처리절차

신청서 작성	→	접 수	→	확 인	→	결 재	→	결과 통지
신청인		처리기관: 과학기술정보통신부(비영리법인의 설립 및 감독업무 담당부서)						

210mm×297mm[백상지 80g/㎡(재활용품)]

라. 청산종결의 신고

청산인은 비영리법인의 청산이 종결되었을 때에는 「민법」 제94조에 따라 등기를 한 후
별지 제7호서식의 청산종결 신고서(전자문서로 된 신고서를 포함한다)를 주무관청에 제출
하여야 한다. 이 경우 주무관청은 「전자정부법」 제36조 제1항에 따른 행정정보의 공동이용
을 통하여 법인 등기사항증명서를 확인하여야 한다(규칙 제12조).

■ 과학기술정보통신부 소관 비영리법인의 설립 및 감독에 관한 규칙 [별지 제7호서식] 〈개정 2017. 7. 26.〉

청산종결 신고서

접수번호	접수일		처리일	처리기간	즉시

청 산 인	성명			생년월일	
	주소			전화번호	

청산법인	명칭			전화번호	
	소재지				

청산 연월일

청산 취지

「민법」 제94조 및 「과학기술정보통신부 소관 비영리법인의 설립 및 감독에 관한 규칙」 제12조에 따라 위와 같이 청산 종결을 신고합니다.

년   월   일

신고인(청산인)   (서명 또는 인)

과학기술정보통신부장관   귀하

첨부서류	없 음	수수료
과학기술정보통신부장관 확인사항	법인 등기사항증명서	없 음

210mm×297mm[백상지 80g/㎡(재활용품)]

제4장 보건복지부 및 질병관리청 소관 비영리법인 설립

1. 개관

보건복지부 및 질병관리청 소관 비영리법인의 설립 및 감독에 관한 규칙(이하 '규칙'이라고만 함)은 「민법」에 따라 보건복지부장관 또는 질병관리청장이 주무관청이 되는 비영리법인의 설립 및 감독에 필요한 사항을 규정함을 목적으로 하며, 이에 따른 비영리법인(이하 '법인'이라 한다)의 설립허가, 법인 사무의 검사 및 감독 등에 관하여는 다른 법령에 특별한 규정이 있는 경우를 제외하고는 이 규칙에서 정하는 바에 따른다.

본장은 보건복지부 및 질병관리청 소관 비영리법인의 설립과 관련한 일반절차인 설립허가신청 및 관련 첨부서류 그리고 정관변경허가신청, 사업계획보고 등에 관한 내용들을 정리하였다. 그 외 관련서류들은 제1편 관련 내용부분을 참고하기 바란다.

2. 설립허가절차

가. 설립허가의 신청

「민법」 제32조에 따라 법인의 설립허가를 받으려는 자(이하 '설립발기인'이라 한다)는 별지 제1호서식의 법인 설립허가 신청서(전자문서를 포함한다)에 다음 각 호의 서류(전자문서를 포함한다)를 첨부하여 보건복지부장관 또는 질병관리청장(이하 '주무관청'이라 한다)에게 제출해야 한다(규칙 제3조).

- 설립발기인의 성명·생년월일·주소·약력을 적은 서류(설립발기인이 법인인 경우에는 그 명칭, 주된 사무소의 소재지, 대표자의 성명·생년월일·주소와 정관을 적은 서류) 1부
- 정관 1부
- 재산목록(재단법인의 경우에는 기본재산과 운영재산으로 구분하여 적어야 한다) 및 그 증명서류와 출연(出捐) 신청이 있는 경우에는 그 사실을 증명하는 서류 각 1부
- 해당 사업연도분의 사업계획 및 수입·지출 예산을 적은 서류 1부
- 임원 취임 예정자의 성명·생년월일·주소·약력을 적은 서류 및 취임승낙서 각 1부
- 창립총회 회의록(설립발기인이 법인인 경우에는 법인 설립에 관한 의사 결정을 증명하는 서류) 1부

■ 보건복지부 및 질병관리청 소관 비영리법인의 설립 및 감독에 관한 규칙 [별지 제1호서식] (개정 2020. 12. 28.)

법인 설립허가 신청서

접수번호	접수일	처리일	처리기간	20일

신청인	성명		생년월일 (외국인등록번호)	
	주소		전화번호	

법 인	명칭		전화번호	
	소재지			

대표자	성명		생년월일 (외국인등록번호)	
	주소		전화번호	

「민법」 제32조 및 「보건복지부 및 질병관리청 소관 비영리법인의 설립 및 감독에 관한 규칙」 제3조에 따라 위와 같이 법인 설립허가를 신청합니다.

년   월   일

신청인   (서명 또는 인)

보 건 복 지 부 장 관
질 병 관 리 청 장   귀하

신청(신고)인 제출서류	1. 설립발기인의 성명 · 생년월일 · 주소 · 약력을 적은 서류(설립발기인이 법인인 경우에는 그 명칭, 주된 사무소의 소재지, 대표자의 성명 · 생년월일 · 주소와 정관을 적은 서류) 1부 2. 정관 1부 3. 재산목록(재단법인의 경우에는 기본재산과 운영재산으로 구분하여 적어야 합니다) 및 그 증명서류와 출연 신청이 있는 경우에는 그 사실을 증명하는 서류 각 1부 4. 해당 사업연도분의 사업계획 및 수입 · 지출 예산을 적은 서류 1부 5. 임원 취임 예정자의 성명 · 생년월일 · 주소 · 약력을 적은 서류 및 취임승낙서 각 1부 6. 창립총회 회의록(설립발기인이 법인인 경우에는 법인 설립에 관한 의사 결정을 증명하는 서류) 1부 ※ 제3호의 서류 중 담당 공무원 확인사항인 증명 서류는 제출하지 않아도 됩니다.	수수료 없음
담당 공무원 확인사항	재산목록에 적힌 재산의 토지(건물) 등기부	

처리절차

신청서 작성	→	접 수	→	확 인	→	결 재	→	허가증 작성	→	허가증 발급

신청인   보건복지부 · 질병관리청(비영리법인의 설립 및 감독 업무 담당부서)

210mm×297mm[일반용지 60g/㎡(재활용품)]

제1장 총칙

제1조(목적)

본 회는 회원 상호간의 협력을 통하여 의료기관에서의 보건의료정보관리 업무의 향상 발전과 보급 및 의료정보체계 발전에 기여하여 국민보건 향상에 이바지함을 목적으로 한다.

제2조(명칭)

본 회는 의료기사등에관한법률 제16조에 의하여 설립된 중앙회로서 사단법인 대한보건의료정보관리사협회(이하 '본회'라 한다)라 칭하며, 영문으로는 The KOrean Health InfOrmatiOn Management AssOciatiOn(약칭 KHIMA)으로 표기한다.

제3조(사무소)

본 회의 주된 사무소는 서울특별시 송파구 송파대로48길 2에 두고 각 시·도 단위로 시·도회(이하 '시·도회'라 한다)를 두며 필요한 경우 각 시·도회에 시·군·구 단위로 분회를 설치할 수 있다.

제4조(사업)

① 본 회는 제1조의 목적을 달성하기 위하여 다음 각호의 사업을 행한다.

1. 보건의료정보관리 행정업무의 개선 및 기술보급
2. 의무기록 및 보건의료정보관리에 관한 연구, 개선 및 기술보급
3. 회원의 친목도모 및 복지증진
4. 보건의료정보관리사의 보수교육 및 교육
5. 협회보, 학술지 및 간행물 발간
6. 보건의료정보관리에 관한 국내·외 정보 및 기술교류
7. 각종 전문심화교육과정을 통한 전문보건의료정보관리사 양성
8. 개인건강정보보호 관리 및 보안에 관한 기술연구 및 교육

9. 정부로부터 위탁받은 사업

10. 기타 본 회 목적 달성에 필요한 사항

② 본회는 제1항에서 규정한 목적사업의 수행에 필요한 경비를 충당하기 위하여 필요한 때에는 법인 설립취지에 반하지 아니하는 범위내에서 대의원 총회의 의결을 거쳐 다음 각 호의 수익사업을 할 수 있다.

1. 도서출판사업

2. 광고사업

3. 임대사업

③ 본 조 제2항의 수익사업에 관하여 필요한 사항은 정관세칙 및 규정으로 정한다.

제2장 회원

제5조(자격 및 입회)

본 회 회원은 대한민국 보건의료정보관리사(의무기록사)로서 협회에 가입한 자로 한다.

제6조(권리 및 의무)

① 회원은 정관 또는 각종 규정이 정하는 바에 따라 선거권, 피선거권 및 기타 본회에 대한 모든 권리를 갖는다. 단, 제2항 및 제3항에서 정한 의무를 이행하지 않을 때는 회원으로서의 권리행사를 할 수 없다.

② 회원은 정관 및 제규정과 대의원총회 및 이사회의 의결사항을 준수하여야 한다.

③ 회원은 입회금, 회비 및 기타 부담금을 본 회에 납부 하여야 하며, 회비에 관한 사항은 정관세칙 및 규정으로 정한다. 단, 부담금을 징수할 때는 대의원총회의 의결을 거쳐야 한다.

④ 회원은 매년 그 실태와 취업상황을 협회에 신고하여야 한다.

제7조(명예회원)

명예회원은 본 회의 발전에 공헌이 현저한 자로서 이사회의 의결을 얻어야 한다.

제8조(포상 및 징계)

본 회의 목적달성에 현저한 공로가 있는 자는 포상을 하거나 본 회 회원으로서 다음 각
호의 1에 해당하는 사유가 발생한 때에는 이사회의 결 의로 이를 징계할 수 있다.

1. 의료관계법규를 위반하여 형이 확정된 때

2. 본 회 정관을 위배한 때

3. 본 회 또는 회원의 명예를 훼손시킨 때

4. 본 회 사업을 방해하거나 기타 회원으로서 의무사항을 태만히 하는 때

제3장 임원 및 감사

제9조(임원)

① 본 회에 다음의 임원을 둔다.

1. 회 장 1명

2. 부회장 4명(상근 부회장 1명 포함)

3. 〈삭제〉

4. 이사 35명 이내 (회장, 부회장 및 당연직 이사 포함) 가. 〈삭제〉 나. 〈삭제〉

5. 감 사 2명

② 각 시·도회장, 직전 회장, 연구소장 및 교육센터장은 당연직 이사가 된다.

③ 효율적인 회무처리를 위하여 회장이 필요하다고 인정하는 경우 상근부회장 1명 및
상근 이사 1명을 둘 수 있다. 단, 상근 이사를 둘 경우는 이사 중에서 선임하여야 한다.

④ 〈삭제〉

⑤ 상근부회장 및 상근이사에 관하여 필요한 사항은 정관세칙 및 규정으로 정한다.

제10조(임원의 임기)

① 임원의 임기는 3년으로 한다. 단, 회장은 1회에 한하여 연임할 수 있다.

② 당연직 이사의 임기는 그 직위의 재임기간으로 한다.

③ 제① 항의 규정에도 불구하고 감사의 임기는 2년으로 한다.

제11조(임원선출)

① 회장, 부회장, 감사 및 이사는 대의원총회에서 선출 한다.

② 상근부회장 및 상근 이사는 회장이 임명하고 대의원총회 인준을 받아야 한다.

③ 임원 선출에 관한 사항은 정관세칙 및 규정으로 정한다.

제12조(임원보선)

① 회장, 부회장 및 감사가 궐위된 때에는 대의원총회에서 보선한다.

② 이사가 궐위되어 보선하는 경우에는 회장이 제청하여 이사회의 의결을 받아 선임하고 차기 대의원총회의 인준을 받아야 한다.

③ 보선된 임원의 임기는 전임자의 잔임기간으로 한다.

제13조(임원의 임무)

① 회장은 본 회를 대표하고 회무를 총괄한다.

② 부회장은 회장을 보좌하며 회장 유고시에는 회장이 지명하거나 이사회에서 지명하는 부회장이 회장 직무를 대행한다.

③ 이사는 이사회를 구성하며 회무를 처리한다.

④ 학회장은 학회를 대표하고, 학회 총회 및 학회 임원회의 의장이 된다.

⑤ 감사는 민법 제67조의 규정에 의하여 회무를 감사하고 그 결과를 대의원총회에 보고한다.

제14조(명예회장)

① 본 회에 명예회장을 둘 수 있다.

② 명예회장은 본 회 회장을 역임한 자 중에서 이사회의 추천으로 대의원총회에서추대한다.

③ 명예회장의 임기는 임원의 임기와 같다.

④ 명예회장의 활동지원 등에 관한 사항은 별도의 규정으로 정하고, 필요시 활동비를 지원할 수 있다.

제15조(고문)

① 본 회에 약간명의 고문을 둘 수 있으며, 상근직 고문을 둘 수 있다.

② 고문은 이사회의 의결을 거쳐 회장이 위촉한다.

③ 고문의 임기는 임원의 임기와 같다.

④ 상근직 고문의 임기 및 기타 필요한 사항은 별도의 규정에 따른다.

제15조 2(정책자문위원단)

① 본회의 정책 및 사업 등에 관한 문제를 자문하기 위하여 회장 직속으로 정책자문위원단을 둔다.

② 정책자문위원단은 회장단, 역대 회장(이상 당연직) 및 회장이 위촉하는 5인 이내의 자로 구성한다.

③ 정책자문위원단의 임기는 임원의 임기와 같다.

④ 정책자문위원단의 운영에 관하여 필요한 사항은 별도의 규정으로 정한다.

제4장 대의원총회

제16조(구성 및 소집)

① 대의원총회(이하 '총회'라 한다)는 대의원으로 구성하되, 정기총회와 임시총회로 구분한다.

② 정기총회는 매년 2월중에, 임시총회는 재적 대의원 3분의 1이상 또는 이사회 의 요구에 의하여 의장이 소집하며, 임시총회 소집 요구가 있을 때에는 의장은 지체없이 이를 소집하여야 한다.

③ 총회의 소집은 정기총회는 20일전, 임시총회는 10일전에 회의의 목적 및 부의 안건, 일시 및 장소를 공고하고 각 시·도회에 통보하여야 한다. 다만, 긴급을 요할 때에는 일자의 제한을 받지 아니한다.

④ 임시총회에서는 부의안건 이외의 사항을 처리하지 못한다.

제17조(대의원 선출 및 임기)

① 대의원의 자격은 본 회 정관 제6조의 의무를 필하고, 회원등록 후 3년이 경과된 회원이라야 한다.

② 대의원수는 당해년도 6월말에 확인된 전전년도 회비를 납부한 회원 수에 비례하여

다음과 같이 각 시·도회 별로 선출한다.

1. 100명 이하 : 1명

2. 101명이상 300명이하 : 2명

3. 301명이상은 200명마다 : 1명 증원

③ 본 회의 임원은 당연직 대의원으로 한다.

④ 대의원의 임기는 3년으로 한다. 임기의 기준은 정기총회 개최일로부터 3년 후의 정기총회일 전일까지로 하며, 보선된 대의원의 임기는 전임자 임기의 잔임기간으로 한다.

제18조(총회 임원선출)

① 대의원 선출 후 최초로 소집되는 총회에서 임원(의장 1인, 부의장 2인)을 선출한다. 다만, 임원 선출 때에는 임시의장 및 부의장을 대의원 중에서 선출하여야 한다.

② 임원의 임기는 3년으로 한다. 단, 보선된 임원은 전임자의 잔임기간으로 한다.

③ 의장은 총회를 주재하고 회의 질서를 유지한다.

④ 부의장은 의장을 보좌하며 의장 유고 시에는 그 직무를 대행한다.

제19조

〈삭제〉

제20조(총회의 의결)

① 총회는 재적대의원 과반수 출석으로 성립하고 출석 대의원 과반수 찬성으로 의결하며, 가부동수일 때에는 부결된 것으로 본다.

② 의사에 관한 의사록을 작성하고, 의장 및 출석한 대의원이 기명날인 하여야 한다. 단, 의사록의 간인은 의장과 의장이 지명한 5명이상의 이사가 날인 한다.

제21조(의결사항)

총회에서는 다음 사항을 심의 의결한다.

1. 예산 및 결산에 관한 사항

2. 사업계획에 관한 사항

3. 정관변경에 관한 사항

4. 법인해산에 관한 사항

5. 임시의장 및 부의장 선출에 관한 사항

6. 회장, 부회장, 감사 선출 및 이사 인준에 관한 사항

7. 입회비 및 회비에 관한 사항

8. 자산의 처분 또는 채무부담 행위에 관한 사항

9. 기타 각 시 · 도회와 이사회 및 상임이사회에서 부의된 사항

제22조(의안)

각 시 · 도회는 정기총회에 제출할 의안은 매년 11월 20일까지 이를 본 회에 제출하여야 한다.

제5장 이사회

제23조(이사회 구성 및 소집)

① 이사회는 회장, 부회장 및 이사로 구성하며 회장이 이를 소집하며 그 의장이 된다.

② 이사회는 재적이사 과반수의 출석으로 성립하고 출석이사 과반수의 찬성으로 의결하며 가부동수일 때에는 의장이 결정한다.

③ 의사에 관한 의사록을 작성하고 의장 및 출석한 이사가 기명날인 하여야 한다.

제24조(이사회의 소집)

① 이사회는 정기이사회와 임시이사회로 한다.

② 정기이사회는 매반기 1회, 임시이사회는 회장이 필요하다고 인정할 때 또는 재적이사 3분의 1이상의 요구가 있을 때 이를 소집한다.

제25조(이사회의 임무)

이사회의 임무는 다음과 같다.

1. 본 회 사업수행에 관한 사항

2. 대의원총회에서 위임된 사항

3. 이사보선에 관한 사항

4. 사업계획안과 예산안에 관한 사항

5. 정관세칙 개정에 관한 사항

6. 명예회장 및 고문추대에 관한 사항

7. 시·도회 회칙 인준 및 운영에 관한 지도, 감독에 관한 사항

8. 자산관리 및 운영에 관한 사항

9. 상임이사회에서 부의된 사항

10. 회원의 포상 및 징계에 관한 사항

11. 기타 본 회의 목적 달성을 위하여 필요한 사항

제26조(상임이사회)

이사회에 회무의 조속한 집행을 위하여 상임이사회를 두며, 상임이사는 비상근을 원칙으로 하되, 상근부회장 및 상근이사를 각 1인 이내에서 둘 수 있다.

제27조(상임이사회 구성 및 의결)

① 상임이사회는 회장, 부회장 및 상임이사로 구 성하며 회장이 이를 소집하고 그 의장이 된다.

② 상임이사는 8명이상 14명 이하로 하되 회장이 이사 중에서 임명한다.

③ 상임이사회는 본 회의 운영 및 발전을 위한 제반시책과 사업을 연구 계획하며, 회장은 그 업무를 상임이사에게 분담 처리케 할 수 있으며, 그 구성은 다음과 같다.

1. 총무, 정책, 학술, 교육, 재무, 홍보, 국제, 법제, 회원관리 등

④ 상임이사회는 이사회 권한 범위 내에서 긴급을 요하는 사항을 처리할 수 있다. 이 경우에는 차기이사회의 승인을 받아야 한다.

⑤ 상임이사회는 재적이사 과반수의 출석으로 성립하고 출석이사 과반수의 찬성으로 의결하며 가부동수일 때는 부결된 것으로 본다.

⑥ 상임이사회는 필요시 서면으로 의결 할 수 있다.

⑦ 상임이사의 업무분담에 관한 사항은 별도의 규정으로 정한다.

제28조(상임이사회의 임무)

상임이사회의 임무는 다음과 같다.

1. 대의원총회에서 위임된 사항

2. 이사회에서 위임된 사항

3. 연구소장, 교육센터장, 위원회 위원장 선임에 관한 사항

4. 제규정의 개정 및 제정에 관한 사항

5. 사무국 운영 및 직원의 임면에 관한 사항

6. 연구소, 교육센터, 학회 및 위원회 운영에 관한 사항

7. 서무 및 회계에 관한 사항

8. 기타 회무 운영에 관한 사항

제28조 2(위원회)

① 상임이사회는 협회의 사업 수행을 위하여 위원회를 둘 수 있다.

② 위원회 위원의 임기는 임원의 임기와 같다.

③ 위원회의 구성, 위원회별 각 소관업무 등 운영사항은 별도 규정으로 정한다.

제6장 시 · 도회

제29조(시 · 도회 등의 명칭 및 사무소)

① 시 · 도회의 명칭은 대한보건의료정보관리사협회 서울특별시회, 각 광역시회 또는 각 도회라 칭하며 분회의 명칭은 대한보건의료정보관리사협회 각 시 · 군 · 구 분회라 칭한다.

② 시 · 도회의 사무소는 각 시 · 도청 소재지에 둠을 원칙으로 한다.

제30조(시 · 도회 회칙 등)

① 시 · 도회는 본 정관 범위내에서 회칙을 제정하여 이사회의 인준을 받아야 한다. 시 · 도회 회칙을 개정할 때에도 또한 같다.

② 시 · 도회가 분회를 설치하고자 할 때에는 본 회의 승인을 받아야 한다.

제31조(시 · 도회 등의 임원)

① 시 · 도회와 분회에는 각각 다음의 임원을 둔다.

1. 시 · 도회

　가. 시 · 도회장 1명

　나. 시 · 도회 부회장 2명이내

　다. 감사 1명

2. 분 회

　가. 분회장 1명

　나. 부분회장 2명이내

② 시 · 도회장 및 분회장은 각각 본 회 회장 및 시 · 도회장의 인준을 받아야 한다.

제32조(시 · 도회총회)

① 시 · 도회총회는 정기총회와 임시총회로 구분하되 정기총회는 매년 12월까지 개최하여야 한다.

② 시 · 도회 분규 등을 조정하기 위하여 필요하다고 인정될 때에는 본 회 회장이 임시총회를 소집할 수 있다.

제33조(보고임무)

① 시 · 도회는 시 · 도회의 임원선임, 회원의 소원 및 징계사항을 지체없이 본 회에 보고하여야 한다.

② 시 · 도회는 임원명단과 예산서, 결산서, 사업계획서, 감사보고서 및 총회 회의록을 총회 종료 20일 이내에 본 회에 제출하여야 한다.

③ 시 · 도회는 중앙회 감사로부터 매년 서면 감사를 받고, 필요시 현지 감사를 받을 수 있다.

제34조(부담금의 송금)

시 · 도회는 회원으로부터 징수한 기타 부담금을 그 증빙자료와 같이 징수일로부터 1개월 이내에 본 회에 송금하여야 한다.

제7장 학회 · 전문보건의료정보관리사회 및 연구소

제35조(학회)

① 본 회는 보건정보관리분야의 연구 및 발전을 위하여 학회를 둘 수 있다.

② 학회를 설립코저 할 때에는 이사회의 심의를 거쳐 총회의 승인을 받아야 한다.

③ 학회장은 회원 중에서 선출하되 이사회의 승인을 받아야 한다.

④ 학회는 년1회 중앙회와 공동으로 학술대회를 개최할 수 있으며, 매년 학회지를 발행한다.

⑤ 학회의 필요한 세부사항은 별도의 규정으로 정한다.

제35조의2(전문보건의료정보관리사회)

① 본 회 산하에 각 전문분야의 연구 및 발전을 위하여 전문의무기록사회를 둘 수 있다.

② 전문보건의료정보관리사회를 설치코저 할 때에는 이사회의 심의를 거쳐 총회의 승인을 받아야 한다.

③ 전문보건의료정보관리사회 회장은 가입된 회원중에서 선출하여 이사회의 승인을 받아야 한다.

④ 전문보건의료정보관리사회의 필요한 세부사항은 별도의 규정으로 정한다.

제35조의3(연구소)

① 본 회 산하에 보건의료정보관리분야의 연구를 목적으로 연구소를 둘 수 있다.

② 연구소를 설치하고자 하는 때에는 상임이사회의 심의를 거쳐 총회의 승인을 얻어야 한다.

③ 연구소장은 공모를 하여 공모자 중 상임이사회의 심의를 거쳐 이사회의 승인을 받아야 한다.

④ 연구소장의 임기는 3년으로 선임된 해의 5월 1일부터 3년 후 4월 30일까지로 한다.

⑤ 연구소의 운영에 필요한 세부사항은 별도 규정으로 정한다.

제35조의4(교육센터)

① 본 회 산하에 보건의료정보관리사 보수교육 활성화 및 질 향상을 위해서 교육센터를 둘 수 있다.

② 교육센터를 설치하고자 하는 때에는 상임이사회의 심의를 거쳐 총회의 승인을 얻어야 한다.

③ 교육센터장은 공모를 하여 공모자 중 상임이사회의 심의를 거쳐 이사회의 승인을 받아야 한다.

④ 교육센터장의 임기는 3년으로 선임된 해의 5월 1일부터 3년 후 4월 30일까지로 한다.

⑤ 교육센터의 운영에 필요한 세부사항은 별도 규정으로 정한다.

제35조의5(출연기구)

본회는 정기 대의원총회의 결의에 의하여 협회의 설립취지에 합당한 출연기관을 둘 수 있으며, 세부사항은 별도의 규정으로 정한다.

제8장 자산 및 회계

제36조(자산)

① 본 회의 자산은 기본재산과 보통재산으로 구분한다.

② 기본재산은 본회의 목적사업 수행에 관계되는 부동산 또는 동산으로서 본회 설립 시 회원들이 출연한 재산과 총회에서 기본재산으로 정한 재산으로 하며 그 목록은 별지 1과 같다.

③ 보통재산은 기본재산 이외의 재산으로 총회에서 결정하는 입회금, 회비 및 기타 수입금으로 한다.

④ 법인이 재산을 처분하거나 채무부담 행위를 할 때는 총회에서 의결한다.

⑤ 기본재산의 변경에 관하여는 정관 변경에 관한 규정을 준용한다.

⑥ 본 회의 경비는 회원의 입회금, 회비, 부담금, 기부금 및 기타 수입금으로 충당한다.

⑦ 제6항의 기부금을 모금할 때는 기부금의 용도, 모금기간 등을 명시하여 대의원총회 의결을 받아야 하며, 명시한 기부금의 용도외에 사용할 수 없으며, 기타 기부금 모금과 운영에 관한 사항을 별도의 규정으로 정한다.

제37조(예산 및 결산)

① 다음 사업연도의 사업계획 및 수지예산은 총회의 의결을 거쳐야 한다.

② 당해 사업연도의 사업실적 및 수지결산은 감사의 감사를 거쳐 총회의 승인을 받아야 한다.

③ 사업연도 종료 후 다음 사업연도의 사업계획 및 수지 예산서와 당해 사업 연도의 사업실적 및 수지결산서를 보건복지부장관에게 제출하여야 한다.

④ 보수교육 및 기부금은 회계를 분리하여 처리하여야 한다.

⑤ 연간 기부금의 모금액 및 활용실적은 본회의 인터넷 홈페이지를 통하여 다음 연도 3월 31일까지 공개한다.

제38조(회계연도)

본 회의 회계연도는 1월 1일에 시작하여 12월 31일에 종료한다.

제39조(운용제한)

본 회의 재정은 은행이나 우편예금 이외의 투기 또는 투자에 사용하지 못한다.

제9장 학술대회 및 보수교육

제40조(학술대회)

① 본 회는 회원의 학술연구 활동과 기술교육을 위하여 연 2회 이상 전국 규모의 학술대회를 개최한다.

② 학술대회는 시 · 도회나 전문학회에 위임하여 실시 할 수 있다.

③ 학술대회를 실시하는 단체는 본 회의 지시에 따라야 하며 그 결과를 즉시 본 회에 보고 한다.

제41조(보수교육)

① 모든 회원은 법령 및 규정이 정하는 바에 따라 소정의 보수교육을 받아야 한다.

② 보수교육은 시 · 도회나 전문학회에 위임하여 실시할 수 있다.

③ 보수교육을 실시한 단체는 그 결과를 즉시 본 회에 보고한다.

④ 보수교육에 관하여 필요한 사항은 별도의 규정으로 정한다.

제10장 사무국

제42조(사무국의 설치와 기구)

① 본 회는 사무를 집행하기 위하여 사무국을 둔다.

② 사무국은 기관지, 학술지를 발행하기 위하여 필요한 부서를 둘 수 있다.

③ 사무국에 사무총장 1인과 필요한 인원을 둔다.

제43조(사무총장)

① 사무총장은 회장의 제청으로 상임이사회의 인준을 받아 회장이 임명한다.

② 사무총장은 회장의 명을 받아 본 회의 일반 사무를 관장하고 사무국 직원을 지휘 감독한다.

③ 사무총장은 필요한 경우 회장의 허가를 받아 총회, 이사회, 상임이사회 및 각종 회의에 참석하여 의견을 진술할 수 있다.

제44조(직제, 복무, 인사, 급여 등 규정)

사무국의 직제, 문서, 직원의 인사, 복무, 급여 등 사무국 운영에 관하여 필요한 사항은 별도의 규정으로 정한다.

제11장 보칙

제45조(해산)

① 본회는 총회에서 재적대의원 3분의 2이상의 찬성으로 해산할 수 있다.

② 본회 해산 시 해산등기를 완료한 후 지체없이 법인해산신고서에 해산 당시의 재산목록을 첨부하여 보건복지부에 신고하여야 한다.

제46조(잔여재산의 처분)

본 회 해산시 청산 후의 잔여재산은 총회의 의결을 거친 후 보건복지부장관의 허가를 얻어 국가, 지방자치단체 또는 유사한 목적을 가진 다른 비영리법인에게 귀속되도록 한다.

제47조(정관변경)

본 회 정관을 변경하고자 할 때에는 총회에서 재적대의원 3분의 2 출석과 출석 대의원 3분의 2이상의 찬성을 얻은 후 보건복지부장관의 인가를 받아야 한다.

제48조(시행세칙)

본 정관 시행 및 본 회 운영에 관하여 필요한 사항은 세칙으로 정한다.

제49조(준용규정)

본 정관에 규정되지 아니한 사항에 대하여는 「민법」 중 사단법인에 관한 규정과 「보건복지부 소관 비영리법인의 설립 및 감독에 관한 규칙」 등을 준용하며, 달리 특별히 정한 사항이 없을 때에는 이사회에서 결정한다.

부칙(2013.6.21)

제1조(시행일) 본 정관은 보건복지부장관이 허가한 날부터 시행한다. 제2조(경과조치) 본 정관 시행 당시 종전의 정관에 의하여 시행된 사항에 관하여는 본 정관에 의하여 시행된 것으로 본다.

부칙(2015.5.12)

제1조(시행일) 본 정관은 보건복지부장관이 허가한 날부터 시행한다. 제2조(경과조치) 생략

부칙(2018.8.16)

본 정관은 보건복지부장관이 허가한 날부터 시행한다.

부칙(2018.12.18)

제1조(시행일) 본 정관은 2018년 12월 20일부터 시행한다.

설립발기인 인적사항

연번	직위	성 명	생년월일	주소	연락처
		주요 약력			임 기
	대표 이사				

작성자 : 사단법인 ○○○○ 발기인 대표 ○○○ (날인 또는 서명)

【서식 – 임원 취임 예정자 명단】

임원 취임 예정자 명단

연번	직위	성 명	생년월일	주소		연락처
				주요 약력		임 기
	대표 이사					

작성자 : 사단법인 ○○○○ 발기인 대표 ○○○ (날인 또는 서명)

사단법인 ○○○○ 창립(발기인) 총회 회의록

(아래는 예시문입니다)

1. 회의일시 : 2002년 ○○월 ○○일 (15:00∼17:00)
2. 회의장소 : 서울특별시 ○○구 ○○동 ○○번지 ○○호실
3. 회의안건 : ① 의장선출 ② 설립취지 채택 ③ 정관심의 ④ 출연내용 ⑤ 이사장 선임
   ⑥ 임원선임 및 임기결정 ⑦ 사업계획 및 예산심의 ⑧ 사무소 설치 ⑨법인
   조직 및 상근임직원 정수 책정
4. 회원총수 : ○○명 ('회원 명부' 참조)
5. 출석회원(발기인 포함) : ○○명
6. 결석회원(발기인 포함) : ○○명
7. 회의내용

임시 사회자 ○○○은 본 총회가 적법하게 성립되었음을 성원보고한 후 '임시의장 선출' 안건을 상정하다.

[제1의안 상정] : 임시의장 선출

사회자 : – '임시의장 선출(안)'을 상정하겠습니다.
　　　　　– 추천하여 주시기 바랍니다.
○○○ : ○○○를 임시의장으로 선출할 것을 제안합니다.
사회자 : – 다른 분 추천 있습니까? (더 이상의 추천이 없다)
사회자 : – ○○○께서 추천한 ○○○을 임시의장으로 선출하겠습니다. 이의 있으시
　　　　　면 말씀해 주시고, 찬성하시면 박수로 의결하여 주시기 바랍니다.
　　(만장일치로 전원 박수)
사회자 : – 임시의장에 ○○○가 선출되었음을 선포합니다.
　　(의사봉 3타)

(이후의 의사진행은 임시의장 ○○○에게 인계하고 사회자는 물러나다)

[제2의안 상정] 설립취지 채택

의 장 : (간단하게 임시의장 취임 인사를 하다)

　　　　　 - 우리 법인의 '설립취지 채택' 안건을 상정합니다.

　　　　　 - ○○○ 발기인께서 설립취지(안)을 낭독해 주시기 바랍니다.

○○○ : (유인물로 작성되어 배포된 설립취지문안을 낭독하다)

의 장 : - ○○○께서 낭독하신 설립취지에 대하여 의견이 있으시면 말씀해 주십시오.

○○○ : - 이미 준비된 설립취지문에 찬성하며 원안 의결할 것을 제안합니다.

(회원전원) : (○○○의 제안에 찬성하며 모두 박수치다)

의 장 : - 본 설립취지(안)에 이의 없으신 것으로 알고 원안대로 가결되었음을 선포
　　　　 합니다. (의사봉 3타)

[제3의안 상정] 정관심의의 건

의 장 : - 이어서 '정관심의'에 들어가겠습니다.

　　　　 (○○○ 발기인에게 준비된 정관(안) 낭독을 요청하다)

○○○ : (정관 초안을 낭독하다)

○○○ : - 정관의 내용이 무리 없이 잘 구성되었다고 생각합니다.

　　　　 - 본 정관이 어떠한 과정으로 작성되었는지 의장님께서 부연설명 해 주시면
　　　　 고맙겠습니다.

의 장 : - 본 정관은 우리 법인의 주무관청인 지식경제부에서 만든 정관예문(준칙)
　　　　 을 기초로 하여 작성하였습니다.

　　　　 - 본 정관에 추가 또는 삭제할 내용이 있으시면 말씀해 주십시오.

○○○ : - 본 정관에 특별히 추가 또는 삭제할 내용은 없는 것 같습니다.

　　　　 - 원안대로 의결할 것을 제안합니다. (전원 박수)

의 장 : - 그러면 본 정관도 초안에 이의 없으신 것으로 보고 원안대로 가결되었음
　　　　 을 선포합니다. (의사봉 3타)

[제4의안 상정] 출연내용 채택의 건

의 장 : ― 다음은 '출연재산 채택(안)'을 상정합니다.

　　　　― 우리 법인의 출발을 위하여 ○○○께서 현금 0000원을 출연하시겠다는
　　　　의사를 밝혔고, ○○○께서 현금 000원을 출연하시겠다는 의사를 밝혔습
　　　　니다. 본 출연이 채택될 경우 ○○○의 출연금 0000원은 기본재산으로,
　　　　○○○의 출연금 000원은 설립 당해연도의 설립 제비용 등의 경비로 사
　　　　용하기 위하여 보통재산으로 구분 채택하고자 합니다.

　　　　― 출연내용에 대하여 의견 나누어 주시기 바랍니다.

○○○ : ― 의장께서 설명하신 출연내용과 의견에 대하여 적극 찬성하며 출연하신 분
　　　　의 뜻을 따라 원안대로 채택할 것을 제안합니다.

○○○ : ― ○○○의 제안에 찬성합니다. (회원 모두 박수)

의 장 : ― 출연재산을 원안대로 모두 채택합니다.

　　　　― 출연재산 채택 의결내용

　　　▷000님 출연금 : 현금 0000원 → 기본재산

　　　▷000님 출연금 : 현금 0000원 → 보통재산

[제5의안 상정] 이사장 선임의 건

의 장 : ― 우리 법인을 이끌어 나갈 '이사장 선임(안)'을 상정합니다.

　　　　― 회원님들께서 덕망 있고 훌륭하신 분을 추천하여 주시기 바랍니다.

○○○ : ― 이사장에는 현재 임시의장으로 사회를 보시는 ○○○께서 맡아 주실 것을
　　　　제안합니다. (전원 박수)

의 장 : ― 부족한 저를 추천해 주셔서 감사합니다. 그러나 저보다 더 훌륭하신 분들
　　　　이 더 많으신 줄 아니 다른 분을 더 추천해 주시면 좋겠습니다.

○○○ : ― ○○○의 제안에 회원 모두 찬성하는 것 같습니다. 다시 한 번 의장님을
　　　　이사장에 추천합니다. (전원 박수)

의 장 : ― 그러면 여러분의 뜻에 따라 당분간 우리 법인의 이사장직을 맡아보겠습니
　　　　다.

　　　　― 이사장 선임 건에 본인 000가 선출되었음을 선포합니다. (의사봉 3타)

[제6의안] 임원선임 및 임기결정의 건

의 장 : – 이어서 '임원선임 및 임기결정'에 관한 안건을 상정합니다.

　　　　 – 우선 임원의 수는 정관심의에서 기 결정되었듯이 00명으로 되어 있으니, 이에 대한 임원 후보자들을 추천하여 주시기 바랍니다.

　　　　 – 아울러 임원의 임기 문제도 함께 제시하여 주시기 바랍니다.

　　　　 (회원들의 추천과 논의 끝에 다음과 같이 뜻이 모아지다)

　　　　 ▷ 이사(00명) : 0000, 0000, 0000, 0000, 이상 00명 → 임기 4년

　　　　　　　　　　　 0000, 0000, 0000, 0000, 이상 00명 → 임기 2년

　　　　 ▷감사(2명) : 0000 → 임기 2년

　　　　　　　　　　 0000 → 임기 1년

의 장 : – 임원의 선출 및 임기의 내용이 결정된 것 같습니다.

　　　　 – 본 내용에 다른 의견이 있으시면 말씀해 주십시오.

　　　　 (회중에서 이의 없음을 말하고 박수치다)

의 장 : – 임원의 선출 및 임기를 여러분의 결정대로 가결되었음을 선포합니다.

　　　　 (전원박수 – 의사봉 3타)

의 장 : – 이어서 우리 법인설립 최초의 회원을 채택하고 회원의 회비 징수액을 결정하고자 하는데, 현재의 회원은 회원명부와 같이 총 00명이며 회비는 년 000원으로 하고자 하는 바, 여러분의 의견을 말씀해 주시고, 이의가 없이 찬성하신다면 박수로 의결하여 주시기 바랍니다.

(회 중) : (전원 찬성하며 박수)

의 장 : 설립최초의 회원 및 회비징수액을 원안대로 가결되었음을 선포합니다.

　　　　 (의사봉 3타)

　　　　 ▷ 회원수 : 총 00명

　　　　 ▷ 회비징수액 : 년 000원

[제7의안 상정] 사업계획 및 예산심의의 건

의 장 : – 향후 '3개년간의 사업계획 및 수지예산(안)'을 상정합니다.

　　　　 – ○○○께서 본안에 대하여 설명하여 주시기 바랍니다.

○○○ : (유인물을 통하여 '3개년간의 사업계획 및 수지예산' 사항을 설명하다)

○○○ : – 상정(안)에 찬성합니다. 원안의결을 제안합니다. (전원 동의 – 박수)

의 장 : ― 전원 찬성으로 향후 3개년간의 사업계획 및 예산(안)을 원안대로 가결 선
포합니다. (의사봉 3타)

[제8의안 상정] 사무소 설치의 건

의 장 : ― 다음은 본 법인의 '사무소 설치(안)'을 상정합니다.

― (사무소는 ○○○가 ○○○○○○소재 건물을 법인 사무실로 무상 사용할
것을 허락하였다는 내용을 설명하고 이에 대한 동의 여부를 묻다)

○○○ : ― 사무실을 무상으로 내어 주신 ○○○께 감사드리며 원안의결을 제안합니
다. (전원 박수)

의 장 : ― 우리 법인의 사무소를 '서울특별시 ○○구 ○○동 ○○ ― ○○'로 결정되
었음을 선포합니다. (의사봉 3타)

[제9의안] 법인조직 및 상근 임직원 정수 책정

의 장 : ― 마지막으로 '법인의 조직 및 상근임직원의 정수 책정(안)'을 상정합니다.

― 유인물을 보시고 의견을 말씀해 주시고, 이의 없으시면 원안대로 통과하
겠습니다. (전원 이의 없음을 표시하다)

의 장 : ― 이 안건도 전원 찬성으로 원안 가결되었음을 선포합니다. (의사봉 3타)

8. 폐   회

의 장 : ― 마지막으로 회의록 서명위원으로 참석회원 중「○○○, ○○○, 홍길동,
○○○」의 ○명을 지정하여 서명·날인토록 하겠습니다. 이견이 있으면
말씀해 주시기 바랍니다.(전원 이의 없음을 표시하다). 지정받은 서명위
원들께선 폐회 후 남아서 작성된 회의록 내용의 사실여부를 확인하고 서
명하여 주시기 바랍니다.

― 이상으로 모든 회의를 마치겠습니다. 감사합니다.

200○년 ○월 ○일

덧붙임 1. 설립취지문 1부.

2. 정관 1부.

3. 사업계획서 및 수지예산서(비영리법인은 1년, 공익법인은 3년) 1부.

4. 법인 조직 및 상근임직원 정수표 1부.

(※ 덧붙인 문서는 서명위원들이 본 회의록과 함께 간인하여야 함)

회원 대표 ○○○ (인)

회원   ○○○ (인)

‘   ○○○ (인)

‘   ○○○ (인)

‘   ○○○ (인)

‘   ○○○ (인)

주) 1. 창립총회 회의록은 법인설립이 적법한 절차를 거쳐 성립되었느냐를 판단하는 중요한 기준이 되므로 육하원칙에 따라 작성하되, 진행자 등이 누락되지 않도록 한다.

2. 특히 회의진행과 관련하여 정관 심의과정 및 임원선출의 표결사항, 찬·반 토론 내용 등을 상세히 기재하고 회의록 작성이 끝나면 참석한 서명위원들이 기록내용을 확인하고 연명으로 날인하여야 한다.

3. 회의록의 내용 중 별첨 유인물로 설명(진행)된 것은 회의록에 첨부하여 서명위원들이 간인하여야 한다.

4. 본 회의록에 첨부된 문서들은 첨부한 것으로 갈음한다. (별도로 첨부할 필요 없음)

창립(발기인)총회 회의록

재 산 목 록

재산구분		수량	소재지	평가액	취득원인	비고
총 계						
기본재산	합계					
	동산 소계					
	현금					예치금
	주식					
	채권					기업 (회사채 포함)
	부동산 소계					
	건물					
	전					
	답					
	대지					
	임야					
	기타					
보통재산	합계					
	현금					
작성자 : 사단법인 ○○○○○ 대표 ○ ○ ○ (날인 또는 서명)						

사 업 계 획 서

Ⅰ. 주요사업 목표

  1. 제1사업명

  2. 제2사업명

  3. 제3사업명

Ⅱ. (사업별) 세부사업 내용

 1. (제1사업명)

  가. 목적 :

  나. 사업내용 : 시행시기, 장소, 사업내용

  다. 시행방법 :

  라. 소요예산 : 인건비, 운영비, 기타

  마. 기타사항 :

  바. 향후계획 :

 2. (제2사업명)

 3. (제3사업명)

※ 과거 사업 운영 실적 첨부

※ 외교부소관 법인의 경우 1년 이상 사업실적 및 사업계획서 필수

(외교부 소관 비영리 법인의 주요사업이 해외에서 추진되는 점을 고려, 사업 대상국의 법률 및 문화에 대한 이해 등 관련 기술적 비결을 증명할 수 있는 최소한의 실적 필요)

작성자 : 사단법인 ○○○○ 발기인 대표 ○○○ (날인 또는 서명)

【서식 - 수지예산서】

수지 예산서(○○년도)

1. 총괄표

수입 예산 총액	지출 예산 총액	비고

2. 수입 예산서

(단위:원)

수입 항목	예상 수입액	산출근거
① 회 비		
② 출연금		
③ 과실소득		
④ 수익사업		
⑤ 전기 이월액		
⑥ 법인세 환급액		
합계		

3. 지출 예산서

(단위:원)

지출 항목	예상 지출액	산출근거
① 경상비(인건비, 운영비)		
② 퇴직 적립금		
③ 법인세		
④ 목적 사업비		
⑤ 기본재산 편입액		
합계		

[작성요령]

〈수 입〉

① 회비(사단법인의 경우) : 회원들로부터 정기적으로 받을 회비수입액 기재

② 출연금

 – 목적사업기부 : 목적사업에 사용하기 위하여 받을 기부금액 기재

 – 재산증자기부 : 기본재산 증자를 위하여 받을 기부금액 기재

③ 과실소득 : 법인 소유 기본재산 운영으로 발생될 과실금액 기재

④ 수익사업(「법인세법」 제4조제3항)

 – 부동산·임대수익, 이자·배당소득, 주식·신주인수권 또는 출자지분의 양도로 생기는
   수입 등

⑤ 전기 이월액

 – 고유목적사업준비금 : 고유목적사업준비금으로 설정한 금액 기재

 – 이월 잉여금 : 전년도 이월액 중 고유목적사업준비금을 제외한 금액 기재

 – 기타 : 이월잉여금을 세부항목으로 구분할 경우 순수 이월잉여금 외에 별도 항목으로
   구분

⑥ 법인세 환급액 : 전년도 법인세환급액 기재

〈지 출〉

① 경상비

 – 인건비 : 상근직원에게 지급할 인건비 기재

 – 운영비 : 경상비 중 인건비를 제외한 금액 기재

② 퇴직 적립금 : 상근직원에 대한 퇴직적립(예정)액 기재

③ 법인세 : 출연재산 운영소득을 근거로 지출될 법인세액 기재

④ 목적 사업비 : 정관에 명시된 목적사업 수행에 소요되는 경비를 사업별로 기재하되,
   직접목적사업비가 아닌 부대경비는 제외

⑤ 기본재산 편입액 : 전년도 이월액 중 당해연도의 기본재산 편입 예정액 기재

나. 설립허가

(1) 설립허가 기준

주무관청은 법인 설립허가 신청의 내용이 다음 각 호의 기준에 맞는 경우에만 그 설립을 허가할 수 있다(규칙 제4조).

- 법인의 목적과 사업이 실현 가능할 것
- 목적하는 사업을 할 수 있는 충분한 능력이 있고, 재정적 기초가 확립되어 있거나 확립될 수 있을 것
- 다른 법인과 같은 명칭이 아닐 것

(2) 심사 및 허가기간

주무관청은 법인 설립허가 신청을 받았을 때에는 특별한 사유가 없으면 20일 이내에 심사하여 허가 또는 불허가 처분을 하고, 그 결과를 서면으로 신청인에게 통지하여야 한다. 이 경우 허가를 할 때에는 별지 제2호서식의 법인 설립허가증을 신청인에게 발급하고, 법인 설립허가대장에 필요한 사항을 적어야 한다.

■ 보건복지부 및 질병관리청 소관 비영리법인의 설립 및 감독에 관한 규칙 [별지 제2호서식] 〈개정 2020. 12. 28.〉   (앞쪽)

제 호

법인 설립허가증

1. 법인명칭:

2. 소 재 지:

3. 대 표 자

　　가. 성　명:

　　나. 생년월일:

　　다. 주　소:

4. 사업 내용:

5. 허가 조건:

「민법」 제32조 및 「보건복지부 및 질병관리청 소관 비영리법인의 설립 및 감독에 관한 규칙」 제4조에 따라 위와 같이 법인 설립을 허가합니다.

년　　월　　일

보 건 복 지 부 장 관
질 병 관 리 청 장 　[직인]

210㎜×297㎜[일반용지 60g/㎡(재활용품)]

준수사항

1. 「민법」 및 「보건복지부 및 질병관리청 소관 비영리법인의 설립 및 감독에 관한 규칙」 등 관련 법령과 정관에서 정한 내용을 준수해야 합니다.
2. 정관에서 정하는 목적사업 중 다른 법률에 따른 허가·인가·등록·신고의 대상이 되는 사업을 하려는 경우에는 관련 법령에 따른 절차를 거쳐야 합니다.
3. 매 사업연도 종료 후 2개월 이내에 다음의 서류를 주무관청의 소관 부서에 제출해야 합니다.
   가. 다음 사업연도의 사업계획 및 수입·지출 예산서 1부
   나. 해당 사업연도의 사업실적 및 수입·지출 결산서 1부
   다. 해당 사업연도 말 현재의 재산목록 1부
4. 다음의 어느 하나에 해당되는 경우에는 「민법」 제38조에 따라 법인의 설립허가를 취소할 수 있습니다.
   가. 설립 목적 외의 사업을 하였을 때
   나. 설립허가의 조건을 위반하였을 때
   다. 공익을 해치는 행위를 하였을 때
5. 법인이 해산(파산으로 인한 해산은 제외합니다)하였을 때에는 해산등기를 마친 후 지체 없이 주무관청에 해산신고를 해야 합니다.
6. 법인의 청산이 종결되었을 때에는 등기를 한 후 주무관청의 소관 부서에 신고해야 합니다.

〈 변 경 사 항 〉

변경일	내 용	확인

210mm×297mm[일반용지 60g/㎡(재활용품)]

(3) 조건부 허가

주무관청은 법인의 설립허가를 할 때에는 필요한 조건을 붙일 수 있다.

다. 설립 관련 보고

(1) 재산이전

법인의 설립허가를 받은 자는 그 허가를 받은 후 지체 없이 기본재산 및 운영재산을 법인에 이전(移轉)하고 1개월 이내에 그 이전을 증명하는 등기소 또는 금융회사 등의 증명서를 주무관청에 제출하여야 한다(규칙 제5조).

(2) 설립관련 보고

법인은 「민법」 제49조부터 제52조까지의 규정에 따라 법인 설립 등의 등기를 하였을 때에는 10일 이내에 그 등기 사실을 주무관청에 서면으로 보고하거나 법인 등기사항증명서 1부를 제출하여야 한다. 이 경우 서면 보고를 받은 주무관청은 「전자정부법」 제36조 제1항에 따른 행정정보의 공동이용을 통하여 법인 등기사항증명서를 확인하여야 한다.

3. 허가 후 절차

가. 정관 변경의 허가 신청

「민법」 제42조 제2항, 제45조 제3항 또는 제46조에 따른 정관 변경의 허가를 받으려는 법인은 별지 제3호서식의 법인 정관 변경허가 신청서에 다음 각 호의 서류를 첨부하여 주무관청에 제출하여야 한다(규칙 제6조).

- 정관 변경 사유서 1부
- 개정될 정관(신·구조문대비표를 첨부한다) 1부
- 정관 변경과 관계있는 총회 또는 이사회의 회의록 사본 1부
- 기본재산의 처분에 따른 정관 변경의 경우에는 처분 사유, 처분재산의 목록, 처분 방법 등을 적은 서류 1부

- 보건복지부 및 질병관리청 소관 비영리법인의 설립 및 감독에 관한 규칙 [별지 제3호서식] 〈개정 2020. 12. 28.〉

정관 변경허가 신청서

접수번호	접수일	처리일	처리기간	7일

신청인	성명		생년월일 (외국인등록번호)	
	주소		전화번호	

법 인	명칭		전화번호	
	소재지			
	설립허가일		설립허가번호	
대표자	성명		생년월일 (외국인등록번호)	
	주소		전화번호	

「민법」 제42조제2항 · 제45조제3항 · 제46조 및 「보건복지부 및 질병관리청 소관 비영리법인의 설립 및 감독에 관한 규칙」 제6조에 따라 위와 같이 정관의 변경허가를 신청합니다.

년   월   일

신청인   (서명 또는 인)

보 건 복 지 부 장 관
질 병 관 리 청 장   귀하

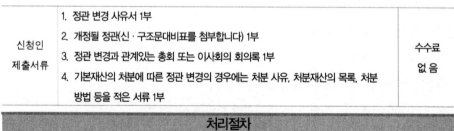

신청인 제출서류	1. 정관 변경 사유서 1부 2. 개정될 정관(신 · 구조문대비표를 첨부합니다) 1부 3. 정관 변경과 관계있는 총회 또는 이사회의 회의록 1부 4. 기본재산의 처분에 따른 정관 변경의 경우에는 처분 사유, 처분재산의 목록, 처분 방법 등을 적은 서류 1부	수수료 없음

처리절차

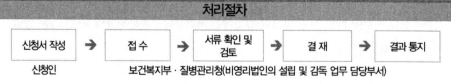

신청서 작성	→	접 수	→	서류 확인 및 검토	→	결 재	→	결과 통지
신청인		보건복지부 · 질병관리청(비영리법인의 설립 및 감독 업무 담당부서)						

210mm×297mm[일반용지 60g/㎡(재활용품)]

정 관 변 경 사 유 서

법 인 명		
변경 사항	변경일자	
	변경내용	
주 요 골 자		
변 경 사 유		(구체적으로 기재)

정관 변경 신·구 대비표

변 경 전	변 경 후	비 고 (구체적 사유)

나. 사업실적 및 사업계획 등의 보고

법인은 매 사업연도가 끝난 후 2개월 이내에 다음의 서류를 주무관청에 제출하여야 한다(규칙 제7조).

- 다음 사업연도의 사업계획 및 수입 · 지출 예산서 1부
- 해당 사업연도의 사업실적 및 수입 · 지출 결산서 1부
- 해당 사업연도 말 현재의 재산목록 1부

다. 법인 사무의 검사 · 감독

주무관청은 「민법」 제37조에 따른 법인 사무의 검사 및 감독을 위하여 불가피한 경우에는 법인에 관계 서류 · 장부 또는 그 밖의 참고자료 제출을 명하거나 소속 공무원으로 하여금 법인의 사무 및 재산 상황을 검사하게 할 수 있으며, 이에 따라 법인 사무를 검사하는 공무원은 그 자격을 증명하는 증표를 관계인에게 보여 주어야 한다(규칙 제8조).

4. 해산 등

가. 설립허가의 취소

주무관청은 법인이 목적이외의 사업을 하거나 설립허가의 조건에 위반하거나 기타 공익을 해하는 행위를 한때에는 그 허가를 취소할 수 있는데, 이에 따라 비영리법인의 설립허가를 취소하려면 청문을 하여야 한다(규칙 제9조).

나. 해산신고

법인이 해산(파산으로 인한 해산은 제외한다)하였을 때에는 그 청산인은 「민법」 제85조 제1항에 따라 해산등기를 마친 후 지체 없이 별지 제4호서식의 법인 해산 신고서에 다음의 서류를 첨부하여 주무관청에 제출하여야 한다(규칙 제10조).

- 해산 당시의 재산목록 1부
- 잔여재산 처분방법의 개요를 적은 서류 1부
- 해산 당시의 정관 1부
- 사단법인이 총회의 결의에 의하여 해산한 경우에는 그 결의를 한 총회의 회의록 사본 1부
- 재단법인의 해산 시 이사회가 해산을 결의하였을 때에는 그 결의를 한 이사회의 회의록 사본 1부

■ 보건복지부 및 질병관리청 소관 비영리법인의 설립 및 감독에 관한 규칙 [별지 제4호서식] 〈개정 2020. 12. 28.〉

법인 해산 신고서

접수번호	접수일		처리일		처리기간	10일

청산인	성명			생년월일 (외국인등록번호)	
	주소			전화번호	

청산법인	명칭		전화번호	
	소재지			

해산 연월일	
해산 사유	

「민법」 제86조제1항 및 「보건복지부 및 질병관리청 소관 비영리법인의 설립 및 감독에 관한 규칙」 제10조에 따라 위와 같이 법인 해산을 신고합니다.

년   월   일

신고인   (서명 또는 인)

보 건 복 지 부 장 관
질 병 관 리 청 장   귀하

신고인 제출서류	1. 해산 당시의 재산목록 1부 2. 잔여재산 처분방법의 개요를 적은 서류 1부 3. 해산 당시의 정관 1부 4. 사단법인이 총회 결의에 의하여 해산하였을 때에는 그 결의를 한 총회의 회의록 사본 1부 5. 재단법인의 해산 시 이사회가 해산을 결의하였을 때에는 그 결의를 한 이사회의 회의록 사본 1부	수수료 없음
담당 공무원 확인사항	법인 등기사항증명서	

처리절차

신고서 작성	→	접수	→	검토 및 확인	→	결재
신고인		보건복지부 · 질병관리청(비영리법인의 설립 및 감독 업무 담당부서)				

210mm×297mm[일반용지 60g/㎡(재활용품)]

다. 잔여재산 처분의 허가

법인의 이사 또는 청산인은 「민법」 제80조 제2항에 따라 잔여재산의 처분에 대한 허가를 받으려면 별지 제5호서식의 잔여재산 처분허가 신청서에 다음 각 호의 서류를 첨부하여 주무관청에 제출하여야 한다(규칙 제11조).

• 해산 당시의 정관 1부(해산신고 시 제출한 정관과의 확인이 필요한 경우만 해당한다)
• 총회의 회의록 1부(사단법인으로서 해산신고 시에 제출한 서류로써 확인이 되지 않을 경우만 해당한다)

■ 보건복지부 및 질병관리청 소관 비영리법인의 설립 및 감독에 관한 규칙 [별지 제5호서식] 〈개정 2020. 12. 28.〉

잔여재산 처분허가 신청서

접수번호		접수일	처리일	처리기간	10일
신청법인	명칭			전화번호	
	소재지				
대 표 자 (이사 · 청산인)	성명			생년월일 (외국인등록번호)	
	주소			전화번호	
처분재산	종류 및 수량				
	금액				
	처분방법				
처분사유					

「민법」 제80조제2항 및 「보건복지부 및 질병관리청 소관 비영리법인의 설립 및 감독에 관한 규칙」 제11조에 따라 위와 같이 잔여재산 처분허가를 신청합니다.

년   월   일

신청인   (서명 또는 인)

보 건 복 지 부 장 관
질 병 관 리 청 장   귀하

신청인 제출서류	1. 해산 당시의 정관 1부(해산신고 시 제출한 정관과의 확인이 필요한 경우에만 제출합니다)	수수료
	2. 총회의 회의록 1부(사단법인으로서 해산신고 시에 제출한 서류로써 확인이 되지 않을 경우에만 제출합니다)	없음

처리절차

신청서 작성	→	접수	→	확인	→	결재	→	결과 통지
신청인		보건복지부 · 질병관리청(비영리법인의 설립 및 감독 업무 담당부서)						

210mm×297mm[일반용지 60g/㎡(재활용품)]

라. 청산 종결의 신고

청산인은 법인의 청산이 종결되었을 때에는 「민법」 제94조에 따라 등기를 한 후, 별지 제6호 서식의 청산종결 신고서를 주무관청에 제출하여야 한다. 이 경우 주무관청은 「전자정부법」 제36조 제1항에 따른 행정정보의 공동이용을 통하여 법인 등기사항증명서를 확인하여야 한다(규칙 제12조).

■ 보건복지부 및 질병관리청 소관 비영리법인의 설립 및 감독에 관한 규칙 [별지 제6호서식] 〈개정 2020. 12. 28.〉

청산종결 신고서

접수번호		접수일	처리일		처리기간	즉시
청 산 인	성명			생년월일 (외국인등록번호)		
	주소			전화번호		
청산법인	명칭			전화번호		
	소재지					

청산 연월일	
청산 취지	

「민법」 제94조 및 「보건복지부 및 질병관리청 소관 비영리법인의 설립 및 감독에 관한 규칙」
제12조에 따라 위와 같이 청산 종결을 신고합니다.

년   월   일

신고인(청산인)   (서명 또는 인)

보 건 복 지 부 장 관
질 병 관 리 청 장   귀하

신고인 (청산인) 제출서류	없 음	수수료
담당 공무원 확인사항	법인 등기사항증명서	없 음

210mm×297mm[일반용지 60g/㎡(재활용품)]

제5장 문화체육관광부 및 문화재청 소관 비영리법인 설립

1. 개관

문화체육관광부 및 문화재청 소관 비영리법인의 설립 및 감독에 관한 규칙(이하 '규칙'이라고만 함)은 「민법」에 따라 문화체육관관부 및 문화재청이 주무관청이 되는 비영리법인의 설립 및 감독에 필요한 사항을 규정함을 목적으로 하며, 이에 따른 비영리법인(이하 '법인'이라 한다)의 설립허가, 법인 사무의 검사 및 감독 등에 관하여는 다른 법령에 특별한 규정이 있는 경우를 제외하고는 이 규칙에서 정하는 바에 따른다.

본장은 문화체육부 및 문화재청 소관 비영리법인의 설립과 관련한 일반절차인 설립허가신청 및 관련 첨부서류 그리고 정관변경허가신청, 사업계획보고 등에 관한 내용들을 정리하였다. 그 외 관련서류들은 제1편 관련 내용부분을 참고하기 바란다.

2. 설립허가절차

가. 설립허가의 신청

「민법」 제32조의 규정에 의하여 법인의 설립허가를 받고자하는 자(이하 '설립발기인'이라 한다)는 별지 제1호서식에 의한 법인설립허가신청서(전자문서로 된 신청서를 포함한다)에 다음의 서류(전자문서를 포함한다)를 첨부하여 문화체육관광부장관 또는 문화재청장(권한의 위임이 있는 경우에는 그 위임을 받은 특별시장·광역시장·특별자치시장·도지사 및 특별자치도지사를 말한다. 이하 '주무관청'이라 한다)에게 제출하여야 한다. 이 경우 주무관청은 「전자정부법」 제21조 제1항에 따른 행정정보의 공동이용을 통하여 재산목록에 기재된 재산 중 토지 또는 건물의 등기부 등본을 확인하여야 한다(규칙 제3조).

- 설립발기인의 성명·생년월일·주소·약력을 적은 서류(설립발기인이 법인인 경우에는 그 명칭, 주된 사무소의 소재지, 대표자의 성명·생년월일·주소와 정관을 적은 서류) 1부
- 설립하려는 법인의 정관 1부
- 재산목록(재단법인의 경우에는 기본재산과 운영재산으로 구분하여 적어야 한다) 및 그

증명서류와 출연의 신청이 있는 경우에는 그 사실을 증명하는 서류 각 1부

- 해당 사업연도분의 사업계획 및 수입 · 지출 예산을 적은 서류 1부
- 임원 취임 예정자의 성명 · 생년월일 · 주소 · 약력을 적은 서류 및 취임승낙서 각 1부
- 창립총회 회의록(설립발기인이 법인인 경우에는 법인 설립에 관한 의사 결정을 증명하는 서류) 1부

■ 문화체육관광부 및 문화재청 소관 비영리법인의 설립 및 감독에 관한 규칙 [별지 제1호서식] 〈개정 2015.7.16.〉

법인 설립허가 신청서

접수번호	접수일		처리기간	20일

신청인	성명		생년월일	
	주소		전화번호	

법 인	명칭		전화번호	
	소재지			
대표자	성명		생년월일	
	주소		전화번호	

「민법」 제32조 및 「문화체육관광부 및 문화재청 소관 비영리법인의 설립 및 감독에 관한 규칙」 제3조
에 따라 위와 같이 법인 설립허가를 신청합니다.

년   월   일

신청인

(서명 또는 인)

문화체육관광부장관
문화재청장
특별시장 · 광역시장 · 특별자치시장 · 도지사 및 특별자치도지사

귀하

신청인 제출서류	1. 설립발기인의 성명 · 생년월일 · 주소 · 약력을 적은 서류(설립발기인이 법인인 경우에는 　그 명칭, 주된 사무소의 소재지, 대표자의 성명 · 생년월일 · 주소와 정관을 적은 서류) 1부 2. 설립하려는 법인의 정관 1부 3. 재산목록(재단법인의 경우에는 기본재산과 운영재산으로 구분하여 적어야 합니다) 및 그 　증명서류와 출연의 신청이 있는 경우에는 그 사실을 증명하는 서류 각 1부 4. 해당 사업연도분의 사업계획 및 수입 · 지출 예산을 적은 서류 1부 5. 임원 취임 예정자의 성명 · 생년월일 · 주소 · 약력을 적은 서류 및 취임승낙서 각 1부 6. 창립총회 회의록(설립발기인이 법인인 경우에는 법인 설립에 관한 의사 결정을 증명하 　는 서류) 1부 ※ 제3호의 서류 중 담당 공무원 확인사항인 증명서류는 제출하지 않아도 됩니다.	수수료 없 음
담당공무원 확인사항	재산목록에 있는 재산의 토지(건물) 등기사항증명서	

처리절차

신청서 작성	→	접 수	→	확 인	→	결 재	→	허가증 작성	→	허가증 발급

신청인　　　　　　　처리기관 : 문화체육관광부, 문화재청, 시 · 도(비영리법인의 설립 및 감독 업무 담당부서)

210mm×297mm[백상지 80g/㎡(재활용품)]

정 관

제1장 총칙

제1조 (명칭)

본회는 '사단법인 대한무에타이협회(The Korea Muay Thai Association)'라 칭한다.(이하 '본회'라 한다)

제2조 (소재지)

본회의 사무소는 서울특별시 종로구 혜화동 126-3 6층에 둔다. 필요에 따라 지부를 둘 수 있다.

제2장 사업

제3조 (목적)

1) 본회는 무에타이를 통해 국민체력과 정신력 향상은 물론 스포츠 선진화를 위하여 학교, 국방, 경찰, 기타 단체에 적극 참여하며 국내 기술보급 및 국내, 외 경기를 통해 국위선양을 도모하고 지역 사회 체육 활성화에 기여하는 것을 그 목적으로 한다.

2) 본회는 무에타이를 소관하는 세계아마추어무에타이연맹 등 국제 체육기구에 대하여 교섭권을 갖는 당해종목의 유일한 단체로서 대한민국을 대표한다.

제4조 (사업)

1) 본회는 제3조의 목적을 달성하기 위하여 다음의 사업을 수행한다.

  1. 무에타이 경기에 관한 기본 방침 심의 · 결정

  2 .무에타이 경기에 관한 자문 및 건의

  3. 무에타이 국제 경기대회의 개최 및 참가

  4. 당해 전국규모 연맹체와 지부의 지원 및 육성

  5. 무에타이 경기대회의 개최 및 주관

  6. 무에타이 경기기술의 연구 및 향상

7. 무에타이 선수 및 심판, 운영요원 등의 양성

8. 무에타이 경기시설에 관한 연구와 설치 및 관리

9. 무에타이 경기에 관한 자료 모집 및 조사통계

10. 무에타이 경기종목에 관한 홍보 및 간행물 발간

11. 무에타이 단 부여 및 승단심사에 관한 심의 및 총괄

12. 기타 본회의 목적달성에 필요한 사업

2) 제1)항의 목적사업의 경비를 충당하기 위하여 필요한 때에는 그 본질에 반하지 아니하는 범위 안에서 수익사업을 할 수 있다.

3) 제2)항의 규정에 의한 수익사업을 하고자 할 때에는 사전에 이사회의 승인을 받아야 한다.

제3장 권리와 의무

제5조 (대한체육회와의 권리와 의무)

본회는 대한체육회 정관 제11조에 따라 다음의 권리를 가지며, 대한체육회 정관 및 제규정을 준수할 의무를 진다.

1) 권리사항

1. 대한체육회에 대한 건의 및 소청권

2. 대한체육회의 사업에 대한 참가권

3. 대한체육회의 사업에 대한 주최, 주관 및 후원권

4. 목적사업 수행에 필요한 재정지원 요청권

2) 의무사항

1. 대한체육회의 정관, 제규정 및 지시사항 준수의무

2. 국제경기연맹의 제반규정 준수의무

3. 본회는 사업계획서, 예산서, 사업보고서 및 결산서를 총회 종료 후 10일 이내에 대한체육회에 제출하여야 한다.

제6조 (이익의 제공)

1) 본회는 제4조에서 규정한 목적사업을 수행함에 있어서 그 수혜자에게 제공하는 이익은 무상으로 제공한다. 다만, 부득이한 경우에는 이사회의 의결을 거쳐 그 대가의 일

부를 수혜자에게 부담시킬 수 있다.

2) 본회의 목적사업 수행으로 제공되는 이익은 특별히 그 목적을 한정한 경우를 제외하고는 수혜자의 출생지, 성, 출신학교, 직업, 사회적 신분 등에 의하여 부당하게 차별을 하여서는 안 된다.

제7조 (지부)

1) 본회는 당해 대의원총회의 승인으로 목적사업 수행을 위하여 서울특별시, 각 광역시·도, 특별자치도에 지부를 둔다. (이하 '시·도 무에타이협회'라 한다.)

2) 본회는 재외한인 무에타이협회를 인정할 수 있으며, 지정 및 운영에 관한 필요한 사항은 별도로 정한다.

3) 본회는 지부 및 재외한인 무에타이협회와의 권리 및 의무사항을 본규정 제5조에 준하여 정한다.

제8조 (전국규모 연맹체)

1) 본회는 당해 대의원 총회의 승인으로 목적사업 수행을 위하여 전국규모 연맹체를 설치할 수 있다.

2) 전국규모 연맹체의 조직 및 운영과 권리 및 의무에 관한 필요한 사항은 별도로 정한다.

3) 본회는 전국규모 연맹체에게 전국규모의 선수권대회를 제외한 소관 범위 내의 경기대회 개최권을 줄 수 있으며, 본회로부터 개최권을 부여받은 전국규모 연맹체는 해당 대회에 대한 관리 책임도 함께 부여된다.

제4장 임원

제9조 (임원)

본회는 다음의 임원을 둔다.

1) 회장 1인

2) 부회장 약간인을 포함한 이사 5인 이상 27인 이내 (수정안 : 14인 이상 27인 이내)

3) 감사 2인

4) 임원은 무보수 명예직으로 한다.

제10조 (임원의 임기)

1) 회장을 포함한 이사의 임기는 4년으로 하고, 감사의 임기는 2년으로 하며, 연임할 수 있다.

2) 임기의 기산은 일수를 기준으로 하지 않고 임원을 선출한 정기총회를 기준으로 한다.

3) 보선된 임원의 임기는 전임자의 잔여기간으로 한다.

제11조 (회장의 선출)

1) 회장은 총회에서 선출한다.

2) 회장의 선출 방법은 다음 각 호에 따른다.

1. 회장 선거는 무기명 비밀투표로 하며, 출석 대의원 과반수 득표로 당선된다.

2. 1차 투표에서 출석 대의원 과반수 득표자가 없을 경우에는 상위 득표자 2인에 대하여 결선투표를 하여 다수 득표자를 당선자로 결정한다.

3. 제2호의 결선투표 결과 득표수가 동수인 경우에는 재투표를 하여 다수 득표자를 당선인으로 결정하며, 재투표 결과 득표수가 동수인 경우에는 연장자를 당선인으로 한다.

4. 제1차 투표 결과 1위, 2위가 3인 이상일 경우에는 1위, 2위 득표자 전원에 대하여 결선투표를 한다. 결선투표는 제3호에 따른다.

5. 후보자가 1인일 때에는 그 득표수가 출석 대의원 과반수 득표를 얻어야만 당선된다.

3) 이 규정에 정한것 외에 회장 선출에 관한 필요한 사항은 본회가 별도로 정한다.

4) 회장이 결위된 경우에 잔여 임기가 1년 미만인 경우에는 제17조 제2항에 정한 순서에 따라 부회장이 직무를 대행하고, 잔여임기가 1년 이상인 경우에는 60일 이내에 총회를 개최하여 회장을 선출해야 한다.

제12조 (임원선임)

1) 부회장 및 이사는 회장이 추천한 자 중에서 총회에서 선임한다. 다만, 회장은 제10조 제1항 제2호에서 정한 27인 이내의 이사 범위 내에서 1회(선임권한 위임의 경우 당해 집행부 제1차 이사회의까지로 한다.)에 한하여 추천 권한을 행사한다.

2) 상임이사는 회장이 추천한 자 중에서 이사회에서 선임하고, 상임이사회 조직 및 운영

에 관한 필요한 사항은 별도로 정한다.

3) 감사는 총회에서 선임하되, 대의원 중에서 1인, 공인회계사 자격을 가진자 중에서 1인을 선임하여야 한다.

4) 부회장과 이사의 결원이 있을 때에는 회장이 추천한 자를 이사회에서 보선하되, 차기 총회에 이를 보고하여야 한다.

5) 대의원은 감사 이외의 선임임원에 피선될 수 없고, 회장을 선출한 총회에 참석한 대의원은 당해 집행부 선임임원에 피선될 수 없으며, 회장을 선출하지 않은 총회에 참석한 대의원은 총회 개최 익일로부터 만 1년이 경과하여야 선임임원에 피선될 수 있다.

6) 감사를 제외한 선임임원은 사임 또는 임기만료 후 1년이 경과하여야 대의원으로 총회에 참석할 수 있다.

7) 임원 중 회장, 부회장, 전무이사의 취임은 체육회의 인준을 받아야 하며, 필요한 경우 관계기관에 신원사항을 조회할 수 있다. 인준 후에 임원의 결격 및 기타 사유가 드러나 인준에 하자가 있는 경우 체육회는 인준을 취소 또는 철회할 수 있다.

8) 제16조 제2항에 따라 부회장이 직무를 대행하고자 할 때에는 즉시 체육회에 그 사실을 보고하여 승인을 받아야 한다.

제13조 (임원의 결격사유)

1) 대한민국 국적을 갖지 아니한 자 및 국가공무원법 제33조 각호의 어느 하나에 해당하는 자는 경기단체의 임원이 될 수 없다.

2) 1년 이상 자격정지 이상의 징계처분을 받고 징계가 만료된 날로부터 3년이 경과하지 아니한 자는 경기단체의 임원이 될 수 없다.

3) 임원이 제1항에 해당하게 되거나 선임 당시 그에 해당한자로 밝혀졌을 때에는 당연히 퇴임한다.

제14조 (명예회장 및 고문)

본회는 다음 각 호에 정하는바에 따라 명예회장 1인 및 약간인의 고문을 둘 수 있다.

1) 명예회장은 총회에서 추대하며, 이사회 및 총회에 참석하여 자문할 수 있다.

2) 고문은 이사회의 동의를 얻어 회장이 위촉한다.

제15조 (동일인의 겸직 제한)

1) 동일인이 다른 경기단체의 대의원 또는 선임임원을 겸할 수 없다. 다만, 근대5종, 바이애슬론, 트라이애슬론, 루지, 봅슬레이스켈레톤 및 수중의 경우 해당종목의 육성에 필요하다고 대의원총회가 의결한 경우에 해당종목 다른 경기단체의 임원을 선임할 수 있다.

2) 동일인이 다른 경기단체의 회장 선출에 후보자가 되려는 경우에는 후보자 등록신청 전까지 현재 소속 경기단체의 임원직을 사임하여야 한다.

3) 선임임원 중 회계전문가로서 감사로 선임 된 자는 타 경기단체의 감사를 겸임할 수 있다.

제16조 (임원의 직무)

1) 회장은 본회를 대표하고 그 업무를 총괄한다.

2) 부회장은 회장을 보좌하고, 회장이 궐위되었거나, 또는 사고로 인하여 직무수행이 곤란한 경우에는 회장이 부회장 선임 시 정한 순서에 따라 회장의 직무를 대행한다.

3) 이사는 이사회를 구성하고 이사회에 출석하여 그 직무에 관한 사항을 의결한다.

4) 감사는 본회의 회계 및 업무를 매년 1회 이상 감사하고, 이를 대의원 총회에 보고한다. 필요한 경우 이사회에 출석하여 사전에 이를 진술할 수 있다.

제17조 (임원의 사임 및 해임)

1) 이사 및 감사가 사임 할 경우에는 회장 또는 그 직무대행자에게 사직서를 제출하여야 하며, 회장이 사임할 경우에는 사무처에 사직서를 제출해야 한다. 이사, 감사 또는 회장이 사직서를 제출한 경우에는 제출과 동시에 사임한 것으로 본다.

2) 임원이 다음 각 호의 어느 하나에 해당하는 경우에는 당연히 퇴임한 것으로 본다.

1. 제12조 제7항에 따라 체육회로부터 인준이 취소 또는 철회된 자

2. 시·도 경기단체 및 전국규모연맹체의 임원 또는 경기단체를 대표하는 자가 해당 단체에서 해임되거나 사임하는 경우

제5장 대의원

제18조 (대의원)

1) 본 회의 대의원은 다음과 같다.

  1. 시 · 도 경기단체의 장

  2. 전국규모 연맹체의 장

2) 시 · 도 경기단체의 장 및 전국규모연맹체의 장이 부득이한 사유로 총회에 출석 할 수 없는 경우에는 부회장 중 대리인을 지명하여 출석하게 할 수 있다. 이 경우 대리인의 권한은 해당 총회에서만 대의원과 동일한 권한을 가진다.

3) 시 · 도 경기단체의 장 및 전국규모 연맹체의 장은 제2항에 따라 대리인을 지명하는 경우에는 총회 5일 전에 경기단체에 서면으로 그 사실을 통보하여야 한다.

제6장 대의원 총회

제19조 (총회의 구성 및 기능)

1) 총회는 제18조 제1항 각호의 대의원 또는 그 대리인으로 구성한다.

2) 총회는 다음 사항을 의결한다.

  1. 당해 단체의 해산 및 정관(규약) 변경에 관한 사항

  2. 시 · 도 경기단체 및 전국규모 연맹체의 설치 및 제명

  3. 임원의 선출 및 해임에 관한 사항

  4. 사업 결과 및 결산에 관한 사항

  5. 기타 중요사항

제20조 (정기총회와 임시총회)

1) 정기총회는 매 회계연도 종료 후 1개월 이내에 회장이 소집한다.

2) 임시총회는 다음 각 호의 어느 하나에 해당하는 경우에 15일 이내에 회장이 소집한다.

  1. 회장이 필요하다고 인정하는 경우

  2. 재적 이사 과반수의 소집 요구가 있는 경우

  3. 재적 대의원 3분의 1 이상의 요구가 있는 경우

3) 제2항의 제2 내지 3호의 경우에 회장이 정당한 사유 없이 총회를 소집하지 아니한 때에는 소집 요구를 한 이사나 대의원이 회의 안건, 일시, 장소를 명기하여 체육회의 승

인을 받아 총회를 소집할 수 있다.

4) 총회의 소집은 늦어도 개최 7일 전에 안건·일시 및 장소를 명기하여 서면(전자문서를 포함한다)으로 대의원에게 통지하여야 한다. 다만, 긴급한 사유가 있을 때에는 그 기간을 단축할 수 있으며, 회장을 선출하는 총회는 후보자를 확정한 후 14일 전에 통지하여야 한다.

5) 총회는 통지된 안건에 한하여서만 의결할 수 있다. 다만, 출석 대의원 전원의 찬성이 있는 경우에는 그 외의 안건에 대하여도 상정하여 의결할 수 있다.

제21조 (의장)

1) 총회의 의장은 회장이 된다. 다만, 회장이 부득이한 사유로 직무를 수행할 수 없는 때에는 회장이 부회장 선임 시 정한 순서에 따라 부회장이 의장이 된다.

2) 제20조 제3항에 따라 이사나 대의원이 소집한 총회의 경우에는 출석 대의원 중 연장자가 임시 의장이 된다.

제22조 (의결정족수)

총회는 이 규정에 특별히 규정한 것을 제외하고는 재적 대의원의 과반수 출석으로 개회하고, 출석 대의원 과반수 찬성으로 의결한다.

제23조 (임원의 불신임)

1) 총회는 임원에 대하여 부분적 또는 전체적으로 해임을 의결할 수 있다.

2) 제1항에 따라 임원 전원을 해임할 경우에는 임원의 임기 경과와 관계없이 해임할 수 있으며, 일부 임원을 해임할 경우에는 해당 임원이 선출된 날부터 만 1년이 경과해야 한다.

3) 해임안은 재적 대의원 과반수의 찬성으로 제의되고, 재적 대의원 3분의 2 이상의 찬성으로 의결한다.

4) 해임안이 의결되었을 때에는 해당임원은 즉시 해임된다.

제24조 (총회의결 제척사유)

의장 또는 대의원이 다음 각호의 어느 하나에 해당하는 때에는 그 의결에 참여하지 못한다.

1) 임원 선출 및 해임에 있어 자신에 관한 사항을 의결할 때

2) 금전 및 재산의 수수를 수반하는 사항으로써 자신과 당해 단체의 이해가 상반될 때

제7장 이사회

제25조 (이사회의 구성 및 기능)

1) 이사회는 회장, 부회장 및 이사로 구성된다.

2) 이사회는 다음 사항을 심의 의결한다.

　1. 사업 계획 및 예산에 관한 사항

　2. 사업 결과 및 결산에 관한 사항 심의

　3. 각종 위원회 운영에 관한 사항

　4. 기본자산의 편입 및 처분에 관한 사항

　5. 상임이사의 선임에 관한 사항

　6. 제규정의 제정 및 개정

　7. 총회에서 위임받은 사항

　8. 총회 안건 상정에 관한 사항

　9. 기타 중요사항

제26조 (의결정족수)

이사회는 이 규정에 특별히 규정한 것을 제외하고는 재적 이사 과반수의 출석으로 개회하고 출석 이사의 과반수 찬성으로 의결한다.

제27조 (이사회의 소집)

1) 회장은 필요에 따라 이사회를 소집하고 그 의장이 된다. 다만, 회장이 부득이한 사유로 직무를 수행할 수 없는 때에는 회장이 부회장 선임 시 정한 순서에 따라 부회장이 의장이 된다.

2) 이사회를 소집하고자 할 때에는 회의 3일 전까지 안건, 일시, 장소를 명기하여 서면(전자문서를 포함한다)으로 각 이사에게 통지하여야 한다. 다만, 긴급한 사유가 있을 때에는 그 기간을 단축할 수 있다.

3) 이사회 소집권자가 이사회의 소집을 기피하는 경우에는 재적 이사 3분의 2 이상의 찬성으로 회의 안건, 일시, 장소 등을 명기하여 체육회의 승인을 받아 이사가 이사회를 소집할 수 있다.

4) 이사회는 미리 통지된 안건에 대하여서만 의결할 수 있다. 다만, 출석 이사 전원의 찬성이 있는 경우에는 그 외의 안건을 상정하여 의결할 수 있다.

제28조 (긴급한 업무의 처리)

1) 회장은 그 내용이 긴급하다고 인정될 때에는 이를 집행할 수 있다. 다만, 차기 이사회에 이를 승인 받아야 한다.

2) 회장은 부의사항의 내용이 경미하다고 인정될 때에는 서면 결의로써 이사회의 의결을 대신할 수 있다. 다만, 과반수 이사가 정식으로 회부할 것을 요구할 때에는 이에 따라야 한다.

제8장 각종 위원회

제29조 (각종 위원회의 설치)

1) 본회의 사업수행과 목적달성을 위하여 이사회의 자문기구로서 경기분과위원회, 심판분과위원회, 상벌의원회 등등의 각종 위원회를 이사회의 의결로써 설치한다. (경기, 심판, 상벌, 심의, 여성, 홍보, 국제, 교육, 선수분과 위원회 구성)

2) 제1항의 각종 위원회의 구성 및 운영에 필요한 사항은 별도로 정한다.

제9장 시 · 도 무에타이협회

제30조 (지위 및 명칭)

1) 시 · 도 무에타이협회는 본회의 시 · 도 지부이며, 각 시 · 도 단위를 표시하는 독자적인 명칭을 가진다.

2) 시 · 도 무에타이협회는 시 · 도 체육회에 가맹할 수 있으며, 그 사무소를 시 · 도체육회 소재지에 둔다. 다만, 부득이한 경우에는 예외로 한다.

제31조 (임원 인준)

1) 시 · 도 무에타이 협회의 선임 임원은 시 · 도 체육회 인준을 받아야 한다.

2) 시 · 도 체육회는 이사회의 위임을 받아 임원 인준을 사무처장이 우선 승인할 수 있으며, 차기 이사회에 이를 보고하여야 한다.

제32조 (규정승인)

1) 시 · 도 체육회는 이 규정을 준용하여 당해 가맹 경기단체의 조직 및 운영에 관한 규정을 제정하여야 한다.

2) 시 · 도 무에타이협회는 제1항의 당해 시 · 도 체육회 가맹경기단체 규정에 의거하되 본회의 규약(정관)에 부합하는 규정을 제정하여 시 · 도 체육회의 승인을 받아야 하며, 동 규정 개정시마다 승인을 받아야 한다.

3) 당해 경기종목 대회 운영규정 등 종목 관련 전문규정은 본회의 지도 · 감독을 받는다.

제33조 (이의신청 및 감사)

1) 시 · 도 무에타이협회는 본회에 시 · 도 체육회의 규약 승인 및 임원 인준사항을 즉시 보고하여야 하며, 본회는 시정사항이 있으면 2주일 이내에 사실을 적시하여 해당 시 · 도 체육회에 시정을 요청할 수 있다.

2) 시 · 도 체육회는 시정 요청을 받은 날로부터 2주일 이내에 이를 처리하여야 하며, 불분명한 경우에는 대한체육회의 결정에 따라야 한다.

3) 본회는 시 · 도 무에타이협회에 위임한 사업 및 예산을 직접 지원한 사업에 대하여 시 · 도 무에타이협회를 감사할 수 있다.

제10장 시 · 도 무에타이협회 총회

제34조 (시 · 도 무에타이협회의 총회)

1) 시 · 도 무에타이협회의 대의원은 다음과 같다.

　1. 시 · 도 무에타이협회가 시 · 군 · 구 지부로 승인한 시 · 군 · 구 무에타이협회의 장

　2. 시 · 도 무에타이협회의 등록 팀 대표자회의에서 선출한 단체 군별 1인(학생부와 일반부로 구분하고, 학생부는 초등부, 중등부, 고등부, 대학부를 일괄대표하며, 이하 같다.)

2) 시 · 도 무에타이협회는 제1항 제1 내지 제2호의 대의원 또는 그 대리인으로 총회를 구성한다. 다만, 단체 군별 대의원은 대리인을 지명할 수 없고, 당사자만이 총회에

참석한다.

3) 시 · 도 경기단체가 제2항에 의한 총회 구성이 곤란한 사유가 있을 때에는 시 · 도 체육회의 승인을 받아 등록 팀 전체회의에서 선출한 대의원으로 총회를 구성한다.

4) 시 · 도 무에타이협회의 장은 등록 팀의 장 또는 그 대리인(교사 및 지도자 등, 이하 같다) 의회의를 단체 군별로 각각 소집하여 제1항 제2호의 대의원을 선출한다.

5) 시 · 도 무에타이협회 의장은 등록 팀 의장 또는 그 대리인 회의를 단체 군별로 각 각 소집하여 제3항의 대의원을 선출하며, 단체 군별 대의원의 수는 등록선수의 비율에 따라 정원을 정하되 당해 시 · 도 체육회의 사전 승인을 얻어야 한다.

6) 시 · 도 무에타이협회 의장이 제4항 내지 제5항의 회의 소집을 기피 할 때에는 등록 팀 의장 또는 그 대리인이 당해 시 · 도 체육회의 승인을 받아 회의를 개최하고 대의 원을 선출 할 수 있다.

제35조 (단체군 대의원의 정수 및 임기)

1) 시 · 도 체육회는 제34조 5항에 따른 단체군 별 대의원수를 실정에 따라 사전에 정하 여야 한다.

2) 단체군 별 대의원은 당해 총회일로 부터 차기 총회 개최 전 일 까지 대의원 지위를 가 진다.

제36조 (총회 구성 불가 시 대체기관)

1) 시 · 도 무에타이협회는 시 · 군 · 구 지부의 수 및 단체군 별 등록 팀 수가 적어 총회 구성이 어려울 경우에는 시 · 도 체육회의 승인을 받아 이사회가 총회 기능을 대체하 게 할 수 있다.

2) 제1항의 경우 시 · 군 · 구 지부의 장 1인 이상 및 등록 팀의 장 또는 그 대리인 1인 이 상을 이사에 포함하여야 한다.

제37조 (개최 기한 및 규정 준용)

1) 시 · 도 무에타이협회는 매 회계연도 종료 후 20일 이내에 정기총회를 회장이 소집한 다.

2) 시 · 도 무에타이협회 총회에 관한 필요한 사항은 체육회 정관 및 본 규정 중 대의원

총회에 관한 규정을 준용 한다.

제11장 자산 및 회계

제38조 (자산)

본 회의 자산은 다음과 같다.

1) 소유의 동산 및 부동산

2) 기금

3) 자산으로부터 생기는 과실

4) 회비

5) 체육회 지원금(국고 및 국민체육 진흥 기금)

6) 사업 수입금

7) 기부금 및 찬조금

8) 기타 수익금

제39조 (자산의 구분)

1) 본회의 자산 중 다음 각 호에 해당하는 재산은 기본 재산으로 한다.

  1. 부동산

  2. 기금

  3. 이사회의 결의에 의하여 기본 재산에 편입되는 자산

2) 본회의 자산 중 전항 각 호 이외의 재산은 보통재산으로 한다.

3) 기부금품은 그 기부자의 지정에 따른다.

제40조 (재산관리)

본회의 기본재산을 양도, 증여, 교환 또는 용도 변경하거나 담보에 제공하고자 할 때, 또는본회가 업무의 부담이나 권리의 포기를 할 때에는 이사회 및 총회의 결의를 거쳐 체육회 또는 주무부처 장관의 승인을 받아야 한다. 차입금(해당 회계 연도내의 수입으로 상환하는 일시차 입금은 제외)에 대하여도 같다.

제41조 (예산 편성 및 결산)

1) 본회는 매년 회계연도 시작 전 사업계획과 예산안을 편성하여 이사회의 승인을 받아야 하며, 중요 사업계획 및 예산을 변경하고자 할 때에도 이사회의 승인을 받아야 한다.

2) 매년 회계연도 종료 후 1월 이내에 결산서를 작성하여 이사회 의결을 거쳐 총회의 승인을 얻어야 한다.

제42조 (회계 연도)

본 회의 회계 연도는 정부의 회계 연도에 따른다.

제43조 (회계 처리)

본회의 재산 및 회계에 관한 필요한 사항은 별도로 정한다.

제44조 (올림픽 등에 대한 권리보호)

본회는 체육회 정관 제43조에 의한 체육회의 올림픽 등에 대한 권리를 보호하고, 가맹단체로서 동권리를 보장받을 수 있도록 제반 노력과 협조를 다하여야 한다.

제12장 사무국

제45조 (사무국)

1) 본회는 사무집행을 위하여 사무국을 둔다.

2) 사무국에 사무국장 1인과 기타 필요한 직원을 둘 수 있으며, 사무국장은 회장이 임명하고 경기단체 사무를 관장 한다.

제46조 (사무국 규정)

사무국 직원은 법령 및 이사회에서 정한 인사에 관한 규정에 의하지 아니하고는 본인의 의사에 반하여 면직되지 아니하며, 기타 사무국직원의 신분보장을 포함 한 사무국 운영에 관한 필요한 사항은 별도로 정한다.

제13장 보칙

제47조 (해산)

1) 본회는 재적 대의원 3분의 2 이상의 찬성으로 해산 한다.

2) 본회가 해산하였을 때에는 잔여 재산을 문화체육관광부장관의 승인을 얻어 국가 또는 본회의 목적과 유사한 공공단체에 기부 한다.

제48조 (규약변경)

본회의 규약(정관)을 변경 할 때에는 이사회 의결 또는 재적 대의원 3분의 1 이상의 찬성으로 발의하여 출석 대의원 3분의 2이상의 찬성으로 의결하여 문화체육관광부장관의 승인을 받아 체육회에 보고하여야 한다.

제49조 (규정제정)

이 규정에 의한 당 해 단체규약(정관) 이외에 본회의 운영 등에 관한 필요한 사항은 이사회의 의결을 거쳐 규정으로 정한다.

제14장 부칙

1) 본 규약(또는 정관으로 이하 같다)은 체육회에 보고 한 날로부터 유효하며, 수정이 있을 때 마다 체육회에 보고하여야 한다. 보고 된 규약에 대하여 개/수정 및 삽입이 필요한 때에는 체육회의결정한 바에 따라 시행 하여야 한다.

2) 체육회 규정과 본회의 규약이 상이 할 경우에는 반드시 체육회 규정에 따라야 한다. 체육회 정관에 규정한 조항을 준용 할 수 없는 것으로서 이 규정에 규정되지 아니한 사항 및 본회 규약의 해석상 불분명 한 사항은 체육회가 정한 바에 따른다.

설립발기인 인적사항

연번	직위	성 명	생년월일	주소	연락처
		주요 약력			임 기
	대표 이사				

작성자 : 사단법인 ○○○○ 발기인 대표 ○○○ (날인 또는 서명)

임원 취임 예정자 명단

연번	직위	성 명	생년월일	주소	연락처
				주요 약력	임 기
	대표이사				

작성자 : 사단법인 ㅇㅇㅇㅇ 발기인 대표 ㅇㅇㅇ (날인 또는 서명)

사단법인 ○○○○ 창립(발기인) 총회 회의록

(아래는 예시문입니다)

1. 회의일시 : 2002년 ○○월 ○○일 (15:00~17:00)
2. 회의장소 : 서울특별시 ○○구 ○○동 ○○번지 ○○호실
3. 회의안건 : ① 의장선출 ② 설립취지 채택 ③ 정관심의 ④ 출연내용 ⑤ 이사장 선임 ⑥ 임원선임 및 임기결정 ⑦ 사업계획 및 예산심의 ⑧ 사무소 설치 ⑨ 법인조직 및 상근임직원 정수 책정
4. 회원총수 : ○○명 ('회원 명부' 참조)
5. 출석회원(발기인 포함) : ○○명
6. 결석회원(발기인 포함) : ○○명
7. 회의내용

임시 사회자 ○○○은 본 총회가 적법하게 성립되었음을 성원보고한 후 '임시의장 선출' 안건을 상정하다.

　[제1의안 상정] : 임시의장 선출

사회자 :　– '임시의장 선출(안)'을 상정하겠습니다.
　　　　　　– 추천하여 주시기 바랍니다.
○○○ :　○○○를 임시의장으로 선출할 것을 제안합니다.
사회자 : – 다른 분 추천 있습니까? (더 이상의 추천이 없다)
사회자 : – ○○○께서 추천한 ○○○을 임시의장으로 선출하겠습니다. 이의 있으시면 말씀해 주시고, 찬성하시면 박수로 의결하여 주시기 바랍니다.
　　　(만장일치로 전원 박수)
사회자 : – 임시의장에 ○○○가 선출되었음을 선포합니다.
　　　(의사봉 3타)

(이후의 의사진행은 임시의장 ○○○에게 인계하고 사회자는 물러나다)

[제2의안 상정] 설립취지 채택

의 장 : (간단하게 임시의장 취임 인사를 하다)
　　　　 – 우리 법인의 '설립취지 채택' 안건을 상정합니다.
　　　　 – ○○○ 발기인께서 설립취지(안)을 낭독해 주시기 바랍니다.
○○○ : (유인물로 작성되어 배포된 설립취지문안을 낭독하다)
의 장 : – ○○○께서 낭독하신 설립취지에 대하여 의견이 있으시면 말씀해 주십시
　　　　　오.
○○○ : – 이미 준비된 설립취지문에 찬성하며 원안 의결할 것을 제안합니다.
(회원전원) : (○○○의 제안에 찬성하며 모두 박수치다)
의 장 : – 본 설립취지(안)에 이의 없으신 것으로 알고 원안대로 가결되었음을 선포
　　　　　합니다. (의사봉 3타)

[제3의안 상정] 정관심의의 건

의 장 : – 이어서 '정관심의'에 들어가겠습니다.
　　　　 (○○○ 발기인에게 준비된 정관(안) 낭독을 요청하다)
○○○ : (정관 초안을 낭독하다)
○○○ : – 정관의 내용이 무리 없이 잘 구성되었다고 생각합니다.
　　　　 – 본 정관이 어떠한 과정으로 작성되었는지 의장님께서 부연설명 해 주시면
　　　　　고맙겠습니다.
의 장 : – 본 정관은 우리 법인의 주무관청인 지식경제부에서 만든 정관예문(준칙)
　　　　　을 기초로 하여 작성하였습니다.
　　　　 – 본 정관에 추가 또는 삭제할 내용이 있으시면 말씀해 주십시오.
○○○ : – 본 정관에 특별히 추가 또는 삭제할 내용은 없는 것 같습니다.
　　　　 – 원안대로 의결할 것을 제안합니다. (전원 박수)
의 장 : – 그러면 본 정관도 초안에 이의 없으신 것으로 보고 원안대로 가결되었음

을 선포합니다. (의사봉 3타)

[제4의안 상정] 출연내용 채택의 건

의 장 : – 다음은 '출연재산 채택(안)'을 상정합니다.

 – 우리 법인의 출발을 위하여 ○○○께서 현금 0000원을 출연하시겠다는 의사를 밝혔고, ○○○께서 현금 000원을 출연하시겠다는 의사를 밝혔습니다. 본 출연이 채택될 경우 ○○○의 출연금 0000원은 기본재산으로, ○○○의 출연금 000원은 설립 당해 연도의 설립 제비용 등의 경비로 사용하기 위하여 보통재산으로 구분 채택하고자 합니다.

 – 출연내용에 대하여 의견 나누어 주시기 바랍니다.

○○○ : – 의장께서 설명하신 출연내용과 의견에 대하여 적극 찬성하며 출연하신 분의 뜻을 따라 원안대로 채택할 것을 제안합니다.

○○○ : – ○○○의 제안에 찬성합니다. (회원 모두 박수)

의 장 : – 출연재산을 원안대로 모두 채택합니다.

 – 출연재산 채택 의결내용

  ▷ 000님 출연금 : 현금 0000원 → 기본재산

  ▷ 000님 출연금 : 현금 0000원 → 보통재산

[제5의안 상정] 이사장 선임의 건

의 장 : – 우리 법인을 이끌어 나갈 '이사장 선임(안)'을 상정합니다.

 – 회원님들께서 덕망 있고 훌륭하신 분을 추천하여 주시기 바랍니다.

○○○ : – 이사장에는 현재 임시의장으로 사회를 보시는 ○○○께서 맡아 주실 것을 제안합니다. (전원 박수)

의 장 : – 부족한 저를 추천해 주셔서 감사합니다. 그러나 저보다 더 훌륭하신 분들이 더 많으신 줄 아니 다른 분을 더 추천해 주시면 좋겠습니다.

○○○ : – ○○○의 제안에 회원 모두 찬성하는 것 같습니다. 다시 한 번 의장님을 이사장에 추천합니다. (전원 박수)

의 장 : - 그러면 여러분의 뜻에 따라 당분간 우리 법인의 이사장직을 맡아보겠습니다.

　　　　 - 이사장 선임 건에 본인 000가 선출되었음을 선포합니다. (의사봉 3타)

[제6의안] 임원선임 및 임기결정의 건

의 장 : - 이어서 '임원선임 및 임기결정'에 관한 안건을 상정합니다.

　　　　 - 우선 임원의 수는 정관심의에서 기 결정되었듯이 00명으로 되어 있으니, 이에 대한 임원 후보자들을 추천하여 주시기 바랍니다.

　　　　 - 아울러 임원의 임기 문제도 함께 제시하여 주시기 바랍니다.

　　　　 (회원들의 추천과 논의 끝에 다음과 같이 뜻이 모아지다)

　　　　 ▷ 이사(00명) : 0000, 0000, 0000, 0000, 이상 00명 → 임기 4년

　　　　　　　　　　 0000, 0000, 0000, 0000, 이상 00명 → 임기 2년

　　　　 ▷감사(2명) : 0000 → 임기 2년

　　　　　　　　　 0000 → 임기 1년

의 장 : - 임원의 선출 및 임기의 내용이 결정된 것 같습니다.

　　　　 - 본 내용에 다른 의견이 있으시면 말씀해 주십시오.

　　　　 (회중에서 이의 없음을 말하고 박수치다)

의 장 : - 임원의 선출 및 임기를 여러분의 결정대로 가결되었음을 선포합니다.

　　　　 (전원박수 - 의사봉 3타)

의 장 : - 이어서 우리 법인설립 최초의 회원을 채택하고 회원의 회비 징수액을 결정하고자 하는데, 현재의 회원은 회원명부와 같이 총 00명이며 회비는 년 000원으로 하고자 하는 바, 여러분의 의견을 말씀해 주시고, 이의가 없이 찬성하신다면 박수로 의결하여 주시기 바랍니다.

(회 중) : (전원 찬성하며 박수)

의 장 : - 설립최초의 회원 및 회비징수액을 원안대로 가결되었음을 선포합니다.

　　　　 (의사봉 3타)

　　　　 ▷ 회원수 : 총 00명

　　　　 ▷ 회비징수액 : 년 000원

[제7의안 상정] 사업계획 및 예산심의의 건

의 장 : – 향후 '3개년간의 사업계획 및 수지예산(안)'을 상정합니다.

　　　　 – ○○○께서 본안에 대하여 설명하여 주시기 바랍니다.

○○○ : (유인물을 통하여 '3개년간의 사업계획 및 수지예산' 사항을 설명하다)

○○○ : – 상정(안)에 찬성합니다. 원안의결을 제안합니다. (전원 동의 – 박수)

의 장 : – 전원 찬성으로 향후 3개년간의 사업계획 및 예산(안)을 원안대로 가결 선
포합니다. (의사봉 3타)

[제8의안 상정] 사무소 설치의 건

의 장 : – 다음은 본 법인의 '사무소 설치(안)'을 상정합니다.

　　　　 (사무소는 ○○○가 ○○○○○○소재 건물을 법인 사무실로 무상 사용할
것을 허락하였다는 내용을 설명하고 이에 대한 동의 여부를 묻다)

○○○ : – 사무실을 무상으로 내어 주신 ○○○께 감사드리며 원안의결을 제안합니
다.(전원 박수)

의 장 : – 우리 법인의 사무소를 '서울특별시 ○○구 ○○동 ○○－○○'로 결정되
었음을 선포합니다. (의사봉 3타)

[제9의안] 법인조직 및 상근 임직원 정수 책정

의 장 : – 마지막으로 '법인의 조직 및 상근임직원의 정수 책정(안)'을 상정합니다.

　　　　 – 유인물을 보시고 의견을 말씀해 주시고, 이의 없으시면 원안대로 통과하
겠습니다. (전원 이의 없음을 표시하다)

의 장 : – 이 안건도 전원 찬성으로 원안 가결되었음을 선포합니다. (의사봉 3타)

8. 폐　　회

의 장 : – 마지막으로 회의록 서명위원으로 참석회원 중「○○○, ○○○, 홍길동, ○○○」의 ○명을 지정하여 서명·날인토록 하겠습니다. 이견이 있으면 말씀해 주시기 바랍니다.(전원 이의 없음을 표시하다). 지정받은 서명위원들께선 폐회 후 남아서 작성된 회의록 내용의 사실여부를 확인하고 서명하여 주시기 바랍니다.

– 이상으로 모든 회의를 마치겠습니다. 감사합니다.

200○년 ○월 ○일

덧붙임   1. 설립취지문 1부.

2. 정관 1부.

3. 사업계획서 및 수지예산서(비영리법인은 1년, 공익법인은 3년) 1부.

4. 법인 조직 및 상근임직원 정수표 1부.

(※ 덧붙인 문서는 서명위원들이 본 회의록과 함께 간인하여야 함)

회원 대표 ○○○ (인)

회원　　 ○○○ (인)

‘　　　 ○○○ (인)

‘　　　 ○○○ (인)

‘　　　 ○○○ (인)

‘　　　 ○○○ (인)

주) 1. 창립총회 회의록은 법인설립이 적법한 절차를 거쳐 성립되었느냐를 판단하는 중요한 기준이 되므로 육하원칙에 따라 작성하되, 진행자 등이 누락되지 않도록 한다.

2. 특히 회의진행과 관련하여 정관 심의과정 및 임원선출의 표결사항, 찬·반 토론 내용 등을 상세히 기재하고 회의록 작성이 끝나면 참석한 서명위원들이 기록내용을 확인하고 연명으로 날인하여야 한다.

3. 회의록의 내용 중 별첨 유인물로 설명(진행)된 것은 회의록에 첨부하여 서명위원

들이 간인하여야 한다.

4. 본 회의록에 첨부된 문서들은 첨부한 것으로 갈음한다. (별도로 첨부할 필요 없음)

창립(발기인)총회 회의록

재 산 목 록

재 산 구 분		수량	소재지	평가액	취득원인	비고
총 계						
기본재산	합계					
	동산 소계					
	현금					예치금
	주식					
	채권					기업 (회사채 포함)
	부동산 소계					
	건물					
	전					
	답					
	대지					
	임야					
	기타					
보통재산	합계					
	현금					
작성자 : 사단법인 ○○○○○ 대표 ○ ○ ○ (날인 또는 서명)						

사 업 계 획 서

Ⅰ. 주요사업 목표

  1. 제1사업명

  2. 제2사업명

  3. 제3사업명

Ⅱ. (사업별) 세부사업 내용

  1. (제1사업명)

   가. 목적 :

   나. 사업내용 : 시행시기, 장소, 사업내용

   다. 시행방법 :

   라. 소요예산 : 인건비, 운영비, 기타

   마. 기타사항 :

   바. 향후계획 :

  2. (제2사업명)

  3. (제3사업명)

※ 과거 사업 운영 실적 첨부

※ 외교부소관 법인의 경우 1년이상 사업실적 및 사업계획서 필수

(외교부 소관 비영리 법인의 주요사업이 해외에서 추진되는 점을 고려, 사업 대상국의 법률 및 문화에 대한 이해 등 관련 기술적 비결을 증명할 수 있는 최소한의 실적 필요)

작성자 : 사단법인 ○○○○ 발기인 대표 ○○○ (날인 또는 서명)

수지 예산서(○○년도)

1. 총괄표

수입 예산 총액	지출 예산 총액	비고

2. 수입 예산서

(단위:원)

수입 항목	예상 수입액	산출근거
① 회 비		
② 출연금		
③ 과실소득		
④ 수익사업		
⑤ 전기 이월액		
⑥ 법인세 환급액		
합계		

3. 지출 예산서

(단위:원)

지출 항목	예상 지출액	산출근거
① 경상비(인건비, 운영비)		
② 퇴직 적립금		
③ 법인세		
④ 목적 사업비		
⑤ 기본재산 편입액		
합계		

[작 성 요 령]

〈수 입〉

① 회비(사단법인의 경우) : 회원들로부터 정기적으로 받을 회비수입액 기재

② 출연금

 – 목적사업기부 : 목적사업에 사용하기 위하여 받을 기부금액 기재

 – 재산증자기부 : 기본재산 증자를 위하여 받을 기부금액 기재

③ 과실소득 : 법인 소유 기본재산 운영으로 발생될 과실금액 기재

④ 수익사업(「법인세법」 제4조제3항)

 – 부동산 · 임대수익, 이자 · 배당소득, 주식 · 신주인수권 또는 출자지분의 양도로 생기는
  수입 등

⑤ 전기 이월액

 – 고유목적사업준비금 : 고유목적사업준비금으로 설정한 금액 기재

 – 이월 잉여금 : 전년도 이월액 중 고유목적사업준비금을 제외한 금액 기재

 – 기타 : 이월잉여금을 세부항목으로 구분할 경우 순수 이월잉여금 외에 별도 항목으로
  구분

⑥ 법인세 환급액 : 전년도 법인세환급액 기재

〈지 출〉

① 경상비

 – 인건비 : 상근직원에게 지급할 인건비 기재

 – 운영비 : 경상비 중 인건비를 제외한 금액 기재

② 퇴직 적립금 : 상근직원에 대한 퇴직적립(예정)액 기재

③ 법인세 : 출연재산 운영소득을 근거로 지출될 법인세액 기재

④ 목적 사업비 : 정관에 명시된 목적사업 수행에 소요되는 경비를 사업별로 기재하되,
 직접목적사업비가 아닌 부대경비는 제외

⑤ 기본재산 편입액 : 전년도 이월액 중 당해연도의 기본재산 편입 예정액 기재

나. 설립허가

(1) 허가기준

주무관청은 법인설립허가신청의 내용이 다음의 기준에 적합한 경우에 한하여 이를 허가한다(규칙 제4조).

- 법인의 목적과 사업이 실현 가능할 것
- 목적하는 사업을 수행할 수 있는 충분한 능력이 있고, 재정적 기초가 확립되어있거나 확립될 수 있을 것
- 다른 법인과 동일한 명칭이 아닐 것

(2) 심사 및 허가기간

주무관청은 법인설립허가신청을 받은 때에는 특별한 사유가 없는 한 20일 이내에 이를 심사하여 허가 또는 불허가의 처분을 하고, 이를 서면으로 신청인에게 통지하여야 한다. 이 경우 허가를 하는 때에는 별지 제2호서식에 의한 법인설립허가증을 신청인에게 교부하고, 법인설립허가대장에 필요한 사항을 기재하여야 한다.

■ 문화체육관광부 및 문화재청 소관 비영리법인의 설립 및 감독에 관한 규칙 [별지 제2호서식] 〈개정 2014.6.19〉   (앞쪽)

제 호

비영리법인 설립허가증

1. 법인 명칭:

2. 소 재 지:

3. 대 표 자
  ○ 성   명:
  ○ 생년월일:
  ○ 주   소:

4. 사업 내용:

5. 허가 조건:

「민법」 제32조 및 「문화체육관광부 및 문화재청 소관 비영리법인의 설립 및 감독에 관한 규칙」 제4조
에 따라 위와 같이 법인 설립을 허가합니다.

년   월   일

문화체육관광부장관
문화재청장   인
○○시 · 도지사

210mm×297mm[백상지 120g/㎡]

준수사항

1. 「민법」및「문화체육관광부 및 문화재청 소관 비영리법인의 설립 및 감독에 관한 규칙」등 관련 법령과 정관에서 정한 내용을 준수해야 합니다.
2. 정관에서 정하는 목적사업 중 다른 법률에 따른 허가·인가·등록·신고의 대상이 되는 사업을 하려는 경우에는 관련 법령에 따른 절차를 거쳐야 합니다.
3. 주무관청이 법인사무의 검사 및 감독을 위하여 법인의 관계서류, 회계장부 및 기타 참고자료의 제출을 명하는 경우 법인은 이에 응해야 합니다.
4. 다음의 어느 하나에 해당되는 경우에는「민법」제38조에 따라 법인의 설립허가가 취소될 수 있습니다.
   가. 설립 목적 외의 사업을 하였을 때
   나. 공익을 해치는 행위를 하였을 때
   다. 설립허가의 조건을 위반하였을 때
   라. 법령에 따른 의무를 위반하였을 때
5. 법인이 해산(파산으로 인한 해산은 제외합니다)하였을 때에는 해산등기를 마친 후 지체 없이 주무관청에 해산신고를 해야 합니다.
6. 법인의 청산이 종결되었을 때에는 등기를 한 후 주무관청의 소관부서에 신고해야 합니다.

〈 변경사항 〉

변경일	내 용	확 인

(3) 조건부허가

주무관청은 법인의 설립허가를 하는 때에는 필요한 조건을 붙일 수 있다.

다. 설립관련 보고

(1) 재산이전

법인의 설립허가를 받은 자는 그 허가를 받은 후 지체없이 기본재산 및 운영재산을 법인에 이전하고 1월 이내에 그 이전을 증명하는 등기소 또는 금융회사 등의 증명서를 주무관청에 제출하여야 한다(규칙 제5조).

(2) 설립등기부등본 제출

법인은 「민법」 제49조 내지 제52조의 규정에 의하여 법인설립 등의 등기를 한 때에는 10일 이내에 등기부등본 1부를 주무관청에 제출하여야 한다.

3. 허가 후 절차

가. 정관변경의 허가 신청

「민법」 제42조 제2항·동법 제45조제3항 또는 동법 제46조의 규정에 의한 정관변경의 허가를 받고자 하는 법인은 별지 제3호서식에 의한 법인정관변경허가신청서(전자문서로 된 신청서를 포함한다)에 다음 각호의 서류(전자문서를 포함한다)를 첨부하여 주무관청에 제출하여야 한다(규칙 제6조). 〈개정 2005. 6. 4.〉

- 변경사유서 1부
- 개정될 정관(신·구조문대비표를 첨부한다) 1부
- 정관의 변경에 관계되는 총회 또는 이사회의 회의록 사본 1부
- 기본재산의 처분에 따른 정관변경의 경우에는 처분의 사유, 처분재산의 목록, 처분의 방법 등을 기재한 서류 1부

■ 문화체육관광부 및 문화재청 소관 비영리법인의 설립 및 감독에 관한 규칙 [별지 제3호서식] 〈개정 2014.6.19〉

정관 변경허가 신청서

접수번호	접수일		처리기간	10일

신청인	성명		생년월일 (외국인등록번호)	
	주소		전화번호	

법 인	명칭		전화번호	
	소재지			
	설립허가일		설립허가번호	

대표자	성명		생년월일 (외국인등록번호)	
	주소		전화번호	

「민법」 제42조제2항 · 제45조제3항 · 제46조 및 「문화체육관광부 및 문화재청 소관

비영리법인의 설립 및 감독에 관한 규칙」 제6조에 따라 위와 같이 정관의 변경허가를 신청합니다.

년   월   일

신청인

(서명 또는 인)

문화체육관광부장관
문화재청장   귀하
○○시 · 도지사

첨부서류	1. 정관 변경 사유서 1부 2. 개정될 정관(신 · 구대비표를 첨부합니다) 1부 3. 정관 변경과 관계있는 총회 또는 이사회의 회의록 1부 4. 기본재산의 처분에 따른 정관 변경의 경우에는 처분 사유, 처분재산의 목록, 　처분 방법 등을 적은 서류 1부	수수료 없 음

처리절차

신청서 작성	→	접 수	→	서류 확인 및 검토	→	결 재	→	결과 통지

신청인   처리기관: 문화체육관광부, 문화재청, 시 · 도(비영리법인의 설립 및 감독 업무
담당부서)

210mm×297mm[일반용지 60g/㎡(재활용품)]

정관변경사유서

법 인 명		
변경 사항	변경일자	
	변경내용	
주 요 골 자		
변 경 사 유		(구체적으로 기재)

정관 변경 신·구 대비표

변 경 전	변 경 후	비 고 (구체적 사유)

나. 법인사무의 검사 · 감독

주무관청은 「민법」 제37조의 규정에 의한 법인사무의 검사 및 감독을 위하여 불가피한 경우에는 법인에게 관계서류 · 장부기타 참고자료의 제출을 명하거나 소속공무원으로 하여금 법인의 사무 및 재산상황을 검사하게 할 수 있으며, 이에 의하여 법인사무를 검사하는 공무원은 그 자격을 증명하는 증표를 관계인에게 제시하여야 한다.

4. 해산 등

가. 설립허가의 취소

주무관청은 법인이 목적이외의 사업을 하거나 설립허가의 조건에 위반하거나 기타 공익을 해하는 행위를 한때에는 그 허가를 취소할 수 있는데, 이에 따라 비영리법인의 설립허가를 취소하려면 청문을 하여야 한다(규칙 제9조).

나. 해산신고

법인이 해산한 때(파산에 의한 해산의 경우를 제외한다)에는 그 청산인은 「민법」 제85조 제1항의 규정에 의하여 해산등기를 완료한 후 지체없이 별지 제4호서식에 의한 법인해산신고서(전자문서로 된 신고서를 포함한다)에 다음 각호의 서류(전자문서를 포함한다)를 첨부하여 주무관청에 제출하여야 한다. 이 경우 주무관청은 「전자정부법」 제21조 제1항에 따른 행정정보의 공동이용을 통하여 법인등기부 등본을 확인하여야 한다(규칙 제10조).

• 해산당시의 재산목록 1부
• 잔여재산의 처분방법의 개요를 기재한 서류 1부
• 해산당시의 정관 1부
• 사단법인이 총회의 결의에 의하여 해산한 때에는 당해 결의를 한 총회의 회의록 사본 1부
• 재단법인의 해산시 이사회의 해산결의가 있는 때에는 당해 결의를 한 이사회의 회의록 사본 1부

■ 문화체육관광부 및 문화재청 소관 비영리법인의 설립 및 감독에 관한 규칙 [별지 제4호서식] 〈개정 2014.6.19〉

비영리법인 해산 신고서

접수번호	접수일	처리일	처리기간	7일

청산인	성명		생년월일 (외국인등록번호)
	주소		전화번호

청산법인	명칭		전화번호
	소재지		

해산 연월일	
해산사유	

「민법」 제86조제1항 및 「문화체육관광부 및 문화재청 소관 비영리법인의 설립 및 감독에 관한 규칙」 제10조에 따라 위와 같이 법인 해산을 신고합니다.

년   월   일

신고인   (서명 또는 인)

문화체육관광부장관
문화재청장   귀하
○○시 · 도지사

신고인 제출서류	1. 해산 당시의 재산목록 1부 2. 잔여재산 처분방법의 개요를 적은 서류 1부 3. 해산 당시의 정관 1부 4. 사단법인이 총회 결의에 따라 해산하였을 때에는 그 결의를 한 총회의 회의록 1부 5. 재단법인의 해산 시 이사회가 해산을 결의하였을 때에는 그 결의를 한 이사회의 회의록 1부	수수료 없 음
담당공무원 확인사항	법인 등기사항증명서	

처리절차

신고서 작성	→	접수	→	검토 · 확인	→	결재

신고인   처리기관: 문화체육관광부, 문화재청, 시 · 도(비영리법인의 설립 및 감독업무 담당부서)

210mm×297mm[백상지 80g/㎡(재활용품)]

다. 잔여재산처분의 허가

법인의 이사 또는 청산인이 「민법」 제80조 제2항의 규정에 의하여 잔여재산의 처분에 대한 허가를 받고자 하는 때에는 그 처분사유, 처분하고자 하는 재산의 종류 · 수량 · 금액 및 처분방법을 기재한 별지 제5호서식의 잔여재산처분허가신청서(전자문서로 된 신청서를 포함한다)를 주무관청에 제출하여야 한다(규칙 제11조).

■ 문화체육관광부 및 문화채정 소관 비영리법인의 설립 및 감독에 관한 규칙 [별지 제5호서식] 〈개정 2014.6.19〉

잔여재산 처분허가 신청서

접수번호	접수일		처리일	처리기간	10일

신청법인	명칭	전화번호
	소재지	

대 표 자 (이사· 청산인)	성명	생년월일 (외국인등록번호)
	주소	전화번호

처분재산	종류 및 수량
	금액
	처분 방법

처분 사유

「민법」 제80조제2항 및 「문화체육관광부 및 문화재청 소관 비영리법인의 설립 및 감독에 관한 규칙」 제11조에 따라 위와 같이 잔여재산 처분허가를 신청합니다.

년   월   일

신청인   (서명 또는 인)

문화체육관광부장관
문화재청장   귀하
ㅇㅇ시·도지사

신청(신고) 인 제출서류	1.해산당시의 정관 1부(해산신고 시의 정관을 확인할 필요가 있는 경우에만 제출합니다) 2.총회의 회의록(사단법인의 경우만 제출합니다) 1부 (해산신고 시에 제출한 서류만으로 확인이 되지 않을 경우에만 제출합니다)	수수료 없음

처리절차

신청서 작성	→	접수	→	확인	→	결재	→	결과 통지
신청인		처리기관: 문화체육관광부, 문화재청, 시·도(비영리법인의 설립 및 감독 업무 담당부서)						

210mm×297mm[백상지 80g/㎡(재활용품)]

라. 청산종결의 신고

청산인은 법인의 청산이 종료된 때에는 「민법」 제94조의 규정에 의하여 이를 등기한 후, 별지 제6호서식의 청산종결신고서를 주무관청에 제출하여야 한다(규칙 제12조)

■ 문화체육관광부 및 문화재청 소관 비영리법인의 설립 및 감독에 관한 규칙 [별지 제6호서식] 〈개정 2014.6.19〉

청산종결 신고서

접수번호	접수일	처리일	처리기간	즉시

청산인	성명		생년월일 (외국인등록번호)	
	주소		전화번호	

청산법인	명칭		전화번호
	소재지		

청산 연월일

청산 취지

「민법」제94조 및 「문화체육관광부 및 문화재청 소관 비영리법인의 설립 및 감독에 관한 규칙」제2조에 따라 위와 같이 청산 종결을 신고합니다.

년   월   일

신고인(청산인)   (서명 또는 인)

문화체육관광부장관
문화재청장   귀하
ㅇㅇ시 · 도지사

신고인(청산인) 제출서류	없 음	수수료
담당 공무원 확인사항	법인 등기사항증명서	없 음

210mm×297mm[백상지 80g/㎡(재활용품)]

제6장 외교부 소관 비영리법인 설립

1. 개관

외교부 소관 비영리법인의 설립 및 감독에 관한 규칙(이하 '규칙'이라고만 함)은 「민법」에 따라 외교부장관이 주무관청이 되는 비영리법인의 설립 및 감독에 필요한 사항을 규정함을 목적으로 하며, 이에 따른 비영리법인(이하 '법인'이라 한다)의 설립허가, 법인 사무의 검사 및 감독 등에 관하여는 다른 법령에 특별한 규정이 있는 경우를 제외하고는 이 규칙에서 정하는 바에 따른다.

본장은 외교부 소관 비영리법인의 설립과 관련한 일반절차인 설립허가신청 및 관련 첨부서류 그리고 정관변경허가신청, 사업계획보고 등에 관한 내용들을 정리하였다. 그 외 관련서류들은 제1편 관련 내용부분을 참고하기 바란다.

2. 설립허가절차

가. 설립허가의 신청

(1) 설립허가신청

「민법」 제32조에 따라 비영리법인의 설립허가를 받으려는 자(이하 '설립발기인'이라 한다)는 별지 제1호서식의 비영리법인 설립허가 신청서에 다음 각 호의 서류를 첨부하여 외교부장관에게 제출하여야 한다(규칙 제3조).

- 설립발기인의 성명 · 생년월일 · 주소 및 약력을 적은 서류(설립발기인이 법인인 경우에는 그 명칭, 주된 사무소의 소재지, 대표자의 성명 · 생년월일 · 주소와 정관을 적은 서류) 1부
- 정관 1부
- 재산목록(재단법인의 경우에는 기본재산과 운영재산으로 구분하여 적어야 한다) 및 그 증명서류와 출연(出捐) 신청이 있는 경우에는 그 사실을 증명하는 서류 각 1부
- 해당 사업연도분의 사업계획 및 수입 · 지출 예산을 적은 서류 1부
- 임원 취임 예정자의 성명 · 생년월일 · 주소 및 약력을 적은 서류와 취임승낙서 각 1부
- 창립총회 회의록(설립발기인이 법인인 경우에는 비영리법인 설립에 관한 의사 결정을 증명하는 서류) 1부

■ 외교부 소관 비영리법인의 설립 및 감독에 관한 규칙 [별지 제1호서식] <개정 2015.12.15.>

비영리법인 설립허가 신청서

접수번호	접수일자	처리일자	처리기간	20일

신청인	성명		생년월일	
	주소		전화번호	

법 인	명칭		전화번호	
	소재지			
	대표자 성명		생년월일	
	주소		전화번호	

「민법」 제32조 및 「외교부 소관 비영리법인의 설립 및 감독에 관한 규칙」 제3조에 따라 위와 같이 법인설립허가를 신청합니다.

년   월   일

신청인   (서명 또는 인)

외교부장관 귀하

신청인 제출서류	1. 설립발기인의 성명 · 생년월일 · 주소 및 약력을 적은 서류 (설립발기인이 법인인 경우에는 그 명칭, 주된 사무소의 소재지, 대표자의 성명 · 생년월일 · 주소와 정관을 적은 서류) 1부 2. 정관 1부 3. 재산목록(재단법인의 경우에는 기본재산과 운영재산으로 구분하여 적어야 합니다) 및 그 증명서류와 출연(出捐) 신청이 있는 경우에는 그 사실을 증명하는 서류 각 1부 4. 해당 사업연도분의 사업계획 및 수입 · 지출 예산을 적은 서류 1부 5. 임원 취임 예정자의 성명 · 생년월일 · 주소 및 약력을 적은 서류와 취임승낙서 각 1부 6. 창립총회 회의록(설립발기인이 법인인 경우에는 비영리법인 설립에 관한 의사 결정을 증명하는 서류) 1부 ※ 제3호의 서류 중 담당 공무원 확인사항인 증명서류는 제출하지 않아도 됩니다.	수수료 없음
담당공무원 확인사항	재산목록에 적힌 재산 중 토지 또는 건물의 등기사항증명서	

처 리 절 차

신청서 작성	→	접 수	→	확 인	→	결 재	→	허가증 작성	→	허가증 발급

신청인   처 리 기 관: 외교부

210mm×297mm(백상지 80g/㎡ 또는 중질지 80g/㎡)

제 1 장 총 칙

제1조 (명칭) 이 법인은 사단법인 부산글로벌포럼이라 한다.

제2조 (사무소의 소재지) 법인의 사무소는 부산광역시에 둔다.

제3조 (목적) 법인은 부산도시사회의 경제적 문화적 발전에 기여하고자 한다.

제4조 (사업) 법인은 제3조의 목적을 달성하기 위하여 다음의 사업을 한다.

(1) 세미나 · 토론회 · 강연 등 각종 경제적 관련행사

(2) 부산도시 발전과 비전을 제시하는 각종 계획서 발행

(3) 주르카네스포츠의 보급을 위한 조사, 연구 및 관련사업일체

(4) 기타본법인의 목적 달성을 위한 사업일체

제 2 장 회 원

제5조 (회원의 자격) 회원의 자격은 법인의 목적에 찬동하는 사람으로 한다.

제6조 (회원의 권리와 의무) 회원은 소정의 회비를 납부하여야 하며 법인이 정한 사업에 참여하여야 한다.

제7조 (회원의 탈퇴와 제명)

1. 회원은 임의로 탈퇴할 수 있으며 정당한 이유없이 본회의 모임 및 행사에 2년 이상 불참하거나 소정의 회비를 2년 이상 납부하지 아니 할 경우에는 이사회의 의결을 거쳐 탈퇴로 처리한다.

2. 회원으로서의 법인의 목적에 배치되는 행위, 또는 명예에 손상을 가져오는 행위를 하였을 때에는 이사회의 결의로 제명할 수 있다.

제3장 임 원

제8조 (임원의 종류와 정수)

법인에 두는 임원의 종류는 다음과 같다.

(1) 공동 회장 2인

(2) 부회장 2인

(3) 이사 9인 (회장, 부회장 포함)

(4) 감사 1인

기타 상기 임원 외 명예이사 또는 고문을 둘 수 있다.

제9조 (임원의 임기)

1. 이사는 4년, 감사의 임기는 2년으로 한다. 단, 최초의 이사 반수의 임기는 그 임기의 2분의 1에 해당하는 기간으로 한다.
2. 임기 중 결원이 생길 때는 이사회에서 보선하고 보선에 의하여 취임한 임원의 임기는 전임자의 잔여기간으로 한다.

제10조 (임원의 선임)

1. 임원은 총회에서 선출한다.
2. 임기전의 임원의 해임은 이사회의 의결을 거쳐야 한다.

제11조 (임원의 직무)

1. 회장은 법인을 대표하고 법인의 업무를 통리한다.
2. 부회장은 회장의 직무를 보좌하고 회장 유고시 회장이 정한 순서에 따라 직무를 대행한다.

제12조 (감사의 직무) 감사는 다음의 직무를 행한다.

1. 법인의 재산상황을 감사하는 일
2. 이사회의 운영과 그 업무에 관한 사항을 감사하는 일

3. 제1호 및 제2호의 감사결과를 부정 또는 불법상황을 발견한 때에는 이를 이사회 또는 총회에 그 시정을 요구하고 부산광역시장에 보고하는 일

4. 제3호의 보고를 하기 위하여 필요한 때에는 총회 또는 이사회의 소집을 요구하는 일

5. 법인의 재산상황 또는 총회, 이사회의 운영과 그 업무에 관한 사항에 대하여 총회, 이사회에서 의견을 진술하는 일

6. 총회 및 이사회의 회의록에 기명날인 하는 일

제13조 (임원상호간의 제한)

1. 임원은 임원상호간에 민법 제777조의 규정된 친족관계나 처의 삼촌이내의 혈족관계가 있는 자는 임원정수의 반을 초과할 수 없다.

2. 감사는 감사 상호간 또는 이사와 감사 간에 전호에 규정한 관계가 없는 자로 하여야 한다.

제4장 총 회

제14조 (총회의 기능) 총회는 다음사항을 의결한다.

1. 임원선출 및 해임에 관한 사항

2. 법인의 해산 및 정관변경

3. 재산의 처분. 매도. 증여. 담보. 대여. 취득. 기채

4. 예산 및 결산의 승인

5. 사업계획의 승인

6. 기타 중요한 사항

제15조 (총회의 소집)

1. 총회는 정기총회와 임시총회로 나누되 정기총회는 연 1회 회계 연도 마감 후 2월내에 소집하며 임시총회는 회장이 필요에 따라 소집

2. 회장은 회의 안건을 명기하여 7일전에 각 회원들에게 통지하여야 한다.

제16조 (총회의 의결 정족수)

1. 총회는 재적회원 출석으로 개회하고 출석회원 과반수 찬성으로 의결한다. 다만, 가부동수일 경우에는 의장이 결정한다.
2. 제 1항의 의결권은 총회에 출석하는 다른 사람에게 위임할 수 있다. 이 경우 위임장을 작성, 회의 전에 제출하여야 한다.

제17조 (총회소집의 특례)

1. 회장은 다음 각 호에 해당하는 소집요구가 있을 때에는 그 소집요구일로부터 20일 이내에 총회를 소집하여야 한다.
(1) 재적이사 과반수가 회의의 목적을 제시하여 소집을 요구할 때
(2) 제 12조 제 4호의 규정에 의하여 감사가 소집을 요구할 때
(3) 회원 3분의 1 이상이 회의의 목적을 제시하여 소집을 요구할 때
2. 총회 소집권자가 궐위되거나 또는 이를 기피함으로서 총회소집이 불가능할 때는 재적이사 과반수 또는 회원 3분의 1 이상의 찬성으로 총회를 소집할 수 있다.

제18조 (총회의 제척사유) 회원의 취임 및 해임에 있어 그 자신에 관한 사항에 대하여는 그 의결에 참여하지 못한다.

제5장 이 사 회

제19조 (이사회의 구성) 이사회는 이사로 구성한다.

제20조 (이사회의 기능) 이사회는 다음의 사항을 심의 의결한다.

1. 업무집행에 관한 사항
2. 사업계획 및 운영에 관한 사항
3. 예산, 결산서 작성에 관한 사항
4. 총회에서 위임받은 사항
5. 정관 개정안의 작성 및 심의에 관한 사항
6. 재산관리

7. 이 정관에 의하여 그 권한에 속하는 사항

8. 총회에 부의할 안건의 작성

9. 기타 회장이 부의하는 사항

제21조 (정족수)

1. 이사회는 재적이사의 과반수가 출석하지 아니하면 개회하지 못한다.

2. 이사회의 의사는 출석이사 과반수의 찬성으로 의결한다. 다만 가부동수일 경우에는 의장이 결정한다.

제22조 (이사회의 소집)

1. 이사회는 회장이 소집하고 그 의장이 된다.

2. 이사회를 소집하고자 할 때는 적어도 회의 7일 전에 그 목적을 명시하여 각 이사에게 통지하여야 한다.

3. 이사회는 제 2항의 통지사항에 한하여서만 의결 할 수 있다. 다만 재적이사 전원이 출석하고 출석이사 전원의 찬성이 있을 때에는 통지하지 아니한 사항이라도 이를 부의하고 의결할 수 있다.

제23조 (이사회 소집의 특례)

1. 회장은 다음 각 호의 1에 해당하는 소집요구가 있을 때에는 그 소집요구일로 부터 20일 이내에 이사회를 소집하여야 한다.

(1) 재적이사 과반수로부터 회의의 목적을 제시하여 소집을 요구한 때

(2) 제 12조 제 4호의 규정에 의하여 감사가 소집을 요구한 때

2. 이사회의 소집권자가 궐위되거나 또는 이를 기피함으로써 7일 이상 이사회 소집이 불가능할 때에는 재적이사 과반수의 찬성으로 소집할 수 있다.

3. 제 2항에 의한 의사회는 출석이사 중 연장자의 사회로 그 의장을 지명한다.

제24조 (서면의결 금지) 이사회의 의사는 서면결의에 의할 수 없다.

제6장 재산 및 회계

제25조 (재산의 구분)

1. 법인의 재산은 기본재산과 보통재산으로 구분한다.
2. 다음 각 호의 1에 해당하는 재산은 이를 기본재산으로 하고 기본재산 이외의 재산은 보통재산으로 한다.
(1) 설립시 기본재산으로 출연한 재산
(2) 기부에 의하거나 기타 무상으로 취득한 재산, 단 기부목적에 비추어 기본재산으로 하기 곤란하여 문화관광부장관의 승인을 얻은 것은 예외로 한다.
(3) 보통재산 중 이사회 또는 총회에서 기본재산으로 편입할 것을 의결한 재산
(4) 세계(歲計) 잉여금 중 적립금

제26조 (재산의 관리)

1. 기본재산을 매도, 증여, 임대, 교환, 담보 제공하거나 의무부담 또는 권리 의 포기 및 기채를 하고자 할 때에는 이사회 및 총회의 의결을 거쳐 부산광역시장의 허가를 받아야 한다.
2. 법인이 매수 기부체납 기타 방법으로 재산을 취득할 때는 지체없이 리를 법인의 재산으로 편입 조치하여야 한다.
3. 기본재산 및 보통재산의 유지보존 및 기타 관리(제1항 및 제2항의 경우를 제외한다)에 관하여서는 회장이 정하는 바에 의한다.
4. 기본재산은 연 1회 그 목록을 작성하여 부산광역시장에 보고한다.

제27조 (재산의 평가)

이 법인의 모든 재산의 평가는 취득 당시의 싯가에 의한다. 다만 재평가를 실시한 재산은 재평가액으로 한다.

제28조 (경비의 조달 방법)

이 법인은 다음의 세입으로써 운영한다.
① 이 법인은 다음의 세입으로 운영한다.
1. 회비
2. 기본재산의 순익금
3. 찬조금(기부금)

4. 기타 수익금

② 법인은 불특정 다수인으로부터 기부금을 모금할 수 있다.

　　(개정 2014. 2. 21)

③ 전항의 기부금에 대하여는 연간 기부금 모금액 및 활용 실적을 매년 인터넷 홈페이지를 통하여 다음 연도 3월말까지 공개하여야 한다.

　　(개정 2014. 2. 21)

제29조 (회계년도) 이 법인의 회계연도는 정부의 회계연도에 따른다.

제30조 (예산편성) 법인의 세입 세출 예산은 매회계년도 개시 1개월 전까지 사업계획서와 함께 이사회의 의결과 총회의 승인을 얻어야 한다.

제31조 (회계감사) 감사는 법인의 회계에 관한 사항을 연 2회 이상 감사를 하여야 한다.

제32조 (임원의 보수) 이 법인의 임원은 보수를 지급하지 아니함을 원칙으로 한다.

제7장 사 무 처

제33조 (사무처의 설치) 법인의 사무를 원만히 처리하기 위하여 사무처를 둔다. 사무처에는 처장 1인과 약간 명의 직원을 둘 수 있다.

제34조 (임용 및 직무)

1. 사무처장은 이사회의 동의를 얻어 회장이 임명한다.

2. 사무처장은 회장을 보좌하고 제반업무를 담당한다.

3. 사무처 직원은 회장이 임명한다.

4. 직원은 사무처장을 보좌하여 일상업무에 종사한다.

제8장 보 칙

제35조 (해산) 법인을 해산하고자 할 때에는 총회에서 재적 회원 3분의 2 이상의 찬성으로 의결한다.

제36조 (해산법인의 재산귀속) 해산 시 잔여재산을 국가, 지방자치단체 또는 유사한 목적을 가진 다른 비영리법인에게 귀속하도록 한다.

제37조 (정관의 변경) 정관을 변경하고자 할 때에는 재적이사 3분의 2 이상의 찬성과 총회에서 재적회원 3분의 2 이상의 찬성으로써 의결하고 부산광역시장의 허가를 받아야 한다.

제38조 (사업결산보고)
1. 익년도의 사업계획서, 예산계획서, 당해 연도의 사업실적서, 수지결산서는 매 회계연도 종료 후 2월 이내에 부산광역시장에게 제출한다.
2. 전 항의 보고를 할 때에는 재산목록과 업무현황 및 감사결과 보고서를 함께 제출한다.

제39조 (시행세칙) 정관의 시행에 필요한 사항은 이사회에서 정하고 총회의 승인을 얻어 제정한다.

[서식 – 그 외 관련 서식은 서식 중복기재 회피를 위하여 제1편 비영리사단법인 해당 서식을 참고하기 바란다]

(2) 등기사항증명서 확인

외교부장관은 제1항에 따른 신청서를 받은 경우 기본재산 및 운영재산 중 토지 또는 건물의 등기사항증명서를 「전자정부법」 제36조 제1항에 따른 행정정보의 공동이용을 통하여 확인하여야 한다.

나. 설립허가

(1) 허가기준

외교부장관은 비영리법인 설립허가 신청의 내용이 다음의 기준에 맞는 경우에만 그 설립을 허가한다(규칙 제4조).

• 비영리법인의 목적과 사업이 실현 가능할 것
• 목적하는 사업을 수행할 수 있는 충분한 능력이 있고, 재정적 기초가 확립되어 있거나 확립될 수 있을 것
• 다른 법인과 같은 명칭이 아닐 것

(2) 심사 및 허가기준

외교부장관은 특별한 사유가 없으면 제3조 제1항에 따른 비영리법인 설립허가 신청서를 받은 날부터 20일 이내에 비영리법인 설립허가 여부를 심사하여 그 결과를 서면으로 신청인에게 통지하여야 하며, 이에 따라 비영리법인의 설립을 허가하였을 때에는 별지 제2호서식의 비영리법인 설립허가증을 설립발기인에게 발급하고, 별지 제3호서식의 비영리법인 설립허가대장에 필요한 사항을 적어야 한다.

■ 외교부 소관 비영리법인의 설립 및 감독에 관한 규칙 [별지 제2호서식] 〈개정 2015.12.15.〉

(앞쪽)

제   호

비영리법인 설립허가증

1. 법인 명칭: 사단(재단)법인 ○○○○○(영문명: ○○○○○)

2. 소 재 지:

3. 대 표 자
       ○ 성   명:
       ○ 생년월일:
       ○ 주   소:

4. 사업 내용:

5. 허가 조건:

「민법」 제32조 및 「외교부 소관 비영리법인의 설립 및 감독에 관한 규칙」 제4조에 따라 위 법인의 설립을 허가합니다.

년   월   일

외 교 부 장 관   직인

210mm×297mm(백상지 150g/㎡)

준수사항

1. 「민법」 및 「외교부 소관 비영리법인의 설립 및 감독에 관한 규칙」 등 관련 법령과 정관에서 정한 내용을 준수해야 합니다.

2. 정관에서 정하는 목적사업 중 다른 법률에 따른 허가 · 인가 · 등록 · 신고의 대상이 되는 사업을 하려는 경우에는 관련 법령에 따른 절차를 거쳐야 합니다.

3. 매 사업연도가 끝난 후 2개월 이내에 다음의 서류를 외교부장관에게 제출해야 합니다.

   가. 다음 사업연도의 사업계획 및 수입 · 지출 예산서 1부

   나. 해당 사업연도의 사업실적 및 수입 · 지출 결산서 1부

   다. 해당 사업연도 말 현재의 재산목록 1부

4. 다음의 어느 하나에 해당되는 경우에는 「민법」 제38조에 따라 비영리법인의 설립허가를 취소할 수 있습니다.

   가. 설립 목적 외의 사업을 하였을 때

   나. 공익을 해치는 행위를 하였을 때

   다. 설립허가의 조건을 위반하였을 때

   라. 법령에 따른 의무를 위반하였을 때

5. 비영리법인이 해산(파산으로 인한 해산은 제외합니다)하였을 때에는 해산 등기를 마친 후 지체 없이 외교부장관에게 해산신고를 해야 합니다.

6. 비영리법인의 청산이 종결되었을 때에는 등기를 한 후 외교부장관에게 신고해야 합니다.

〈변경사항〉

날 짜	내 용	확인

■ 외교부 소관 비영리법인의 설립 및 감독에 관한 규칙 [별지 제3호서식] <개정 2015.12.15.>

비영리법인 설립허가대장

허가 번호	법인 명칭	사무소		대표자 성명	허 가 연월일	기능 및 목적	담당부서	담당자
		소재지	전화 번호					

297mm×210mm(백상지 80g/㎡ 또는 중질지 80g/㎡)

(3) 조건부허가

외교부장관은 비영리법인의 설립허가를 할 때에는 필요한 조건을 붙일 수 있다.

다. 설립 관련 보고

(1) 재산이전

비영리법인의 설립허가를 받은 자는 그 허가를 받은 후 지체 없이 기본재산 및 운영재산을 비영리법인에 이전하고, 허가를 받은 날부터 1개월 이내에 재산의 이전을 증명하는 서류로서 등기소 또는 금융회사 등이 발급한 증명서를 외교부장관에게 제출하여야 한다(규칙 제5조).

(2) 설립관련 보고

비영리법인은 「민법」 제49조부터 제52조까지의 규정에 따라 법인 설립 등의 등기를 하였을 때에는 10일 이내에 그 사실을 외교부장관에게 서면으로 보고하여야 하며, 외교부장관은 이에 따른 보고를 받은 경우 「전자정부법」 제36조 제1항에 따른 행정정보의 공동이용을 통하여 법인 등기사항증명서를 확인하여야 한다.

3. 허가 후 절차

가. 정관 변경의 허가 신청

(1) 신청서 및 첨부서류

「민법」 제42조 제2항, 제45조 제3항 또는 제46조에 따른 정관 변경의 허가를 받으려는 비영리법인은 별지 제4호서식의 비영리법인 정관 변경허가 신청서에 다음의 서류를 첨부하여 외교부장관에게 제출하여야 한다(규칙 제6조).

- 정관 변경 사유서 1부
- 신·구조문대비표를 첨부한 정관 개정안 1부
- 정관 변경과 관련된 총회 또는 이사회의 회의록 1부
- 기본재산의 처분에 따른 정관변경의 경우에는 처분 사유, 처분재산의 목록, 처분 방법 등을 적은 서류 1부

(2) 심사 및 결과통지

외교부장관은 특별한 사유가 없으면 정관 변경허가 신청서를 받은 날부터 10일 이내에 정관 변경허가 여부를 심사하여 그 결과를 신청인에게 서면으로 통지하여야 한다.

[서식 _ 비영리법인정관변경허가신청서]

■ 외교부 소관 비영리법인의 설립 및 감독에 관한 규칙 [별지 제4호서식] 〈개정 2015.12.15.〉

비영리법인 정관 변경허가 신청서

접수번호	접수일	처리일	처리기간	10일

신청인	성명		생년월일	
	주소		전화번호	

법인	명칭		전화번호	
	소재지			
	설립 허가일		설립허가번호	
	대표자 성명		생년월일	
	주소			

「민법」 제42조제2항, 제45조제3항 또는 제46조와 「외교부 소관 비영리법인의 설립 및 감독에 관한 규칙」 제6조에 따라 위와 같이 정관변경허가를 신청합니다.

년   월   일

신청인   (서명 또는 인)

외교부장관 귀하

첨부서류	1. 정관 변경 사유서 1부 2. 신·구조문대비표를 첨부한 정관 개정안 1부 3. 정관 변경과 관련된 총회 또는 이사회의 회의록 1부 4. 기본재산의 처분에 따른 정관변경의 경우에는 처분 사유, 처분재산의 목록, 처분 방법 등을 적은 서류 1부	수수료 없 음

처리절차

신청서 작성	→	접 수	→	서류 확인 및 검토	→	결 재	→	결과 통지
신청인				처 리 기 관 외교부				

210mm×297mm(백상지 80g/㎡ 또는 중질지 80g/㎡)

나. 사업실적 및 사업계획 등의 보고

비영리법인은 매 사업연도가 끝난 후 2개월 이내에 다음의 서류를 외교부장관에게 제출하여야 한다(규칙 제7조).

- 다음 사업연도의 사업계획 및 수입 · 지출 예산서 1부
- 해당 사업연도의 사업실적 및 수입 · 지출 결산서 1부
- 해당 사업연도 말 현재의 재산목록 1부

다. 비영리법인 사무의 검사 · 감독

외교부장관은 「민법」 제37조에 따른 법인 사무의 검사 및 감독을 위하여 불가피한 경우에는 비영리법인에 관계 서류 · 장부 또는 그 밖의 참고자료의 제출을 명하거나, 소속공무원으로 하여금 비영리법인의 사무 및 재산 상황을 검사하게 할 수 있으며(규칙 제8조), 이에 따라 비영리법인의 사무를 검사하는 공무원은 그 자격을 증명하는 증표를 관계인에게 보여 주어야 한다.

4. 해산 등

가. 설립허가의 취소

주무관청은 법인이 목적이외의 사업을 하거나 설립허가의 조건에 위반하거나 기타 공익을 해하는 행위를 한때에는 그 허가를 취소할 수 있는데, 이에 따라 비영리법인의 설립허가를 취소하려면 청문을 하여야 한다(규칙 제9조).

나. 해산신고

(1) 해산신고 및 첨부서류

비영리법인이 해산(파산으로 인한 해산은 제외한다)하였을 때에는 그 청산인은 「민법」 제85조 제1항에 따라 해산등기를 마친 후 지체 없이 별지 제5호서식의 비영리법인 해산 신고서에 다음의 서류를 첨부하여 외교부장관에게 제출하여야 한다(규칙 제10조).

- 해산 당시의 재산목록 1부
- 잔여재산 처분방법의 개요를 적은 서류 1부

- 해산 당시의 정관 1부
- 사단법인이 총회의 결의에 의하여 해산하였을 때에는 그 결의를 한 총회의 회의록 1부
- 재단법인이 정관에 따라 해산한 경우로서 이사회가 해산을 결의하였을 때에는 그 결의를 한 이사회의 회의록 1부

(2) 등기사항증명서 확인

외교부장관은 신고서를 받은 경우 「전자정부법」 제36조 제1항에 따른 행정정보의 공동이용을 통하여 법인 등기사항증명서를 확인하여야 한다.

■ 외교부 소관 비영리법인의 설립 및 감독에 관한 규칙 [별지 제5호서식] 〈개정 2015.12.15.〉

비영리법인 해산 신고서

접수번호	접수일	처리일	처리기간	즉시

청산인	성명		생년월일	
	주소		전화번호	

청산법인	명칭		전화번호	
	소재지			

해산 연월일

해산 사유

청산인 대표권의 제한 내용(대표권이 제한되는 경우에만 적습니다.)

「민법」 제86조제1항 및 「외교부 소관 비영리법인의 설립 및 감독에 관한 규칙」 제10조에 따라 위와 같이 법인 해산을 신고합니다.

년   월   일

신고인

(서명 또는 인)

외교부장관 귀하

신고인 제출서류	1. 해산 당시의 재산목록 1부 2. 잔여재산 처분방법의 개요를 적은 서류 1부 3. 해산 당시의 정관 1부 4. 사단법인이 총회의 결의에 의하여 해산하였을 때에는 그 결의를 한 총회의 회의록 1부 5. 재단법인이 정관에 따라 해산한 경우로서 이사회가 해산을 결의하였을 때에는 그 결의를 한 이사회의 회의록 1부	수수료 없음
담당공무원 확인사항	법인 등기사항증명서	

처 리 절 차

신청서 작성	→	접수	→	서류확인 및 검토	→	결재
신청인				처리 기관: 외교부		

210mm×297mm(백상지 80g/㎡ 또는 중질지 80g/㎡)

다. 잔여재산 처분의 허가

(1) 잔여재산처분허가신청

해산한 비영리법인의 이사 또는 청산인은 「민법」 제80조 제2항에 따라 잔여재산의 처분에 대한 허가를 받으려면 별지 제6호서식의 잔여재산 처분허가 신청서에 다음의 서류를 첨부하여 외교부장관에게 제출하여야 한다(규칙 제11조).

• 해산 당시의 정관 1부(해산신고 시의 정관을 확인할 필요가 있는 경우에만 제출한다)
• 총회의 회의록 1부(사단법인의 해산신고 시에 제출한 서류로는 확인이 되지 않을 경우에만 제출한다)

(2) 심사 및 처분결과 통지

외교부장관은 특별한 사유가 없으면 제1항에 따른 신청서를 받은 날부터 7일 이내에 잔여재산 처분허가 여부를 심사하여 그 결과를 서면으로 신청인에게 통지하여야 한다.

■ 외교부 소관 비영리법인의 설립 및 감독에 관한 규칙 [별지 제6호서식] 〈개정 2015.12.15.〉

잔여재산 처분허가 신청서

접수번호	접수일	처리일	처리기간 7일

신청법인	명칭		전화번호	
	소재지			
대 표 자 (이사 · 청산인)	성명		생년월일	
	주소		전화번호	

처분재산	종류 및 수량
	금액
	처분방법
처분사유	

「민법」 제80조제2항 및 「외교부 소관 비영리법인의 설립 및 감독에 관한 규칙」 제11조에 따라 위와 같이 잔여재산 처분허가를 신청합니다.

년   월   일

신청인   (서명 또는 인)

외교부장관   귀하

첨부서류	1.해산 당시의 정관 1부(해산신고 시의 정관을 확인할 필요가 있는 경우에만 제출합니다) 2.총회의 회의록 1부(사단법인의 해산신고 시에 제출한 서류로는 확인이 되지 않을 경우에만 제출합니다)	수수료 없음

처 리 절 차

신청서 작성	→	접 수	→	서류 확인 및 검토	→	결 재	→	결과 통지
신청인				처 리 기 관 외교부				

210mm×297mm(백상지 80g/㎡ 또는 중질지 80g/㎡)

라. 청산 종결의 신고

청산인은 비영리법인의 청산이 종결되었을 때에는 「민법」 제94조에 따라 등기한 후, 별지 제7호서식의 청산종결 신고서를 외교부장관에게 제출하여야 하며(규칙 제12조), 외교부장관은 이에 따른 신고서를 받은 경우 「전자정부법」 제36조 제1항에 따른 행정정보의 공동이용을 통하여 법인의 등기사항증명서를 확인하여야 한다.

■ 외교부 소관 비영리법인의 설립 및 감독에 관한 규칙 [별지 제7호서식] 〈개정 2015.12.15.〉

청산종결 신고서

접수번호	접수일	처리일	처리기간 즉시

청 산 인	성명		생년월일	
	주소		전화번호	
청산법인	명칭		전화번호	
	소재지			

청산 연월일	
청산 취지	

「민법」 제94조 및 「외교부 소관 비영리법인의 설립 및 감독에 관한 규칙」 제12조에 따라 위와 같이 청산종결을 신고합니다.

년   월   일

신고인

(서명 또는 인)

외교부장관 귀하

담당공무원 확인사항	법인 등기사항증명서	수수료 없음

처 리 절 차

신고서 작성	→	접수	→	서류 확인 및 검토	→	결재
신고인		처리 기관 외교부				

210mm×297mm(백상지 80g/㎡ 또는 중질지 80g/㎡)

5. 고유식별정보의 처리

외교부장관은 다음 각 호의 사무를 수행하기 위하여 불가피한 경우 「개인정보 보호법 시행령」 제19조 제4호에 따른 외국인등록번호가 포함된 자료를 제출받아 처리할 수 있다(규칙 제13조).

• 제3조에 따른 비영리법인 설립허가 신청에 관한 사무
• 제6조에 따른 비영리법인 정관 변경허가 신청에 관한 사무
• 제10조에 따른 비영리법인 해산신고에 관한 사무
• 제11조에 따른 잔여재산 처분허가 신청에 관한 사무
• 제12조에 따른 청산종결 신고에 관한 사무

제7장 금융위원회 소관 비영리법인 설립

1. 개관

금융위원회 소관 비영리법인의 설립 및 감독에 관한 규칙(이하 '규칙'이라고만 함)은 「민법」에 따라 금융위원회가 주무관청이 되는 비영리법인의 설립 및 감독에 필요한 사항을 규정함을 목적으로 하며, 이에 따른 비영리법인(이하 '법인'이라 한다)의 설립허가, 법인 사무의 검사 및 감독 등에 관하여는 다른 법령에 특별한 규정이 있는 경우를 제외하고는 이 규칙에서 정하는 바에 따른다.

본장은 금융위원회 소관 비영리법인의 설립과 관련한 일반절차인 설립허가신청 및 관련 첨부서류 그리고 정관변경허가신청, 사업계획보고 등에 관한 내용들을 정리하였다. 그 외 관련서류들은 제1편 관련 내용부분을 참고하기 바란다.

2. 설립허가절차

가. 설립허가의 신청

(1) 설립허가신청 및 첨부서류

「민법」 제32조에 따라 비영리법인의 설립허가를 받으려는 자(이하 '설립발기인'이라 한다)는 별지 제1호서식의 비영리법인 설립허가 신청서에 다음 각 호의 서류를 첨부하여 금융위원회에 제출하여야 한다(규칙 제3조).

- 설립발기인의 성명, 생년월일, 주소 및 약력을 적은 서류(설립발기인이 법인 또는 조합인 경우에는 그 명칭, 주된 사무소의 소재지, 대표자의 성명, 생년월일, 주소와 정관 또는 조합계약을 적은 서류) 1부
- 정관 1부
- 재산목록(재단법인의 경우에는 기본재산과 운영재산으로 구분하여 적어야 한다) 및 그 증명서류(출연(出捐) 신청이 있는 경우에는 그 사실을 증명하는 서류) 각 1부
- 해당 사업연도분의 사업계획 및 수입·지출 예산을 적은 서류 1부
- 임원 취임 예정자의 성명·생년월일·주소·약력을 적은 서류 및 취임승낙서 각 1부

• 창립총회 회의록(설립발기인이 법인 또는 조합인 경우에는 법인 설립에 관한 의사 결정을
  증명하는 서류) 1부

(2) 등기사항전부증명서 확인

신청서를 제출받은 금융위원회는 「전자정부법」 제36조 제1항에 따른 행정정보의 공동이용
을 통하여 건물등기사항증명서 또는 토지등기사항증명서를 확인하여야 한다.

■ 금융위원회 소관 비영리법인의 설립 및 감독에 관한 규칙 [별지 제1호서식] 〈개정 2015.12.15.〉

비영리법인 설립허가 신청서

접수번호	접수일자	처리일자	처리기간 20일

신청인	성명		생년월일
	주소		전화번호

법 인	명칭		전화번호
	소재지		

대표자	성명		생년월일
	주소		전화번호

「민법」제32조 및 「금융위원회 소관 비영리법인의 설립 및 감독에 관한 규칙」제 3조에 따라 비영리법인 설립허가를 신청합니다.

년   월   일

신청인 (서명 또는 인)

금융위원회   **귀하**

첨부서류	1. 설립발기인의 성명, 생년월일, 주소 및 약력을 적은 서류(설립발기인이 법인 또는 조합인 경우에는 그 명칭, 주된 사무소의 소재지, 대표자의 성명, 생년월일, 주소와 정관 또는 조합계약을 적은 서류) 1부 2. 정관 1부 3. 재산목록(재단법인의 경우에는 기본재산과 운영재산으로 구분하여 적어야 합니다) 및 그 증명서류(출연 신청이 있는 경우에는 그 사실을 증명하는 서류) 각 1부 4. 해당 사업연도분의 사업계획 및 수입·지출 예산을 적은 서류 1부 5. 임원 취임 예정자의 성명·생년월일·주소·약력을 적은 서류 및 취임승낙서 각 1부 6. 창립총회 회의록(설립발기인이 법인 또는 조합인 경우에는 법인 설립에 관한 의사결정을 증명하는 서류) 1부	수수료 없음
담당공무원 확인사항	재산목록에 적힌 재산의 건물등기사항증명서 또는 토지등기사항증명서	

처리절차

신청서 작성 → 접 수 → 확인·심사 (첨부서류) → 결 재 → 허가대장 작성

신청인   처리기관: 금융위원회(비영리법인의 설립 및 감독 업무 담당 부서)

210mm×297mm[백상지 80g/㎡ 또는 중질지 80g/㎡]

제1장 총칙

제1조(명칭)

이 협회는 신용정보협회(이하 '협회'라 한다)라 한다. 영문으로는 Credit Information Companies Association(약칭 CICA)이라 표기한다.

제2조 (목적)

협회는 회원 간 업무질서를 유지하고 신용정보업 이용자의 권익을 보호하며 신용정보업의 건전한 발전에 기여함을 목적으로 한다.

제3조 (성격)

협회는「신용정보의 이용 및 보호에 관한 법률」(이하 '법'이라 한다) 제44조제1항에 따라 설립된 회원 조직으로서「민법」제32조에 따른 비영리법인으로 한다.

제4조(사무소)

① 협회의 주된 사무소는 서울특별시에 둔다.

② 협회는 회원 총회(이하 '총회'라 한다)의 결의로 국내외에 지회 등을 둘 수 있다.

제5조(업무)

협회는 제2조의 목적을 달성하기 위하여 다음 각 호의 업무를 행한다.

1. 회원 간 건전한 업무질서를 유지하기 위한 업무
2. 신용정보업의 발전을 위한 조사 · 연구 업무
3. 신용정보업 관련 교육업무(평생교육시설 운영 등) 및 출판업무
4. 회원의 경영과 관련된 정보의 수집 및 통계의 작성업무
5. 법 또는 다른 법령에서 신용정보협회에 위임 · 위탁한 업무
6. 금융위원회가 정하는 업무
7. 신용정보업 이용자 민원의 상담 · 처리 업무

8. 신용정보업의 홍보에 관한 업무

9. 회원 간 업무와 관련된 정보교환 및 의견조정에 관한 업무

10. 회원 간 공통업무의 협의 또는 지원에 관한 업무

11. 회원 공동이익의 증진과 이를 위한 사업의 영위

12. 신용정보업에 관련된 공인자격제도의 관리에 관한 업무

13. 「신용정보의 이용 및 보호에 관한 법률」에 근거하여 관할 감독기관이 행하는 감독 및 검사, 지도, 조사 업무 등에 대한 협력

14. 그 밖에 제1호부터 제13호까지의 업무에 딸린 업무 및 협회의 목적을 달성하기 위하여 필요한 업무

제6조(정관의 변경)

① 협회는 이 정관을 변경하고자 하는 경우에는 총회의 결의를 거쳐 금융위원회의 허가를 받아야 한다.

② 제1항의 결의는 재적정회원 3분의 2 이상의 출석과 출석정회원 3분의 2 이상의 찬성으로 한다.

제7조(준용규정)

이 정관이 정하지 아니한 사항은 「민법」중 사단법인에 관한 규정 및 「금융위원회의 소관에 속하는 비영리법인의 설립 및 감독에 관한 규칙」에서 정한 기준을 준용한다.

제8조(공고)

협회의 공고는 협회 홈페이지 또는 서울특별시에서 발행되는 1개 이상의 일간신문에 게재한다.

제2장 회원
제1절 회원의 종류 및 자격

제9조(회원의 종류)

협회의 회원은 정회원, 준회원과 특별회원으로 구분한다.

제10조(회원의 자격요건)

① 정회원은 법 제4조제2항에 따른 허가를 받아 신용정보업을 주된 사업으로 영위하는 자로 한다.

② 준회원은 법 제4조제2항에 따른 허가를 받아 신용정보업을 영위하는 자 중에서 제1항에 해당하지 아니하는 자로 한다.

③ 특별회원은 신용정보업 발전에 기여할 수 있는 단체, 업체 또는 개인으로 한다.

제11조(회원종류의 전환)

협회는 제10조에 따른 정회원 또는 준회원의 자격요건이 변동된 경우로서 당해 회원의 신청이 있는 때에는 이사회의 결의를 거쳐 회원의 종류를 변경한다.

제12조(회원지위의 승계)

회원이 합병·분할되거나 회원의 사업이 양도되는 경우에는 그 합병·분할로 존속하거나 신설되는 법인 또는 해당 사업을 양수하는 법인이 그 회원의 지위를 승계한다. 이 경우 이사회의 승인을 얻어야 한다.

제2절 회원의 입회 및 자격상실

제13조(회원의 입회)

회원이 되고자 하는 자는 협회가 정하는 협회입회신청서를 제출하여 이사회의 승인을 얻어야 한다.

제14조(회원자격의 상실)

회원이 다음 각 호의 어느 하나에 해당하는 때에는 그 자격을 상실한다.

1. 회원이 협회에 서면으로 탈퇴를 통지한 때
2. 제10조에 따른 회원의 자격요건을 상실한 때
3. 회원이 해산 또는 파산한 때
4. 제21조제2항에 따라 총회에서 회원의 제명결의를 한 때

제3절 회원의 권리 및 의무 등

제15조(회원의 권리)

① 정회원은 총회에 출석하여 의결권을 행사하고 발언할 수 있다.

② 준회원 및 특별회원은 총회에 출석하여 발언할 수 있다.

제16조(회비의 종류 및 납부기준)

① 정회원의 회비는 그 종류, 용도 등에 따라 다음 각 호와 같이 구분한다.

1. 자본회비 : 기본재산의 취득 등에 충당하기 위하여 입회할 때 납부하는 회비

2. 연회비 : 매 회계연도의 통상적인 사업에 소요되는 비용에 충당하기 위한 회비

3. 특별회비 : 특별한 사업 또는 목적을 수행하기 위하여 소요되는 비용에 충당하기 위한 회비

② 제1항 각 호의 회비의 납부기준은 총회에서 정한다. 이 경우 같은 항 제2호 및 제3호의 회비의 납부기준은 회원이 영위하는 사업의 종류, 회비의 종류 및 그 용도, 사업실적 및 규모 등을 고려하여 정한다.

③ 준회원 및 특별회원의 회비는 총회에서 정한다.

제17조(회비의 납부 절차 등)

① 제13조에 따라 입회승인을 받은 자는 회원의 종류별로 다음 각 호의 회비를 납부통지를 받은 날부터 2주간 내에 납부하여야 한다.

1. 정회원 입회자 : 자본회비, 연회비 및 특별회비

2. 준회원 및 특별회원 입회자 : 제16조제3항에 따른 회비

② 제1항에 따라 회비를 해당 기한까지 납부하지 아니한 때에는 이사회의 입회승인은 그 효력을 상실한다.

③ 회원은 제16조제2항 및 제3항에 따라 산정·통보된 회비를 기일 내에 납부하여야 한다.

④ 회원이 기일 내에 회비를 납부하지 아니한 경우에는 회비징수규정에서 정하는 연체이자를 가산하여 납부하여야 한다.

⑤ 법 또는 이 정관에 따라 회원자격이 정지된 회원은 그 정지기간에 해당하는 기간에 대하여도 회비를 납부하여야 한다.

제18조(회비의 반환청구 제한 등)

① 회원은 제11조에 따라 정회원에서 준회원으로 전환되거나 제14조에 따라 회원자격을 상실한 때에도 회비의 반환을 청구할 수 없다. 다만, 자본회비에 대하여는 그러하지 아니하다.

② 회원은 제11조에 따라 준회원에서 정회원으로 전환된 때에는 제16조제1항제1호 및 제2호에 따른 자본회비 및 연회비를 납부하여야 한다.

③ 제1항 단서에 따른 자본회비의 반환기준과 제2항에 따른 회비의 납부기준은 이사회에서 정한다.

제19조(정관 등의 준수의무)

회원은 이 정관, 총회 또는 이사회의 결의사항과 상호협정 등을 준수하여야 한다.

제20조(보고 및 자료제출)

협회는 업무수행을 위하여 필요한 경우에는 회원에게 해당 사안에 관한 보고 또는 자료의 제출을 요구할 수 있다.

제21조 (회원에 대한 제재)

① 회원에 대한 제재의 종류는 다음 각 호와 같다.

1. 제명
2. 회원자격의 정지
3. 회원에게 제공하는 업무서비스의 전부 또는 일부의 정지
4. 경고
5. 주의

② 제1항의 제재는 회원이 다음 각 호의 어느 하나에 해당하는 경우에 할 수 있다.

1. 법 및 그 명령·규칙이나 금융위원회 또는 금융감독원장의 처분 등을 위반하거나 그 이행을 게을리 하여 신용정보업의 허가취소, 영업정지 등의 제재조치를 받은 때

2. 이 정관 또는 협회에서 정한 회원 간의 업무에 관한 규정을 위반하거나 그 이행을 게을리 한 때

3. 총회 또는 이사회의 결의사항, 협정 등을 이행하지 아니하거나 그 이행을 게을리 한 때

4. 협회의 명예를 훼손한 때

5. 그 밖에 제1호부터 제4호까지에 준하는 경우로서 신용정보업의 공정한 거래질서를 위반하거나 신용정보업 이용자의 보호에 반하는 불법·부당한 영업 또는 업무처리를 한 때

③ 제1항 및 제2항에 따른 제재기준은 총회에서 정한다.

④ 제1항의 제재는 총회에서 재적정회원 3분의 2 이상의 출석과 출석정회원 3분의 2 이상의 찬성으로 결의한다.

⑤ 제1항에 따라 제재대상이 된 회원은 당해 제재를 하려는 총회에 출석하여 그에 관한 소명을 할 수 있다. 다만, 의결권은 행사할 수 없다.

제3장 기관
제1절 총회

제22조(총회의 종류 및 소집시기)

① 총회는 정기총회와 임시총회로 구분한다.

② 정기총회는 매 회계연도 개시 전 1개월 이내에 개최한다.

③ 임시총회는 다음 각 호의 어느 하나에 해당하는 경우에 소집한다.

1. 회장이 필요하다고 인정할 때

2. 이사회가 총회의 소집을 요구한 때

3. 재적정회원 5분의 1 이상이 회의의 목적사항과 소집의 이유를 기재한 서면을 제출하여 총회의 소집을 요구한 때

④ 회장은 제3항제2호 또는 제3호에 해당하는 경우에는 그 요구를 받은 날부터 15일 이내에 총회를 소집하여야 한다.

⑤ 회장이 필요하다고 인정하는 경우에는 총회를 소집하지 않고 서면으로 결의할 수 있다.

제23조(총회의 소집권자)

총회는 회장이 소집한다. 다만, 관계 법령에 다른 규정이 있는 경우에는 그에 따른다.

제24조 (총회의 소집방법)

총회를 소집할 때에는 회의의 일시, 장소, 목적사항 및 소집의 이유를 기재하여 총회일 1주간 전까지 회원에게 서면 또는 전자문서로 통지하여야 한다. 다만, 회장이 긴급히 소집할 필요가 있다고 인정하는 경우에는 그 기간을 단축할 수 있다.

제25조(총회의 의장)

① 총회의 의장(이하 이 절에서 '의장'이라 한다)은 회장이 된다.

② 의장의 유고 시에는 제35조제2항에 따른 회장의 직무대행자가 의장이 된다.

제26조(총회의 의결권)

① 총회의 의결권은 하나의 정회원에 대하여 1개로 한다.

② 준회원 및 특별회원은 의결권이 없다.

③ 다음 각 호의 경우에는 정회원은 총회에서 의결권을 행사할 수 없다.

1. 협회와 회원간의 법률상의 소송의 개시 및 해결에 관한 사항인 경우

2. 금전 및 재산의 수수를 수반하는 사항으로서 협회와 회원의 이해가 상반되는 경우

3. 이 정관에 따라 의결권이 제한되는 경우

4. 그 밖에 총회의 의안에 대하여 특별한 이해관계가 있는 경우. 다만, 당해 의안에 대한 의결권만 해당한다.

④ 정회원의 대표이사가 총회에 출석할 수 없는 때에는 대표이사의 위임을 받은 임직원이 대리하여 총회에 출석할 수 있다. 이 경우 협회에 위임장을 제출하여야 한다.

제27조(총회의 결의사항)

총회는 다음 각 호의 사항을 의결한다.

1. 정관의 변경에 관한 사항

2. 협회의 해산에 관한 사항

3. 회원의 제재에 관한 사항

4. 사업계획, 예산 및 결산의 승인에 관한 사항

5. 회장, 임원 및 감사의 선임과 해임에 관한 사항

6. 회비에 관한 사항

7. 그 밖에 이사회 또는 회장이 필요하다고 인정하는 사항

제28조 (총회의 성립 및 결의방법)

총회는 재적정회원 과반수의 출석으로 성립하며, 출석정회원 과반수의 찬성으로 결의한다. 다만, 이 정관에 이와 다르게 정한 경우에는 그에 따른다.

제29조(총회 의사록)

① 의장은 총회의 의사진행에 관한 경과요령과 그 결과를 기재한 의사록을 작성하여야 한다.

② 제1항의 의사록은 의장과 출석한 이사가 기명날인 또는 서명하여 원본은 주된 사무소에 비치하고, 사본은 각 회원에게 송부한다.

제2절 임원

제30조(임원의 수)

① 협회에 다음 각 호의 임원을 둔다.

1. 회장 1인

2. 다음 각 목의 이사 11인

　가. 채권추심업을 영위하는 정회원의 대표이사 중에서 선임한 이사 9인

　나. 신용조회업을 영위하는 정회원의 대표이사 중에서 선임한 이사 2인

3. 감사 1인

② 회장 및 이사는 「민법」제57조에 따른 이사로 한다.

제30조의 2 (부회장)

① 협회는 이사 중에서 다음 각 호의 부회장을 둘 수 있다.

1. 수석부회장 1인

2. 부회장 4인(수석부회장 포함)

  가. 채권추심업 : 3인

  나. 신용조회업 : 1인

3. 감사 1인

② 제1항의 수석부회장 및 부회장은 이사회의 의결로 선임하며, 임기는 본인의 이사 임기로 한다.

제31조(임원의 자격)

다음 각 호의 어느 하나에 해당하는 자는 협회의 임원이 될 수 없다.

1. 피성년후견인 또는 피한정후견인

2. 파산선고를 받고 복권되지 아니한 자

3. 금고 이상의 실형을 선고받고 그 집행이 끝나거나(집행이 끝난 것으로 보는 경우를 포함한다) 집행이 면제된 날부터 3년이 지나지 아니한 자

4. 금고 이상의 형의 집행유예를 선고받고 그 유예기간 중에 있는 자

5. 금융 관련 법령을 위반하여 벌금형의 선고를 받고 5년이 지나지 아니한 자

6. 금융 관련 법령을 위반하여 해임되거나 면직된 후 5년이 지나지 아니한 자

제32조(임원의 선임 및 임기)

① 회장은 후보추천위원회에서 추천한 후보자를 대상으로 총회에서 선임한다.

② 이사 및 감사는 정회원의 대표이사 중에서 이사회의 추천을 받아 총회에서 선임하며, 비상임으로 한다.

③ 임원의 임기는 3년으로 하고, 연임할 수 있다.

④ 제3항에도 불구하고 차기 임원을 선임하기 전에 임기가 만료된 경우 차기 임원 선임 시까지 현 임원의 임기를 연장한다.

⑤ 후보추천위원회의 구성 및 운영, 회장선출에 관한 절차 및 방법 등 세부사항은 이사회에서 정하는 규정에 따른다.

제33조(임원 결원 시의 선임)

① 임원에 결원이 생긴 때에는 총회에서 임원을 보결선임한다. 다만, 재적임원 총수가 7인 이상이고 제30조제2항 각 호의 임원 수가 각 각 1인 이상인 경우에는 다음 정기총회 시까지 궐위된 임원의 보결선임을 하지 아니할 수 있다.

② 보결임원의 임기는 전임자의 잔여기간으로 한다.

제34조(임원의 의무)

① 임원은 관계 법령 및 이 정관에 따라 협회를 위하여 그 직무를 충실하게 수행하여야 한다.

② 임원은 재임 시뿐만 아니라 퇴임 후에도 직무상 알게 된 비밀을 누설하여서는 아니 된다.

③ 임원은 협회에 현저한 손해를 끼칠 우려가 있는 사실 등을 알게 된 때에는 지체 없이 이를 감사에게 알려야 한다.

제35조(임원의 직무)

① 회장은 협회를 대표하고 그 업무를 총괄한다.

② 회장의 유고 시에는 다음 각 호의 순으로 그 직무를 대행한다.

1. 수석부회장

2. 부회장 중 그 직위에 먼저 선임된 자, 연장자

3. 이사 중 그 직위에 먼저 선임된 자, 연장자

③ 회장을 제외한 임원의 직무는 이사회가 정한다.

제36조(임원의 보수와 퇴직금)

① 상임임원의 보수한도 및 퇴직금 지급기준은 총회에서 정한다.

② 상임임원의 보수는 제1항의 보수한도에서 이사회에서 정한다.

③ 비상임임원에게는 보수를 지급하지 아니한다.

제3절 감사

제37조 (감사의 수와 선임) 〈삭제〉 2015.5.27.

제38조(감사의 직무 등)

① 감사는 감사에 관하여 감사록을 작성하여야 한다.

② 감사록에는 감사의 실시요령과 그 결과를 기재하고 감사가 기명날인 또는 서명하여야 한다.

제39조(감사록의 작성)

① 감사는 감사에 관하여 감사록을 작성하여야 한다.

② 감사록에는 감사의 실시요령과 그 결과를 기재하고 감사가 기명날인 또는 서명하여야 한다.

제4절 이사회

제40조 (이사회의 구성)

이사회는 제30조제1항제1호 및 제2호의 임원(이하 이 절에서 '이사'라 한다)으로 구성한다.

제41조(이사회의 의장)

① 이사회의 의장(이하 이 절에서 '의장'이라 한다)은 회장이 된다.

② 회장의 유고 시에는 제35조제2항에 따른 회장의 직무대행자가 의장이 된다.

제42조(이사회의 소집)

① 이사회는 다음 각 호의 어느 하나에 해당하는 경우에 회장이 소집한다.

1. 회장이 필요하다고 인정할 때

2. 재적이사 5분의 1 이상이 이사회의 소집을 요구한 때

3. 감사가 회의의 목적사항과 그 소집의 이유를 기재한 서면을 제출하여 이사회의 소집을 요구한 때

② 이사회를 소집하고자 할 때에는 회의의 일시, 장소, 목적사항과 소집이유를 기재하여 회의일 3일 전까지 각 이사 및 감사에게 서면 또는 전자문서로 통지하여야 한다. 다

만, 회장이 긴급히 소집할 필요가 있다고 인정하는 경우 또는 이사 전원 및 감사의 동의가 있는 경우에는 그 기간을 단축할 수 있다.

③ 회장이 필요하다고 인정하는 경우에는 이사회를 소집하지 않고 서면으로 결의할 수 있다.

제43조(이사회의 결의사항)

① 이사회는 다음 각 호의 사항을 의결한다.

1. 총회에 상정할 의안에 관한 사항

2. 사업계획, 예산 및 결산에 관한 사항

3. 이 정관에서 이사회의 의결사항으로 정한 사항

4. 총회에서 위임한 사항

5. 회원의 입회 및 그 종류의 전환에 관한 사항

6. 업무에 관한 규정 등 내규의 제정, 개정 및 폐지에 관한 사항

7. 그 밖에 이사회 또는 회장이 필요하다고 인정하는 사항

② 이사회는 필요하다고 인정하는 경우에는 제1항 각 호의 사항에 대한 결정권을 구체적인 기준과 범위를 정하여 회장에게 위임할 수 있다.

제44조(이사회의 결의방법)

① 이사회는 재적이사 과반수의 출석으로 성립하며, 출석이사 과반수의 찬성으로 결의한다.

② 제1항에도 불구하고 정관의 변경, 회원에 대한 제재, 해산은 재적이사 3분의 2 이상의 찬성으로 결의한다.

③ 제46조제1항 및 제2항에 따라 사업권역별 위원회가 결의한 사항은 이사회에 보고하여 추인을 받으면 이사회의 결의사항으로 인정한다.

④ 제3항의 경우에 사업권역별 위원회의 의결사항을 이사회가 추인하지 아니하면 총회의 결의에 따라 결정한다.

⑤ 제26조제3항은 이사의 의결권 제한에 관하여 이를 준용한다.

제45조(이사회 의사록)

① 의장은 이사회의 의사록을 작성하여 의장과 출석한 이사 및 감사가 기명날인 또는 서명하여 주된 사무소에 비치하여야 한다.

② 제1항의 의사록에는 의사의 안건, 경과요령, 그 결과, 반대하는 자와 그 반대이유를 기재하여야 한다.

제5절 위원회

제46조(사업권역별 위원회)

① 협회는 회원이 영위하는 사업의 권역별로 그 고유한 업무에 관한 협의 · 조정 · 결정 등을 위하여 총회의 결의로 다음 각 호의 위원회를 둔다.

1. 채권추심업위원회

2. 신용조회업위원회

② 제1항 각 호의 위원회는 해당 사업을 영위하는 정회원으로 구성하며, 그 운영에 관하여 필요한 사항은 이사회에서 정한다.

③ 업권별 고유한 업무에 대하여 이해상충 또는 분쟁이 발생한 경우에는 제1항 각 호의 사업권역별 위원회의 위원장과 회장이 합의하여 처리한다.

제47조(이사회내 위원회)

① 협회는 제5조 각 호의 업무를 행하기 위하여 필요한 경우에는 총회의 결의로 각 종의 위원회를 둘 수 있다.

② 제1항에 따른 위원회의 구성 및 운영에 관하여 필요한 사항은 이사회에서 정한다.

제6절 사무조직 및 직원 등

제48조(사무조직 및 직원)

① 협회는 그 업무처리를 위하여 필요한 조직과 직원을 둔다.

② 협회에 두는 조직, 직원의 정원, 직원의 보수 및 퇴직금 지급기준 등에 관한 사항은 이사회에서 정한다.

③ 직원은 회장이 임면한다.

제49조(고문)

① 협회에 약간 명의 고문을 둘 수 있다.

② 고문은 신용정보업에 관한 식견과 경험이 풍부한 자 중에서 이사회의 동의를 얻어 회장이 위촉한다.

③ 고문은 회장의 자문에 응하고 회장의 요구가 있을 때에는 이사회, 그 밖의 회의에 출석하여 의견을 진술하여야 한다.

④ 고문에게는 이사회에서 정하는 바에 따라 보수를 지급할 수 있다.

제4장 자산 및 회계

제50조(자산)

협회의 자산은 적립금, 회비, 기부금 등으로 구성한다.

제51조(적립금)

① 협회는 설립목적을 달성하기 위하여 적립금을 축적할 수 있다.

② 제1항의 적립금의 운용에 관한 사항은 이사회에서 정한다.

제52조 (기금의 조성)

협회는 설립목적을 달성하기 위하여 필요한 경우에는 회원의 출연으로 협회의 고유사업에 관한 회계(이하 '고유회계'라 한다)의 자산과 구분되는 별도의 기금을 조성할 수 있다.

제53조 (회계연도)

협회의 회계연도는 매년 1월 1일부터 12월 31일까지로 한다.

제54조 (구분 계리의 원칙)

협회는 제5조 각 호의 업무 중 고유업무와 구분하여 계리할 필요가 있는 업무에 대하여는 이사회에서 정하는 바에 따라 업무별로 회계를 구분하여 계리하여야 한다.

제55조(예산)

① 회장은 매 회계연도의 예산안을 편성하여 회계연도 개시 전까지 총회의 승인을 얻어야 한다.

② 회장은 예산이 회계연도 개시 전에 확정되지 아니한 때에는 당해 회계연도에 계상된 금액으로서 지출이 불가피한 금액은 이를 집행할 수 있다. 이 경우 직전회계연도 예산의 집행액을 초과할 수 없다.

③ 회장은 예산 외의 지출이 필요하거나 예산의 부족이 예상되는 경우에는 추가경정예산안을 편성하여 총회의 승인을 얻어야 한다.

④ 제1항의 예산안 중 공통비를 제외한 업권별 직접예산은 제46조제1항의 사업권역별 위원회 의결안으로 편성한다.

제56조(수입)

협회의 업무수행을 위하여 필요한 경비는 적립금, 회비, 기부금과 그 밖의 수입으로 충당한다.

제57조(결산)

① 회장은 매 회계연도 종료일에 제계정을 결산한 후 다음 각 호의 서류(이하 '재무제표'라 한다) 및 사업보고서를 작성하여 이사회의 승인을 얻은 후 정기총회일의 2주간 전까지 이를 감사에게 제출하여야 한다.

1. 대차대조표 및 부속명세서

2. 수지계산서 및 부속명세서

3. 수지차익처분안 또는 수지차손처리안

② 감사는 제1항에 따른 서류를 제출받은 날부터 1주간 내에 감사보고서를 작성하여 회장에게 제출하여야 한다.

③ 회장은 매 회계연도의 재무제표를 정기총회에 제출하여 그 승인을 요구하여야 한다.

④ 회장은 매 회계연도의 사업보고서를 정기총회에 제출하여 그 내용을 보고하여야 한다.

제5장 보칙

제58조(협회의 해산)

① 협회는 총회가 해산을 결의한 때에 해산한다.

② 제1항의 결의는 재적정회원 3분의 2 이상의 찬성으로 결정한다.

③ 제1항에 따라 협회가 해산하는 경우 잔여재산의 처분 등에 관하여는 총회에서 정한다.

제59조(업무규정)

① 협회는 제2조의 목적을 달성하기 위하여 필요한 사항을 이사회의 결의를 거쳐 회원의 업무규정으로 정할 수 있다.

② 회장은 정관 및 제 규정을 시행하기 위하여 필요한 세부적인 사항을 따로 정할 수 있다.

부 칙

제1조(시행일) 이 정관은 금융위원회의 허가를 받은 날부터 시행한다.

제2조 (임원 및 집행임원에 대한 경과조치) 이 정관 시행일 이전에 임원 또는 집행임원으로 선임된 자는 이 정관에 의하여 선임된 것으로 본다.

제3조 (금치산자 등에 대한 경과조치) 제31조제1호의 개정 규정에 따른 피성년후견인 및 피한정후견인에는 금치산 또는 한정치산 선고를 받고 그 효력이 유지되고 있는 자를 포함하는 것으로 본다.

[서식 – 그 외 관련 서식은 서식 중복기재 회피를 위하여 제1편 비영리사단법인 해당 서식을 참고하기 바란다]

나. 설립허가

(1) 허가기준

금융위원회는 비영리법인 설립허가 신청의 내용이 다음의 기준에 맞는 경우에는 그 설립을 허가하여야 한다(규칙 제5조).

• 법인의 목적과 사업이 실현가능할 것

• 목적사업을 할 수 있는 충분한 능력이 있고 재정적 기초가 확립되어 있거나 확립될 수 있을 것

• 다른 법인과 같은 명칭이 아닐 것

(2) 심사 및 허가기간

(가) 심사 등

금융위원회는 비영리법인 설립허가 신청을 받았을 때에는 특별한 사유가 없으면 20일 이내에 심사하여 허가 또는 불허가 처분을 하고 서면으로 신청인에게 그 결과를 통지하여야 한다. 이 경우 허가를 할 때에는 별지 제2호서식의 비영리법인 설립허가증을 발급하고, 별지 제3호서식의 비영리법인 설립허가대장에 필요한 사항을 적어야 한다.

(나) 자료제출 요구

금융위원회는 허가 또는 불허가 처분을 하기 위하여 필요하다고 인정되면 신청인에게 기간을 정하여 필요한 자료의 제출 또는 설명을 요구할 수 있다. 이 경우 그에 걸리는 기간은 제2항 전단의 기간에 산입(算入)하지 아니한다.

(다) 조건부허가

금융위원회는 비영리법인의 설립허가를 할 때에는 필요한 조건을 붙일 수 있다.

[서식 _ 비영리법인 설립허가증]

■ 금융위원회 소관 비영리법인의 설립 및 감독에 관한 규칙 [별지 제2호서식] 〈개정 2015.12.15.〉

(앞쪽)

제   호

비영리법인 설립허가증

1. 법인 명칭:

2. 소 재 지:

3. 대 표 자
   ○ 성   명:
   ○ 생년월일:
   ○ 주   소:

4. 사업 내용:

5. 허가 조건:

「민법」 제32조 및 「금융위원회 소관 비영리법인의 설립 및 감독에 관한 규칙」 제5조에 따라 위 법인의 설립을 허가합니다.

                              년   월   일

금융위원회   직인

210mm×297mm[백상지 150g/㎡]

준 수 사 항

1. 「민법」 및 「금융위원회 소관 비영리법인의 설립 및 감독에 관한 규칙」 등 관련 법령
   과 정관에서 정한 내용을 준수하여야 합니다.

2. 정관에서 정하는 목적사업 중 다른 법률에 따른 허가 · 인가 · 등록 · 신고의 대상이
   되는 사업을 하려는 경우에는 관련 법령에 따른 절차를 거쳐야 합니다.

3. 매 사업연도 종료 후 2개월 내에 다음의 서류를 금융위원회에 제출하여야 합니다.
   가. 해당 사업연도의 사업실적 및 수입 · 지출 결산서 1부
   나. 해당 사업연도 말 현재의 재산목록 1부
   다. 다음 사업연도의 사업계획 및 수입 · 지출 예산서 1부

4. 다음의 어느 하나에 해당되는 경우에는 「민법」 제38조에 따라 법인의 설립허가를
   취소할 수 있습니다.
   가. 설립 목적 외의 사업을 하였을 경우
   나. 설립허가의 조건을 위반하였을 경우
   다. 그 밖에 공익을 해치는 행위를 하였을 경우

5. 법인이 해산(파산으로 인한 해산은 제외합니다)하였을 때에는 해산 등기를 마친 후
   지체 없이 금융위원회에 해산신고를 하여야 합니다.

6. 법인의 청산이 종결되었을 때에는 등기한 후 금융위원회에 신고하여야 합니다.

210mm×297mm[백상지 150g/㎡]

[서식 _ 비영리법인 설립허가대장]

■ 금융위원회 소관 비영리법인의 설립 및 감독에 관한 규칙 [별지 제3호서식] 〈개정 2015.12.15.〉

비영리법인 설립허가대장

허가번호	법인명칭	사무소		대표자성명	허가연월일	기능 및 목적	주관부서	담당자
		소재지	전화번호					

210mm×297mm[백상지 80g/㎡]

다. 설립 관련 보고

(1) 재산이전

비영리법인의 설립허가를 받은 자는 그 허가를 받은 후 지체 없이 기본재산 및 운영재산을 비영리법인에 이전(移轉)하고 허가를 받은 날부터 1개월 이내에 그 이전을 증명하는 서류(등기소 또는 금융회사 등의 증명서를 말한다)를 금융위원회에 제출하여야 한다(규칙 제6조).

(2) 법인등기사항증명서 확인

비영리법인은 「민법」 제49조부터 제52조까지의 규정에 따라 비영리법인 설립 등의 등기를 하였을 때에는 10일 이내에 그 사실을 금융위원회에 보고하여야 한다. 이 경우 금융위원회는 「전자정부법」 제36조 제1항에 따른 행정정보의 공동이용을 통하여 법인등기사항증명서를 확인하여야 한다.

3. 허가 후 절차

가. 정관 변경의 허가 신청

「민법」 제42조 제2항, 제45조 제3항 또는 제46조에 따른 정관 변경의 허가를 받으려는 비영리법인은 별지 제4호서식의 비영리법인 정관 변경허가 신청서에 다음 각 호의 서류를 첨부하여 금융위원회에 제출하여야 한다(규칙 제7조).

• 정관 변경 사유서 1부
• 개정될 정관(신 · 구조문대비표를 첨부한다) 1부
• 정관 변경과 관계되는 총회 또는 이사회의 회의록 등의 서류 1부
• 기본재산의 처분에 따른 정관 변경인 경우에는 처분 목적, 처분재산의 목록, 처분방법 등을 적은 서류 1부

■ 금융위원회 소관 비영리법인의 설립 및 감독에 관한 규칙 [별지 제4호서식] 〈개정 2015.12.15.〉

비영리법인 정관 변경허가 신청서

접수번호		접수일자	처리일자	처리기간	20일
신청인	성명			생년월일	
	주소			전화번호	
법 인	명칭			전화번호	
	소재지				
	설립허가 연월일			설립허가번호	
대표자	성명			생년월일	
	주소			전화번호	

「민법」 제42조제2항, 제45조제3항 또는 제46조 및 「금융위원회 소관 비영리법인의 설립
및 감독에 관한 규칙」 제7조에 따라 위와 같이 정관 변경허가를 신청합니다.

년　　　월　　　일

신청인

(서명 또는 인)

금융위원회　　　　　**귀하**

첨부서류	1. 정관 변경 사유서 1부 2. 개정될 정관(신·구조문대비표를 첨부합니다) 1부 3. 정관 변경과 관계되는 총회 또는 이사회의 회의록 등의 서류 1부 4. 기본재산의 처분에 따른 정관 변경인 경우에는 처분 목적, 처분재산의 목록, 처분 방법 등을 적은 서류 1부	수수료 없음

처리절차

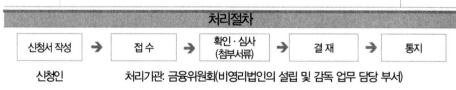

신청인　　　　　　처리기관: 금융위원회(비영리법인의 설립 및 감독 업무 담당 부서)

210mm×297mm[백상지 80g/㎡ 또는 중질지 80g/㎡]

[서식 – 그 외 관련 서식은 서식 중복기재 회피를 위하여 제1편 비영리사단법인 해당 서식을 참고하기 바란다]

나. 사업실적 및 사업계획 등의 보고

비영리법인은 매 사업연도가 끝난 후 2개월 이내에 다음의 서류를 금융위원회에 제출하여야 한다(규칙 제8조).

- 해당 사업연도의 사업실적 및 수입 · 지출 결산서 1부
- 해당 사업연도 말 현재의 재산목록 1부
- 다음 사업연도의 사업계획 및 수입 · 지출 예산서 1부

다. 법인 사무의 검사 · 감독

(1) 검사 및 감독

금융위원회는 「민법」 제37조에 따른 비영리법인 사무의 검사 및 감독을 위하여 필요하다고 인정되는 경우에는 비영리법인에 관계 서류 · 장부 또는 그 밖의 참고자료의 제출을 명하거나, 소속 공무원에게 비영리법인의 사무 및 재산 상황을 검사하게 할 수 있으며(규칙 제9조), 이에 따라 비영리법인의 사무 및 재산 상황을 검사하는 공무원은 그 자격을 증명하는 증표를 관계인에게 보여 주어야 한다.

(2) 시정명령

금융위원회는 「민법」 제38조에 규정된 사유가 발생하거나 발생할 우려가 있다고 인정되는 경우에는 시정명령을 할 수 있다.

[전문개정 2012. 4. 12.]

4. 해산 등

가. 설립허가의 취소

주무관청은 법인이 목적이외의 사업을 하거나 설립허가의 조건에 위반하거나 기타 공익을 해하는 행위를 한때에는 그 허가를 취소할 수 있는데, 이에 따라 비영리법인의 설립허가를 취소하려면 청문을 하여야 한다(규칙 제10조).

나. 해산신고

(1) 해산신고 및 첨부서류

비영리법인이 해산(파산으로 인한 해산은 제외한다)한 경우 그 비영리법인의 청산인은 「민법」 제85조 제1항에 따라 해산등기를 마친 후 지체 없이 별지 제5호서식의 비영리법인 해산신고서에 다음 각 호의 서류를 첨부하여 금융위원회에 제출하여야 한다(규칙 제11조). 〈개정 2015. 12. 15.〉

• 해산 당시의 재산목록 1부
• 잔여재산 처분방법의 개요를 적은 서류 1부
• 해산 당시의 정관 1부
• 사단법인이 총회의 결의에 의하여 해산하였을 때에는 그 결의를 한 총회의 회의록 1부
• 재단법인이 정관에 따라 이사회의 결의에 의하여 해산하였을 때에는 그 결의를 한 이사회의 회의록 1부

(2) 법인등기사항증명서 확인

신청서를 제출받은 금융위원회는 「전자정부법」 제36조 제1항에 따른 행정정보의 공동이용을 통하여 법인등기사항증명서를 확인하여야 한다.

■ 금융위원회 소관 비영리법인의 설립 및 감독에 관한 규칙 [별지 제5호서식] 〈개정 2015.12.15.〉

비영리법인 해산 신고서

접수번호		접수일자	처리일자	처리기간	10일
청산인	성명			생년월일	
	주소			전화번호	
청산법인	명칭			전화번호	
	소재지				

해산 연월일	
해산 사유	

「민법」제86조 및 「금융위원회 소관 비영리법인의 설립 및 감독에 관한 규칙」 제11조에 따라 위와 같이 법인 해산을 신고합니다.

년   월   일

신고인   (서명 또는 인)

금융위원회   귀하

첨부서류	1. 해산 당시의 재산목록 1부 2. 잔여재산 처분방법의 개요를 적은 서류 1부 3. 해산 당시의 정관 1부 4. 사단법인이 총회 결의에 의하여 해산하였을 때에는 그 결의를 한 총회의 회의록 1부 5. 재단법인이 정관에 따라 이사회의 결의에 의하여 해산하였을 때에는 그 결의를 한 이사회의 회의록 1부	수수료 없 음
담당공무원 확인사항	법인등기사항증명서	

처리절차

신고서 작성	→	접수	→	확인 · 심사 (첨부서류)	→	결재
신고인		처리기관: 금융위원회(비영리법인의 설립 및 감독 업무 담당 부서)				

210mm×297mm[백상지 80g/㎡ 또는 중질지 80g/㎡]

다. 잔여재산 처분허가의 신청

비영리법인의 이사 또는 청산인은 「민법」 제80조 제2항에 따라 잔여재산의 처분에 대한 허가를 받으려면 별지 제6호서식의 잔여재산 처분허가 신청서에 다음의 서류를 첨부하여 금융위원회에 제출하여야 한다(규칙 제12조). 〈개정 2015. 12. 15.〉

- 해산 당시의 정관 1부(해산신고 시 정관과의 확인이 필요한 경우에만 제출한다)
- 총회의 회의록 1부(사단법인의 해산신고 시에 제출한 서류만으로 확인이 되지 아니할 경우에만 제출한다)

■ 금융위원회 소관 비영리법인의 설립 및 감독에 관한 규칙 [별지 제6호서식] 〈신설 2015.12.15.〉

잔여재산 처분허가 신청서

접수번호	접수일		처리기간	10일

신청법인	명칭		전화번호	
	소재지			

대표자 (이사 · 청산인)	성명		생년월일	
	주소		전화번호	

처분재산	종류 및 수량
	금액
	처분방법

처분사유	

「민법」 제80조제2항 및 「금융위원회 소관 비영리법인의 설립 및 감독에 관한 규칙」 제12조에 따라 위와 같이 잔여재산 처분허가를 신청합니다.

년   월   일

신청인   (서명 또는 인)

금융위원회   귀하

신청인 제출서류	1. 해산 당시의 정관 1부(해산신고 시 정관과의 확인이 필요한 경우에만 제출합니다) 2. 총회의 회의록 사본 1부(사단법인의 해산신고 시에 제출한 서류만으로 확인이 되지 않을 경우에만 제출합니다)	수수료 없음

처리절차

신청서 작성	→	접수	→	확인 · 심사 (첨부서류)	→	결재 (위원회)	→	결과 통지
신청인				처리기관 : 금융위원회(비영리법인의 설립 및 감독 업무 담당부서)				

210mm×297mm[백상지 80g/㎡]

라. 청산 종결의 신고

비영리법인의 청산이 종결되었을 때에는 그 비영리법인의 청산인은 「민법」 제94조에 따라 그 취지를 등기하고, 별지 제7호서식의 청산종결 신고서를 금융위원회에 제출하여야 한다. 이 경우 금융위원회는 「전자정부법」 제36조 제1항에 따른 행정정보의 공동이용을 통하여 법인등기사항증명서를 확인하여야 한다(규칙 제13조).

■ 금융위원회 소관 비영리법인의 설립 및 감독에 관한 규칙 [별지 제7호서식] 〈신설 2015.12.15.〉

청산종결 신고서

접수번호	접수일자	처리일자	처리기간 즉시

청 산 인	성명		생년월일	
	주소		전화번호	

청산법인	명칭		전화번호	
	소재지			

청산 연월일

청산 취지

「민법」 제94조 및 「금융위원회 소관 비영리법인의 설립 및 감독에 관한 규칙」 제13조에 따라 위와 같이 청산 종결을 신고합니다.

년   월   일

신고인
(서명 또는 인)

금융위원회   귀하

담당 공무원 확인사항	법인등기사항증명서	수수료 없음

처 리 절 차

신고서 작성	→	접 수	→	서류 확인 및 검토	→	결 재
신고인		처리기관: 금융위원회(비영리법인의 설립 및 감독 업무 담당 부서)				

210mm×297mm[백상지 80g/㎡]

제8장 국가보훈처 소관 비영리법인 설립

1. 개관

국가보훈처 소관 비영리법인의 설립 및 감독에 관한 규칙(이하 '규칙'이라고만 함)은 「민법」
에 따라 국가보훈처장이 주무관청이 되는 비영리법인의 설립 및 감독에 필요한 사항을 규정
함을 목적으로 하며, 이에 따른 비영리법인(이하 '법인'이라 한다)의 설립허가, 법인 사무의
검사 및 감독 등에 관하여는 다른 법령에 특별한 규정이 있는 경우를 제외하고는 이 규칙에서
정하는 바에 따른다.

본장은 국가보훈처 소관 비영리법인의 설립과 관련한 일반절차인 설립허가신청 및 관련
첨부서류 그리고 정관변경허가신청, 사업계획보고 등에 관한 내용들을 정리하였다. 그 외
관련서류들은 제1편 관련 내용부분을 참고하기 바란다.

2. 설립허가절차

가 설립허가의 신청

(1) 신청 및 첨부서류

「민법」 제32조에 따라 비영리법인의 설립허가를 받으려는 자(이하 '설립발기인'이라 한다)
는 별지 제1호서식의 비영리법인 설립허가 신청서에 다음의 서류를 첨부하여 국가보훈처장
에게 제출하여야 한다(규칙 제3조).

- 설립발기인의 성명 · 생년월일(외국인의 경우에는 외국인등록번호를 말한다. 이하 같
  다) · 주소 및 약력을 적은 서류(설립발기인이 법인인 경우에는 그 명칭, 주된 사무소의
  소재지, 대표자의 성명 · 생년월일 · 주소를 적은 서류 및 정관) 1부
- 설립하려는 비영리법인의 정관 1부
- 재산목록(재단법인의 경우에는 기본재산과 운영재산으로 구분하여 적어야 한다) 및 그
  증명서류와 출연(出捐) 신청이 있는 경우에는 그 사실을 증명하는 서류 각 1부
- 해당 사업연도분의 사업계획 및 수입 · 지출 예산을 적은 서류 1부

- 임원 취임 예정자의 성명 · 생년월일 · 주소 · 약력을 적은 서류 및 취임승낙서 각 1부
- 창립총회 회의록(설립발기인이 법인인 경우에는 비영리법인 설립에 관한 의사 결정을 증명하는 서류) 1부

(2) 등기사항증명서 확인

신청서를 받은 국가보훈처장은 「전자정부법」 제36조 제1항에 따른 행정정보의 공동이용을 통하여 토지 · 건물 등기사항증명서를 확인하여야 한다.

[서식 _ 비영리법인설립허가신청서]

■ 국가보훈처 소관 비영리법인의 설립 및 감독에 관한 규칙 [별지 제1호서식] 〈개정 2015.12.30.〉

비영리법인 설립허가 신청서

접수번호	접수일	처리일	처리기간	20일

대표 신청인	성명		생년월일 (외국인등록번호)	
	주소		전화번호	

법 인	명칭		전화번호	
	소재지			
	대표자 성명		생년월일 (외국인등록번호)	
	주소		전화번호	

「민법」 제32조 및 「국가보훈처 소관 비영리법인의 설립 및 감독에 관한 규칙」 제3조에 따라 위와 같이 비영리법인 설립허가를 신청합니다.

년   월   일

신청인   (서명 또는 인)

국가보훈처장 귀하

신청인 제출서류	1. 설립발기인의 성명 · 생년월일(외국인의 경우에는 외국인등록번호) · 주소 및 약력을 적은 서류(설립발기인이 법인인 경우에는 그 명칭, 주된 사무소의 소재지, 대표자의 성명 · 생년월일 · 주소를 적은 서류 및 정관) 1부 2. 설립하려는 비영리법인의 정관 1부 3. 재산목록(재단법인의 경우에는 기본재산과 운영재산으로 구분하여 적어야 합니다) 및 그 증명서류와 출연(出捐)의 신청이 있는 경우에는 그 사실을 증명하는 서류 각 1부 4. 해당 사업연도분의 사업계획 및 수입 · 지출 예산을 적은 서류 1부 5. 임원 취임 예정자의 성명 · 생년월일(외국인의 경우에는 외국인등록번호) · 주소 및 약력을 적은 서류 및 취임승낙서 각 1부 6. 창립총회 회의록(설립발기인이 법인인 경우에는 비영리법인 설립에 관한 의사 결정을 증명하는 서류) 1부	수수료 없음
담당 공무 원 확인사항	재산목록에 적힌 재산의 토지 · 건물 등기사항증명서	

처리절차

신청서 작성	→	접수	→	확인	→	결재	→	허가증 작성	→	허가증 발급
신청인				처리 기관: 국가보훈처						

210mm×297mm[백상지(80g/㎡) 또는 중질지(80g/㎡)]

제1장 총칙

제1조 (명칭)
본회는 사단법인 5 · 18민주화운동부상자회(이하. 본회)라고 칭한다.

제2조 (목적)
본회는 「5 · 18민주유공자 예우에 관한 법률」(이하 '법률'이라 한다.)에 따라 5 · 18민주화운동의 정신을 계승 선양하며, 회원의 자활 · 자립 및 복리증진과 지역사회와 국가발전 및 민주주의 수호와 조국의 평화통일에 기여함을 목적으로 한다. (개정 2017.11.2)

제3조 (소재지)
본회의 본부사무소는 광주광역시에 둔다.

제4조
① 본회는 정관 제2조의 목적을 달성하기 위하여 다음 각 호의 사업을 수행한다.
1. 5 · 18민주화운동의 정신 계승을 위한 선양사업
2. 장애인복지법 제29조의 규정에 따라 장애인으로 등록된 5 · 18민주화운동부상자와 법률 제4조 제2호의 규정에 의한 5 · 18민주화운동부상자의 자활 · 자립 및 가족에 대한 복리증진을 도모하기 위한 복지사업 (개정 2017.11.2)
3. 지역사회와 국가발전을 위한 봉사사업
4. 민주주의 수호와 조국의 평화통일을 위한 협력사업
② 제1항의 사업을 수행하기 위하여 이사회의 의결을 거쳐 수익사업을 전개할 수 있다.

제2장 회원

제5조 (회원의 자격)

본회의 회원은 법률 제4조 제2호의 규정에 의한 5 · 18민주화운동부상자 또는 부상자의 직계존비속 중 5 · 18관련단체 회원이 아닌 자로 한다.

제6조 (회원의 가입)

본회의 회원으로 가입하고자 하는 자는 다음 각 호의 사항을 준비하여 본회의 사무처에 등록한 후 이사회의 승인을 받아야 한다.

1. 입회원서
2. 회원신상카드
3. 유공자증 사본(앞 · 뒤면)
4. 회비자동입금전표
5. 법인출연금 10만원
6. 입회금 30만원(2010.1.16개정)
7. 주민등록등본 1통

제7조 (회원의 의무)

본회의 회원은 다음의 의무를 갖는다.

1. 회비 납부의 의무(월5,000원)
2. 본회의 총회 및 각종 회의나 행사에 참석할 의무
3. 본회 정관과 규칙 및 의결사항을 준수할 의무

제8조 (회원의 권리)

본회의 회원은 다음의 권리를 갖는다.

1. 발언권
2. 선거권 및 피선거권
3. 정보 및 자료를 제공받을 권리
4. 제4조의 각종 사업에 참여할 권리

제9조 (회원의 탈퇴)

본회를 탈퇴하고자 하는 회원은 탈퇴서를 서면으로 제출하여 이사회의 승인을 받아야 한다.

제3장 조직

제10조 (조직구성)

1. 회의 조직은 본부 · 지부 · 직할지부 · 지회를 두며, 지부 · 지회의 설립과 운영에 관한 사항은 내부규칙으로 정한다.
2. 본회의 기관은 총회, 이사회, 사무처로 구성하며, 이사회와 사무처의 운영에 관한 사항은 내부규칙으로 정한다.
3. 정관 제4조의 사업을 수행하기 위하여 특별위원회를 둘 수 있고, 특별위원회의 구성과 운영에 관한 사항은 내부규칙으로 정한다.

제11조 (대의원)

본회의 대의원에 관한 사항은 다음과 같다.

1. 총회를 위한 대의원수는 총회 2개월 전 본회 등록회원의 10%로 한다. (2008.1.19.개정)
2. 대의원은 늦어도 총회 개회일 10일전까지 선출하여야 하며, 선출에 관한 사항은 내부규칙으로 정한다.
3. 대의원은 본회의 정회원으로서 정관과 내부규칙에 결격사유가 없어야 하며, 임기는 3년으로 하되 임원의 임기만료 30일전에 대의원의 임기는 종료한다.

제12조 (고문)

본회는 고문을 둘 수 있으며, 이사회의 의결로 위촉한다.

제4장 임원

제13조 (임원의 종류 및 정수)

본회의 임원은 다음 각 호의 종류와 정수를 둔다.

1. 회 장 1인
2. 부회장 2인

3. 사무총장 1인

4. 이 사 16인 이내(회장, 부회장, 사무총장 포함)(2010.1.16개정)

5. 감 사 3인

제14조 (임원의 선출)

본회의 임원 선출은 다음과 같이 각 각 선출한다.

1. 회장, 이사 및 감사는 총회에서 선출한다.(2010.1.16개정)

2. 회장후보는 정관 제15조, 정관내부규칙 제7조① ② ③ 항에 위배되지 아니한 자는 누구나 회장후보 자격이 될 수 있으며, 대의원의 직접투표로 선출한다. 단, 회장선출에 대한 필요한 사항은 내부규칙으로 정한다.(2010.1.16개정)

3. 부회장 · 사무총장은 총회에서 선출된 이사 중에서 회장이 임명하고, 이사회의 승인을 얻어야 한다.

4. 이사 또는 감사 중에 결원이 생긴 때는 2개월 이내에 이사회에서 보선하여야 한다. 단, 이사의 잔여 임기가 6개월 미만인 경우에는 보선하지 아니한다.

제15조 (임원의 자격)

임원으로 추천될 수 있는 자는 다음 각 호의 자격을 갖추어야 하며, 정관 등 제반규정에 의한 결격사유가 없어야 한다.

1. 5 · 18정신이 투철하고 봉사정신이 있는 회원이어야 한다.

2. 대내외적으로 덕망이 있고 본회의 발전을 위하여 적극적으로 참여할 수 있는 회원이어야 한다.

3. 상이등급이 1급에서 14급에 해당하는 회원이어야 한다.

제16조 (임원의 자격상실)

1. 임원이 자신의 영리를 목적으로 본회의 발전과 명예를 저해시켰다고 인정될 때는 이사회의 의결로 징계할 수 있으며, 총회의 의결로 임원자격을 상실시킬 수 있다.

2. 이사가 통보 없이 이사회에 연속 2회 이상 불참할 때에는 이사회의 의결로 임원자격을 일정기간 제한할 수 있다.(2009.17개정)

3. 임원의 해임은 이사회의 의결을 거쳐야 한다.

제17조 (임원의 임기)

1. 회장의 임기는 3년으로 하되 1회에 한하여 연임 할 수 있다.
2. 부회장 · 이사 · 감사 및 사무총장의 임기는 3년으로 하되 연임할 수 있다.
3. 보선에 의하여 취임하는 임원의 임기는 전임자의 잔여임기로 한다.

제18조 (임원의 직무)

1. 회장은 본회를 대표하며, 본회의 제반업무를 총괄한다.
2. 부회장은 회장을 보좌한다.
3. 사무총장은 이사회의 의결과 회장의 명을 받아 회무를 집행한다.
4. 감사는 본회의 회계 및 회계와 관련된 제반 업무를 감사하여 총회에 감사 보고를 하고, 시정사항이 이행되지 않을 때는 주무관청에 감사보고를 할 수 있다.
5. 이사는 이사회에 출석하여 본회의 업무에 관한 안건을 심의 의결한다.

제19조 (회장의 권한대행)

1. 회장의 유고시 잔여임기가 1년 미만일 때는 이사회의 의결에 따라 부회장이 권한을 대행한다.
2. 회장의 유고시 잔여임기가 1년 이상일 때는 부회장 중에서 연장자가 1개월 이내에 회장 선출의 절차를 밟아야 한다.

제5장 회의

제20조 (총회)

본회의 임원은 다음 각 호의 종류와 정수를 둔다.

1. 본회는 최고의결기관으로 정기총회와 임시총회를 두며, 총회는 대의원과 임원으로 구성한다.
2. 정기총회는 매년 1월중에 개회하고, 임시총회는 이사회 또는 회장의 요구가 있을 때, 또는 대의원 1/3이상이 총회의 안건을 제시하고 소집을 요구할 때 개회할 수 있다.
3. 사무총장 1인

4. 이 사 15인 이내(회장, 부회장, 사무총장 포함)(2010.1.16개정)

5. 감 사 3인

제21조 (총회 소집)

1. 회장은 총회를 소집하고 그 의장이 된다.

2. 회장은 총회를 개회하고자 할 때는 개회일 7일전까지 총회의 목적과 내용을 명시하여 각 대의원에게 서면으로 총회소집을 공고하여야 한다.

제22조 (총회 의결사항)

총회의 의결사항은 다음과 같다.

1. 정관 개정에 관한 안건

2. 임원의 선출과 해임에 관한 안건

3. 예산안 및 결산안의 승인에 관한 안건

4. 사업 실적 및 계획의 승인에 관한 안건

5. 법인등록 재산의 처분에 관한 안건(법인자산, 특별기금)

6. 본회의 해산에 관한 안건

7. 이사회에서 상정한 안건

제23조 (월례회)

본회의 발전을 위하여 현안사항에 관한 보고 및 의견 수렴 등을 위하여 월례회를 개최할 수 있다. (개정 2017.11.2)

제24조 (이사회)

1. 이사회는 회장, 부회장, 사무총장, 이사, 지부장으로 구성한다.(2016.4.1개정)

2. 이사회는 수시로 개회할 수 있으며, 회장 또는 재적이사 1/3이상이 회의의 안건을 제시하고 소집을 요구할 때 개회한다.

제25조 (이사회의 소집)

1. 회장은 이사회를 소집하고 그 의장이 된다.

2. 회장은 이사회를 개회하고자 할 때 개회일 7일전까지 이사회 안건을 명시하여 각 임원에게 서면으로 이사회소집을 공고하여야 한다.

제26조 (이사회 의결사항)

1. 회장은 본회를 대표하며, 본회의 제반업무를 총괄한다.
2. 부회장은 회장을 보좌한다.
3. 사무총장은 이사회의 의결과 회장의 명을 받아 회무를 집행한다.
4. 감사는 본회의 회계 및 회계와 관련된 제반 업무를 감사하여 총회에 감사 보고를 하고, 시정사항이 이행되지 않을 때는 주무관청에 감사보고를 할 수 있다.
5. 이사는 이사회에 출석하여 본회의 업무에 관한 안건을 심의 의결한다.

제27조 (성원 및 의결정족수)

총회와 이사회의 성원은 각 재적인원 과반수 출석으로 하고, 재석인원 과반수 찬성으로 의결하며, 본회 정관의 개정은 재석인원 3분의 2이상의 찬성으로 의결한다. 다만, 정당한 절차와 방법에 따른 총회와 이사회 소집에도 불구하고 연속 2회 이상 성원의 미달로 총회와 이사회 개회가 불가능한 경우에는 재적인원 1/3이상 출석으로 개회할 수 있다.

제28조 (의결권의 위임)

대의원 및 임원은 총회나 이사회에 특별한 사유로 불참할 때에는 서면으로 의결권을 위임하여 행사할 수 있다. 단, 선거권은 위임할 수 없다.

제29조 (회의록)

총회 및 이사회의 회의록을 작성하여 비치하여야 한다.

제6장 재정

제30조 (회계년도)

본회의 회계년도는 주무관청 일반회계의 회계년도에 따른다.

제31조 (재정수입)

본회의 재정수입은 다음과 같다.

1. 회원의 회비, 입회비, 법인출연금, 후원회비 또는 찬조금

2. 국가 또는 지방자치단체의 보조금

3. 수익사업을 통한 수익금

4. 독지가의 후원금 또는 기부금

제32조 (재정지출)

본회의 재정지출에 관한 사항은 내부규칙으로 정하는 바에 따른 다. 단, 법인출연금과 특별회계로 관리하는 재정의 지출에 관한 사항은 반드시 총회 의 의결을 거쳐야 한다.

제32조-1 (지정기부금)

지정기부금의 관리방법은 다음과 같다. (2011.1.15 신설)

1. 수입을 회원의 이익이 아닌 공익을 위하여 사용하고 사업의 직접 수혜자가 불특정다 수여야 한다.

2. 연간기부금 모금액과 활용실적을 매년 3월말까지 홈페이지에 공개한다.

3. (삭제2017.11.2)

<개정 2017.11.2>

제33조 (경조사시 부조금 지급)

회원과 배우자 및 직계가족의 애경사시에는 내부규칙에 따라 부조금을 지급할 수 있다.

제34조 (사업실적 및 사업계획 등의 제출)

본회의 사업실적 및 사업계획은 매 회계연도 종료 후 늦어도 2개월 이내에 다음 각 호의 서류를 주무관청에 제출하여야 한다.

1. 다음 연도의 사업계획서 및 수지예산서 각 1부

2. 당해 연도의 사업실적서 및 수지결산서 각 1부

3. 당해 연도말 현재의 재산목록 1부

제7장 상벌

제35조 (상)

본회에 지대한 공로가 있다고 인정된 자를 본회의 명으로 표창할 수 있으며, 주무관청의 승인을 받아 대통령의 표창을 건의할 수 있다. 그 결정은 이사회에서 심의하여 의결한다.

제36조 (징계)

1. 본회 목적사업 수행과 존속을 위해 다음 각 호에 해당된 회원은 이사회의 의결로 징계할 수 있다
   - 본 정관 목적에 크게 위배되거나 의결사항을 위반한 자
   - 본회의 명예를 훼손하였거나 현저한 피해를 입힌 자
2. 본회의 회원 중 회비를 5회 이상 미납한자는 이사회의 결정에 따라 자격을 정지 할 수 있다. 다만, 이사회의 의결에 따라 그럴만한 타당한 사유가 있다고 인정되는 자는 예외로 한다.
3. 징계의 종류는 경고, 자격정지, 제명 등이며, 결정은 이사회의 2/3이상의 찬성으로 한다.
   - 경고 : 자숙을 권고하는 것으로 태도의 변화가 보이지 않을 시는 중징계에 처한다.
   - 자격정지 : 회원의 자격을 정지하는 것으로 그 기간은 1종은 6개월, 2종은 1년으로 한다.
   - 제명 : 회원의 자격을 상실한다. 단, 세부사항은 내부규칙으로 정한다. (2008.1.19 개정)
   - 제명된 자나 임의탈퇴자는 납부된 회비 및 법인금 출연금 일체를 반납 받지 못한다.

제8장 보칙

제37조 (해산)

본회는 영구존속을 그 원칙으로 하나 부득이한 경우에 한하여 총회 결의에 의하여 해산

할 수 있다. 다만, 해산 시는 총회의 재석 대의원 2/3이상의 찬성을 얻어 주무관청의 승인을 받아야 한다.

제38조 (청산)

본회를 청산할 경우에는 이사 중에서 청산위원회를 구성하여 청산하고 해산시 잔여재산은 국가, 지방자치단체 또는 유사한 목적을 가진 다른 비영리법인에게 귀속하도록 한다. (개정 2017.11.2)

제39조 (준용)

정관에 규정되지 아니한 사항은 민법 중 사단법인에 관한 규정과 주무관청 소관 「비영리 법인설립 및 감독에 관한 규정」을 준용한다.

부칙 (2003. 7. 19. 제정)

제1조 (시행일)

본 정관은 주무관청에서 허가 받아 관할 법원에 등기를 설립한 날로부터 그 효력을 발생한다.

제2조 (설립임원)

최초 설립임원은 설립위원회에서 선출하여 설립총회에 보고한 다음 주무관청의 승인을 받도록 한다.

제3조 (최초대의원)

최초 대의원의 선출은 설립임원의 임기만료로 개최되는 총회를 앞두고 시행하도록 한다.

제4조 (재산승계)

구 법인의 재산은 새 법인의 재산으로 일괄 승계한다.

제5조 (업무승계)

구 법인의 재산은 새 법인의 재산으로 일괄 승계한다.

[서식 – 그 외 관련 서식은 서식 중복기재 회피를 위하여 제1편 비영리사단법인 해당 서식을 참고하기 바란다]

나. 설립허가

(1) 허가기준

국가보훈처장은 비영리법인 설립허가 신청의 내용이 다음 각 호의 기준에 맞는 경우에만 그 설립을 허가할 수 있다(규칙 제4조). 〈개정 2016. 6. 29.〉

- 비영리법인의 설립목적과 사업이 실현 가능할 것
- 목적사업을 할 수 있는 충분한 능력이 있고, 재정적 기초가 확립되어 있거나 확립될 수 있을 것
- 설립목적이 다음 각 목에 해당하는 법인과 같은 것으로 오인되지 아니할 것
  - 「참전유공자 예우 및 단체설립에 관한 법률」 제18조에 따라 설립된 대한민국6·25참전유공자회, 같은 법 제18조의2에 따라 설립된 대한민국월남전참전자회
  - 「고엽제휴유의증 등 환자지원 및 단체설립에 관한 법률」 제9조에 따라 설립된 대한민국고엽제전우회
  - 「특수임무유공자 예우 및 단체설립에 관한 법률」 제54조에 따라 설립된 대한민국특수임무유공자회
  - 「국가유공자 등 단체 설립에 관한 법률」 제1조에서 정한 단체
  - 「대한민국재향군인회법」 제1조에 따라 설립된 대한민국재향군인회
  - 이 규칙에 따라 이미 허가된 비영리법인
- 다음 각 목에 해당하는 사람을 회원으로 하여 권익신장을 도모하지 아니할 것
  - 「독립유공자예우에 관한 법률」 제4조 및 제5조에 따른 독립유공자와 그 유족 또는 가족
  - 「국가유공자 등 예우 및 지원에 관한 법률」 제4조 제1항 및 제5조에 따른 국가유공자와 그 유족 또는 가족
  - 「참전유공자 예우 및 단체설립에 관한 법률」 제3조에 따른 참전유공자
  - 「고엽제후유의증 등 환자지원 및 단체설립에 관한 법률」 제3조 및 제7조9항에 따른 고엽제후유증환－ 엽제후유의증환자·고엽제후유증 2세환자와 그 유족 또는 가족
  - 「5·18민주유공자예우에 관한 법률」 제4조 및 제5조에 따른 5·18민주유공자와 그 유족 또는 가족
  - 「특수임무유공자 예우 및 단체설립에 관한 법률」 제3조 및 제4조에 따른 특수임무유공자

와 그 유족 또는 가족
- 다른 법인과 같은 명칭이 아닐 것

(2) 심사 및 허가기간

국가보훈처장은 비영리법인 설립허가 신청을 받았을 때에는 특별한 사유가 없으면 그 신청을 받은 날부터 20일 이내에 심사하여 허가 또는 불허가 처분을 하고, 그 결과를 신청인에게 서면으로 통지하여야 한다. 이 경우 설립을 허가하였을 때에는 별지 제2호서식의 비영리법인 설립허가증을 발급하고, 별지 제3호서식의 비영리법인 설립허가 대장에 필요한 사항을 적어야 한다.

(3) 조건부허가

국가보훈처장은 비영리법인의 설립을 허가할 때 필요한 조건을 붙일 수 있다.

다. 설립 관련 보고

(1) 재산이전

비영리법인의 설립허가를 받은 자는 그 허가를 받은 후 지체 없이 기본재산 및 운영재산을 비영리법인에 이전(移轉)하고, 허가를 받은 날부터 1개월 이내에 그 이전을 증명하는 서류 (등기소 또는 금융회사 등에서 발급한 증명서를 말한다)를 국가보훈처장에게 제출하여야 한다(규칙 제5조).

(2) 등기사항증명서 확인

비영리법인은 「민법」 제49조부터 제52조까지의 규정에 따라 비영리법인 설립 등의 등기를 하였을 때에는 10일 이내에 그 사실을 국가보훈처장에게 보고하여야 한다. 이 경우 국가보훈처장은 「전자정부법」 제36조 제1항에 따른 행정정보의 공동이용을 통하여 법인 등기사항증명서를 확인하여야 한다.

3. 허가 후 절차

가. 정관 변경의 허가 신청

「민법」 제42조 제2항, 제45조 제3항 또는 제46조에 따른 정관 변경의 허가를 받으려는 비영리법인은 별지 제4호 서식의 비영리법인 정관 변경허가 신청서에 다음의 서류를 첨부하여 국가보훈처장에게 제출하여야 한다(규칙 제6조).

- 정관 변경 사유서 1부
- 개정될 정관(신 · 구조문대비표를 첨부한다) 1부
- 정관 변경과 관련된 총회 또는 이사회의 회의록 1부
- 기본재산의 처분에 따른 정관 변경인 경우에는 처분 사유, 처분재산의 목록 및 처분 방법 등을 적은 서류 1부

■ 국가보훈처 소관 비영리법인의 설립 및 감독에 관한 규칙 [별지 제4호서식] 〈개정 2015.12.30.〉

비영리법인 정관 변경허가 신청서

접수번호	접수일	처리일	처리기간 7일

신청인	성명		생년월일 (외국인등록번호)
	주소		전화번호

법인	명칭		전화번호
	소재지		
	설립 허가일		설립허가번호
	대표자 성명		생년월일 (외국인등록번호)
	주소		

「민법」 제42조제2항, 제45조제3항 또는 제46조 및 「국가보훈처 소관 비영리법인의 설립 및 감독에 관한 규칙」 제6조에 따라 위와 같이 정관 변경허가를 신청합니다.

년   월   일

신청인 (서명 또는 인)

국가보훈처장 귀하

첨부서류	1. 정관 변경 사유서 1부 2. 개정될 정관(신·구조문대비표를 첨부한다) 1부 3. 정관 변경과 관련된 총회 또는 이사회의 회의록 1부 4. 기본재산의 처분에 따른 정관 변경인 경우에는 처분 사유, 처분재산의 목록, 처분 방법 등을 적은 서류 1부	수수료 없음

처리절차

신청서 작성	→	접수	→	서류 확인 및 검토	→	결재	→	결과 통지
신청인				처리 기관: 국가보훈처				

210mm×297mm[백상지(80g/㎡) 또는 중질지(80g/㎡)]

[서식 - 그 외 관련 서식은 서식 중복기재 회피를 위하여 제1편 비영리사단법인 해당 서식을 참고하기 바란다.]

나. 사업실적 및 사업계획 등의 보고

비영리법인은 매 사업연도가 끝난 후 2개월 이내에 다음의 서류를 국가보훈처장에게 제출하여야 한다(규칙 제7조).

• 다음 사업연도의 사업계획 및 수입 · 지출 예산서 1부
• 해당 사업연도의 사업실적 및 수입 · 지출 결산서 1부
• 해당 사업연도 말 현재의 재산목록 1부

다. 비영리법인 사무의 검사 · 감독

국가보훈처장은 「민법」 제37조에 따른 비영리법인 사무의 검사 및 감독을 위하여 불가피한 경우에는 해당 비영리법인에 관계 서류 · 장부 또는 그 밖의 참고자료의 제출을 명하거나 소속 공무원에게 비영리법인의 사무 및 재산상황을 검사하게 할 수 있으며(규칙 제8조), 이에 따라 비영리법인의 사무를 검사하는 공무원은 그 자격을 증명하는 증표를 관계인에게 보여 주어야 한다.

4. 해산 등

가. 설립허가의 취소

주무관청은 법인이 목적이외의 사업을 하거나 설립허가의 조건에 위반하거나 기타 공익을 해하는 행위를 한때에는 그 허가를 취소할 수 있는데, 이에 따라 비영리법인의 설립허가를 취소하려면 청문을 하여야 한다(규칙 제9조).

나. 해산신고

(1) 신고 및 첨부서류

비영리법인이 해산(파산으로 인한 해산은 제외한다)하였을 때에는 그 청산인은 「민법」 제85조 제1항에 따라 해산등기를 마친 후 지체 없이 별지 제5호 서식의 비영리법인 해산신고서에 다음의 서류를 첨부하여 국가보훈처장에게 제출하여야 한다(규칙 제10조).

• 해산 당시의 재산목록 1부
• 잔여재산 처분 방법의 개요를 적은 서류 1부

- 해산 당시의 정관 1부
- 사단법인이 총회의 결의에 따라 해산하였을 때에는 그 결의를 한 총회의 회의록 1부
- 재단법인의 해산 시 이사회가 해산을 결의하였을 때에는 그 결의를 한 이사회의 회의록 1부

(2) 등기사항증명서 확인

신고서를 받은 국가보훈처장은 「전자정부법」 제36조 제1항에 따른 행정정보의 공동이용을 통하여 법인 등기사항증명서를 확인하여야 한다.

- 국가보훈처 소관 비영리법인의 설립 및 감독에 관한 규칙 [별지 제5호서식] 〈개정 2015.12.30.〉

비영리법인 해산신고서

접수번호	접수일	처리일	처리기간	즉시

청산인	성명		생년월일 (외국인등록번호)
	주소		전화번호

청산법인	명칭		전화번호
	소재지		

해산 연월일

해산 사유

청산인 대표권의 제한 내용(대표권이 제한되는 경우에만 적습니다)

「민법」 제85조제1항 및 「국가보훈처 소관 비영리법인의 설립 및 감독에 관한 규칙」 제10조에 따라 위와 같이 비영리법인의 해산을 신고합니다.

년   월   일

신고인   (서명 또는 인)

국가보훈처장 귀하

신고인 제출서류	1. 해산 당시의 재산목록 1부 2. 잔여재산 처분 방법의 개요를 적은 서류 1부 3. 해산 당시의 정관 1부 4. 사단법인이 총회의 결의에 따라 해산하였을 때에는 그 결의를 한 총회의 회의록 1부 5. 재단법인의 해산 시 이사회가 해산을 결의하였을 때에는 그 결의를 한 이사회의 회의록 1부	수수료 없음
담당 공무원 확인사항	법인 등기사항증명서	

처리절차

신고서 작성	→	접수	→	서류 확인 및 검토	→	결재
신고인			처리 기관: 국가보훈처			

210mm×297mm[백상지(80g/㎡) 또는 중질지(80g/㎡)]

다. 잔여재산 처분허가의 신청 등

비영리법인의 이사 또는 청산인은 「민법」 제80조 제2항에 따라 잔여재산의 처분에 대한 허가를 받으려면 별지 제6호서식의 잔여재산 처분허가 신청서에 다음의 서류를 첨부하여 국가보훈처장에게 제출하여야 한다(규칙 제11조).

• 해산 당시의 정관 1부(해산신고 시의 정관을 확인할 필요가 있는 경우에만 제출한다)
• 총회의 회의록 1부(사단법인의 해산신고 시에 제출한 서류만으로는 확인이 되지 아니할 경우에만 제출한다)

[서식 – 잔여재산 처분허가 신청서]

■ 국가보훈처 소관 비영리법인의 설립 및 감독에 관한 규칙 [별지 제6호서식] 〈개정 2015.12.30.〉

잔여재산 처분허가 신청서

접수번호	접수일	처리일	처리기간 7일

신청법인	명칭		전화번호	
	소재지			

대표자 (이사 · 청산인)	성명		생년월일 (외국인등록번호)	
	주소		전화번호	

처분재산	종류 및 수량	
	금액	
	처분 방법	
처분 사유		

「민법」 제80조제2항 및 「국가보훈처 소관 비영리법인의 설립 및 감독에 관한 규칙」 제11조에 따라 위와 같이 잔여재산 처분허가를 신청합니다.

년   월   일

신청인   (서명 또는 인)

　　국가보훈처장 귀하

첨부서류	1. 해산 당시의 정관 1부(해산신고 시의 정관을 확인할 필요가 있는 경우에만 제출합니다) 2. 총회의 회의록 1부(사단법인의 해산신고 시에 제출한 서류만으로는 확인이 되지 아니한 경우 에만 제출합니다)	수수료 없음

처리절차				
신고서 작성 신고인	→	접수	→	서류 확인 및 검토 → 결재 → 결과 통지

처리 기관: 국가보훈처

210mm×297mm[백상지(80g/㎡) 또는 중질지(80g/㎡)]

라. 청산종결의 신고

청산인은 비영리법인의 청산이 종결되었을 때에는 「민법」 제94조에 따라 등기한 후 별지 제7호서식의 청산종결 신고서를 국가보훈처장에게 제출하여야 한다. 이 경우 국가보훈처장은 「전자정부법」 제36조 제1항에 따른 행정정보의 공동이용을 통하여 법인 등기사항증명서를 확인하여야 한다(규칙 제12조).

■ 국가보훈처 소관 비영리법인의 설립 및 감독에 관한 규칙 [별지 제7호서식] 〈개정 2015.12.30.〉

청산종결 신고서

접수번호	접수일	처리일	처리기간 즉시

청 산 인	성명		생년월일 (외국인등록번호)	
	주소		전화번호	

청산법인	명칭		전화번호	
	소재지			

청산 연월일

청산 취지

「민법」 제94조 및 「국가보훈처 소관 비영리법인의 설립 및 감독에 관한 규칙」 제12조에 따라 위와 같이 청산 종결을 신고합니다.

년   월   일

신고인

(서명 또는 인)

국가보훈처장 귀하

담당 공무원 확인사항	법인 등기사항증명서	수수료 없음

처리절차

신고서 작성	→	접수	→	서류 확인 및 검토	→	결재
신고인		처리 기관: 국가보훈처				

210mm×297mm[백상지(80g/㎡) 또는 중질지(80g/㎡)]

5. 고유식별정보의 처리

국가보훈처장은 다음 각 호의 사무를 수행하기 위하여 불가피한 경우 「개인정보 보호법 시행령」 제19조 제4호에 따른 외국인등록번호가 포함된 자료를 처리할 수 있다(규칙 제13조).

- 제3조에 따른 비영리법인 설립허가에 관한 사무
- 제6조에 따른 비영리법인 정관 변경허가에 관한 사무
- 제10조에 따른 비영리법인 해산신고에 관한 사무
- 제11조에 따른 잔여재산 처분허가에 관한 사무
- 제12조에 따른 청산종결 신고에 관한 사무

제9장 통일부 소관 비영리법인 설립

1. 개관

통일부 소관 비영리법인의 설립 및 감독에 관한 규칙(이하 '규칙'이라고만 함)은 「민법」에 따라 통일부장관이 주무관청이 되는 비영리법인의 설립 및 감독에 필요한 사항을 규정함을 목적으로 하며, 이에 따른 비영리법인(이하 '법인'이라 한다)의 설립허가, 법인 사무의 검사 및 감독 등에 관하여는 다른 법령에 특별한 규정이 있는 경우를 제외하고는 이 규칙에서 정하는 바에 따른다.

본장은 통일부 소관 비영리법인의 설립과 관련한 일반절차인 설립허가신청 및 관련 첨부서류 그리고 정관변경허가신청, 사업계획보고 등에 관한 내용들을 정리하였다. 그 외 관련서류들은 제1편 관련 내용부분을 참고하기 바란다.

2. 설립허가절차

가. 설립허가의 신청

「민법」제32조에 따라 법인의 설립허가를 받고자 하는 자(이하 '설립발기인'이라 한다)는 별지 제1호서식의 법인 설립허가 신청서에 다음의 서류를 첨부하여 통일부장관에게 제출하여야 한다. 이 경우 통일부장관은 제3호의 재산목록에 적힌 재산 중 토지 또는 건물의 등기사항증명서를 「전자정부법」제36조 제1항에 따른 행정정보의 공동이용을 통하여 확인하여야 한다(규칙 제3조).

- 설립발기인의 성명 · 생년월일 · 주소 및 약력을 적은 서류(설립발기인이 법인인 경우에는 명칭, 주된 사무소의 소재지, 대표자의 성명 · 생년월일 · 주소와 정관을 적은 서류) 1부
- 정관 1부
- 재산목록(재단법인의 경우에는 기본재산과 운영재산으로 구분하여 적어야 한다) 및 그 입증서류와 출연의 신청이 있는 경우에는 그 사실을 증명하는 서류 각 1부
- 해당 사업연도분의 사업계획 및 수입 · 지출예산을 적은 서류 1부

- 임원취임예정자의 성명·생년월일·주소 및 약력을 적은 서류와 취임승낙서 각 1부
- 창립총회회의록(설립발기인이 법인인 경우에는 법인설립에 관한 의사의 결정을 증명하는 서류) 1부

■ 통일부 소관 비영리법인의 설립 및 감독에 관한 규칙 [별지 제1호서식] 〈개정 2015.12.28.〉

법인 설립허가 신청서

접수번호	접수일		처리일		처리기간	20일

신청인	성명			생년월일	
	주소			전화번호	

법인	명칭			전화번호	
	소재지				

대표자	성명			생년월일	
	주소			전화번호	

「민법」 제32조 및 「통일부 소관 비영리법인의 설립 및 감독에 관한 규칙」 제3조에 따라 위와 같이 법인의 설립허가를 신청합니다.

년   월   일

신청인   (서명 또는 인)

통일부장관   귀하

신청인 제출서류	1. 설립발기인의 성명 · 생년월일 · 주소 · 약력을 적은 서류(설립발기인이 법인인 경우에는 명칭, 주된 사무소의 소재지, 대표자의 성명 · 생년월일 · 주소와 정관을 적은 서류) 1부 2. 정관 1부 3. 재산목록(재단법인의 경우에는 기본재산과 운영재산으로 구분하여 적어야 합니다) 및 그 증명서류와 출연 신청이 있는 경우에는 그 사실을 증명하는 서류 각 1부 4. 해당 사업연도분의 사업계획과 수입 · 지출 예산을 적은 서류 1부 5. 임원취임예정자의 성명 · 생년월일 · 주소 및 약력을 적은 서류와 취임승낙서 각 1부 6. 창립총회회의록(설립발기인이 법인인 경우에는 법인설립에 관한 의사의 결정을 증명하는 서류) 1부 ※ 제3호의 서류 중 담당 공무원이 확인가능한 토지 및 건물의 등기사항증명서는 제출하지 않아도 됩니다.	수수료 없음
담당 공무원 확인사항	재산목록에 적힌 재산 중 토지 또는 건물의 등기사항증명서	

처리절차

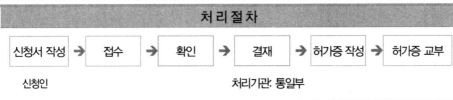

| 신청서 작성 | → | 접수 | → | 확인 | → | 결재 | → | 허가증 작성 | → | 허가증 교부 |

신청인   처리기관: 통일부

210mm×297mm[백상지 80g/㎡]

제 1 장 총 칙

제1조(명칭)

본 회의 명칭은 사단법인 한민족통일여성협의회(이하 협의회)라 한다.

제2조(소재지)

본 협의회 본부는 서울특별시에 두고 전국 광역 시·도 및 해외 협의회와 시·군·구 지회를 둘 수 있다.

제3조(목적)

본 협의회는 정치성을 배제한 순수 여성단체로서 여성들의 통일의지를 결집하여 여성 및 청소년에게 통일의 당위성에 대한 교육과 홍보를 활발하게 전개, 민족의 숙원인 통일과업을 성취하는 데 이바지함을 목적으로 한다.

제4조(사업)

본 협의회는 제3조의 목적을 달성하기 위하여 다음과 같은 사업을 한다.
- 한민족 여성의 동질성 회복에 관한 사업
- 여성 및 청소년의 통일기반 조성을 위한 교육홍보·계도에 관한 사항
- 통일의식 조사 및 연구 출판에 관한 사항
- 탈북 및 실향민 여성 지원에 관한 사항
- 통일을 대비하여 남북한 여성의 문화적 갈등 해소를 위한 준비교육 및 연구에 관한 사업
- 기타 본 협의회의 목적 달성에 필요한 사항

제 2 장 회 원

제5조(회원의 자격)

회원은 대한민국 여성이나 해외동포 여성으로서 본 회의 설립취지를 찬동하고 적극 참

여하는 자로 한다.

제6조(회원의 가입)

① 회원으로 가입하고자 하는 자는 소정의 입회원서를 제출하고 입회비를 납부하여야 한다.

② 입회비 및 연회비의 액수와 납부방법은 따로 정한다.

제7조(회원의 권리와 의무)

① 회원은 발의권 · 선거권 · 피선거권 및 본 법인의 목적, 활동사업에 참여할 권리를 가진다.

② 회원은 정관 및 제 · 개정과 총회 및 이사회의 의결사항을 준수하고, 소정의 회비를 납부할 의무를 지닌다.

제8조(회원의 자격 소멸)

① 회원은 사망, 제명의 경우 그 자격을 상실한다.

② 회원이 2년 이상 회비를 납부하지 아니한 때에는 탈퇴한 것으로 본다.

③ 회원은 본인이 탈퇴서를 제출하고 탈퇴할 수 있다.

제9조(회원자격 상실자의 회비처리)

회원자격을 상실한 자가 이미 납부한 입회비와 연회비는 반환하지 아니한다.

제10조(징계)

본 협의회의 임원 또는 회원이 본 협의회에 과오를 범하여 명예를 훼손 또는 위상을 실추시키거나 조직을 와해시키는 경우 이사회의 동의를 얻어 총재가 다음 각항의 징계를 할 수 있다.

• 회원자격 상실과 임원직 해임

• 정권 처분(선거권과 피선거권)

• 제명 처분

제 3 장 임 원

제11조(구성)

본 협의회의 임원은 다음과 같다.

- 총재 1인
- 수석부총재 4인 이내
- 부총재 10인 이내
- 이사(총재, 수석부총재, 부총재 포함) 15인 이상 30인 이내
- 감사 2인 이내

제12조(선출)

임원은 임원 상호 간에 민법 제777조에 규정된 친족관계나 배우자의 삼촌 이내의 혈족 관계에 있는 자가 임원정수의 3분의 1을 초과하지 아니하여야 한다.

① 총재와 감사는 총회에서 선출하고, 총회에서 위임받은 임원은 이사회 의결로 선출한다.

② 총재는 본 협의회의 인사위원회에서 추천된 자를 이사회 의결을 거쳐 총회에서 선출한다.

③ 감사는 감사 상호 간 또는 이사와 감사 간에 제1항에 규정된 관계가 없는 자라야 한다.

④ 수석부총재, 부총재, 이사는 총회에서 위임받아 이사회 의결로 선출한다.

⑤ 본 협의회의 임원이 취임 시 사무총장은 통일부장관에게 지체 없이 보고하여야 한다.

제13조(임기)

① 임원의 임기는 3년으로 한다. 단, 2회에 한하여 연임할 수 있다.

② 임원이 임기 중 궐위된 경우 20일 이내에 총재가 이사회의 의결을 거쳐 그 후임자를 선출하되 차기 총회에서 승인을 받아야 하며, 그 임기는 전임자의 잔여기간으로 한다.

제14조(직무)

① 총재는 본 협의회를 대표하고 법인의 업무를 통괄하며 이사회와 총회의 의장이 된다.

② 수석부총재는 총재를 보좌하며 맡은 분야의 직무를 수행하고 총재 유고 시 총재가 지명하는 수석부총재가 총재의 직무를 대행한다.

③ 부총재는 총재와 수석부총재를 보좌하며 맡은 분야의 직무를 담당한다.

④ 기획·행정담당은 사업기획 및 행정업무를 담당한다.

⑤ 조직담당은 모든 조직상의 업무를 담당한다.

⑥ 재정담당은 재정업무를 담당한다.

⑦ 문화·홍보담당은 홍보 및 문화업무를 담당한다.

⑧ 국제담당은 국제문제 관련 사업 및 해외 협의회와 지속적인 유대증진과 평화통일 촉진업무를 담당한다.

⑨ 여성담당은 여성들의 권익증진과 공동이익에 관한 업무를 담당한다.

⑩ 학술·교육담당은 학술연구 및 교육업무를 담당한다

⑪ 대외협력담당은 타 부서에 속하지 않은 업무를 담당한다.

⑫ 감사의 직무는 다음과 같다.

• 법인의 재산상황을 감사하는 일

• 이사회의 운영과 그 업무에 관한 사항을 감사하는 일

• 제1호 및 제2호의 감사결과 부정 또는 부당한 점이 있음을 발견 시 총회 또는 이사회에서 그 시정을 요구하고 감독청에 보고하는 일.

• 제3호를 보고하기 위하여 필요한 때에 총회 또는 이사회의 소집을 요구하는 일.

• 협의회의 재산상황, 총회 또는 이사회의 운영과 그 업무에 관한 사항에 대하여 총재에게 의견을 진술하거나 총회 또는 이사회에서 의견을 진술하는 일.

제 4 장 총 회

제15조(구성)

① 본 협의회의 총회는 최고의결기관으로서 대의원으로 구성한다.

② 대의원의 자격 및 정원에 대한 규정은 따로 정한다.

제16조(소집)

① 총회는 정기총회와 임시총회로 구분한다.

② 정기총회는 연 1회 소집한다.

③ 임시총회는 다음 각호의 경우 소집한다.

• 대의원 3분의 1 이상이 소집을 요구한 때.

• 이사회의 의결로서 소집을 요구한 때.

• 감사의 요구가 있을 때.

• 총재가 필요하다고 생각할 때.

④ 총회는 총재가 소집하며 늦어도 개최 일주일 전까지 회의 목적과 일시, 장소를 서면으로 통지하여야 한다.

제17조(의결 정족수)

① 총회는 별도규정이 없는 한 재적 대의원 과반수의 출석으로 개회하고 출석 대의원 과반수의 찬성으로 의결한다. 다만 가부동수인 경우에는 의장이 결정권을 갖는다.

② 총회의 의결사항은 의사록에 기록, 유지하여야 한다.

제18조(의결사항)

총회는 다음 사항을 의결한다.

• 임원선출

• 법인의 해산 및 정관변경

• 예산 및 결산의 승인

• 사업계획의 승인

• 재산의 매도, 증여, 담보, 대여취득, 기채

• 기타 중요한 사항

제19조(제척사유)

본 협의회의 총재 또는 회원의 총회 의결 제척사유는 다음 각호의 1에 해당하는 경우로 한다.

• 임원의 취임 및 해임에 있어서 자신에 관한 사항

• 금전 및 재산의 수수에 관련되는 사항으로서 총재 또는 회원 자신과 협의회의 이해가 상반되는 사항

제 5 장 이 사 회

제20조(구성)
① 이사회는 총재, 수석부총재, 부총재, 이사로 구성한다.
② 광역 시 · 도 협의회 회장은 중앙 이사회의 당연직 이사가 된다.

제21조(소집)
총재는 다음 각호의 1에 해당하는 경우 그 사유를 명시하여 이사회를 소집하고 그 의장이 된다.
• 총재가 필요하다고 할 때
• 재적이사 3분의 2 이상의 소집요구가 있을 때
• 검사의 소집요구가 있을 때
• 기타 협의회 운영과 관련하여 중요한 사항이 있을 때

제22조(의결정족수)
이사회는 별도규정이 없는 한 재적이사의 과반수 출석으로 개회하고 출석이사의 과반수 찬성으로 의결한다. 다만 가부동수인 때에는 의장이 결정한다.

제23조(회기)
이사회는 분기별로 개최함을 원칙으로 한다.

제24조(의결사항)
이사회는 다음 사항을 의결한다.
• 업무 집행
• 사업계획의 운영
• 예산결산서 작성

- 총회에서 위임받은 사항
- 정관 변경
- 재산관리
- 정관에 의하여 그 권한에 속하는 사항
- 총회에 부의할 안건의 작성
- 기타 총재가 부의하는 사항

제 6 장 대 의 원

제25조(대의원의 구성)

전국 광역 시 · 도 협의회 및 시 · 군 · 구 지회에서 선출된 대의원으로 구성한다.

제26조(대의원의 자격)

본 협의회의 대의원 자격은 다음 각호에 해당한 자로 한다.
- 본 협의회의 총재를 비롯한 수석부총재, 부총재, 이사와 감사 및 사무총장, 중앙협의
  회 사무처 실 · 국장급 이상
- 서울특별시협의회를 비롯한 광역 시 · 도 협의회 회장을 포함한 각 3인
- 해외 협의회 회장 및 시 · 군 · 구 지회장 각 1인으로 한다.

제 7 장 재 정

제27조(재산)

① 본 협의회의 재산은 기본재산과 보통재산으로 구분한다.
② 기본재산은 법인설립 시 그 설립자가 출연한 재산과 이사회에서 기본재산으로 정한
재산으로 한다.
③ 기본재산은 연 1회 그 목록을 작성하여 통일부장관에게 보고하여야 한다.
④ 기본재산의 매도 · 증여 · 교환 또는 담보제공 의무의 부담, 권리의 포기 및 기채하
는 때에는 사전에 통일부장관의 승인을 얻어야 한다.

제28조(재원)

본 협의회의 재원은 다음 각호의 1에 해당하는 자금으로 충당한다.

- 회원이 납부하는 입회비와 연회비
- 총재를 비롯한 모든 임원이 납부하는 특별회비와 찬조금
- 독지가와 단체의 후원금. 단 시·도, 시·군·구 및 해외 협의회 회비는 자체 운영비로 충당한다.

제29조(회계연도)

본 협의회의 회계연도는 정부의 회계연도에 따른다.

제30조(세입·세출 예산)

본 협의회의 세입·세출 예산은 매 회계연도 개시 1월 전까지 편성하여 이사회의 의결을 거쳐 총회의 승인을 얻어야 한다.

제31조(회계감사)

감사는 회계감사를 연 2회 이상 실시하여야 한다.

제32조(임원의 보수)

임원의 보수에 관한 규정은 따로 정한다. 단, 상근하여 사업운영을 전담하는 이사를 제외한 임원은 보수를 지급하지 아니함을 원칙으로 한다.

제 8 장 부설기관

제33조(부설기관 설립목적)

제3조의 본 협의회 설립목적을 보다 적극적으로 추진하고 여성들의 역할증대를 통하여 통일과업 성취 및 남북한 여성들이 더불어 행복한 사회를 만드는 데 기여하고자 한다.

제34조(부설기관)

① 통일여성교육원

② 실향민여성법률상담소

③ 가정회복상담소 등을 설치할 수 있다.

제35조(부설기관장)

부설기관의 특성을 고려하여 해당 분야의 업무에 해박한 지식과 경험이 풍부한 전문가 중에서 특임이사장과 교육원장, 상담소장 등을 총재가 임명한다.

제 9 장 명예이사장, 명예총재, 상임고문, 자문위원, 정책연구위원

제36조(명예이사장)

명예이사장은 본 법인의 위상과 대외적인 이미지를 제고할 수 있는 사회 저명인사 중에서 총재가 추대한다.

제37조(명예총재)

명예총재는 전임 총재 중에서 이사회 의결을 거쳐 추대할 수 있다. 단 직전 총재는 당연직 명예총재로 추대한다.

제38조(상임고문)

상임고문은 국내외 인사로서 덕망과 지혜, 통일에 관한 전문지식을 겸비한 인사 중에서 이사회 의결을 거쳐 총재가 추대한다.

제39조(자문위원)

통일에 관한 전문지식과 조예가 깊은 국내외 인사 중 약간 명의 자문위원을 두되 이사회 의결을 거쳐 위촉하여야 하며, 총재의 자문에 응한다.

제40조(정책연구위원)

통일에 관한 전문지식 및 연구 실적이 많은 국내외 인사 중 약간 명의 정책연구위원을 두되 이사회 의결을 거쳐 위촉하며, 통일정책 및 협의회 발전방안 등을 연구한다.

제41조(임기)

본 협의회의 명예이사장, 명예총재, 상임고문, 자문위원, 정책연구위원의 임기 등 필요한 사항은 따로 정한다.

제 10 장 정관 변경

제42조(개정 절차)

본 법인의 정관 개정 발의나 절차는 다음과 같다.

• 임원 3분의 1 이상의 서면 제의가 있을 때

• 대의원 4분의 1 이상의 서면제의가 있을 때.

• 시 · 도 협의회 과반수 이상의 서면 제의가 있을 때

• 관계부처로부터 정관 변경 지시가 있을 때는 본 법인에서 총재가 지명하는 정관개정 심의위원을 구성하여 개정안을 마련, 이사회의 의결을 거쳐 총회에서 재적위원 3분의 2의 찬성으로 가결되고 확정한다.

제43조(시행)

개정된 정관은 통일부장관에게 지체 없이 문서로 보고하고, 그 시행 시기는 당국의 승인 통보를 받은 날로부터 그 효력을 가진다.

제 11 장 사 무 처

제44조(설치)

본 협의회의 업무를 수행하기 위하여 사무처를 둔다.

제45조(사무총장)

사무처에는 총재의 명을 받아 사무처의 업무를 관장하는 사무총장과 약간 명의 직원을 둔다.

제46조(직제 및 직원)

사무처 직원의 정수 및 기타 직제에 관해서는 따로 정한다.

제 12 장 상 벌

제47조(포상)

본 협의회의 모든 임원과 명예이사장, 상임고문, 자문위원, 정책연구위원과 여타 인사의 협의회 발전에 대해 현저한 공로가 인정될 때 자체 포상은 물론 관계부처에 이를 추천할 수 있다.

제48조(징계)

본 협의회의 모든 임원 및 회원은 본 협의회의 정관은 물론 법을 명백히 위반했을 경우 다음과 같이 징계한다. 단, 징계의 범위를 정하거나 이를 집행하는 결정은 이사회에서 정한다.

- 임원직 박탈
- 피해에 대한 원상회복을 청구
- 관계당국에 고발 또는 제소 외 기타

제 13 장 해 산

제49조(해산의 사유)

본 협의회는 다음 각호의 사유로 해산한다.

- 통일과업이 성취되어 더 이상 존속의 이유가 없을 때
- 총회에서 재적 대의원 3분의 2 이상의 찬성으로 해산을 의결하였을 때

제50조(해산 후의 잔여재산)

본 협의회가 해산될 때 잔여재산은 통일부장관의 승인을 얻어 국가, 지방자치단체 또는 이 법인과 유사한 단체에 기증한다.

제 14 장 보 칙

제51조(정관의 변경)

본 협의회의 정관을 개정하고자 할 때에는 총회에서 재적 대의원 3분의 2 이상의 찬성으로 의결하여 통일부장관의 허가를 얻어야 한다.

제52조(사업계획 및 실적)

다음년도의 사업계획서 및 예산서와 당해년도의 사업실적 및 수지결산서는 회계연도 종료 후 2월 이내에 통일부장관에게 제출하여야 한다. 이 경우 재산목록과 업무현황 및 감사결과보고서도 제출하여야 한다.

제53조(규칙)

협의회 운영에 관하여 필요한 규칙은 따로 정한다.

[서식 – 그 외 관련 서식은 서식 중복기재 회피를 위하여 제1편 비영리사단법인 해당 서식을 참고하기 바란다]

나. 설립허가

(1) 허가기준

통일부장관은 제3조에 따른 법인 설립허가 신청의 내용이 다음의 기준에 적합한 경우에는 법인설립을 허가하여야 한다(규칙 제4조).

• 법인의 목적과 사업이 실현가능할 것

• 목적하는 사업을 수행할 수 있는 충분한 능력이 있고, 재정적 기초가 확립되어 있거나 확립될 수 있을 것

• 다른 법인과 동일한 명칭이 아닐 것

(2) 심사 및 허가기간

통일부장관은 법인 설립허가 신청서를 받았을 때에는 특별한 사유가 없으면 20일 이내에 심사하여 허가 또는 불허가 처분을 하고, 이를 서면으로 신청인에게 통지하여야 한다. 이

경우 허가를 할 때에는 별지 제2호서식에 따른 법인 설립허가증을 내어주고 법인 설립허가대
장에 필요한 사항을 적어야 한다.

(3) 조건부허가

통일부장관은 법인의 설립허가를 할 때에는 필요한 조건을 붙일 수 있다.

다. 설립관련 보고

(1) 재산이전

법인의 설립허가를 받은 자는 그 허가를 받은 후 지체 없이 기본재산 및 운영재산을 법인에
이전하고, 1개월 이내에 그 이전을 증명하는 등기소나 금융회사 등의 증명서를 통일부장관
에게 제출하여야 한다(규칙 제5조).

(2) 설립관련 보고

법인은 「민법」 제49조부터 제52조까지의 규정에 따라 법인설립 등의 등기를 하였을 때에는
10일 이내에 그 사실을 통일부장관에게 서면으로 보고하여야 한다. 이 경우 보고를 받은
통일부장관은 「전자정부법」 제36조 제1항에 따른 행정정보의 공동이용을 통하여 법인 등기
사항증명서를 확인하여야 한다.

3. 허가 후 절차

가. 정관변경의 허가신청

(1) 신청 및 첨부서류

「민법」 제42조 제2항, 제45조 제3항 또는 제46조에 따라 정관변경의 허가를 받으려는
법인은 별지 제3호서식의 정관변경허가 신청서에 다음의 서류를 첨부하여 통일부장관에게
제출하여야 한다(규칙 제6조).

- 변경사유서 1부
- 신·구조문대비표를 포함한 정관개정안 1부
- 정관의 변경과 관계가 있는 총회 또는 이사회의 회의록 1부

• 기본재산의 처분의 사유, 처분 재산의 목록, 처분의 방법 등을 적은 서류(기본재산의 처분에 따른 정관변경이 있는 경우에 한한다) 1부

(2) 심사 및 통지

통일부장관은 정관변경허가신청서를 받았을 때에는 특별한 사유가 없는 한 10일 이내에 심사하여 허가 또는 불허가 처분을 하고, 이를 서면으로 신청인에게 통지하여야 한다.

[서식 – 정관변경허가 신청서]

■ 통일부 소관 비영리법인의 설립 및 감독에 관한 규칙 [별지 제3호서식] 〈개정 2012.6.13〉

정관변경허가 신청서

접수번호	접수일	처리일	처리기간	10일

신청인	성명		생년월일	
	주소		전화번호	

법인	명칭		전화번호	
	소재지			
	설립허가일		설립허가번호	

대표자	성명		생년월일	
	주소		전화번호	

「민법」제42조제2항, 제45조제3항 및 제46조와 「통일부 소관 비영리법인의 설립 및 감독에 관한 규칙」제6조에 따라 위와 같이 정관의 변경허가를 신청합니다.

년   월   일

신청인

(서명 또는 인)

통일부장관   귀하

신청인 제출서류	1. 정관의 변경 사유서 1부 2. 신·구조문대비표를 포함한 정관개정안 1부 3. 정관의 변경과 관계가 있는 총회 또는 이사회의 회의록 1부 4. 기본재산의 처분의 사유, 처분 재산의 목록, 처분의 방법 등을 적은 서류(기본재산의 처분에 따른 정관변경이 있는 경우만 해당됩니다) 1부	수수료 없음

처리절차

| 신청서 작성 | → | 접수 | → | 서류 확인 및 검토 | → | 결재 | → | 결과 통지 |

신청인   처리기관: 통일부

210mm×297mm[백상지 80g/㎡]

[서식 – 그 외 관련 서식은 서식 중복기재 회피를 위하여 제1편 비영리사단법인 해당 서식을 참고하기 바란다]

나. 사업실적 및 사업계획 등의 보고

법인은 매 사업연도 종료 후 2개월 이내에 다음의 서류를 통일부장관에게 제출하여야 한다
(규칙 제7조).

• 다음 사업연도의 사업계획 및 수입 · 지출예산서 1부
• 해당 사업연도의 사업실적 및 수입 · 지출결산서 1부
• 해당 사업연도 말 현재의 재산목록 1부

다. 법인사무의 검사 · 감독

통일부장관은 「민법」 제37조에 따른 법인사무의 검사와 감독을 위하여 필요하다고 인정되
면 법인에게 관계서류 · 장부 그 밖에 참고자료를 제출하게 하거나 소속공무원에게 법인의
사무와 재산상황을 검사하게 할 수 있으며(규칙 제8조), 이에 따라 법인사무를 검사하는
공무원은 그 자격을 증명하는 증표를 관계인에게 내보여야 한다.

4. 해산 등

가. 설립허가의 취소

주무관청은 법인이 목적이외의 사업을 하거나 설립허가의 조건에 위반하거나 기타 공익을
해하는 행위를 한때에는 그 허가를 취소할 수 있는데, 이에 따라 비영리법인의 설립허가를
취소하려면 청문을 하여야 한다(규칙 제9조).

나. 해산신고

법인이 해산한 때(파산에 따른 해산의 경우를 제외한다)에는 청산인은 「민법」 제85조 제1항
에 따라 해산등기를 완료한 후 지체 없이 별지 제4호서식의 법인 해산신고서에 다음의 서류
를 첨부하여 통일부장관에게 제출하여야 한다. 이 경우 통일부장관은 「전자정부법」 제36조
제1항에 따른 행정정보의 공동이용을 통하여 법인 등기사항증명서를 확인하여야 하며(규칙
제10조), 특별한 사유가 없으면 즉시 처리하여야 한다.

• 해산 당시의 재산목록 1부
• 잔여재산의 처분방법의 개요를 적은 서류 1부

- 해산 당시의 정관 1부
- 사단법인이 총회의 결의에 따라 해산한 때에는 그 결의를 한 총회의 회의록 1부
- 재단법인이 정관에 따라 해산한 경우로서 이사회가 해산 결의를 한 때에는 그 결의를 한 이사회의 회의록 1부

■ 통일부 소관 비영리법인의 설립 및 감독에 관한 규칙 [별지 제4호서식] 〈개정 2012.6.13〉

법인 해산신고서

접수번호	접수일	처리일	처리기간	즉시

청산인	성명		생년월일	
	주소		전화번호	

청산법인	명칭		전화번호	
	소재지			

해산 연월일

해산 사유

「민법」 제86조제1항 및 「통일부 소관 비영리법인의 설립 및 감독에 관한 규칙」 제10조에 따라 위와 같이 법인의 해산을 신고합니다.

년   월   일

신고인

(서명 또는 인)

통일부장관   귀하

신고인 제출서류	1. 해산 당시의 재산목록 1부 2. 잔여재산 처분방법의 개요를 적은 서류 1부 3. 해산 당시의 정관 1부 4. 사단법인이 총회의 결의에 의하여 해산하였을 때에는 그 결의를 한 총회의 회의록 1부 5. 재단법인이 정관에 따라 해산한 경우로서 해산 시 이사회가 해산을 결의하였을 때에는 그 결의를 한 이사회의 회의록 1부	수수료 없음
담당 공무원 확인사항	법인 등기사항증명서	

처리절차

신고서 작성	→	접수	→	확인	→	결재
신고인		처리기관: 통일부				

210mm×297mm[백상지 80g/㎡]

다. 잔여재산처분의 허가

해산한 법인의 이사나 청산인이 「민법」 제80조 제2항에 따라 잔여재산의 처분에 대한 허가를 받으려면 별지 제5호서식의 잔여재산 처분허가 신청서를 통일부장관에게 제출하여야 하며(규칙 제11조), 이 경우 통일부장관은 특별한 사유가 없으면 7일 이내에 심사하여 허가 또는 불허가 처분을 하고, 이를 서면으로 신청인에게 통지하여야 한다.

[서식 – 잔여재산 처분허가 신청서]

■ 통일부 소관 비영리법인의 설립 및 감독에 관한 규칙 [별지 제5호서식] ⟨개정 2012.6.13⟩

잔여재산 처분허가 신청서

접수번호		접수일		처리일		처리기간	7일
신청법인	명칭				전화번호		
	소재지						
대표자 (이사 · 청산인)	성명				생년월일		
	주소				전화번호		
처분재산	종류 및 수량						
	금액						
	처분방법						
처분 사유							

「민법」 제80조제2항 및 「통일부 소관 비영리법인의 설립 및 감독에 관한 규칙」 제11조에 따라 위와 같이 잔여재산 처분허가를 신청합니다.

년   월   일

신청인   (서명 또는 인)

통일부장관   귀하

신청인 제출서류	1.해산 당시의 정관 1부(해산신고 시의 정관을 확인할 필요가 있는 경우에만 제출합니다) 2.총회의 회의록 1부(사단법인의 해산신고 시에 제출한 서류만으로 확인이 되지 않을 경우에만 제출합니다)	수수료 없음

처리절차

신청서 작성	→	접수	→	확인	→	결재	→	결과 통지
신청인				처리기관: 통일부				

210mm×297mm[백상지 80g/㎡]

라. 청산종결의 신고

법인의 청산이 종결되었을 때에는 청산인은 「민법」 제94조에 따라 이를 등기한 후, 지체 없이 별지 제6호서식의 청산종결 신고서를 통일부장관에게 제출하여야 한다. 이 경우 통일 부장관은 「전자정부법」 제36조 제1항에 따른 행정정보의 공동이용을 통하여 법인 등기사항 증명서를 확인하여야 하며(규칙 제12조), 청산종결의 신고를 받았을 때에는 특별한 사유가 없으면 즉시 처리하여야 한다.

■ 통일부 소관 비영리법인의 설립 및 감독에 관한 규칙 [별지 제6호서식] 〈개정 2012.6.1 3〉

청산종결 신고서

접수번호	접수일	처리일	처리기간	즉시

청산인	성명		생년월일	
	주소		전화번호	

청산법인	명칭		전화번호	
	소재지			

청산 연월일
청산 취지

「민법」 제94조 및 「통일부 소관 비영리법인의 설립 및 감독에 관한 규칙」 제12조에 따라 위와 같이 청산 종결을 신고합니다.

년   월   일

신고인(청산인)

(서명 또는 인)

통일부장관   귀하

신고인(청산인) 제출서류	없음	수수료 없음
담당 공무원 확인사항	법인 등기사항증명서	

처리절차

신고서 작성	→	접수	→	확인	→	결재
신고인		처리기관: 통일부				

210mm×297mm[백상지 80g/㎡]

제10장 고용노동부 소관 비영리법인 설립

1. 개관

고용노동부 소관 비영리법인의 설립 및 감독에 관한 규칙(이하 '규칙'이라고만 함)은 「민법」에 따라 고용노동부장관이 주무관청이 되는 비영리법인의 설립 및 감독에 필요한 사항을 규정함을 목적으로 하며, 이에 따른 비영리법인(이하 '법인'이라 한다)의 설립허가, 법인 사무의 검사 및 감독 등에 관하여는 다른 법령에 특별한 규정이 있는 경우를 제외하고는 이 규칙에서 정하는 바에 따른다.

본장은 고용노동부 소관 비영리법인의 설립과 관련한 일반절차인 설립허가신청 및 관련 첨부서류 그리고 정관변경허가신청, 사업계획보고 등에 관한 내용들을 정리하였다. 그 외 관련서류들은 제1편 관련 내용부분을 참고하기 바란다.

2. 설립허가절차

가. 설립허가의 신청

「민법」 제32조에 따라 법인의 설립허가를 받으려는 자(이하 '설립발기인'이라 한다)는 별지 제1호서식의 법인 설립허가 신청서에 다음의 서류를 첨부하여 고용노동부장관에게 제출하여야 한다. 이 경우 고용노동부장관은 「전자정부법」 제36조 제1항에 따른 행정정보의 공동이용을 통하여 재산목록에 적힌 재산 중 토지와 건물의 등기사항증명서를 확인하여야 한다(규칙 제3조).

- 설립발기인의 성명 · 생년월일 · 주소 · 약력을 적은 서류(설립발기인이 법인인 경우에는 그 명칭, 주된 사무소의 소재지, 대표자의 성명 · 생년월일 · 주소와 정관을 적은 서류) 1부
- 정관 1부
- 재산목록(재단법인의 경우에는 기본재산과 운영재산으로 구분하여 적어야 한다) 및 그 증명서류와 출연(出捐) 신청이 있는 경우에는 그 사실을 증명하는 서류 각 1부

- 해당 사업연도분의 사업계획 및 수입 · 지출 예산을 적은 서류 1부
- 임원 취임 예정자의 성명 · 생년월일 · 주소 · 약력을 적은 서류 및 취임승낙서 각 1부
- 창립총회 회의록(설립발기인이 법인인 경우에는 법인 설립에 관한 의사 결정을 증명하는 서류) 사본 1부

■ 고용노동부 소관 비영리법인의 설립 및 감독에 관한 규칙 [별지 제1호서식] 〈개정 2017. 4. 19.〉

법인 설립허가 신청서

접수번호		접수일	처리일	처리기간	20일
신청인	성명		생년월일		
	주소		전화번호		
법 인	명칭		전화번호		
	소재지				
대표자	성명		생년월일		
	주소		전화번호		

「민법」 제32조 및 「고용노동부 소관 비영리법인의 설립 및 감독에 관한 규칙」 제3조에 따라 위와 같이 법인 설립허가를 신청합니다.

년   월   일

신청인   (서명 또는 인)

고용노동부장관 귀하

신청인 제출서류	1. 설립발기인의 성명·생년월일·주소·약력을 적은 서류(설립발기인이 법인인 경우에는 그 명칭, 주된 사무소의 소재지, 대표자의 성명·생년월일·주소와 정관을 적은 서류) 1부 2. 정관 1부 3. 재산목록(재단법인의 경우에는 기본재산과 운영재산으로 구분하여 적어야 합니다) 및 그 증명서류와 출연(出捐) 신청이 있는 경우에는 그 사실을 증명하는 서류 각 1부 4. 해당 사업연도분의 사업계획 및 수입·지출 예산을 적은 서류 1부 5. 임원 취임 예정자의 성명·생년월일·주소·약력을 적은 서류 및 취임승낙서 각 1부 6. 창립총회 회의록(설립발기인이 법인인 경우에는 법인 설립에 관한 의사 결정을 증명하는 서류) 1부 ※ 제3호의 서류 중 담당 공무원 확인사항인 증명서류는 제출을 생략합니다.	수수료 없음
담당 공무 원 확인사항	재산목록에 적힌 재산 중 토지(건물) 등기사항증명서	

처 리 절 차

신청서 작성	→	접 수	→	확 인	→	결 재	→	허가증 작성	→	허가증 발급
신청인				처리기관: 고용노동부(비영리법인 설립 및 감독 업무 담당부서)						

210mm×297mm(백상지 80g/㎡)

제1장 총칙

제1조 (명칭) 이 법인은 '사단법인 안산노동안전센터'라 하며(이하 '본회'라 한다) 영문이름은 'Ansan labㅇr's Safety Center'로 한다.

제2조 (목적) 본회는 산업재해를 예방하고, 재해에 따른 조치를 통해 안산지역 노동자의 안전하게 일할 권리를 보호하고 신장하며,
지역사회의 안전을 확대해나감을 목적으로 한다.

제3조 (사업) 본회는 제2조의 목적을 달성하기 위하여 다음 각호의 사업들을 수행한다.
 1. 산업재해 문제에 대한 상담과 이에 따른 조치
 2. 산업재해 문제 예방 및 해결을 위한 캠페인 등 사업
 3. 노동안전 문제에 관한 연구, 조사사업
 4. 안전한 사회를 만들기 위한 제반 활동
 5. 기타 본회의 목적을 실현하기 위한 사업

제4조 (소재지) 본회의 사무소는 안산시 내에 둔다.

제2장 회원

제5조 (회원의 자격) 본회의 회원은 본회의 사업목적과 정관의 제 규정에 따를 것에 동의한 사람으로서 본회에서 정한 가입신청서를
작성, 제출하고, 정기회비를 납부하는 사람으로 한다.

제6조 (회원의 권리와 의무)
① 회원은 본회의 운영과 활동에 참여하고 선거권, 피선거권, 의결권을 가지며 각종 자료를 제공받을 권리를 갖는다.

② 회원은 정관을 준수하고 총회, 이사회에서 결의한 사항을 이행하여야 하며 정해진 회비를 납부하여야 한다.

제7조 (회원의 가입과 탈퇴)

① 본회의 회원 가입을 희망하는 자는 가입신청서를 제출하여야 한다.

② 본회의 회원은 자유의사에 따라 본회를 탈퇴할 수 있으며 탈퇴신청서를 제출한 날로부터 탈퇴한 것으로 간주한다.

제8조 (회원의 제명) 회원이 다음 각호의 사유에 해당하는 경우에는 이사회의 의결을 거쳐 이사장이 제명할 수 있다.

1. 본회의 명예를 손상시키고 사업수행에 중대한 지장을 초래한 경우
2. 1년 이상 회원의 의무를 준수하지 않은 자

제3장 임원

제9조 (임원의 구성) 본회는 다음의 임원을 둔다.

1. 이사장 1인, 이사장을 포함한 이사 3인 이상 15인 이하
2. 감사 1인 이상 2인 이하

제10조 (임원의 선출)

① 임원은 총회에서 선출한다.

② 감사는 감사 상호간 또는 이사와 감사간에 민법 제777조에 규정된 친족관계가 없는 자로 정한다.

제11조 (임원의 임기)

① 임원의 임기는 2년으로 하며 연임할 수 있다. 단 감사는 다른 임원과 겸직할 수 없다.

② 임원의 궐위 시에는 총회에서 다시 선출하며 보선된 임원의 임기는 전임자의 잔여기간으로 한다. 단, 잔여임기가 6개월 미만인

경우는 보선하지 않는다.

제12조 (임원의 결격사유)

① 다음 각호에 해당하는 자는 임원이 될 수 없다.

1. 미성년자

2. 금치산자 또는 한정치산자

3. 파산자로서 복권되지 아니한 자

4. 금고이상의 형을 받고 집행이 종료되거나 집행을 받지 아니하기로 확정된 후 3년이 경과되지 아니한 자

5. 특정경제범죄가중처벌등에관한법률 제14조2항의 규정에 해당되는 자

② 임원이 제1항 각호에 해당하게 된 때에는 그 자격을 상실한다.

제13조 (임원의 직무)

① 이사장은 본회를 대표하고 총회, 이사회의 소집권자 및 의장이 된다. 이사장 유고시에는 미리 이사회가 정한 순으로

그 직무를 대행한다.

② 이사는 이사회를 통하여 이 법인의 주요 사항을 심의, 의결하며 이사회 또는 이사장으로부터 위임받은 사항을 처리한다.

③ 감사는 일반회계 및 운영에 대해 감사하며 부정 또는 부당한 점이 있을 경우 이사회에 시정을 요구하고 그 보고를 위하여

이사회 또는 총회의 소집을 요구할 수 있다.

제4장 총회 및 이사회

제14조 (총회의 구성) 총회는 본회의 최고의결기구이며 전 회원으로 구성한다.

제15조 (총회의 의결사항) 총회는 다음 사항을 심의 의결한다.

1. 임원의 선출과 해임

2. 법인의 해산 및 정관 변경에 관한 사항

3. 사업계획, 예산 및 결산승인에 관한 사항

4. 회비 및 기타 재정에 관한 사항

5. 기타 이사회에서 중요하다고 판단하여 부의한 사항

제16조 (총회의 소집)

① 총회는 정기총회와 임시총회로 구분한다.

② 정기총회는 매 회계연도 말일로부터 2개월 이내에 이사장이 소집한다.

③ 임시총회는 다음 각호에 해당하는 경우 이사장이 소집한다.

 1. 이사장이 필요하다고 인정할 때

 2. 이사회가 필요하다고 결의하여 소집을 요구한 때

 3. 회원 3분의 1이상이 연서명으로 총회의 소집을 요청한 때

 4. 제 12조 3항의 규정에 따라 감사의 요청이 있는 때

제17조 (총회소집의 통보) 총회는 소집일 7일 전까지 의안, 일시 및 장소를 기재하여 서면으로 통지하여야 한다.

제18조 (총회의 제척사유) 의장 또는 회원은 다음 각호에 해당하는 때에는 그 의결에 참여할 수 없다.

 1. 임원의 선임 및 해임에 있어 자신에 관한 사항

 2. 금전 및 재산의 수수에 관련되는 사항으로서 임원 또는 회원 자신과 법인과의 이해가 상반되는 사항

제19조 (개회 및 의결정족수)

총회는 이 정관에서 따로 정한 사항을 제외하고는 재적회원 과반수 출석으로 개회하고, 출석회원 과반수 찬성으로 의결한다.

제20조 (이사회의 구성) 이사회는 총회에서 선임한 이사로 구성하며 이사장이 그 의장이 된다. 감사는 이사회에 출석하여
발언할 수 있다.

제21조 (이사회의 소집)

① 이사회는 정기이사회와 임시이사회로 구분하며 이사장이 소집한다.

② 정기이사회는 반기별로 1회 소집하며, 임시이사회는 재적이사 3분의 1이상의 요구가 있거나, 제12조 3항에 따른 감사의 요청이

있을 때 소집한다.

제22조 (이사회의 직무) 이사회는 다음 각호의 사항을 심의 의결한다.

1. 사업계획 운영에 관한 사항
2. 예산, 결산의 집행 및 재산관리에 관한 사항
3. 총회에서 위임받은 사항 및 총회에 부의할 사항
4. 운영규칙의 제정 또는 개정에 관한 사항
5. 기타 본회 운영과 관련한 중요한 사항

제23조 (개회 및 의결정족수) 이사회는 이 정관에서 따로 정한 사항을 제외하고는 재적이사 과반수 출석으로 개회하고, 출석이사

과반수 찬성으로 의결한다.

제24조 (회의록) 총회 및 이사회의 의사 진행 경과와 결과는 회의록으로 작성해야 하며 의장과 참여 이사가 기명 날인한다.

제5장 운영기구

제25조(운영기구의 구성)

① 본회는 일상업무를 행하기 위해 다음의 위원 및 기구를 둘 수 있다.

1. 자문위원 및 전문위원
2. 사무국 및 기타 필요하다고 인정한 부서

② 상근 직원의 임면 및 운영기구에 관하여는 이사회의 결의로 별도의 규정을 두어 정한다.

제6장 재정 및 회계

제26조 (재산의 구분) 본회의 재산은 기본재산과 운영재산으로 구분한다.

① 기본재산은 이 법인 설립 당시 기본재산으로 출연한 재산과 이사회에서 기본재산으로 편입할 것을 의결할 재산으로 한다.

② 운영재산은 그 이외의 재산으로 한다.

제27조 (수입금) 본회의 수입은 회원의 회비, 본회의 목적 실현을 위한 수익사업으로 취득한 수익금, 기부금 및 기타의 수입으로 한다.

제28조 (회계연도 및 보고)

① 본회의 회계연도는 정부의 회계연도에 준한다.

② 본회는 회계연도 종료 후 1개월 이내에 전년도 사업실적서 및 수지결산서를 작성하여 이사회 의결을 거쳐 총회에 보고한다.

③ 본회는 인터넷 홈페이지를 통해 연간 기부금 모금 내역 및 활용실적을 공개하도록 한다.

제29조 (서류의 보관) 총회의 승인을 받은 서류 및 기타 일체의 회계장부는 본회 사무실에 보관하여야 한다.

제7장 보칙

제30조 (정관변경) 정관을 개정하고자 할 때에는 이사 3분의 2 이상의 찬성과 총 재적회원 3분의 2이상의 동의를 거쳐
고용노동부장관의 허가를 받아야 한다.

제31조 (해산사유) 본회는 존립기간의 만료, 법인의 목적의 달성 또는 달성의 불능, 사원이 없게 되거나 총회의 결의, 기타 정관에 정한

해산사유의 발생, 파산 또는 설립허가의 취소로 해산한다.

제32조 (해산결의) 본회를 해산하고자 할 때는 총 재적회원 3분의 2이상의 동의를 얻어 의결하며, 해산등기를 완료한 후 지체없이
주무관청에 신고하여야 한다.

제33조 (잔여재산의 귀속) 본회가 해산할 때의 잔여재산은 고용노동부장관의 허가를 얻어 국가, 지방자치단체 또는 본회와 유사한
목적을 가진 다른 비영리법인에 귀속되도록 한다.

제8장 부칙

제1조 이 정관에 정하지 않은 사항은 '민법'의 '사단법인에 관한 규정'과 '고용노동부 소관 비영리법인의 설립 및 감독에 관한 규칙'을
준용한다.

제2조 이 정관은 법인 설립등기일로부터 시행한다.

제3조 발기인 총회는 이 정관에 의한 정기총회로 본다.

[서식 – 그 외 관련 서식은 서식 중복기재 회피를 위하여 제1편 비영리사단법인 해당 서식을 참고하기 바란다]

나. 설립허가

(1) 허가기준

고용노동부장관은 법인 설립허가 신청의 내용이 다음의 기준에 맞는 경우에만 그 설립을 허가한다(규칙 제4조).

- 법인의 목적과 사업이 실현가능할 것
- 목적사업을 할 수 있는 충분한 능력이 있고, 재정적 기초가 확립되어 있거나 확립될 수 있을 것
- 다른 법인과 같은 명칭이 아닐 것

(2) 심사 및 허가기간

고용노동부장관은 법인 설립허가 신청을 받았을 때에는 특별한 사유가 없으면 20일 이내에 심사하여 허가 또는 불허가 처분을 하고, 그 결과를 서면으로 신청인에게 통지하여야 한다. 이 경우 허가를 한 때에는 별지 제2호서식의 법인 설립허가증을 신청인에게 발급하고, 별지 제3호서식의 법인 설립허가대장에 필요한 사항을 적어야 한다.

■ 고용노동부 소관 비영리법인의 설립 및 감독에 관한 규칙[별지 제2호서식] 〈개정 2011.12.19〉

제 호

법인 설립허가증

1. 법인 명칭:

2. 소 재 지:

3. 대 표 자
   성 명:
   생년월일:
   주 소:

4. 사업 내용:

5. 허가 조건:

「민법」 제32조 및 「고용노동부 소관 비영리법인의 설립 및 감독에 관한 규칙」 제4조에 따라 위 법인의 설립을 허가합니다.

년 월 일

고용노동부장관   직인

210mm×297mm[보존용지(1종)120

[서식 – 법인 설립허가대장]

■ 고용노동부 소관 비영리법인의 설립 및 감독에 관한 규칙 [별지 제3호서식] 〈신설 2011.12.19〉

법인 설립허가대장

허가 번호	법인 명칭	주사무소의 소재지	대표 자 성 명	허 가 연월 일	주관과	근거	비고

210mm×297mm[일반용지 60g/㎡(재활용품)]

(3) 조건부허가

고용노동부장관은 법인의 설립허가를 할 때에는 필요한 조건을 붙일 수 있다.

다. 설립 관련 보고

(1) 재산이전

법인의 설립허가를 받은 자는 그 허가를 받은 후 지체 없이 기본재산 및 운영재산을 법인에 이전(移轉)하고 1개월 이내에 그 이전을 증명하는 등기소 또는 금융회사 등의 증명서를 고용노동부장관에게 제출하여야 한다(규칙 제5조).

(2) 설립관련 보고

법인은 「민법」 제49조부터 제52조까지의 규정에 따라 법인설립 등의 등기를 하였을 때에는 10일 이내에 고용노동부장관에게 보고하거나 법인 등기사항증명서 1부를 제출하여야 한다. 이 경우 보고를 받은 고용노동부장관은 「전자정부법」 제36조 제1항에 따른 행정정보의 공동이용을 통하여 법인 등기사항증명서를 확인하여야 한다.

3. 허가 후 절차

가. 정관 변경의 허가 신청

법인은 「민법」 제42조 제2항·제45조 제3항 또는 제46조에 따라 정관 변경의 허가를 받으려는 경우에는 별지 제4호서식의 법인 정관 변경허가 신청서에 다음 각 호의 서류를 첨부하여 고용노동부장관에게 제출하여야 한다(규칙 제6조).

1. 정관 변경 사유서 1부
2. 변경될 정관(신·구조문대비표를 첨부한다) 1부
3. 정관 변경과 관계있는 총회 또는 이사회의 회의록 사본 1부
4. 기본재산의 처분에 따른 정관 변경의 경우에는 처분 사유, 처분재산의 목록, 처분 방법 등을 적은 서류 1부

■ 고용노동부 소관 비영리법인의 설립 및 감독에 관한 규칙[별지 제4호서식] 〈개정 2011.12.19〉

법인 정관 변경허가 신청서

접수번호	접수일	처리일	처리기간 10일

신청인	성명		생년월일 (외국인등록번호)
	주소		전화번호

법 인	명칭		전화번호
	소재지		
	설립허가일		설립허가번호

대표자	성명		생년월일 (외국인등록번호)
	주소		

「민법」 제42조제2항·제45조제3항 또는 제46조 및 「고용노동부 소관 비영리법인의 설립 및 감독에 관한 규칙」 제6조에 따라 위와 같이 정관 변경허가를 신청합니다.

년   월   일

신청인   (서명 또는 인)

장관 귀하

첨부서류	1. 정관 변경 사유서 1부 2. 변경될 정관(신·구조문대비표를 첨부합니다) 1부 3. 정관 변경과 관계있는 총회 또는 이사회의 회의록 1부 4. 기본재산의 처분에 따른 정관 변경의 경우에는 처분 사유, 처분재산의 목록, 처분방법 등을 적은 서류 1부	수수료 없 음

처 리 절 차

신청서 작성	→	접수	→	서류 확인 및 검토	→	결재	→	결과 통지
신청인		처리 기관 고용노동부(비영리법인 설립 및 감독 업무 담당부서)						

210mm×297mm[일반용지 60g/㎡(재활용품)]

[서식 – 그 외 관련 서식은 서식 중복기재 회피를 위하여 제1편 비영리사단법인 해당 서식을 참고하기 바란다]

나. 사업실적 및 사업계획 등의 보고

법인은 매 사업연도가 끝난 후 2개월 이내에 다음의 서류를 고용노동부장관에게 제출하여야 한다(규칙 제7조).

- 다음 사업연도의 사업계획 및 수입·지출 예산서 1부
- 해당 사업연도의 사업실적 및 수입·지출 결산서 1부
- 해당 사업연도 말 현재의 재산목록 1부

다. 법인 사무의 검사·감독

고용노동부장관은 「민법」 제37조에 따른 법인 사무의 검사 및 감독을 위하여 불가피한 경우에는 법인에 관계 서류·장부 또는 그 밖의 참고자료의 제출을 명하거나 소속 공무원으로 하여금 법인의 사무 및 재산 상황을 검사하게 할 수 있으며(규칙 제8조), 이에 따라 법인 사무를 검사하는 공무원은 그 자격을 증명하는 증표를 관계인에게 보여 주어야 한다.

4. 해산 등

가. 설립허가의 취소

주무관청은 법인이 목적이외의 사업을 하거나 설립허가의 조건에 위반하거나 기타 공익을 해하는 행위를 한때에는 그 허가를 취소할 수 있는데, 이에 따라 비영리법인의 설립허가를 취소하려면 청문을 하여야 한다(규칙 제9조).

나. 해산 신고

법인이 해산(파산으로 인한 해산은 제외한다)하였을 때에는 그 청산인은 「민법」 제85조 제1항에 따라 해산등기를 마친 후 지체 없이 별지 제5호서식의 법인 해산 신고서에 다음의 서류를 첨부하여 고용노동부장관에게 제출하여야 한다. 이 경우 고용노동부장관은 「전자정부법」 제36조 제1항에 따른 행정정보의 공동이용을 통하여 법인 등기사항증명서를 확인하여야 한다(규칙 제10조).

- 해산 당시의 재산목록 1부
- 잔여재산 처분방법의 개요를 적은 서류 1부

- 해산 당시의 정관 1부
- 사단법인이 총회의 결의에 따라 해산하였을 때에는 그 결의를 한 총회의 회의록 사본 1부
- 재단법인의 해산 시 이사회가 해산을 결의하였을 때에는 그 결의를 한 이사회의 회의록 1부

■ 고용노동부 소관 비영리법인의 설립 및 감독에 관한 규칙 [별지 제5호서식] 〈개정 2017. 4. 19.〉

법인 해산 신고서

접수번호	접수일	처리일	처리기간 7일

<table>
<tr><td rowspan="2">청산인</td><td>성명</td><td>생년월일</td></tr>
<tr><td>주소</td><td>전화번호</td></tr>
<tr><td rowspan="2">청산법인</td><td>명칭</td><td>전화번호</td></tr>
<tr><td>소재지</td><td></td></tr>
</table>

해산 연월일	
해산 사유	

「민법」 제86조제1항 및 「고용노동부 소관 비영리법인의 설립 및 감독에 관한 규칙」 제10조에 따라 위와 같이 법인 해산을 신고합니다.

년　　　월　　　일

신고인

(서명 또는 인)

고용노동부장관 귀하

신고인 제출서류	1. 해산 당시의 재산목록 1부 2. 잔여재산 처분방법의 개요를 적은 서류 1부 3. 해산 당시의 정관 1부 4. 사단법인이 총회 결의에 의하여 해산하였을 때에는 그 결의를 한 총회의 회의록 사본 1부 5. 재단법인의 해산 시 이사회가 해산을 결의하였을 때에는 그 결의를 한 이사회의 회의록 1부	수수료 없음
담당 공무원 확인사항	법인 등기사항증명서	

처 리 절 차

신고서 작성	→	접 수	→	서류 확인 및 검토	→	결 재
신고인		처리기관: 고용노동부(비영리법인 설립 및 감독 업무 담당부서)				

210mm×297mm(백상지 80g/㎡)

다. 잔여재산 처분의 허가

법인의 이사 또는 청산인은 「민법」 제80조 제2항에 따라 잔여재산의 처분에 대한 허가를 받으려면 별지 제6호서식의 잔여재산 처분허가 신청서에 다음 각 호의 서류를 첨부하여 고용노동부장관에게 제출하여야 한다(규칙 제11조).

• 해산 당시의 정관 1부(해산 신고 시의 정관을 확인할 필요가 있는 경우에만 제출한다)
• 총회의 회의록(사단법인의 경우만 해당한다) 사본 1부(해산 신고 시에 제출한 서류만으로 확인이 되지 않을 경우에만 제출한다)

■ 고용노동부 소관 비영리법인의 설립 및 감독에 관한 규칙 [별지 제6호서식] 〈개정 2017. 4. 19.〉

잔여재산 처분허가 신청서

접수번호	접수일	처리일	처리기간 10일

신청법인	명칭		전화번호	
	소재지			
대 표 자 (이사 · 청산인)	성명		생년월일	
	주소		전화번호	

처분재산	종류 및 수량
	금액
	처분방법
처분사유	

「민법」 제80조제2항 및 「고용노동부 소관 비영리법인의 설립 및 감독에 관한 규칙」 제11조에 따라 위와 같이 잔여재산 처분허가를 신청합니다.

년   월   일

신청인   (서명 또는 인)

고용노동부장관 귀하

첨부서류	1. 해산 당시의 정관 1부(해산 신고 시의 정관을 확인할 필요가 있는 경우에만 제출합니다) 2. 총회의 회의록(사단법인의 경우에만 제출합니다) 1부 　(해산 신고 시에 제출한 서류만으로 확인이 되지 않을 경우에만 제출합니다)	수수료 없음

처 리 절 차

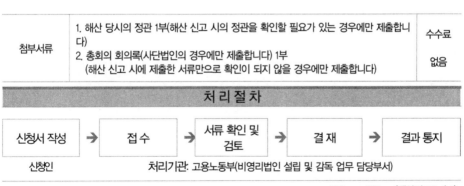

210mm×297mm(백상지 80g/㎡)

라. 청산종결의 신고

청산인은 법인의 청산이 종결되었을 때에는 「민법」 제94조에 따라 이를 등기한 후, 별지 제7호서식의 청산종결 신고서를 고용노동부장관에게 제출하여야 한다. 이 경우 고용노동부장관은 「전자정부법」 제36조 제1항에 따른 행정정보의 공동이용을 통하여 법인 등기사항증명서를 확인하여야 한다(규칙 제12조).

■ 고용노동부 소관 비영리법인의 설립 및 감독에 관한 규칙 [별지 제7호서식] 〈개정 2017. 4. 19.〉

청산종결 신고서

접수번호		접수일	처리일	처리기간 즉시	
청 산 인	성명		생년월일		
	주소		전화번호		
청산법인	명칭		전화번호		
	소재지				

청산 연월일	
청산 취지	

「민법」 제94조 및 「고용노동부 소관 비영리법인의 설립 및 감독에 관한 규칙」 제12조에 따라 위와 같이 청산종결을 신고합니다.

년　　　월　　　일

신고인

(서명 또는 인)

고용노동부장관 귀하

담당 공무원 확인사항	법인 등기사항증명서	수수료 없음

처 리 절 차

신고서 작성	→	접 수	→	서류확인 및 검토	→	결 재

신고인　　　　　　　　　처리기관: 고용노동부(비영리법인 설립 및 감독 업무 담당부서)

210mm×297mm(백상지 80g/㎡)

제11장 공정거래위원회

1. 개관

공정거래위원회 소관 비영리법인의 설립 및 감독에 관한 규칙(이하 '규칙'이라고만 함)은 「민법」에 따라 공정거래위원회가 주무관청이 되는 비영리법인의 설립 및 감독에 필요한 사항을 규정함을 목적으로 하며, 이에 따른 비영리법인(이하 '법인'이라 한다)의 설립허가, 법인 사무의 검사 및 감독 등에 관하여는 다른 법령에 특별한 규정이 있는 경우를 제외하고는 이 규칙에서 정하는 바에 따른다. 본장은 공정거래위원회 소관 비영리법인의 설립과 관련한 일반절차인 설립허가신청 및 관련 첨부서류 그리고 정관변경허가신청, 사업계획보고 등에 관한 내용들을 정리하였다. 그 외 관련서류들은 제1편 관련 내용부분을 참고하기 바란다.

2. 설립허가절차

가. 설립허가의 신청

「민법」 제32조에 따라 비영리법인의 설립허가를 받으려는 자(이하 '설립발기인'이라 한다)는 별지 제1호서식의 비영리법인 설립허가 신청서에 다음의 서류를 첨부하여 공정거래위원회에 제출하여야 한다. 이 경우 공정거래위원회는 「전자정부법」 제36조 제1항에 따른 행정정보의 공동이용을 통하여 재산목록에 적힌 재산 중 토지 또는 건물의 등기사항증명서를 확인하여야 한다(규칙 제3조).

- 설립발기인의 성명 · 생년월일 · 주소 및 약력을 적은 서류(설립발기인이 법인인 경우에는 그 명칭, 주된 사무소의 소재지, 대표자의 성명 · 생년월일 · 주소와 정관을 적은 서류) 1부
- 정관 1부
- 재산목록(재단법인의 경우에는 기본재산과 운영재산으로 구분하여 적어야 한다) 및 그 증명서류와 출연(出捐) 신청이 있는 경우에는 그 사실을 증명하는 서류 각 1부
- 해당 사업연도분의 사업계획 및 수입 · 지출 예산을 적은 서류 1부
- 임원 취임 예정자의 성명 · 생년월일 · 주소 · 약력을 적은 서류 및 취임승낙서 각 1부
- 창립총회 회의록(설립발기인이 법인인 경우에는 법인 설립에 관한 의사 결정을 증명하는 서류) 사본 1부

[서식 – 비영리법인 설립허가 신청서]

■ 공정거래위원회 소관 비영리법인의 설립 및 감독에 관한 규칙 [별지 제1호서식] 〈개정 2012.1.4〉

비영리법인 설립허가 신청서

접수번호		접수일	처리일	처리기간	20일
신청인	성명			생년월일	
	주소			전화번호	
법 인	명칭			전화번호	
	소재지				
대표자	성명			생년월일	
	주소			전화번호	

「민법」 제32조 및 「공정거래위원회 소관 비영리법인의 설립 및 감독에 관한 규칙」 제3조에 따라 위와 같이 법인 설립을 신청하니 허가해 주시기 바랍니다.

년 월 일

신청인   (서명 또는 인)

공정거래위원회 위원장   귀하

신청인 제출 서류	1. 설립발기인의 성명 · 생년월일 · 주소 및 약력을 적은 서류(설립발기인이 법인인 경우에는 그 명칭, 주된 사무소의 소재지, 대표자의 성명 · 생년월일 · 주소와 정관을 적은 서류) 1부 2. 정관 1부 3. 재산목록(재단법인의 경우에는 기본재산과 운영재산으로 구분하여 적어야 합니다) 및 그 증명서류와 출연 신청이 있는 경우에는 그 사실을 증명하는 서류 각 1부 4. 해당 사업연도분의 사업계획 및 수입 · 지출 예산을 적은 서류 1부 5. 임원 취임 예정자의 성명 · 생년월일 · 주소 · 약력을 적은 서류 및 취임승낙서 각 1부 6. 창립총회 회의록(설립발기인이 법인인 경우에는 법인 설립에 관한 의사 결정을 증명하는 서류) 사본 1부 ※ 제3호의 서류 중 담당 공무원 확인사항인 증명서류는 제출하지 않아도 됩니다.	수수료 없음
담당 공무원 확인사항	재산목록에 적힌 재산의 토지(건물) 등기사항증명서	

처리절차

신청서 작성 ➜ 접 수 ➜ 검 토 ➜ 결 재 ➜ 허가증 발급

| 신청인 | 처리 기관
(공정거래위원회) | 처리 기관
(공정거래위원회) | 처리 기관
(공정거래위원회) | |

210mm×297mm[일반용지 60g/㎡(재활용품)]

제1장 총 칙

제1조 (명칭) 이 법인은 한국공정거래조정원(이하 '조정원'이라 한다)이라 한다.

제2조 (목적) 조정원은 「독점규제 및 공정거래에 관한 법률」(이하 '공정거래법'이라 한다) 제48조의2 제1항에 의한 사업을 효과적으로 추진하여 불공정거래행위에 대한 신속한 피해구제 및 공정거래위원회의 법집행의 실효성을 제고함으로써 당사자 간의 자율적인 거래관행을 구축하고 공정하고 자유로운 경쟁을 촉진하는 것을 그 목적으로 한다.

제3조 (사무소) ① 조정원의 주된 사무소는 서울특별시에 둔다.
② 조정원은 공정거래위원회의 승인을 얻어 필요한 곳에 지원 등을 설치할 수 있다. [개정 2018. 2. 23.]

제2장 사 업

제4조 (사업) ① 조정원은 제2조(목적)를 달성하기 위하여 다음 각 호의 사업을 행한다.[개정 2012. 3. 22.]
 1. 공정거래법 제23조(불공정거래행위의 금지) 제1항을 위반한 혐의가 있는 행위와 관련된 분쟁의 조정
 2. 다른 법률에서 조정원으로 하여금 담당하게 하는 분쟁의 조정
 3. 시장 또는 산업의 동향과 공정경쟁에 관한 조사 및 분석
 4. 사업자의 거래 관행과 행태의 조사 및 분석
 5. 그 밖에 공정거래위원회로부터 위탁받은 사업
② 조정원은 제2조(목적)의 범위 내에서 수익사업을 실시할 수 있다.

제5조 (경영공시) ① 조정원은 경영의 투명성 제고를 위하여 다음 각 호의 사항을 공시하여야 한다.

1. 결산서(재무제표와 그 부속서류를 포함한다)

2. 임원 및 운영인력 현황

3. 인건비 예산과 집행 현황

4. 정관, 이사회 회의록. 다만, 이사회 회의록 중 경영 비밀에 관련된 사항은 「공공기관의 정보공개에 관한 법률」에 따라 공개하지 아니할 수 있다.

5. 감사의 감사보고서

6. 「감사원법」제31조(변상책임의 판정등) 내지 제34조의2(권고등)의 규정에 따라 변상책임 판정, 징계·시정·개선 요구 등을 받거나 「국정감사 및 조사에 관한 법률」제16조(감사 또는 조사결과에 대한 처리)의 규정에 따라 시정요구를 받은 경우 그 내용과 그에 대한 조정원의 조치사항

② 조정원은 제1항 각 호의 사항을 인터넷 홈페이지를 통하여 공시하여야 하고, 사무소에 필요한 서류를 비치하여야 한다.

③ 조정원은 제1항에 따라 공시된 사항에 대한 열람이나 복사를 요구하는 자에 대하여 이를 열람하게 하거나 그 사본이나 복제물을 내주어야 한다. 이 경우 비용의 부담에 관하여는 「공공기관의 정보공개에 관한 법률」 제17조(비용부담)를 준용한다.

제3장 임원 및 직원

제6조 (임원의 구성) ① 조정원에는 조정원의 장(이하 '조정원장'이라 한다)과 부원장 각 1인을 포함한 7인 이내의 이사와 감사 1인을 둔다.[개정 2015. 11. 6.]

② 조정원장과 부원장은 상임으로 하며 그 이외의 임원은 비상임으로 한다.[개정 2015. 11. 6.]

③ 이사 및 감사는 이사회에서 선임하며, 공정거래위원회 사무처 경쟁정책국장은 당연직 이사가 된다.[개정 2008. 11. 27.] [개정 2018. 2. 23.]

제7조 (임원의 결격사유) 다음 각 호의 어느 하나에 해당하는 자는 조정원의 임원이 될 수 없다.

1. 피성년후견인 또는 피한정후견인

2. 파산선고를 받은 자로서 복권되지 아니한 자

3. 금고 이상의 형을 받고 그 집행이 종료되거나 집행을 받지 아니하기로 확정된 후 5년을 경과하지 아니한 자

4. 금고 이상의 형을 받고 그 집행유예의 기간이 완료된 날로부터 2년을 경과하지 아니한 자

5. 금고 이상의 형의 선고유예를 받은 경우에 그 선고유예기간 중에 있는 자

6. 법원의 판결 또는 다른 법률에 의하여 자격이 상실 또는 정지된 자

7. 국가공무원법상 징계에 의하여 파면의 처분을 받은 때로부터 5년을 경과하지 아니하거나, 동법 상 징계에 의하여 해임의 처분을 받은 때로부터 3년을 경과하지 아니한 자

제8조 (임원의 해임) ① 조정원은 다음 각 호의 어느 하나에 해당하는 경우 이사회의 재적이사 3분의 2이상의 찬성으로 당해 임원을 해임할 수 있다.

1. 공정거래법, 정관을 위배한 경우

2. 제7조 각호의 사유에 해당하게 된 경우

3. 임원간의 분쟁, 회계부정, 재산의 부당한 감손, 현저한 부당행위 등으로 인하여 조정원의 설립목적을 달성할 수 없게 할 우려가 있는 경우

4. 고의 또는 과실로 인하여 조정원에 중대한 손실을 발생하게 한 경우

② 조정원은 특별한 사유가 없는 한 제1항 각호의 사유에 해당하여 해임된 자를 임원으로 다시 선임할 수 없다.

제9조 (임원의 임기) ① 이사의 임기는 3년으로, 감사의 임기는 2년으로 하고, 임기는 임명 또는 선임된 날부터 기산하되 연임할 수 있다.[개정 2012. 3. 22.]

② 임원의 임기가 만료되었으나 후임자가 선임되지 않은 경우에는 후임자가 선임될 때까지 그 임기는 연장된 것으로 본다.

③ 임원의 사임 등으로 정해진 임기를 채우지 못할 경우에도 새로 임명되거나 선임된 임원의 임기는 제1항과 같다.[개정 2012. 3. 22.]

제10조 (조정원장) ① 조정원장은 공정거래법 제37조(공정거래위원회의 구성 등)제2항 각호의 어느 하나에 해당하는 자 중에서 공정거래위원회 위원장이 임명한다.

② 조정원장은 조정원을 대표하고 조정원의 업무를 총괄한다.

③ 조정원장은 공정거래법 제48조의3 제1항의 규정에 따라 설치되는 공정거래분쟁조정협의회 위원장이 되며, 공정거래분쟁조정협의회 위원들의 임명 또는 위촉을 위해 같은 조 제4항에 따라 공정거래위원회 위원장에게 제청한다. [개정 2012. 3. 22.] [개정 2017. 1. 10.] [개정 2018. 2. 23.]

④ 조정원장은 공정거래법 제48조의2 제1항 제2호에 따라 설치되는 분쟁조정협의회 위원들의 임명 또는 위촉을 위해 개별 법률의 규정에 따라 공정거래위원회 위원장에게 각각 추천 또는 제청한다. [신설 2018. 2. 23.]

제11조 (부원장) ① 부원장은 공정거래 관련 법률 혹은 소비자보호분야에 관하여 학식과 경험이 풍부한 자 중에서 조정원장의 제청으로 공정거래위원회 위원장이 임명한다.[개정 2015. 11. 6.]

② 부원장은 조정원장을 보좌하며 조정원장이 부득이한 사유로 직무를 수행할 수 없는 경우에 그 직무를 대행한다.[개정 2015. 11. 6.]

제12조 (감사) ① 감사는 다음 각 호의 업무를 수행하며, 동 업무수행을 위해 필요한 경우 이사회에 출석하여 의견을 진술할 수 있다.

 1. 조정원의 업무 및 재산변동사항에 대한 감사

 2. 이사에 대하여 감사에 필요한 자료의 제출 또는 의견요구

 3. 조정원의 업무 및 재산변동사항을 감사한 결과 불법 또는 부당한 점을 발견한 경우 이사회에 보고

 4. 이사회 의사록의 기명 · 날인

② 감사는 제1항 제3호의 사유가 발생한 때에는 지체 없이 공정거래위원장에게 그 사실을 보고하여야 한다.

제13조 (하부 조직) ① 조정원의 업무를 수행하기 위하여 필요한 부서를 둔다.

② 조정원의 부서와 부서별 업무 및 직원의 정원 등 조직에 관하여 필요한 규정은 이사회에서 정한다.

제14조(직원) ① 조정원의 직원은 조정원장이 임명한다.

② 직원의 인사에 관하여 필요한 규정은 이사회에서 정한다.

③ 조정원장은 이사 또는 직원 중에서 조정원의 업무에 관하여 재판상 또는 재판외의 모든 행위를 할 권한이 있는 대리인을 선임할 수 있다.[개정 2012. 3. 22.]

제4장 이사회

제15조 (구성) ① 조정원의 중요사항을 심의·의결하기 위하여 조정원에 이사회를 둔다.

② 이사회는 조정원장, 부원장을 포함한 이사 전원으로 구성하며, 이사회의 의장은 조정원장이 된다.[개정 2015. 11. 6.]

③ 의장이 직무를 수행할 수 없을 시에는 사전에 지명된 이사가 그 직무를 대행한다. [신설 2008. 12. 18.]

제16조(절차) ① 이사회의 의장은 이사회를 소집한다. 다만 제12조 제1항 제3호 사항의 보고를 위하여 감사는 이사회 소집을 요구할 수 있다.

② 이사회는 재적이사 과반수의 출석과 출석이사 과반수의 찬성으로 의결하며, 가부동수인 경우에는 이사회의 의장이 결정권을 가진다.

③ 당연직 이사가 회의에 출석할 수 없을 때에는 공정거래위원회 소속의 4급 이상의 공무원 중에서 그가 지정한 자로 하여금 회의에 참석하여 의결권을 대행하도록 할 수 있다.

④ 이사회의 의장은 이사회에 부의된 사항의 내용이 경미하거나 의결에 있어 긴급을 요하는 사항에 대해서는 서면으로 재적이사 과반수의 동의를 얻어 집행할 수 있다. 이 경우에는 차기 이사회에서 그 결과를 보고하여야 한다.[개정 2008. 12. 18.]

⑤ 이사회의 의사진행 및 회의결과는 의사록으로 작성하여 출석한 이사 혹은 감사의 기명날인을 받아 보존하도록 한다.

⑥ 이사회의 운영에 필요한 규정은 이사회에서 정한다.

제17조 (의결사항) 이사회는 다음 각호의 사항을 심의·의결한다.

 1. 조정원의 연간 사업계획

 2. 예산 및 결산에 관한 사항

3. 이사, 감사의 선임 사항

4. 정관의 변경에 관한 사항

5. 인사·조직·회계·보수 등 조정원 운영에 필요한 규정의 제·개정에 관한 사항

6. 기본재산의 취득 및 처분에 관한 사항

7. 소의 제기에 관한 사항

8. 기타 조정원장이 부의하는 사항

제5장 분쟁조정협의회

제18조(분쟁조정협의회 설치) ① 조정원은 공정거래법을 위반한 혐의가 있는 행위와 관련된 분쟁을 조정하기 위하여 공정거래법 제48조의3의 규정에 따라 공정거래분쟁조정협의회를 둔다. [개정 2018. 2. 23.]

② 공정거래법 제48조의2 제1항 제2호에서 규정하고 있는 다른 법률에 따라 다음 각 호와 같이 분야별 분쟁조정협의회를 둔다.

1. 가맹사업거래의 공정화에 관한 법률에 따른 가맹사업거래분쟁조정협의회

2. 하도급거래 공정화에 관한 법률에 따른 하도급분쟁조정협의회

3. 대규모유통업에서의 거래 공정화에 관한 법률에 따른 대규모유통업거래분쟁조정협의회

4. 약관의 규제에 관한 법률에 따른 약관분쟁조정협의회

5. 대리점거래의 공정화에 관한 법률에 따른 대리점분쟁조정협의회

[개정 2018. 2. 23.]

③ 삭제 [2018. 2. 23.]

제19조(분쟁조정협의회의 조직·운영 등) 제18조의 규정에 따라 설치하는 분쟁조정협의회의 조직, 운영, 조정절차 등에 관하여 필요한 사항은 각 분야별 분쟁조정협의회 운영세칙에 따른다. [개정 2018. 2. 23.]

제19조의2 삭제 [2018. 2. 23.]

제19조의3 삭제 [2018. 2. 23.]

제19조의4 삭제 [2018. 2. 23.]

제19조의5 삭제 [2018. 2. 23.]

제6장 재산과 회계

제20조(재산의 구분) ① 조정원의 재산은 기본재산과 운영재산으로 구분한다.

② 다음 각 호의 어느 하나에 해당하는 경우는 기본재산으로 하고, 기본재산 이외의 재산은 운영재산으로 한다.

 1. 설립 시 기본재산으로 출연한 재산

 2. 국가의 출연금이나 보조금

 3. 기부 또는 기타 무상으로 취득한 재산. 다만, 기부목적에 비추어 기본재산으로 하기 곤란하여 공정거래위원장의 승인을 거친 것은 예외로 한다.

 4. 보통재산 중 이사회에서 기본재산으로 편입할 것을 의결한 예산

제21조(재원) 조정원의 설립·시설·운영 및 업무에 필요한 경비는 법인설립 시 창립발기인의 출연금, 국가의 출연금이나 보조금, 조정원 사업수익금 등으로 한다.

제22조(회계연도) 조정원의 회계연도는 정부의 회계연도에 의한다.

제23조(예산 및 결산) ① 조정원은 매년 다음 회계연도의 예산서를 작성하여 회계연도 개시 전까지 공정거래위원회에 제출하여 승인을 얻어야 한다. [개정 2019. 4. 5.]

② 조정원은 매 회계연도마다 결산보고서와 감사의견서에 다음 각 호의 서류를 첨부하여 회계연도 종료 후 3월 이내에 공정거래위원회에 제출하여야 한다.

 1. 대차대조표 및 그 부속명세서

 2. 결산서 및 그 부속명세서 [개정 2019. 4. 5.]

 3. 공인회계사의 감사의견서

4. 당해 회계연도의 사업실적 및 결산서 [개정 2019. 4. 5.]

5. 당해 회계연도 말 재산목록

 [전문개정 2008. 11. 27.]

제24조(잉여금의 처리) 매 회계연도의 결산상 잉여금은 전년도의 이월손실금의 보전에 충당하고 잔여가 있을 때에는 다음 연도로 이월하여 목적사업에 사용하여야 한다.

제25조(임직원의 보수 등) ① 상근 임직원의 보수 및 퇴직금에 관한 사항은 별도의 규정으로 정한다.

② 비상근 임원에 대해서는 원칙적으로 보수를 지급하지 아니한다. 다만 업무수행에 필요한 경비에 대하여는 예산의 범위 안에서 이를 지급할 수 있다.

제7장 보 칙

제26조(정관의 변경) ① 조정원은 관련 법령의 개정, 기본재산의 처분 등 조정원의 목적 달성을 위해 필요한 경우에는 이사회의 의결을 거쳐 공정거래위원회에 정관변경허가 신청을 할 수 있다.

② 제1항에 의해 공정거래위원회에 정관변경허가신청서를 제출할 때에는 다음 각 호의 서류를 첨부하여야 한다.

1. 변경사유서 1부

2. 개정될 정관(기존 정관과의 신·구대비표를 첨부한다) 1부

3. 정관의 변경에 관계되는 이사회의 회의록 1부

4. 기본재산의 처분에 따른 정관변경의 경우에는 처분의 사유, 처분재산의 목록, 처분의 방법 등을 기재한 서류 1부

③ 정관의 변경은 공정거래위원회의 허가를 얻을 때 그 효력이 발생한다.

제27조(준용법령) 이 정관에 규정되지 아니한 사항에 대하여는 민법의 재단법인에 관한 규정, 공정거래위원회 소관 비영리법인의 설립 및 감독에 관한 규칙 및 기타 관련 법령을 준용한다.

제28조(공고) 조정원의 공고는 서울특별시내에서 발행하는 일간신문에 이를 게재한다.

제29조(위임규정) 이 정관에 규정이 없는 사항으로서 조정원의 운영에 필요한 사항은 이사회의 의결을 거쳐 정한다.

제30조(비밀엄수의 의무) 조정원의 임직원은 직무상 알게 된 분쟁당사자의 비밀을 누설하거나 직무수행을 위한 목적 외에 이를 이용하여서는 아니 된다.[개정 2012. 3. 22.]

[서식 – 그 외 관련 서식은 서식 중복기재 회피를 위하여 제1편 비영리사단법인 해당 서식을 참고하기 바란다]

나. 설립허가

(1) 허가기준

공정거래위원회는 비영리법인 설립허가 신청의 내용이 다음의 기준에 맞는 경우에만 그 설립을 허가한다(규칙 제4조).

- 비영리법인의 목적과 사업이 실현가능할 것
- 목적사업을 할 수 있는 충분한 능력이 있고, 재정적 기초가 확립되어 있거나 확립될 수 있을 것
- 다른 법인과 같은 명칭이 아닐 것

(2) 심사 및 허가기간

공정거래위원회는 비영리법인 설립허가 신청을 받았을 때에는 특별한 사유가 없으면 20일 이내에 심사하여 허가 또는 불허가 처분을 하고, 그 결과를 서면으로 신청인에게 통지하여야 한다. 이 경우 허가를 할 때에는 별지 제2호서식의 비영리법인 설립허가증을 발급하고 별지 제3호서식의 비영리법인 설립허가대장에 필요한 사항을 적어야 한다.

[서식 – 비영리법인 설립허가증]

■ 공정거래위원회 소관 비영리법인의 설립 및 감독에 관한 규칙 [별지 제2호서식] 〈개정 2012.1.4〉

(앞 쪽)

제 호

비영리법인 설립허가증

1. 법인 명칭:

2. 소 재 지:

3. 대 표 자

      ○ 성   명:

      ○ 생년월일:

      ○ 주   소:

4. 사업 내용:

5. 허가 조건:

「민법」 제32조 및 「공정거래위원회 소관 비영리법인의 설립 및 감독에 관한 규칙」 제4조에 따라 위 법인의 설립을 허가합니다.

년   월   일

공정거래위원회 위원장   직인

210mm×297mm[일반용지 60g/㎡(재활용품)]

〈 변 경 사 항 〉

변경일	내 용	확인

[서식 – 비영리법인 설립허가대장]

■ 공정거래위원회 소관 비영리법인의 설립 및 감독에 관한 규칙 [별지 제3호서식] 〈개정 2012.1.4〉

비영리법인 설립허가대장

허가 번호	법인 명칭	사무소의 소재지	대표자 성 명	허 가 연월일	기능 및 목적	주관과	비고

210mm×297mm[일반용지 60g/㎡(재활용품)]

(3) 조건부허가

공정거래위원회는 비영리법인의 설립허가를 할 때에는 필요한 조건을 붙일 수 있다.

다. 설립 관련 보고

(1) 재산이전

비영리법인의 설립허가를 받은 자는 그 허가를 받은 후 지체 없이 기본재산 및 운영재산을 비영리법인에 이전(移轉)하고 1개월 이내에 그 이전을 증명하는 서류(등기소 또는 금융회사 등의 증명서를 말한다)를 공정거래위원회에 제출하여야 한다(규칙 제5조).

(2) 설립관련 보고

비영리법인은 「민법」 제49조부터 제52조까지의 규정에 따라 법인 설립 등의 등기를 하였을 때에는 10일 이내에 공정거래위원회에 보고하여야 한다. 이 경우 공정거래위원회는 「전자정부법」 제36조 제1항에 따른 행정정보의 공동이용을 통하여 법인 등기사항증명서를 확인하여야 한다.

3. 허가 후 절차

가. 정관 변경의 허가 신청

「민법」 제42조 제2항, 제45조 제3항 또는 제46조에 따른 정관 변경의 허가를 받으려는 비영리법인은 별지 제4호서식의 비영리법인 정관 변경허가 신청서에 다음의 서류를 첨부하여 공정거래위원회에 제출하여야 한다(규칙 제6조).

- 정관 변경 사유서 1부
- 개정될 정관(신·구조문대비표를 첨부한다) 1부
- 정관 변경과 관계있는 총회 또는 이사회의 회의록 사본 1부
- 기본재산의 처분에 따른 정관 변경의 경우에는 처분 사유, 처분재산의 목록, 처분 방법 등을 적은 서류 1부

■ 공정거래위원회 소관 비영리법인의 설립 및 감독에 관한 규칙 [별지 제4호서식] 〈개정 2012.1.4〉

비영리법인 정관 변경허가 신청서

접수번호	접수일	처리일	처리기간	10일

신청인	성명		생년월일	
	주소		전화번호	

법 인	명칭		전화번호	
	소재지			
	설립허가일		설립허가번호	

대표자	성명		생년월일	
	주소		전화번호	

「민법」 제42조제2항, 제45조제3항, 제46조 및 「공정거래위원회 소관 비영리법인의 설립 및 감독에 관한 규칙」 제6조에 따라 위와 같이 정관 변경을 신청하니 허가해 주시기 바랍니다.

년   월   일

신청인   (서명 또는 인)

공정거래위원회 위원장   귀하

첨부서류	1. 정관 변경 사유서 1부 2. 개정될 정관(신ㆍ구조문대비표를 첨부합니다) 1부 3. 정관 변경과 관계있는 총회 또는 이사회의 회의록 사본 1부 4. 기본재산의 처분에 따른 정관 변경의 경우에는 처분 사유, 처분재산의 목록, 처분 방법 등을 적은 서류 1부	수수료 없음

처리절차

신청서 작성	→	접 수	→	검 토	→	결 재	→	결과 통지
신청인		처리 기관 (공정거래위원회)		처리 기관 (공정거래위원회)		처리 기관 (공정거래위원회)		

210mm×297mm[일반용지 60g/㎡(재활용품)]

[서식 – 그 외 관련 서식은 서식 중복기재 회피를 위하여 제1편 비영리사단법인 해당 서식을 참고하기 바란다]

나. 사업실적 및 사업계획 등의 보고

비영리법인은 매 사업연도가 끝난 후 2개월 이내에 다음의 서류를 공정거래위원회에 제출하여야 한다(규칙 제7조).

1. 다음 사업연도의 사업계획 및 수입·지출 예산서 1부
2. 해당 사업연도의 사업실적 및 수입·지출 결산서 1부
3. 해당 사업연도 말 현재의 재산목록 1부

다. 법인 사무의 검사·감독

공정거래위원회는 「민법」 제37조에 따른 법인 사무의 검사 및 감독을 위하여 불가피한 경우에는 해당 비영리법인에 관계 서류·장부 또는 그 밖의 참고자료 제출을 명하거나 소속 공무원으로 하여금 비영리법인의 사무 및 재산 상황을 검사하게 할 수 있으며(규칙 제8조), 이에 따라 법인 사무를 검사하는 공무원은 그 자격을 증명하는 증표를 관계인에게 보여 주어야 한다.

4. 해산 등

가. 설립허가의 취소

주무관청은 법인이 목적이외의 사업을 하거나 설립허가의 조건에 위반하거나 기타 공익을 해하는 행위를 한때에는 그 허가를 취소할 수 있는데, 이에 따라 비영리법인의 설립허가를 취소하려면 청문을 하여야 한다(규칙 제9조).

나. 해산신고

비영리법인이 해산(파산으로 인한 해산은 제외한다)하였을 때에는 그 청산인은 「민법」 제86조 제1항에 따라 해산등기를 마친 후 지체 없이 별지 제5호서식의 비영리법인 해산 신고서에 다음의 서류를 첨부하여 공정거래위원회에 제출하여야 한다. 이 경우 공정거래위원회는 「전자정부법」 제36조 제1항에 따른 행정정보의 공동이용을 통하여 법인 등기사항증명서를 확인하여야 한다(규칙 제10조).

• 해산 당시의 재산목록 1부

- 잔여재산 처분방법의 개요를 적은 서류 1부
- 해산 당시의 정관 1부
- 사단법인이 총회의 결의에 따라 해산하였을 때에는 그 결의를 한 총회의 회의록 사본 1부
- 재단법인의 해산 시 이사회가 해산을 결의하였을 때에는 그 결의를 한 이사회의 회의록 사본 1부

■ 공정거래위원회 소관 비영리법인의 설립 및 감독에 관한 규칙 [별지 제5호서식] 〈개정 2012.1.4〉

비영리법인 해산 신고서

접수번호	접수일	처리일	처리기간	7일

청산인	성명		생년월일	
	주소		전화번호	

청산 법인	명칭		전화번호	
	소재지			
	해산 사유		해산 연월일	

「민법」 제86조제1항 및 「공정거래위원회 소관 비영리법인의 설립 및 감독에 관한 규칙」 제10조에 따라 위와 같이 법인 해산을 신고합니다.

년   월   일

신고인   (서명 또는 인)

공정거래위원회 위원장   귀하

신고인 제출 서류	1. 해산 당시의 재산목록 1부 2. 잔여재산 처분방법의 개요를 적은 서류 1부 3. 해산 당시의 정관 1부 4. 사단법인이 총회 결의에 따라 해산하였을 때에는 그 결의를 한 총회의 회의록 사본 1부 5. 재단법인의 해산 시 이사회가 해산을 결의하였을 때에는 그 결의를 한 이사회의 회의록 사본 1부	수수료 없음
담당 공무원 확인사항	법인 등기사항증명서	

처리절차

신고서 작성	→	접 수	→	확 인	→	결 재	→	결과 통지
신고인		처 리 기 관 (공정거래위원회)		처 리 기 관 (공정거래위원회)		처 리 기 관 (공정거래위원회)		

210mm×297mm[일반용지 60g/㎡(재활용품)]

다. 잔여재산 처분의 허가

비영리법인의 이사 또는 청산인은 「민법」 제80조 제2항에 따라 잔여재산의 처분에 대한 허가를 받으려면 별지 제6호서식의 잔여재산 처분허가 신청서에 다음의 서류를 첨부하여 공정거래위원회에 제출하여야 한다(규칙 제11조).

- 해산 당시의 정관 1부(해산신고 시의 정관을 확인할 필요가 있는 경우에만 해당한다)
- 총회의 회의록 사본 1부(사단법인의 해산신고 시에 제출한 서류만으로 확인이 되지 아니할 경우에만 해당한다)

■ 공정거래위원회 소관 비영리법인의 설립 및 감독에 관한 규칙 [별지 제6호서식] 〈개정 2012.1.4.〉

잔여재산 처분허가 신청서

접수번호	접수일	처리일	처리기간	10일

신청 법인	명칭		전화번호	
	소재지			

대표자 (이사·청산인)	성명		생년월일	
	주소		전화번호	

처분 재산	종류 및 수량
	금액
	처분 방법
처분 사유	

「민법」 제80조제2항 및 「공정거래위원회 소관 비영리법인의 설립 및 감독에 관한 규칙」 제11조에 따라 위와 같이 잔여재산 처분허가를 신청합니다.

년   월   일

신청인   (서명 또는 인)

공정거래위원회 위원장   귀하

첨부서류	1. 해산 당시의 정관 1부(해산신고 시의 정관을 확인할 필요가 있는 경우에만 해당합니다) 2. 총회의 회의록 사본 1부(사단법인의 해산신고 시에 제출한 서류만으로 확인이 되지 않을 경우에만 해당합니다)	수수료 없음

처리절차

신청서 작성	→	접 수	→	검 토	→	결 재	→	결과 통지
신청인		처리기관 (공정거래위원회)		처리기관 (공정거래위원회)		처리기관 (공정거래위원회)		

210mm×297mm[일반용지 60g/㎡(재활용품)]

라. 청산 종결의 신고

제12조(청산 종결의 신고) 청산인은 비영리법인의 청산이 종결되었을 때에는 「민법」제94
조에 따라 등기를 한 후, 별지 제7호서식의 청산종결 신고서를 공정거래위원회에 제출하여
야 한다. 이 경우 공정거래위원회는 「전자정부법」 제36조 제1항에 따른 행정정보의 공동이
용을 통하여 법인 등기사항증명서를 확인하여야 한다(규칙 제12조).

■ 공정거래위원회 소관 비영리법인의 설립 및 감독에 관한 규칙 [별지 제7호서식] 〈개정 2012.1.4〉

청산종결 신고서

접수번호	접수일	처리일	처리기간	즉시

청산 법인	명칭		전화번호	
	소재지			

청산인	성명		생년월일	
	주소		전화번호	

청산 연월일	
청산 취지	

「민법」 제94조 및 「공정거래위원회 소관 비영리법인의 설립 및 감독에 관한 규칙」 제12조에 따라 위와 같이 청산 종결을 신고합니다.

년   월   일

신고인   (서명 또는 인)

공정거래위원회 위원장   귀하

신고인 제출서류	없음	수수료 없음
담당공무원 확인사항	법인 등기사항증명서	

처리절차

신고서 작성	→	접 수	→	검 토	→	결 재	→	결과 통지
신고인		처리기관 (공정거래위원회)		처리기관 (공정거래위원회)		처리기관 (공정거래위원회)		

210mm×297mm[일반용지 60g/㎡(재활용품)]

제12장 감사원 소관 비영리법인 설립

1. 개관

감사원 소관 비영리법인의 설립 및 감독에 관한 규칙(이하 '규칙'이라고만 함)은 「민법」에 따라 감원이 주무관청이 되는 비영리법인의 설립 및 감독에 필요한 사항을 규정함을 목적으로 하며, 이에 따른 비영리법인(이하 '법인'이라 한다)의 설립허가, 법인 사무의 검사 및 감독 등에 관하여는 다른 법령에 특별한 규정이 있는 경우를 제외하고는 이 규칙에서 정하는 바에 따른다.

본장은 감사원 소관 비영리법인의 설립과 관련한 일반절차인 설립허가신청 및 관련 첨부서류 그리고 정관변경허가신청, 사업계획보고 등에 관한 내용들을 정리하였다. 그 외 관련서류들은 제1편 관련 내용부분을 참고하기 바란다.

2. 설립허가절차

가. 설립허가의 신청

「민법」제32조에 따라 법인의 설립허가를 받으려는 자(이하 '설립발기인'이라 한다)는 별지 제1호서식의 법인설립허가신청서에 다음의 서류를 첨부하여 감사원에 제출하여야 한다(규칙 제3조).

- 설립취지서 1부
- 설립발기인의 성명·생년월일·주소 및 약력을 적은 서류(설립발기인이 법인인 경우에는 그 명칭, 주된 사무소의 소재지, 대표자의 성명·생년월일·주소와 정관을 적은 서류) 1부
- 정관 1부
- 재산목록(재단법인의 경우 기본재산과 운영재산으로 구분하여 적어야 한다) 및 그 증명서류와 출연 신청이 있는 경우에는 그 사실을 증명하는 서류 각 1부
- 해당 사업연도분의 사업계획 및 수입·지출 예산을 적은 서류 1부

- 임원취임예정자의 성명 · 생년월일 · 주소 · 약력을 적고 명함판 사진을 붙인 이력서 및 취임 승낙서 각 1부
- 창립총회회의록(설립발기인이 법인인 경우에는 법인설립에 관한 의사결정을 증명하는 서류) 1부
- 설립하려는 법인이 사단인 경우에는 사원이 될 사람의 성명, 주소, 직업 및 근무처 등을 적은 사원명부 1부

■ 감사원 소관 비영리법인의 설립 및 감독에 관한 규칙 [별지 제1호서식] 〈개정 2015.7.17.〉

비영리법인 설립허가 신청서

접수번호	접수일자		처리일자		처리기간	20일
신청인	성명			생년월일		
	주소			전화번호		

법인명	명칭	
	소재지	전화번호
	대표자 성명	생년월일
	대표자 주소	전화번호

「민법」 제32조 및 「감사원 소관 비영리법인의 설립 및 감독에 관한 규칙」 제3조에 따라 위와 같이 비영리법인의 설립허가를 신청합니다.

년   월   일

신청인
(서명 또는 인)

감사원장 귀하

신청인 제출 서류	1. 설립취지서 1부 2. 설립발기인의 성명 · 생년월일 · 주소 및 약력을 적은 서류(설립발기인이 법인인 경우에는 그 명칭, 주된 사무소의 소재지, 대표자의 성명 · 생년월일 · 주소와 정관을 적은 서류) 1부 3. 정관 1부 4. 재산목록(재단법인의 경우 기본재산과 운영재산으로 구분하여 적어야 합니다) 및 그 증명서류와 출연 신청이 있는 경우에는 그 사실을 증명하는 서류 각 1부 5. 해당 사업연도분의 사업계획 및 수입 · 지출 예산을 적은 서류 1부 6. 임원 취임예정자의 성명 · 생년월일 · 주소 및 약력을 적고 명함판 사진을 붙인 이력서 및 취임승낙서 각 1부 7. 창립총회 회의록(설립발기인이 법인인 경우에는 법인설립에 관한 의사 결정을 증명하는 서류) 1부 8. 설립하려는 법인이 사단인 경우에는 사원이 될 사람의 성명, 주소, 직업 및 근무처 등을 적은 사원 명부 1부	수수료 없음
담당공무원 확인사항	재산목록에 기재된 재산의 토지(건물) 등기사항증명서	

처 리 절 차

신청서 작성 → 접 수 → 확 인 → 결 재 → 허가증 작성 → 허가증 발급
신청인   처 리 기 관 : 감사원(비영리법인의 설립 및 감독 업무 담당부서)

210mm×297mm(백상지 80g/㎡)

사회복지법인 ○○○ 설립취지서

현대사회의 급격한 발전과 변화는, 우리 인간들에게 가히 상상할 수 없는 편리함과, 편안함을 가져다주었지만, 반면에 기회의 불균등으로 인해, 사회의 변화와 발전에 적응하지 못하는 각종 소외계층이 발생하게 된 것은 주지의 사실이다.

이러한 가운데 그 동안 원불교 교단에서는, '사회복지법인 △△△'와 함께 ○○지역 사회발전과 주민들의 정신·육신의 빈곤과 무지, 각종 소외로부터 와지는 문제들을 예방하고 또한 극복하기 위하여, 여러 방면으로 종교인의 사명을 다해 왔다.

이제 각 교구별로 법인분리 작업에 원불교 교단과 '△△△'가 뜻을 같이하고, 그 동안 '△△△'를 통하여 복지사업을 펼쳐왔던 시설들 중, 우선적으로 '○○효도의 집', '○○어린이집', 등을, 새로이 설립하고자 하는 원불교 법인시설로 무상 출연 받아, 지역사회에서 좀더 내실 있는 가정복지사업을 펼쳐나가고자 한다.

이에 원불교 전북교구에서는 어린이보육, 모자보호, 노인복지 사업 등과 같은 가정 복지사업에 전임하여 복지사업을 벌여나가기 위하여 '사회복지법인 ○○○'을 설립 하고자 한다.

제1장 총 칙

제1조(명칭) 본 회는 사단법인 한국감사협회(영문명칭 The Institute of Internal Auditors Korea : 약칭 IIA KOREA)라 한다.

제2조(목적) 본회는 다음 사항을 그 설립목적으로 한다.

1. 내부감사제도의 발전 및 내부감사업무의 질적 향상

2. 회원의 권익옹호와 친목도모

3. 국내외 내부감사 및 이에 관련된 사항에 대한 이론과 실무를 조사 · 연구

제3조(사업) 본회는 제2조의 목적을 달성하기 위하여 다음과 같은 사업을 한다.

1. 내부감사의 기획 · 관리 · 진행 · 평가에 관련된 제반조사 · 연구

2. 내부감사업무의 원활한 수행을 위한 정기적인 연수와 정보교환

3. 공인내부감사사(CIA) 등의 양성 및 자격수여

4. 세계내부감사인협회(Global IIA) 등 국내외 내부감사유관기관과의 제휴 및 연구교류

5. 내부감사에 관련된 조사 · 연구의 분석 및 자료 등의 편찬 발간

6. 내부감사에 관련된 단행본 및 간행물과 회보 발간

7. 내부감사에 관한 교육 훈련 및 기업조사와 진단

8. 내부감사인의 지위와 자질을 향상하기 위한 제반사업 및 정부건의 9. 내부감사 업무의 대행 및 이와 관련된 컨설팅 사업의 수행 10. 위의 목적 달성을 위한 연구회 · 강연회 · 위원회 · 간담회의 개최 11. 기타 본 회의 목적 달성에 필요한 간행물의 간행 · 광고 등 제반 사업

제4조(소재지) 본 회의 사무소는 서울특별시에 둔다. 단, 필요에 따라 지부를 둘 수 있다.

제2장 회 원

제5조(회원의 종류) ① 본 회의 회원은 정회원, 준회원, 명예회원, 특별회원으로 구분

한다.

② 정회원은 공공기관과 민간법인 또는 그에 준하는 조직, 법인의 감사 · 감사위원, 내부감사인, 준법감시인, 준법지원인, 윤리경영책임자, 리스크관리책임자, 옴부즈만 그리고 공인내부감사사 · 공인회계사 · 변호사 · 공인정보시스템감사사 · 경영기술지도사 · 최고내부감사사 · 전문내부감사사 등의 자격증 소지자 및 이와 동등한 자격을 갖춘 것으로 인정된 자를 말한다.

③ 본 회의 정회원으로 입회한 자가 제2항에서 열거한 지위를 임기만료 또는 사직 등의 사유로 상실함으로써 후임자가 정회원으로 될 경우에도 협회가 정하는 절차를 밟을 경우 정회원의 자격을 가진다.

④ 준회원은 내부감사와 관련된 학술연구를 하는 내부감사 전문가, 교수, 학생 등으로서 본 회의 취지에 찬동하는 자로 한다.

⑤ 명예회원은 사회적으로 덕망이 높고 본 회의 발전에 기여한 인사로서 이사회의 동의를 얻어 회장이 추대한 자로 한다.

⑥ 특별회원은 정부부처, 지방자치단체 등의 감사 관련부서 종사자로 협회에 회원으로 참여하고자 하는 자로 한다.

제6조(입회절차) ① 본회에 입회하고자 하는 자는 입회신청서를 제출하여야 한다.

② 제1항의 규정에 의한 입회신청서를 제출할 때에는 본회가 정하는 입회금과 회비를 납부하여야 한다.

③ 명예회원에 대하여는 제2항의 입회금과 회비를 면제한다.

제7조(퇴회) 본 회의 회원 퇴회는 본 회가 정하는 절차에 의한다. 다만, 미납된 회비는 납입하여야 하며 이미 납입된 회비는 반환하지 아니한다.

제8조(제명) 회원이 다음 각 호의 1에 해당하는 때에는 총회의 결의로써 제명할 수 있다.

1. 본 회의 명예를 훼손하거나 손해를 가하였을 때

2. 정관에 위배되는 행위를 하였을 때

3. 기타 총회에서 제명하는 것이 합당하다고 인정할 때 제 3 장 총 회

제9조(총회의 설치 및 구성) ① 본 회의 최고의결기관으로서 총회를 둔다. ② 총회는 정회원으로 구성한다.

제10조(종류 및 소집) ① 총회는 정기총회와 임시총회로 한다.

② 정기총회는 매 사업연도 종료일 이후 3개월 이내에 회장이 소집한다.

③ 임시총회는 다음의 경우에 회장이 소집한다.

1. 회장이 필요하다고 인정할 때

2. 이사회의 소집요구가 있을 때

3. 총회구성원 4분의 1 이상이 회의의 목적사항과 소집의 이유를 기재한 서면을 회장에게 제출하고 총회의 소집을 요구한 때

④ 총회를 소집할 때에는 총회의 일시, 장소 및 회의의 목적 사항을 명시하여 개최 2주일 전에 통지하여야 한다. 다만, 이사회 결의로 긴급하다고 인정할 때에는 그 기간을 단축할 수 있다.

제11조(의결사항) ① 총회는 이 정관에 다른 정함이 있는 경우를 제외하고는 다음 각 호의 사항을 심의 · 의결한다.

1. 정관의 개정

2. 본 회의 해산에 관한 사항

3. 회장, 감사위원의 선임 및 해임에 관한 사항

4. 예산 및 결산의 승인에 관한 사항

5. 사업계획의 승인에 관한 사항

6. 지부의 설치에 관한 사항

7. 기타 이사회 및 회장이 부의한 사항

② 총회는 필요하다고 인정하는 경우에는 제1항 제4호 내지 제6호의 사항에 대하여 그 범위를 정하여 이사회에 위임할 수 있다.

제12조(의장) ① 총회의 의장은 회장이 된다.

② 의장은 총회의 질서를 유지하며 의사를 진행한다.

제13조(정족수) ① 총회는 총회구성원 5분의 1 이상의 출석으로 성립하고 본 정관에서 다른 정함이 있는 경우를 제외하고는 출석구성원 과반수의 찬성으로 의결한다. 다만, 본 회 해산의 경우에는 총회구성원 과반수의 출석과 출석 구성원의 과반수의 찬성으로 의결한다.

② 총회 결의에 관하여 특별한 이해관계가 있는 자는 의결권을 행사하지 못한다.

제14조(의결권의 위임) 총회구성원은 위임장으로 총회 출석과 의결권을 위임할 수 있다. 다만, 대리인은 그 대리권을 증명하는 서면을 사전에 총회에 제출하여야 한다.

제15조(총회 의사록) 총회의 의사록은 의장과 감사위원장이 서명한 후 이를 본 회에 보존한다.

제3장 이사회

제16조(설치 및 구성) ① 본 회의 회무에 관한 중요사항을 의결하기 위하여 이사회를 둔다. ② 이사회는 회장, 부회장 및 이사로 구성한다. ③ 이사회는 이사회내에 감사위원회를 두며, 그 조직 및 운영에 관한 사항은 규정으로 정한다.

제17조(의결사항) ① 이사회는 이 정관에 다른 정함이 있는 경우를 제외하고는 다음 각 호의 사항을 심의 · 의결한다.
1. 기본 운영 계획(주요사업계획)
2. 예산 및 결산에 관한 중요한 사항
3. 규정의 제정 및 변경에 관한 사항
4. 부회장의 선임 및 해임에 관한 사항
5. 이사의 추천
6. 분과위원회의 설치 및 운영
7. 총회에 부의할 의안에 관한 사항
8. 총회가 위임한 사항
9. 회원의 권익을 심각하게 해하는 일이 발생한 사안에 대한 조사위원회 구성에 관한

사항

10. 제5조 제3항 소정의 정회원 자격 유지 또는 회복 절차에 관한 사항

11. 기타 회장이 부의한 사항

② 이사회는 필요한 경우 감사위원회에 본 회에 대한 감사를 요청할 수 있다.

제18조(소집절차) ① 이사회의 의장은 회장으로 한다.

② 정기 이사회는 원칙적으로 분기 1회 회장이 소집한다.

③ 임시 이사회는 다음의 경우에 회장이 소집 한다.

1. 회장이 필요하다고 인정할 경우

2. 이사회 구성원의 3분의 1이상이 회의목적 사항을 명시하여 이사회의 소집을 청구한 때

3. 감사위원회가 회의목적 사항을 명시하여 이사회의 소집을 청구한 때

④ 회장이 제3항 제2호 및 제3호 소정의 청구를 받을 날로부터 10일 이내에 이사회를 소집하지 아니할 때에는 청구자가 이를 소집할 수 있다.

⑤ 이사회를 소집할 때는 개최 5일 전에 이사회의 일시, 장소 및 회의 목적 사항을 이사회 구성원에게 통지하여야 한다. 다만, 긴급을 요하는 경우에는 유예기간을 두지 않거나 그 기간을 단축 할 수 있고, 이사회 구성원 전원이 출석한 경우에는 절차적 흠은 치유된다.

제19조(정족수) ① 이사회는 재적 구성원 과반수의 출석으로 성립한다.

② 이사회는 재적 구성원 과반수 출석과 출석 구성원 과반수 찬성으로 의결한다.

③ 가부동수인 때에는 의장이 결정권을 가진다.

④ 이사회 결의에 관하여 특별한 이해관계가 있는 자는 의결권을 행사하지 못한다.

제20조(이사회 의사록) 이사회 의사록은 제15조를 준용한다.

제4장 임 원

제21조(임원) 본 회에 다음의 임원을 둔다.

1. 회 장 1인

2. 부 회 장 30인 이내(수석부회장, 사무총장 포함)

3. 이 사 50인 이내(회장, 부회장, 감사위원회 위원 3인 이상 포함)

제22조(자격 및 임기) ① 임원은 정회원 중에서 선임한다.

② 회장은 정회원의 자격을 6월 이상 보유한 자로 한다.

③ 임원의 임기는 2년으로 하되 중임할 수 있다. 다만, 회장은 1회에 한하여 연임할 수 있다. 임원(부회장, 이사)의 중임은 이사회에서 의결하고, 회장의 연임은 임기 만료 전 총회에서 의결한다.

④ 회장과 감사위원은 임기가 만료되더라도 후임자의 선임시까지 직을 수행한다.

⑤ 회장은 필요하다고 인정할 경우 상근부회장 1인을 둘 수 있다. 상근부회장은 회장의 제청으로 이사회에서 선출하며, 총회에 보고한다.

⑥ 임원의 임기 중 정회원의 자격이 되는 업무를 임기만료, 사임 등의 사유로 그만두게 되더라도 제5조 제3항 소정의 정회원 유지절차를 밟을 경우 임원으로서의 잔여 임기에 영향이 없다.

제23조(선임) ① 회장은 임원추천위원회의 추천으로 총회에서 선출하며, 임원추천위원회의 구성 및 운영에 관한 사항은 규정으로 정한다.

② 부회장은 이사 중에서 회장의 제청과 이사회의 의결로 선임한다.

③ 이사는 이사회의 추천으로 회장이 임명한다.

④ 수석부회장, 사무총장은 부회장 중에서 회장이 임명한다.

⑤ 감사위원은 이사 중에서 이사회의 추천으로 총회에서 선출하며, 감사위원장은 감사위원회의 위원들이 호선으로 정한다.

제24조(직무, 보수 등) ① 회장은 본 회를 대표하고 회무를 통할한다.

② 부회장은 회장을 보좌하여 회무를 처리한다.

③ 회장이 사고가 있을 때는 상근 부회장이 선임된 경우 상근 부회장, 수석 부회장, 먼저 선임된 부회장, 연장자인 부회장 순서에 따라 그 직무를 대행 한다.

④ 이사는 이사회의 구성원이 되며 선량한 관리자의 주의 의무로 이사회의 회무에 참여해야 한다.

⑤ 감사위원회는 본 회의 재정 및 업무집행사항을 감사하고 그 결과를 이사회 및 총회에 보고한다.

⑥ 상근부회장을 제외한 임원은 무보수 비상근으로 한다.

⑦ 상근부회장의 보수는 협회의 재정상황 등을 감안하여 이사회에서 정한다.

제5장 고문, 자문위원, 분과위원회 등

제25조(명예회장, 고문, 자문위원) ① 본 회의 전임 회장은 당연직 고문으로 한다.

② 고문은 본 회의 육성발전에 현저한 공로가 있는 자 중에서 회장이 추대한다.

③ 회장이 필요하다고 인정할 때에는 자문위원을 둘 수 있다.

제26조(분과위원회) ① 본 회는 특정(사업)분야에 대하여 분과위원회를 둘 수 있다.

② 분과위원회의 구성과 운영방법에 대하여는 이사회에서 정한다.

제6장 집행기구 조직 및 재정

제27조(집행기구) ① 본 회는 협회의 운영을 위하여 사무처를 둔다.

② 본 회에 내부감사 대행 및 이와 관련된 컨설팅 업무수행을 위한 감사지원서비스 센터를 둘 수 있으며 이에 관한 사항은 규정으로 정한다.

③ 직원의 인사와 보수, 복무, 조직 및 업무 분장 등에 관한 사항은 이사회에서 심의하여 결정한다.

제28조(재정) 본 회의 경비는 다음의 수입금으로 충당한다.

1. 회비
2. 입회금
3. 후원금 및 찬조금
4. 기타 수입금
5. 전년도 이월금

제29조(회비) 회비의 부과와 징수방법은 이사회에서 정한다.

제30조(사업연도) 본 회의 사업연도는 매년 4월 1일부터 익년 3월 31일까지로 한다.

제31조(잉여금) 결산의 결과 잉여금 또는 손실금이 있을 때에는 차기년도에 이월한다.

부 칙

제1조(시행일) 이 정관은 감사원장의 인가를 받은 날부터 시행한다.

[서식 – 그 외 관련 서식은 서식 중복기재 회피를 위하여 제1편 비영리사단법인 해당 서식을 참고하기 바란다]

나. 설립허가

(1) 허가기준

감사원은 법인설립허가신청의 내용이 다음의 기준에 맞는 경우에만 법인 설립을 허가한다 (규칙 제4조).

- 법인의 목적과 사업이 실현가능할 것
- 목적하는 사업을 할 수 있는 충분한 능력이 있고, 재정적 기초가 확립되어 있거나 확립될 수 있을 것
- 다른 법인과 같은 명칭이 아닐 것

(2) 심사 및 허가기간

감사원은 법인설립허가신청을 받았을 때에는 특별한 사유가 없으면 20일 이내에 심사하여 허가 또는 불허가 처분을 하고, 그 결과를 서면으로 신청인에게 통지하여야 한다. 이 경우 허가를 할 때에는 별지 제2호서식의 법인설립허가증을 교부하고 별지 제3호서식의 법인설립허가대장에 필요한 사항을 적어야 한다.

■ 감사원 소관 비영리법인의 설립 및 감독에 관한 규칙 [별지 제2호서식] 〈개정 2015.7.17.〉

제   호

비영리법인 설립허가증

1. 법인 명칭:

2. 소 재 지:

3. 대 표 자
      ○ 성   명:
      ○ 생년월일:
      ○ 주   소:

4. 사업 내용:

5. 허가 조건:

「민법」 제32조 및 「감사원 소관 비영리법인의 설립 및 감독에 관한 규칙」 제4조에 따라 위 법인의 설립을 허가합니다.

년   월   일

감 사 원 장 |직인|

210mm×297mm(백상지 80g/㎡)

[서식 _ 법인설립허가대장]

■ 감사원 소관 비영리법인의 설립 및 감독에 관한 규칙 [별지 제3호서식] 〈개정 2015.7.17.〉

비영리법인 설립허가대장

허가번호	법인 명칭	사무소의 소재지	대표자 성 명	허 가 연월일	기능 및 목적	주관과	비고

210mm×297mm(백상지 80g/㎡)

(3) 조건부허가

감사원은 법인의 설립허가를 할 때에는 필요한 조건을 붙일 수 있다.

다. 재산이전의 보고

법인의 설립허가를 받은 자는 그 허가를 받은 후 지체없이 기본재산 및 운영재산을 법인에 이전(移轉)하고, 1개월 이내에 그 이전사실을 증명하는 등기소 또는 금융회사 등의 증명서를 감사원에 제출하여 보고하여야 한다(규칙 제5조).

라. 설립등기 등의 보고

법인은 「민법」 제49조부터 제52조의2까지의 규정에 따라 법인 설립등기 등을 하였을 때에는 7일 이내에 법인 등기사항증명서 1부를 감사원에 제출하여야 한다(규칙 제6조).

3. 허가 후 절차

가. 정관변경의 허가

법인은 「민법」 제42조 제2항, 제45조 제3항 또는 제46조에 따른 정관변경의 허가를 받으려는 경우 별지 제4호서식의 법인정관변경허가신청서에 다음 각호의 서류를 첨부하여 감사원에 신청하여야 하며, 이 경우 감사원은 법인의 정관변경에 관한 절차가 적법하고 정관변경이 법인의 설립목적에 위배되지 않는 경우에 한하여 정관변경을 허가한다.

- 정관변경사유서 1부
- 개정될 정관(신 · 구 조문 대비표를 첨부한다) 1부
- 정관변경에 관한 총회 또는 이사회의 회의록 1부
- 기본재산의 처분에 따른 정관변경의 경우에는 처분 사유, 처분재산의 목록, 처분 방법, 처분 후의 재산목록 등을 적은 서류 1부

■ 감사원 소관 비영리법인의 설립 및 감독에 관한 규칙 [별지 제4호서식] 〈개정 2015.7.17.〉

법인 정관 변경허가 신청서

접수번호	접수일자	처리일자	처리기간	10일

신청인	성명		생년월일	
	주소		전화번호	

법인	명칭	전화번호
	소재지	
	설립 허가일	설립허가번호
	대표자 성명	생년월일
	대표자 주소	

「민법」 제42조제2항, 제45조제3항, 제46조 및 「감사원 소관 비영리법인의 설립 및 감독에 관한 규칙」 제7조에 따라 위와 같이 정관 변경허가를 신청합니다.

년   월   일

신청인   (서명 또는 인)

감사원장 귀하

첨부서류	1. 정관 변경 사유서 1부 2. 변경될 정관(신·구조문대비표를 첨부합니다) 1부 3. 정관 변경과 관련된 총회 또는 이사회의 회의록 1부 4. 기본재산의 처분에 따른 정관변경의 경우에는 처분 사유, 처분재산의 목록, 처분 방법 등을 적은 서류 1부	수수료 없 음

처 리 절 차

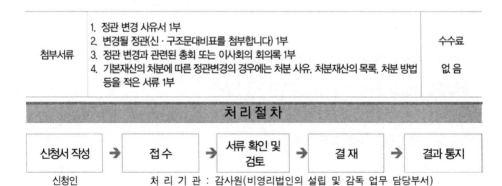

신청서 작성	→	접 수	→	서류 확인 및 검토	→	결 재	→	결과 통지
신청인		처 리 기 관 : 감사원(비영리법인의 설립 및 감독 업무 담당부서)						

210mm×297mm(백상지 80g/㎡)

[서식 – 그 외 관련 서식은 서식 중복기재 회피를 위하여 제1편 비영리사단법인 해당 서식을 참고하기 바란다]

나. 임원선임의 보고 및 승인등

법인이 임원을 교체하여 선임(選任)한 때에는 지체없이 임원취임예정자의 성명·생년월일·주소·약력을 적고 명함판 사진을 붙인 이력서 및 취임 승낙서 등의 서류와 임원 교체선임을 결의한 총회 또는 이사회의 회의록을 첨부하여 감사원에 보고하고 승인을 받아야 한다. 다만, 재선임된 임원에 대해서는 임원취임예정자의 성명·생년월일·주소·약력을 적고 명함판 사진을 붙인 이력서 및 취임 승낙서 등의 서류를 제출하지 아니한다(규칙 제8조).

다. 사업실적 및 사업계획 등의 보고

법인은 매 사업연도 종료 전 1개월까지 다음 사업연도의 사업계획 및 수입·지출 예산에 관한 서류를 감사원에 제출하여야 함은 물론(규칙 제9조), 매 사업연도 종료 후 2개월 이내에 다음의 서류를 감사원에 제출하여야 한다.

- 직전 사업연도의 사업실적 및 수입·지출 결산서 1부
- 자산의 증감 사유
- 직전 사업연도 말 현재의 재산목록 1부
- 사단법인의 경우에는 직전 사업연도 중 사원의 이동 현황

라. 서류 및 장부의 비치
(1) 서류 등 비치

법인은 「민법」 제55조에 규정된 것 외에 다음의 서류 및 장부를 갖추어 두어야 한다(규칙 제10조).

- 정관
- 임원 및 직원의 명부와 이력서
- 총회 회의록 또는 이사회 회의록
- 수입·지출에 관한 장부 및 증명서류
- 재산대장 및 부채대장
- 업무일지
- 감사원 및 관계기관과 주고받은 서류

(2) 서류 등 보존

법인은 다음의 구분에 따라 제1항 각호의 서류 및 장부를 보존하여야 한다. 〈개정 2011. 3. 17.〉

- 제1호부터 제3호까지 : 영구
- 제4호 및 제5호 : 10년 이상
- 제6호 및 제7호 : 3년 이상

마. 법인사무의 검사 · 감독

감사원은 「민법」 제37조에 따른 법인사무의 검사 및 감독을 위하여 필요한 경우 법인에 관계서류 · 장부 그 밖의 참고자료 제출을 명하거나, 소속공무원으로 하여금 법인의 사무 및 재산상황을 검사하게 할 수 있으며, 이에 따라 법인사무를 검사하는 공무원은 그 자격을 증명하는 증표를 관계인에게 보여 주어야 한다(규칙 제11조).

4. 해산 등

가. 설립허가의 취소

감사원은 법인이 다음의 어느 하나에 해당된다고 인정하면 「민법」 제38조에 따라 법인의 설립허가를 취소할 수 있으며, 이에 따라 법인의 설립허가를 취소하려는 경우에는 해당 법인에 취소사유 등을 서면으로 통지하고 의견 제출 기회를 주어야 한다.

다(규칙 제12조).

- 설립목적 외의 사업을 하거나 공익을 해치는 행위를 한 경우
- 설립허가의 조건을 위반한 경우
- 설립목적의 달성이 불가능하다고 인정될 경우
- 그 밖에 법인의 목적과 사업을 실현할 수 있는 능력 또는 재정적 기초를 상실하게 된 경우

나. 해산신고

법인이 해산(파산으로 인한 해산은 제외한다)하였을 때에는 그 청산인은 「민법」 제85조 제1항에 따라 해산등기를 마친 후 지체 없이 별지 제5호서식의 법인해산신고서에 다음의

서류를 첨부하여 감사원에 제출하여야 한다(규칙 제13조).

- 해산 당시의 재산목록 1부
- 잔여재산 처분방법의 개요를 적은 서류 1부
- 해산당시의 정관 1부
- 사단법인이 총회의 결의에 따라 해산하였을 때에는 그 결의를 한 총회의 회의록 1부
- 재단법인의 해산시 이사회가 해산을 결의하였을 때에는 그 결의를 한 이사회의 회의록 1부

■ 「감사원 소관 비영리법인의 설립 및 감독에 관한 규칙」[별지 제5호서식] 〈개정 2015.7.17.〉

비영리법인 해산 신고서

접수번호	접수일	처리일	처리기 간	7일

청산인	성명		생년월일	
	주소		전화번호	

청산법인	명칭		전화번호	
	소재지			

해산 연월일	
해산 사유	
청산인 대표권의 제한 내용(대표권이 제한되는 경우에만 적습니다)	

「민법」제86조제1항 및 「감사원 소관 비영리법인의 설립 및 감독에 관한 규칙」제13조에 따라 위와 같이 법인의 해산을 신고합니다.

년   월   일

신고인

(서명 또는 인)

감사원장 귀하

신고인 제출 서류	1. 해산 당시의 재산목록 1부 2. 잔여재산 처분방법의 개요를 적은 서류 1부 3. 해산 당시의 정관 1부 4. 사단법인이 총회 결의에 따라 해산하였을 때에는 그 결의를 한 총회의 회의록 사본 1부 5. 재단법인의 해산 시 이사회가 해산을 결의하였을 때에는 그 결의를 한 이사회의 회의록 1부	수수료 없 음
담당 공무원 확인 사항	법인 등기사항증명서	

처 리 절 차

신청서 작성	→	접 수	→	서류 확인 및 검토	→	결 재

신청인   처 리 기 관 : 감사원(비영리법인의 설립 및 감독 업무 담당부서)

210mm×297mm(백상지 80g/㎡)

다. 잔여재산 처분의 허가

법인의 이사 또는 청산인은 「민법」 제80조 제2항에 따라 잔여재산의 처분에 대한 허가를 받으려면 별지 제6호서식의 잔여재산 처분허가 신청서를 감사원에 신청하여야 한다(규칙 제14조).

[서식 – 잔여재산 처분허가 신청서]

■ 감사원 소관 비영리법인의 설립 및 감독에 관한 규칙 [별지 제6호서식] 〈개정 2015.7.17.〉

잔여재산 처분허가 신청서

접수번호		접수일	처리일	처리기간 7일

신청법인	명칭		전화번호	
	소재지			
대표자 (이사 · 청산인)	성명		생년월일	
	주소		전화번호	

처분재산	종류 및 수량
	금액
	처분방법
처분사유	

「민법」 제80조제2항 및 「감사원 소관 비영리법인의 설립 및 감독에 관한 규칙」 제14조에 따라 위와 같이 잔여재산 처분 허가를 신청합니다.

년   월   일

신청인   (서명 또는 인)

감사원장 귀하

첨부서류	1. 해산 당시의 정관 1부(해산신고 시의 정관을 확인할 필요가 있는 경우에만 제출합니다) 2. 총회의 회의록 1부(사단법인의 해산신고 시에 제출한 서류만으로는 확인이 되지 않을 경우에만 제출합니다)	수수료 없음

처 리 절 차

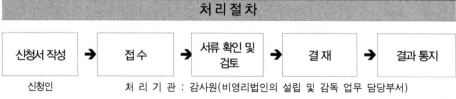

신청서 작성 ➡ 접 수 ➡ 서류 확인 및 검토 ➡ 결 재 ➡ 결과 통지

신청인   처 리 기 관 : 감사원(비영리법인의 설립 및 감독 업무 담당부서)

210mm×297mm(백상지 80g/㎡)

라. 청산종결의 신고

청산인은 법인의 청산이 종결되었을 때에는 「민법」 제94조에 따라 이를 등기를 한 후 법인
등기사항증명서를 첨부하여 감사원에 청산종결을 신고하여야 한다(규칙 제15조).

제13장 농림축산식품부 및 그 소속 청장 소관 비영리법인 설립

1. 개관

농림축산식품부 및 그 소속 청장 소관 비영리법인의 설립 및 감독에 관한 규칙(이하 규칙이라고만 함)은 「민법」에 따라 농림축산식품부장관 또는 그 소속 청장이 주무관청이 되는 비영리법인의 설립 및 감독에 필요한 사항을 규정함을 목적으로 하며, 이에 따른 비영리법인(이하 '법인'이라 한다)의 설립허가, 법인 사무의 검사 및 감독 등에 관하여는 다른 법령에 특별한 규정이 있는 경우를 제외하고는 이 규칙에서 정하는 바에 따른다.

본장은 농림축산식품부 및 그 소속 청장 소관 비영리법인의 설립과 관련한 일반절차인 설립허가신청 및 관련 첨부서류 그리고 정관변경허가신청, 사업계획보고 등에 관한 내용들을 정리하였다. 그 외 관련서류들은 제1편 관련 내용부분을 참고하기 바란다.

2. 설립허가절차

가. 설립허가의 신청

「민법」 제32조에 따라 법인의 설립허가를 받으려는 자(이하 '설립발기인'이라 한다)는 별지 제1호서식의 법인 설립허가 신청서에 다음의 서류를 첨부하여 농림축산식품부장관 또는 그 소속 청장(이하 '주무관청'이라 한다)에게 제출하여야 한다(규칙 제3조).

- 설립발기인의 성명·생년월일·주소 및 약력을 적은 서류(설립발기인이 법인인 경우에는 그 명칭, 주된 사무소의 소재지, 대표자의 성명·생년월일·주소와 정관을 적은 서류) 1부
- 정관 1부
- 재산목록(재단법인의 경우에는 기본재산과 운영재산으로 구분하여 적어야 한다) 및 그 증명서류와 출연(出捐) 신청이 있는 경우에는 그 사실을 증명하는 서류 각 1부
- 해당 사업연도분의 사업계획 및 수입·지출 예산을 적은 서류 1부

- 임원 취임 예정자의 성명·생년월일·주소·약력을 적은 서류 및 취임승낙서 각 1부
- 창립총회 회의록(설립발기인이 법인인 경우에는 법인 설립에 관한 의사 결정을 증명하는 서류) 1부

농림축산식품부장관 및 그 소속 청장 소관 비영리법인의 설립 및 감독에 관한 규칙[별지 제1호서식] 〈개정 2013.3.23〉

법인설립 허가신청서

접수번호		접수일자	처리일자	처리기간	20일

신청인	성명		생년월일	
	주소		전화번호	

법 인	명칭		전화번호
	소재지		

대표자	성명		생년월일
	주소		전화번호

「민법」 제32조 및 「농림축산식품부장관 및 그 소속 청장 소관 비영리법인의 설립 및 감독에 관한 규칙」 제3조에 따라 위와 같이 법인설립을 신청하오니 허가하여 주시기 바랍니다.

년   월   일

(서명 또는 인)

신청인

귀하

신청인 제출 서류	1. 설립발기인의 성명 · 생년월일 · 주소 및 약력을 기재한 서류 1부(설립발기인이 법인인 경우에는 그 명칭, 주된 사무소의 소재지, 대표자의 성명 · 생년월일 · 주소와 정관을 기재한 서류) 2. 정관 1부 3. 재산목록(재단법인에 있어서는 기본재산과 운영재산으로 구분하여 기재하여야 합니다) 및 그 입증서류와 출연의 신청이 있는 경우에는 그 사실을 증명하는 서류 각 1부 4. 해당 사업연도분의 사업계획 및 수지예산을 기재한 서류 1부 5. 임원 취임예정자의 성명 · 생년월일 · 주소 및 약력을 기재한 서류와 취임승낙서 각 1부 6. 창립총회회의록(설립발기인이 법인인 경우에는 법인설립에 관한 의사의 결정을 증명하는 서류) 1부 ※ 제3호의 서류 중 담당 공무원 확인사항인 입증 서류는 제출을 생략합니다.	수수료 없음
담당공무원 확인사항	재산목록에 기재된 재산의 토지(건물) 등기부 등본	

처리절차

신청서 작성	→	접 수	→	확 인	→	결 재	→	허가증 작성	→	허가증 교부
신청인		처리기관		처리기관		처리기관		처리기관		

210mm×297mm[보존용지(1종)120g/㎡]

정   관

제1장 총 칙

제1조(명칭) 이 법인은 '사단법인 한국웰니스산업협회(이하 '법인'이라 한다)라 한다.

제2조(목적) 본 법인은 회원 간의 유대 협력강화와 권익보호에 목적을 둔다. 이를 통해 농촌융복합산업 및 농촌관광과 연계한 웰니스산업의 질적 성장을 도모하고 관련 산업의 육성 및 양질의 일자리 창출에 기여한다. 또한 대정부 정책건의 및 사업의 실행을 통해 민관 상생 협력을 위한 교두보 역할을 하고, 우리나라의 우수한 웰니스자원과 농촌산업의 연계를 통한 경쟁력 있는 웰니스브랜드 구축으로 새로운 부가가치를 창출하고 국내·외 관광객 유치 및 농촌융복합산업 발전에 기여하는 것을 목적으로 한다.

제3조(소재지) 본 법인의 사무실은 서울특별시 마포구 성산동 649-4, 3층에 두고 필요한 곳에 분회(지사)를 설치할 수 있다.

제4조(사업) 본 법인은 제2조의 목적을 달성하기 위하여 다음 각 호의 사업을 행한다.
1. 회원 홍보, 마케팅을 위한 국내외 전시회 개최 및 참가지원 사업
2. 회원 상품 개발 및 전문인력 양성을 위한 인증 및 교육 사업
3. 회원 상호간의 권익보호 및 협력강화를 위한 친목 사업
4. 웰니스산업 정책, 법령 및 제도 개선을 위한 대정부 협력 사업
5. 국내외 농촌융복합산업 및 농촌관광 관련 웰니스 동향파악 및 정보제공을 위한 웰니스저널 발행
6. 국내웰니스산업 창업 및 사업화 지원을 위한 웰니스타운(가칭) 건설
7. 기타 본 법인의 목적 달성에 필요한 사업

제 2 장 회 원

제5조(회원의 종류와 자격)

① 법인의 회원은 제2조의 목적과 설립취지에 찬성하여 정해진 가입절차를 마친 자(지자체, 공공기관, 단체, 개인)로 한다.

② 법인의 회원이 되고자 하는 자는 정해진 회원가입 신고서를 법인에 제출하고 규정에 의한 승인절차를 거친 후 가입비, 연회비를 납부하여야 한다.

③ 회원의 자격, 연회비 등에 관한 세부사항은 이사회에서 별도의 규정으로 정한다.

④ 회원의 종류는 특별회원, 정회원, 일반회원 등으로 구분할 수 있으며, 일반회원의 경우 총회의 의결권한이 없는 것으로 한다.

제6조(회원의 권리)

① 특별회원과 정회원은 선거권, 피선거권 및 총회 의결권을 가진다. 다만 일반회원은 총회에 참석하여 법인의 활동에 관한 의견을 제안할 수 있으나 의결권은 없다.

② 회원은 법인의 자료 및 출판물을 제공받으며, 법인운영에 관한 자료를 열람할 수 있다.

제7조(회원의 의무) 회원은 다음의 의무를 진다.

1. 본회의 정관 및 모든 규정 준수
2. 총회 및 이사회의 결의사항 이행
3. 회비 및 모든 부담금의 납부

제8조(회원의 탈퇴와 제명)

① 회원은 본인의 의사에 따라 회원탈퇴서를 제출함으로써 자유롭게 탈퇴할 수 있다.

② 회원이 법인의 명예를 손상시키거나 목적 수행에 지장을 초래한 경우 또는 1년 이상 회원의 의무를 준수하지 않은 경우에는 총회의 의결을 거쳐 제명할 수 있다.

③ 탈퇴 및 제명으로 인하여 회원의 자격을 상실한 경우에는 납부한 회비 등에 대한 권리를 요구할 수 없다.

제 3 장 임 원

제9조(임원의 종류와 정수) 법인은 다음의 임원을 둔다.

1. 회 장 : 1인

2. 상근 부회장 : 1인

3. 이 사(회장, 상근 부회장를 포함한다) : 9인

4. 감 사 : 2인

제10조(임원의 선임)

① 법인의 임원은 총회에서 선출한다.

② 회장은 이사 중에서 호선한다.

③ 임기가 만료된 임원은 임기만료 2월 이내에 후임자를 선출하여야 하며, 임원이 궐위된 경우에는 궐위된 날로부터 2월 이내에 후임자를 선출하여야 한다.

④ 임원선출이 있을 때에는 임원선출이 있는 날부터 3주 이내에 관할법원에 등기를 마친 후 주무관청에 통보하여야 한다.

제11조(임원의 해임) 임원이 다음 각 호의 어느 하나에 해당하는 행위를 한 때에는 총회의 의결을 거쳐 해임할 수 있다.

1. 본회의 목적에 위배되는 행위

2. 임원간의 분쟁 · 회계부정 또는 현저한 부당행위

3. 본회의 업무를 방해하는 행위

제12조(임원의 결격사유) 다음 각 호에 해당하는 자는 임원이 될 수 없다.

1. 피성년후견인 또는 피한정후견인

2. 파산자로서 복권이 되지 아니한 자

3. 법원의 판결 또는 법령에 따라 자격이 상실 또는 정지된 자

4. 금고 이상의 실형의 선고를 받고 그 집행이 종료(집행이 종료된 것으로 보는 경우를 포함한다.)되거나 집행이 면제된 날부터 3년이 경과되지 아니한 자

5. 금고 이상의 형의 집행유예선고를 받고 그 유예기간 중에 있는 자

제13조(상근부회장)

① 본 법인의 목적사업을 전담하게 하기 위하여 1명의 상근부회장을 둘 수 있다.

② 상근부회장은 이사회의 의결을 거쳐 회장이 이사 중에서 선임한다.

제14조(임원의 임기)

① 임원의 임기는 3년으로 하며 연임할 수 있다. 다만, 보선임원의 임기는 전임자의 잔여기간으로 한다.

② 임원은 임기 만료 후라도 후임자가 취임할 때까지는 임원으로 직무를 수행한다.

제15조(임원의 직무)

① 회장은 법인을 대표하고 법인의 업무를 총괄하며, 총회 및 이사회의 의장이 된다.

② 상근 부회장은 상근하며 회장의 지시를 받아 법인의 사무를 총괄한다.

③ 이사는 이사회에 출석하여 법인의 업무에 관한 사항을 의결하며 이사회 또는 이사장으로부터 위임받은 사항을 처리한다.

④ 감사는 다음의 직무를 수행한다.

1. 법인의 재산 상황을 감사하는 일

2. 총회 및 이사회의 운영과 그 업무에 관한 사항을 감사하는 일

3. 제1호 및 제2호의 감사결과 부정 또는 부당한 점이 있음을 발견한 때에는 이사회 또는 총회에 그 시정을 요구하고 주무관청에 보고하는 일

4. 제3호의 시정요구 및 보고를 하기 위하여 필요한 때에는 총회 또는 이사회의 소집을 요구하는 일

5. 본회의 재산상황과 업무에 관하여 총회 및 이사회 또는 회장에게 의견을 진술하는 일

제16조(회장의 직무대행)

① 회장이 사고, 궐위가 있을 때에는 상근부회장, 연장자 이사순으로 회장의 직무를 대행한다.

② 제1항의 규정에 의하여 회장의 직무를 대행하는 임원은 지체없이 회장 선출의 절차를 밟아야 한다.

제 4 장 총 회

제17조(총회의 구성) 총회는 본 법인의 최고 의결기관이며 특별회원과 정회원으로 구성한다.

제18조(구분 및 소집)
① 총회는 정기총회와 임시총회로 구분하며 회장이 이를 소집한다.
② 정기총회는 매 회계연도 개시 1개월 전까지 회장이 소집하며 임시총회는 회장이 필요하다고 인정할 때에 소집한다.
③ 총회의 소집은 회장이 회의안건, 일시, 장소 등을 명확하게 기록하여 회의 개시 7일 전까지 문서로써 각 회원에게 통지하여야 한다.

제19조(총회소집의 특례)
① 회장은 다음 각호의 1에 해당하는 소집요구가 있을 때에는 그 소집요구일로부터 20일 이내에 총회를 소집하여야 한다.
1. 재적이사 과반수가 회의 목적을 제시하여 소집을 요구한 때
2. 제15조제4항제4호의 규정에 의하여 감사가 소집을 요구 한 때
3. 재적회원 3분의 1이상이 회의 목적을 제시하여 소집을 요구한때
② 총회 소집권자가 궐위되거나 이를 기피함으로써 7일 이상 총회소집이 불가능한 때에는 재적이사 과반수 또는 재적회원 3분의 1이상의 찬성으로 총회를 소집할 수 있다.
③ 제2항의 규정에 의한 총회는 출석이사 중 최연장자 순의 사회로 그 의장을 선출한다.

제20조(총회의 의결사항)
① 총회는 다음의 사항을 의결한다.
1. 임원의 선출(회장 및 상근부회장 제외) 및 해임에 관한 사항

2. 본 법인의 해산 및 정관변경에 관한 사항

3. 기본재산의 처분 및 취득과 자금의 차입에 관한 사항

4. 예산 및 결산의 승인

5. 사업계획의 승인

6. 기타 중요사항

② 총회의 의사에 관하여는 의사록을 작성하여야 한다.

1. 의사록에는 의사의 경과, 요령 및 결과를 기재하고 의장 및 출석한 이사가 기명날인 하여야 한다.

2. 이사는 의사록을 주된 사무소에 비치하여야 한다.

제21조(의결정족수)

① 총회는 정관에서 정하는 사항을 제외하고는 재적회원 과반수의 출석으로 개의하고 출석회원 과반수의 찬성으로 의결한다.

② 총회의 의결권은 총회에 참석하는 다른 회원에게 서면으로 위임할 수 있다. 이 경우 위임장은 총회 개시 전까지 의장에게 제출하여야 한다.

제22조(총회의결 제척사유) 회원은 다음 각호의 어느 하나에 해당하는 때에는 그 의결에 참여하지 못한다.

1. 임원의 선출 및 해임에 있어 자신에 관한 사항을 의결할 때

2. 금전 및 재산의 수수에 또는 소송 등에 관련되는 사항으로서 자신과 본 법인의 이해 가 상반될 때

제 5 장 이 사 회

제23조(이사회의 구성) 이사회는 회장과 이사(상근부회장을 포함한다)로 구성한다.

제24조(이사회의 소집)

① 이사회는 정기이사회와 임시이사회로 구분한다.

② 정기이사회는 년2회 개최하고 임시이사회는 감사 또는 이사의 3분의 1이상의 요청

이 있거나 회장이 필요하다고 인정하는 때에 소집한다.

③ 회장은 이사회를 소집하고자 할 때에는 회의개최 7일전까지 이사 및 감사에게 회의의 목적과 안건, 개최일시 및 장소를 통지하여야 한다. 다만, 긴급하다고 인정되는 정당한 사유가 있을 때에는 그러하지 아니한다.

제25조(이사회 의결사항)

① 이사회는 다음의 사항을 심의 · 의결한다.

1. 업무집행에 관한 사항
2. 사업계획의 운영에 관한 사항
3. 예산 · 결산서의 작성에 관한 사항
4. 정관 변경안 작성에 관한 사항
5. 보통재산 관리에 관한 사항
6. 총회에 부칠 안건의 작성
7. 총회에서 위임받은 사항
8. 회장 및 상근부회장 선출에 관한 사항
9. 정관에서 정한 권한에 속하는 사항
10. 기타 법인의 운영상 중요하다고 회장이 회의에 부의하는 사항

② 이사회 회의록 작성은 본 정관 제20조 2항 총회 의사록 작성방법을 따른다.

제26조(의결정족수) 이사회는 재적이사 과반수의 출석으로 개회하고 출석이사 과반수의 찬성으로 의결한다.

제27조(서면결의)

① 회장은 이사회에 부의할 사항 중 경미한 사항 또는 긴급을 요하는 사항에 관하여는 이를 서면으로 의결할 수 있다. 이 경우에 회장은 그 결과를 차기 이사회에 보고하여야 한다.

② 제1항의 서면결의 사항에 대하여 재적이사 과반수가 이사회에 부의 할 것을 요구하는 때에는 회장은 이에 따라야 한다.

제 6 장 재산 및 회계

제28조(재산)

① 본 법인의 재산은 기본재산과 보통재산으로 구분한다.

② 기본재산은 법인의 목적사업 수행에 관계되는 부동산 또는 동산으로서 법인 설립시 그 설립자가 출연한 재산과 이사회에서 기본재산으로 정한 재산으로 하며 그 목록은 별지와 같다.

③ 보통재산은 기본재산 이외의 재산으로 한다.

제29조(재산의 관리)

① 법인의 기본재산을 매도, 증여, 임대, 교환하거나 담보제공 또는 용도 등을 변경하고자 할 때 또는 의무의 부담이나 권리를 포기하고자 할 때는 총회의 의결을 거쳐야 한다.

② 기본재산의 변경에 관하여는 정관변경에 관한 규정을 준용한다..

제30조(재원)

① 법인의 유지 및 운영에 필요한 경비의 재원은 다음과 같다.

1. 회비
2. 정부 및 지방자치단체보조금
3. 각종 기부금
4. 기본재산으로부터 생기는 과실금
5. 기타

② 법인이 예산외의 채무부담을 하고자 할 때에는 총회의 의결을 거쳐 주무관청의 승인을 받아야 한다.

제31조(회계년도) 법인의 회계연도는 정부의 회계연도에 따른다.

제32조(예산편성 및 결산)

① 법인은 회계연도 1월전에 사업계획 및 예산안을 이사회의 의결을 거쳐 총회의 승인을 얻어야 한다.

② 법인은 사업실적 및 결산내용을 당해 회계연도 종료 후 2월 이내에 이사회의 의결을 거쳐 총회의 승인을 얻어야 한다.

제33조(회계감사) 감사는 회계감사를 년 1회 이상 실시하여야 한다.

제34조(업무보고) 익년도의 사업계획서 및 예산서와 당해연도 사업실적서 및 수지결산서는 회계연도 종료 후 2월 이내에 주무관청에 보고하여야 한다. 이 경우 재산목록과 업무현황 및 감사결과 보고서도 함께 제출하여야 한다.

제35조(임원의 보수)
① 비상근 임원은 무보수 명예직으로 한다. 다만, 이사회의 결의로 여비, 활동비 등 필요경비를 지급받을 수 있다.
② 상근직 임원은 이사회에서 정한 일정한 보수를 지급 받는다.

제 7 장 사 무 부 서

제36조(사무국)
① 회장의 지시를 받아 본회의 사무를 처리하기 위하여 사무국을 둔다.
② 사무국의 조직 및 운영에 관한 사항은 이사회의 의결을 거쳐 별도로 정한다.

제37조(분회)
본 법인의 사업 목적을 달성하기 위하여 지역별, 업종별 분회를 설치할 수 있다.

제 8 장 보 칙

제38조(정관변경) 이 정관을 변경하고자 할 때에는 총회에서 재적회원 3분의 2이상의 찬성으로 의결하여 주무관청의 허가를 받아야 한다.

제39조(해산) 법인이 해산하고자 할 때에는 총회에서 재적회원 4분의 3이상의 찬성으로 의결하여 주무관청에 신고하여야 한다.

제40조(잔여재산의 처리) 법인이 해산된 때의 잔여재산은 총회의 의결을 거쳐 주무관청의 허가를 얻어 국가, 지방자치단체 또는 유사한 목적을 가진 다른 비영리법인에게 귀속한다.

제41조(청산종결의 신고) 청산인은 법인의 청산을 종결한 때에는 민법 제94조의 규정에 의하여 그 취지를 등기하고 청산종결 신고서를 주무관청에 제출한다.

제42조(준용규정) 이 정관에 규정되지 아니한 사항은 민법 및 관련 법령을 준용한다.

제43조(규칙제정) 이 정관이 정한 것 외에 본회의 운영에 관하여 필요한 사항은 이사회의 의결을 거쳐 규칙으로 정한다.

[서식 – 그 외 관련 서식은 서식 중복기재 회피를 위하여 제1편 비영리사단법인 해당 서식을 참고하기 바란다]

나. 설립허가

(1) 허가기준

주무관청은 법인 설립허가 신청의 내용이 다음의 기준에 맞는 경우에만 그 설립을 허가한다 (규칙 제4조).

- 법인의 목적과 사업이 실현 가능할 것
- 목적사업을 할 수 있는 충분한 능력이 있고, 재정적 기초가 확립되어 있거나 확립될 수 있을 것
- 다른 법인과 같은 명칭이 아닐 것

(2) 심사 및 허가기간

주무관청은 법인 설립허가 신청을 받았을 때에는 특별한 사유가 없으면 20일 이내에 심사하여 허가 또는 불허가 처분을 하고, 그 결과를 서면으로 신청인에게 통지하여야 한다. 이 경우 허가를 할 때에는 별지 제2호서식의 법인 설립허가증을 발급하여야 하며, 이에 따른 허가 또는 불허가 처분을 하기 위하여 필요하다고 인정하면 신청인에게 기간을 정하여 필요한 자료를 제출하게 하거나 설명을 요구할 수 있다. 이 경우 그에 걸리는 기간은 20일의 기간에 산입하지 아니한다.

농림축산식품부장관 및 그 소속 청장 소관 비영리법인의 설립 및 감독에 관한 규칙[별지 제2호서식] 〈개정 2013.3.23〉

제 호

법인설립 허가증

1. 법인명칭 :

2. 소 재 지 :

3. 대 표 자

　　성　　명 :

　　생년월일 :

　　주　　소 :

4. 사업내용 :

5. 허가조건 :

「민법」 제32조 및 「농림축산식품부장관 및 그 소속 청장 소관 비영리법인의 설립 및 감독에 관한 규칙」 제4조에 따라 위 법인의 설립을 허가합니다.

　　　　　　　　　　년　　　　월　　　　일

장관(청장)　　　　　　┌─────┐
　　　　　　　　　　　│ 직인 │
　　　　　　　　　　　└─────┘

210mm×297mm[보존용지(1종)1

〈 변 경 사 항 〉

일 자	내 용	확인

210mm×297mm[보존용지(1종)]

(3) 조건부허가

주무관청은 법인의 설립허가를 할 때에는 필요한 조건을 붙일 수 있다.

다. 설립 관련 보고

(1) 재산이전

법인의 설립허가를 받은 자는 그 허가를 받은 후 지체 없이 기본재산 및 운영재산을 법인에 이전(移轉)하고 1개월 이내에 그 이전을 증명하는 등기소 또는 금융회사 등의 증명서를 주무관청에 제출하여야 한다(규칙 제5조).

(2) 등기사항증명서 제출

법인은 「민법」 제49조부터 제52조까지의 규정에 따라 법인 설립 등의 등기를 하였을 때에는 10일 이내에 법인 등기사항증명서 1부를 주무관청에 제출하여야 한다.

3. 허가 후 절차

가. 정관 변경의 허가 신청

「민법」 제42조 제2항, 제45조 제3항 또는 제46조에 따른 정관 변경의 허가를 받으려는 법인은 별지 제3호서식의 법인 정관 변경허가 신청서에 다음의 서류를 첨부하여 주무관청에 제출하여야 한다(규칙 제6조).

- 정관 변경 사유서 1부
- 개정될 정관(신·구대비표를 첨부한다) 1부
- 정관 변경과 관계있는 총회 또는 이사회의 회의록 1부
- 기본재산의 처분에 따른 정관 변경의 경우에는 처분 사유, 처분재산의 목록, 처분 방법 등을 적은 서류 1부

농림축산식품부장관 및 그 소속 청장 소관 비영리법인의 설립 및 감독에 관한 규칙[별지 제3호서식] 〈개정 2013.3.23〉

법인정관 변경허가신청서

접수번호		접수일자	처리일자	처리기간	10일
신청인	성명			생년월일	
	주소			전화번호	
법 인	명칭			전화번호	
	소재지				
	설립허가일			설립허가번호	
대표자	성명			생년월일	
	주소				

「민법」 제42조제2항, 제45조제3항 또는 제46조 및 「농림축산식품부장관 및 그 소속 청장 소관 비영리법인의 설립 및 감독에 관한 규칙」 제6조에 따라 위와 같이 정관변경을 신청하오니 허가하여 주시기 바랍니다.

년   월   일

신청인

(서명 또는 인)

귀하

첨부서류	1. 변경사유서 1부 2. 개정될 정관(신·구대비표를 첨부합니다) 1부 3. 정관의 변경과 관계되는 총회 또는 이사회의 회의록 1부 4. 기본재산의 처분에 따른 정관변경의 경우에는 처분의 사유, 처분재산의 목록, 처분의 방법 등을 기재한 서류 1부	수수료 없음

처리절차

신청서 작성 ▶ 접 수 ▶ 서류확인 및 검토 ▶ 결 재 ▶ 결과 통지

신청인   처리기관   처리기관   처리기관

210mm×297mm[일반용지 60g/㎡(재활용품)]

[서식 - 그 외 관련 서식은 서식 중복기재 회피를 위하여 제1편 비영리사단법인 해당 서식을 참고하기 바란다]

나. 사업실적 및 사업계획 등의 보고

법인은 매 사업연도가 끝난 후 2개월 이내에 다음의 서류를 주무관청에 제출하여야 한다(규칙 제7조).

- 다음 사업연도의 사업계획 및 수입 · 지출 예산서 1부
- 해당 사업연도의 사업실적 및 수입 · 지출 결산서 1부
- 해당 사업연도 말 현재의 재산목록 1부

다. 법인 사무의 검사 · 감독

주무관청은 「민법」 제37조에 따른 법인 사무의 검사 및 감독을 위하여 필요하다고 인정하면 법인에 관계 서류 · 장부 또는 그 밖의 참고자료 제출을 명하거나 소속 공무원으로 하여금 법인의 사무 및 재산 상황을 검사하게 할 수 있으며, 이에 따라 법인 사무를 검사하는 공무원은 그 자격을 증명하는 증표를 관계인에게 보여 주어야 한다(규칙 제8조).

4. 해산 등

가. 설립허가의 취소

주무관청은 법인이 목적이외의 사업을 하거나 설립허가의 조건에 위반하거나 기타 공익을 해하는 행위를 한때에는 그 허가를 취소할 수 있는데, 이에 따라 비영리법인의 설립허가를 취소하려면 청문을 하여야 한다(규칙 제9조).

나. 해산신고

법인이 해산(파산으로 인한 해산은 제외한다)하였을 때에는 그 청산인은 「민법」 제85조 제1항에 따라 해산등기를 마친 후 지체 없이 해산 연월일, 해산 사유, 청산인의 성명 · 생년월일 · 주소, 청산인의 대표권을 제한하는 경우 그 제한 내용을 적은 별지 제4호서식의 법인 해산 신고서에 다음의 서류를 첨부하여 주무관청에 제출하여야 한다(규칙 제10조).

- 해산 당시의 재산목록 1부
- 잔여재산 처분방법의 개요를 적은 서류 1부
- 해산 당시의 정관 1부

- 사단법인이 총회의 결의에 따라 해산하였을 때에는 그 결의를 한 총회의 회의록 1부
- 재단법인의 해산 시 이사회가 해산을 결의하였을 때에는 그 결의를 한 이사회의 회의록 1부

다. 잔여재산 처분의 허가

법인의 이사 또는 청산인은 「민법」 제80조 제2항에 따라 잔여재산의 처분에 대한 허가를 받으려면 그 처분 사유, 처분하려는 재산의 종류·수량·금액 및 처분 방법을 적은 별지 제5호서식의 잔여재산 처분허가 신청서를 주무관청에 제출하여야 한다(규칙 제11조).

[서식 _ 잔여재산 처분허가 신청서]

농림축산식품부장관 및 그 소속 청장 소관 비영리법인의 설립 및 감독에 관한 규칙[별지 제5호 서식] 〈개정 2013.3.23〉

잔여재산 처분허가 신청서

접수번호		접수일자	처리일자	처리기간	10일
신청법인	명칭			전화번호	
	소재지				
대 표 자 (이사 · 청산인)	성명			생년월일	
	주소			전화번호	
처분재산	종류 및 수 량				
	금액				
	처분방법				
처분사유					

「민법」 제80조제2항 및 「농림축산식품부장관 및 그 소속 청장 소관 비영리법인의 설립 및 감독에 관한 규칙」
제11조에 따라 위와 같이 잔여재산 처분허가를 신청합니다.

년   월   일

신청인

(서명 또는 인)

귀하

첨부서류	1. 해산당시의 정관 1부. (해산신고시 정관과의 확인이 필요한 경우에만 제출합니다) 2. 총회의 회의록(사단법인의 경우에만 제출합니다) 1부. 　(해산신고 시에 제출한 서류로서 확인이 되지 않을 경우에만 제출합니다)	수수료 없음

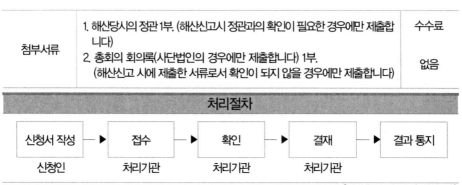

처리절차

신청서 작성 ▶ 접수 ▶ 확인 ▶ 결재 ▶ 결과 통지
신청인　　　처리기관　　　처리기관　　　처리기관

210mm×297mm[일반용지 60g/㎡(재활용품)]

라. 청산 종결의 신고

청산인은 법인의 청산이 종결되었을 때에는 「민법」 제94조에 따라 등기를 한 후, 별지 제6호 서식의 청산종결 신고서에 법인 등기사항증명서를 첨부하여 주무관청에 제출하여야 한다 (규칙 제12조).

[서식 – 청산 종결의 신고]

농림축산식품부장관 및 그 소속 청장 소관 비영리법인의 설립 및 감독에 관한 규칙[별지 제6호서식] 〈개정 2013.3.23〉

청산종결 신고서

접수번호	접수일자	처리일자	처리기간	즉시

청 산 인	성명		생년월일	
	주소		전화번호	
청산법인	명칭		전화번호	
	소재지			

청산연월일

청산취지

「민법」 제94조 및 「농림축산식품부장관 및 그 소속 청장 소관 비영리법인의 설립 및 감독에 관한 규칙」12조에 따라 위와 같이 청산 종결을 신고합니다.

년   월   일

신고인 (서명 또는 인)

귀하

첨부서류	없음	수수료 없음

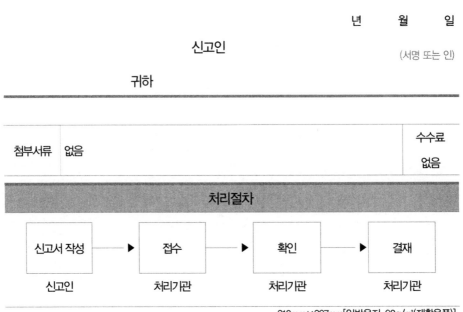

처리절차

신고서 작성 ▶ 접수 ▶ 확인 ▶ 결재

신고인   처리기관   처리기관   처리기관

210mm×297mm[일반용지 60g/㎡(재활용품)]

제14장 법무부 소관 비영리법인 설립

1. 개관

법무부 소관 비영리법인의 설립 및 감독에 관한 규칙(이하 '규칙'이라고만 함)은 「민법」에 따라 법무부장관이 주무관청이 되는 비영리법인의 설립 및 감독에 필요한 사항을 규정함을 목적으로 하며, 이에 따른 비영리법인(이하 '법인'이라 한다)의 설립허가, 법인 사무의 검사 및 감독 등에 관하여는 다른 법령에 특별한 규정이 있는 경우를 제외하고는 이 규칙에서 정하는 바에 따른다.

본장은 법무부 소관 비영리법인의 설립과 관련한 일반절차인 설립허가신청 및 관련 첨부서류 그리고 정관변경허가신청, 사업계획보고 등에 관한 내용들을 정리하였다. 그 외 관련서류들은 제1편 관련 내용부분을 참고하기 바란다.

2. 설립허가절차

가. 설립허가의 신청

(1) 신청 및 첨부서류

「민법」 제32조에 따라 비영리법인의 설립허가를 받으려는 자(이하 '설립발기인'이라 한다)는 별지 제1호서식의 비영리법인 설립허가 신청서에 다음 각 호의 서류를 첨부하여 법무부장관(이하 '주무관청'이라 한다)에게 제출하여야 한다(규칙 제3조).

- 설립발기인의 성명, 생년월일(외국인의 경우에는 외국인등록번호를 말한다. 이하 같다), 주소 및 약력을 적은 서류(설립발기인이 법인인 경우에는 그 명칭, 주된 사무소의 소재지, 대표자의 성명 · 생년월일 · 주소를 적은 서류 및 정관) 1부
- 정관 1부
- 재산목록(재단법인의 경우에는 기본재산과 운영재산으로 구분하여 적어야 한다) 및 그 증명서류와 출연 신청이 있는 경우에는 그 사실을 증명하는 서류 각 1부
- 해당 사업연도분의 사업계획 및 수입 · 지출 예산을 적은 서류 1부

- 임원 취임 예정자의 성명 · 생년월일 · 주소 · 약력을 적은 서류 및 취임승낙서 각 1부
- 창립총회 회의록(설립발기인이 법인인 경우에는 법인 설립에 관한 의사 결정을 증명하는 서류) 1부

(2) 등기사항증명서 확인

주무관청은 비영리법인 설립허가 신청서를 받은 경우 「전자정부법」 제36조 제1항에 따른 행정정보의 공동이용을 통하여 토지 · 건물 등기사항증명서를 확인하여야 한다.

- 법무부 소관 비영리법인의 설립 및 감독에 관한 규칙[별지 제1호서식] 〈개정 2017. 3. 30.〉

비영리법인 설립허가 신청서

접수번호		접수일	처리일	처리기간	20일
신청인	성명			생년월일 (외국인등록번호)	
	주소			전화번호	
법 인	명칭			전화번호	
	소재지				
대표자	성명			생년월일 (외국인등록번호)	
	주소			전화번호	

「민법」 제32조 및 「법무부 소관 비영리법인의 설립 및 감독에 관한 규칙」 제3조에 따라 위와 같이 법인설립 허가를 신청합니다.

년   월   일

신청인

(서명 또는 인)

법무부장관   귀하

신청인 제출서류	1. 설립발기인의 성명, 생년월일(외국인의 경우 외국인등록번호), 주소 및 약력을 적은 서류[설립발기인이 법인인 경우에는 그 명칭, 주된 사무소의 소재지, 대표자의 성명, 생년월일(외국인의 경우 외국인등록번호), 주소를 적은 서류 및 정관] 1부 2. 설립하려는 법인의 정관 1부 3. 재산목록(재단법인의 경우에는 기본재산과 운영재산으로 구분하여 적어야 합니다) 및 그 증명서류와 출연 신청이 있는 경우에는 그 사실을 증명하는 서류 각 1부 4. 해당 사업연도분의 사업계획 및 수입ㆍ지출 예산을 적은 서류 1부 5. 임원 취임 예정자의 성명, 생년월일(외국인의 경우 외국인등록번호), 주소, 약력을 적은 서류 및 취임승낙서 각 1부 6. 창립총회 회의록(설립발기인이 법인인 경우에는 법인 설립에 관한 의사 결정을 증명하는 서류) 1부 ※ 제3호의 서류 중 담당 공무원 확인사항인 증명서류는 제출하지 않아도 됩니다.	수수료 없 음
담당공무원 확인사항	재산목록에 있는 재산의 토지(건물) 등기사항증명서	

처리절차

신청서 작성	→	접 수	→	확 인	→	결 재	→	허가증 작성	→	허가증 발급

신청인   처리기관: 법무부장관(비영리법인의 설립 및 감독 업무 담당부서)

210mm×297mm[백상지(80g/㎡) 또는 중질지(80g/㎡)]

社團法人 韓國憲法學會 定款

제1장 總 則

第1條 (名稱) 이 學會(이하 '學會'라 한다)는 社團法人 韓國憲法學會라 칭하고, 英文名稱은 Korean Constitutional Law Association(약칭 : KCLA)이라 한다.

第2條 (事務所의 所在地) 學會의 事務所는 서울특별시에 둔다.

第3條 (目的) 學會는 憲法學 및 이에 관련된 학술의 研究 · 調査 · 發表 및 交流를 기하고 會員 相互間의 學問的 疏通을 도모함을 目的으로 한다(2018.6.2. 개정).

第4條 (事業) 學會는 前條의 目的을 달성하기 위하여 다음의 事業을 한다.
  1. 憲法學 및 이에 관련된 學術의 研究 및 調査
  2. 會誌 및 기타 刊行物의 發行
  3. 研究發表會와 講演會의 開催
  4. 學會와 目的을 같이 하는 團體와의 交流
  5. 기타 學會의 目的을 달성함에 필요한 事業

제2장 會 員

第5條 (會員의 種類) 學會의 會員은 正會員, 準會員, 團體會員으로 나눈다.

第6條 (正會員) 正會員은 다음의 자로서 正會員 2인 이상의 추천에 의하여 常任理事會의 승인을 얻은 자가 된다.
  1. 大學(고등교육법 제2조 각호의 학교 및 동법 제30조의 대학원대학을 포함한다)에서 助敎授나 兼任敎授 이상의 직에 在職하고 있거나 재직하였던 자
  2. 憲法學을 전공한 博士學位 소지자

3. 國會議員, 判事, 檢事, 辯護士의 직에 재직하고 있거나 재직하였던 자

4. 研究機關에서 憲法學 및 이에 관련된 분야의 연구에 종사하는 자

5. 5급이상의 전·현직 公務員(2017.12.2.시행)

第7第 (準會員) 準會員은 다음의 자로서 正會員 2인 이상의 추천에 의하여 常任理事會의 승인을 얻은 자가 된다.

1. 대학원에서 憲法學을 전공한 碩士學位所持者 및 博士課程을 이수중인 자

2. 司法研修院生

第8條 (團體會員) 團體會員은 국내외의 團體 또는 研究機關으로서 常任理事會의 승인을 얻어 정한다.

第9條 (權利·義務) 會員은 學會의 모든 事業에 자유로이 참가할 수 있으며, 常任理事會가 정하는 바에 따라 入會費·會費를 납부하여야 한다.

第10條 (退會 및 資格停止)
① 會員이 學會의 名譽를 훼손하거나 定款 기타 學會의 規則을 위반하였을 때에는 常任理事會의 의결을 거쳐 退會시킬 수 있다.
② 會員이 정당한 사유 없이 3년 이상 會費를 납부하지 아니한 때에는 常任理事會의 의결을 거쳐 會員으로서의 資格을 停止시킬 수 있다.

제3장 任 員

第11條 (任員) 學會에 다음의 任員을 둔다.

1. 會長 : 1인

2. 次期會長 : 1인

3. 副會長 : 약간인

4. 法定理事(民法 기타 法令에 의하여 두어야 하는 理事로서, 理事長 1인을 포함한다): 5인

5. 常任理事 : 80인 내외

6. 理事 : 80인 내외

7. 監事 : 2인

8. 研究委員 : 약간인

9. 顧問 : 약간인

10. 名譽會長 : 약간인

11. 諮問委員 : 약간인

12. 名譽常任理事: 약간인

13. 名譽理事: 약간인

第12條 (任員의 選任)

① 會長은 총회에서 선출된 次期會長이 承繼한다. 단 2008년 定期總會에서는 會長과 次期會長을 동시에 선출한다.

② 次期會長 및 監事는 정회원 중에서 總會에서 선임한다.

③ 法定理事는 會長이 추천하는 자가 된다.

④ 副會長은 會長의 제청으로 常任理事會에서 선임한다.

⑤ 常任理事, 理事, 諮問委員 및 研究委員은 會長이 위촉한다.

⑥ 顧問은 아래 각호에 해당하는 사람으로서 定期總會의 의결을 거쳐 會長이 추대한다.

　가. 본 학회의 會長을 지낸 사람

　나. 본 학회의 副會長을 지낸 사람으로서 헌법학의 발전에 현저한 공로가 있는 사람

　다. 헌법학회의 발전에 현저한 공로가 있는 사람으로서 常任理事會가 추천한 사람

⑦ 名譽會長은 學會의 會長을 역임한 자 중에서 總會의 議決을 거쳐 會長이 추대한다.

⑧ 會長은 常任理事 중에서 總務理事, 學術理事. 企劃理事, 涉外理事, 國際理事, 財務理事, 出版理事 및 弘報理事를 위촉한다.

第13條 (任員의 任期)

① 會長, 차기회장 및 副會長의 임기는 1년으로 한다.

② 法定理事의 任期는 4年으로 하며, 連任할 수 있다.

③ 總務理事, 學術理事. 企劃理事, 涉外理事, 國際理事, 財務理事, 出版理事 및 弘報理事의 임기는 1년으로 하며 연임할 수 있다.

④ 常任理事, 理事 및 監事의 임기는 2년으로 하며 연임할 수 있다.

第14條 (任員의 職務)

① 會長은 學會를 代表하고 會務를 統轄한다.

② 차기회장과 副會長은 會長을 보좌하며, 會長이 사고로 인하여 직무를 수행할 수 없을 때에는 차기회장이 그 職務를 代行한다.

③ 總務理事는 學會의 庶務를, 學術理事는 學會의 學術研究 및 學術賞 管理에 관한 사무를, 企劃理事는 학회의 企劃事務를, 涉外理事는 學會의 涉外活動에 관한 사무를, 國際理事는 學會의 國際交流에 관한 사무를, 財務理事는 學會의 財務를, 出版理事는 出版事務를, 弘報理事는 學會의 弘報事務를 관장한다.

④ 監事는 다음 각호의 職務를 행하며, 이에 필요한 자료의 제출 또는 의견을 관계 任員에 대하여 요구하거나 法定理事會 또는 常任理事會에서 발언할 수 있다.

  1. 學會의 업무와 재산상황을 監査하는 일
  2. 제1호의 監査 결과 불법 또는 부당한 점이 있음을 발견한 때, 이를 法定理事會 또는 常任理事會에 報告하는 일
  3. 제2호의 報告를 하기 위하여 필요한 때, 法定理事會 또는 常任理事會의 소집을 요구하는 일
  4. 監査의 결과를 總會에 報告하는 일

⑤ 研究委員은 會長의 지시를 받아 學術理事 및 출판이사를 보좌하며, 專門分野의 調査·研究에 종사한다.

第15條 (幹事)

① 學會에 幹事 약간 인을 두며, 會長이 이를 임면한다.

② 幹事는 會長의 指揮를 받아 學會의 事務를 처리하고 任員을 보좌한다.

第16條 (職員)

① 學會에 職員 약간인을 둘 수 있으며, 會長이 이를 임면한다.

② 職員은 會長의 지휘를 받아 庶務에 종사한다.

제4장 會議

第17條 (會議) 學會의 會議는 定期總會·臨時總會·法定理事會·常任理事會 및 研究委員會로 한다.

第18條 (總會의 構成)

① 總會는 正會員과 準會員으로 구성한다.

② 學會의 會長은 總會의 議長이 된다.

第19條 (總會의 召集)

① 定期總會는 會長이 매년 1회 召集하고, 臨時總會는 會長이 필요하다고 인정하거나 法定理事會 또는 常任理事會의 議決에 따라 會長이 召集한다.

② 總會의 召集은 회의개최 7일전까지 회의의 目的과 日時·場所를 명시하여 公告함으로써 한다.

第20條 (總會의 議決方法) 總會의 議決은 出席會員의 過半數의 찬성으로 하며, 可否同數인 때에는 회장이 決定權을 가진다.

第21條 (總會의 權限) 總會는 다음 사항을 議決한다.

　1. 定款의 改正

　2. 豫算 및 決算의 承認

　3. 法定理事會 및 常任理事會가 附議하는 사항

　4. 이 定款에 의하여 總會의 權限으로 되어 있는 사항

　5. 기타 必要한 사항

第22條 (法定理事會 및 常任理事會의 構成)

① 法定理事會는 法定理事로 구성하고, 그 議長은 互選한다.

② 常任理事會는 會長·副會長·常任理事로 구성하고, 會長이 그 議長이 된다.

③ 名譽會長 및 顧問은 法定理事會 및 常任理事會에 出席하여 發言할 수 있고, 名譽常任理事와 名譽理事는 常任理事會에 出席하여 發言할 수 있다.

第23條 (法定理事會 및 常任理事會의 權限) 法定理事會는 다음의 事項을 審議·決定한다. 다만, 法定理事會는 그 權限을 常任理事會에 委任할 수 있다.

　1. 定款 기타 會則의 改正案

　2. 學會의 豫算·決算 및 財産의 取得·管理·處分에 관한 事項

3. 學會의 目的을 달성하기 위한 各種 事業의 각종 사업의 計劃 · 審議

4. 각종 위원의 選任

5. 法令 및 이 定款에 의하여 法定理事會의 權限으로 되어 있는 사항

6. 기타 重要하다고 인정하는 事項

第24條 (法定理事會 및 常任理事會의 召集)

① 法定理事會는 理事長 또는 會長이 必要하다고 인정할 때나 監事 또는 法定理事 3분의 1 이상의 要求가 있을 때 理事長이 召集한다. 理事長은 會議 7일전까지 會議의 目的과 日時 · 場所를 명시하여 각 法定理事에게 통지하여야 한다.

② 常任理事會는 會長이 소집하되, 會議 3일전까지 會議의 目的과 日時 · 場所를 명시하여 公告함으로써 한다.

第25條 (法定理事會 및 常任理事會의 議決方法)

① 法定理事會는 法定理事의 過半數의 出席과 出席한 法定理事 過半數의 贊成으로써 議決하며, 可否同數인 때에는 議長이 決定權을 가진다. 단, 法定理事會의 議事는 書面決議로 대체할 수 없다.

② 常任理事會는 出席한 常任理事過半數의 贊成으로써 議決하며, 可否同數인 때에는 議長이 決定權을 가진다.

③ 會長 · 法定理事 · 常任理事 · 理事가 學會와 利害關係가 상반하는 때에는 당해 事項에 관한 議決에 참여하지 못한다.

第26條 (研究委員會)

① 研究委員會는 學術理事, 出版理事 및 研究委員으로 구성하고, 憲法學에 관한 出版事務, 學術研究調査, 學術賞 管理에 관한 사항을 심의한다.

② 研究委員會의 회의는 學術理事가 주재한다.

③ 研究委員會는 學術理事가 소집하고 出席 研究委員 과반수의 찬성으로 의결한다.

제5장 資産, 財政 및 會計

第27條 (財産)

① 學會의 財産은 다음과 같다.

1. 出捐金品

2. 會員이 납부한 入會費 및 會費

3. 基金

4. 國家 기타 公共團體의 補助金

5. 寄附金 및 贊助金

6. 事業에 따른 收入金

7. 財産으로부터 발생한 果實

8. 기타 收入

② 제1항 제1호와 제3호 내지 제5호에 해당하는 金品의 接受에 관하여는 常任理事會가 결정한다.

③ 제1항 제2호에 정한 入會費 및 會費의 額數는 常任理事會가 결정한다.

第28條 (財産의 構成)

① 學會의 財産은 이를 基本財産과 普通財産으로 구분한다.

② 學會의 基本財産은 다음 각호의 1에 해당하는 財産으로 한다.

  1. 學會의 설립시 基本財産으로 出捐한 財産

  2. 寄附에 의하거나 기타 無償으로 취득한 財産. 다만, 寄附目的에 비추어 寄附財産으로 하기 곤란하여 主務官廳의 承認을 얻은 것은 예외로 한다.

  3. 普通財産 중 總會에서 基本財産으로 편입할 것을 議決한 財産

  4. 세계잉여금 중 積立金

③ 學會의 普通財産은 基本財産의 元本 이외의 모든 財産으로 한다.

第29條 (財産의 管理)

① 學會 財産의 保存 기타 管理는 會長이 이를 管掌한다.

② 會長이 다음 각호의 1에 해당하는 행위를 함에는 法定理事會와 總會의 의결을 거쳐 法令이 정하는 바에 따라 主務官廳의 許可를 얻어야 한다.

  1. 基本財産의 處分, 賃貸, 擔保提供, 또는 用途變更

  2. 제4조 제1호 내지 제3호 이외의 事業과 관련하여 學會가 義務를 부담하는 行爲 또는 學會의 權利를 抛棄하는 行爲(豫算으로 總會의 承認을 받은 경우는 제외한다)

  3. 起債 또는 金錢借入(常任理事會가 정하는 金額의 範圍 내에서 당해 會計年度의 收

入으로 償還하는 一時借入의 경우는 제외한다)

第30條 (會計原則)

① 學會의 會計는 모든 會計去來를 發生의 事實에 의하여 企業會計의 原則에 따라 처리한다.

② 學會의 會計는 관계법령이 정하는 바에 의하여 學會의 目的事業經營에 따른 會計와 收益事業經營에 따른 會計로 구분한다.

③ 學會의 會計年度는 政府의 會計年度에 의한다.

④ 學會는 연간 寄附金 募金額 및 그 活用實績을 學會의 인터넷홈페이지를 통하여 공개한다(2017. 12. 2. 개정).

第31條 (財産의 評價) 學會의 모든 財産은 取得當時의 時價에 의한다. 다만, 再評價를 실시한 財産은 再評價額으로 한다.

제6장 憲法學會誌編輯委員會

第32條 (會誌編輯委員會)

① 學會에 學會誌의 揭載論文調査 · 編輯 및 刊行을 위하여 憲法學會誌編輯委員會를 둔다.

② 會誌編輯委員會는 總務理事, 學術理事, 出版理事 및 會長이 위촉하는 약간 명으로 구성하고, 委員長은 委員 중에서 會長이 임명한다.

③ 會誌編輯委員會는 學會誌에 게재하고자하는 論文의 審査 및 編輯과 刊行에 관한 전반적인 사업을 관장하며, 그 구성과 사업에 관한 세부적인 사항은 따로 규정한다.

第32條의2(研究倫理委員會)

① 研究倫理의 확립, 研究不正行爲의 예방 및 조사를 위하여 研究倫理委員會를 둔다.

② 研究倫理委員會는 會長이 지명하는 副會長 2명을 포함하여 監査, 總務理事, 學術理事, 財務理事, 出版理事로 구성하며, 위원의 임기는 1년으로 한다.

③ 研究倫理委員會의 委員長은 위원 중에서 互選한다.

④ 研究倫理委員會의 운영에 관한 사항은 별도로 정한다.

제7장 學術賞

第33條 (學術賞)

① 會員의 學術研究를 장려하기 위하여 學會에 學術賞制度를 둔다.

② 學術賞에 관한 사항은 따로 規程으로 정한다.

제8장 삭제(2018.6.2.)

제9장 懲 戒

第35條 (懲戒) 常任理事會는 學會의 名譽를 손상한 사람에 대하여 除名 등의 懲戒를 할 수 있다.

제10장 補 則

第36條 (公告方法) 이 定款에 의한 公告는 日刊紙 또는 學會의 인터넷 홈페이지에 게시함으로써 한다.

第37條 (解散에 따른 殘餘財産의 歸屬) 民法 제77조에 의하여 學會가 해산한 때에는 學會의 殘餘財産은 大韓民國에 귀속된다. 第37條(解散에 따른 殘餘財産의 歸屬) 民法 제77조에 의하여 學會가 해산한 때에는 學會의 殘餘財産은 國家, 地方自治團體 또는 유사한 목적을 가진 다른 非營利法人에게 귀속된다(2018.6.2.개정).

第38條 (定款改正) 이 定款은 總會에 出席한 正會員 3분의 2이상의 贊成으로 改正할 수 있다.

[서식 – 그 외 관련 서식은 서식 중복기재 회피를 위하여 제1편 비영리사단법인 해당 서식을 참고하기 바란다]

나. 설립허가

(1) 설립허가 기준

주무관청은 비영리법인 설립허가 신청의 내용이 다음 각 호의 기준에 맞는 경우에만 그 설립을 허가할 수 있다(규칙 제4조).

- 비영리법인의 설립목적과 사업이 실현 가능할 것
- 목적사업을 할 수 있는 충분한 능력이 있고, 재정적 기초가 확립되어 있거나 확립될 수 있을 것
- 다른 법인과 같은 명칭이 아닐 것

(2) 심사 및 허가기간

주무관청은 비영리법인 설립허가 신청을 받았을 때에는 특별한 사유가 없으면 20일 이내에 심사하여 허가 또는 불허가 처분을 하고, 그 결과를 서면으로 신청인에게 통지하여야 한다. 이 경우 설립을 허가할 때에는 별지 제2호서식의 비영리법인 설립허가증을 발급하고, 별지 제3호서식의 비영리법인 설립허가대장에 필요한 사항을 적어야 한다.

(3) 자료제출 및 설명요구

주무관청은 비영리법인 설립허가의 심사를 위하여 필요하다고 인정할 때에는 신청인에게 기간을 정하여 필요한 자료를 제출하게 하거나 설명을 요구할 수 있다.

(4) 조건부허가

주무관청은 비영리법인의 설립허가를 할 때에는 필요한 조건을 붙일 수 있다.

■ 법무부 소관 비영리법인의 설립 및 감독에 관한 규칙[별지 제2호서식] 〈개정 2017. 3. 30.〉　　　　　（앞쪽）

제　　호

비영리법인 설립허가증

1. 법인 명칭:

2. 소 재 지:

3. 대 표 자
　　　　○ 성　　명:
　　　　○ 생년월일:
　　　　○ 주　　소:

4. 사업 내용:

5. 허가 조건:

「민법」 제32조 및 「법무부 소관 비영리법인의 설립 및 감독에 관한 규칙」 제4조에 따라 위와 같이 법인 설립을 허가합니다.

　　　　　　　　　년　　　　월　　　　일

　　　　　　　법무부장관　　　　| 직인 |

210mm×297mm[백상지 80g/㎡]

준수사항

1. 「민법」 및 「법무부 소관 비영리법인의 설립 및 감독에 관한 규칙」 등 관련 법령과 정관에서 정한 내용을 준수해야 합니다.
2. 정관에서 정하는 목적사업 중 다른 법률에 따른 허가·인가·등록·신고의 대상이 되는 사업을 하려는 경우에는 관련 법령에 따른 절차를 거쳐야 합니다.
3. 매 사업연도 종료 후 2개월 이내에 다음의 서류를 법무부 소관부서에 제출해야 합니다.
    가. 다음 사업연도의 사업계획 및 수입·지출 예산서 1부
    나. 해당 사업연도의 사업실적 및 수입·지출 결산서 1부
    다. 해당 사업연도 말 현재의 재산목록 1부
4. 다음의 어느 하나에 해당되는 경우에는 「민법」 제38조에 따라 법인의 설립허가가 취소될 수 있습니다.
    가. 설립 목적 외의 사업을 하였을 때
    나. 공익을 해치는 행위를 하였을 때
    다. 설립허가의 조건을 위반하였을 때
    라. 법령에 따른 의무를 위반하였을 때
5. 법인이 해산(파산으로 인한 해산은 제외합니다)하였을 때에는 해산등기를 마친 후 지체 없이 주무관청에 해산신고를 해야 합니다.
6. 법인의 청산이 종결되었을 때에는 등기를 한 후 법무부 소관부서에 신고해야 합니다.

〈 변경사항 〉

변경일	내 용	확 인

다. 설립 관련 보고

(1) 재산이전

비영리법인의 설립허가를 받은 자는 그 허가를 받은 후 지체 없이 기본재산 및 운영재산을 비영리법인에 이전하고, 1개월 이내에 그 이전을 증명하는 등기소 또는 금융회사 등에서 발급한 증명서를 주무관청에 제출하여야 한다(규칙 제5조).

(2) 설립관련 보고

비영리법인은 「민법」 제49조부터 제52조까지의 규정에 따라 비영리법인 설립 등의 등기를 하였을 때에는 10일 이내에 그 사실을 주무관청에 보고하여야 한다. 이 경우 보고를 받은 주무관청은 「전자정부법」 제36조 제1항에 따른 행정정보의 공동이용을 통하여 법인 등기사항증명서를 확인하여야 한다.

3. 허가 후 절차

가. 정관 변경의 허가 신청

「민법」 제42조 제2항, 제45조 제3항 또는 제46조에 따른 정관 변경의 허가를 받으려는 비영리법인은 별지 제4호서식의 정관 변경허가 신청서에 다음 각 호의 서류를 첨부하여 주무관청에 제출하여야 한다(규칙 제6조).

- 정관 변경 사유서 1부
- 개정될 정관(신·구대비표를 첨부한다) 1부
- 정관 변경과 관계있는 총회 또는 이사회의 회의록 1부
- 기본재산의 처분에 따른 정관 변경의 경우에는 처분 사유, 처분재산의 목록, 처분 방법 등을 적은 서류

■ 법무부 소관 비영리법인의 설립 및 감독에 관한 규칙[별지 제4호서식] 〈개정 2017. 3. 30.〉

정관 변경허가 신청서

접수번호	접수일	처리일	처리기간 10일

신청인	성명		생년월일 (외국인등록번호)
	주소		전화번호

법 인	명칭		전화번호
	소재지		
	설립허가일		설립허가번호

대표자	성명		생년월일 (외국인등록번호)
	주소		전화번호

「민법」 제42조제2항·제45조제3항·제46조 및 「법무부 소관 비영리법인의 설립 및 감독에 관한 규칙」 제6조에 따라 위와 같이 정관의 변경허가를 신청합니다.

년   월   일

신청인   (서명 또는 인)

법무부장관   귀하

첨부서류	1. 정관 변경 사유서 1부 2. 개정될 정관(신·구대비표를 첨부합니다) 1부 3. 정관 변경과 관계있는 총회 또는 이사회의 회의록 1부 4. 기본재산의 처분에 따른 정관 변경의 경우에는 처분 사유, 처분재산의 목록, 처분 방법 등을 적은 서류 1부	수수료 없음

처리절차

신청서 작성	→	접 수	→	서류 확인 및 검토	→	결 재	→	결과 통지
신청인		처리기관: 법무부(비영리법인의 설립 및 감독 업무 담당부서)						

210mm×297mm[백상지(80g/㎡) 또는 중질지(80g/㎡)]

[서식 – 그 외 관련 서식은 서식 중복기재 회피를 위하여 제1편 비영리사단법인 해당 서식을 참고하기 바란다]

나. 사업실적 및 사업계획 등의 제출

비영리법인은 매 사업연도가 끝난 후 2개월 이내에 다음 각 호의 서류를 주무관청에 제출하여야 한다(규칙 제7조).

- 다음 사업연도의 사업계획 및 수입 · 지출 예산서 1부
- 해당 사업연도의 사업실적 및 수입 · 지출 결산서 1부
- 해당 사업연도 말 현재의 재산목록 1부

다. 비영리법인 사무의 검사 · 감독

주무관청은 「민법」 제37조에 따른 비영리법인 사무의 검사 및 감독을 위하여 필요하다고 인정하는 경우에는 해당 비영리법인에 관계 서류 · 장부나 그 밖의 참고자료의 제출을 명하거나 소속 공무원으로 하여금 해당 비영리법인의 사무 및 재산 상황을 검사하게 할 수 있으며 (규칙 제8조), 이에 따라 비영리법인 사무를 검사하는 공무원은 그 자격을 증명하는 증표를 관계인에게 보여 주어야 한다.

4. 해산 등

가. 설립허가의 취소

주무관청은 법인이 목적이외의 사업을 하거나 설립허가의 조건에 위반하거나 기타 공익을 해하는 행위를 한때에는 그 허가를 취소할 수 있는데, 이에 따라 비영리법인의 설립허가를 취소하려면 청문을 하여야 한다(규칙 제9조).

나. 해산신고

(1) 신고 및 첨부서류

비영리법인이 해산(파산으로 인한 해산은 제외한다)하였을 때에는 그 청산인은 「민법」 제85조 제1항에 따라 해산등기를 마친 후 지체 없이 별지 제5호서식의 비영리법인 해산 신고서에 다음 각 호의 서류를 첨부하여 주무관청에 제출하여야 한다(규칙 제10조).

1. 해산 당시의 재산목록 1부
2. 잔여재산 처분방법의 개요를 적은 서류 1부

3. 해산 당시의 정관 1부

4. 사단법인이 총회의 결의에 따라 해산하였을 때에는 그 결의를 한 총회의 회의록 1부

5. 재단법인의 해산 시 이사회가 해산을 결의하였을 때에는 그 결의를 한 이사회의 회의록 1부

(2) 등기사항증명서 확인

주무관청은 비영리법인 해산 신고서를 받은 경우 「전자정부법」 제36조 제1항에 따른 행정정보의 공동이용을 통하여 법인의 등기사항증명서를 확인하여야 한다.

[서식 - 비영리법인 해산 신고서]

■ 법무부 소관 비영리법인의 설립 및 감독에 관한 규칙[별지 제5호서식] 〈개정 2017. 3. 30.〉

비영리법인 해산 신고서

접수번호	접수일	처리일	처리기간 7일

청산인	성명		생년월일 (외국인등록번호)
	주소		전화번호

청산법인	명칭		전화번호
	소재지		

해산 연월일

해산사유

「민법」 제86조제1항 및 「법무부 소관 비영리법인의 설립 및 감독에 관한 규칙」 제10조에 따라 위와 같이 법인 해산을 신고합니다.

년   월   일

신고인

(서명 또는 인)

법무부장관   귀하

신고인 제출서류	1. 해산 당시의 재산목록 1부 2. 잔여재산 처분방법의 개요를 적은 서류 1부 3. 해산 당시의 정관 1부 4. 사단법인이 총회 결의에 따라 해산하였을 때에는 그 결의를 한 총회의 회의록 1부 5. 재단법인의 해산 시 이사회가 해산을 결의하였을 때에는 그 결의를 한 이사회의 회의록 1부	수수료 없음
담당공무원 확인사항	법인 등기사항증명서	

처리절차

신고서 작성	→	접수	→	검토 · 확인	→	결재

신고인   처리기관: 법무부(비영리법인의 설립 및 감독업무 담당부서)

210mm×297mm[백상지(80g/㎡) 또는 중질지(80g/㎡)]

다. 잔여재산 처분의 허가

비영리법인의 이사 또는 청산인은 「민법」 제80조 제2항에 따라 잔여재산의 처분에 대한 허가를 받으려면 별지 제6호서식의 잔여재산 처분허가 신청서에 다음의 서류를 첨부하여 주무관청에 제출하여야 한다(규칙 제11조).

- 해산 당시의 정관 1부(해산신고 시의 정관을 확인할 필요가 있는 경우에만 제출한다)
- 사단법인의 경우에는 총회의 회의록 1부(해산신고 시에 제출한 서류 등으로 「민법」 제80조 제2항 후단에 따른 재산처분에 대한 총회의 결의가 확인되지 아니하는 경우에만 제출한다)

■ 법무부 소관 비영리법인의 설립 및 감독에 관한 규칙[별지 제6호서식] 〈개정 2017. 3. 30.〉

잔여재산 처분허가 신청서

접수번호	ㅋ	접수일	처리일	처리기간	10일

신청법인	명칭		전화번호	
	소재지			

대 표 자 (이사 · 청산인)	성명		생년월일 (외국인등록번호)	
	주소		전화번호	

처분재산	종류 및 수량
	금액
	처분 방법

처분 사유	

「민법」 제80조제2항 및 「법무부 소관 비영리법인의 설립 및 감독에 관한 규칙」 제11조에 따라 위와 같이 잔여재산 처분허가를 신청합니다.

년   월   일

신청인

(서명 또는 인)

법무부장관   귀하

첨부서류	1. 해산 당시의 정관 1부(해산신고 시의 정관을 확인할 필요가 있는 경우에만 제출합니다) 2. 사단법인의 경우에는 총회의 회의록 1부(해산신고 시에 제출한 서류 등으로 「민법」 제80조제2항 후단에 따른 재산처분에 대한 총회의 결의가 확인되지 않는 경우에만 제출합니다)	수수료 없음

처리절차

신청서 작성	→	접수	→	확인	→	결재	→	결과 통지
신청인		처리기관: 법무부(비영리법인의 설립 및 감독 업무 담당부서)						

210mm×297mm[백상지(80g/㎡) 또는 중질지(80g/㎡)]

라. 청산 종결의 신고

청산인은 비영리법인의 청산이 종결되었을 때에는 「민법」 제94조에 따라 등기한 후, 별지 제7호서식의 청산종결 신고서(전자문서로 된 신고서를 포함한다)를 주무관청에 제출하여야 한다. 이 경우 보고를 받은 주무관청은 「전자정부법」 제36조 제1항에 따른 행정정보의 공동이용을 통하여 법인 등기사항증명서를 확인하여야 한다(규칙 제12조).

■ 법무부 소관 비영리법인의 설립 및 감독에 관한 규칙[별지 제7호서식] 〈개정 2017. 3. 30.〉

청산종결 신고서

접수번호		접수일	처리일	처리기간	즉시
청산인	성명			생년월일 (외국인등록번호)	
	주소			전화번호	
청산법인	명칭			전화번호	
	소재지				
청산 연월일					
청산 취지					

「민법」 제94조 및 「법무부 소관 비영리법인의 설립 및 감독에 관한 규칙」 제12조에 따라 위와 같이 청산 종결을 신고합니다.

년   월   일

신고인(청산인)

(서명 또는 인)

법무부장관   귀하

신고인(청산인) 제출서류	없 음	수수료
담당 공무원 확인사항	법인 등기사항증명서	없 음

210mm×297mm[백상지(80g/㎡) 또는 중질지(80g/㎡)]

5. 고유식별정보의 처리

주무관청은 다음 각 호의 사무를 수행하기 위하여 불가피한 경우 「개인정보 보호법 시행령」 제19조 제4호에 따른 외국인등록번호가 포함된 자료를 처리할 수 있다(규칙 제13조).

- 제3조에 따른 비영리법인 설립허가에 관한 사무
- 제6조에 따른 비영리법인 정관 변경허가에 관한 사무
- 제10조에 따른 비영리법인 해산신고에 관한 사무
- 제11조에 따른 잔여재산 처분허가에 관한 사무
- 제12조에 따른 청산종결 신고에 관한 사무

제15장 기획재정부 및 그 소속청 소관 비영리법인 설립

1. 개관

기획재정부 및 그 소속청 소관 비영리법인의 설립 및 감독에 관한 규칙(이하 '규칙'이라고만 함)은 「민법」에 따라 기획재정부장관 또는 그 소속청장이 주무관청이 되는 비영리법인의 설립 및 감독에 필요한 사항을 규정함을 목적으로 하며, 이에 따른 비영리법인(이하 '법인'이라 한다)의 설립허가, 법인 사무의 검사 및 감독 등에 관하여는 다른 법령에 특별한 규정이 있는 경우를 제외하고는 이 규칙에서 정하는 바에 따른다.

본장은 기획재정부 및 그 소속청 소관 비영리법인의 설립과 관련한 일반절차인 설립허가신청 및 관련 첨부서류 그리고 정관변경허가신청, 사업계획보고 등에 관한 내용들을 정리하였다. 그 외 관련서류들은 제1편 관련 내용부분을 참고하기 바란다.

2. 설립허가절차

가. 설립허가의 신청

(1) 신청 및 첨부서류

「민법」 제32조에 따라 비영리법인의 설립허가를 받으려는 자(이하 '설립발기인'이라 한다)는 별지 제1호서식의 비영리법인 설립허가 신청서에 다음의 서류를 첨부하여 기획재정부장관 또는 그 소속청장(이하 '주무관청'이라 한다)에게 제출하여야 한다(규칙 제3조).

- 설립발기인의 성명 · 생년월일 · 주소 및 약력을 적은 서류[설립발기인이 법인인 경우에는 그 명칭, 주된 사무소의 소재지, 대표자의 성명 · 생년월일(외국인의 경우에는 외국인등록번호를 말한다) · 주소와 정관을 적은 서류] 1부
- 정관 1부
- 재산목록(재단법인의 경우에는 기본재산과 운영재산으로 구분하여 적어야 한다) 및 그 증명서류와 출연(出捐) 신청이 있는 경우에는 그 사실을 증명하는 서류 각 1부
- 해당 사업연도분의 사업계획 및 수입 · 지출 예산을 적은 서류 1부

- 임원 취임 예정자의 성명 · 생년월일 · 주소 · 약력을 적은 서류 및 취임승낙서 각 1부
- 창립총회 회의록(설립발기인이 법인인 경우에는 법인 설립에 관한 의사 결정을 증명하는 서류) 1부

(2) 등기사항증명서 확인

신청서를 제출받은 주무관청은 「전자정부법」 제36조 제1항에 따른 행정정보의 공동이용을 통하여 토지등기사항증명서 및 건물등기사항증명서를 확인하여야 한다.

■ 기획재정부 및 그 소속청 소관 비영리법인의 설립 및 감독에 관한 규칙 [별지 제1호서식] 〈개정 2015.5.4.〉

비영리법인 설립허가 신청서

접수번호		접수일자	처리일자	처리기간	15일
대표 신청인	성명			생년월일	
	주소			전화번호	
법 인	명칭			전화번호	
	소재지				
	대표자 성명			생년월일 (외국인등록번호)	
	주소			전화번호	

「민법」 제32조 및 「기획재정부 및 그 소속청 소관 비영리법인의 설립 및 감독에 관한 규칙」 제3조에 따라 위와 같이 비영리법인 설립허가를 신청합니다.

년   월   일

신청인   (서명 또는 인)

장관(청장) 귀하

신청인 제출서류	1. 설립발기인의 성명 · 생년월일 · 주소 및 약력을 적은 서류[설립발기인이 법인인 경우에는 그 명칭, 주된 사무소의 소재지, 대표자의 성명 · 생년월일(외국인인 경우에는 외국인등록번호를 말합니다) · 주소와 정관을 적은 서류] 1부 2. 정관 1부 3. 재산목록(재단법인의 경우에는 기본재산과 운영재산으로 구분하여 적어야 합니다) 및 그 증명서류와 출연(出捐) 신청이 있는 경우에는 그 사실을 증명하는 서류 각 1부 4. 해당 사업연도분의 사업계획 및 수입 · 지출 예산을 적은 서류 1부 5. 임원 취임 예정자의 성명 · 생년월일 · 주소 및 약력을 적은 서류 및 취임승낙서 각 1부 6. 창립총회 회의록(설립발기인이 법인인 경우에는 법인 설립에 관한 의사 결정을 증명하는 서류) 1부	수수료 없음
담당공무원 확인사항	재산목록에 기재된 재산의 토지등기사항증명서 및 건물 등기사항증명서	

처 리 절 차

신청서 작성	→	접 수	→	확 인	→	결 재	→	허가증 작성	→	허가증 발급
신청인		처 리 기 관 : 주 무 관 청								

210mm×297mm[백상지 80g/㎡(재활용품)]

제1장 총칙

제1조 (명칭)

이 학회는 사단법인 한국미래전략학회(영문표기: The Korean Society of Future Strategy, 이하 '본회'라 한다)라 칭한다.

제2조 (목적)

본 회는 미래예측, 미래준비, 미래전략, 기타 이와 관련된 분야에 관한 연구를 통하여 회원 상호간의 친목을 도모하고 또한 미래 산업의 발전에 기여함을 목적으로 한다.

제3조 (주사무소)

본 회의 주사무소는 서울특별시에 두고 필요한 지역에 지회와 분회를 설치할 수 있다.

제4조 (사업)

본회는 제2조의 목적을 달성하기 위하여 다음 각 호의 사업을 수행한다.

1. 미래예측, 미래준비, 미래전략 기타 이와 관련된 분야의 이론, 실무 및 정책에 관한 연구
2. 학술지 및 회지 기타 연구 성과물의 간행
3. 연구발표회 및 정책토론회 개최
4. 국내외 관련 연구단체 및 유관 기관과의 제휴 및 공동사업
5. 앞의 각 호 이외에 우리 학회의 목적 달성에 필요한 사업

제2장 회원

제5조 (회원의 자격 및 구분)

① 본 회의 회원은 제2조의 목적과 설립취지에 찬동하여 소정의 가입절 차를 마친 자(개인, 단체)로 한다.

1. 정회원 : 미래예측, 미래준비, 미래전략 기타 이와 관련된 분야를 전공하는 대학교 (교) 전임교원, 정부기관 및 공인된 연구기관 기타 이와 관련된 분야에 종사하고 있는 자로서 본 회의 목적에 찬동하는 자
2. 특별회원 : 본 회의 취지에 찬동하여 학회 연구활동을 지원하는 단체, 소정의 회비를 납부하여 본 학회의 학회지 및 제반 간행물을 정기 구독하는 도서관

제6조 (회원의 권리)

① 회원은 본 회의 자료 및 출판물을 제공받으며, 본 회의 운영에 참여하기 위해 관련 자료를 열람할 수 있다.

② 회원은 본 회의 연구발표회, 강연회 및 학술관련회의 등에 참석하여 의견을 제안할 수 있고 총회에 참석할 권리와 선거권 및 피선거권을 갖는다.

제7조(회원의 의무)

① 회원은 입회시 입회비와 매년 소정의 연회비를 납부하여야 하며, 본회의 발전을 위해 노력해야 한다.

② 회원의 가입회비 등에 관한 세부사항은 총회에서 별도의 규정으로 정한다.

제8조(회원의 탈퇴와 제명)

① 회원은 본인의 의사에 따라 회원탈퇴서를 제출함으로써 자유롭게 탈퇴할 수 있다.

② 회원이 법인의 명예를 손상시키거나 목적 수행에 지장을 초래한 경우 또는 1년 이상 회원의 의무를 준수하지 않은 경우에는 총회의 의결을 거쳐 제명할 수 있다.

③ 탈퇴 및 제명으로 인하여 회원의 자격을 상실한 경우에는 납부한 회비 등에 대한 권리를 요구할 수 없다.

제3장 임원

제9조(임원의 종류 및 정수)

본회에 다음 각 호의 임원을 둔다.

1. 회 장 1명

2. 부회장 20명 이내

3. 이 사 50명 이내 (회장과 부회장을 포함한다.)

4. 감 사 1명

제10조(임원의 선임)

① 본회의 회장과 감사는 총회에서 선출한다.

② 부회장과 이사는 회장이 지명하고 총회에서 승인을 받는다.

③ 회장은 이사 중에서 필요에 따라 상임이사를 지명하여 총부, 기획, 재무, 연구, 홍보 및 기타 본 회의 사업에 필요한 업무를 담당하게할 수 있다.

④ 임기가 만료된 임원은 임기만료 2개월 이내에 후임자를 선출하여야 하며, 임원이 궐위된 경우에는 궐위된 날부터 2개월 이내에 후임자를 선출하여야 한다.

제11조(임원의 해임)

임원이 다음 각 호의 어느 하나에 해당하는 행위를 한 때에는 총회의 의결을 거쳐 해임할 수 있다.

1. 본회의 목적에 위배되는 행위

2. 임원 간의 분쟁·회계부정 또는 현저한 부당행위

제12조(임원의 결격사유)

다음 각 호의 어느 하나에 해당하는 자는 임원이 될 수 없다.

1. 금치산자 또는 한정치산자

2. 파산자로서 복권이 되지 아니한 자

3. 법원의 판결 또는 다른 것에 의하여 자격이 상실 또는 정지된 자

4. 금고 이상의 실형의 선고를 받고 그 집행이 종료(집행이 종료된 것으로 보는 경우를 포함한다.)되거나 집행이 면제된 날부터 3년이 지나지 아니한 자

5. 금고 이상의 형의 집행유예선고를 받고 그 유예기간 중에 있는 자

제13조(임원의 임기)

① 임원의 임기는 2년으로 한다.

② 임원의 궐위 시 본회가 특별한 사유로 총회를 개최하지 못하여 차기 임원의 구성이 지연되는 경우 이전 회기의 임원은 비록 그 임기가 만료되었다 하더라도 후임자가 정해질 때까지 해당 임원의 업무를 계속할 의무와 권리를 갖는다.

제14조(임원의 직무)

① 회장은 본회를 대표하고 이사회 및 운영위원회의 의장이 되며 법인의 업무를 총괄한다. 회장 유고시는 부회장 중 호선하여 이를 대행하도록 한다.

② 부회장은 회장을 도와 법인의 운영과 이사회의 업무를 지원한다.

③ 이사는 이사회에 출석하여 본 회의 사업계획, 예산, 기타 중요 사항 등의 법인의 업무에 관한 사항을 의결하며 이사회 또는 회장으로부터 위임받은 사항을 처리한다.

④ 감사는 다음 각 호의 직무를 수행한다.

  1. 법인의 재산상황을 감사하는 일
  2. 이사회의 운영과 그 업무에 관한 사항을 감사하는 일
  3. 1호 및 2호의 감사결과 부정 또는 부당한 점이 있음을 발견한 때에는 이사회·총회에서 그 시정을 요구하고 기획재정부 장관에게 보고하는 일
  4. 3호의 시정요구 및 보고를 하기 위하여 필요한 때에는 총회·이사회의 소집을 요구하는 일
  5. 법인의 재산상황과 업무에 관하여 이사회 및 총회 또는 대표자(회 장)에게 의견을 진술하는 일

⑤ 각 집행부는 이사회 및 총회에서 인준한 부서별 학회 사업계획에 따라 사업을 수행한다.

제15조 (고문)

① 본회는 이사회 결의에 의해 추대하는 약간 명의 고문을 둘 수 있다.

② 고문은 본 회의 발전과 활동을 위한 자문에 응한다.

제4장 총회

제16조(총회의 구성)

① 총회는 본회의 최고의결기관이며, 정회원으로 구성한다.

제17조(총회의 구분과 소집)

① 정기총회와 임시총회로 구분하며, 회장이 소집한다.

② 정기총회는 매년 1회 결산 후 3월 이내에 1차례 소집하며, 임시총 회는 회장이 필요하다고 인정할 때에 소집한다.

③ 총회의 소집은 회장이 회의안건·일시·장소 등을 명기하여 회의 개시 7일 전까지 우편 또는 전자메일로 회원에게 통지하여야 한다.

제18조(총회소집의 특례)

① 회장은 다음 각 호의 어느 하나에 해당하는 소집요구가 있을 때에는 그 소집요구일부터 20일 이내에 총회를 소집하여야 한다.

  1. 재적이사 과반수가 회의의 목적을 제시하여 소집을 요구한 때

  2. 제14조제4항제4호의 규정에 따라 감사가 소집을 요구한 때

  3. 재적회원 3분의 1이상이 회의의 목적을 제시하여 소집을 요구한 때

② 총회 소집권자가 궐위되거나 이를 기피함으로써 7일 이상 총회소집이 불가능한 때에는 재적이사 과반수 또는 재적회원 3분의 1이상의 찬성으로 총회를 소집할 수 있다.

③ 제2항의 규정에 따른 총회는 출석이사 중 최연장자의 사회 아래그 의장을 선출한다.

제19조(총회의 의결사항)

총회는 다음 각 호의 사항을 의결한다.

  1. 임원의 선출 및 해임에 관한 사항

  2. 본회의 해산 및 정관변경에 관한 사항

  3. 기본재산의 처분 및 취득에 관한 사항

  4. 예산 및 결산의 승인

  5. 사업계획의 승인

  6. 기타 중요사항

제20조(총회의 의사)

① 총회는 출석한 회원으로 개최하며 출석회원 과반수의 찬성으로 의결하고 가부동수인

경우에는 의장이 결정한다.

② 정회원은 출석정회원을 통하여 의결권을 위임할 수 있고 이 경우 위임하는 사람은 출석자로 간주한다.

③ 총회 결의를 요하는 사항에 대하여 총회 소집이 불가능 또는 불필 요하다고 이사회에서 의결하는 경우에는 서면으로 의결할 수 있다.

이 경우에는 응답자수를 출석자로 간주한다.

제21조(의결제척사유)

회원이 다음 각 호의 어느 하나에 해당하는 때에는 그 의결에 참여하지 못한다.

    1. 임원의 선출 및 해임에 있어 자신에 관한 사항을 의결할 때

    2. 금전 및 재산의 수수 또는 소송 등에 관련되는 사항으로서 자신과 본회의 이해가 상반될 때

제5장 이사회

제22조(이사회의 구성)

이사회는 회장, 부회장 및 이사로 구성한다.

제23조(이사회의 소집)

① 이사회는 정기 이사회와 임시 이사회로 구분한다.

② 정기 이사회는 연1회 개최하고, 임시 이사회는 회장이 필요하다고 인정하는 때 또는 재적 이사 3분의 1이상의 서면요구가 있을 때와 감사의 연서에 의한 요청이 있을 때 소집한다.

제24조(이사회의 의결사항)

① 이사회는 다음 각 호의 사항을 심의 · 의결한다.

    1. 업무집행에 관한 사항

    2. 사업계획의 운영에 관한 사항

    3. 예산 · 결산서의 작성에 관한 사항

4. 총회에서 위임받은 사항

5. 정관의 규정에 따라 그 권한에 속하는 사항

6. 회원인준 및 회비

7. 집행부에서 제출한 학회 사업 및 예산

8. 시행세칙 및 학회 장기발전계획

9. 회칙개정 등의 기타 중요사항 심의

10. 기타 본회의 운영상 중요하다고 회장이 부의하는 사항

② 전항의 이사회 의결사항 주 일상적 업무이거나 효율적 업무수행을 위해 필요하다고 인정되는 사안에 대하여는 이사회 의결에 의하여 운영위원회에 위임할 수 있다.

제25조(의결 정족수)

① 이사회는 그 구성원의 과반수 출석으로 개회하고 서면으로 출석을 위임할 수 있다.

② 이사회의 의사는 서면출석을 제외한 직접 출석이사 과반수의 찬성 으로 의결한다.

제26조(의결권의 대리행사)

① 이사는 대리인으로 하여금 의결권 또는 표결권을 행사하게 할 수있다. 이 경우 해당 이사는 출석한 것으로 간주한다.

② 대리인은 대리권을 증명하는 서면을 의장에게 제출하여야 한다.

제6장 각종 위원회 및 기구

제27조(운영위원회)

본 회의 업무에 관한 원활한 의사결정과 그 효율적 집행을 위하여 운영위 원회를 둔다.

1. 운영위원회는 본 정관 24조 제2항에 따라 이사회에서 위임한 사항을 의결한다.

2. 운영위원회는 회장이 부회장, 사무총장, 이사 중에서 7명 이내로 구성한다.

3. 회장은 필요에 의하여 운영위원회를 소집하고, 출석 운영위원의 과반수로 의결한다. 가부동수인 경우에는 의장이 결정한다.

제28조 (편집위원회)

① 본학회의 학술지 편집 및 발행을 주관하는 편집위원회를 둔다.

② 편집위원회의 수는 5명 이상으로 하고, 임기는 2년으로 하고 연임할 수 있다.

③ 편집위원 및 위원장은 회장이 지명하고 이사회의 추인을 받는다.

제29조 (사무처)

① 회장을 보좌하고 본회의 사무를 처리하기 위하여 사무처를 둘 수 있다.

② 사무처에 사무총장 1명과 필요한 직원을 둘 수 있다.

③ 사무총장은 회장이 지명하고 이사회의 추인을 받아 임명하거나 해임한다.

④ 사무처의 조직 및 운영에 관한 사항은 이사회의 의결을 거쳐 별도로 정한다.

제7장 재산과 회계

제30조(재산의 구분)

① 법인의 재산은 다음과 같이 기본재산과 운영재산으로 구분한다.

② 기본재산은 법인의 목적사업 수행에 관계되는 부동산 또는 동산으로서 법인 설립 시 출연한 재산과 이사회에서 기본재산으로 정한 재산으로 하며 그 목록은 붙임과 같다.

③ 운영재산은 기본재산 이외의 재산으로 한다.

제31조(재산의 관리)

① 법인의 기본재산을 매도, 증여, 임대, 교환하거나 담보제공 또는 용도 등을 변경하고자 할 때 또는 의무의 부담이나 권리를 포기하고자 할 때는 이사회와 총회의 의결을 거쳐야 한다.

② 기본재산의 변경에 관하여는 정관변경에 관한 규정을 준용한다.

제32조(재원)

① 법인의 유지 및 운영에 필요한 경비의 재원은 다음 각 호와 같다.

  1. 회비
  2. 각종 기부금
  3. 기본재산으로부터 생기는 과실금

    4. 기타

② 본 회의 인터넷 홈페이지를 통하여 연간 회비와 기부금의 모금액및 사업실적을 공개한다.

제33조(회계연도)

① 본 회의 회계연도는 정부 회계연도(1.1~12.31)에 따른다.

② 법인의 사업계획 및 세입세출예산은 매 회계연도 개시 전 2개월 이내에 수립·편성하고, 당해 연도의 사업실적서 및 수지결산서는 매회계연도 종료 후 2월 이내에 작성하도록 정한다.

제34조(회계감사)

감사는 회계감사를 연1회 이상 실시하여야 한다.

제35조(임원의 보수)

임원에 대하여는 보수를 지급하지 아니한다. 다만, 업무수행에 필요한 실비는 지급할 수 있다.

제36조(차입금)

법인이 예산 외의 의무부담이나 자금의 차입을 하고자 할 때에는 이사회 및 총회의 의결을 거쳐야 한다.

제8장 보칙

제37조(법인해산)

① 법인을 해산하고자 할 때에는 총회에서 재적회원 과반수 출석의원 4분의 3 이상의 찬성으로 의결한다.

② 법인이 해산할 경우 잔여재산의 처분은 총회의 의결을 거쳐 국가, 지방자치단체 또는 유사한 목적을 가진 다른 비영리 법인에 귀속되는 것으로 한다.

제38조(정관변경)

이 정관을 개정하고자 할 때에는 이사회의 의결과 총회의 승인을 받아야 한다.

제39조(업무보고)

다음 연도의 사업계획서 및 예산서와 해당연도 사업실적서 및 수지결산서는 회계연도 종료 후 2개월 이내에 기획재정부 장관에게 보고하여야 한다. 이 경우 재산목록과 업무현황 및 감사결과 보고서도 함께 제출하여야 한다.

제40조(준용규정)

이 정관에 규정되지 아니한 사항은 「민법」 중 사단법인에 관한 규정과 「기획재정부 소관 비영리법인의 설립과 감독에 관한 규칙」을 준용한 다.

제41조(규칙제정)

이 정관이 정한 것 외에 본회의 운영에 관하여 필요한 사항은 이사회의 의결을 거쳐 규칙으로 정한다.

[서식 - 그 외 관련 서식은 서식 중복기재 회피를 위하여 제1편 비영리사단법인 해당 서식을 참고하기 바란다]

나. 설립허가

(1) 허가기준

주무관청은 비영리법인 설립허가 신청의 내용이 다음의 기준에 맞는 경우에만 그 설립을 허가한다(규칙 제4조).

- 비영리법인의 목적과 사업이 실현가능할 것
- 목적사업을 할 수 있는 충분한 능력이 있고, 재정적 기초가 확립되어 있거나 확립될 수 있을 것
- 다른 법인과 같은 명칭이 아닐 것

(2) 심사 및 허가기간

주무관청은 비영리법인 설립허가의 신청을 받았을 때에는 특별한 사유가 없으면 15일 이내에 심사하여 허가 또는 불허가 처분을 하고, 그 결과를 서면으로 신청인에게 통지하여야 한다. 이 경우 허가를 할 때에는 별지 제2호서식의 비영리법인 설립허가증을 발급하고 별지 제3호서식의 비영리법인 설립허가대장에 필요한 사항을 적어야 한다.

[별지 제2호서식] <개정 2012.2.3>

(앞쪽)

제   호

비영리법인 설립허가증

1. 법인 명칭:

2. 소 재 지:

3. 대 표 자

     ㅇ 성   명:

     ㅇ 생년월일:

     ㅇ 주   소:

4. 사업 내용:

5. 허가 조건:

「민법」 제32조 및 「기획재정부 및 그 소속청 소관 비영리법인의 설립 및 감독에 관한 규칙」 제4조에 따라 위 법인의 설립을 허가합니다.

년   월   일

기획재정부장관(청장)   [직인]

210mm×297mm[보존용지(1종)120g/㎡]

준 수 사 항

1. 「민법」및「기획재정부 및 그 소속청 소관 비영리법인의 설립 및 감독에 관한 규칙」등 관련 법령과 정관에서 정한 내용을 준수하여야 합니다.

2. 정관에서 정하는 목적사업 중 다른 법률에 따른 허가·인가·등록·신고의 대상이 되는 사업을 하려는 경우에는 관련 법령에 따른 절차를 거쳐야 합니다.

3. 매 사업연도 종료 후 2개월 내에 다음의 서류를 주무관청에 제출하여야 합니다.
   가. 다음 사업연도의 사업계획 및 수입·지출 예산서 1부
   나. 해당 사업연도의 사업실적 및 수입·지출 결산서 1부
   다. 해당 사업연도 말 현재의 재산목록 1부

4. 다음의 어느 하나에 해당되는 경우에는 「민법」 제38조에 따라 법인의 설립허가를 취소할 수 있습니다.
   가. 설립 목적 외의 사업을 하였을 때
   나. 공익을 해치는 행위를 하였을 때
   다. 설립허가의 조건을 위반하였을 때

5. 법인이 해산(파산으로 인한 해산은 제외합니다)하였을 때에는 해산 등기를 마친 후 지체 없이 주무관청에 해산신고를 하여야 합니다.

6. 법인의 청산이 종결되었을 때에는 등기한 후 주무관청에 신고하여야 합니다.

210mm×297mm[보존용지(1종)120g/㎡]

(3) 조건부허가

주무관청은 비영리법인의 설립허가를 할 때에는 필요한 조건을 붙일 수 있다.

다. 설립 관련 보고

(1) 재산이전

비영리법인의 설립허가를 받은 자는 그 허가를 받은 후 지체 없이 기본재산 및 운영재산을 비영리법인에 이전(移轉)하고 1개월 이내에 그 이전을 증명하는 서류(등기소 또는 금융회사 등의 증명서를 말한다)를 주무관청에 제출하여야 한다(규칙 제5조).

(2) 설립관련 보고

비영리법인은 「민법」 제49조부터 제52조까지의 규정에 따라 비영리법인 설립 등의 등기를 하였을 때에는 10일 이내에 그 사실을 주무관청에 보고하여야 한다. 이 경우 주무관청은 「전자정부법」 제36조 제1항에 따른 행정정보의 공동이용을 통하여 법인 등기사항증명서를 확인하여야 한다.

3. 허가 후 절차

가. 정관 변경의 허가 신청

「민법」 제42조 제2항, 제45조 제3항 또는 제46조에 따른 정관 변경의 허가를 받으려는 비영리법인은 별지 제4호서식의 비영리법인 정관 변경허가 신청서에 다음의 서류를 첨부하여 주무관청에 제출하여야 한다(규칙 제6조).

• 정관 변경 사유서 1부
• 개정될 정관(신·구조문대비표를 첨부한다) 1부
• 정관 변경과 관련된 총회 또는 이사회의 회의록 1부
• 기본재산의 처분에 따른 정관 변경의 경우에는 처분 사유, 처분재산의 목록, 처분 방법 등을 적은 서류 1부

[별지 제4호서식] <개정 2012.2.3>

법인 정관 변경허가 신청서

접수번호	접수일자	처리일자	처리기간 7일

신청인	성명		생년월일
	주소		전화번호

법인	명칭		전화번호
	소재지		
	설립 허가일		설립허가번호
	대표자 성명		생년월일 (외국인등록번호)
	주소		

「민법」 제42조제2항, 제45조제3항 또는 제46조 및 「기획재정부 및 그 소속청 소관 비영리법인의 설립 및 감독에 관한 규칙」 제6조에 따라 위와 같이 정관 변경허가를 신청합니다.

년   월   일

신청인   (서명 또는 인)

장관(청장) 귀하

첨부서류	1. 정관 변경 사유서 1부 2. 변경될 정관(신ㆍ구조문대비표를 첨부합니다) 1부 3. 정관 변경과 관련된 총회 또는 이사회의 회의록 1부 4. 기본재산의 처분에 따른 정관변경의 경우에는 처분 사유, 처분재산의 목록, 처분 방법 등을 적은 서류 1부	수수료 없 음

처 리 절 차

신청서 작성	→	접 수	→	서류 확인 및 검토	→	결 재	→	결과 통지
신청인		처 리 기 관 : 주 무 관 청						

210mm×297mm[일반용지 60g/㎡(재활용품)]

[서식 – 그 외 관련 서식은 서식 중복기재 회피를 위하여 제1편 비영리사단법인 해당 서식을 참고하기 바란다]

나. 사업실적 및 사업계획 등의 보고

비영리법인은 매 사업연도가 끝난 후 2개월 이내에 다음의 서류를 주무관청에 제출하여야 한다(규칙 제7조).

- 다음 사업연도의 사업계획 및 수입 · 지출 예산서 1부
- 해당 사업연도의 사업실적 및 수입 · 지출 결산서 1부
- 해당 사업연도 말 현재의 재산목록 1부

다. 법인 사무의 검사 · 감독

주무관청은 「민법」 제37조에 따른 비영리법인 사무의 검사 및 감독을 위하여 불가피한 경우에는 비영리법인에 관계 서류 · 장부 또는 그 밖의 참고자료의 제출을 명하거나 소속 공무원에게 비영리법인의 사무 및 재산 상황을 검사하게 할 수 있으며, 이에 따라 법인 사무를 검사하는 공무원은 그 자격을 증명하는 증표를 관계인에게 보여 주어야 한다(규칙 제8조).

4. 해산 등

가. 설립허가의 취소

주무관청은 법인이 목적이외의 사업을 하거나 설립허가의 조건에 위반하거나 기타 공익을 해하는 행위를 한 때에는 그 허가를 취소할 수 있는데, 이에 따라 법인의 설립허가를 취소하려면 청문을 하여야 한다(규칙 제9조).

나. 해산신고

(1) 신고 및 첨부서류

비영리법인이 해산(파산으로 인한 해산은 제외한다)하였을 때에는 그 청산인은 「민법」 제85조 제1항에 따라 해산등기를 마친 후 지체 없이 별지 제5호서식의 비영리법인 해산 신고서에 다음의 서류를 첨부하여 주무관청에 제출하여야 한다(규칙 제10조).

- 해산 당시의 재산목록 1부
- 잔여재산 처분방법의 개요를 적은 서류 1부
- 해산 당시의 정관 1부

- 사단법인이 총회의 결의에 따라 해산하였을 때에는 그 결의를 한 총회의 회의록 1부
- 재단법인의 해산 시 이사회가 해산을 결의하였을 때에는 그 결의를 한 이사회의 회의록 1부

(2) 등기사항증명서 확인

신청서를 제출받은 주무관청은 「전자정부법」 제36조 제1항에 따른 행정정보의 공동이용을 통하여 법인 등기사항증명서를 확인하여야 한다.

■ 기획재정부 및 그 소속청 소관 비영리법인의 설립 및 감독에 관한 규칙 [별지 제5호서식] 〈개정 2014.5.26〉

비영리법인 해산 신고서

접수번호	접수일	처리일	처리기간 즉시

청산인	성명		생년월일 (외국인등록번호)
	주소		전화번호

청산법인	명칭		전화번호
	소재지		

해산 연월일

해산 사유

청산인 대표권의 제한 내용(대표권이 제한되는 경우에만 적습니다)

「민법」 제86조제항 및 「기획재정부 및 그 소속청 소관 비영리법인의 설립 및 감독에 관한 규칙」 제10조에 따라 위와 같이 법인해산을 신고합니다.

년　　　월　　　일

신고인

(서명 또는 인)

장관(청장) 귀하

신고인 제출서류	1. 해산 당시의 재산목록 1부 2. 잔여재산 처분방법의 개요를 적은 서류 1부 3. 해산 당시의 정관 1부 4. 사단법인이 총회 결의에 따라 해산했을 때에는 그 결의를 한 총회의 회의록 사본 1부 5. 재단법인의 해산 시 이사회가 해산을 결의했을 때에는 그 결의를 한 이사회의 회의록 1부	수수료 없 음
담당 공무원 확인 사항	법인 등기사항증명서	

처 리 절 차

신청서 작성	→	접 수	→	서류 확인 및 검토	→	결 재
신청인			처 리 기 관: 주 무 관 청			

210mm×297mm[백상지 80g/㎡ 또는 중질지 80g/㎡]

다. 잔여재산 처분허가의 신청 등

비영리법인의 이사 또는 청산인은 「민법」 제80조 제2항에 따라 잔여재산의 처분에 대한 허가를 받으려면 별지 제6호서식의 잔여재산 처분허가 신청서에 다음의 서류를 첨부하여 주무관청에 제출하여야 한다(규칙 제11조).

• 해산 당시의 정관 1부(해산신고 시의 정관을 확인할 필요가 있는 경우에만 제출한다)
• 총회의 회의록 1부(사단법인의 해산신고 시에 제출한 서류만으로는 확인이 되지 아니할 경우에만 제출한다)

라. 청산 종결의 신고

청산인은 비영리법인의 청산이 종결되었을 때에는 「민법」 제94조에 따라 등기한 후, 별지 제7호서식의 청산종결 신고서(전자문서로 된 신고서를 포함한다)를 주무관청에 제출하여야 한다. 이 경우 주무관청은 「전자정부법」 제36조 제1항에 따른 행정정보의 공동이용을 통하여 법인 등기사항증명서를 확인하여야 한다(규칙 제12조).

- 기획재정부 및 그 소속청 소관 비영리법인의 설립 및 감독에 관한 규칙 [별지 제7호서식] 〈개정 2014.5.26〉

청산종결 신고서

접수번호	접수일	처리일	처리기간 즉시

청 산 인	성명		생년월일 (외국인등록번호)	
	주소		전화번호	
청산법인	명칭		전화번호	
	소재지			

청산 연월일	
청산 취지	

「민법」 제94조 및 「기획재정부 및 그 소속청 소관 비영리법인의 설립 및 감독에 관한 규칙」 제12조에 따라 위와 같이 청산 종결을 신고합니다.

년   월   일

신고인   (서명 또는 인)

장관(청장) 귀하

담당 공무원 확인 사항	법인 등기사항증명서	수수료 없음

처 리 절 차

신청서 작성	→	접수	→	서류 확인 및 검토	→	결재
신청인			처 리 기 관: 주 무 관 청			

210mm×297mm[백상지 80g/㎡ 또는 중질지 80g/㎡]

5. 고유식별정보의 처리

주무관청은 다음 각 호의 사무를 수행하기 위하여 불가피한 경우 「개인정보 보호법 시행령」 제19조 제4호에 따른 외국인등록번호가 포함된 자료를 처리할 수 있다(규칙 제15조). 〈개정 2015. 5. 4.〉

• 제3조에 따른 법인 설립허가에 관한 사무
• 제6조에 따른 법인 정관 변경허가에 관한 사무
• 제10조에 따른 법인 해산 신고에 관한 사무
• 제11조에 따른 잔여재산 처분허가에 관한 사무
• 제12조에 따른 청산종결 신고에 관한 사무

제16장 법제처 소관 비영리법인 설립

1. 개관

법제처 소관 비영리법인의 설립 및 감독에 관한 규칙(이하 '규칙'이라고만 함)은 「민법」에 따라 법제처장이 주무관청이 되는 비영리법인의 설립 및 감독에 필요한 사항을 규정함을 목적으로 하며, 이에 따른 비영리법인(이하 '법인'이라 한다)의 설립허가, 법인 사무의 검사 및 감독 등에 관하여는 다른 법령에 특별한 규정이 있는 경우를 제외하고는 이 규칙에서 정하는 바에 따른다.

본장은 법제처 소관 비영리법인의 설립과 관련한 일반절차인 설립허가신청 및 관련 첨부서류 그리고 정관변경허가신청, 사업계획보고 등에 관한 내용들을 정리하였다. 그 외 관련서류들은 제1편 관련 내용부분을 참고하기 바란다.

2. 설립허가절차

가. 설립허가의 신청

(1) 신청 및 첨부서류

「민법」 제32조에 따라 비영리법인의 설립허가를 받으려는 자(이하 '설립발기인'이라 한다)는 별지 제1호서식의 비영리법인 설립허가 신청서에 다음의 서류를 첨부하여 법제처장에게 제출하여야 한다(규칙 제3조).

- 설립발기인의 성명 · 생년월일(외국인의 경우에는 외국인등록번호를 말한다. 이하 같다) · 주소 및 약력을 적은 서류(설립발기인이 법인인 경우에는 그 명칭, 주된 사무소의 소재지, 대표자의 성명 · 생년월일 · 주소를 적은 서류 및 정관) 1부
- 설립하려는 비영리법인의 정관 1부
- 재산목록(재단법인의 경우에는 기본재산과 운영재산으로 구분하여 적어야 한다) 및 그 증명서류와 출연(出捐) 신청이 있는 경우에는 그 사실을 증명하는 서류 각 1부
- 해당 사업연도분의 사업계획 및 수입 · 지출 예산을 적은 서류 1부

- 임원 취임 예정자의 성명·생년월일·주소·약력을 적은 서류 및 취임승낙서 각 1부
- 창립총회 회의록(설립발기인이 법인인 경우에는 비영리법인 설립에 관한 의사의 결정을 증명하는 서류) 1부

(2) 등기사항증명서 확인

법제처장은 신청서를 받은 경우 「전자정부법」 제36조 제1항에 따른 행정정보의 공동이용을 통하여 토지 등기사항증명서 및 건물 등기사항증명서를 확인하여야 한다.

법제처 소관 비영리법인의 설립 및 감독에 관한 규칙 [별지 제1호서식]

비영리법인 설립허가 신청서

접수번호		접수일		처리일		처리기간	20일

대표 신청인	성명		생년월일 (외국인등록번호)	
	주소		전화번호	

법 인	명칭		전화번호	
	소재지			
	대표자 성명		생년월일 (외국인등록번호)	
	주소		전화번호	

「민법」 제32조 및 「법제처 소관 비영리법인의 설립 및 감독에 관한 규칙」 제3조에 따라 위와 같이 비영리법인 설립허가를 신청합니다.

년   월   일

신청인   (서명 또는 인)

법제처장 귀하

신청인 제출서류	1. 설립발기인의 성명 · 생년월일 · 주소 및 약력을 적은 서류[설립발기인이 법인인 경우에는 그 명칭, 주된 사무소의 소재지, 대표자의 성명 · 생년월일 · 주소를 적은 서류 및 정관] 1부 2. 설립하려는 비영리법인의 정관 1부 3. 재산목록(재단법인의 경우에는 기본재산과 운영재산으로 구분하여 적어야 합니다) 및 그 증명서류와 출연(出捐) 신청이 있는 경우에는 그 사실을 증명하는 서류 각 1부 4. 해당 사업연도분의 사업계획 및 수입 · 지출 예산을 적은 서류 1부 5. 임원 취임 예정자의 성명 · 생년월일 · 주소 및 약력을 적은 서류 및 취임승낙서 각 1부 6. 창립총회 회의록(설립발기인이 법인인 경우에는 비영리법인 설립에 관한 의사의 결정을 증명하는 서류) 1부	수수료 없음
담당공무원 확인사항	재산목록에 적힌 재산의 토지 · 건물 등기사항증명서	

처 리 절 차

신청서 작성	→	접 수	→	확 인	→	결 재	→	허가증 작성	→	허가증 발급
신청인					처 리 기 관: 법 제 처					

210mm×297mm[백상지 80g/㎡]

제1장 총칙

제1조 (명 칭)

본 원은 사단법인 한국법학원이라 한다.

제2조 (소재지)

원지는 본원 정관 제3조 제1항에 의한 법학의 연구발표에 대한 지원을 위한 법률학술지이며, 본원이 대내 또는 대외적으로 공표하여야 할 공지사항을 게재하는 공보로서의 기능을 가진다.

제3조 (목 적)

본 원은 법률문화의 향상을 통하여 국민생활의 안정과 번영을 이루고, 세계평화에 이바지하기 위하여 다음의 사업을 수행함을 그 목적으로 한다.

1. 법학의 연구 · 발표 및 그에 대한 지원
2. 국내외의 법령 · 판례의 조사, 수집 및 연구와 정부, 기타 단체의 법률 관련 용역 사업의 수행
3. 법률서적 및 잡지 등 관련 자료의 출판, 번역
4. 법학연구단체, 기관에 대한 지원
5. 법률가의 국제적 교류
6. 국내외의 법조단체에의 참여
7. 법령의 제정 · 개폐 및 시행에 대한 건의
8. 법률문화의 향상에 공로가 있는 자에 대한 표창
9. 국민에 대한 법률 지식의 보급
10. 그 밖에 위에 부수하는 사업

제4조 (공고방법)

본원의 공고는 법률신문에 게재한다.

제2장 회 원

제5조 (회 원)
① 본원의 회원은 다음 각 호의 1에 해당하는 사람으로 한다.

1. 법관, 검사, 변호사
2. 헌법재판소의 헌법재판관, 사무처장·차장, 헌법연구관, 헌법연구관보
3. 법학교수(조교수 이상)
4. 법제관, 군법무관, 공익법무관
5. 그 밖의 이사회에서 승인한 사람 ② 법무법인, 법률사무소 및 기업이나 단체는 이사회의 승인으로 단체회원이 될 수 있다.

제6조 (권 리)
① 회원은 임원의 선거권과 피선거권을 가진다.
② 회원은 본원의 운영에 관하여 건의할 수 있다.
③ 회원은 본 원의 사무에 참여하고 본 원의 시설을 이용할 수 있다.

제7조 (의 무)
회원은 소정의 회비를 납입하고, 정관, 규정 및 총회의 결의사항을 준수할 의무가 있다.

제8조 (제 명)
회원이 본 원의 목적에 위배되는 행위를 하거나 그 업무를 성실히 이행하지 아니할 때는 이사회의 결의로 제명할 수 있다.

제3장 임 원

제9조 (임 원)
① 본 원에 다음의 임원을 둔다.

1. 원 장 1인
2. 부원장 5인
3. 이 사 15인 이상 20인 이내

4. 감 사 2인

재10조 (選 任)
① 임원은 총회에서 선출한다.
② 부원장은 다음의 사람이 된다.
   1. 법무부 차관
   2. 법원행정처 차장
   3. 헌법재판소 사무차장
   4. 대한변호사협회가 추천한 사람
   5. 한국법학교수회가 추천한 사람 ③ 이사 중에는 대법원, 법무부, 대한변호사협회,
      한국법학교수회가 추천하는 각 2인을 포함하여야 하고, 헌법재판소, 국방부, 법제
      처에서 추천하는 각 1인을 포함 할 수 있다.

제11조 (임 기)
① 임원의 임기는 2년으로 한다.
② 임원 중 결원이 생긴 때는 후임자를 보선하여야 하고, 그 후임자의 임기는 전임원의
잔임기간으로 한다.

제12조 (직 무)
① 원장은 본 원을 대표하고 원무를 총괄한다.
② 부원장은 원장을 보좌하고 원장이 사고가 있을 때에는 제10조 제2항에 정한 순서에
따라 원장의 직무를 대행한다.
③ 이사는 이사회의 구성원으로서 원무에 관한 중요한 사항을 심의?의결하고 원장으로
부터 위임받은 원무를 처리한다.
④ 원장은 이사 중에서 원무를 나누어 전담할 이사를 지정할 수 있다.
⑤ 감사는 본 원의 재정 및 업무를 감사한다.

제13조 (고 문)
원장은 본 원의 운영에 관한 자문을 구하기 위하여 이사회 의 승인을 얻어 약간 인의 고문
을 위촉할 수 있다.

제14조 (직 원)

① 본 원의 사무를 처리하기 위하여 필요한 상근직원을 둔다.

② 상근직원의 정수는 주무관청의 승인을 얻어 따로 정한다.

제4장 총 회

제15조 (구 성)

① 총회는 본 원의 최고의결기관으로 150인 이상 200인 이하의 대의원으로 구성한다.

② 대의원은 회원이 소속한 단체 또는 기관 별로 선출한다. 다만 소속이 없는 회원은 따로 모여 대의원을 선출할 수 있다.

③ 기관별 대의원 정족수는 회원수를 기준으로 이사회에서 정한다.

④ 대의원의 임기는 2년으로 한다.

⑤ 대의원 중 결원이 생긴 때에는 후임자를 보선하여야 하고, 그 후임자의 임기는 전임자의 잔임기간으로 한다.

⑥ 대의원은 임기만료 1개월 전에 선출하여야 하고 대의원을 선출한 때에는 지체 없이 이를 본원에 통지하여야 한다.

제16조 (기 능)

총회는 다음 사항을 의결한다.

   1. 정관의 개정

   2. 사업계획의 승인

   3. 예산 및 결산의 승인

   4. 임원의 선출

   5. 그밖에 이사회가 부의한 중요사항

제17조 (종 류)

① 총회는 정기총회와 임시총회로 나눈다.

② 정기총회는 매년 1회 1월중에 소집한다.

③ 임시총회는 다음 각 호의 경우에 소집한다.

1. 원장이 필요하다고 인정한 때
2. 대의원 3분의 1 이상이 총회의 목적사항을 명시하여 총회의 소집을 요구한 때 ④ 제 3항 제2호의 경우 원장은 그 요구가 있는 날로부터 1개월 내에 총회를 소집하여야 한다.

제18조 (소 집)

① 총회는 원장이 그 일시, 장소 및 회의의 목적사항을 명시하여 회일의 1주일 전에 대의 원에게 통지함으로써 소집한다.
② 원장은 제1항의 통지와 아울러 이를 공고하여야 한다.

제19조 (회 의)

① 총회는 대의원 과반수의 출석으로 성립한다.
② 총회는 법률 및 정관에 다른 규정이 없는 한 출석한 대의원의 과반수의 찬성으로 의결 한다. 다만 가부동수의 경우에는 의장이 결정한다.
③ 총회의 의장은 원장이 된다.

제5장 이사회

제20조 (구 성)

이사회는 원장, 부원장 및 이사로서 구성한다.

제21조 (기 능)

이사회는 다음 사항을 의결한다.
1. 규정의 제정 및 개정에 관한 사항
2. 총회의 소집에 관한 사항
3. 총회에 제출할 의안에 관한 사항
4. 총회로부터 위임받은 사항
5. 그밖에 본원의 운영을 위하여 필요한 사항

제22조 (소집과 회의)

① 사회는 원장이 필요하다고 인정할 때 또는 구성원의 3분의 1이상이 회의의 목적사항을 명시하여 소집을 요구한 때에 소집한다.

② 이사회는 원장이 소집하고 원장이 그 의장이 된다.

③ 이사회는 재적이사 과반수의 출석과 출석이사 과반수의 찬성으로 의결한다.

제6장 재정

제23조 (재 원)

본원의 재정은 다음의 수입으로 충당한다.

　1. 회원의 회비

　2. 정부의 보조금

　3. 기부금 또는 후원금

　4. 수입이자

　5. 그 밖의 잡수입

제23조의 2 (기부금)

기부금에 관하여는 본 원의 인터넷 홈페이지를 통하여 연간 모금액 및 활용실적을 공개한다.

제24조 (회계년도)

본 원의 회계년도는 매년 1월 1일부터 12월 31일까지로 한다.

제25조 (豫算 및 決算)

① 本院의 收入 및 支出은 每 會計年度마다 豫算으로 編成하여 總會의 承認을 얻어야 한다.

② 本院의 收入 및 支出에 대한 決算은 다음 會計年度 總會에 報告하여 承認을 얻어야한다.

제26조 (예산 및 결산)

① 본원의 수입 및 지출은 매 회계년도마다 예산으로 편성하여 총회의 승인을 얻어야 한

다.

② 본원의 수입 및 지출에 대한 결산은 다음 회계년도 총회에 보고하여 승인을 얻어야한다.

제7장 보칙

제27조 (정관의 개정)

본 정관의 개정은 총회에서 재적 대의원 과반수의 출석 과 출석 대의원 3분의 2 이상의 찬성으로 한다.

제28조 (해 산)

① 본 원의 해산은 총회에서 재적 대의원 과반수의 출석과 출석 대의원 3분의 2 이상의 찬성으로 한다.

② 본 원이 해산할 때에는 잔여재산은 국가에 귀속한다.

제29조 (규 정)

본원은 이 정관시행에 필요한 세부사항을 정하기 위하여 이사회의 결의를 거쳐 규정을 제정할 수 있다.

[서식 – 그 외 관련 서식은 서식 중복기재 회피를 위하여 제1편 비영리사단법인 해당 서식을 참고하기 바란다]

나. 설립허가

(1) 허가기준

법제처장은 비영리법인 설립허가 신청의 내용이 다음의 기준에 맞는 경우에만 그 설립을 허가한다(규칙 제4조).

- 비영리법인의 목적과 사업이 실현가능할 것
- 목적사업을 할 수 있는 충분한 능력이 있고, 재정적 기초가 확립되어 있거나 확립될 수 있을 것
- 다른 법인과 같은 명칭이 아닐 것

(2) 심사 및 허가기간

법제처장은 비영리법인 설립허가 신청을 받았을 때에는 특별한 사유가 없으면 20일 이내에 심사하여 허가 또는 불허가 처분을 하고, 그 결과를 서면으로 신청인에게 통지하여야 한다. 이 경우 허가를 할 때에는 별지 제2호서식의 비영리법인 설립허가증을 발급하고 별지 제3호서식의 비영리법인 설립허가대장에 필요한 사항을 적어야 한다.

법제처 소관 비영리법인의 설립 및 감독에 관한 규칙 [별지 제3호서식]

비영리법인 설립허가대장

허가 번호	법인 명칭	대표자 성 명	허 가 연월일	사무소의 소재지	기능 및 목적	주관 부서	비고

210mm×297mm[백상지 80g/㎡]

(3) 조건부허가

법제처장은 비영리법인의 설립허가를 할 때에는 필요한 조건을 붙일 수 있다.

다. 설립 관련 보고

(1) 재산이전

비영리법인의 설립허가를 받은 자는 그 허가를 받은 후 지체 없이 기본재산 및 운영재산을 비영리법인에 이전(移轉)하고 1개월 이내에 그 이전을 증명하는 등기소 또는 금융회사 등의 증명서를 법제처장에게 제출하여야 한다(규칙 제5조).

(2) 설립 관련 보고

비영리법인은 「민법」 제49조부터 제52조까지 또는 제52조의2에 따라 비영리법인 설립 등의 등기를 하였을 때에는 10일 이내에 그 사실을 법제처장에게 보고하여야 한다. 이 경우 법제처장은 「전자정부법」 제36조 제1항에 따른 행정정보의 공동이용을 통하여 법인 등기사 항증명서를 확인하여야 한다.

3. 허가 후 절차

가. 정관변경의 허가 신청

「민법」 제42조 제2항(같은 법 제45조 제3항에서 준용하는 경우를 포함한다) 또는 제46조에 따른 정관변경의 허가를 받으려는 비영리법인은 별지 제4호서식의 비영리법인 정관변경허 가 신청서에 다음의 서류를 첨부하여 법제처장에게 제출하여야 한다(규칙 제6조).

1. 정관변경 사유서 1부
2. 개정될 정관(신·구조문대비표를 첨부한다) 1부
3. 정관변경과 관련된 총회 또는 이사회의 회의록 1부
4. 기본재산의 처분에 따른 정관변경의 경우에는 처분 사유, 처분재산의 목록, 처분 방법 등을 적은 서류 1부

법제처 소관 비영리법인의 설립 및 감독에 관한 규칙 [별지 제4호서식]

비영리법인 정관변경허가 신청서

접수번호	접수일자	처리일자	처리기간 7일

신청인	성명		생년월일 (외국인등록번호)	
	주소		전화번호	

법인	명칭	전화번호
	소재지	
	설립 허가일	설립허가번호
	대표자 성명	생년월일 (외국인등록번호)
	주소	

「민법」 제42조제2항(같은 법 제45조제3항에서 준용하는 경우를 포함한다) 또는 제46조 및 「법제처 소관 비영리법인의 설립 및 감독에 관한 규칙」 제6조에 따라 위와 같이 정관변경허가를 신청합니다.

년   월   일

신청인   (서명 또는 인)

법제처장 귀하

첨부서류	1. 정관변경 사유서 1부 2. 개정될 정관(신·구조문대비표를 첨부합니다) 1부 3. 정관변경과 관련된 총회 또는 이사회의 회의록 1부 4. 기본재산의 처분에 따른 정관변경의 경우에는 처분 사유, 처분재산의 목록, 처분 방법 등을 적은 서류 1부	수수료 없 음

처 리 절 차

신청서 작성	→	접 수	→	서류 확인 및 검토	→	결 재	→	결과 통지
신청인				처 리 기 관 : 법 제 처				

210mm×297mm[백상지 80g/㎡]

[서식 – 그 외 관련 서식은 서식 중복기재 회피를 위하여 제1편 비영리사단법인 해당 서식을 참고하기 바란다]

나. 사업실적 및 사업계획 등의 보고

비영리법인은 매 사업연도가 끝난 후 2개월 이내에 다음의 서류를 법제처장에게 제출하여야 한다(규칙 제7조).

- 다음 사업연도의 사업계획 및 수입 · 지출 예산서 1부
- 해당 사업연도의 사업실적 및 수입 · 지출 결산서 1부
- 해당 사업연도 말 현재의 재산목록 1부

다. 비영리법인 사무의 검사 · 감독

법제처장은 「민법」 제37조에 따른 비영리법인 사무의 검사 및 감독을 위하여 필요하다고 인정하는 경우에는 비영리법인에 관계 서류 · 장부 또는 그 밖의 참고자료의 제출을 명하거나 소속 공무원에게 비영리법인의 사무 및 재산 상황을 검사하게 할 수 있으며(규칙 제8조), 이에 따라 비영리법인 사무를 검사하는 공무원은 그 자격을 증명하는 증표를 관계인에게 보여 주어야 한다.

4. 해산 등

가. 설립허가의 취소

법제처장은 법인이 목적이외의 사업을 하거나 설립허가의 조건에 위반하거나 기타 공익을 해하는 행위를 한 때에는 그 법인을 취소할 수 있는데, 이에 따라 비영리법인의 설립허가를 취소하려면 청문을 하여야 한다(규칙 제9조).

나. 해산신고

(1) 신청 및 첨부서류

비영리법인이 해산(파산으로 인한 해산은 제외한다)하였을 때에는 그 청산인은 「민법」 제85조 제1항에 따라 해산등기를 마친 후 지체 없이 별지 제5호서식의 비영리법인 해산 신고서에 다음의 서류를 첨부하여 법제처장에게 제출하여야 한다(규칙 제10조).

- 해산 당시의 재산목록 1부
- 잔여재산의 처분방법의 개요를 적은 서류 1부

- 해산 당시의 정관 1부
- 사단법인이 총회의 결의에 따라 해산하였을 때에는 그 결의를 한 총회의 회의록 1부
- 재단법인의 해산 시 이사회가 해산을 결의하였을 때에는 그 결의를 한 이사회의 회의록 1부

(2) 등기사항증명서 확인

법제처장은 신청서를 받은 경우 「전자정부법」 제36조 제1항에 따른 행정정보의 공동이용을 통하여 법인 등기사항증명서를 확인하여야 한다.

법제처 소관 비영리법인의 설립 및 감독에 관한 규칙 [별지 제5호서식]

비영리법인 해산 신고서

접수번호		접수일	처리일	처리기간	즉시
청산인	성명			생년월일 (외국인등록번호)	
	주소			전화번호	
청산법인	명칭			전화번호	
	소재지				

해산 연월일
해산 사유
청산인 대표권의 제한 내용(대표권이 제한되는 경우에만 적습니다)

「민법」 제86조제1항 및 「법제처 소관 비영리법인의 설립 및 감독에 관한 규칙」 제10조에 따라 위와 같이 법인해산을 신고합니다.

년　　월　　일

신고인　　　　　　　　(서명 또는 인)

법제처장 귀하

신고인 제출서류	1. 해산 당시의 재산목록 1부 2. 잔여재산 처분방법의 개요를 적은 서류 1부 3. 해산 당시의 정관 1부 4. 사단법인이 총회의 결의에 따라 해산했을 때에는 그 결의를 한 총회의 회의록 1부 5. 재단법인의 해산 시 이사회가 해산을 결의했을 때에는 그 결의를 한 이사회의 회의록 1부	수수료 없 음
담당 공무원 확인 사항	법인 등기사항증명서	

처 리 절 차

신청서 작성	→	접수	→	서류 확인 및 검토	→	결재
신청인		처 리 기 관: 법 제 처				

210mm×297mm[백상지 80g/㎡ 또는 중질지 80g/㎡]

다. 잔여재산 처분허가의 신청 등

비영리법인의 이사 또는 청산인은 「민법」 제80조 제2항에 따라 잔여재산의 처분에 대한 허가를 받으려면 별지 제6호서식의 잔여재산 처분허가 신청서에 다음의 서류를 첨부하여 법제처장에게 제출하여야 한다(규칙 제11조).

• 해산 당시의 정관 1부(해산신고 시의 정관을 확인할 필요가 있는 경우에만 해당한다)

• 사단법인의 경우에는 총회의 회의록 1부(해산신고 시에 제출한 서류 등으로 「민법」 제80조 제2항 후단에 따른 재산처분에 대한 총회의 결의가 확인이 되지 아니하는 경우에만 해당한다)

법제처 소관 비영리법인의 설립 및 감독에 관한 규칙 [별지 제6호서식]

잔여재산 처분허가 신청서

접수번호	접수일	처리일	처리기간 7일

신청법인	명칭		전화번호
	소재지		
대 표 자 (이사 · 청산인)	성명		생년월일 (외국인등록번호)
	주소		전화번호

처분재산	종류 및 수량
	금액
	처분방법
처분사유	

「민법」 제80조제2항 및 「법제처 소관 비영리법인의 설립 및 감독에 관한 규칙」 제11조에 따라 위와 같이 잔여재산 처분허가를 신청합니다.

년   월   일

신청인   (서명 또는 인)

법제처장 귀하

첨부서류	1. 해산 당시의 정관 1부(해산신고 시의 정관을 확인할 필요가 있는 경우에만 해당합니다) 2. 총회의 회의록 1부(사단법인의 해산신고 시에 제출한 서류만으로는 확인이 되지 않을 경우에만 해당합니다)	수수료 없음

처 리 절 차

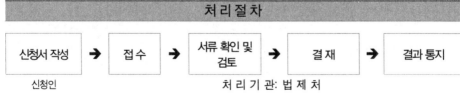

| 신청서 작성 | → | 접 수 | → | 서류 확인 및 검토 | → | 결 재 | → | 결과 통지 |

신청인   처 리 기 관: 법 제 처

210mm×297mm[백상지 80g/㎡ 또는 중질지 80g/㎡]

라. 청산종결의 신고

청산인은 비영리법인의 청산이 종결되었을 때에는 「민법」 제94조에 따라 등기한 후 별지 제7호서식의 청산종결 신고서(전자문서로 된 신고서를 포함한다)를 법제처장에게 제출하여야 한다. 이 경우 법제처장은 「전자정부법」 제36조 제1항에 따른 행정정보의 공동이용을 통하여 법인 등기사항증명서를 확인하여야 한다(규칙 제12조).

법제처 소관 비영리법인의 설립 및 감독에 관한 규칙 [별지 제7호서식]

청산종결 신고서

접수번호	접수일	처리일	처리기간 즉시

청 산 인	성명		생년월일 (외국인등록번호)
	주소		전화번호
청산법인	명칭		전화번호
	소재지		

청산 연월일	
청산 취지	

「민법」 제94조 및 「법제처 소관 비영리법인의 설립 및 감독에 관한 규칙」 제12조에 따라 위와 같이 청산종결을 신고합니다.

년   월   일

신고인 (서명 또는 인)

법제처장 귀하

담당 공무원 확인 사항	법인 등기사항증명서	수수료 없음

처 리 절 차

신청서 작성	→	접 수	→	서류 확인 및 검토	→	결 재
신청인			처 리 기 관: 법 제 처			

210mm×297mm[백상지 80g/㎡ 또는 중질지 80g/㎡]

5. 고유식별정보의 처리

법제처장은 비영리법인에 관한 다음의 사무를 수행하기 위하여 불가피한 경우 「개인정보 보호법 시행령」 제19조 제4호에 따른 외국인등록번호가 포함된 자료를 처리할 수 있다(규칙 제13조).

• 제4조에 따른 설립허가에 관한 사무
• 제6조에 따른 정관변경의 허가에 관한 사무
• 제8조에 따른 비영리법인 사무의 검사 · 감독에 관한 사무
• 제9조에 따른 설립허가 취소에 관한 사무
• 제10조에 따른 해산 신고에 관한 사무
• 제11조에 따른 잔여재산 처분의 허가에 관한 사무
• 제12조에 따른 청산 종결의 신고에 관한 사무

제17장 여성가족부 소관 비영리법인 설립

1. 개관

여성가족부 소관 비영리법인의 설립 및 감독에 관한 규칙(이하 '규칙'이라고만 함)은 「민법」에 따라 여성가족부장관이 주무관청이 되는 비영리법인의 설립 및 감독에 필요한 사항을 규정함을 목적으로 하며, 이에 따른 비영리법인(이하 '법인'이라 한다)의 설립허가, 법인사무의 검사 및 감독 등에 관하여는 다른 법령에 특별한 규정이 있는 경우를 제외하고는 이 규칙에서 정하는 바에 따른다.

본장은 여성가족부 소관 비영리법인의 설립과 관련한 일반절차인 설립허가신청 및 관련 첨부서류 그리고 정관변경허가신청, 사업계획보고 등에 관한 내용들을 정리하였다. 그 외 관련서류들은 제1편 관련 내용부분을 참고하기 바란다.

2. 설립허가절차

가. 설립허가의 신청

「민법」 제32조에 따라 법인의 설립허가를 받으려는 자(이하 '설립발기인'이라 한다)는 별지 제1호서식의 법인 설립허가 신청서(전자문서로 된 신청서를 포함한다)에 다음의 서류(전자문서를 포함한다. 이하 같다)를 첨부하여 여성가족부장관에게 제출하여야 한다. 이 경우 여성가족부장관은 「전자정부법」 제36조 제1항에 따른 행정정보의 공동이용을 통하여 재산목록에 적힌 재산 중 토지와 건물의 등기사항증명서를 확인하여야 한다(규칙 제3조).

- 설립발기인의 성명·생년월일·주소 및 약력을 적은 서류(설립발기인이 법인인 경우에는 그 명칭, 주된 사무소의 소재지, 대표자의 성명·생년월일·주소와 정관을 적은 서류) 1부
- 정관 1부
- 재산목록(재단법인의 경우에는 기본재산과 운영재산으로 구분하여 적어야 한다) 및 그 증명서류와 출연(出捐) 신청이 있는 경우에는 그 사실을 증명하는 서류 각 1부
- 해당 사업연도분의 사업계획 및 수입·지출 예산을 적은 서류 1부

- 임원 취임 예정자의 성명 · 생년월일 · 주소 · 약력을 적은 서류 및 취임승낙서 각 1부
- 창립총회 회의록(설립발기인이 법인인 경우에는 법인 설립에 관한 의사 결정을 증명하는 서류) 사본 1부

■ 여성가족부 소관 비영리법인의 설립 및 감독에 관한 규칙 [별지 제1호서식] 〈개정 2015.10.22.〉

법인 설립허가 신청서

접수번호	접수일	처리일	처리기간	20일

신청인	성명		생년월일(외국인등록번호)	
	주소		전화번호	

법 인	명칭		전화번호	
	소재지			

대표자	성명		생년월일(외국인등록번호)	
	주소		전화번호	

「민법」 제32조 및 「여성가족부 소관 비영리법인의 설립 및 감독에 관한 규칙」 제3조에 따라 위와 같이 법인 설립허가를 신청합니다.

년   월   일

신청인

(서명 또는 인)

여성가족부장관   귀하

신청인 제출서류	1. 설립발기인의 성명 · 생년월일 · 주소 · 약력을 적은 서류(설립발기인이 법인인 경우에는 그 명칭, 주된 사무소의 소재지, 대표자의 성명 · 생년월일 · 주소와 정관을 적은 서류) 1부 2. 정관 1부 3. 재산목록(재단법인의 경우에는 기본재산과 운영재산으로 구분하여 적어야 합니다) 및 그 증명서류와 출연 신청이 있는 경우에는 그 사실을 증명하는 서류 각 1부 4. 해당 사업연도분의 사업계획 및 수입 · 지출 예산을 적은 서류 1부 5. 임원 취임 예정자의 성명 · 생년월일 · 주소 · 약력을 적은 서류 및 취임승낙서 각 1부 6. 창립총회 회의록(설립발기인이 법인인 경우에는 법인 설립에 관한 의사 결정을 증명하는 서류) 사본 1부 ※ 제3호의 서류 중 담당 공무원 확인사항인 증명서류는 제출을 생략합니다	수수료 없음
담당공무원 확인사항	재산목록에 적힌 재산의 토지(건물) 등기사항증명서	

처리절차

신청서 작성 → 접 수 → 확 인 → 결 재 → ㅎ

신청인   처 리 기 관 : 여 성 가 족 부 (비 영 리 법 인 의 설 립 및 감 독 업 무 담 당 부 서)

210mm×297mm[백상지(80g/㎡) 또는 중질지(80g/㎡)]

제1장 총 칙

제1조〈목적〉 이 법인은 민법〈이하 '법'이라 한다〉과 서울특별시여성가족재단설립 및 운영에 관한 조례〈이하 '조례'라 한다〉가 정하는 바에 의하여 실질적인 양성평등을 실현하고 서울여성의 경쟁력향상과 사회참여 및 복지증진에 기여함을 목적으로 한다.

제2조〈명칭〉 이 법인은 서울특별시 여성가족재단〈이하 '재단'이라 한다〉라 한다.

제3조〈사무소의 소재지〉 재단의 주된 사무소는 서울특별시〈이하 '시'라 한다〉에 두고 필요에 따라 서울특별시장의 승인을 얻어 지사 또는 출장소를 둘 수 있다.

제4조〈사업의 범위〉 재단은 제1조의 규정에 의한 목적을 달성하기 위하여 다음 각호의 사업을 행한다.

1. 여성 · 가족 · 보육 · 저출산, 아동 · 청소년관련 정책연구 · 개발
2. 여성의 사회활동 네트워크의 거점화 사업 및 성인지력 향상사업
3. 여성인력개발 및 경제자원화 사업
4. 여성의 사회참여 활성화 및 역량강화를 위한 사업
5. 국내 · 외 여성교류 및 단체활동 강화사업
6. 여성의 문화활동 및 복지 증진사업
7. 여성관련 시설간 프로그램 연계 및 교류사업
8. 서울여성플라자의 운영 및 관리
9. 여성자원봉사활동의 관리 및 육성사업
10. 여성관련시설의 효과적인 운영 및 여성 · 가족 · 보육 · 저출산, 아동 · 청소년 정책의 발전을 위하여 서울특별시장〈이하 '시장'〉이 위탁하는 사업
11. 그밖에 재단의 목적달성에 필요한 사업
12. 여성 · 가족 관련 연구도서 및 간행물 발간, 출판연구도서 및 간행물의 출판사업
    〈신설 2013.3.13.〉

제5조〈수익사업〉 재단은 제1조의 규정에 의하여 설립목적의 범위 안에서 시장의 승인을 얻어 수익사업을 할 수 있다.

제6조〈대행사업〉 ①재단은 국가·지방자치단체 또는 기타 위탁자의 사업을 대행할 수 있다.

② 재단은 제1항의 규정에 의한 사업을 대행함에 있어 특히 필요한 경우에는 시장의 승인을 얻어 그 사업의 일부를 제3자에게 시행하게 할 수 있다.

제7조〈공고방법〉 재단이 공고·고시할 사항은 당해 재단의 인터넷홈페이지 또는 일간신문에 이를 게재한다. 〈개정 2018.8.8.〉

제2장 임원 및 직원

제8조〈임원의 종류와 정수〉 재단에는 다음 각 호의 임원을 둔다.

1. 이사장 1인
2. 대표이사 1인
3. 노동자이사 1인 〈신설 2017.10.16., 개정 2019.8.6.〉
4. 이사 20인 이내〈이사장 및 대표이사를 포함한다〉
5. 감사 2인

제9조〈임원의 임면〉 ① 임원은 임원추천위원회에서 추천된 자 중에서 시장이 임명하되, 대표이사는 임원추천위원회를 거쳐 이사회에서 추천한 자를 이사장의 제청으로 시장이 임명한다. 단, 조례 또는 정관으로 당연히 임명되는 임원은 임원추천위원회의 공모 및 추천절차를 거치지 아니한다. 〈개정 2013.3.13.〉

② 임원이 법인의 명예를 훼손하거나 재단의 목적에 위배되는 행위를 하는 경우 시장은 이사회의 의결을 거쳐 해임할 수 있다. 또한 대표이사는 재단의 경영성과에 따라 이사회 의결을 거쳐 임기 중 시장이 해임할 수 있다.

③ 대표이사는 상근으로 하고, 이사장과 노동자이사 및 나머지 이사, 감사는 비상근으

로 한다.〈개정 2017.10.16., 2019.8.6.〉

④ 당연직 이사는 다음 각 호의 1에 해당하는 자로 한다.

　　1. 서울특별시 여성가족정책실장

　〈삭제〉〈개정 2016.6.28.〉

　　3. 서울특별시 재정기획관〈개정 2015.9.25.〉

　〈삭제〉〈개정 2016.6.28.〉

　　5. 서울시성평등위원회 위촉직 위원장이 추천하는 성평등위원회 위원 중 1인〈개정 2012.8.16.〉

⑤ 감사는 시장이 지정하는 공무원 1인을 당연직으로 하며, 1인은 임원추천위원회에서 추천하여 시장이 임명한다.

⑥ 노동자이사는 노동자투표를 통해 임원추천위원회가 추천한 자 중 서울특별시장이 임명하는 자가 된다.〈신설 2017.10.16., 2019.8.6.〉

제10조〈임원의 임기〉 ① 임원의 임기는 3년으로 하며, 1년 단위로 연임될 수 있다. 이 경우 임원의 임명권자는 경영성과계약 이행실적 또는 직무이행실적 평가결과, 경영평가 결과 등을 고려하여 임원의 연임여부를 결정하여야 한다. 다만, 노동자이사는 임기종료 등으로 인한 결원발생시 노동자투표 등 선출절차를 거쳐 새로 선출하여야 한다.〈신설 2017.10.16., 개정 2019.2.27., 2019.8.6.〉

② 제1항에 의해 임원을 연임할 경우 임원추천위원회의 심의를 거쳐야 한다. 다만, 비상임이사〈이사장 포함〉 및 비상임감사를 연임시키려는 경우에는 임원추천위원회의 심의를 생략할 수 있다〈신설, 2018.8.8.〉

③ 당연직 이사와 당연직 감사의 임기는 그 직을 상실한 때에 만료되며 후임자가 승계한다.〈개정 2018.8.8.〉

④ 임기 중에 임원의 결원이 생겼을 때 그 후임자의 임기는 임명일로부터 새로이 기산한다.〈개정 2018.8.8.〉

제11조〈임원추천위원회의 구성과 운영〉 ① 재단의 임원 후보자를 추천하기 위하여 재단에 임원추천위원회〈이하 '추천위원회'라 한다〉를 두며 다음 각 호의 자로 구성한다.

　　1. 서울시장이 추천하는 자 2명

2. 서울시의회가 추천하는 자 3명

3. 재단의 이사회가 추천하는 자 2명

② 서울시 공무원인 당연직 이사는 제1항3호에 규정된 이사회의 의결에 참여할 수 없다.

③ 추천위원회의 위원은 다음 각 호의 1에 해당하는 자이어야 한다.

1. 여성 · 가족 · 보육 · 저출산, 아동 · 청소년관련 전문가

2. 여성관련단체의 임원

3. 4급이상 공무원 또는 고위공무원단에 속하는 일반직공무원으로 퇴직한 자

4. 공인회계사

5. 공기업경영에 관한 지식과 경험이 있다고 인정되는자

6. 재단의 고유목적사업 달성을 위해 필요한 경우 해당 분야의 전문가

④ 기타 추천위원회의 구성 및 운영 등에 필요한 세부 사항은 당해 재단의 내규로 정한다.

제12조〈임원후보의 추천절차〉 ① 추천위원회가 임원후보를 추천하려는 때에는 특별한 사유가 없는 한 예정 결원 직위에 대하여 2배수 이상을 추천하여야 한다. 〈개정 2018.8.8.〉

② 임명권자는 추천된 임원후보가 임원의 결격사유에 해당하거나 재단의 경영에 현저하게 부적당하다고 인정되는 때에는 추천위원회에 임원후보의 재추천을 요구할 수 있다. 이 경우 추천위원회는 지체 없이 임원후보를 재추천하여야 한다.

제13조〈임원의 직무〉 ① 이사장은 이사회를 소집하고 그 의장이 된다.

② 대표이사는 재단을 대표하고 재단업무를 총괄하며 경영성과에 대하여 책임을 진다. 다만 대표이사가 부득이한 사정으로 업무를 수행하지 못할 때에는 제9조 제4항 각 호의 당연직이사 순으로 그 직무를 대행한다.

③ 이사는 이사회에 부의한 의안을 심의하고 표결에 참여한다.

④ 감사는 재단의 회계 및 업무를 감사한다.

제14조〈임원의 결격사유〉 ① 다음 각호의 1에 해당하는 자는 재단의 임원이 될 수 없다.

1. 〈삭제 2018.8.8.〉

2. 피성년후견인 또는 피한정후견인〈개정 2017.10.16.〉

3. 파산선고를 받은 자로서 복권되지 아니한 사람〈개정 2018.8.8.〉

4. 금고 이상의 실형의 선고를 받고 그 집행이 끝나거나〈집행이 종료된 것으로 보는 경우를 포함한다〉 그 집행을 받지 아니하기로 확정된 후 2년이 경과되지 아니한 사람〈개정 2018.8.8.〉

5. 법원의 판결에 따라 자격이 상실되거나 정지된 사람〈개정 2018.8.8.〉

6. 재단과 거래상 밀접한 이해관계를 가진 사람〈개정 2018.8.8.〉

7. 노동자이사의 경우「근로기준법」제2조 제1항 제2호 및 「노동조합 및 노동관계조정법」제2조제2호에 해당하는자〈신설 2017.10.16., 개정 2019.8.6.〉

8. 「형법」제355조 및 제356조에 규정된 횡령과 배임의 죄를 범한 사람으로서 300만원 이상의 벌금형을 선고받고 그 형이 확정된 후 2년이 지나지 아니한 사람〈신설 2018.8.8.〉

② 재단의 임원이 제1항 각호의 1에 해당하게 되거나 임명당시 그에 해당하는 자이었음이 판명된 때에는 당연 퇴직한다.

③ 제2항의 규정에 의하여 퇴직된 임원이 퇴직전에 관여한 행위는 그 효력을 잃지 아니한다.

제15조〈직원의 임면〉 ① 재단의 직원은 대표이사가 임면한다.

② 직원의 임용은 공개경쟁시험으로 채용하는 것을 원칙으로 하되, 공개경쟁시험에 의하여 충원이 곤란한 직위ㆍ직무분야에 대하여는 우수 전문 인력 및 유경험자를 경력경쟁시험으로 채용할 수 있다.

③ 직원의 임면, 승진 등 필요한 사항은 재단의 내부 규정으로 정한다.

제16조〈임ㆍ직원의 복무〉 임ㆍ직원의 복무에 필요한 사항은 이사회의 의결을 거쳐 재단의 내부 규정으로 정한다.

제17조〈임ㆍ직원의 겸직제한〉 재단의 상임임원과 직원은 그 직무 이외의 영리를 목적으로 하는 업무에 종사하지 못하며, 상임임원은 시장의, 직원은 대표이사의 허가없이 다

른 직무를 겸할 수 없다.

제18조〈임·직원의 보수〉 ① 재단의 상임임원 및 직원의 보수는 보수규정에 의한다. ② 비상임이사에게는 보수를 지급하지 아니한다. 다만, 예산의 범위내에서 업무수행에 필요한 수당과 여비를 지급할 수 있다. 이 경우 시장이 지정하는 당연직 임원에게는 지급하지 아니한다.〈삭제〉〈개정 2016.6.28., 2018.8.8.〉

제19조〈비밀누설의 금지 등〉 재단의 임·직원은 재직 중은 물론 퇴직이후에도 직무상 지득한 비밀을 누설하거나 도용하여서는 아니된다.

제20조〈임원의 대표권에 대한 제한〉 재단의 이익과 대표이사 또는 대표이사의 직무를 대행하는 이사의 이익이 상반되는 사항에 대하여는 대표이사 또는 대표이사의 직무를 대행하는 이사는 재단을 대표하지 못한다.

제21조〈대리인의 선임〉 대표이사는 업무수행을 위하여 필요한 경우에는 이사회의 의결을 거쳐 임원 또는 직원중에서 재단의 업무의 전부 또는 일부에 관하여 재판상 또는 재판외의 행위를 할 수 있는 권한을 가진 대리인을 선임할 수 있다.

제3장 조직 및 정원

제22조〈조직 및 정원〉 ① 재단의 조직 및 정원에 관한 세부적인 사항은 직제 및 정원규정으로 정한다. ② 시장은 재단의 설립목적을 달성하기 위하여 재단에 소속공무원을 파견할 수 있다.

제4장 이 사 회

제23조〈설치 및 구성〉 ① 재단의 업무에 관한 중요사항을 의결하기 위하여 재단에 이사회를 둔다. ② 이사회는 이사장 및 대표이사를 포함한 이사 전원으로 구성한다.

③ 감사는 이사회에 출석하여 의견을 진술할 수 있다.

제24조〈의결사항〉 다음 각호의 사항은 이사회의 의결을 거쳐야 한다.

1. 재단의 기본운영방침에 관한 사항

2. 사업계획 및 예산에 관한 사항

3. 사업실적 및 결산에 관한 사항

4. 정관의 변경에 관한 사항

5. 조직, 기구 및 정원에 관한 사항

6. 중요한 규정의 제정 또는 개폐에 관한 사항

7. 기본재산의 취득과 처분에 관한 사항

8. 재단의 해산에 관한 사항

9. 법령, 조례, 정관의 규정에 의하여 그 권한에 속하는 사항

10. 기타 이사장이 이사회에 부의하는 사항

제25조〈이사회의 소집〉 ① 이사회는 정기이사회와 임시이사회로 구분하며 이사장이 소집한다.

② 정기이사회는 연 2회 소집한다.

③ 임시이사회는 이사장이 필요하다고 인정하거나 재적이사 과반수가 요청 또는 감사의 요구가 있을 때 이사장이 소집한다.

④ 이사장은 이사회를 소집할 때에는 회의 개최일 7일전에 그 목적을 명시하여 이사에게 통지하여야 한다. 다만, 이사장이 긴급을 요한다고 인정할 때에는 회의개최 전일까지 통지할 수 있다.

⑤ 이사장에게 업무수행에 필요한 활동비 또는 실비를 월정액으로 지급할 수 있으며, 이에 대한 지급기준은 따로 정한다〈신설 2018.8.8.〉

제26조〈의결방법〉 ① 이사회는 재적이사 과반수의 출석으로 개의하고 출석이사 과반수의 찬성으로 의결한다.

② 이사장은 표결권을 가지며, 가부동수인 경우에는 부결된 것으로 본다.

제27조〈서면결의〉 ① 이사장은 이사회에 부의할 사항 중에서 업무상 불가피한 사항에 관하여 제25조의 규정에도 불구하고 서면결의로 의결 할 수 있다.〈개정 2017.10.16.〉
② 이사장은 제1항에 의한 서면 의결사항은 제25조의 절차에 따라 소집된 차기 이사회에 보고하여야 한다.

제28조〈이사회 참여제한〉 이사는 다음 각 호에 관한 사항에 대하여는 의결권을 행사할 수 없다.
  1. 이사의 취임 및 해임에 있어 자신에 관한 사항
  2. 금전 및 재산의 수수와 관련하여 자신과 재단의 이해가 상반되는 사항

제29조〈의사록〉 이사장은 이사회의 의사진행 및 의결사항에 대하여는 의사록을 작성하고 출석한 이사와 감사의 기명·날인을 받아 보존하여야 한다.

제5장 위 원 회

제30조〈설치〉 재단은 제1조의 목적을 달성하기 위한 자문기구로 위원회 또는 기구를 둘 수 있다.

제31조〈운영〉 위원회 또는 기구의 구성과 운영에 관한 사항은 별도규정으로 정한다.

제6장 재산 및 회계

제32조〈재산〉 ① 재단의 재산은 기본재산과 보통재산으로 구분한다.
② 재단의 기본재산은 다음 각 호와 같으며, 재단의 기본재산의 목록은 〈별지〉와 같다.〈개정 2020.03.31.〉
  1. 설립당시 기본재산으로 출연한 재산
  2. 설립 후 정부, 지방자치단체, 기타 법인 및 개인의 출연금 또는 토지·건물 등의 부동산
  3. 정부 및 지방자치단체의 보조금과 결산상 잉여금중 이사회에서 기본재산으로 편

입하도록 의결한 재산

③ 재단의 보통재산은 기본재산 이외의 시의 출연금, 기금운용과 관련한 이자수익금, 수탁사업수입금, 법인사업수입금, 지정기부금, 기타수입금 등으로 구성하며, 재단의 유지 및 운영에 필요한 경비는 보통재산에서 충당한다.〈개정 2015.9.25.〉

④ 제3항의 지정기부금은 「기부금품 모집 및 사용에 관한 법률」에 따라 사용용도와 목적을 지정하여 자발적으로 기탁하는 경우로서 서울시 기부심사위원회의 심의를 거쳐야 하며 인터넷 홈페이지를 통하여 연간 기부금 모금액 및 활용실적을 공개한다.〈개정 2015.9.25.〉

제33조〈재산의 관리〉 ① 재단의 대표이사는 선량한 관리자의 의무를 다하여 재단의 재산을 관리하여야 한다.

② 재단이 기본재산을 매도, 증여, 교환, 대여 또는 담보로 제공하거나 의무의 부담 또는 권리의 포기를 하고자 하는 경우에는 이사회의 의결을 거쳐 시장의 승인을 받아야 한다.

제34조〈기금〉 ① 재단의 운영 및 사업에 소요되는 자금에 충당하기 위하여 재단에 기금을 설치할 수 있다.

② 제1항의 기금은 다음 각 호의 재원으로 조성한다.

   1. 서울특별시 및 자치구의 출연금

   2. 중앙정부의 지원금

   3. 기부금품 모집 및 사용에 관한 법률 제5조에 저촉되지 아니한 금융기관 및 기업 등 민간의 출연금〈개정 2013.3.13.〉

   4. 기타 기본재산의 운용 및 재단사업으로 발생하는 수익금

③ 재단은 기금의 원금을 감소하고자 하는 경우에는 이사회의 의결을 거쳐 시장의 승인을 받아야 한다.

④ 재단은 기금의 운영·관리 및 사용에 관하여 필요한 사항은 이사회의 의결을 거쳐 시장의 승인을 받아 별도 규정으로 정한다.

⑤ 기금은 적립계정과 운용계정으로 구분하고 각각 별도의 계좌를 설치하여 운용한다.

제35조〈사업연도〉 재단의 사업연도는 시의 일반회계의 회계연도에 의한다.

제36조〈사업계획과 예산〉 ① 재단은 매 사업연도의 사업계획 및 예산안을 시장이 정한 예산편성지침에 따라 편성하여 이사회의 의결을 거쳐 회계연도 개시 전까지 시장에게 제출하여 승인을 얻어야 한다. 이를 변경하고자 할 때에도 이사회의 의결을 거쳐 시장의 승인을 얻어야 한다. 〈개정 2018.8.8.〉

② 재단은 예산이 성립되거나 변경된 후 15일이내에 시의회 소관 상임위원회 및 예산결산특별위원회에 예산서를 제출하여야 한다. 〈신설 2018.8.8.〉

제37조〈결산〉 제37조〈결산〉 ① 재단은 매 회계연도의 사업실적 및 결산보고서를 당해 회계연도가 끝난 후 3개월 이내에 이사회 의결을 거쳐 공인회계사의 회계감사보고서를 첨부하여 지체 없이 시장에게 제출하여야 한다. 〈개정 2015.9.25., 2018.8.8.〉

② 〈삭제 2018.8.8.〉

③ 〈삭제 2018.8.8.〉

④ 재단은 매 회계연도가 끝난 후 3개월 이내에 결산서를 작성하여 시의회 소관 상임위원회 및 예산결산특별위원회에 제출하여야 한다. 〈신설 2018.8.8.〉

제38조〈손익금의 처리〉 ① 재단의 세입세출결산 결과 발생한 잉여금은 이사회 승인을 거쳐 기본재산에 편입하거나 이월 또는 유보한다.

② 재단의 발생주의 복식부기에 의한 재무회계 결산 결과 이익이 생긴 때에는 이사회 승인을 거쳐 이월결손금을 보전한 후, 기본재산에 편입하거나 준비금 등으로 적립한다.

③ 재단의 발생주의 복식부기에 의한 재무회계 결산에 따라 손실이 생긴 때에는 이사회 승인을 거쳐 준비금으로 이를 보전하고, 부족할 때에는 이월한다.

제7장 보 칙

제39조〈정관의 변경〉 재단의 정관을 변경하고자 할 때에는 이사회에서 재적이사 3분의 2 이상의 찬성으로 의결하여 시장의 승인을 받아야 한다.

제40조〈해산〉 법인을 해산하고자 할 때에는 이사회에서 재적이사 3분의 2 이상의 찬성으로 의결하여 시장의 승인을 받아야 한다.

제41조〈잔여재산의 귀속〉 법인 해산 시 잔여재산은 이사회의 의결과 시장의 승인을 받아 서울특별시 또는 유사한 목적을 가진 다른 비영리법인에 귀속한다.〈개정 2015.9.25.〉

제42조〈시행규정〉 ① 이 정관의 시행에 필요한 사항은 이사장이 이사회의 의결을 거쳐 규정으로 정한다.
② 직제및정원규정을 제정 또는 개·폐하고자 하는 때에는 이사회의 의결을 거쳐 시장의 승인을 받아야 한다.

[서식 − 그 외 관련 서식은 서식 중복기재 회피를 위하여 제1편 비영리사단법인 해당 서식을 참고하기 바란다]

나. 설립허가

(1) 설립허가기준

여성가족부장관은 법인 설립허가 신청의 내용이 다음의 기준에 모두 맞는 경우 그 설립을 허가한다(규칙 제4조).

- 법인의 목적과 사업이 실현가능할 것
- 목적사업을 할 수 있는 충분한 능력이 있고, 재정적 기초가 확립되어 있거나 확립될 수 있을 것
- 다른 법인과 같은 명칭이 아닐 것

(2) 심사 및 허가기간

여성가족부장관은 법인 설립허가 신청을 받았을 때에는 특별한 사유가 없으면 20일 이내에 심사하여 허가 또는 불허가 처분을 하고, 그 결과를 서면으로 신청인에게 통지하여야 한다. 이 경우 허가를 한 때에는 별지 제2호서식의 법인 설립허가증을 신청인에게 발급하고, 법인 설립허가대장에 필요한 사항을 적어야 한다.

(3) 조건부허가

여성가족부장관은 법인의 설립허가를 할 때에는 필요한 조건을 붙일 수 있다.

■ 여성가족부 소관 비영리법인의 설립 및 감독에 관한 규칙 [별지 제2호서식] 〈개정 2015.10.22.〉

(앞 쪽)

제   호

법인 설립허가증

1. 법인 명칭 :

2. 소 재 지 :

3. 대 표 자

　　　　성   명 :

　　　　생년월일 :

　　　　주   소 :

4. 사업 내용 :

5. 허가 조건 :

「민법」 제32조 및 「여성가족부 소관 비영리법인의 설립 및 감독에 관한 규칙」 제4조에 따라
위와 같이 법인 설립을 허가합니다.

　　　　　　　　년　　　　　월　　　　　일

　　　　　　　　　여성가족부장관　　　| 직인 |

210mm×297mm[백상지 150g/㎡]

준수사항

1. 「민법」 및 「여성가족부 소관 비영리법인의 설립 및 감독에 관한 규칙」 등 관련 법령과 정관 에서 정한 내용을 준수해야 합니다.
2. 정관에서 정하는 목적사업 중 다른 법률에 따른 허가·인가·등록·신고의 대상이 되는 사업 을 하려는 경우에는 관련 법령에 따른 절차를 거쳐야 합니다.
3. 매 사업연도 종료 후 2개월 이내에 다음의 서류를 주무관청*의 소관 부서에 제출해야 합니 다.
   가. 다음 사업연도의 사업계획 및 수입·지출 예산서 1부
   나. 해당 사업연도의 사업실적 및 수입·지출 결산서 1부
   다. 해당 사업연도 말 현재의 재산목록 1부
   * 주무관청: 여성가족부 ○○○○국 ○○○○과(☎ 02-2100-○○○○)
4. 다음 사항에 해당되는 경우에는 「민법」 제38조에 따라 법인의 설립허가를 취소할 수 있습니 다.
   가. 설립 목적 외의 사업을 하였을 때
   나. 공익을 해치는 행위를 하였을 때
   다. 설립허가의 조건을 위반하였을 때
   라. 각종 제출의무를 위반하였을 때
5. 법인이 해산(파산으로 인한 해산은 제외합니다)하였을 때에는 해산등기를 마친 후 지체 없이 주 무관청에 해산신고를 해야 합니다.
6. 법인의 청산이 종결되었을 때에는 등기를 한 후 주무관청의 소관 부서에 신고해야 합니다.

〈 변 경 사 항 〉		
일 자	내 용	확인

다. 설립 관련 보고

(1) 재산이전

법인의 설립허가를 받은 자는 그 허가를 받은 후 지체 없이 기본재산 및 운영재산을 법인에 이전(移轉)하고 1개월 이내에 그 이전을 증명하는 등기소 또는 금융회사 등의 증명서(전자문서로 된 증명서를 포함한다)를 여성가족부장관에게 제출하여야 한다(규칙 제5조).

(2) 설립관련 보고

법인은 「민법」 제49조부터 제52조까지의 규정에 따라 법인 설립 등의 등기를 하였을 때에는 10일 이내에 여성가족부장관에게 보고하거나 법인 등기사항증명서 1부를 제출하여야 한다. 이 경우 보고를 받은 여성가족부장관은 「전자정부법」 제36조 제1항에 따른 행정정보의 공동이용을 통하여 법인 등기사항증명서를 확인하여야 한다.

3. 허가 후 절차

가. 정관 변경의 허가 신청

「민법」 제42조 제2항, 제45조 제3항 또는 제46조에 따른 정관 변경의 허가를 받으려는 법인은 별지 제3호서식의 법인 정관 변경허가 신청서(전자문서로 된 신청서를 포함한다)에 다음의 서류를 첨부하여 여성가족부장관에게 제출하여야 한다(규칙 제6조).

- 정관 변경 사유서 1부
- 개정될 정관(신 · 구조문대비표를 포함한다) 1부
- 정관 변경과 관계있는 총회 또는 이사회의 회의록 사본 1부
- 기본재산의 처분에 따라 정관이 변경된 경우에는 처분 사유, 처분재산목록, 처분 방법 등을 적은 서류 1부

■ 여성가족부 소관 비영리법인의 설립 및 감독에 관한 규칙 [별지 제3호서식] 〈개정 2015.10.22.〉

정관 변경허가 신청서

접수번호	접수일	처리일	처리기간 7일

신청인	성명	홍 길 동(洪吉童)	생년월일 (외국인등록번호) 70.10.11.
	주소	광주광역시 서구 내방로 111	전화번호

법 인	명칭	광주여성	전화번호
	소재지	광주광역시 동구 제봉로 98번길(11-19)	
	설립허가일	2000.01.01	설립허가번호 00-0000-00

대표자	성명	홍 길 동 (洪吉童)	생년월일 (외국인등록번호) 70.10.11.
	주소	광주광역시 서구 내방로 111	전화번호

「민법」 제42조제2항, 제45조제3항 또는 제46조 및 「여성가족부 소관 비영리법인의 설립 및 감독에 관한 규칙」 제6조에 따라 위와 같이 정관 변경허가를 신청합니다.

2018 년 1 월 1 일

신청인　　　　　홍 길 동 (서명 또는 인)

광주광역시장　　　귀하

첨부서류	1. 정관 변경 사유서 1부 2. 개정될 정관(신·구조문대비표를 첨부합니다) 1부 3. 정관 변경과 관계있는 총회 또는 이사회의 회의록 사본 1부 4. 기본재산의 처분에 따라 정관이 변경된 경우에는 처분 사유, 처분재산의 목록, 처분방법 등을 적은 서류 1부	수수료 없 음

처리절차

신청서 작성	→	접 수	→	서류 확인 및 검토	→	결 재	→	결과 통지
신청인		처리기관: 여성청소년가족정책관실(비영리법인의 설립 및 감독 업무 담당부서)						

210mm×297mm[백상지(80g/㎡) 또는 중질지(80g/㎡)]

[서식 – 그 외 관련 서식은 서식 중복기재 회피를 위하여 제1편 비영리사단법인 해당 서식을 참고하기 바란다]

나. 사업실적 및 사업계획 등의 보고

법인은 매 사업연도가 끝난 후 2개월 이내에 다음의 서류를 여성가족부장관에게 제출하여야 한다(규칙 제7조).

- 다음 사업연도의 사업계획 및 수입 · 지출 예산서 1부
- 해당 사업연도의 사업실적 및 수입 · 지출 결산서 1부
- 해당 사업연도 말 현재의 재산목록 1부

다. 법인 사무의 검사 · 감독

여성가족부장관은 「민법」 제37조에 따른 법인 사무의 검사 및 감독을 위하여 불가피한 경우에는 법인에 관계 서류 · 장부 또는 그 밖의 참고자료 제출을 명하거나 소속 공무원으로 하여금 법인의 사무 및 재산 상황을 검사하게 할 수 있으며(규칙 제8조), 이에 따라 법인 사무를 검사하는 공무원은 그 자격을 증명하는 증표를 관계인에게 보여 주어야 한다.

4. 해산 등

가. 설립허가의 취소

여성가족부장관은법인이 목적이외의 사업을 하거나 설립허가의 조건에 위반하거나 기타 공익을 해하는 행위를 한 때에는 그 허가를 취소할 수 있다. 다만 이에 따라 법인의 설립허가를 취소하려면 청문을 하여야 한다(규칙 제9조).

나. 해산신고

제10조(해산신고) 법인이 해산(파산으로 인한 해산은 제외한다)하였을 때에는 그 청산인은 「민법」 제85조 제1항에 따라 해산등기를 마친 후 지체 없이 별지 제4호서식의 법인 해산 신고서(전자문서로 된 신고서를 포함한다)에 다음 각 호의 서류를 첨부하여 여성가족부장관에게 제출하여야 한다. 이 경우 여성가족부장관은 「전자정부법」 제36조 제1항에 따른 행정 정보의 공동이용을 통하여 법인 등기사항증명서를 확인하여야 한다.

1. 해산 당시의 재산목록 1부
2. 잔여재산 처분방법의 개요를 적은 서류 1부
3. 해산 당시의 정관 1부
4. 사단법인이 총회의 결의에 의하여 해산하였을 때에는 그 결의를 한 총회의 회의록 사본 1부
5. 재단법인의 해산 시 이사회가 해산을 결의하였을 때에는 그 결의를 한 이사회의 회의록 사본 1부

■ 여성가족부 소관 비영리법인의 설립 및 감독에 관한 규칙 [별지 제4호서식] 〈개정 2015.10.22.〉

법인 해산 신고서

접수번호	접수일	처리일	처리기간	7일

청산인	성명		생년월일 (외국인등록번호)	
	주소		전화번호	

청산법인	명칭		전화번호	
	소재지			

해산 연월일

해산 사유

「민법」 제86조제1항 및 「여성가족부 소관 비영리법인의 설립 및 감독에 관한 규칙」 제10조에 따라 위와 같이 법인 해산을 신고합니다.

년 　　 월 　　 일

신고인

(서명 또는 인)

여성가족부장관 　　　　 귀하

신고인 제출서류	1. 해산 당시의 재산목록 1부 2. 잔여재산 처분방법의 개요를 적은 서류 1부 3. 해산 당시의 정관 1부 4. 사단법인이 총회 결의에 따라 해산하였을 때에는 그 결의를 한 총회의 회의록 사본 1부 5. 재단법인의 해산 시 이사회가 해산을 결의하였을 때에는 그 결의를 한 이사회의 회의록 사본 1부	수수료 없음
담당 공무원 확인사항	법인 등기사항증명서	

처리절차

신고서 작성	→	접 수	→	검토·확인	→	결재
신고인		처리기관: 여성가족부(비영리법인의 설립 및 감독 업무 담당부서)				

210mm×297mm[백상지(80g/㎡) 또는 중질지(80g/㎡)]

다. 잔여재산 처분의 허가

법인의 이사 또는 청산인은 「민법」 제80조 제2항에 따라 잔여재산의 처분에 대한 허가를 받으려면 별지 제5호서식의 잔여재산 처분허가 신청서(전자문서로 된 신청서를 포함한다)에 다음 각 호의 서류를 첨부하여 여성가족부장관에게 제출하여야 한다.

- 해산 당시의 정관 1부(해산신고 시의 정관을 확인할 필요가 있는 경우에만 제출한다)
- 총회의 회의록(사단법인인 경우만 해당한다) 사본 1부(해산신고 시에 제출한 서류만으로 확인이 되지 않을 경우에만 제출한다)

■ 여성가족부 소관 비영리법인의 설립 및 감독에 관한 규칙 [별지 제5호서식] 〈개정 2015.10.22.〉

잔여재산 처분허가 신청서

접수번호	접수일	처리일	처리기간	7일

신청법인	명칭		전화번호	
	소재지			

대 표 자 (이사 · 청산인)	성명		생년월일 (외국인등록번호)	
	주소		전화번호	

처분재산	종류 및 수량
	금액
	처분방법

처분 사유

「민법」 제80조제2항 및 「여성가족부 소관 비영리법인의 설립 및 감독에 관한 규칙」 제11조에 따라 위와 같이 잔여재산 처분허가를 신청합니다.

년   월   일

신청인   (서명 또는 인)

여성가족부장관   귀하

첨부서류	1. 해산 당시의 정관 1부(해산신고 시의 정관을 확인할 필요가 있는 경우에만 제출합니다) 2. 총회의 회의록(사단법인의 경우에만 제출합니다) 사본 1부(해산신고 시에 제출한 서류만으로 확인이 되지 않을 경우에만 제출합니다)	수수료 없음

처리절차

신청서 작성	→	접 수	→	확 인	→	결 재	→	결과 통지
신청인			처리기관: 여성가족부(비영리법인의 설립 및 감독 업무 담당부서)					

210mm×297mm[백상지(80g/㎡) 또는 중질지(80g/㎡)]

라. 청산 종결의 신고

청산인은 법인의 청산이 종결되었을 때에는 「민법」 제94조에 따라 등기를 한 후 별지 제6호 서식의 청산종결 신고서(전자문서로 된 신고서를 포함한다)를 여성가족부장관에게 제출하여야 한다. 이 경우 여성가족부장관은 「전자정부법」 제36조 제1항에 따른 행정정보의 공동 이용을 통하여 법인 등기사항증명서를 확인하여야 한다.

- 여성가족부 소관 비영리법인의 설립 및 감독에 관한 규칙 [별지 제6호서식] 〈개정 2015.10.22.〉

청산종결 신고서

접수번호	접수일	처리일	처리기간	즉시

청 산 인	성명		생년월일 (외국인등록번호)	
	주소		전화번호	

청산법인	명칭		전화번호	
	소재지			

청산 연월일	
청산 취지	

「민법」제94조 및 「여성가족부 소관 비영리법인의 설립 및 감독에 관한 규칙」제12조에 따라 위와 같이 청산 종결을 신고합니다.

년 월 일

신고인(청산인)

(서명 또는 인)

여성가족부장관 귀하

신고인 제출서류	없 음	수수료 없 음
담당 공무원 확인사항	법인 등기사항증명서	

210mm×297mm[백상지(80g/㎡) 또는 중질지(80g/㎡)]

제18장 행정안전부 및 경찰청장, 소방청장 소관
비영리법인 설립

1. 개관

행정안전부 및 그 소속청 소관 비영리법인의 설립 및 감독에 관한 규칙(이하 규칙이라고만 함)은 「민법」에 따라 행정안전부, 경찰청장, 소방청장이 주무관청이 되는 비영리법인의 설립 및 감독에 필요한 사항을 규정함을 목적으로 하며, 이에 따른 비영리법인(이하 '법인'이라 한다)의 설립허가, 법인 사무의 검사 및 감독 등에 관하여는 다른 법령에 특별한 규정이 있는 경우를 제외하고는 이 규칙에서 정하는 바에 따른다.

본장은 행정안전부 및 그 소속청 소관 비영리법인의 설립과 관련한 일반절차인 설립허가신청 및 관련 첨부서류 그리고 정관변경허가신청, 사업계획보고 등에 관한 내용들을 정리하였다. 그 외 관련서류들은 제1편 관련 내용부분을 참고하기 바란다.

2. 설립허가절차

가. 설립허가의 신청

「민법」제32조에 따라 비영리법인의 설립허가를 받으려는 자(이하 '설립발기인'이라 한다)는 별지 제1호서식의 비영리법인 설립허가 신청서에 다음의 서류를 첨부하여 행정안전부장관, 경찰청장 또는 소방청장(이하 '주무관청'이라 한다)에게 제출하여야 한다(규칙 제3조).

- 설립발기인의 성명 · 생년월일 · 주소 및 약력을 적은 서류(설립발기인이 법인인 경우에는 그 명칭, 주된 사무소의 소재지, 대표자의 성명 · 생년월일 · 주소와 정관을 적은 서류) 1부
- 설립하려는 법인의 정관 1부
- 재산목록(재단법인의 경우에는 기본재산과 운영재산으로 구분하여 적어야 한다) 및 그 증명서류와 출연(出捐) 신청이 있는 경우에는 그 사실을 증명하는 서류 각 1부

- 해당 사업연도분의 사업계획 및 수입 · 지출 예산을 적은 서류 1부
- 임원 취임 예정자의 성명 · 생년월일 · 주소 · 약력을 적은 서류 및 취임승낙서 각 1부
- 창립총회 회의록(설립발기인이 법인인 경우에는 법인 설립에 관한 의사 결정을 증명하는 서류) 1부

[서식 – 비영리법인 설립허가 신청서]

■ 행정안전부 및 그 소속청 소관 비영리법인의 설립 및 감독에 관한 규칙[별지 제1호서식] 〈개정 2017. 7. 26.〉

비영리법인 설립허가 신청서

접수번호		접수일	처리일	처리기간	20일
신청인	성명			생년월일	
	주소			전화번호	
법 인	명칭			전화번호	
	소재지				
대표자	성명			생년월일	
	주소			전화번호	

「민법」제32조 및 「행정안전부 및 그 소속청 소관 비영리법인의 설립 및 감독에 관한 규칙」제3조에 따라 위와 같이 법인설립허가를 신청합니다.

년   월   일

신청인   (서명 또는 인)

행정안전부장관

경찰청장   귀하

소방청장

신청인 제출서류	1. 설립발기인의 성명 · 생년월일 · 주소 및 약력을 적은 서류(설립발기인이 법인인 경우에는 그 명칭, 주된 사무소의 소재지, 대표자의 성명 · 생년월일 · 주소와 정관을 적은 서류) 1부 2. 설립하려는 법인의 정관 1부 3. 재산목록(재단법인의 경우에는 기본재산과 운영재산으로 구분하여 적어야 합니다) 및 그 증명서류와 출연 신청이 있는 경우에는 그 사실을 증명하는 서류 각 1부 4. 해당 사업연도분의 사업계획 및 수입 · 지출 예산을 적은 서류 1부 5. 임원 취임 예정자의 성명 · 생년월일 · 주소 · 약력을 적은 서류 및 취임승낙서 각 1부 6. 창립총회 회의록(설립발기인이 법인인 경우에는 법인 설립에 관한 의사 결정을 증명하는 서류) 1부 ※ 제3호의 서류 중 담당 공무원 확인사항인 증명서류는 제출하지 않아도 됩니다.	수수료 없음
담당공무원 확인사항	재산목록에 있는 재산의 토지(건물) 등기부등본	

처리절차

신청서 작성 ➡ 접 수 ➡ 확 인 ➡ 결 재 ➡ 허가증 작성 ➡ 허가증 발급

신청인   처리기관 : 행정안전부, 경찰청, 소방청(비영리법인의 설립 및 감독 업무 담당부서)

210mm×297mm[일반용지 60g/㎡'(재활용품)]

제 1 장 총칙

제1조 명칭

이 연구원은 재단법인 한국지방행정연구원(이하 '연구원'이라 한다) 이라고 칭한다.(개정 85.4.11)

제2조 목적

연구원은 국가발전 및 지방행정의 선진화 과제수행을 위하여 관련된 제부문의 과제를 현실적이며 체계적으로 조사 연구함으로서 국가 및 지방자치단체의 지방행정 정책수립에 기여함을 목적으로 한다.

제3조 주소지

연구원은 그 주된 사무소를 강원도 원주시 세계로 21(반곡동)에 둔다.(개정 85.4.11, 98.1.1, 99.10.1, 12.1.12, 17.1.17)

제4조 업무

연구원은 제2조의 목적을 수행하기 위하여 다음의 사항을 수행한다.(개정 95.3.27, 97.3.1, 98.12.30, 99.3.31, 05.5.19, 14.3.11)

1. 지방행정에 관한 중·장기 계획 및 자료의 조사연구
2. 지방행정의 주요 당면과제에 대한 조사연구
3. 정부, 지방자치단체 및 국내외 연구기관과 민간단체로부터의 연구용역 수탁 및 위탁
4. 중앙 및 지방자치단체, 민간단체등에 대한 자문 및 경영진단사업
5. 지방행정연구발전을 위한 도서 및 간행물의 출판 및 판매사업
6. 행정안전부 지방행정연수원에 대한 교육지원 연계 협력(개정 06.12.29, 08.5.13, 13.4.2, 14.11.27, 17.8.3)
7. 국내외 연구기관 및 국제기구와의 공동연구, 학술대회 및 정보교류 협력
8. 청사의 효율적 관리를 위한 임대업
9. 사업(예비)타당성 조사·평가 연구 및 용역수탁 업무

10. 기타 제2조의 목적달성을 위하여 필요한 사업 및 기타 각호에 부대되는 사업

제 2 장 자산 및 회계

제5조 재산

① 연구원의 재산중 다음 각호에 해당하는 재산은 기본재산으로 한다.

1. 설립자가 설립당시에 출연한 출연금
2. 지방자치단체, 국내외의 공공기관과 민간단체, 개인으로부터 양도나 기부받은 토지 및 건물
3. 기금으로 적립한 금액
4. 보통 재산중 이사회에서 기본재산으로 편입할 것을 의결한 재산

② 보통 재산은 기본재산 이외의 모든 재산으로 한다.

제6조 기금의 관리

① 연구원의 설립 및 운영에 소요되는 자금을 충당키 위하여 연구원에 기금을 별도 계정으로 설치하고 관리한다.

② 제1항의 기금관리에 관하여 필요한 사항은 별도규정으로 정한다.(개정 91.1.7)

③ 연구원이 기금의 원본을 감소하고자 할 때에는 이사회의 의결을 거쳐 행정안전부 장관의 승인을 얻어야 한다. (개정 98.4.10, 08.5.13, 13.4.2, 14.11.27, 17.8.3)

제7조 운영재원

연구원의 운영재원은 국가출연금, 시·도등 지방자치단체의 출연금, 기금의 과실수입, 용역수탁수입, 출판물 판매대금 및 기타 수입으로 충당한다.(개정 91.1.7. 12.1.12)

제8조 기본재산의 처분제한

연구원의 기본재산을 양도하거나 담보로 설정하고자 할 때는 이사회의 의결을 거쳐 행정안전부장관의 승인을 얻어야 한다.(개정 98.4.10, 08.5.13, 13.4.2, 14.11.27, 17.8.3)

제9조 사업년도

연구원의 사업년도는 매년 1월 1일부터 12월 31일까지로 한다.(개정 86.8.1, 96.12.2)

제10조 사업계획 등

① 연구원의 원장 (이하 '원장'이라 한다)은 당해 사업년도의 사업계획서, 자금계획서 및 수지예산서를 작성하여 사업년도 개시 1개월전까지 이사회의 의결을 얻어 행정자치부장관의 승인을 받아야 한다.(개정 86. 8.1, 91.1.7, 96.12.2, 98.4.10, 08.5.13, 13.4.2, 14.11.27)

② 전항의 규정사항을 변경하고자 하는 경우에는 이사회의 의결을 거쳐 지체없이 행정안전부장관의 승인을 받아야 한다.(개정 98.4.10, 08.5.13, 13.4.2, 14.11.27, 17.8.3)

제11조 결산보고

① 원장은 매년도 수지결산을 회계년도 종료후 2개월 이내에 이사회의 의결을 거쳐 행정안전부장관에게 보고하여야 한다.(개정 86.8.1, 91.1. 7, 96.12.2, 98.4.10, 08.5.13, 13.4.2, 14.11.27, 17.8.3)

② 전항의 규정에 의한 수지결산서에는 행정안전부장관이 지정하는 공인회계사의 의견서를 첨부하여야 한다.(개정 86.8.1, 98.4.10, 08.5.13, 13.4.2, 14.11.27, 17.8.3)

제12조 잉여금 처리

매 회계년도의 잉여금은 전년도 이월 손실을 보전하고 잔여가 있을 때에는 다음 사업년도로 이월하거나 기금으로 전입한다.

제 3 장 임원 및 직원

제13조 임원

① 연구원에 다음의 임원을 둔다.

이 사 장 1인 이 사 30인 이내(이사장 및 원장포함)

감 사 1인

 원 장 1인

② 원장이외의 모든 임원은 비상근직으로 한다.

제14조 이사의 선임

① 이사는 당연직이사와 임의직이사로 구분하되 다음 각호의 직에 취임한 자는 당연히 이사가 된다.(개정 86.8.1, 89.3.8, 93.1.27, 95.3.27, 97.3.1, 98.4.10, 98.10.24, 99.3.31, 99.10.1, 01.3.12, 01.12.18, 13.5.7, 16.3.3)

1. 특별시, 광역시 · 도, 특별자치시, 특별자치도의 기획관리실장
2. 행정안전부 지방행정연수원장, 자치분권정책관, 지방재정정책관, 지역발전정책관
   (개정 04.5.17, 05.5.19, 06.12.29, 08.5.13, 13.4.2, 14.11.27, 17.8.3)
3. 원장

② 임의직 이사는 관계 분야의 저명인사를 이사회에서 선임한다.

제15조 임원의 임기

① 임의직 이사의 임기는 2년으로 하며 중임할 수 있다.(개정 85.4.11, 90.8.17)

② 원장의 임기는 3년으로 하며 1회에 한하여 연임 할 수 있다.(개정 85.4.11, 98.4.10)

③ 이사장이 유고 또는 결원일 경우에는 원장이 그 직무를 대행하며 원장도 유고시에는 제18조제6항에 따른 원장의 권한을 대행하는 자가 그 직무를 대행한다.(신설 94. 8.19, 98.4.10, 08.5.13, 13.4.2, 14.11.27, 15.3.27)

제16조 이사장

① 이사장은 이사중에서 이사회가 선임하며 그 임기는 2년으로 하되 중임할 수 있다. (개정 90.8.17, 93.12.31)

② 이사장은 이사회를 소집하고 그 의장이 된다.

제17조 감사

① 감사는 행정안전부의 자치분권과장이 된다. (개정 85.4.11, 96. 3.7, 98.4.10, 05.5.19, 08.5.13, 08.8.8, 13.4.2, 14.11.27, 17.8.3)

② 감사는 연구원의 재산 및 업무상황을 감사하고 수시로 회계장부 등 서류를 열람할 수 있으며 필요하다고 인정할 때에는 이사회에 보고하여야 한다.

제18조 원장

① 원장은 원장후보자추천위원회의 의결과 이사회의 추천에 의하여 행정안전부장관이 임명한다.(개정 85.4.11, 98.4.10, 05.5.19, 08.5.13, 13.4.2, 14.11.27, 17.8.3)

② 원장추천은 공개모집 응모신청자가 2인 이상이어야 하며, 신청자가 2인 미만인 경우에는 1회에 한하여 재공고하되, 재공고 후에도 응모신청자가 2인 미만인 경우에는 이사회의 추천에 의하여 행정안전부장관이 임명한다.(신설 05.5.19, 개정 08.5.13, 13.4.2, 14.11.27, 17.8.3)

③ 원장은 연구원을 대표하며 정관이 정한 바에 따라 연구원의 사무를 집행하고, 연구원내?외 기관과의 관계를 유기적으로 형성하여 연구원 발전의 비전과 방향을 제시하고 조직의 역량을 강화하여야 한다. (개정 05.5.19)

④ 원장은 다음 각호의 자격을 갖춘 자이어야 한다.(신설 05.5.19)

1. 국가공무원법 제33조(결격사유) 제1항의 각호의 1에 해당하지 않는 자

2. 지방행정에 대한 높은 수준의 지식과 경험을 보유한 자

3. 연구원 업무의 효율성과 투명성을 확보하는데 요구되는 높은 도덕성과 리더십, 문제해결능력을 겸비한 자

4. 국제감각과 미래지향적 비전을 갖춘 자

⑤ 제1항의 규정에 의한 원장후보자추천위원회의 구성 및 운영 등에 관하여 필요한 사항은 원장후보자추천위원회운영규정으로 정한다.(신설 05.5.19)

⑥ 원장이 궐위시 또는 임기만료로 후임자가 임명되지 않은 때에는 직제및인사규정이 정하는 직제순위에 의한 자가 원장의 권한 일체를 대행한다.(신설 98. 2.2, 개정 98.4.10, 08.5.13, 13.4.2, 14.11.27, 15.3.27)

제19조 임원의 보수

① 원장을 제외한 임원에 대하여는 실비보상을 할 수 있다.

② 원장의 보수는 따로 규정으로 정한다.

제20조 직제

① 연구원의 직제에 관하여 필요한 사항은 원장이 따로 규정으로 정한다. (개정 92.2.1, 96.3.7, 01.3.12, 02.12.5, 03.12.10, 06.12.29)

② (삭제 06.12.29)

제21조 직원

① 연구원에 필요한 직원을 두되 직원은 원장이 임명한다.

② 직원의 임면, 승진, 보수, 복무기준 등 필요한 사항은 따로 규정으로 정한다.

제 4 장 이사회

제22조 이사회

① 이사회는 이사장 및 원장을 포함한 이사전원으로 구성한다.

② 감사는 이사회에 출석하여 발언할 수 있다.

③ 당연직 이사는 소속공무원을 대리 참석케 하거나 또는 서면으로 의결권을 행사하게 할 수 있다.

제23조 이사회의 기능

이사회는 다음 사항을 심의 결정한다.

1. 연구원의 기본운영방침, 사업계획에 관한 사항

2. 예산 및 결산

3. 정관의 변경

4. 임원의 선임 및 해임

5. 주요규정의 제정 및 개폐

6. 주요재산의 처분 및 기본재산의 증감

7. 연구원의 해산

8. 정관에 의하여 이사회의 의결을 요하는 사항

9. 기타 원장이 부의하는 사항

제24조 의결정족수

① 이사회는 재적이사 과반수 출석으로 개최하고 출석이사 과반수의 찬성으로 의결한다. 다만, 가부동수인 경우에는 의장이 결정한다.

② 임원의 선임 또는 해임과 정관의 변경 및 연구원의 해산에 관하여는 재적이사의 3분의2 이상의 찬성으로 의결한다.

제25조 회기

이사회는 정기 이사회와 임시 이사회로 구분하되 정기 이사회는 년2회, 임시 이사회는 원장, 감사 또는 이사 3분의 1 이상의 요청이 있거나 이사장이 필요하다고 인정할 때 이사장이 소집한다.(개정 85. 4. 11)

제26조 의사록

이사회는 회의의 경과 및 결과를 기재한 의사록을 작성하고 의장과 출석이사가 기명 날인하여 보존하여야 한다.

제27조 서면결의

이사장은 부의사항의 내용이 경미하다고 인정되거나 긴급을 요할 때는 서면결의에 부의할 수 있으며 차기 이사회에 그 결과를 반드시 보고하여야 한다(2001.12.18).

제 5 장 연구자문위원회

제28조 연구자문위원회

연구원에 원장의 자문에 응하기 위하여 연구자문위원회(이하 '자문위원회'라 한다)를 둔다.

제29조 자문사항

자문위원회는 다음 사항에 관하여 자문한다.
1. 주요연구과제의 선정에 관한 사항
2. 주요연구결과의 평가, 발표 및 출판에 관한 사항
3. 기타 연구업무에 관하여 원장이 필요하다고 인정하는 사항

제30조 구성과 임기 등

① 자문위원회는 지방행정에 탁월한 식견이 있는 사계전문가 30인 이내의 비상근위원으로 구성하며 원장이 위촉한 후 이사회에 보고한다.(개정 85.4.11, 91.1.7, 93.5.17, 03.12.10)

② 자문위원의 임기는 2년으로 하며 연임할 수 있다.(개정 91.1.7)

③ 자문위원에 대하여는 실비의 보상을 할 수 있다.

제 5 장의 2 비상임연구위원

제30조의 2 비상임연구위원

① 지방행정에 대한 경험과 지식을 연구에 반영하기 위하여 비상임연구위원 약간명을 둘 수 있다.

② 비상임연구위원은 다음 사항에 관하여 지도?자문 지원한다.

1. 주요연구과제의 연구지도 및 연구활동 자문

2. 연구원의 연구과제중 계약에 의한 직접 연구

3. 기타 지방행정시책 개발 및 건의

제30조의 3 비상임연구위원의 위촉 등

① 지방행정에 관한 경험과 지식이 풍부한 고위공직퇴직자 또는 박사학위 소지자로서 20년 이상 지방행정분야에서 교육?연구에 종사한 인사 중에서 적임자를 선정하여 인사위원회의 심의를 거쳐 원장이 위촉한다.(개정 93.12.31, 98.4.10, 02.7.8)

② 비상임연구위원의 임기는 1년으로 한다. 다만, 연구과제의 자문 등을 위하여 필요한 경우 1회에 한하여 재위촉할 수 있다.(신설 93.12.31)

③ 비상임연구위원이 연구원 이외의 기관?단체 등에 상근직으로 근무하게 되거나, 본인이 희망할 경우에는 해촉한다.(개정 90.8.17, 93.12.31)

④ 비상임연구위원에 대하여는 연구활동에 필요한 연구실과 자료를 제공하는 이외에 예산의 범위안에서 연구지원에 상응하는 실비를 보상할 수 있다.(본장신설 86.11.18, 개정 93.12.31)

제 6 장 과제연구단

제31조 과제연구단

과제의 연구사업을 수행함에 있어서 외부의 전문가로부터 연구지식 또는 기술상의 지원을 받고자 과제연구단(이하 '연구단'이라 한다)을 둘 수 있다.

제32조 위촉

연구단의 연구원은 해당분야 전문가중에서 원장이 위촉한다.

제33조 존치기한

연구단은 비상설로서 과제 수행시에만 존치한다.

제34조 연구비

연구단에 대한 연구비는 연구원과 당사자간의 계약에 의한다.

제 7 장 경영공시 (신설 2001.12.18)

제34조의 2 경영공시

연구원은 국민에 대한 중요정보제공과 경영의 투명성을 제고하기 위하여 경영공시를 하여야 한다.

제34조의 3 경영공시 사항

경영공시사항은 다음 각호와 같다.

1. 경영목표
2. 일반현황
3. 예산 및 사업계획
4. 결산 및 사업실적
5. 재무제표
6. 기타 경영에 관한 중요사항

제34조의 4 경영공시의 시기와 방법

① 경영공시의 시기는 제34조의 3의 1호, 2호 및 6호는 변동시 마다 수시로 하고, 3호는 사업년도 개시 1개월 이내에, 4호와 5호는 사업년도 종료 후 4개월 이내에 하여야 한다.

② 경영공시의 방법은 연구원 홈페이지에 게재하는 것으로 한다.

제 8 장 보칙

제35조 정관의 변경

연구원이 정관을 변경하고자 할 때에는 이사회의 의결을 거쳐 행정안전부장관의 승인을 받아야 한다.(개정 98.4.10, 08.5.13, 13.4.2, 14.11.27, 17.8.3)

제36조 규정의 제정

① 연구원의 직제및인사에 관한 규정과 보수에 관한 규정은 인사위원회의 심의와 이사회의 의결을 거쳐야 한다.(신설 85.4. 11, 개정 98.4.10, 02.7.8)

② 이 정관에 규정이 없는 사항으로서 연구원 운영에 필요한 사항은 이사회의 승인을 얻어 원장이 규정으로 정한다.(개정 85.4.11, 91.1.7)

제37조 해산

① 연구원이 해산하고자 할 때에는 이사회의 의결을 거쳐 행정안전부장관의 승인을 얻어야 한다. (개정 98.4.10, 08.5.13, 13.4.2, 14.11.27, 17.8.3)

② 연구원이 해산하였을 때의 잔여재산은 이사회의 의결을 거쳐 행정안전부장관의 승인을 받아 처리한다. (개정 98.4.10, 08.5.13, 13.4.2, 14.11.27, 17.8.3)

제38조 공고

정관 또는 규정에 의하여 공고하여야 할 사항은 국내에서 발행되는 일간신문에 게재하여야 한다.(개정 91.1.7)

[서식 – 그 외 관련 서식은 서식 중복기재 회피를 위하여 제1편 비영리사단법인 해당 서식을 참고하기 바란다]

나. 설립허가

(1) 허가기준

주무관청은 비영리법인 설립허가 신청의 내용이 다음의 기준에 맞는 경우에만 그 설립을 허가한다(규칙 제4조).

• 비영리법인의 목적과 사업이 실현가능할 것
• 목적하는 사업을 할 수 있는 충분한 능력이 있고, 재정적 기초가 확립되어 있거나 확립될 수 있을 것
• 다른 법인과 같은 명칭이 아닐 것

(2) 심사 및 허가기간

주무관청은 특별한 사유가 없으면 제3조 제1항에 따른 비영리법인 설립허가 신청서를 받은 날부터 20일 이내에 비영리법인 설립허가 여부를 심사하여 그 결과를 서면으로 신청인에게 통지하여야 한다. 이 경우 허가를 할 때에는 별지 제2호서식의 비영리법인 설립허가증을 발급하고 별지 제3호서식의 비영리법인 설립허가대장에 필요한 사항을 적어야 한다.

■ 행정안전부 및 그 소속청 소관 비영리법인의 설립 및 감독에 관한 규칙[별지 제2호서식] 〈개정 2017. 7. 26.〉

(앞 쪽)

제　　호

비영리법인 설립허가증

1. 법인 명칭:

2. 소 재 지:

3. 대 표 자
  ○ 성　　명:
  ○ 생년월일:
  ○ 주　　소:

4. 사업 내용:

5. 허가 조건:

「민법」 제32조 및 「행정안전부 및 그 소속청 소관 비영리법인의 설립 및 감독에 관한 규칙」 제4조에 따라 위와 같이 법인 설립을 허가합니다.

년　　　　월　　　　일

행정안전부장관
경찰청장　　　　　　　직인
소방청장

210mm×297mm[일반용지 60g/㎡(재활용품)]

준수사항

1. 「민법」 및 「행정안전부 및 그 소속청 소관 비영리법인의 설립 및 감독에 관한 규칙」 등 관련 법령과 정관에서 정한 내용을 준수해야 합니다.

2. 정관에서 정하는 목적사업 중 다른 법률에 따른 허가·인가·등록·신고의 대상이 되는 사업을 하려는 경우에는 관련 법령에 따른 절차를 거쳐야 합니다.

3. 매 사업연도 종료 후 2개월 이내에 다음의 서류를 주무관청*의 소관부서에 제출해야 합니다.

   가. 다음 사업연도의 사업계획 및 수입·지출 예산서 1부

   나. 해당 사업연도의 사업실적 및 수입·지출 결산서 1부

   다. 해당 사업연도 말 현재의 재산목록 1부

   * 주무관청: 행정안전부 ○○○○국 ○○○○과(☏ 02-2100-○○○○)

4. 다음의 어느 하나에 해당되는 경우에는 「민법」 제38조에 따라 법인의 설립허가가 취소될 수 있습니다.

   가. 설립 목적 외의 사업을 하였을 때

   나. 공익을 해치는 행위를 하였을 때

   다. 설립허가의 조건을 위반하였을 때

   라. 법령에 따른 의무를 위반하였을 때

5. 법인이 해산(파산으로 인한 해산은 제외합니다)하였을 때에는 해산등기를 마친 후 지체 없이 주무관청에 해산신고를 해야 합니다.

6. 법인의 청산이 종결되었을 때에는 등기를 한 후 주무관청의 소관부서에 신고해야 합니다.

〈 변경사항 〉

변경일	내 용	확 인

210mm×297mm[일반용지 60g/㎡(재활용품)]

(3) 조건부허가

주무관청은 비영리법인의 설립허가를 할 때에는 필요한 조건을 붙일 수 있다.

다. 설립 관련 보고

(1) 재산이전

비영리법인의 설립허가를 받은 자는 그 허가를 받은 후 지체 없이 기본재산 및 운영재산을 비영리법인에 이전(移轉)하고 1개월 이내에 그 이전을 증명하는 등기소 또는 금융회사 등의 증명서를 주무관청에 제출하여야 한다(규칙 제5조).

(2) 설립관련 보고

비영리법인은 「민법」 제49조부터 제52조까지의 규정에 따라 법인 설립 등의 등기를 하였을 때에는 10일 이내에 그 사실을 주무관청에 보고하거나 법인 등기사항증명서 1부를 제출하여야 한다. 이 경우 보고를 받은 주무관청은 「전자정부법」 제36조 제1항에 따른 행정정보의 공동이용을 통하여 법인 등기사항증명서를 확인하여야 한다.

3. 허가 후 절차

가. 정관 변경의 허가

(1) 신청 및 첨부서류

「민법」 제42조 제2항, 제45조 제3항 또는 제46조에 따른 정관 변경의 허가를 받으려는 비영리법인은 별지 제4호서식의 정관 변경허가 신청서에 다음 각 호의 서류를 첨부하여 주무관청에 제출하여야 한다.

- 정관 변경 사유서 1부
- 개정될 정관(신·구대비표를 첨부한다) 1부
- 정관 변경과 관계있는 총회 또는 이사회의 회의록 1부
- 기본재산의 처분에 따른 정관 변경의 경우에는 처분 사유, 처분재산의 목록, 처분 방법 등을 적은 서류 1부

(2) 심사결과 통지

주무관청은 특별한 사유가 없으면 정관 변경허가 신청서를 받은 날부터 10일 이내에 정관 변경허가 여부를 심사하여 그 결과를 서면으로 신청인에게 통지하여야 한다. 〈신설 2015. 9. 2.〉

■ 행정안전부 및 그 소속청 소관 비영리법인의 설립 및 감독에 관한 규칙[별지 제4호서식] 〈개정 2017. 7. 26.〉

정관 변경허가 신청서

접수번호	접수일	처리일	처리기간	10일

신청인	성명		생년월일	
	주소		전화번호	

법 인	명칭		전화번호	
	소재지			
	설립허가일		설립허가번호	

대표자	성명		생년월일	
	주소		전화번호	

「민법」 제42조제2항·제45조제3항·제46조 및 「행정안전부 및 그 소속청 소관 비영리법인의 설립 및 감독에 관한 규칙」 제6조에 따라 위와 같이 정관의 변경허가를 신청합니다.

년   월   일

신청인   (서명 또는 인)

행정안전부장관
경찰청장   귀하
소방청장

신청인 제출서류	1. 정관 변경 사유서 1부 2. 개정될 정관(신·구대비표를 첨부합니다) 1부 3. 정관 변경과 관계있는 총회 또는 이사회의 회의록 1부 4. 기본재산의 처분에 따른 정관 변경의 경우에는 처분 사유, 처분재산의 목록, 처분 방법 등을 적은 서류 1부	수수료 없음

처리절차

신청서 작성	→	접 수	→	서류 확인 및 검토	→	결 재	→	결과 통지
신청인		처리기관: 행정안전부, 경찰청, 소방청(비영리법인의 설립 및 감독 업무 담당부서)						

210mm×297mm[일반용지 60g/㎡(재활용품)]

[서식 – 그 외 관련 서식은 서식 중복기재 회피를 위하여 제1편 비영리사단법인 해당 서식을 참고하기 바란다]

나. 사업실적 및 사업계획 등의 보고

비영리법인은 매 사업연도가 끝난 후 2개월 이내에 다음의 서류를 주무관청에 제출하여야 한다.

- 다음 사업연도의 사업계획 및 수입 · 지출 예산서 1부
- 해당 사업연도의 사업실적 및 수입 · 지출 결산서 1부
- 해당 사업연도 말 현재의 재산목록 1부

다. 비영리법인 사무의 검사 · 감독

주무관청은 「민법」 제37조에 따른 비영리법인 사무의 검사 및 감독을 위하여 불가피한 경우에는 해당 비영리법인에 관계 서류 · 장부 또는 그 밖의 참고자료 제출을 명하거나 소속 공무원으로 하여금 해당 비영리법인의 사무 및 재산 상황을 검사하게 할 수 있으며, 이에 따라 비영리법인 사무를 검사하는 공무원은 그 자격을 증명하는 증표를 관계인에게 보여 주어야 한다.

4. 해산 등

가. 설립허가의 취소

주무관청은 법인이 목적이외의 사업을 하거나 설립허가의 조건에 위반하거나 기타 공익을 해하는 행위를 한 때에는 그 허가를 취소할 수 있다. 다만 이에 따라 비영리법인의 설립허가를 취소하려면 청문을 하여야 한다(규칙 제9조).

나. 해산신고

비영리법인이 해산(파산으로 인한 해산은 제외한다)하였을 때에는 그 청산인은 「민법」 제85조 제1항에 따라 해산등기를 마친 후 지체 없이 해산 연월일, 해산 사유, 청산인의 성명 · 생년월일 · 주소, 청산인의 대표권을 제한하는 경우 그 제한 내용을 적은 별지 제5호 서식의 비영리법인 해산 신고서에 다음의 서류를 첨부하여 주무관청에 제출하여야 한다 (규칙 제10조).

- 해산 당시의 재산목록 1부

- 잔여재산 처분방법의 개요를 적은 서류 1부
- 해산 당시의 정관 1부
- 사단법인이 총회의 결의에 따라 해산하였을 때에는 그 결의를 한 총회의 회의록 1부
- 재단법인의 해산 시 이사회가 해산을 결의하였을 때에는 그 결의를 한 이사회의 회의록 1부

■ 행정안전부 및 그 소속청 소관 비영리법인의 설립 및 감독에 관한 규칙[별지 제5호서식] 〈개정 2017. 7. 26.〉

비영리법인 해산 신고서

접수번호	접수일	처리일	처리기간	7일

청산인	성명		생년월일	
	주소		전화번호	

청산법인	명칭		전화번호	
	소재지			

해　　산
연월일

해산사유

「민법」 제86조제1항 및 「행정안전부 및 그 소속청 소관 비영리법인의 설립 및 감독에 관한 규칙」
제10조에 따라 위와 같이 법인 해산을 신고합니다.

년　　　월　　　일

신고인　　　　　　　　　　　　　　　　　(서명 또는 인)

행정안전부장관

경찰청장　　　　　　귀하

소방청장

신고인 제출서류	1. 해산 당시의 재산목록 1부 2. 잔여재산 처분방법의 개요를 적은 서류 1부 3. 해산 당시의 정관 1부 4. 사단법인이 총회의 결의에 따라 해산하였을 때에는 그 결의를 한 총회의 회의록 1부 5. 재단법인의 해산 시 이사회가 해산을 결의하였을 때에는 그 결의를 한 이사회의 회의록 1부	수수료 없 음
담당공무원 확인사항	법인 등기사항증명서	

처리절차

신고서 작성	→	접수	→	검토 · 확인	→	결재
신고인		처리기관: 행정안전부, 경찰청, 소방청(비영리법인의 설립 및 감독업무 담당부서)				

210mm×297mm[일반용지 60g/㎡(재활용품)]

다. 잔여재산 처분의 허가

(1) 신청 및 첨부서류

비영리법인의 이사 또는 청산인은 「민법」 제80조 제2항에 따라 잔여재산의 처분에 대한 허가를 받으려면 그 처분 사유, 처분하려는 재산의 종류 · 수량 · 금액 및 처분 방법을 적은 별지 제6호서식의 잔여재산 처분허가 신청서에 다음의 서류를 첨부하여 주무관청에 제출하여야 한다(규칙 제11조).

- 해산 당시의 정관 1부(해산 신고 시의 정관을 확인할 필요가 있는 경우만 해당한다)
- 총회의 회의록(사단법인의 경우만 해당한다) 1부(해산신고 시에 제출한 서류만으로 확인이 되지 아니할 경우만 해당한다)

(2) 신청인에 통지

주무관청은 특별한 사유가 없으면 잔여재산 처분허가 신청서를 받은 날부터 10일 이내에 잔여재산 처분허가 여부를 심사하여 그 결과를 서면으로 신청인에게 통지하여야 한다.

[서식 – 잔여재산 처분허가 신청서]

■ 행정안전부 및 그 소속청 소관 비영리법인의 설립 및 감독에 관한 규칙[별지 제6호서식] 〈개정 2017. 7. 26.〉

잔여재산 처분허가 신청서

접수번호	접수일	처리일	처리기간	10일

신청법인	명칭		전화번호	
	소재지			

대 표 자 (이사 · 청산인)	성명		생년월일	
	주소		전화번호	

처분재산	종류 및 수량
	금액
	처분 방법

처분 사유

「민법」 제80조제2항 및 「행정안전부 및 그 소속청 소관 비영리법인의 설립 및 감독에 관한 규칙」
제11조에 따라 위와 같이 잔여재산 처분허가를 신청합니다.

년   월   일

신청인

(서명 또는 인)

행정안전부장관

경찰청장   귀하

소방청장

신청(신고) 인 제출서류	1. 해산 당시의 정관 1부(해산 신고 시의 정관을 확인할 필요가 있는 경우에만 제출합니다) 2. 총회의 회의록(사단법인의 경우만 제출합니다) 1부 　(해산 신고 시에 제출한 서류만으로 확인이 되지 않을 경우에만 제출합니다)	수수료 없음

처리절차

신청서 작성 ➔ 접수 ➔ 확인 ➔ 결재 ➔ 결과 통지

신청인   처리기관: 행정안전부, 경찰청, 소방청(비영리법인의 설립 및 감독 업무 담당부서)

210mm×297mm[일반용지 60g/㎡(재활용품)]

라. 청산 종결의 신고

청산인은 비영리법인의 청산이 종결되었을 때에는 「민법」 제94조에 따라 등기한 후, 별지 제7호서식의 청산종결 신고서(전자문서로 된 신고서를 포함한다)를 주무관청에 제출하여야 하고, 주무관청은 「전자정부법」 제36조 제1항에 따른 행정정보의 공동이용을 통하여 법인 등기사항증명서를 확인하여야 한다(규칙 제12조).

■ 행정안전부 및 그 소속청 소관 비영리법인의 설립 및 감독에 관한 규칙[별지 제7호서식] 〈개정 2017. 7. 26.〉

청산종결 신고서

접수번호	접수일	처리일	처리기간	즉시

청산인	성명		생년월일	
	주소		전화번호	

청산법인	명칭		전화번호	
	소재지			

청산 연월일

청산 취지

「민법」 제94조 및 「행정안전부 및 그 소속청 소관 비영리법인의 설립 및 감독에 관한 규칙」 제12조에 따라 위와 같이 청산 종결을 신고합니다.

년   월   일

신고인(청산인)   (서명 또는 인)

행정안전부장관
경찰청장   귀하
소방청장

신고인 (청산인) 제출서류	없 음	수수료
담당 공무원 확인사항	법인 등기사항증명서	없 음

210mm×297mm[일반용지 60g/㎡(재활용품)]

제19장 국민안전처 소관 비영리법인 설립

1. 개관

국민안전처 소관 비영리법인의 설립 및 감독에 관한 규칙(이하 '규칙'이라고만 함)은 「민법」에 따라 국민안전처장이 주무관청이 되는 비영리법인의 설립 및 감독에 필요한 사항을 규정함을 목적으로 하며, 이에 따른 비영리법인(이하 '법인'이라 한다)의 설립허가, 법인 사무의 검사 및 감독 등에 관하여는 다른 법령에 특별한 규정이 있는 경우를 제외하고는 이 규칙에서 정하는 바에 따른다.

본장은 국민안전처 소관 비영리법인의 설립과 관련한 일반절차인 설립허가신청 및 관련 첨부서류 그리고 정관변경허가신청, 사업계획보고 등에 관한 내용들을 정리하였다. 그 외 관련서류들은 제1편 관련 내용부분을 참고하기 바란다.

2. 설립허가절차

가. 설립허가의 신청

「민법」 제32조에 따라 비영리법인의 설립허가를 받으려는 자(이하 '설립발기인'이라 한다)는 별지 제1호서식의 비영리법인 설립허가 신청서에 다음 각 호의 서류를 첨부하여 국민안전처장관에게 제출하여야 한다. 이 경우 국민안전처장관은 「전자정부법」 제36조 제1항에 따른 행정정보의 공동이용을 통하여 재산목록에 적힌 재산 중 토지 및 건물의 등기사항증명서를 확인하여야 한다(규칙 제3조).

- 설립발기인의 성명 · 생년월일 · 주소 및 약력을 적은 서류(설립발기인이 법인인 경우에는 그 명칭, 주된 사무소의 소재지, 대표자의 성명 · 생년월일 · 주소를 적은 서류와 정관) 1부
- 설립하려는 법인의 정관 1부
- 재산목록(재단법인의 경우에는 기본재산과 운영재산으로 구분하여 적어야 한다) 및 그 증명서류와 출연(出捐) 신청이 있는 경우에는 그 사실을 증명하는 서류 각 1부
- 해당 사업연도분의 사업계획 및 수입 · 지출 예산을 적은 서류 1부
- 임원 취임 예정자의 성명 · 생년월일 · 주소 및 약력을 적은 서류와 임원 취임승낙서 각 1부
- 창립총회 회의록(설립발기인이 법인인 경우에는 법인 설립에 관한 의사 결정을 증명하는 서류) 1부

■ 국민안전처 소관 비영리법인의 설립 및 감독에 관한 규칙[별지 제1호서식]

비영리법인 설립허가 신청서

접수번호		접수일	처리일	처리기간	20일
신청인	성명			생년월일 (외국인등록번호)	
	주소			전화번호	
법 인	명칭			전화번호	
	소재지				
대표자	성명			생년월일 (외국인등록번호)	
	주소			전화번호	

「민법」제32조 및「국민안전처 소관 비영리법인의 설립 및 감독에 관한 규칙」제3조에 따라 위와 같이 비영리법인 설립허가를 신청합니다.

년   월   일

신청인

(서명 또는 인)

국민안전처장관   귀하

신청인 제출서류	1. 설립발기인의 성명 · 생년월일 · 주소 · 약력을 적은 서류(설립발기인이 법인인 경우에는 그 명칭, 주된 사무소의 소재지, 대표자의 성명 · 생년월일 · 주소를 적은 서류와 정관) 1부 2. 설립하려는 법인의 정관 1부 3. 재산목록(재단법인의 경우에는 기본재산과 운영재산으로 구분하여 적어야 합니다) 및 그 증명서류와 출연 신청이 있는 경우에는 그 사실을 증명하는 서류 각 1부 4. 해당 사업연도분의 사업계획 및 수입 · 지출 예산을 적은 서류 1부 5. 임원 취임 예정자의 성명 · 생년월일 · 주소 · 약력을 적은 서류 및 임원 취임승낙서 각 1부 6. 창립총회 회의록(설립발기인이 법인인 경우에는 법인 설립에 관한 의사 결정을 증명하는 서류) 1부 ※ 제3호의 서류 중 담당 공무원 확인사항인 증명서류는 제출하지 않아도 됩니다.	수수료 없음
담당공무원 확인사항	재산목록에 있는 재산의 토지(건물) 등기사항증명서	

처리절차

신청서 작성 → 접 수 → 확 인 → 결 재 → 허가증 작성 → 허가증 발급

신청인   처리기관 : 국민안전처(비영리법인의 설립 및 감독 업무 담당부서)

210mm×297mm[일반용지 60g/㎡(재활용품)]

제1장 총 칙

제1조(목적)

본회는 소방단체를 육성·지원하고 소방인의 사회참여 및 역할강화와 권익신장을 도모하며 소방에 대한 일반 국민의 이해촉진 및 각종 소방정책연구, 기획, 조사, 자문을 통해 소방발전에 이바지함을 목적으로 한다. 〈개정 '11.12.02〉

제2조(명칭)

본회는 「사단법인 한국소방단체총연합회」라 하며(이하 '본회'라 한다), 영문으로 「KFFA」 (The Korean Federation of Fire Association)라 한다.

제3조(사업)

① 본회는 제1조의 목적을 달성하기 위하여 다음 각 호의 사업을 한다. 〈개정 '11.11.03〉

　1. 안전에 대한 지식, 정보교환 및 연구개발에 관한 사항 〈개정 '11.01.10, 개정 '11.12.02〉

　2. 국내외 소방정책, 소방행정, 선진소방기술의 보급 및 건의에 관한 사항

　3. 소방관련 학회 및 단체의 지원에 관한 사항

　4. 소방의 사회적 지위향상과 권익신장에 관한

　5. 소방안전관련 분야의 제도운영 개선에 관한 사항

　6. 소방인들의 사기진작과 자질 함양을 위한 학자금 지원사업에 과한 사항 〈신설 '11.01.10, 개정 '11.11.03, 개정 '12.01.18〉

　7. 소방공익기금의 조성 및 운영에 관한 사항 〈신설 '12.01.18〉

　8. 화재로 피해를 입은 주민의 지원사업 등에 관한 사항 〈신설 '12.01.18〉

　9. 소방장비와 소방기술 등의 해외 지원사업에 관한 사항 〈신설 '12.01.18〉

　10. 기타 본회의 목적달성에 필요한 사항

② 제1항의 목적사업의 경비를 조달받기 위하여 감독관청의 승인을 받아 수익사업을 할 수 있다. 〈신설 '11.11.03〉

③ 제1항 6호 학자금 지원사업의 수혜자에게 제공하는 이익은 무상으로 하며, 이익의 수혜자는 소방인과 그 자녀에 한하는 것을 원칙으로 한다. 〈신설 '11.11.03〉

④ 제1항의 목적사업을 원활히 수행하기 위해 국가사무를 위탁받은 단체로부터 출연금 또는 공익기금 등을 지원 받을 수 있다. 〈신설 '12.01.18〉

제4조(사무소)

본회의 사무소는 서울특별시에 둔다. 〈개정 '11.01.10, 개정 '13.09.10, 개정 16.01.25〉 다만 이사회 의결을 거쳐 수도권 지역에 둘 수 있다.

제2장 회원

제5조(회원의 종류와 자격))

① 본회의 회원은 제1조의 목적과 설립취지에 찬동하는 단체로 정회원, 특수회원 및 일반회원으로 구분한다. 〈개정 '12.01.18〉

　1. 정회원

　　가. 소방업무와 관련하여 설립한 사단법인 단체(민법 제32조 근거 설치)

　　나. 소방업무와 관련하여 설립한 일반단체 〈개정 '12.01.18〉

　2. 특수회원

　　가. 소방관련법에 의거 설치한 법인단체 〈개정 '12.01.18〉

　　나. 〈삭제 '12.01.18〉

　3. 일반회원 〈개정 '12.01.18〉

　　가. 정회원 및 특수회원 대표 경력자 〈개정 '12.01.18〉

　　나. 이사회 과반수의 추천으로 총재가 승인한 자 〈개정 '12.01.18〉

② 기타 세부사항은 별도의 규정으로 정한다.

제6조(회원가입)

① 본회에 가입하고자하는 단체는 다음 서류를 구비하여 가입신청을 하여야 한다. 다만 본회의 정회원 또는 특수회원 단체의 대표로 재직 중에 소속단체 대표의 임기만료로 본회의 회원이 되고자 하는 때에는 가입신청서만 제출한다.

1. 가입신청서 1부

2. 정관 또는 회칙 1부

3. 가입을 결의한 이사회 또는 총회 등 회의록 1부

4. 임원명단 1부

② 제1항 단서외의 단체대표 경력자가 본회의 회원이 되고자 하는 경우에는 총재단의 사전승인을 요한다.

제7조(공시담당부서)

① 회비는 연회비, 종신회비 및 특별회비로 구분한다.

1. 연회비는 입회원서 제출 시 납부하며, 입회연도를 포함하여 연1회 납부한다.

2. 종신회비는 1회 납부로써 연회비가 종신 면제된다.

3. 특별회비는 본회 운영을 위하여 회원이 납부한 출연금, 찬조금, 기부금, 보조금 및 기타회비를 말한다.

② 회원의 회비는 매사업년도당 총회에서 의결한다. 〈신설 '11.01.10〉

③ 회원이 탈퇴, 제명된 때에는 이미 납부한 회비와 특별회비에 대하여는 반환을 청구할 수 없다.

제8조(회원의 권리)

① 회원은 다음의 권리를 갖는다.

1. 본회 정관규정에 의하여 선임되는 자의 선거권 및 피 선거권, 다만, 회비납부 및 품위유지의 의무를 성실히 이행하지 않을 때에는 선거권 및 피선거권을 부여하지 아니한다. 〈개정 '12.01.18〉

2. 본회 정관이 정하는 바에 의하여 회의에 출석하여 발언하고 표결하는 권리

제9조(권리행사 방법)

① 본회 정회원과 특수회원은 단체의 대표를 통하여 회원의 권리 를 행사하고 일반회원은 회원이 직접 권리를 행사한다. 〈개정 '12.01.18〉

② 위1항의 경우 단체의 대표라 함은 회원단체 대표를 원칙으로 하되, 대표의 유고시에는 대표권을 그 단체의 임원에게 위임할 수 있다.

③ 위 제2항의 위임받은 대표는 별도 서식에 의한 위임장을 제출하여야 한다.

제10조(회원의 의무)

본회 회원은 다음의 의무를 진다.

1. 본회의 정관, 규정 및 의결사항을 준수하는 의무
2. 회비를 납부하는 의무
3. 필요한 회의에 참석하여 의견을 제시하는 의무
4. 품위유지의 의무

제11조(회원의 탈퇴 및 제명)

① 본회 회원은 소정의 탈퇴서를 제출함으로써 본회를 탈 퇴 할 수 있다.

② 회원으로써 본회의 명예를 손상하거나 회비체납 등 본회 사업목적에 위반하는 행위를 할 때에는 이사회에서 출석의원 3분의 2이상 찬성으로 제명한다. 이 경우 반드시 회원에게 소명의 기회를 주어야한다.

제3장 임원

제12조(임원)

① 본회는 다음 각호의 임원을 둔다.

1. 총재 1인
2. 부총재 5인 내외(이하'총재단'이라한다)
3. 감사 1 인
4. 이사 20인 내외(상임이사 1명을 둘 수 있다.) 〈개정 '12.01.18〉

② 본회의 발전을 위하여 고문을 둘 수 있으며, 전임 총재는 당연직 고문이 된다.

제13조(임원의 선출)

본회의 임원은 단체의 회원 중에서 다음과 같이 선출한다.

1. 총재 및 감사는 이사회의 추천을 받아 총회에서 선출한다. 〈개정 '12.01.18〉
2. 부총재는 이사회에서 선출한다.

3. 이사는 정회원 및 특수회원의 대표자를 당연직이사로 하되, 당연직외의 이사는 일반회원 중에서 3인 이내로 이사회에서 선임한다. 〈개정 '12.01.18〉

제14조(임원의 임기)

① 총재, 부총재, 이사 및 감사의 임기는 3년으로 한다. 다만, 소속 단체장의 임기가 2년인 경우는 그 임기를 2년으로 하되 총회가 개최될 때까지 그 직무를 행하고 총재의 임기는 연임할 수 있다. 〈개정 '11.01.10〉
② 총재 및 감사의 결원 시에는 1월 이내 보선하되 그 임기는 전임자의 잔여기간으로 한다. 다만, 잔여기간이 6월 미만인 때에는 보선하지 아니할 수 있다.

제15조(임원의 임무)

① 총재는 본회를 대표하며 총회, 총재단회 및 이사회의 의장이 되고 회무를 총괄한다.
② 부총재는 총재를 보좌하며 총재의 유고시에는 부총재 중 연장자 순으로 그 직무를 대행한다.
③ 이사는 이사회에 출석하여 정관이 정하는 업무 및 총회에서 위임하는 업무에 관하여 협의 또는 의결한다.
④ 감사는 정관이 정하는 바에 따라 회무를 감사하고 정관에 위배하는 사항에 대하여는 이사회에 시정을 요구하며, 총회에 보고한다.
⑤ 총재, 부총재 및 이사는 감사를 겸직할 수 없다.

제16조(임원의 사퇴 및 해임)

임원이 임기 중 사퇴하거나 해임하고자 할 때는 이사회의 의결을 거쳐야한다.

제4장 회의

제17조(회의종류 및 구성)

① 본회의 회의는 총회, 총재단회 및 이사회로 한다.
② 총회는 본회 회원으로, 총재단회의는 총재·부총재로, 이사회는 총재단·이사로 구성한다.

제18조(총회)

① 총회는 정기총회와 임시총회로 나누고, 정기 총회는 사업 년도 종료 후 2개월 이내에 개최한다. 〈개정 '11.01.10〉

② 총회는 재적회원 3분의 1 이상의 출석과 출석회원 과반수의 찬성으로 의결한다. 다만, 가부동수인 경우에는 의장이 결정한다.

③ 임시총회는 다음 각 호1에 해당하는 경우 2주 이내 총재가 소집한다.

  1. 총재단회 및 이사회에서 과반수의 요구가 있을 때

  2. 총재가 필요하다고 인정할 때

제19조(총재단 회의)

① 총재단 회의는 총재 및 부총재로 구성하고 회의는 총재가 필요하다고 인정하거나 부총재 과반수의 요구가 있을 때 총재가 이를 소집하고 의장이 되며, 의안을 명시하여 개최일 5일전에 통지하여야 한다. 〈개정 '12.05.09〉

② 총재단회의는 재적인원 과반수 출석과 출석인원 과반수의 찬성으로 의결한다. 다만, 가부동수인 경우에는 의장이 결정한다.

③ 긴급한 사안이나 경미한 사안은 서면으로 심의·의결할 수 있다. 〈신설 '12.05.09〉

제20조(이사회)

① 이사회는 총재가 필요하다고 인정하거나 이사 과반수의 요구가 있을 때에 총재가 이를 소집하며 이사회의 의장이 된다.

② 이사회는 이사 과반수 출석과 출석이사 과반수의 찬성으로 의결한다. 다만, 가부동수 인 경우에는 의장이 결정한다.

제21조(총회의 기능)

총회는 다음사항을 의결한다.

  1. 임원 선출에 관한 사항

  2. 정관개정에 관한사항

  3. 사업계획과 예산 및 결산의 승인

4. 총재단 회의 및 이사회에서 부의한 안건의 처리

5. 본회 해산 및 청산에 관한 의결

6. 기타 중요한 사항의 심의 및 의결

제22조(총재단 회의의 기능)

총재단 회의는 다음 사항을 의결한다.

1. 총회에서 위임한 사항

2. 총재가 심의 요구하는 사항

3. 연합회 운영 제·규정 제정 또는 개폐에 관한 사항 〈신설 '12.05.09〉

제23조(총회의 기능)

이사회는 다음사항에 대하여 의결, 집행한다.

1. 총회의 소집과 총회에 부의할 의안

2. 사업계획 및 예산·결산에 관한 사항

3. 〈삭제 '12.05.09〉

4. 임원의 선임에 관한 사항

5. 회원가입, 제명 및 임원의 사퇴와 해임에 관한사항

6. 총회에서 위임한 사항

7. 기타 총재가 상정하는 안건심의

제24조(집행담당 이사 운영)

① 본회는 목적사업의 원활한 달성을 위하여 특정기능을 중점적으로 수행할 기획총괄이사, 학술정보이사, 통합조정이사, 권익증진이사 및 교류 협력이사를 운영한다.

② 집행담당이사의 기능, 구성 및 운영 등에 관하여는 이사회의 의결을 거쳐 별도의 규정으로 정한다.

③ 집행담당 이사는 부총재와 겸하여 임명할 수 있으며 총재가 임명한다.

제25조(회의록 작성)

총회 및 이사회는 회의록을 작성하고 의장 및 출석이사가 서명, 날인하여야 한다.

제5장 자산 및 회계

제26조(수지)

① 본회 재정은 다음 수입금으로 충당한다. 〈개정 '11.11.03〉

　1. 회원의 회비

　2. 회원이 납부한 찬조금, 기부금, 출연금 및 보조금

　3. 정부, 지방자치단체 및 공공단체의 보조금과 출연금 〈개정 '11.11.03〉

　4. 기부금과 찬조금

　5. 기타 수입금

② 회비징수에 관한 사항은 이사회에서 결정하고 총회에 보고해야 한다.

③ 본회의 경비는 예산의 범위 내에서 이를 지출한다. 〈신설 '11.11.03〉

④ 본회의 회계는 일반회계와 학자금 지원사업 특별회계로 구분 운용한다. 〈신설 '11.11.03〉

제27조(예산 및 결산)

① 매 회계연도 사업계획 및 예산은 총회의 의결을 거쳐 회계연도 개시 후 60일 이내에 국민안전처 장관에게 보고한다. 〈개정 '16.01.25〉

② 사업계획에 의한 결산은 매 회계연도 종료 후 60일 이내에 국민안전처장관에게 보고한다. 〈개정 '16.01.25〉

③ 감사는 결산에 관한 사항을 총회에 보고해야 한다.

④ 본회는 홈페이지를 통해 연간 기부금 모금액 및 활용실적을 다음해 3월말까지 공개한다. 〈신설 '11.11.03〉

⑤ 학자금 지원사업 특별회계의 재산은 기본재산과 보통재산으로 구분하고 회계는 목적사업 회계와 수익사업 회계로 구분하며, 사업의 경영성과와 수지 상태를 정확하게 파악하기 위하여 거래를 일반적으로 인정된 기업회계의 원칙에 따라 처리한다. 〈신설 '11.11.03〉

제28조(회계연도)

본회의 회계연도는 매년 1월 1일부터 12월 31일까지로 한다.

제22조(준용)

제13조, 제15조 내지 제17조의 규정은 공정공시에 관하여 이를 준용한다. 이 경우 제13조 중 '정기공시서류'는 '공정공시서류'로, 제15조 내지 제17조 중 '수시공시'는 '공정공시'로 본다.

제6장 협의회 및 사무국 〈개정 '13.01.30〉

제28조의2(협의회) 〈신설 '13.01.30〉

① 소방산업의 발전방향 및 제도개선 등 소방산업활성화 정책 건의를 위하여 소방단체 정책협의회를 둘 수 있다.

② 소방단체정책협의회의 운영에 관하여 필요한 사항은 별도 규정으로 정한다.

제29조(사무기구)

① 본회의 사무를 처리하기 위하여 필요한 사무국을 둔다.

② 사무국의 직제, 정원, 보수 및 사무분장 등에 관한 사항은 별도규정으로 정한다.

제30조(사무국 기능)

본회 사무국의 기능은 다음과 같다.

　1. 회원의 가입 및 회원관리에 관한 사항

　2. 회원의 권익보호에 관한 사항

　3. 회원의 회비에 관한 사항

　4. 자료수집 및 정보관리에 관한 사항

　5. 예산편성 및 결산보고에 관한 사항

　6. 예산집행 및 경리에 관한 사항

　7. 조직운영 및 일반사무에 관한 사항

　8. 기타 총재 및 이사회에서 위임한 사항

제7장 보칙

제31조(정관개정)

본 정관을 개정하고자 할 때에는 이사회의 의결을 거쳐 총회에서 출석회원 과반수의 찬성으로 의결하고 국민안전처장관의 승인을 얻어야 한다. 〈개정 '16.01.25〉

제32조(포상)

① 본회의 발전에 현저한 공적이 있는 자에 대하여는 포상할 수 있다.

② 포상에 관한 사항은 이사회 심의를 거쳐 총재가 시행한다.

제33조(해산)

① 본회를 해산하고자 할 때에는 이사회 의결을 거쳐 총회에서 재적회원 3분의 2의 출석과 출석회원 3분의 2이상의 찬성으로 의결하고 국민안전처장관의 승인을 받아야 한다. 〈개정 '16.01.25〉

② 해산할 때의 잔여재산은 위 1항과 같은 절차를 거쳐 국가 또는 유사한 목적을 가진 다른 비영리 법인에게 귀속되도록 한다. 〈개정 '11.11.03〉

제34조(준용)

본 정관에 규정하지 아니한 사항은 민법상 사단법인에 관한 규정을 준용한다.

부   칙

제1조(시행일)

본회의 정관은 2008년 12월 24일부터 시행한다.

제2조(특례적용)

① 2008년 12월 1일 현재 한국소방단체총연합회의 회원은 본 정관 제 5조의 규정에 불구하고 본회의 창립회원이 되며 한국소방단체총연합회의 권리·의무 등 제반사항은 본회로 승계한다.

② 한국소방단체총연합회 총재와 감사 및 이사는 본 정관 제13조 및 제14조의 규정에

불구하고 본 정관에 의한 총재와 감사 및 이사가 되며, 그 임기는 2010년 12월 정 기총회시까지로 한다.

[서식 – 그 외 관련 서식은 서식 중복기재 회피를 위하여 제1편 비영리사단법인 해당 서식을 참고하기 바란다]

나. 설립허가

(1) 허가기준

국민안전처장관은 비영리법인 설립허가 신청의 내용이 다음의 기준에 맞는 경우에만 그 설립을 허가할 수 있다(규칙 제4조).

- 비영리법인의 설립 목적과 사업이 실현 가능할 것
- 목적하는 사업을 할 수 있는 충분한 능력이 있고, 재정적 기초가 확립되어 있거나 확립될 수 있을 것
- 다른 법인과 같은 명칭이 아닐 것

(2) 심사 및 허가기간

국민안전처장관은 비영리법인 설립허가 신청을 받았을 때에는 특별한 사유가 없으면 20일 이내에 심사하여 허가 또는 불허가 처분을 하고, 신청인에게 그 결과를 서면으로 알려야 한다. 이 경우 허가를 할 때에는 별지 제2호서식의 비영리법인 설립허가증을 발급하고 별지 제3호서식의 비영리법인 설립허가대장에 필요한 사항을 적어야 한다.

(3) 조건부허가

국민안전처장관은 비영리법인의 설립허가를 할 때에는 필요한 조건을 붙일 수 있다.

■ 국민안전처 소관 비영리법인의 설립 및 감독에 관한 규칙[별지 제2호서식]

(앞 쪽)

제　　호

비영리법인 설립허가증

1. 법인 명칭:

2. 소 재 지:

3. 대 표 자
　　　○ 성　　명:
　　　○ 생년월일:
　　　○ 주　　소:

4. 사업 내용:

5. 허가 조건:

　「민법」 제32조 및 「국민안전처 소관 비영리법인의 설립 및 감독에 관한 규칙」 제4조에 따라 위와 같이 비영리법인 설립을 허가합니다.

　　　　　　　　　　년　　　　월　　　　일

　　　　　　　　국민안전처장관　　[직인]

210mm×297mm[일반용지 60g/㎡(재활용품)]

준수사항

1. 「민법」 및 「국민안전처 소관 비영리법인의 설립 및 감독에 관한 규칙」 등 관련 법령과 정관에서 정한 내용을 준수해야 합니다.
2. 정관에서 정하는 목적사업 중 다른 법률에 따른 허가·인가·등록·신고의 대상이 되는 사업을 하려는 경우에는 관련 법령에 따른 절차를 거쳐야 합니다.
3. 매 사업연도 종료 후 2개월 이내에 다음의 서류를 주무관청*의 소관 부서에 제출해야 합니다.
   가. 다음 사업연도의 사업계획 및 수입·지출 예산서 1부
   나. 해당 사업연도의 사업실적 및 수입·지출 결산서 1부
   다. 해당 사업연도 말 현재의 재산목록 1부
   * 주무관청: 국민안전처 ○○○○실·본부 ○○○○과(☎ ○○○-○○○-○○○○)
4. 다음의 어느 하나에 해당되는 경우에는 「민법」 제38조에 따라 법인의 설립허가가 취소될 수 있습니다.
   가. 설립 목적 외의 사업을 하였을 때
   나. 공익을 해치는 행위를 하였을 때
   다. 설립허가의 조건을 위반하였을 때
   라. 법령에 따른 의무를 위반하였을 때
5. 법인이 해산(파산으로 인한 해산은 제외합니다)하였을 때에는 해산등기를 마친 후 지체 없이 주무관청의 소관부서에 해산신고를 해야 합니다.
6. 법인의 청산이 종결되었을 때에는 등기를 한 후 주무관청의 소관 부서에 신고해야 합니다.

〈 변경사항 〉

변경일	내 용	확 인

210mm×297mm[일반용지 60g/㎡(재활용품)]

다. 설립 관련 보고

(1) 재산이전

비영리법인의 설립허가를 받은 자는 그 허가를 받은 후 지체 없이 기본재산 및 운영재산을 비영리법인에 이전(移轉)하고 1개월 이내에 그 이전을 증명하는 등기소 또는 금융회사 등의 증명서를 국민안전처장관에게 제출하여야 한다(규칙 제5조).

(2) 설립관련 보고

비영리법인은 「민법」 제49조부터 제52조까지의 규정에 따라 비영리법인 설립 등의 등기를 하였을 때에는 10일 이내에 그 사실을 국민안전처장관에게 보고하거나 법인 등기사항증명서 1부를 제출하여야 한다. 이 경우 보고를 받은 국민안전처장관은 「전자정부법」 제36조 제1항에 따른 행정정보의 공동이용을 통하여 법인 등기사항증명서를 확인하여야 한다.

3. 허가 후 절차

가. 정관 변경의 허가 신청

「민법」 제42조 제2항, 제45조 제3항 또는 제46조에 따른 정관 변경의 허가를 받으려는 비영리법인은 별지 제4호서식의 비영리법인 정관 변경허가 신청서에 다음의 서류를 첨부하여 국민안전처장관에게 제출하여야 한다(규칙 제6조).

- 정관 변경 사유서 1부
- 개정될 정관(신·구대비표를 첨부한다) 1부
- 정관 변경과 관계있는 총회 또는 이사회의 회의록 사본 1부
- 기본재산의 처분에 따른 정관 변경인 경우에는 처분 사유, 처분재산의 목록, 처분 방법 등을 적은 서류 1부

■ 국민안전처 소관 비영리법인의 설립 및 감독에 관한 규칙[별지 제4호서식]

정관 변경허가 신청서

접수번호		접수일	처리일	처리기간	10일

신청인	성명		생년월일 (외국인등록번호)	
	주소		전화번호	

법 인	명칭		전화번호	
	소재지			
	설립허가일		설립허가번호	

대표자	성명		생년월일 (외국인등록번호)	
	주소		전화번호	

「민법」 제42조제2항 · 제45조제3항 · 제46조 및 「국민안전처 소관 비영리법인의 설립 및 감독에 관한 규칙」 제6조에 따라 위와 같이 정관의 변경허가를 신청합니다.

년   월   일

신청인   (서명 또는 인)

국민안전처장관   귀하

신청인 제출서류	1. 정관 변경 사유서 1부 2. 개정될 정관(신 · 구대비표를 첨부합니다) 1부 3. 정관 변경과 관계있는 총회 또는 이사회의 회의록 사본 1부 4. 기본재산의 처분에 따른 정관 변경인 경우에는 처분 사유, 처분재산의 목록, 처분 방법 등을 적은 서류 1부	수수료 없음

처리절차

신청서 작성 → 접 수 → 서류 확인 및 검토 → 결 재 → 결과 통지

신청인   처리기관: 국민안전처(비영리법인의 설립 및 감독 업무 담당부서)

210mm×297mm[일반용지 60g/㎡(재활용품)]

나. 사업실적 및 사업계획 등의 보고

비영리법인은 매 사업연도가 끝난 후 2개월 이내에 다음의 서류를 국민안전처장관에게 제출하여야 한다(규칙 제7조).

• 다음 사업연도의 사업계획 및 수입·지출 예산서 1부
• 해당 사업연도의 사업실적 및 수입·지출 결산서 1부
• 해당 사업연도 말 현재의 재산목록 1부

다. 비영리법인 사무의 검사·감독

국민안전처장관은 「민법」 제37조에 따른 비영리법인 사무의 검사 및 감독을 위하여 불가피한 경우에는 해당 비영리법인에 관계 서류·장부 또는 그 밖의 참고자료의 제출을 명하거나 소속 공무원으로 하여금 해당 비영리법인의 사무 및 재산 상황을 검사하게 할 수 있으며, 이에 따라 비영리법인 사무를 검사하는 공무원은 그 자격을 증명하는 증표를 관계인에게 보여 주어야 한다(규칙 제8조).

4. 해산 등

가. 설립허가의 취소

주무관청은 법인이 목적이외의 사업을 하거나 설립허가의 조건에 위반하거나 기타 공익을 해하는 행위를 한 때에는 그 허가를 취소할 수 있다. 다만 이에 따라 비영리법인의 설립허가를 취소하려면 청문을 하여야 한다(규칙 제9조).

나. 해산신고

비영리법인이 해산(파산으로 인한 해산은 제외한다)하였을 때에는 그 청산인은 「민법」 제85조 제1항에 따라 해산등기를 마친 후 지체 없이 별지 제5호서식의 비영리법인 해산신고서에 다음 각 호의 서류를 첨부하여 국민안전처장관에게 제출하여야 한다(규칙 제10조).

- 해산 당시의 재산목록 1부
- 잔여재산 처분 방법의 개요를 적은 서류 1부
- 해산 당시의 정관 1부
- 사단법인이 총회의 결의에 따라 해산하였을 때에는 그 결의를 한 총회의 회의록 사본 1부
- 재단법인의 해산 시 이사회가 해산을 결의하였을 때에는 그 결의를 한 이사회의 회의록 사본 1부

■ 국민안전처 소관 비영리법인의 설립 및 감독에 관한 규칙[별지 제5호서식]

비영리법인 해산신고서

접수번호		접수일	처리일	처리기간	7일
청산인	성명			생년월일 (외국인등록번호)	
	주소			전화번호	
청산법인	명칭			전화번호	
	소재지				

해　　　산 연월일	
해산 사유	

「민법」 제86조제1항 및 「국민안전처 소관 비영리법인의 설립 및 감독에 관한 규칙」 제10조에 따라 위와 같이 비영리법인 해산을 신고합니다.

년　　　　월　　　　일

신고인　　　　　　　　　　　　(서명 또는 인)

국민안전처장관　　　　귀하

신고인 제출서류	1. 해산 당시의 재산목록 1부 2. 잔여재산 처분 방법의 개요를 적은 서류 1부 3. 해산 당시의 정관 1부 4. 사단법인이 총회 결의에 따라 해산하였을 때에는 그 결의를 한 총회의 회의록 사본 1부 5. 재단법인의 해산 시 이사회가 해산을 결의하였을 때에는 그 결의를 한 이사회의 회의록 사본 1부	수수료 없 음
담당공무원 확인사항	법인 등기사항증명서	

처리절차

신고서 작성	→	접수	→	검토 · 확인	→	결재
신고인		처리기관: 국민안전처(비영리법인의 설립 및 감독업무 담당부서)				

210mm×297mm[일반용지 60g/㎡(재활용품)]

다. 잔여재산 처분의 허가

비영리법인의 이사 또는 청산인은 「민법」 제80조 제2항에 따라 잔여재산의 처분에 대한 허가를 받으려면 별지 제6호서식의 잔여재산 처분허가 신청서에 다음 각 호의 서류를 첨부하여 국민안전처장관에게 제출하여야 한다(규칙 제11조).

• 해산 당시의 정관 1부(해산신고 시의 정관을 확인할 필요가 있는 경우만 해당한다)
• 사단법인의 경우에는 총회의 회의록 사본 1부(해산신고 시에 제출한 서류만으로 확인이 되지 아니할 경우만 해당한다)

■ 국민안전처 소관 비영리법인의 설립 및 감독에 관한 규칙[별지 제6호서식]

잔여재산 처분허가 신청서

접수번호		접수일		처리일		처리기간	10일

신청법인	명칭				전화번호		
	소재지						

대 표 자 (이사 · 청산인)	성명				생년월일 (외국인등록번호)		
	주소				전화번호		

처분재산	종류 및 수량
	금액
	처분 방법

처분 사유

「민법」 제80조제2항 및 「국민안전처 소관 비영리법인의 설립 및 감독에 관한 규칙」 제11조에 따라 위와 같이 잔여재산 처분허가를 신청합니다.

년   월   일

신청인   (서명 또는 인)

국민안전처장관   귀하

신청인 제출서류	1. 해산 당시의 정관 1부(해산신고 시의 정관을 확인할 필요가 있는 경우에만 제출합니다) 2. 사단법인의 경우에는 총회의 회의록 사본 1부(해산신고 시에 제출한 서류만으로 확인이 되지 않을 경우에만 제출합니다)	수수료 없음

처리절차

신청서 작성	→	접수	→	확인	→	결재	→	결과 통지

신청인   처리기관: 국민안전처(비영리법인의 설립 및 감독 업무 담당부서)

210mm×297mm[일반용지 60g/㎡(재활용품)]

라. 청산 종결의 신고

청산인은 비영리법인의 청산이 종결되었을 때에는 「민법」 제94조에 따라 등기한 후, 별지 제7호서식의 청산종결신고서(전자문서로 된 신고서를 포함한다)를 국민안전처장관에게 제출하여야 한다. 이 경우 국민안전처장관은 「전자정부법」 제36조 제1항에 따른 행정정보 의 공동이용을 통하여 법인 등기사항증명서를 확인하여야 한다(규칙 제12조).

■ 국민안전처 소관 비영리법인의 설립 및 감독에 관한 규칙[별지 제7호서식]

청산종결 신고서

접수번호		접수일	처리일	처리기간	즉시

청산인	성명		생년월일 (외국인등록번호)	
	주소		전화번호	

청산법인	명칭		전화번호	
	소재지			

청산 연월일

청산 취지

「민법」 제94조 및 「국민안전처 소관 비영리법인의 설립 및 감독에 관한 규칙」 제2조에 따라 위와 같이 청산종결을 신고합니다.

년　　　월　　　일

신고인(청산인)

(서명 또는 인)

국민안전처장관　　　귀하

신고인 (청산인) 제출서류	없 음	수수료 없 음
담당 공무원 확인사항	법인 등기사항증명서	

210mm×297mm[일반용지 60g/㎡(재활용품)]

5. 고유식별정보의 처리

국민안전처장관은 다음의 사무를 수행하기 위하여 불가피한 경우 「개인정보 보호법 시행령」 제19조 제4호에 따른 외국인 등록번호가 포함된 자료를 처리할 수 있다(규칙 제13조).

- 제3조에 따른 설립허가에 관한 사무
- 제6조에 따른 정관 변경의 허가에 관한 사무
- 제10조에 따른 해산신고에 관한 사무
- 제11조에 따른 잔여재산 처분의 허가에 관한 사무
- 제12조에 따른 청산 종결의 신고에 관한 사무

제20장 산업통상자원부장관 및 그 소속 청장 소관 비영리법인 설립

1. 개관

산업통상자원부장관 및 그 소속청 소관 비영리법인의 설립 및 감독에 관한 규칙(이하 '규칙' 이라고만 함)은 「민법」에 따라 산업통상자원부장관 및 그 소속 청장이 주무관청이 되는 비영리법인의 설립 및 감독에 필요한 사항을 규정함을 목적으로 하며, 이에 따른 비영리법인 (이하 '법인'이라 한다)의 설립허가, 법인 사무의 검사 및 감독 등에 관하여는 다른 법령에 특별한 규정이 있는 경우를 제외하고는 이 규칙에서 정하는 바에 따른다.

본장은 산업통상자원부 및 그 소속청 소관 비영리법인의 설립과 관련한 일반절차인 설립허 가신청 및 관련 첨부서류 그리고 정관변경허가신청, 사업계획보고 등에 관한 내용들을 정리 하였다. 그 외 관련서류들은 제1편 관련 내용부분을 참고하기 바란다.

2. 설립허가절차

가. 설립허가의 신청

「민법」 제32조에 따라 비영리법인의 설립허가를 받으려는 자(이하 '설립발기인'이라 한다) 는 별지 제1호서식의 비영리법인 설립허가 신청서에 다음의 서류를 첨부하여 산업통상자원 부장관 또는 그 소속 청장(이하 '주무관청'이라 한다)에게 제출하여야 한다. 이 경우 주무관청 은 제3호의 재산목록에 적힌 재산 중 토지 또는 건물의 등기사항증명서를 「전자정부법」 제36조 제1항에 따른 행정정보의 공동이용을 통하여 확인하여야 한다. 〈개정 2013. 3. 23., 2017. 4. 4.〉

- 설립발기인의 성명 · 생년월일 · 주소 및 약력을 적은 서류(설립발기인이 법인인 경우에 는 그 명칭, 주된 사무소의 소재지, 대표자의 성명 · 생년월일 · 주소와 정관을 적은 서류) 1부

- 정관 1부
- 재산목록(재단법인의 경우에는 기본재산과 운영재산으로 구분하여 적어야 한다) 및 그 증명서류와 출연(出捐) 신청이 있는 경우에는 그 사실을 증명하는 서류 각 1부
- 해당 사업연도의 사업계획과 수입 · 지출 예산을 적은 서류 1부
- 임원 취임 예정자의 성명 · 생년월일 · 주소 · 약력을 적은 서류 및 취임승낙서 각 1부
- 창립총회 회의록(설립발기인이 법인인 경우에는 법인 설립에 관한 의사 결정을 증명하는 서류) 1부

[서식 – 비영리법인 설립허가 신청서]

■ 산업통상자원부장관 및 그 소속 청장 소관 비영리법인의 설립 및 감독에 관한 규칙 [별지 제1호서식] 〈개정 2017. 4. 4.〉

비영리법인 설립허가 신청서

접수번호		접수일		처리일		처리기간	14일

신청인	성명		생년월일	
	주소		전화번호	

법 인	명칭		전화번호	
	소재지			
대표자	성명		생년월일	
	주소		전화번호	

「민법」 제32조 및 「산업통상자원부장관 및 그 소속 청장 소관 비영리법인의 설립 및 감독에 관한 규칙」 제3조에 따라 위와 같이 법인 설립허가를 신청합니다.

년   월   일

신청인   (서명 또는 인)

산업통상자원부장관
(소속 청장)   귀하

신청인 제출서류	1. 설립발기인의 성명 · 생년월일 · 주소 · 약력을 적은 서류 (설립발기인이 법인인 경우에는 그 명칭, 주된 사무소의 소재지, 대표자의 성명 · 생년월일 · 주소와 정관을 적은 서류) 1부 2. 정관 1부 3. 재산목록(재단법인의 경우에는 기본재산과 운영재산으로 구분하여 적어야 합니다) 및 그 증명서류와 출연 신청이 있는 경우에는 그 사실을 증명하는 서류 각 1부 4. 해당 사업연도의 사업계획과 수입 · 지출 예산을 적은 서류 1부 5. 임원 취임 예정자의 성명 · 생년월일 · 주소 · 약력을 적은 서류 및 취임승낙서 각 1부 6. 창립총회 회의록(설립발기인이 법인인 경우에는 법인 설립에 관한 의사 결정을 증명하는 서류) 1부 ※ 제3호의 서류 중 담당 공무원 확인사항인 증명서류는 제출을 생략합니다.	수수료 없음
담당 공무원 확인사항	재산목록에 적힌 재산 중 토지 또는 건물의 등기사항증명서	

처 리 절 차

신청서 작성 → 접 수 → 확 인 → 결 재 → 허가증 작성 → 허가증 발급

신청인   처리기관: 산업통상자원부, 소속청(비영리법인의 설립 및 감독 업무 담당부서)

210mm×297mm[일반용지 60g/㎡(재활용품)]

한국전문경영인학회 정관

제1장 총칙

제1조 (명칭) 이 학회의 명칭은 '사단법인 한국전문경영인(CEO)학회'(이하 '학회'라 한다)라 하고, 영문은 Korea Chief Executive officer(CEO) Association(약칭은 'CEOA'로 한다)으로 한다.

제2조 (목적) 학회는 국내외의 전문경영인에 관련된 제 분야의 이론, 정책, 실무에 관련된 학술연구 활동을 통하여 회원 상호간의 학문적 교류와 유관기관 및 외국 학자와의 학술교류를 도모하며, 국가산업의 선진화 및 지역사회의 발전 등 공공의 이익에 이바지함을 목적으로 한다.

제3조 (사무소) 학회의 주된 사무소는 서울시 서초구 동산로 16길 10 서석빌딩 2층에 두고, 필요하다고 인정될 때에는 이사회의 의결에 의하여 지방에 지회를 둘 수 있다.

제4조 (사업) 학회는 제2조의 목적을 달성하기 위하여 다음 각 호의 사업을 한다.
1. 전문경영인 및 최고경영자에 관련된 연구와 학술조사
2. 학술지와 연구서적, 기타 간행물의 발간 및 배포
3. 학술 및 연구 발표회, 강연회, 세미나 등의 개최
4. 본회의 목적에 찬성하는 국내외 학술단체 및 관계기관과 산업계, 유관기관 및 제 학회와의 교류
5. 전문경영인 관련 분야의 학술상 수여
6. 경제 발전과 기업경영에 탁월한 공로가 있는 전문경영인에 대한 「전문경영인대상」 수여
7. 산업 발전과 기업경영에 탁월한 공로가 있는 경영자 대한 「한국CEO대상」 수여
8. 창업자 및 장수기업에 대한 「한국창업대상」, 「한국장수기업대상」, 「세계최장수

CEO대상」 수여

9. 본회의 목적에 적합한 제반사업의 수행 및 지원

10. 그 밖에 학회의 공익적 목적달성을 위해 필요한 사업

제2장 회원

제5조(회원의 구성 및 자격)

① 회원은 법인의 설립목적에 동의하면서 정하여진 가입절차를 마친 개인 및 단체로서 정회원, 특별회원, 기관회원을 둔다.

② 회원으로 가입하려는 사람은 정하여진 서식으로 가입신청을 하고 이사회의 승인을 받아야 한다.

③ 회원의 구분은 다음 각 호와 같다.

1. 정회원: 다음 각 목의 어느 하나에 해당하고 학회에서 정한 입회절차를 거친 개인

   가. 학교, 교육기관, 사회교육기관 또는 연구기관에 소속되어 기업경영 또는 경제학 · 경영학 및 전문경영인 관련 연구와 관련 학문을 강의하는 사람

   나. 기업이나 공공단체에서 기업경영 또는 경제학 · 경영학 및 전문경영인 관련 실무에 종사하는 사람

   다. 대학에서 석사학위를 취득하였거나 석사과정에 재학 중인 사람으로서 기업경영 또는 경제학 · 경영학 및 전문경영인 연구 분야를 전공하는 사람

   라. 그 밖에 이사회에서 이와 동등한 자격이 있다고 인정하는 개인

2. 특별회원: 학회의 발전과 사업을 수행하는데 기여할 수 있는 사람

3. 기관회원: 학회의 운영상 필요에 따라 이사회의 결의에 의해 입회가 결정된 도서관, 기업체, 공공기관, 교육기관, 연구기관 등의 기관

4. 학회에 가입하고 정식회원으로 학회의 의무를 성실하게 수행한 자로서 평생회비를 납부하고 이사회의 승인을 받은 사람은 평생회원이 된다.

제6조 (회원의 권리)

① 이 학회의 회원은 다음 각 호의 권리를 가진다.

1. 학술발표회와 학회지 논문투고, 해외 연수 및 학술탐사 참여 등 학회의 운영과 관

련된 활동 참여권

2. 총회에 출석 · 발언 · 의결권 및 선거권 · 피선거권(다만, 특별회원과 기관회원의 의결권, 선거권 및 피선거권은 제한한다)

3. 학회의 모든 사업에 관하여 보고 받을 권리

4. 학회의 각종 자료를 제공받을 권리

제7조 (회원의 의무)

회원은 다음 각 호의 의무를 진다.

1. 정관 및 각종 규정의 준수

2. 총회 및 이사회의 결의사항의 준수

3. 학회에서 정한 회비의 납부

제8조(회원자격의 상실)

학회의 회원 중 다음 각 호의 어느 하나에 해당 할 경우에는 이사회의 결의에 따라 회원의 자격이 상실된다.

1. 학회의 목적에 위배되는 행위를 하거나 회원으로서 품위를 손상시켰을 경우

2. 회비를 3년 이상 납부하지 않았을 경우

3. 학회 연구윤리규정을 위반하였을 경우

제9조(회원의 탈퇴)

회원은 학회의 회장에게 탈퇴서(구두, 유선 등의 방법으로 탈퇴 의사를 표명한 경우를 포함한다)를 제출하여 자유롭게 탈퇴할 수 있다.

제3장 총회

제10조(총회의 구성)

총회는 학회의 최고 의결기관이며 정회원으로 구성하며, 회장이 그 의장이 된다.

제11조(총회의 구분과 소집)

① 총회는 정기총회와 임시총회로 구분하며, 회장이 소집한다.

② 정기총회는 회계연도 개시 1개월 전까지 소집하며, 임시총회는 회장이 필요하다고 인정할 때에 소집한다.

③ 총회의 소집은 회장이 안건, 일시, 장소 등을 회의개최일의 7일 전까지 각 회원에게 서면이나 전자우편으로 알려야 한다.

제12조(총회의 의결사항)

총회의 의결사항은 다음 각 호와 같다.

1. 임원의 선출 및 해임
2. 학회의 해산 및 정관 변경
3. 기본재산의 처분 및 취득과 자금의 차입
4. 예산 및 결산의 승인
5. 사업계획의 승인
6. 회원의 제명
7. 그 밖의 중요사항

제13조(총회소집의 특례)

① 회장은 다음 각 호의 어느 하나에 해당하는 소집요구가 있을 때에는 소집요구일로부터 20일 이내에 총회를 소집하여야 한다.

1. 재적이사 과반수가 회의의 목적을 제시하여 소집을 요구한 때
2. 제20조제4항에 따라 감사가 소집을 요구한 때

② 총회 소집권자가 없거나 회의소집을 기피함으로써 7일 이상 총회소집이 불가능한 때에는 재적이사 과반수의 찬성으로 총회를 소집할 수 있다.

③ 제2항에 따른 총회는 출석이사 중 연장자의 사회로 의장을 선출한다.

④ 재적회원 3분의 1 이상이 회의의 목적을 제시하여 소집을 청구한 경우에 회장은 임시총회를 소집하여야 한다.

⑤ 제4항의 임시총회 소집청구 후 2주간 내에 회장이 총회소집 절차를 밟지 아니한 때에는 임시총회 소집을 청구한 회원은 법원의 허가를 받아 임시총회를 소집할 수 있다.

제14조(총회의 의결정족수)

① 학회의 총회는 출석회원으로 개회하고, 출석회원의 과반수 찬성으로 의결한다. 다만, 가부 동수인 경우에는 회장이 결정권을 갖는다.

② 회원은 부득이한 경우 총회의 의결권을 총회에 참석하는 다른 회원 또는 대리인에게 위임할 수 있다.

제15조(의결권의 제한)

임원 또는 회원은 다음 각 호의 어느 하나에 해당하는 사항의 의결에 참여할 수 없다.

1. 자신이 임원의 선출 및 해임의 대상이 되는 사항
2. 금전 및 재산의 수수를 수반하는 사항으로서 임원 또는 회원 자신과 학회의 이해가 상반 되는 사항

제16조(회의록)

① 총회의 의사에 관해서는 의사록을 작성하여야 한다.

② 의사록에는 의사 진행의 경과 · 요령 및 결과를 기재하고, 회장, 출석한 부회장 1인과 이사 1인이 대표로 성명을 기재하고 서명 또는 날인하여야 한다.

③ 회장은 의사록을 주된 사무실에 갖추어 두어야 한다.

제4장 임원

제17조(임원의 구성)

① 학회에 다음 각 호의 임원을 둔다.

1. 회장: 1명, 수석부회장(차기회장): 1명
2. 부회장: 5명
3. 이사: 5명 이상 15명 이하(회장, 수석부회장, 부회장을 포함한다)
4. 감사: 2명

② 학회는 학회운영에 필요한 집행임원을 둘 수 있으며 집행임원에 관한 규정은 이사회의 의결을 거쳐 별도로 정한다.

제18조 (임원의 선임)

① 수석부회장(차기회장)은 1년간 활동한 후 전임 회장의 임기가 만료되는 정기총회에서 자동적으로 회장직을 승계한다.

② 부회장과 이사는 회장이 위촉한다.

③ 수석부회장(차기회장)은 이사회 과반수이상의 추천을 받은 사람으로서 정기총회에서 출석회원의 과반수 찬성으로 선임한다.

④ 감사는 총회에서 출석회원의 과반수 찬성으로 선출한다.

⑤ 임원의 보선은 결원이 발생할 날로부터 2월 이내에 하여야 한다.

⑥ 새로운 임원의 선출은 임기만료 2월 전까지 하여야 한다.

⑦ 차기 임원을 선출하기 전에 임원임기가 만료되었을 경우는 현 임원이 다음 총회까지 업무를 수행한다.

제19조 (임원의 임기)

① 임원의 임기는 1년으로 하며, 연임할 수 있다. 다만, 보궐 선출된 임원의 임기는 전임자 임기의 남은 기간으로 한다.

② 임원은 임기가 만료된 후라도 후임자가 취임할 때까지는 임원으로서 직무를 수행한다.

제20조(임원의 직무)

① 회장은 학회를 대표하고 제반 업무를 총괄하며, 총회 및 이사회 의장이 된다.

② 수석부회장(차기회장)과 부회장은 회장을 보좌하며, 이사회에 출석하여 학회의 업무에 관한 사항을 의결하며, 이사회나 회장으로부터 위임받은 사항을 처리한다.

③ 이사는 이사회에 출석하여 학회의 업무에 관한 사항을 의결하며, 이사회나 회장으로부터 위임받은 사항을 처리한다.

④ 감사는 다음 각 호의 직무를 수행한다.

  1. 학회의 재산상황 및 회계를 감사하는 일

  2. 이사회의 운영과 그 업무에 관한 사항을 감사하는 일

  3. 제1호 및 제2호의 감사결과 부정 또는 부당한 점이 있음을 발견한 때에는 총회 및 이사회와 주무관청에 보고하는 일

4. 제3호의 보고를 위해 필요한 때에는 총회나 이사회의 소집을 요구하는 일

5. 그 밖에 학회의 재산현황과 업무에 관하여 총회, 이사회 및 회장에게 의견을 진술하는 일

제21조(회장 직무대행자 지명)

① 회장이 부득이한 사유로 직무를 수행할 수 없는 경우에는 수석부회장(차기회장)이 회장 직무를 대행한다.

② 회장이 궐위되었을 때에는 수석부회장(차기회장)이 회장 직무를 대행한다.

③ 제1항 및 제2항에 따라 회장 직무대행자로 지명된 수석부회장(차기회장)은 지체 없이 회장 업무에 대한 인수인계 절차를 밟아야 한다.

제22조(임원의 해임)

임원이 다음 각 호의 어느 하나에 해당하는 행위를 하는 때에는 해임할 수 있다.

1. 학회의 목적에 위배되는 행위

2. 임원간의 분쟁

3. 회계부정 또는 현저한 부당행위

4. 그 밖에 학회의 임무를 방해하는 행위

제23조(임원의 결격사유)

① 임원이 다음 각 호의 어느 하나에 해당하는 경우에는 임원이 될 수 없다.

1. 금치산자 또는 한정치산자

2. 파산자로서 복권되지 아니한 사람

3. 금고 이상의 형을 받고 집행이 종료되거나 집행을 받지 아니하기로 확정된 후 3년이 경과되지 아니한 사람

4. 설립허가가 취소된 학회의 임원으로서 2년이 경과되지 아니한 사람

5. 금고 이상의 형을 받고 그 집행유예의 기간이 완료된 날로부터 2년을 경과하지 아니한 사람

6. 금고 이상의 형의 선고유예를 받은 경우에 그 선고유예 기간 중에 있는 사람

7. 「특정경제범죄 가중처벌 등에 관한 법률」 제14조제2항에 해당하는 사람

② 이사회의 구성에 있어서 각 임원 상호간에 「민법」 제777조에 따른 친족관계나 처의 3촌 이내의 혈족관계가 있는 사람이 임원 정수의 2분의 1을 초과할 수 없다.

③ 감사는 감사상호간 또는 임원과「민법」 제777조에 따른 친족관계나 처의 3촌 이내의 혈족관계가 있는 사람이 아니어야 하며, 재무 및 회계 관련 경력이 있는 사람으로 선임한다.

제5장 이사회

제24조(이사회의 구성)

이사회는 회장, 부회장, 이사로 구성하며, 회장이 이를 소집하여 그 의장이 된다. 감사는 이사회에 출석하여 발언할 수 있으나 의결권을 갖지 못한다.

제25조(이사회의 소집과 절차)

① 이사회는 정기 이사회와 임시 이사회로 구분하며, 회장이 소집한다.

② 정기 이사회는 회계연도 개시 후 2개월 이내에 개최하고, 임시 이사회는 감사 또는 재직이사 3분의 1 이상의 요청이 있거나 회장이 필요하다고 인정할 때 소집할 수 있다.

③ 회장이 이사회를 소집한 때에는 회의 목적과 안건, 시간, 장소를 이사회 개최일의 7일 전까지 이사 및 감사에게 서면이나 전자우편으로 알려야 한다. 다만, 긴급한 경우에는 3일 전에 알릴 수 있다.

제26조(이사회의 의결 사항)

이사회는 다음 각 호의 사항을 심의 · 의결한다.

1. 정관에서 위임된 사항 및 그 밖의 학회의 목적 달성과 업무 수행
2. 사업계획의 수립 및 사업 실적 평가
3. 예산 · 결산서의 작성
4. 정관의 개정 및 제정에 대한 검토
5. 재산의 관리
6. 총회에 부칠 안건의 작성
7. 총괄고문, 고문 또는 자문위원의 위촉과 임원의 해임

8. 정관에 따라 그 권한에 속하는 사항

9. 회원의 표창 및 징계

제27조(개회 및 의결정족수)

① 이사회는 출석회원으로 개회한다.

② 이사회의 의결은 정관에서 따로 정한 사항을 제외하고는 출석이사 과반수의 찬성으로 의결한다. 다만, 가부 동수인 경우에는 의장이 결정권을 갖는다.

③ 회의에 참석하지 못하는 이사는 출석 및 의결권을 의장에게 위임할 수 있다.

제28조(의결권의 제한)

이사는 다음 각 호의 어느 하나에 해당하는 사항의 의결에 참여할 수 없다.

1. 자신이 이사의 선임 또는 해임의 대상이 되는 사항

2. 금전 및 재산의 수수를 수반하는 사항으로서 이사 자신과 학회의 이해가 상반되는 사항

제29조(서면결의)

① 회장은 이사회에 부칠 사항 중 경미한 사항이나 긴급한 사항에 관하여는 서면(온라인)으로 의결할 수 있다. 이 경우 회장은 그 결과를 차기 이사회에 보고하여야 한다.

제30조(회의록)

① 이사회의 의사진행에 관해서는 의사록을 작성하여야 한다.

② 의사록에는 의사진행의 경과·요령 및 결과를 기재하고, 회장 및 출석한 부회장 1인과 이사 1인이 대표로 성명을 기재하고 서명 또는 날인하여야 한다.

③ 회장은 의사록을 학회 사무실에 갖추어 두어야 한다.

제6장 각종 위원회 및 기구

제31조(총괄고문, 고문 또는 자문위원 위촉)

① 학회의 목적에 동의하는 사람으로 학식과 덕망을 갖춘 사람을 이사회의 의결을 거쳐

총괄고문, 고문 또는 자문위원으로 위촉할 수 있다.

② 총괄고문은 전문경영인과 학자들 사이의 교류업무를 주관하며 고문과 자문위원은 회장을 보좌한다.

③ 총괄고문, 고문, 자문위원은 이사회에 참석하여 의견을 개진할 수 있다.

제32조(위원회 구성)

학회는 제4조의 사업을 추진하기 위하여 다음 각 호의 위원회 등을 둘 수 있다.

1. 편집위원회
2. 학술위원회
3. 정보 및 회원관리위원회
4. 홍보위원회
5. 산학협력위원회
6. 국제교류위원회
7. 연구윤리위원회
8. 법인운영위원회
9. 수상심의위원회

제33조(사무국)

① 학회의 업무를 효율적으로 집행하고 이사회를 보좌하기 위하여 사무국을 둔다.

② 사무국에는 업무를 총괄할 사무국장 1명, 사무차장 3명 이내, 사무간사 1명을 둘 수 있으며, 회장이 임명한다.

③ 사무국장은 회장을 보좌하고 회장의 명을 받아 학회의 전반적인 사무를 총괄한다.

④ 사무차장과 사무간사는 사무국장의 업무를 보좌한다.

⑤ 사무국의 조직 및 운영에 필요한 사항은 이사회가 따로 정한다.

제34조(부설기관)

① 학회의 원활한 사업추진을 위하여 특정 역할을 수행하는 부설기관을 둘 수 있다.

② 부설기관의 장은 이사회에서 출석과반수 찬성으로 선출하며, 임기는 2년으로 연임할 수 있다.

제7장 사업

제35조 (학술연구발표회 및 학술지 발간)

1. 학술연구발표회 : 본회는 년 3회 이상의 학술연구발표회를 개최하며, 학술연구발표회에 관한 사항은 이사회에서 결정한다.

2. 학술지 발간 가. 본회는 학술지를 년 4회(매년 4, 8, 10, 12월 말) 이상 발간하며, 발간에 관한 제 규정 및 업무는 학술지 편집위원회를 구성하고 편집위원회 규정에 따른다. 나. 학술지 편집위원회의 시행세칙은 이사회의 의결을 거쳐 제정 및 변경할 수 있다. 다. 학술지 편집위원장은 회장이 임명하고, 분과별 편집위원은 편집위원장의 추천에 의하여 회장이 임명한다.

제36조 (기타 사업)

본회는 공익적 목적에 부응하는 정기 또는 부정기의 사업을 시행할 수 있으며, 이에 관한 사항은 이사회에서 결정하며 다음의 사업을 행할 수 있다.

1. 출판에 관한 사업2. 산–학 협동 공동 발표 및 토론회 개최3. 부정기 연구발표회 개최4. 외국과의 학술교류사업 및 해외 유관기관과의 교류사업5. 연구용역 사업 6. 기타 본회의 목적에 부합하는 사업

제8장 재산 및 회계

제37조(재원)

학회의 유지 및 운영에 필요한 경비와 재원은 다음 각 호와 같다.

1. 회원의 회비, 입회비
2. 각종 찬조금, 기부금, 출연금
3. 그 밖의 수익금

제38조 (회비부과 및 징수)

회원의 종류에 따른 회비액수, 징수방법 및 절차 등 필요한 사항은 이사회에서 결정한다.

제39조(재산구분)

① 학회의 재산은 기본재산과 보통재산으로 구분하며, 연 1회 그 목록을 작성하여 산업통상자원부장관에게 보고하여야 한다.

② 기본재산은 다음 각 호의 어느 하나에 해당하는 재산으로 하고, 기본재산은 별지 재산 총괄표의 기본재산과 같다.

  1. 법인을 설립할 때 기본재산으로 출연한 재산

  2. 기부 또는 그 밖의 무상으로 취득한 재산

  3. 보통재산 중 이사회에서 기본재산으로 편입할 것을 의결한 재산

제40조(재산의 관리)

기본재산을 매도, 증여, 임대, 교환 또는 담보로 제공하거나, 이 법인의 수지예산으로 정한 사항 외의 의무를 부담하거나 권리를 포기하려는 때에는 이사회의 의결을 거쳐 산업통상자원부장관의 허가를 받아야 한다.

제41조(회계연도)

학회의 회계연도는 정부의 회계연도를 따른다.

제42조(임원의 보수)

임원에 대한 보수는 지급하지 아니한다. 다만, 직무수행에 필요한 정하여진 소정의 업무 보조금은 이사회의 의결을 거쳐 지급할 수 있다.

제43조(학회수입의 귀속)

학회는 목적사업과 수익사업에서 얻은 수입을 회원의 이익이 아닌 불특정 다수에게 공익을 위하여 사용하고 임원이나 출연자 등 특정 개인에게 귀속시킬 수 없다.

제44조(사업계획 및 예산 등의 보고)

학회의 연간 사업계획과 예산은 회계연도 개시 전에 작성하되, 이사회 의결을 거쳐 총회의 승인을 얻은 후 다음 연도 2월말까지 산업통상자원부장관에게 보고하여야 한다.

제45조(사업실적 및 결산)

학회의 사업실적 및 예산의 집행실적은 회장이 회계연도 종료일부터 2개월 이내에 작성하여 감사의 감사를 거친 후 총회에 보고한다.

제46조(회비 및 기부금 공개)

연간 회비 및 찬조금, 기부금 모금액 및 활용실적을 본 학회의 인터넷 홈페이지를 통해 공개한다.

제9장 정관의 변경 및 해산 등

제47조(정관의 변경)

학회가 정관을 변경할 때에는 총회에서 출석회원 과반수의 찬성을 거쳐 산업통상자원부장관의 허가를 받아야 한다.

제48조(학회의 해산)

① 학회는 「민법」 제77조 및 제78조에 따라 해산한다.

② 학회를 해산할 때에는 총회에서 재적회원 4분의 3 이상의 찬성으로 의결하여 해산등기를 완료한 후 지체 없이 산업통상자원부 장관에게 신고하여야 한다.

제49조(잔여재산의 처분)

① 학회가 해산할 때에는 해산 당시의 이사가 청산인이 된다.

② 청산 후의 남은 재산은 총회의 의결을 거친 후 산업통상자원부장관의 허가를 받아 귀속 대상을 결정하되, 해산시 잔여재산을 국가 · 지방자치단체 또는 유사한 공익적 목적을 가진 다른 비영리법인에게 귀속하도록 한다.

제50조(규칙제정)

학회의 운영 및 정관의 시행에 필요한 세부사항은 이사회 의결을 거쳐 별도의 규칙으로 정한다.

제51조(준용규정)

정관에서 규정하지 아니한 사항에 대하여는 「민법」중 사단법인에 관한 규정과 「산업통상자원부소관 비영리법인의 설립 및 감독에 관한 규칙」을 준용한다.

제52조(정치활동의 금지)

본 학회의 명의 또는 그 대표자의 명의로 특정 정당 또는 특정인에 대한 ?공직선거법? 제58조 제1항에 따른 선거운동을 금지한다.

제53조(공고의 방법)

① 학회가 법령과 정관, 그 밖에 총회 및 이사회의 의결에 의하여 공고하여야 할 사항은 학회의 홈페이지 또는 기관지에 게재한다.
② 제1항의 공고내용을 회원에게 알릴 필요가 있는 경우에 서면이나 전자우편으로 통지한다.
③ 제1항에 따른 공고기간은 7일 이상으로 한다.

[서식 – 그 외 관련 서식은 서식 중복기재 회피를 위하여 제1편 비영리사단법인 해당 서식을 참고하기 바란다]

나. 설립허가

(1) 설립허가기준

주무관청은 비영리법인 설립허가 신청의 내용이 다음의 기준에 맞는 경우에만 그 설립을 허가한다.

- 비영리법인의 목적과 사업이 실현가능할 것
- 목적사업을 할 수 있는 충분한 능력이 있고, 재정적 기초가 확립되어 있거나 확립될 수 있을 것
- 다른 법인과 같은 명칭이 아닐 것

(2) 심사 및 허가기간 등

주무관청은 비영리법인 설립허가의 신청을 받았을 때에는 특별한 사유가 없으면 14일 이내에 심사하여 허가 또는 불허가 처분을 하고, 그 결과를 서면으로 신청인에게 통지하여야한다. 이 경우 허가를 할 때에는 별지 제2호서식의 비영리법인 설립허가증을 발급하고 비영리법인 설립허가대장에 필요한 사항을 적어야 한다.

[서식 _ 비영리법인 설립허가증]

■ 산업통상자원부장관 및 그 소속 청장 소관 비영리법인의 설립 및 감독에 관한 규칙 [별지 제2호서식] 〈개정 2013.3.23〉

제   호

비영리법인 설립허가증

1. 법인 명칭:

2. 소 재 지:

3. 대 표 자
   성   명:
   생년월일:

4. 사업 내용:

5. 허가 조건:

「민법」 제32조 및 「산업통상자원부장관 및 그 소속 청장 소관 비영리법인의 설립 및 감독에 관한 규칙」 제4조에 따라 위와 같이 법인 설립을 허가합니다.

년   월   일

산업통상자원부장관

(소속 청장)

| 직인 |

210mm×297mm[일반용지 60g/㎡(재활용품)]

준수사항

1. 「민법」 및 「산업통상자원부장관 및 그 소속 청장 소관 비영리법인의 설립 및 감독에 관한 규칙」 등 관련 법령과 정관에서 정한 내용을 준수해야 합니다.
2. 정관에서 정하는 목적사업 중 다른 법률에 따른 허가·인가·등록·신고의 대상이 되는 사업을 하려는 경우에는 관련 법령에 따른 절차를 거쳐야 합니다.
3. 매 사업연도 종료 후 2개월 이내에 다음의 서류를 주무관청에 제출해야 합니다.
   가. 다음 사업연도의 사업계획과 수입·지출 예산서 1부
   나. 해당 사업연도의 사업실적과 수입·지출 결산서 1부
   다. 해당 사업연도 말 현재의 재산목록 1부
4. 다음 사항에 해당되는 경우에는 「민법」 제38조에 따라 법인의 설립허가를 취소할 수 있습니다.
   가. 설립 목적 외의 사업을 한 경우
   나. 공익을 해치는 행위를 한 경우
   다. 설립허가의 조건을 위반한 경우
   라. 각종 제출의무를 위반한 경우
5. 법인이 해산(파산으로 인한 해산은 제외합니다)하였을 때에는 해산등기를 마친 후 지체 없이 주무관청에 해산 신고를 해야 합니다.
6. 법인의 청산이 종결되었을 때에는 등기를 한 후 주무관청에 신고해야 합니다.

〈 변 경 사 항 〉

날 짜	내　　용	확인

210mm×297mm[일반용지 60g/㎡(재활용품)]

다. 설립 관련 보고

(1) 재산이전

비영리법인의 설립허가를 받은 자는 그 허가를 받은 후 지체 없이 기본재산 및 운영재산을 비영리법인에 이전(移轉)하고 1개월 이내에 그 이전을 증명하는 등기소 또는 금융회사 등의 증명서를 주무관청에 제출하여야 한다.

(2) 설립관련 보고

비영리법인은 「민법」 제49조부터 제52조까지의 규정에 따라 법인 설립 등의 등기를 하였을 때에는 그 날부터 10일 이내에 주무관청에 보고하여야 한다. 이 경우 주무관청은 「전자정부법」 제36조 제1항에 따른 행정정보의 공동이용을 통하여 법인 등기사항증명서를 확인하여야 한다.

3. 허가 후 절차

가. 정관 변경허가의 신청 등

(1) 신청 및 첨부서류

「민법」 제42조 제2항, 제45조 제3항 또는 제46조에 따른 정관 변경의 허가를 받으려는 비영리법인은 별지 제3호서식의 비영리법인 정관 변경허가 신청서에 다음 각 호의 서류를 첨부하여 주무관청에 제출하여야 한다.

- 정관 변경 사유서 1부
- 개정될 정관(신·구조문대비표를 첨부한다) 1부
- 정관 변경과 관계있는 총회 또는 이사회의 회의록 1부
- 기본재산의 처분에 따른 정관 변경의 경우에는 처분 사유, 처분재산의 목록, 처분 방법 등을 적은 서류 1부

(2) 심사결과 통지

주무관청은 정관 변경의 허가 신청을 받았을 때에는 특별한 사유가 없으면 14일 이내에 심사하여 허가 또는 불허가 처분을 하고, 그 결과를 서면으로 신청인에게 통지하여야 한다.

■ 산업통상자원부장관 및 그 소속 청장 소관 비영리법인의 설립 및 감독에 관한 규칙 [별지 제3호서식] 〈개정 2013.3.23〉

비영리법인 정관 변경허가 신청서

접수번호	접수일	처리일	처리기간	14일

신청인	성명		생년월일	
	주소		전화번호	

법 인	명칭		전화번호	
	소재지			
	설립허가일		설립허가번호	

대표자	성명		생년월일	
	주소		전화번호	

「민법」제42조제2항·제45조제3항·제46조 및 「산업통상자원부장관 및 그 소속 청장 소관 비영리법인의 설립 및 감독에 관한 규칙」 제6조에 따라 위와 같이 정관의 변경허가를 신청합니다.

년   월   일

신청인   (서명 또는 인)

산업통상자원부장관
(소속 청장)   귀하

신청인 제출서류	1. 정관 변경 사유서 1부 2. 개정될 정관(신·구조문대비표를 첨부합니다) 1부 3. 정관 변경과 관계있는 총회 또는 이사회의 회의록 1부 4. 기본재산의 처분에 따른 정관 변경의 경우에는 처분 사유, 처분재산의 목록, 처분 방법 등을 적은 서류 1부	수수료 없 음

처리절차

신청서 작성 → 접 수 → 서류 확인 및 검토 → 결 재 → 결과 통지

신청인   처리기관: **산업통상자원부,** 소속청(비영리법인의 설립 및 감독 업무 담당부서)

210mm×297mm[일반용지 60g/㎡(재활용품)]

[서식 - 그 외 관련 서식은 서식 중복기재 회피를 위하여 제1편 비영리사단법인 해당 서식을 참고하기 바란다]

나. 사업실적과 사업계획 등의 보고

비영리법인은 매 사업연도가 끝난 후 2개월 이내에 다음의 서류를 주무관청에 제출하여야 한다(규칙 제7조).

- 다음 사업연도의 사업계획과 수입 · 지출 예산서 1부
- 해당 사업연도의 사업실적과 수입 · 지출 결산서 1부
- 해당 사업연도 말 현재의 재산목록 1부

다. 법인 사무의 검사 · 감독

주무관청은 「민법」 제37조에 따른 법인 사무의 검사와 감독을 위하여 불가피한 경우에는 비영리법인에 관계 서류 · 장부 또는 그 밖의 참고자료 제출을 명하거나 소속 공무원으로 하여금 비영리법인의 사무와 재산 상황을 검사하게 할 수 있으며, 이에 에 따라 법인 사무를 검사하는 공무원은 그 자격을 증명하는 증표를 관계인에게 보여 주어야 한다(규칙 제8조).

4. 해산 등

가. 설립허가의 취소

주무관청은 법인이 목적이외의 사업을 하거나 설립허가의 조건에 위반하거나 기타 공익을 해하는 행위를 한 때에는 그 허가를 취소할 수 있다. 다만 이에 따라 법인의 설립허가를 취소하려면 청문을 하여야 한다(규칙 제9조).

나. 해산 신고

비영리법인이 해산(파산으로 인한 해산은 제외한다)하였을 때에는 그 청산인은 「민법」 제85조 제1항에 따라 해산등기를 마친 후 지체 없이 별지 제4호서식의 비영리법인 해산 신고서에 다음의 서류를 첨부하여 주무관청에 제출하여야 한다. 이 경우 주무관청은 「전자정부법」 제36조 제1항에 따른 행정정보의 공동이용을 통하여 법인 등기사항증명서를 확인하여야 한다(규칙 제10조).

- 해산 당시의 재산목록 1부
- 잔여재산 처분방법의 개요를 적은 서류 1부

- 해산 당시의 정관 1부
- 사단법인이 총회의 결의에 의하여 해산하였을 때에는 그 결의를 한 총회의 회의록 1부
- 재단법인의 해산 시 이사회가 해산을 결의하였을 때에는 그 결의를 한 이사회의 회의록 1부

■ 산업통상자원부장관 및 그 소속 청장 소관 비영리법인의 설립 및 감독에 관한 규칙 [별지 제4호서식] 〈개정 2013.3.23〉

비영리법인 해산 신고서

접수번호		접수일	처리일		처리기간	7일
청산인	성명			생년월일		
	주소			전화번호		
청산법인	명		칭	전화번호		
	소재지					

해산 연 월 일

해산 사유

「민법」 제86조제1항 및 「산업통상자원부장관 및 그 소속 청장 소관 비영리법인의 설립 및 감독에 관한 규칙」 제10조에 따라 위와 같이 법인 해산을 신고합니다.

년　　　월　　　일

신고인

(서명 또는 인)

산업통상자원부장관
　(소속 청장)　　귀하

신고인 제출서류	1. 해산 당시의 재산목록 1부 2. 잔여재산 처분방법의 개요를 적은 서류 1부 3. 해산 당시의 정관 1부 4. 사단법인이 총회의 결의에 의하여 해산하였을 때에는 그 결의를 한 총회의 회의록 1부 5. 재단법인의 해산 시 이사회가 해산을 결의하였을 때에는 그 결의를 한 이사회의 회의록 1부	수수료 없음
담당 공무원 확인사항	법인 등기사항증명서	

처리절차

신고서 작성	→	접수	→	검토 · 확인	→	결재
신고인		처리기관: 산업통상자원부, 소속청(비영리법인의 설립 및 감독 업무 담당부서)				

210mm×297mm[일반용지 60g/㎡(재활용품)]

다. 잔여재산 처분허가의 신청 등

(1) 신청 및 첨부서류

비영리법인의 이사 또는 청산인은 「민법」 제80조 제2항에 따라 잔여재산의 처분에 대한 허가를 받으려면 별지 제5호서식의 잔여재산 처분허가 신청서에 다음 각 호의 서류를 첨부하여 주무관청에 제출하여야 한다(규칙 제11조).

• 해산 당시의 정관(해산신고 시의 정관을 확인할 필요가 있는 경우에만 제출한다) 1부
• 총회의 회의록(사단법인의 해산신고 시에 제출한 서류만으로 확인이 되지 아니할 경우에만 제출한다) 1부

(2) 심사 및 결과통지

주무관청은 잔여재산의 처분허가 신청을 받았을 때에는 특별한 사유가 없으면 14일 이내에 심사하여 허가 또는 불허가 처분을 하고, 그 결과를 서면으로 신청인에게 통지하여야 한다.

- 산업통상자원부장관 및 그 소속 청장 소관 비영리법인의 설립 및 감독에 관한 규칙 [별지 제15호서식] 〈개정 2013.3.23〉

잔여재산 처분허가 신청서

접수번호		접수일	처리일	처리기간	14일

신청법인	명칭		전화번호	
	소재지			

대 표 자 (이사 · 청산인)	성명		생년월일	
	주소		전화번호	

처분재산	종류 및 수량
	금액
	처분방법

처분 사유

「민법」 제80조제2항 및 「산업통상자원부장관 및 그 소속 청장 소관 비영리법인의 설립 및 감독에 관한 규칙」 제11조에 따라 위와 같이 잔여재산 처분허가를 신청합니다.

년   월   일

신청인   (서명 또는 인)

산업통상자원부장관
(소속 청장)   귀하

신청인 제출서류	1.해산당시의 정관 1부(해산신고 시의 정관을 확인할 필요가 있는 경우에만 제출합니다) 2.총회의 회의록 1부(사단법인의 해산신고 시에 제출한 서류만으로 확인이 되지 않을 경우에만 제출합니다)	수수료 없음

처리절차

신청서 작성	→	접 수	→	확 인	→	결 재	→	결과 통지
신청인		처리기관: 산업통상자원부, 소속청(비영리법인의 설립 및 감독 업무 담당부서)						

210mm×297mm[일반용지 60g/㎡(재활용품)]

라. 청산종결의 신고

청산인은 비영리법인의 청산이 종결되었을 때에는 「민법」 제94조에 따라 등기를 한 후, 별지 제6호서식의 청산종결 신고서를 주무관청에 제출하여야 한다. 이 경우 주무관청은 「전자정부법」 제36조 제1항에 따른 행정정보의 공동이용을 통하여 법인 등기사항증명서를 확인하여야 한다(규칙 제12조).

■ 산업통상자원부장관 및 그 소속 청장 소관 비영리법인의 설립 및 감독에 관한 규칙 [별지 제6호서식] 〈개정 2013.3.23〉

청산종결 신고서

접수번호		접수일	처리일	처리기간	7일
청 산 인	성명			생년월일	
	주소			전화번호	
청산법인	명칭			전화번호	
	소재지				

청산 연월일	
청산 취지	

「민법」제94조 및 「산업통상자원부장관 및 그 소속 청장 소관 비영리법인의 설립 및 감독에 관한 규칙」제12조에 따라 위와 같이 청산 종결을 신고합니다.

년   월   일

신고인(청산인)   (서명 또는 인)

산업통상자원부장관   귀하
　(소속 청장)

신고인(청산인) 제출서류	없음	수수료 없 음
담당 공무원 확인사항	법인 등기사항증명서	

처리절차

신고서 작성	→	접 수	→	검토·확인	→	결재

신고인   처리기관: **산업통상자원부**, 소속청(비영리법인의 설립 및 감독 업무 담당부서)

210mm×297mm[일반용지 60g/㎡(재활용품)]

제21장 국토교통부 및 그 소속청 소관 비영리법인 설립

1. 개관

국토교통부 및 그 소속청 소관 비영리법인의 설립 및 감독에 관한 규칙(이하 '규칙'이라고만 함)은 「민법」에 따라 국토교통부장관 또는 그 소속 청장이 주무관청이 되는 비영리법인의 설립 및 감독에 필요한 사항을 규정함을 목적으로 하며, 이에 따른 비영리법인(이하 '법인'이라 한다)의 설립허가, 법인 사무의 검사 및 감독 등에 관하여는 다른 법령에 특별한 규정이 있는 경우를 제외하고는 이 규칙에서 정하는 바에 따른다.

본장은 국토교통부 및 그 소속청 소관 비영리법인의 설립과 관련한 일반절차인 설립허가신청 및 관련 첨부서류 그리고 정관변경허가신청, 사업계획보고 등에 관한 내용들을 정리하였다. 그 외 관련서류들은 제1편 관련 내용부분을 참고하기 바란다.

2. 설립허가절차

가. 설립허가의 신청

「민법」 제32조에 따라 법인의 설립허가를 받으려는 자(이하 '설립발기인'이라 한다)는 별지 제1호서식의 법인 설립허가 신청서에 다음의 서류를 첨부하여 국토교통부장관 또는 그 소속 청장(이하 '주무관청'이라 한다)에게 제출하여야 한다. 이 경우 주무관청은 「전자정부법」 제36조 제1항에 따른 행정정보의 공동이용을 통하여 재산목록에 적힌 재산 중 토지 또는 건물의 등기부 등본을 확인하여야 한다(규칙 제3조).

- 설립발기인의 성명 · 생년월일 · 주소 및 약력을 적은 서류(설립발기인이 법인인 경우에는 그 명칭, 주된 사무소의 소재지, 대표자의 성명 · 생년월일 · 주소와 정관을 적은 서류) 1부
- 정관 1부
- 재산목록(재단법인의 경우에는 기본재산과 운영재산으로 구분하여 적어야 한다) 및 그 증명서류와 출연(出捐) 신청이 있는 경우에는 그 사실을 증명하는 서류 각 1부

- 해당 사업연도분의 사업계획 및 수입 · 지출 예산을 적은 서류 1부
- 임원 취임 예정자의 성명 · 생년월일 · 주소 · 약력을 적은 서류 및 취임승낙서 각 1부
- 창립총회 회의록(설립발기인이 법인인 경우에는 법인 설립에 관한 의사 결정을 증명하는 서류) 사본 1부

■ 국토교통부 및 그 소속청 소관 비영리법인의 설립 및 감독에 관한 규칙 [별지 제1호서식] 〈개정 2013.3.23〉

법인 설립허가 신청서

접수번호	접수일		처리일	처리기간	20일

신청인	성명		생년월일 (외국인등록번호)		
	주소		전화번호		

법 인	명칭		전화번호		
	소재지				

대표자	성명		생년월일 (외국인등록번호)		
	주소		전화번호		

「민법」 제32조 및 「국토교통부 및 그 소속청 소관 비영리법인의 설립 및 감독에 관한 규칙」 제3조에 따라 위와 같이 법인 설립허가를 신청합니다.

년   월   일

신청인   (서명 또는 인)

국 토 교 통 부 장 관
행정중심복합도시건설청장   귀하

신청인 제출서류	1. 설립발기인의 성명 · 생년월일 · 주소 및 약력을 적은 서류(설립발기인이 법인인 경우에는 그 명칭, 주된 사무소의 소재지, 대표자의 성명 · 생년월일 · 주소와 정관을 적은 서류) 1부 2. 정관 1부 3. 재산목록(재단법인의 경우에는 기본재산과 운영재산으로 구분하여 적어야 합니다) 및 그 증명서류와 출연 신청이 있는 경우에는 그 사실을 증명하는 서류 각 1부 4. 해당 사업연도분의 사업계획 및 수입 · 지출 예산을 적은 서류 1부 5. 임원 취임 예정자의 성명 · 생년월일 · 주소 · 약력을 적은 서류 및 취임승낙서 각 1부 6. 창립총회 회의록(설립발기인이 법인인 경우에는 법인 설립에 관한 의사 결정을 증명하는 서류) 사본 1부	수수료 없음
담당 공무원 확인사항	재산목록에 적힌 재산의 토지(건물) 등기부등본	

처리절차

신청서 작성 → 접 수 → 확 인 → 결 재 → 허가증 작성 → 허가증 발급

신청인   처리기관: 국토교통부, 행정중심복합도시건설청(비영리법인의 설립 및 감독 업무 담당부서)

210mm×297mm[일반용지 60g/㎡(재활용품)]

제1장 총칙

제1조(명칭) 이 회는 사단법인 한국전기철도기술협회(이하'협회'라 한다)라 한다. (개정 2011.3.11)

제2조(목적) 협회는 회원의 품위유지와 복리증진, 회원 상호간의 친목을 도모하고 전기철도 기술인력의 양성과
지원, 지식의 보급으로 전기철도분야의 진흥을 통한 국민생활의 안정과 철도발전에 기여함을 목적으로 한다.
(개정 2011.3.11)

제3조(소재지) 협회의 주된 사무소는 경기도 광명시 기아로 168(소하동 656)에 두고 필요한 경우 이사회의 의결을 거쳐 지회를 둘 수 있다. (개정 2011.3.11, 2012.4.17)

제4조(사업) 협회는 제2조의 목적달성을 위하여 다음 각 호의 사업을 한다. (개정 2011.3.11)
 1. 전기철도 기술에 관한 연구, 조사, 개발, 지원
 2. 전기철도에 관한 자료, 도서, 회지의 발간
 3. 회원의 품위유지 및 자질향상을 위한 업무
 4. 전기철도 기술보급과 기술인력의 양성·자격인정 및 경력과 전기철도분야 실적의 관리
 5. 전기철도 시설에 관한 계획·조사·설계·감리의 연구와 자문
 6. 전기철도시설의 안전점검 및 품질검사 업무
 7. 관련기관 위탁사무 및 관련 자료·증명서 등의 발급
 8. 전기철도의 선진기술 도입과 해외 기술협력
 9. 기타 사회에 이바지 하고 목적달성에 필요한 사업

<h1>제2장 회원</h1>

제5조(회원) 협회의 회원은 정회원, 준회원, 특별회원, 법인회원 으로 구분하며 회원의 자격은 다음 각 호와 같다. (개정 2011.3.11)

1. 정회원은 국가 또는 공공기관에 재직하고있지 아니하는 전기철도분야 기술자 (개정 2011.3.11)
2. 준회원은 위 1호 이외의 자로서 전기철도 업무에 종사 하고 있는 자 (개정 2011.3.11, 2012.4.17)
3. 특별회원은 협회의 취지에 찬성하고 목적수행에 협조 하는 자.(개정 2011.3.11)
4. 법인회원은 협회의 목적과 사업취지에 적극 찬성하는 법인, 사업자 (개정 2011.3.11)

제6조(회원의 가입) ① 제5조의 규정에 의하여 협회 회원으로 가입하고자 하는 자는 회원가입 신청서를 제출
하고 소정의 회비를 납부하여야 한다. (신설 2011.3.11)
② 회원의 가입비와 연회비는 이사회의 의결에 의하여 따로 정한다. (개정 2011.3.11)

제7조(회원의 권리와 의무) ① 회원은 소정의 회비를 납부하고 이 정관의 규정을 준수함으로써 이 정관에서 정한
권리와 의무를 갖는다.(신설 2011.3.11)
② 회원은 협회에서 주관하는 회의 및 행사, 교육 등에 우선 참가할 수 있고, 각종자료를 제공받을 수 있다.
(신설 2011.3.11)
③ 정회원은 총회 발언권 및 의결권을 가진다. (신설 2011.3.11)
④ 정회원을 제외한 회원은 총회의 발언권 및 의결권을 갖지 아니한다. (신설 2011.3.11)
⑤회원은 다음 각 호의 의무를 가진다. (신설 2011.3.11)

1. 정관 및 제 규정을 준수할 의무
2. 회원으로서의 품위유지 및 성실의무
3. 회비를 납부할 의무

4. 기타 협회가 요구하는 각종 자료의 제출 및 신상변동에 따른 신고 등

제8조(자격상실 및 정지) ① 회원이 다음 각 호의 1에 해당할 때는 이사회의 의결에 따라 회원의 자격이 상실 또는

정지되고 자격이 상실 또는 정지된 회원은 의결권 및 발언권이 없으며, 납부한 회비와 협회의 재산에 대하여 아무

런 반환 청구도 할 수 없다. (개정 2011.3.11)

1. 협회의 명예를 손상시키거나 또는 신의를 떨어뜨리는 행위를 하였을 때는 자격상실

2. 정관 또는 총회의 결의를 무시하는 행위를 하였을 때는 자격상실

3. 회비를 납부하지 아니할 때는 자격정지

② 제1항제3호의 규정에 의하여 회원자격이 정지된 자가 소정의 회비를 납부한 때에는 납부한 시점부터 당연히 회원

자격이 회복된다. (신설 2011.3.11.)

제9조(회원의 탈퇴) 회원이 탈퇴하고자 하는 경우는 회장에게 탈퇴신고서를 제출함으로써 탈퇴할 수 있다.

(신설 2011.3.11.)

제10조(회원의 포상 및 징계) ① 협회의 발전에 공헌 하였거나 전기철도발전에 현저한 공로가 있는 회원에 대하

여는 포상할 수 있다. (신설 2011.3.11)

② 협회의 목적에 위배된 행위를 한 회원에 대하여는 징계 할 수 있으며, 구체적인 사항은 별도로 정한다. (신설 2011.3.11.)

제11조(회원의 교육) ① 협회는 회원의 자질향상을 위하여 필요한 교육을 할 수 있다. (신설 2011.3.11)

② 회원의 교육에 관하여 필요한 사항은 별도로 정한다. (신설 2011.3.11.)

제3장 임원과 직원

제12조(임원의 정원) 협회는 회장1인, 부회장 1인을 포함하여 15인 이내의 이사와 감사 1인을 둔다.

(개정 2011.3.11.)

제13조(임원의 선출) ① 회장 및 감사는 정회원의 자격을 가진 자 중 이사회의 추천을 통하여 총회에서 선출한다.

(개정 2011.3.11)

② 이사는 정회원의 자격을 가진 자 중 이사회에서 추천하여 총회에서 선출한다. (개정 2011.3.11)

③ 부회장은 선출된 임원중에서 회장의 추천을 통하여 이사회에서 선출한다. (개정 2011.3.11)

④ 상근이사는 선출된 임원중에서 회장이 임명한다. (개정 2011.3.11)

⑤ 회장 등 임원의 선출에 따른 필요한 사항은 별도의 규정으로 정한다. (신설 2014.3.18.)

제14조(임원의 임기) ① 회장의 임기는 3년 단임으로 한다. (신설 2011.3.11)

② 감사, 이사의 임기는 2년으로 하되, 1회에 한하여 중임할 수 있다. (신설 2011.3.11, 개정 2014.3.18)

③ 총회에서 선출된 임원의 임기는 선출된 날로부터 차기총회에서 임원을 선출하는 날까지로 한다. (신설 2011.3.11)

④ 임원은 제3항의 규정에 의한 임기만료 후 라도 후임자가 선출될 때까지 그 직무를 수행한다. (신설 2011.3.11.)

제15조(임원의 직무) ① 회장은 협회를 대표하고 협회의 모든 업무를 총괄하며, 총회와 이사회의 의장이 된다.

(개정 2011.3.11)

② 부회장은 회장을 보좌하며 회장 유고시 그 직무를 대행 한다.

③ 이사는 이사회에 출석하여 협회 업무에 관한 사항을 의결한다. (개정 2011.3.11)

④ 감사는 협회의 사업과 회계를 감사하고 그 의견을 총회에 제출한다.

제16조(임원의 자격제한) 임원이 다음 각 호1 에 해당되는 행위를 한 때에는 자격을 제한한다. (신설 2011.3.11)

1. 금치산 또는 한정치산의 선고를 받은 때
2. 파산선고를 받고 복권되지 아니한 때
3. 금고 이상의 실형을 선고받고 그 집행이 종료되거나 집행을 받지 아니하기로 확정된 후 5년이 지나지 아니 한때
4. 현저한 부정행위 등으로 설립목적에 위배되는 행위를 한 사실이 있는 때
5. 임원이 기타 사회적 물의를 일으켜 협회의 명예를 실추시켰다고 인정 될 때에는 회장은 이사회의 의결을 거쳐
   정기총회 때까지 해당임원의 자격을 정지시킬 수 있다.

제17조(임원의 보수) ① 상근임원은 규정에서 정한 바에 따라 보수를 지급한다. (개정 2011.3.11)
② 비상근이사의 보수는 지급하지 않는다.
③ 비상근이사와 명예회장, 고문에게는 예산의 범위 내에서 수당, 여비 등을 지급할 수 있다. (개정 2011.3.11.)

제18조(직원) 상근임원의 업무를 보좌하기 위하여 협회는 직원을 둘 수 있으며, 직원의 정원과 보수는 이사회에서
정한다. (개정 2011.3.11.)

제19조(명예회장과 고문 및 자문위원) ① 직전회장은 특별한 사유가 없는 한 명예회장이 된다. (개정 2011.3.11)
② 전직회장은 고문으로 추대할 수 있다. (신설 2011.3.11)
③ 회장은 이사회의 의결을 거쳐 협회의 자문을 위한 자문위원을 둘 수 있다.

제4장 회 의

제20조(회의) ① 회의는 총회와 이사회로 한다.

② 총회 및 이사회는 다음과 같이 구성한다. (신설 2011.3.11)

　1. 총회는 정회원으로 구성한다.

　2. 이사회는 이사로 구성한다.

제21조(총회) ① 총회는 정기총회와 임시총회로 구분하고 정기총회는 매년 2월에 소집
한다.

② 임시총회는 다음 각 호의 경우에 소집한다. (신설 2011.3.11)

　1. 회장이 필요하다고 인정할 때

　2. 이사회의 결의가 있을 때

　3. 정회원 3분의 1이상이 연서로 소집을 요구 할 때

제22조(총회의 소집) ① 총회는 회장이 소집하고, 회장은 그 의장이 된다. (신설
2011.3.11)

② 회장이 총회를 소집할 때에는 특별한 사정이 없는 한 의사일정과 의안을 총회를 개
최하는 날로부터 7일 전 까지
회원에게 서면으로 통지하여야 한다. (신설 2011.3.11)

③ 회장은 임시총회의 소집요구를 접수한 때에는 그 날로부터 15일 이내에 총회를 소집
하여야 한다. (신설 2011.3.11.)

제23조(총회의 의결사항) 총회는 다음 사항을 의결한다. (개정 2011.3.11)

　1. 정관의 개정

　2. 사업계획과 예산의 승인

　3. 사업보고와 결산의 승인

　4. 임원의 선출

　5. 협회의 해산

　6. 기타 주요사항

제24조(총회의 의결) ① 총회의 의결은 재적회원의 과반수 출석과 출석회원의 과반수이상 찬성으로 의결한다.

(개정 2011.3.11, 2012.4.17)

② 정관개정과 협회 해산은 재적회원의 3분의 2이상 찬성으로 의결한다. (개정 2011.3.11, 2012.4.17)

③ 정회원이 총회에 위임장을 제출할 경우 출석회원으로 인정한다. (개정 2011.3.11., 2012.4.17)

제25조(회의록) 총회의 회의록은 의장과 출석회원 2인 이상의 서명날인을 받아 보관하여야 한다. (신설 2011.3.11.)

제26조(이사회) ① 협회에 이사회를 둔다. (신설 2011.3.11)

② 이사회는 회장 및 이사로 구성하고 회장은 그 의장이 된다. (신설 2011.3.11)

③ 감사는 이사회에 출석하여 발언할 수 있으나 의결권은 없다. (신설 2011.3.11)

④ 명예회장과 고문 및 자문위원은 이사회에 참석하여 발언할 수 있으며 의결권은 없다. (신설 2011.3.11.)

제27조(이사회의 소집) ① 이사회는 다음 각 호의 경우에 회장이 소집한다. (신설 2011.3.11)

1. 회장이 필요하다고 인정하는 경우
2. 재적이사 3분의 2이상이 연서로 의안을 명시 하여 요구하는 경우
3. 의장이 이사회를 소집할 때에는 개최 7일전까지 의안을 이사에게 배부하여야 한다. 다만 긴급을 요하거나 의안의 성격상 기밀을 요할 경우 그러하지 아니한다.

제28조(이사회의 의결사항) 이사회는 다음의 사항을 심의 의결한다. (개정 2011.3.11)

1. 사업계획의 수립과 운영에 관한 사항
2. 제 규정의 제정 및 개정에 관한 사항
3. 예산의 편성과 결산에 관한 사항
4. 정관의 개정에 관한 사항

5. 재산의 매입과 처분에 관한 사항

6. 직원의 정원과 보수에 관한 사항

7. 총회에 제출하는 의안에 관한 사항

8. 기타 정관에서 정한 주요 사항

제29조(이사회의 의결) 이사회의 의결은 재적이사 과반수 이상의 출석과 출석이사 과반수 이상의 찬성으로 의결하며 가부동수일 경우에는 회장의 결정에 따른다. (개정 2011.3.11.)

제30조(회의록) 이사회는 이사회의 개최일시, 장소, 출석 이사의 서명날인 및 의결사항 등을 기재한 회의록을 보관

하여야 한다. (신설 2011.3.11.)

제5장 위원회

제31조(위원회의 설치) 협회를 효율적으로 운영하기 위하여 회장의 자문기구로 각 종 위원회를 설치 운영할 수

있다. (신설 2011.3.11.)

제32조(위원회의 조직과 운영) 각 위원회의 조직과 운영은 이사회에서 정한다. (신설 2011.3.11.)

제6장 재산 및 회계

제33조(재산의 구성) 협회의 재산은 가입비, 회비, 수수료, 찬조금 및 기부금, 정부의 보조금, 융자금 및 출연금으로 취득한 동산과 부동산으로 한다. (개정 2011.3.11.)

제34조(재산의 운용) 재산의 운용은 다음 각 호와 같이 한다. (개정 2011.3.11)

1. 협회의 재산은 제4조 규정에 의한 사업에 사용할 수 있다.

2. 재산을 취득하였을 때는 지체 없이 협회의 재산으로 편입한다.

3. 재산의 보존과 운용은 이사회에서 정한다.

제35조(회비세칙) 가입비와 회비에 관한 사항은 별도의 규정으로 정한다. 다만, 탈퇴한 회원의 납부한 회비는 반환하지 아니한다. (신설 2011.3.11.)

제36조(회계연도) 협회의 회계연도는 매년도 1월1일부터 12월 31일로 한다. (개정 2011.3.11.)

제37조(예산 및 결산) ① 회장은 회계연도가 끝나면 정기총회 개최일 20일전까지 직전 회계연도의 사업보고서, 수입에 관한 결산보고서와 재산목록의 서류를 작성하여 감사를 받는다. (개정 2011.3.11)

② 회장은 당해 회계연도 개시 1개월 이내에 사업계획과 예산에 관한사항을 이사회의 의결을 거쳐 정기총회의 승인을 얻는다.(개정 2011.3.11, 2012.4.17, 2014.3.18)

③ 감사는 제1항의 서류를 받아 감사하고 감사보고서를 작성하여 총회에 제출한다. (개정 2011.3.11)

④ 회장은 다음 각 호의 서류를 회계연도 종료 후 2월 이내에 국토교통부장관에게 제출하여야 한다. (신설 2012.4.17, 개정 2014.3.18)

1. 다음 사업연도의 사업계획 및 수지예산서

2. 당해 사업연도의 사업실적 및 수지결산서

3. 당해 사업연도말 현재의 재산목록 현황

4. 회원현황

5. 감사보고서

제38조(회비 및 수수료 부과 징수) 회비 및 수수료 등의 납입시기, 절차, 금액, 납입방법 및 부과기준은 별도의 규정으로 정한다. (신설 2011.3.11.)

제39조(찬조 및 기부금) 협회는 관련된 단체 또는 개인 및 법인으로부터 찬조 또는 기부금을 받을 수 있다. (신설 2011.3.11.)

제7장 정관의 개정과 해산

제40조(정관의 개정) 정관을 개정 할 때는 국토교통부장관의 승인을 받아야 한다. (개정 2011.3.11., 2014.3.18)

제41조(해산 및 잔여재산의 처리) ① 협회의 존속이 필요치 않을 때에는 제24조의 규정에 의한 총회의 의결을 거쳐 해산 한다. (신설 2011.3.11)
② 협회가 해산하는 경우 협회의 잔여재산은 총회에서 정하는 방법에 따라 처분한다. (신설 2011.3.11.)

제8장 보 칙

제42조(규칙) 협회의 사업과 운영에 필요한 규칙은 이사회의 의결을 거쳐 따로 정한다. (개정 2011.3.11.)

제43조(준용) 이 정관 및 운영규정을 제외하고는 민법 중 사단법인에 관한 사항과 관련 법령의 규정을 준용한다. (신설 2011.3.11.)

[서식 – 그 외 관련 서식은 서식 중복기재 회피를 위하여 제1편 비영리사단법인 해당 서식을 참고하기 바란다]

나 설립허가

(1) 허가기준

주무관청은 법인 설립허가 신청의 내용이 다음의 기준에 맞는 경우에만 그 설립을 허가할 수 있다(규칙 제4조).

- 법인의 목적과 사업이 실현가능할 것
- 목적하는 사업을 할 수 있는 충분한 능력이 있고, 재정적 기초가 확립되어 있거나 확립될 수 있을 것
- 다른 법인과 같은 명칭이 아닐 것

(2) 심사 및 허가기간

주무관청은 법인 설립허가 신청을 받았을 때에는 특별한 사유가 없으면 20일 이내에 심사하여 허가 또는 불허가 처분을 하고, 그 결과를 서면으로 신청인에게 통지하여야 한다. 이 경우 허가를 할 때에는 별지 제2호서식의 법인 설립허가증을 발급하고 별지 제3호서식의 법인 설립허가대장에 필요한 사항을 적어야 하며, 법인 설립허가대장은 전자적 처리가 불가능한 특별한 사유가 없으면 전자적 처리가 가능한 방법으로 작성·관리하여야 한다.

(3) 조건부허가 주무관청은 법인의 설립허가를 할 때에는 필요한 조건을 붙일 수 있다.

■ 국토교통부 및 그 소속청 소관 비영리법인의 설립 및 감독에 관한 규칙 [별지 제2호서식] 〈개정 2013.3.23〉　　(앞 쪽)

제　　호

법인 설립허가증

1. 법인 명칭:

2. 소 재 지:

3. 대 표 자
  ○ 성　　명:
  ○ 생년월일:
  ○ 주　　소:

4. 사업 내용:

5. 허가 조건:

「민법」 제32조 및 「국토교통부 및 그 소속청 소관 비영리법인의 설립 및 감독에 관한 규칙」 제4조에 따라 위와 같이 법인 설립을 허가합니다.

년　　　　월　　　　일

국 토 교 통 부 장 관
행정중심복합도시건설청장

직인

210mm×297mm[일반용지 60g/㎡(재활용품)]

준수사항

1. 「민법」 및 「국토교통부 및 그 소속청 소관 비영리법인의 설립 및 감독에 관한 규칙」 등 관련 법령과 정관에서 정한 내용을 준수해야 합니다.
2. 정관에서 정하는 목적사업 중 다른 법률에 따른 허가 · 인가 · 등록 · 신고의 대상이 되는 사업을 하려는 경우에는 관련 법령에 따른 절차를 거쳐야 합니다.
3. 매 사업연도 종료 후 2개월 이내에 다음의 서류를 주무관청의 소관 부서에 제출해야 합니다.
   가. 다음 사업연도의 사업계획 및 수입 · 지출 예산서 1부
   나. 해당 사업연도의 사업실적 및 수입 · 지출 결산서 1부
   다. 해당 사업연도 말 현재의 재산목록 1부
   * 주무관청: 국토교통부 ○○○○국 ○○○○과(☎ 02-2110-○○○○)
4. 다음의 어느 하나에 해당되는 경우에는 「민법」 제38조에 따라 법인의 설립허가를 취소할 수 있습니다.
   가. 설립 목적 외의 사업을 하였을 때
   나. 공익을 해치는 행위를 하였을 때
   다. 설립허가의 조건을 위반하였을 때
   라. 각종 제출의무를 위반하였을 때
5. 법인이 해산(파산으로 인한 해산은 제외합니다)하였을 때에는 해산등기를 마친 후 지체 없이 주무관청에 해산신고를 해야 합니다.
6. 법인의 청산이 종결되었을 때에는 등기를 한 후 주무관청의 소관 부서에 신고해야 합니다.

〈 변 경 사 항 〉

일 자	내　용	확인

210mm×297mm[일반용지 60g/㎡(재활용품)]

다. 설립 관련 보고

(1) 재산이전

법인의 설립허가를 받은 자는 그 허가를 받은 후 지체 없이 기본재산 및 운영재산을 법인에 이전(移轉)하고 1개월 이내에 그 이전을 증명하는 등기소 또는 금융회사 등의 증명서를 주무관청에 제출하여야 한다(규칙 제5조).

(2) 설립관련 보고

법인은 「민법」 제49조부터 제52조까지의 규정에 따라 법인 설립 등의 등기를 하였을 때에는 10일 이내에 그 등기 사실을 주무관청에 서면으로 보고하여야 한다. 이 경우 주무관청은 「전자정부법」 제36조 제1항에 따른 행정정보의 공동이용을 통하여 법인 등기사항증명서를 확인하여야 한다.

3. 허가 후 절차

가. 정관 변경의 허가 신청

「민법」 제42조 제2항, 제45조 제3항 또는 제46조에 따른 정관 변경의 허가를 받으려는 법인은 별지 제4호서식의 정관 변경허가 신청서에 다음의 서류를 첨부하여 주무관청에 제출하여야 한다(규칙 제6조).

- 정관 변경 사유서 1부
- 개정될 정관(신·구조문대비표를 첨부한다) 1부
- 정관 변경과 관계있는 총회 또는 이사회의 회의록 사본 1부
- 기본재산의 처분에 따른 정관 변경의 경우에는 처분 사유, 처분재산의 목록, 처분 방법 등을 적은 서류 1부

■ 국토교통부 및 그 소속청 소관 비영리법인의 설립 및 감독에 관한 규칙 [별지 제4호서식] 〈개정 2013.3.23〉

정관 변경허가 신청서

접수번호	접수일		처리일	처리기간	10일

신청인	성명		생년월일 (외국인등록번호)		
	주소		전화번호		

법 인	명칭		전화번호		
	소재지				
	설립 허가일		설립허가번호		

대표자	성명		생년월일 (외국인등록번호)		
	주소		전화번호		

「민법」 제42조제2항 · 제45조제3항 · 제46조 및 「국토교통부 및 그 소속청 소관 비영리법인의 설립 및 감독에 관한 규칙」 제6조에 따라 위와 같이 정관의 변경허가를 신청합니다.

년   월   일

신청인   (서명 또는 인)

국 토 교 통 부 장 관
행정중심복합도시건설청장   귀하

신청인 제출서류	1. 정관 변경 사유서 1부 2. 개정될 정관(신 · 구조문대비표를 첨부합니다) 1부 3. 정관 변경과 관계있는 총회 또는 이사회의 회의록 사본 1부 4. 기본재산의 처분에 따른 정관 변경의 경우에는 처분 사유, 처분재산의 목록, 처분 방법 등을 적은 서류 1부	수수료 없음

처리절차

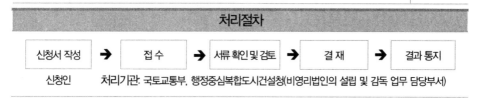

210mm×297mm[일반용지 60g/㎡(재활용품)]

[서식 – 그 외 관련 서식은 서식 중복기재 회피를 위하여 제1편 비영리사단법인 해당 서식을 참고하기 바란다]

나. 사업실적 및 사업계획 등의 보고

법인은 매 사업연도가 끝난 후 2개월 이내에 다음의 서류를 주무관청에 제출하여야 한다(규칙 제7조).

- 다음 사업연도의 사업계획 및 수입 · 지출 예산서 1부
- 해당 사업연도의 사업실적 및 수입 · 지출 결산서 1부
- 해당 사업연도 말 현재의 재산목록 1부

다. 법인 사무의 검사 · 감독

주무관청은 「민법」 제37조에 따른 법인 사무의 검사 및 감독을 위하여 불가피한 경우에는 법인에 관계 서류 · 장부 또는 그 밖의 참고자료 제출을 명하거나 소속 공무원으로 하여금 법인의 사무 및 재산 상황을 검사하게 할 수 있으며, 이에 따라 법인 사무를 검사하는 공무원은 그 자격을 증명하는 증표를 관계인에게 보여 주어야 한다(규칙 제8조).

4. 해산 등

가. 설립허가의 취소

주무관청은 법인이 목적이외의 사업을 하거나 설립허가의 조건에 위반하거나 기타 공익을 해하는 행위를 한 때에는 그 허가를 취소할 수 있다. 다만 이에 따라 법인의 설립허가를 취소하려면 청문을 하여야 한다(규칙 제9조).

나. 해산신고

법인이 해산(파산으로 인한 해산은 제외한다)하였을 때에는 그 청산인은「민법」제85조 제1항에 따라 해산등기를 마친 후 지체 없이 해산 연월일, 해산 사유, 청산인의 성명·생년월일·주소, 청산인의 대표권을 제한하는 경우 그 제한 내용을 적은 별지 제5호서식의 법인 해산 신고서에 다음의 서류를 첨부하여 주무관청에 제출하여야 한다. 이 경우 주무관청은 「전자정부법」제36조 제1항에 따른 행정정보의 공동이용을 통하여 법인 등기사항증명서를 확인하여야 한다(규칙 제10조).

• 해산 당시의 재산목록 1부
• 잔여재산 처분방법의 개요를 적은 서류 1부
• 해산 당시의 정관 1부
• 사단법인이 총회의 결의에 의하여 해산하였을 때에는 그 결의를 한 총회의 회의록 사본 1부
• 재단법인이 이사회의 해산결의에 의하여 해산하였을 때에는 그 결의를 한 이사회의 회의록 사본 1부

■ 국토교통부 및 그 소속청 소관 비영리법인의 설립 및 감독에 관한 규칙 [별지 제5호서식] 〈개정 2013.3.23〉

법인 해산 신고서

접수번호	접수일		처리일	처리기간	7일

청산인	성명		생년월일 (외국인등록번호)	
	주소		전화번호	

청산법인	명칭		전화번호
	소재지		

해산 연월일
해산 사유

「민법」 제86조제1항 및 「국토교통부 및 그 소속청 소관 비영리법인의 설립 및 감독에 관한 규칙」 제10조에 따라 위와 같이 법인 해산을 신고합니다.

년   월   일

신고인   (서명 또는 인)

국 토 교 통 부 장 관
행정중심복합도시건설청장   귀하

신고인 제출서류	1. 해산 당시의 재산목록 1부 2. 잔여재산 처분방법의 개요를 적은 서류 1부 3. 해산 당시의 정관 1부 4. 사단법인이 총회 결의에 의하여 해산하였을 때에는 그 결의를 한 총회의 회의록 사본 1부 5. 재단법인이 이사회의 해산결의에 의하여 해산하였을 때에는 그 결의를 한 이사회의 회의록 사본 1부	수수료 없음
담당 공무원 확인사항	법인 등기사항증명서	

처리절차

신고서 작성	→	접 수	→	검토 확인	→	결재
신고인		처리기관: 국토교통부, 행정중심복합도시건설청(비영리법인의 설립 및 감독 업무 담당부서)				

210mm×297mm[일반용지 60g/㎡(재활용품)]

다. 잔여재산 처분의 허가

법인의 이사 또는 청산인은 「민법」 제80조 제2항에 따라 잔여재산의 처분에 대한 허가를 받으려면 그 처분 사유, 처분하려는 재산의 종류·수량·금액 및 처분 방법을 적은 별지 제6호서식의 잔여재산 처분허가 신청서에 다음의 서류를 첨부하여 주무관청에 제출하여야 한다(규칙 제11조).

- 해산 당시의 정관 1부(해산신고 시 제출한 정관과의 확인이 필요한 경우만 해당한다)
- 총회의 회의록 사본 1부(사단법인으로서 해산신고 시에 제출한 서류로써 확인이 되지 아니한 경우만 해당한다)

■ 국토교통부 및 그 소속청 소관 비영리법인의 설립 및 감독에 관한 규칙 [별지 제6호서식] 〈개정 2013.3.23〉

잔여재산 처분허가 신청서

접수번호	접수일	처리일	처리기간	10일

신청법인	명칭		전화번호	
	소재지			

대 표 자 (이사 · 청산인)	성명		생년월일 (외국인등록번호)	
	주소		전화번호	

처분재산	종류 및 수량
	금액
	처분 방법

처분 사유

「민법」 제80조제2항 및 「국토교통부 및 그 소속청 소관 비영리법인의 설립 및 감독에 관한 규칙」 제11조에 따라 위와 같이 잔여재산 처분허가를 신청합니다.

년 　　 월 　　 일

신청인 　　　　　　　　　 (서명 또는 인)

국 토 교 통 부 장 관 　　 귀하
행정중심복합도시건설청장

신청인 제출서류	1.해산 당시의 정관 1부(해산신고 시 제출한 정관과의 확인이 필요한 경우에만 제출합니다). 2.총회의 회의록 사본(사단법인의 경우에만 제출합니다) 1부. 　(해산신고 시에 제출한 서류로써 확인이 되지 않을 경우에만 제출합니다)	수수료 없음

처리절차

신청서 작성 ➜ 접 수 ➜ 확 인 ➜ 결 재 ➜ 결과 통지

신청인 　　 처리기관: 국토교통부, 행정중심복합도시건설청(비영리법인의 설립 및 감독 업무 담당부서)

210mm×297mm[일반용지 60g/㎡(재활용품)]

라. 청산 종결의 신고

청산인은 법인의 청산이 종결되었을 때에는 「민법」 제94조에 따라 등기를 한 후, 별지 제7호 서식의 청산종결 신고서를 주무관청에 제출하여야 한다. 이 경우 주무관청은 「전자정부법」 제36조 제1항에 따른 행정정보의 공동이용을 통하여 법인 등기사항증명서를 확인하여야 한다(규칙 제12조).

■ 국토교통부 및 그 소속청 소관 비영리법인의 설립 및 감독에 관한 규칙 [별지 제7호서식] 〈개정 2013.3.23〉

청산종결 신고서

접수번호	접수일		처리일	처리기간	즉시

청 산 인	성명		생년월일 (외국인등록번호)		
	주소		전화번호		

청산법인	명칭		전화번호		
	소재지				

청산 연월일	
청산 취지	

「민법」 제94조 및 「국토교통부 및 그 소속청 소관 비영리법인의 설립 및 감독에 관한 규칙」 제12조에 따라 위와 같이 청산 종결을 신고합니다.

년   월   일

신고인(청산인)   (서명 또는 인)

국 토 교 통 부 장 관   귀하
행정중심복합도시건설청장

신고인 (청산인) 제출서류	없 음	수수료
담당 공무원 확인사항	법인 등기사항증명서	없 음

210mm×297mm[일반용지 60g/㎡(재활용품)]

제22장 법원행정처 소관 비영리법인 설립

1. 개관

법원행정처 소관 비영리법인의 설립 및 감독에 관한 규칙(이하 '규칙'이라고만 함)은 「민법」에 따라 법원행정처장이 주무관청이 되는 비영리법인의 설립 및 감독에 필요한 사항을 규정함을 목적으로 하며, 이에 따른 비영리법인(이하 '법인'이라 한다)의 설립허가, 법인 사무의 검사 및 감독 등에 관하여는 다른 법령에 특별한 규정이 있는 경우를 제외하고는 이 규칙에서 정하는 바에 따른다.

본장은 법원행정처 소관 비영리법인의 설립과 관련한 일반절차인 설립허가신청 및 관련 첨부서류 그리고 정관변경허가신청, 사업계획보고 등에 관한 내용들을 정리하였다. 그 외 관련서류들은 제1편 관련 내용부분을 참고하기 바란다.

2. 설립허가절차

가. 설립허가의 신청

제3조(설립허가의 신청) 「민법」 제32조의 규정에 의하여 법인의 설립허가를 받고자 하는 자(이하 '설립발기인'이라 한다)는 별지 제1호서식에 의한 법인설립허가신청서에 다음 각 호의 서류를 첨부하여 법원행정처장에게 제출하여야 한다(규칙 제3조).

1. 설립발기인의 성명 · 생년월일 · 주소 및 약력을 기재한 서류(설립발기인이 법인인 경우에는 그 명칭, 주된 사무소의 소재지, 대표자의 성명 · 생년월일 · 주소와 정관을 기재한 서류) 1부
2. 정관 1부
3. 재산목록(재단법인에 있어서는 기본재산과 운영재산으로 구분하여 기재하여야 한다) 및 그 입증서류와 출연의 신청이 있는 경우에는 그 사실을 증명하는 서류 각 1부
4. 당해사업연도분의 사업계획 및 수지예산을 기재한 서류 1부
5. 임원 취임예정자의 성명 · 생년월일 · 주소 및 약력을 기재한 서류와 취임승낙서 각 1부
6. 창립총회회의록(설립발기인이 법인인 경우에는 법인설립에 관한 의사의 결정을 증명하는 서류) 1부

[별지 제1호서식] 〈개정 2014.11.6.〉

법인설립허가신청서

신청인	주소		전화번호	
	성명		생년월일	
법인명	명칭		전화번호	
	소재지			
	대표자 성명			

　「민법」 제32조 및 「법원행정처소관 비영리법인의 설립 및 감독에 관한 규칙」 제3조의 규정에 의하여 위와 같이 법인설립허가를 신청합니다.

20 . . .

신청인　　　　　(인)

법원행정처장　귀하

첨부서류
1. 설립발기인의 성명 · 생년월일 · 주소 및 약력을 기재한 서류(설립발기인이 법인인 경우에는 그 명칭, 주된 사무소의 소재지, 대표자의 성명 · 생년월일 · 주소와 정관을 기재한 서류) 1부
2. 정관 1부
3. 재산목록(재단법인에 있어서는 기본재산과 운영재산으로 구분하여 기재하여야 한다) 및 그 입증서류와 출연의 신청이 있는 경우에는 그 사실을 증명하는 서류 각 1부
4. 당해사업연도분의 사업계획 및 수지예산을 기재한 서류 1부
5. 임원 취임예정자의 성명 · 생년월일 · 주소 및 약력을 기재한 서류와 취임승낙서 각 1부
6. 창립총회회의록(설립발기인이 법인인 경우에는 법인설립에 관한 의사의 결정을 증명하는 서류) 1부

제1장 총칙

제1조 (명칭) 본 학회는 사단법인 한국조정학회(영문명칭 The Korean Society of Mediation Studies, 약칭 KSMS, 이하 본 학회라 칭한다.)라 한다.

제2조 (목적) 본 학회는 조정제도의 이론과 실무에 관하여 회원들이 협력하여 연구하고, 연구한 성과를 발표하고 토론함으로써 이 분야의 학문적 발전과 조정제도 개선에 이바지하는 것을 목적으로 한다.

제3조 (사무소) 본 학회는 주사무소를 서울특별시에 두고 필요에 따라 지방에 지부를 둘 수 있다.

제4조 (사업)
① 본 학회는 다음과 같은 사업을 한다.
    1. 조정제도에 관한 이론과 실무에 관련된 연구
    2. 연구결과의 발표, 학회지의 발간 등 학술활동
    3. 조정제도에 관련된 연구의 용역과 자문
    4. 국내외 관련기관과의 유대강화 및 국제협력
    5. 조정제도에 관한 이론과 실무의 교육 및 인증
    6. 조정수행기관의 설치 및 운영
    7. 기타 본 학회의 목적달성을 위하여 이사회가 필요하다고 인정한 사업
② 본 학회는 위 목적사업을 지원하기 위하여 관련 위탁사업 등을 할 수 있으며, 수입은 학술대회 등 제1항의 공익을 위하여 사용하고 사업의 수혜자는 불특정 다수인으로 한다.

제2장 회원

제5조 (일반회원) 일반회원은 다음 각 호의 1에 해당하는 자로서 본 학회의 취지에 찬동하여 가입을 신청하고 이사회의 승인을 받은 자로 한다.

1. 박사학위 소지자 또는 전임강사 이상의 자
2. 판사, 검사 또는 변호사의 자격이 있는 자
3. 조정실무 종사자
4. 기타 위와 동등한 자격이 있다고 인정되는 자

제6조 (준회원) 준회원은 사법연수원, 법학전문대학원 또는 대학원에 재학하는 자로서 본 학회의 취지에 찬동하여 가입을 신청하고 이사회의 승인을 받은 자로 한다.

제7조 (특별회원) 특별회원은 본 학회의 취지에 찬동하여 특별히 찬조하거나 본 학회의 발전에 공이 있는 자(법인을 포함한다)로서 이사회에서 추천하여 회장이 결정한 자로 한다.

제8조 (회원의 권리와 의무)
① 일반회원은 총회에 출석하여 의결권을 행사하고, 회원은 본 학회가 발간하는 학회지 등의 교부 및 본 학회의 사업에 참가할 수 있다.
② 회원은 소정의 회비를 납부하여야 하며 총회 또는 이사회에서 결의한 회원의 의무를 준수하여야 한다.

제9조 (회원의 자격상실)
① 회원은 임의로 본 학회를 탈퇴할 수 있다. 다만, 납입된 회비 등은 반환하지 아니한다.
② 회원이 본 학회의 회칙을 위반하는 등 목적에 위배되는 행위를 하거나 품위를 손상시킨 때에는 이사회의 결의로써 제명할 수 있다.

제3장 임원 등

제10조 (임원) 본 학회에 다음의 임원을 둔다.

1. 회장 1인

2. 부회장 수인

3. 업무별, 직역별 상임이사 및 이사 수인 (회장, 부회장 포함 10명 이내)

4. 감사 2인 이내

제11조 (임원의 선임 및 임기)

① 회장은 이사회에서 추천하여 총회에서 선출한다.

② 감사는 총회에서 선출한다.

③ 부회장, 상임이사, 이사 및 간사 등 기타 보직은 회장이 위촉한다.

④ 임원의 임기는 2년으로 하되 연임할 수 있다. 단, 보궐선임된 임원의 임기는 전임자의 잔여임기로 한다.

⑤ 특별한 사유로 인하여 총회를 개최하지 못함으로써 차기 임원을 선출하기 전에 임원의 임기가 만료된 경우에는 차기 임원이 선출될 때까지 전임자가 그 임무를 수행한다.

제12조 (명예회장 및 고문)

① 회장은 본 학회의 회장을 역임한 자 가운데에서 이사회의 동의를 얻어 명예회장을 추대할 수 있다.

② 회장은 이사회의 동의를 얻어 약간 명의 고문을 둘 수 있다.

③ 명예회장 및 고문의 임기는 임원의 임기에 준한다.

제13조 (임원의 직무)

① 회장은 본 학회를 대표하고 회무를 총괄하며 총회 및 이사회의 의장이 된다.

② 부회장은 회장을 보좌하고 회장으로부터 위임된 회무를 처리하며, 부회장 중 최고 연장자는 회장 유고시 회장의 직무를 대행한다.

③ 상임이사와 이사는 이사회에 참석하여 본 학회의 중요사항을 심의 결정하며, 회장을 보좌하고 회장이 위임한 직무를 처리한다.

④ 감사는 년1회 이상 본 학회의 회계와 업무를 감사하고 그 결과를 총회에 보고한다. 단, 감사는 총회 또는 이사회에 출석하여 의견을 진술할 수 있으나 의결권은 없다.

제4장 총회

제14조 (총회의 구성) 총회는 일반회원으로 구성한다.

제15조 (총회의 의결사항) 총회는 다음 사항을 의결한다.

    1. 회장 및 임원 선출에 관한 사항

    2. 정관변경에 관한 사항

    3. 사업계획, 예산 및 사업실적과 결산에 관한 사항

    4. 본 학회의 해산 및 청산에 관한 사항

    5. 기타 중요한 사항

제16조 (총회의 소집)

① 총회는 정기총회와 임시총회로 구분하며 회장이 이를 소집한다.

② 정기총회는 년 1회로 하며 매년 [2]월에 개최한다.

③ 임시총회는 다음 각 호의 1에 해당하는 경우에 소집한다.

    1. 회장이 필요하다고 인정하는 경우

    2. 이사회의 결의가 있는 경우

    3. 재적이사 3분의 1 이상의 요구가 있는 경우

④ 회장은 총회에 부의할 회의 안건을 명시하여 7일전에 각 회원에게 서면으로 통지하여야 한다. 다만 긴급을 요하거나 기타 불가피한 사유가 있을 때에는 구두, 전화, 팩스 또는 이메일로써 통지할 수 있다.

⑤ 총회는 전항의 통지사항에 한하여서만 결의할 수 있다. 다만, 출석회원 과반수의 찬성이 있을 때에는 미리 통지하지 아니한 사항에 대하여도 이를 부의하여 결의할 수 있다.

제17조 (총회의 의결 및 제척사유)

① 총회는 출석회원 과반수의 찬성으로 의결한다. 다만, 가부동수인 경우에는 의장이 결정한다.

② 총회에서 의장 또는 회원이 다음 각 호의 1에 해당하는 때에는 그 결의에 참여하지

못한다.

1. 임원의 선임 및 해임에 있어서 그 자신에 관한 사항
2. 금전 및 재산의 수수를 수반하는 사항으로써 의장 또는 회원 자신과 본 학회와의 이해가 상반되는 사항

제5장 이사회

제18조 (이사회의 구성 및 정족수) 이사회는 상임이사 및 이사로 구성하고, 재적이사 3분의 1이상의 출석으로 성립되며 출석이사 과반수의 찬성으로 의결한다. 다만, 가부동수인 경우에는 의장이 결정한다.

제19조 (이사회의 소집)
① 이사회는 회장이 필요하다고 인정하거나 재적이사 3분의 1이상의 요구가 있을 때에 회장이 이를 소집한다.
② 이사회를 소집하고자 할 때에는 적어도 회의 7일전에 회의의 안건을 명시하여 각 이사에게 서면으로 통지하여야 한다. 다만, 긴급을 요하거나 기타 불가피한 사유가 있을 때에는 구두, 전화, 팩스 또는 이메일로 통지할 수 있다.
③ 이사회는 전항의 통지사항에 한하여서만 의결할 수 있다. 다만, 출석 이사 과반수의 찬성이 있을 때는 미리 통지하지 아니한 사항에 대하여도 이를 부의하여 결의할 수 있다.

제20조 (의결제척사유) 이사회는 의결에 있어서 제17조 제2항의 규정을 준용한다.

제21조 (이사회의 의결사항) 이사회는 다음 사항을 심의의결한다.

1. 정관의 개정 및 본 학회의 운영에 필요한 제 규정의 제정 및 개정
2. 임원의 추천
3. 학술발표 및 세미나 개최 등의 사업계획과 예산안 및 사업실적과 결산승인
4. 회원가입, 제명 및 회비징수
5. 재산의 관리 운영

6. 학회지 등의 발간

7. 총회의 위임사항

8. 기타 본 학회 운영에 관한 중요사항

제6장 사무국

제22조 (사무국)

① 본학회는 상시적인 제반업무를 처리하기 위하여 사무국을 둘 수 있다.

② 사무국에는 사무국장과 직원을 두며 예산의 범위 내에서 보수를 지급할 수 있다.

③ 사무국장은 회장이 지명하여 이사회의 승인을 얻어 취임한다. 단, 재임기간 중 (당연직) 부회장이 된다.

제7장 재정

제23조 (수입)

① 본 학회의 재정은 다음 수입금으로 충당한다.

   1. 회비

   2. 기부금 및 찬조금

   3. 인증 등 본 학회의 기타 사업수입

② 회비 등의 부과 및 징수방법은 이사회에서 결정한다.

③ 학회의 연간 기부금 모금액 및 그 활용 실적을 학회의 인터넷 홈페이지 (http://www.mediate.or.kr)에 다음 연도 3월 31일까지 공개한다.

제24조 (회계 연도) 본 학회의 회계 연도는 매년 1월 1일부터 12월 31일까지로 한다.

제25조 (세입세출예산) 본 학회의 세입세출예산은 매 회계 연도 개시 후 2개월 내에 편성하여 사업계획서와 함께 이사회의 결의와 총회의 승인을 얻는다.

제26조 (결산) 본 학회는 매 회계 연도 종료 후 2개월 이내에 다음 각 호의 서류를 갖추

어 이사회의 결의와 총회의 승인을 얻는다.

 1. 사업실적서

 2. 수지결산서

 3. 대차대조표

 4. 감사보고서

 5. 잉여금처분계산서

제27조 (임원의 보수) 임원은 명예직으로 한다. 다만, 업무수행상 실비에 대하여는 이사회의 동의를 얻어 그 전액 또는 일부를 본 학회의 부담으로 지급할 수 있다.

제8장 해산 및 보칙

제28조 (해산 및 잔여재산의 귀속)

① 본 학회의 해산은 총회에서 재적인원 과반수의 출석과 출석회원 3분의 2이상의 찬성으로 결의한다.

② 본 학회의 해산 후의 청산에 관하여는 민법의 규정에 따른다.

③ 학회가 해산하는 경우에 청산 후의 잔여재산은 국가 · 지방자치단체 또는 우리 학회와 유사한 목적을 가진 비영리법인에 귀속하도록 기증한다.

제29조 (정관개정) 본 학회의 정관은 출석회원 3분의 2이상의 찬성으로 개정할 수 있다.

[서식 – 그 외 관련 서식은 서식 중복기재 회피를 위하여 제1편 비영리사단법인 해당 서식을 참고하기 바란다]

나. 설립허가

(1) 설립기준

법원행정처장은 법인설립허가신청의 내용이 다음의 기준에 적합한 경우에 한하여 이를 허가한다(규칙 제4조).

- 법인의 목적과 사업이 실현가능할 것
- 목적하는 사업을 수행할 수 있는 충분한 능력이 있고, 재정적 기초가 확립되어 있거나 확립될 수 있을 것
- 다른 법인과 동일한 명칭이 아닐 것

(2) 심사 및 허가기간

법원행정처장은 법인설립허가신청을 받은 때에는 특별한 사유가 없는 한 20일 이내에 이를 심사하여 허가 또는 불허가의 처분을 하고, 이를 서면으로 신청인에게 통지하여야 한다. 이 경우 허가를 하는 때에는 별지 제2호서식에 의한 법인설립허가증을 교부하고 별지 제3호서식에 의한 법인설립허가대장에 필요한 사항을 기재하여야 한다.

(3) 조건부허가

법원행정처장은 법인의 설립허가를 하는 때에는 필요한 조건을 붙일 수 있다.

[별지 제2호서식]

제   호

법인설립허가증

법인명

소재지

대표자성명

「민법」 제32조 및 「법원행정처소관 비영리법인의 설립 및 감독에 관한 규칙」 제4조의 규정에 의하여 위 법인의 설립을 허가합니다.

년   월   일

법원행정처장 (인)

다. 재산이전의 보고

법인의 설립허가를 받은 자는 그 허가를 받은 후 지체없이 기본재산 및 운영재산을 법인에 이전하고, 1월 이내에 그 이전사실을 증명하는 등기소 또는 금융기관의 증명서를 법원행정 처장에게 제출하여야 한다(규칙 제5조).

라. 설립등기등의 보고

법인은 「민법」 제49조 내지 제52조의2의 규정에 의하여 법인 설립등기 등을 한 때에는 7일 이내에 등기부등본 1부를 법원행정처장에게 제출하여야 한다(규칙 제6조).

3. 허가 후 절차

가. 정관변경의 허가신청

법인은 「민법」 제42조 제2항·제45조 제3항 또는 제46조의 규정에 의한 정관변경의 허가를 받고자 하는 경우에는 별지 제4호서식에 의한 법인정관변경허가신청서에 다음의 서류를 첨부하여 법원행정처장에게 제출하여야 한다(규칙 제7조).

- 정관변경이유서 1부
- 개정될 정관(신·구 조문 대비표 첨부) 1부
- 정관의 변경에 관한 총회 또는 이사회의 회의록 1부
- 기본재산의 처분에 따른 정관변경의 경우에는 처분의 사유, 처분재산의 목록, 처분의 방법 등을 기재한 서류 1부

[서식 _ 법인정관변경신청서]

[별지 제4호서식]

법인정관변경허가신청서			
명 칭		전화번호	
소 재 지			
대 표 자 성 명			
설립허가년월일		설립허가 번 호	

「민법」 제42조제2항 · 제45조제3항 · 제46조 및 「법원행정처소관 비영리법인의 설립 및 감독에 관한 규칙」 제7조의 규정에 의하여 별첨과 같이 정관 변경허가를 신청합니다.

20 .   .   .

신 청 인   (인)

법원행정처장 귀하

첨부서류

1. 정관변경이유서 1부

2. 개정될 정관(신 · 구 조문 대비표 첨부) 1부

3. 정관의 변경에 관한 총회 또는 이사회의 회의록 1부

4. 기본재산의 처분에 따른 정관변경의 경우에는 처분의 사유, 처분재산의 목록, 처분의 방법 등을 기재한 서류 1부

[서식 – 그 외 관련 서식은 서식 중복기재 회피를 위하여 제1편 비영리사단법인 해당 서식을 참고하기 바란다]

나. 임원선임의 보고

법인이 임원을 개선한 때에는 지체없이 임원 취임예정자의 성명 · 생년월일 · 주소 및 약력을 기재한 서류와 취임승낙서 각 1부와 임원개선을 결의한 총회 또는 이사회의 회의록을 첨부하여 법원행정처장에게 보고하여야 한다. 다만, 재임된 임원에 대하여는 위의 서류를 제출하지 아니한다(규칙 제8조).

다. 사업실적 및 사업계획등의 보고

법인은 매 사업연도 종료후 2월 이내에 다음의 서류를 법원행정처장에게 제출하여야 한다(규칙 제9조).
• 다음 사업연도의 사업계획 및 수지예산서 1부
• 당해 사업연도의 사업실적 및 수지결산서 1부
• 당해 사업연도말 현재의 재산목록 1부

라. 법인사무의 검사 · 감독

법원행정처장은 「민법」 제37조의 규정에 의한 법인사무의 검사 및 감독을 위하여 불가피한 경우에는 법인에게 관계서류 · 장부 기타 참고자료의 제출을 명하거나, 소속공무원으로 하여금 법인의 사무 및 재산상황을 검사하게 할 수 있으며, 이의 규정에 의하여 법인사무를 검사하는 공무원은 그 자격을 증명하는 증표를 관계인에게 제시하여야 한다(규칙 제10조).

4. 해산 등

가. 설립허가의 취소

법원행정처장은 법인이 목적이외의 사업을 하거나 설립허가의 조건에 위반하거나 기타 공익을 해하는 행위를 한 때에는 그 허가를 취소할 수 있다. 다만 그 허가를 취소하고자 하는 경우에는 취소사유 등을 당해 법인에게 문서로 통지하고 그에게 의견제출의 기회를 주어야 한다(규칙 제11조).

나. 해산신고

법인이 해산한 때(파산에 의한 해산의 경우를 제외한다)에는 그 청산인은 「민법」 제85조 제1항의 규정에 의하여 해산등기를 완료한 후 지체없이 별지 제5호서식에 의한 법인해산신고서에 다음의 서류를 첨부하여 법원행정처장에게 제출하여야 한다(규칙 제12조).

• 해산당시의 재산목록 1부
• 잔여재산의 처분방법의 개요를 기재한 서류 1부
• 해산당시의 정관 1부
• 사단법인이 총회의 결의에 의하여 해산한 때에는 당해결의를 한 총회의 회의록 1부
• 재단법인의 해산시 이사회의 해산결의가 있는 때에는 당해결의를 한 이사회의회의록 1부

[별지 제5호서식]

법인해산신고서

청산법인	명 칭		전화번호	
	소 재 지			
	청산인성명			
	청산인주소			

해산년월일	
해 산 사 유	

「민법」 제86조 및 「법원행정처소관 비영리법인의 설립 및 감독에 관한 규칙」 제2조의 규정에 의하여 위와 같이 신고합니다.

년   월   일

신 청 인   (인)

법원행정처장   귀하

첨부서류
1. 해산당시의 재산목록 1부
2. 잔여재산의 처분방법의 개요를 기재한 서류 1부
3. 해산당시의 정관 1부
4. 사단법인이 총회의 결의에 의하여 해산한 때에는 당해결의를 한 총회의 회의록 1부
5. 재단법인의 해산시 이사회의 해산결의가 있는 때에는 당해결의를 한 이사회의 회의록 1부

다. 잔여재산처분의 허가

법인의 이사 또는 청산인이 「민법」 제80조 제2항의 규정에 의하여 잔여재산의 처분에 대한 허가를 받고자 하는 때에는 별지 제6호 서식에 의한 잔여재산처분허가신청서를 법원행정처장에게 제출하여야 한다(규칙 제13조).

[별지 제6호서식]

잔여재산처분허가신청서

신청인	명 칭		전화번호	
	소 재 지			
	대표자(이사, 청산인)성명			
	주 소			
처분재산	종 류			
	금 액			
	처분방법			
처 분 사 유				

「민법」 제80조제2항 및 「법원행정처소관 비영리법인의 설립 및 감독에 관한 규칙」 제13조의 규정에 의하여 위와 같이 신청합니다.

년   월   일

신 청 인   (인)

법원행정처장   귀하

라. 청산종결의 신고

청산인은 법인의 청산이 종결된 때에는 「민법」 제94조의 규정에 의하여 이를 등기한 후 등기부등본을 첨부하여 청산종결을 법원행정처장에게 신고하여야 한다(규칙 제14조).

저자약력

김동근(법학박사 · 행정사)

숭실대학교 법학과 졸업

숭실대학교 대학원 법학과 졸업(법학박사 −행정법)

현, 　행정사 사무소 청신호 대표행정사

숭실대학교 초빙교수

공인행정심판학회 학회장

공인행정사협회 법제위원회 위원장

공인행정사협회 행정심판전문가과정 전임교수

공무원연금관리공단 행정사지원 양성과정 강사

중앙법률사무교육원 교수

YMCA병설 월남시민문화연구소 연구위원

내외일보 논설위원

전, 　서울시장후보 법률특보단장

저서, 　비영리사단법인, 재단법인, 공익법인, 특수법인 설립절차 실무총람(법률출판사)

비영리법인설립절차실무총람(법률출판사)

한권으로 끝내는 협동조합설립실무총람(법률출판사)

비영리사단법인 설립절차 실무총람

2021년 4월 20일   1판 1쇄 인쇄
2021년 4월 30일   1판 1쇄 발행

저   자   김동근
발 행 인   김용성
발 행 처   법률출판사
          서울시 동대문구 휘경로2길 3, 4층
          ☎ 02) 962-9154   팩스 02) 962-9156
등 록 번 호   제1-1982호
ISBN   978-89-5821-383-3   13360
e-mail :   lawnbook@hanmail.net

정 가 65,000원